Silvia Saraceni   Giorgio Strumia

# #Vita

Terza edizione di *Immagini e itinerari della biologia*

## EDIZIONE VERDE

- **UN CONCETTO, UNA LEZIONE**
- **CIAK, SI IMPARA!**
- **IL LABORATORIO DELLE COMPETENZE**

---

Per sapere quali risorse digitali integrano il tuo libro, e come fare ad averle, connettiti a Internet e vai su:

## http://my.zanichelli.it/risorsedigitali

Segui le istruzioni e tieni il tuo libro a portata di mano: avrai bisogno del codice ISBN*, che trovi nell'ultima pagina della copertina, in basso a sinistra.

---

- L'accesso alle risorse digitali protette è personale: non potrai condividerlo o cederlo.
- L'accesso a eventuali risorse digitali online protette è limitato nel tempo: alla pagina http://my.zanichelli.it/risorsedigitali trovi informazioni sulla durata della licenza.

\* Se questo libro fa parte di una confezione, l'ISBN si trova nella quarta di copertina dell'ultimo libro nella confezione.

**SCIENZE ZANICHELLI**

Copyright © 2015 Zanichelli editore S.p.A., Bologna [36010]
www.zanichelli.it

I diritti di elaborazione in qualsiasi forma o opera, di memorizzazione anche digitale su supporti di qualsiasi tipo (inclusi magnetici e ottici), di riproduzione e di adattamento totale o parziale con qualsiasi mezzo (compresi i microfilm e le copie fotostatiche), i diritti di noleggio, di prestito e di traduzione sono riservati per tutti i paesi. L'acquisto della presente copia dell'opera non implica il trasferimento dei suddetti diritti né li esaurisce.

Le fotocopie per uso personale (cioè privato e individuale, con esclusione quindi di strumenti di uso collettivo) possono essere effettuate, nei limiti del 15% di ciascun volume, dietro pagamento alla S.I.A.E. del compenso previsto dall'art. 68, commi 4 e 5, della legge 22 aprile 1941 n. 633. Tali fotocopie possono essere effettuate negli esercizi commerciali convenzionati S.I.A.E. o con altre modalità indicate da S.I.A.E.

Per le riproduzioni ad uso non personale (ad esempio: professionale, economico, commerciale, strumenti di studio collettivi, come dispense e simili) l'editore potrà concedere a pagamento l'autorizzazione a riprodurre un numero di pagine non superiore al 15% delle pagine del presente volume. Le richieste per tale tipo di riproduzione vanno inoltrate a

Centro Licenze e Autorizzazioni per le Riproduzioni Editoriali (CLEARedi)
Corso di Porta Romana, n.108
20122 Milano
e-mail autorizzazioni@clearedi.org e sito web www.clearedi.org

L'editore, per quanto di propria spettanza, considera rare le opere fuori del proprio catalogo editoriale, consultabile al sito www.zanichelli.it/f_catalog.html.
La fotocopia dei soli esemplari esistenti nelle biblioteche di tali opere è consentita, oltre il limite del 15%, non essendo concorrenziale all'opera.
Non possono considerarsi rare le opere di cui esiste, nel catalogo dell'editore, una successiva edizione, le opere presenti in cataloghi di altri editori o le opere antologiche. Nei contratti di cessione è esclusa, per biblioteche, istituti di istruzione, musei e archivi, la facoltà di cui all'art. 71 - ter legge diritto d'autore.
Maggiori informazioni sul nostro sito: www.zanichelli.it/fotocopie/

Realizzazione editoriale:
- Coordinamento redazionale: Matteo Fornesi
- Redazione: Anastasia Scotto
- Segreteria di redazione: Deborah Lorenzini
- Progetto grafico e impaginazione: Miguel Sal & C., Bologna
- Rilettura critica: Manuela Mantelli
- Rilettura dei testi in inglese: Roger Loughney
- Disegni: Claudia Saraceni, Thomas Trojer
- Fotografie degli esperimenti: Massimiliano Trevisan
- Collaborazioni grafiche: Jacopo Gambari

**Realizzazione delle risorse digitali:**

Video:
- Coordinamento redazionale: Matteo Fornesi, Anastasia Scotto
- Progetto e sceneggiature: Mauro Mennuni
- Supervisione scientifica: Silvia Saraceni, Giorgio Strumia
- Montaggio e grafiche: Alessandro Reali
- Voce: Dodo Versino

Video Ciak, si impara!:
- Coordinamento redazionale: Anastasia Scotto
- Sceneggiature e ricerca iconografica: Loredana Martinoll
- Supervisione scientifica: Silvia Saraceni, Giorgio Strumia
- Montaggio: Luca Dal Canto
- Studio di registrazione: VOXFARM

Copertina:
- Progetto grafico: Miguel Sal & C., Bologna
- Realizzazione: Roberto Marchetti e Francesca Ponti
- Immagine di copertina: Tom linster/Shutterstock

Prima edizione: 2006
Seconda edizione: 2011
Terza edizione: febbraio 2015

Ristampa:

9  8  7                2019   2020   2021   2022

Zanichelli garantisce che le risorse digitali di questo volume sotto il suo controllo saranno accessibili, a partire dall'acquisto dell'esemplare nuovo, per tutta la durata della normale utilizzazione didattica dell'opera.
Passato questo periodo, alcune o tutte le risorse potrebbero non essere più accessibili o disponibili: per maggiori informazioni, leggi my.zanichelli.it/fuoricatalogo

**File per sintesi vocale**
L'editore mette a disposizione degli studenti non vedenti, ipovedenti, disabili motori o con disturbi specifici di apprendimento i file pdf in cui sono memorizzate le pagine di questo libro. Il formato del file permette l'ingrandimento dei caratteri del testo e la lettura mediante software screen reader. Le informazioni su come ottenere i file sono sul sito http://www.zanichelli.it/scuola/bisogni-educativi-speciali

**Suggerimenti e segnalazione degli errori**
Realizzare un libro è un'operazione complessa, che richiede numerosi controlli: sul testo, sulle immagini e sulle relazioni che si stabiliscono tra essi. L'esperienza suggerisce che è praticamente impossibile pubblicare un libro privo di errori. Saremo quindi grati ai lettori che vorranno segnalarceli. Per segnalazioni o suggerimenti relativi a questo libro scrivere al seguente indirizzo:

  lineazeta@zanichelli.it

Le correzioni di eventuali errori presenti nel testo sono pubblicate nel sito www.zanichelli.it/aggiornamenti

Zanichelli editore S.p.A. opera con sistema qualità
certificato CertiCarGraf n. 477
secondo la norma UNI EN ISO 9001:2008

 Questo libro è stampato su carta che rispetta le foreste.
www.zanichelli.it/la-casa-editrice/carta-e-ambiente/

Stampa: Centro Poligrafico Milano S.p.A.
Via Puccini 64, 20080 Casarile (Mi)
per conto di Zanichelli editore S.p.A.
Via Irnerio 34, 40126 Bologna

# 0 CONOSCENZE DI BASE PER LA BIOLOGIA

1. **LE GRANDEZZE FISICHE** ........................... XII
2. **LE UNITÀ DI MISURA** ............................... XIII
3. **IL SISTEMA INTERNAZIONALE DELLE UNITÀ DI MISURA** ........................................... XIV
4. **RAGIONARE PER ORDINI DI GRANDEZZA** ............... XV
5. **LA MASSA, IL VOLUME, LA DENSITÀ** ................. XVI
6. **L'ENERGIA** ......................................... XVII
7. **IL CALORE, UNA FORMA DI ENERGIA** ................. XVIII
8. **LE TRASFORMAZIONI DELL'ENERGIA** .................. XIX
9. **GLI ELEMENTI CHIMICI** ............................ XX
10. **LA TAVOLA PERIODICA DEGLI ELEMENTI** ............. XXI
11. **ATOMI, MOLECOLE E IONI** ......................... XXII
12. **SOSTANZE PURE E MISCUGLI** ....................... XXIV
13. **TRASFORMAZIONI CHIMICHE E FISICHE DELLA MATERIA** ..................................... XXV

**DOMANDE PER IL RIPASSO** ............................. XXVI

**RISORSE DIGITALI**

Video La tavola periodica

ZTE Altri esercizi online

# 1 GRANDI IDEE DELLA BIOLOGIA

1. **GLI ESSERI VIVENTI POSSIEDONO CARATTERISTICHE TIPICHE** ........................... 2
2. **LA CELLULA È L'UNITÀ DI BASE DELLA VITA** ........ 3
3. **LA VITA È ORGANIZZATA IN DIVERSI LIVELLI DI COMPLESSITÀ** .................................. 4
4. **LA CONTINUITÀ DELLA VITA È GARANTITA DAL DNA** ........................................... 5
5. **L'EVOLUZIONE DETERMINA LA VARIETÀ E L'UNITARIETÀ DEI VIVENTI** ....................... 6
6. **LA VITA È COMPARSA ALMENO 3,5 MILIARDI DI ANNI FA** ........................... 7
7. **IL MONDO DEI VIVENTI SI STUDIA CON IL METODO SCIENTIFICO** ......................... 8
8. **LA CONOSCENZA DEGLI ESSERI VIVENTI MIGLIORA LA NOSTRA VITA** ......................... 9
9. **PROTEGGERE LA BIODIVERSITÀ È IMPORTANTE PER IL NOSTRO FUTURO** ............. 10

**DOMANDE PER IL RIPASSO** ............................. 11

**RISORSE DIGITALI**

Test d'ingresso   CIAK si impara! Il video prima della lezione

ZTE Altri esercizi online

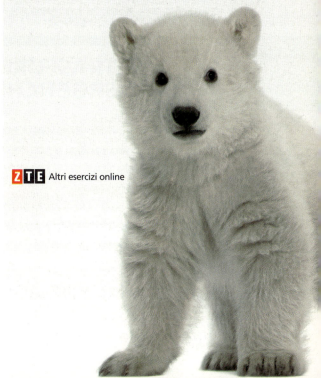

## 2 L'ACQUA E LE BIOMOLECOLE NEGLI ORGANISMI

1. **ELEMENTI E COMPOSTI NEGLI ORGANISMI** .............. 14
2. **L'ACQUA NEI SISTEMI VIVENTI** ........................... 15
3. **L'ACQUA E LE SUE PROPRIETÀ** ........................... 16
4. **L'ACQUA COME SOLVENTE** ................................ 18
5. **I COMPOSTI ORGANICI NEI VIVENTI** ..................... 20
6. **I CARBOIDRATI** ............................................ 21
7. **I LIPIDI** ..................................................... 22
8. **LE PROTEINE** ............................................... 24
9. **GLI ACIDI NUCLEICI: IL DNA** ............................. 26
10. **GLI ACIDI NUCLEICI: L'RNA** ............................. 28

**DOMANDE PER IL RIPASSO** ..................................... 29
**LABORATORIO DELLE COMPETENZE** ............................ 30

 **RISORSE DIGITALI**

Test d'ingresso — CIAK si impara! Il video prima della lezione

Video Il legame a idrogeno
Video Il DNA
Video L'RNA

ZTE Altri esercizi online

## 3 ALL'INTERNO DELLE CELLULE

1. **LA CELLULA, L'UNITÀ FONDAMENTALE DEGLI ORGANISMI** ................................................... 36
2. **LA MEMBRANA PLASMATICA** ............................. 38
3. **LA CELLULA PROCARIOTICA** .............................. 39
4. **LA CELLULA EUCARIOTICA ANIMALE** .................... 40
5. **LA CELLULA EUCARIOTICA VEGETALE** ................... 42
6. **LA BIODIVERSITÀ DELLE CELLULE** ....................... 44
7. **IL CITOSCHELETRO** ........................................ 46
8. **LE GIUNZIONI CELLULARI** ................................ 48

**DOMANDE PER IL RIPASSO** ..................................... 49
**LABORATORIO DELLE COMPETENZE** ............................ 50
▸ BIOLOGY IN ENGLISH ........................................... 53

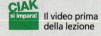 **RISORSE DIGITALI**

Test d'ingresso — CIAK si impara! Il video prima della lezione

Video Le dimensioni delle cellule
Video La membrana plasmatica

ZTE Altri esercizi online

## 4 LE TRASFORMAZIONI ENERGETICHE NELLE CELLULE

1. **IL METABOLISMO CELLULARE** ............................ 56
2. **GLI ENZIMI E LA LORO ATTIVITÀ** ........................ 57
3. **IL TRASPORTO PASSIVO: LA DIFFUSIONE** ............... 58
4. **L'OSMOSI** ................................................... 59
5. **IL TRASPORTO ATTIVO** .................................... 60
6. **LE CELLULE RICAVANO ENERGIA DAGLI ZUCCHERI** .... 62
7. **LA FOTOSINTESI** ........................................... 64

**DOMANDE PER IL RIPASSO** ..................................... 65
**LABORATORIO DELLE COMPETENZE** ............................ 66
▸ BIOLOGY IN ENGLISH ........................................... 69

 **RISORSE DIGITALI**

Test d'ingresso — CIAK si impara! Il video prima della lezione

Video Gli enzimi
Video L'osmosi
Video Il trasporto attivo

ZTE Altri esercizi online

# 5 LE CELLULE CRESCONO E SI RIPRODUCONO

1. IL CICLO CELLULARE .......................... 72
2. LA DUPLICAZIONE DEL DNA ................. 74
3. L'ORGANIZZAZIONE DEL DNA ............... 75
4. LE FUNZIONI DELL'RNA ....................... 76
5. LA SINTESI DELL'RNA .......................... 77
6. LA SINTESI DELLE PROTEINE ................ 78
7. LA DIVISIONE CELLULARE .................... 80
8. CELLULE DIPLOIDI E CELLULE APLOIDI ... 82
9. LA MEIOSI ....................................... 84
10. IL CROSSING-OVER ............................ 86

**DOMANDE PER IL RIPASSO** .................. 87
**LABORATORIO DELLE COMPETENZE** ....... 88
▸ BIOLOGIA PER IL CITTADINO ............... 91

**RISORSE DIGITALI**

Test d'ingresso

CIAK si impara! Il video prima della lezione

Video La sintesi delle proteine
Video La divisione cellulare
Video La meiosi

  Altri esercizi online

# 6 LA GENETICA E L'EREDITARIETÀ DEI CARATTERI

1. I CARATTERI EREDITARI ....................... 94
2. DAI GENI AL FENOTIPO ....................... 95
3. GLI ESPERIMENTI DI MENDEL .............. 96
4. LA LEGGE DELLA SEGREGAZIONE DEI CARATTERI ... 97
5. LA LEGGE DELL'ASSORTIMENTO INDIPENDENTE ... 98
6. LA DOMINANZA INCOMPLETA .............. 100
7. GLI ALLELI MULTIPLI E LA CODOMINANZA ... 101
8. L'EREDITARIETÀ POLIGENICA E L'EPISTASI ... 102
9. IL GENOMA UMANO ........................... 103
10. LE MUTAZIONI ................................. 104
11. LE MALATTIE GENETICHE .................... 106

**DOMANDE PER IL RIPASSO** .................. 107
**LABORATORIO DELLE COMPETENZE** ....... 108

**RISORSE DIGITALI**

Test d'ingresso

CIAK si impara! Il video prima della lezione

Video Le mutazioni

Altri esercizi online

## 7 FORMA E FUNZIONE DEGLI ORGANISMI

1. **L'ORGANIZZAZIONE STRUTTURALE DEGLI ANIMALI** ..114
2. **APPARATI E ORGANI DEGLI ANIMALI** ..116
3. **I TESSUTI ANIMALI** ..118
4. **L'ORGANIZZAZIONE STRUTTURALE DELLE PIANTE** ..120

**DOMANDE PER IL RIPASSO** ..121
**LABORATORIO DELLE COMPETENZE** ..122

 **RISORSE DIGITALI**

 Test d'ingresso     Il video prima della lezione

▸ Video La simmetria negli animali

▸ Altri esercizi online

## 8 L'ALIMENTAZIONE

1. **LE TRASFORMAZIONI DEL CIBO** ..126
2. **LA VARIETÀ DEI SISTEMI DIGERENTI** ..127
3. **IL TUBO DIGERENTE UMANO** ..128
4. **LA BOCCA** ..129
5. **IL MOVIMENTO DEL CIBO NEL TUBO DIGERENTE** ..130
6. **LO STOMACO** ..131
7. **IL FEGATO E IL PANCREAS** ..132
8. **L'INTESTINO TENUE** ..133
9. **L'INTESTINO CRASSO** ..134
10. **LE MOLECOLE NEGLI ALIMENTI** ..135
11. **LA NUTRIZIONE NELLE PIANTE** ..136

**DOMANDE PER IL RIPASSO** ..137
**LABORATORIO DELLE COMPETENZE** ..138

**RISORSE DIGITALI**

Test d'ingresso    Il video prima della lezione

▸ Video L'assorbimento dei nutrienti
▸ Video La flora intestinale
▸ Video Il fabbisogno energetico

 Altri esercizi online

## 9 GLI SCAMBI GASSOSI

1. **PERCHÉ GLI ORGANISMI RESPIRANO** ..144
2. **LA VARIETÀ DEI SISTEMI RESPIRATORI** ..146
3. **L'APPARATO RESPIRATORIO UMANO** ..148
4. **IL MECCANISMO DELLA VENTILAZIONE POLMONARE** ..150
5. **IL TRASPORTO DEI GAS RESPIRATORI NEL SANGUE** ..151
6. **GLI SCAMBI GASSOSI NELLE PIANTE** ..152

**DOMANDE PER IL RIPASSO** ..153
**LABORATORIO DELLE COMPETENZE** ..154
▸ BIOLOGIA PER IL CITTADINO ..157

 **RISORSE DIGITALI**

Test d'ingresso    Il video prima della lezione

▸ Video Lo scambio gassoso
▸ Video La respirazione

 Altri esercizi online

# 10 IL TRASPORTO E LE DIFESE IMMUNITARIE

1. **IL TRASPORTO NEGLI INVERTEBRATI** ................160
2. **LA CIRCOLAZIONE NEI VERTEBRATI** ................162
3. **L'APPARATO CARDIOVASCOLARE UMANO** ........164
4. **IL CUORE UMANO** ................166
5. **IL SANGUE** ................168
6. **IL SISTEMA LINFATICO** ................170
7. **IL SISTEMA IMMUNITARIO** ................172
8. **IL TRASPORTO NELLE PIANTE** ................173
9. **LE DIFESE DELLE PIANTE** ................174

**DOMANDE PER IL RIPASSO** ................175
**LABORATORIO DELLE COMPETENZE** ................176
▸ BIOLOGIA PER IL CITTADINO ................179

### RISORSE DIGITALI

- Test d'ingresso
- CIAK si impara! Il video prima della lezione
- Video Apparati circolatori a confronto
- Video Il battito cardiaco
- Video Il sistema linfatico
- Video Antigeni e anticorpi

**ZTE** Altri esercizi online

---

# 11 IL CONTROLLO DELL'AMBIENTE INTERNO

1. **IL RIVESTIMENTO DEGLI ANIMALI** ................182
2. **GLI ANNESSI CUTANEI DEI VERTEBRATI** ................183
3. **IL CONTROLLO DELLA TEMPERATURA CORPOREA** ....184
4. **IL CONTROLLO DELLA PERDITA D'ACQUA NEGLI ANIMALI ACQUATICI** ................186
5. **L'OSMOREGOLAZIONE NEGLI ANIMALI TERRESTRI** ....187
6. **L'ELIMINAZIONE DELLE SOSTANZE DI RIFIUTO NEGLI ANIMALI** ................188
7. **L'APPARATO ESCRETORE UMANO** ................190
8. **IL MANTENIMENTO DELL'OMEOSTASI NELLE PIANTE** ................192

**DOMANDE PER IL RIPASSO** ................193
**LABORATORIO DELLE COMPETENZE** ................194
▸ BIOLOGY IN ENGLISH ................197

### RISORSE DIGITALI

- Test d'ingresso
- CIAK si impara! Il video prima della lezione
- Video Il controllo della temperatura corporea
- Video Le sostanze di rifiuto e l'ambiente

**ZTE** Altri esercizi online

## 12 I SENSI E LA TRASMISSIONE DEGLI IMPULSI NERVOSI

1. I RECETTORI SENSORIALI ...................200
2. LA TRASMISSIONE DEGLI STIMOLI ...................201
3. IL POTENZIALE DI RIPOSO ...................202
4. IL POTENZIALE D'AZIONE ...................203
5. LA PROPAGAZIONE DEL POTENZIALE D'AZIONE ...................204
6. LA TRASMISSIONE DELL'IMPULSO TRA I NEURONI ...................205
7. L'OCCHIO E LA RICEZIONE DELLA LUCE ...................206
8. L'ORECCHIO E L'UDITO ...................208
9. LA RICEZIONE DEGLI ALTRI STIMOLI ...................210
10. IL SISTEMA NERVOSO NEGLI ANIMALI ...................212
11. IL SISTEMA NERVOSO CENTRALE UMANO ...................214
12. IL SISTEMA NERVOSO PERIFERICO UMANO ...................216
13. I MESSAGGERI CHIMICI E IL SISTEMA ENDOCRINO ...................218
14. GLI ORMONI VEGETALI ...................220

DOMANDE PER IL RIPASSO ...................221
LABORATORIO DELLE COMPETENZE ...................222
▸ BIOLOGIA PER IL CITTADINO ...................225

**RISORSE DIGITALI**

- Test d'ingresso
- CIAK si impara! Il video prima della lezione
- Video La trasmissione degli stimoli
- Video I potenziali di membrana
- Video La propagazione del potenziale d'azione
- Video La trasmissione degli impulsi nervosi
- Video Le illusioni ottiche

ZTE Altri esercizi online

## 13 IL SOSTEGNO E IL MOVIMENTO

1. COME SI MUOVONO GLI ANIMALI ...................228
2. LO SCHELETRO IDROSTATICO ...................230
3. L'ESOSCHELETRO E L'ENDOSCHELETRO ...................231
4. LO SCHELETRO DEI VERTEBRATI E DEGLI ESSERI UMANI ...................232
5. GLI ARTI E LE ARTICOLAZIONI ...................234
6. COME SONO FATTE LE OSSA ...................235
7. COME SONO FATTI I MUSCOLI ...................236
8. IL SOSTEGNO NELLE PIANTE ...................238

DOMANDE PER IL RIPASSO ...................239
LABORATORIO DELLE COMPETENZE ...................240
▸ BIOLOGIA PER IL CITTADINO ...................243

**RISORSE DIGITALI**

- Test d'ingresso
- CIAK si impara! Il video prima della lezione
- Video La crescita delle ossa
- Video La contrazione muscolare

ZTE Altri esercizi online

# 14 LA RIPRODUZIONE

1. **LA RIPRODUZIONE ASESSUATA** .......................... 246
2. **LA RIPRODUZIONE SESSUATA** ............................ 247
3. **L'APPARATO RIPRODUTTORE MASCHILE** ............. 248
4. **L'APPARATO RIPRODUTTORE FEMMINILE** ........... 250
5. **LA FECONDAZIONE** ........................................... 252
6. **LO SVILUPPO EMBRIONALE** ............................... 253
7. **L'IMPIANTO DELL'EMBRIONE** ............................. 254
8. **LA GESTAZIONE E LA NASCITA** .......................... 255
9. **LA RIPRODUZIONE NELLE PIANTE** ..................... 256

**DOMANDE PER IL RIPASSO** .................................... 257
**LABORATORIO DELLE COMPETENZE** ....................... 258
  ▸ BIOLOGIA PER IL CITTADINO ................................ 261

### RISORSE DIGITALI

Test d'ingresso

CIAK si impara! Il video prima della lezione

Video Testicoli e spermatozoi
Video Ciclo ovarico e ciclo mestruale
Video Dalla fecondazione all'impianto dell'embrione

ZTE Altri esercizi online

# 15 LA VARIETÀ DELLE SPECIE

1. **CHE COS'È UNA SPECIE?** ..................................... 264
2. **LA CLASSIFICAZIONE BIOLOGICA DI LINNEO** ........ 265
3. **LA CLASSIFICAZIONE E LA FILOGENESI** ............... 266
4. **GLI ORGANISMI UNICELLULARI PROCARIOTI** ........ 268
5. **GLI ORGANISMI UNICELLULARI EUCARIOTI** .......... 269
6. **I FUNGHI** ........................................................... 270
7. **LE PIANTE** ......................................................... 272
8. **GLI INVERTEBRATI: PORIFERI, CELENTERATI, ANELLIDI, MOLLUSCHI** ........................................ 274
9. **GLI INVERTEBRATI: ARTROPODI, ECHINODERMI, CEFALOCORDATI, TUNICATI** ................................ 276
10. **I PESCI** ............................................................ 278
11. **GLI ANFIBI** ....................................................... 279
12. **I RETTILI** ......................................................... 280
13. **GLI UCCELLI** ..................................................... 281
14. **I MAMMIFERI** ................................................... 282

**DOMANDE PER IL RIPASSO** .................................... 283
**LABORATORIO DELLE COMPETENZE** ....................... 284
  ▸ BIOLOGIA PER IL CITTADINO ................................ 287

### RISORSE DIGITALI

Test d'ingresso

CIAK si impara! Il video prima della lezione

ZTE Altri esercizi online

# 16 L'EVOLUZIONE MODELLA LA BIODIVERSITÀ

1. **LE PROVE SCIENTIFICHE DELL'EVOLUZIONE** ............ 290
2. **LE PRIME IPOTESI EVOLUTIVE** ............ 292
3. **L'EVOLUZIONE PER SELEZIONE NATURALE** ............ 293
4. **L'ADATTAMENTO ALL'AMBIENTE** ............ 294
5. **EVOLUZIONE E GENETICA** ............ 295
6. **LA COMPARSA DI NUOVE SPECIE** ............ 296
7. **IL RITMO DELL'EVOLUZIONE** ............ 298
8. **L'EVOLUZIONE DELLA SPECIE UMANA** ............ 300

**DOMANDE PER IL RIPASSO** ............ 301
**LABORATORIO DELLE COMPETENZE** ............ 302
▸ BIOLOGY IN ENGLISH ............ 305

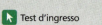 

### RISORSE DIGITALI

- Test d'ingresso
- Il video prima della lezione
- Video L'anatomia comparata
- Video I caratteri acquisiti non si trasmettono
- Video L'evoluzione per selezione naturale
- Video L'isolamento riproduttivo
- Altri esercizi online

# 17 LA BIOSFERA

1. **LE CARATTERISTICHE DEGLI ECOSISTEMI** ............ 308
2. **IL FLUSSO DI ENERGIA NEGLI ECOSISTEMI** ............ 309
3. **I CICLI DELLA MATERIA NEGLI ECOSISTEMI** ............ 310
4. **L'ECOLOGIA DELLE POPOLAZIONI** ............ 312
5. **LE COMUNITÀ ECOLOGICHE: INSIEMI DINAMICI DI POPOLAZIONI** ............ 314
6. **LE INTERAZIONI NELLE COMUNITÀ** ............ 315
7. **GLI ECOSISTEMI TERRESTRI** ............ 316
8. **GLI ECOSISTEMI ACQUATICI** ............ 318

**DOMANDE PER IL RIPASSO** ............ 319
**LABORATORIO DELLE COMPETENZE** ............ 320
▸ BIOLOGY IN ENGLISH ............ 323
▸ BIOLOGIA PER IL CITTADINO ............ 324

### RISORSE DIGITALI

- Test d'ingresso
- Il video prima della lezione
- Video Modelli di crescita delle popolazioni
- Video I fattori limitanti
- Altri esercizi online

# 0 CONOSCENZE DI BASE PER LA BIOLOGIA

Tutti gli aspetti della vita sulla Terra sono studiati scientificamente dalla **biologia**.
Nel loro lavoro i biologi applicano molte **conoscenze di base** che provengono da discipline diverse, come la matematica, la fisica, la chimica. Per esempio, per poter raccogliere i dati in modo corretto, i ricercatori devono conoscere le **grandezze** e le loro **unità di misura**, mentre per spiegare efficacemente alcuni fenomeni naturali devono conoscere le proprietà della **materia** e dell'**energia** e il modo in cui queste ultime si trasformano.

# 1. LE GRANDEZZE FISICHE

Le grandezze fisiche sono le proprietà della materia che possono essere misurate. Le grandezze estensive sono quelle che dipendono dalle dimensioni di un corpo. Le grandezze intensive non dipendono dalle dimensioni del corpo, ma esclusivamente dalla sua natura.

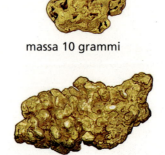
massa 10 grammi

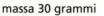
massa 30 grammi

massa 40 grammi

Per studiare la composizione e la struttura della materia e le sue trasformazioni, la chimica e le altre scienze sperimentali, come la biologia, si basano sulle **grandezze fisiche**. Una grandezza è una proprietà di un corpo che può essere misurata ed espressa mediante un numero.

La lunghezza – per esempio quella di una stanza – è una grandezza: la si può misurare con uno strumento adatto (il metro) e la si può esprimere attraverso un valore numerico. La simpatia o l'appetito, invece, non sono grandezze: possiamo esprimere un'opinione sulla simpatia di un nostro amico e possiamo dire se siamo affamati oppure no, ma non possiamo misurare la simpatia e l'appetito, né esprimerli numericamente.

Supponiamo di voler studiare un campione di oro. Potremmo innanzitutto compiere delle osservazioni qualitative – basate sui nostri sensi – come quelle che riguardano il colore o la lucentezza del campione. Ma potremmo anche compiere osservazioni quantitative, che richiedono cioè la misurazione di grandezze fisiche.

Cominciamo per esempio con il misurare le dimensioni del campione e con il pesarlo. Il volume e la massa sono grandezze che dipendono dalle dimensioni del campione (usando un campione d'oro diverso, infatti, esse cambiano).

Le grandezze che dipendono dalle dimensioni del corpo sono definite **grandezze estensive**.

I valori delle grandezze estensive possono essere sommati e sottratti tra loro. Per esempio, volendo conoscere la massa di un campione formato da due parti, si sommano le singole masse.

Alcune proprietà della materia e le grandezze che le misurano

La massa – cioè la quantità di materia che costituisce il campione – è una **grandezza estensiva**. Due campioni di un qualsiasi materiale, per esempio d'oro, hanno una certa massa. Poiché i valori delle grandezze estensive possono essere sommati, volendo conoscere la massa complessiva di un campione formato dai due campioni di partenza, è sufficiente sommare i valori delle due masse.

non dipendono dalle dimensioni del campione. Per esempio, la temperatura alla quale un cubetto d'oro fonde è esattamente la stessa alla quale si verifica la fusione di un grosso lingotto della stessa sostanza; o ancora, l'acqua bolle a 100 °C, indipendentemente dalla quantità che viene riscaldata.

Temperatura di ebollizione e temperatura di fusione sono esempi di **grandezze intensive**, che dipendono solo dalla natura del campione (cioè dal tipo di materia di cui è costituito) e non da quanto esso è «grande».

Al contrario di ciò che accade per le grandezze estensive, per determinare il valore di una grandezza intensiva di un campione costituito di più parti non è possibile sommare semplicemente i singoli valori.

Per trovare il valore di una **grandezza intensiva** di un campione costituito da due parti, non possiamo fare semplicemente la somma dei valori che si riferiscono alle singole porzioni. Per esempio, se volessimo conoscere la temperatura di un campione d'acqua ottenuto mescolando quella contenuta in due bicchieri, che si trovano a temperature diverse, non è sufficiente eseguire una somma, ma bisogna procedere con altre misurazioni.

### IMPARA A IMPARARE

- Supponiamo di voler studiare le proprietà dell'acqua contenuta in un bicchiere. Elenca le grandezze che potresti misurare, dividendole in estensive e intensive.
- Se confrontassimo 20 mL di acqua con 20 mL di olio, troveremmo differenze nelle grandezze estensive misurate? Motiva la risposta.

# 2. LE UNITÀ DI MISURA

Misurare significa confrontare una grandezza con una grandezza campione presa come riferimento. Tale grandezza si chiama unità di misura.

Misurare una grandezza significa fissare un campione di riferimento (l'**unità di misura**) e stabilire quante volte questa unità è contenuta nella grandezza che vogliamo misurare.

I campioni di riferimento sono cambiati nel tempo, grazie ai progressi compiuti dalla tecnologia.

Un esempio di questi cambiamenti è rappresentato dal **metro**, l'unità di misura della lunghezza. Dal 1791 al 1960, il campione di riferimento al quale era stata attribuita la lunghezza di 1 metro era una barra di metallo (costituita per il 90% da platino e per il 10% da iridio) resistente e inalterabile, custodita a Parigi. Da questo campione di riferimento ne sono stati ricavati altri identici, distribuiti negli altri Paesi.

Con lo sviluppo dei laser e di altre tecnologie simili, la definizione di metro è cambiata, e con essa anche il campione di riferimento. Oggi, il metro viene definito come la distanza percorsa dalla luce nel vuoto in 1/299 792 458 di secondo. Dato che la velocità della luce nel vuoto è la stessa ovunque, il metro campione può essere riprodotto fedelmente in ogni laboratorio ben attrezzato. La nuova definizione, quindi, è universale e più precisa di quella riferita alla lunghezza della barra di metallo.

Vi siete mai chiesti perché è importante utilizzare le unità di misura?

La ragione consiste nella possibilità di confrontare valori ottenuti con misurazioni diverse. Utilizzare unità di misura comuni, infatti, semplifica notevolmente i calcoli e riduce gli errori.

Quando effettuiamo la misura di una grandezza otteniamo un **valore numerico**, cioè un valore che indica di quante volte la grandezza è più grande o più piccola dell'unità di misura che è stata scelta.

Per esprimere correttamente le grandezze è necessario:
- indicare la grandezza per mezzo del suo simbolo;
- scrivere il dato numerico;
- scrivere il simbolo dell'unità di misura.

Se vogliamo indicare la lunghezza di un oggetto, per esempio, scriveremo:

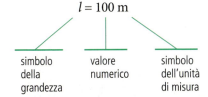

$l = 100$ m

simbolo della grandezza — valore numerico — simbolo dell'unità di misura

> **IMPARA A IMPARARE**
> Rintraccia nel testo ed elenca sul quaderno i passaggi che si compiono quando si effettua una misura.

Il **campione di riferimento** del metro era, fino al 1960, questa barra di metallo con sezione a X (forma che ne aumenta la resistenza). Corrispondeva alla decimilionesima parte della distanza fra l'Equatore e il Polo nord, misurata lungo il meridiano passante per Parigi. Sulla barra sono incise due tacche parallele: alla distanza tra questi due segni è assegnato il valore di 1 metro, alla temperatura di 0 °C (ricorda che i metalli si dilatano all'aumentare della temperatura).

Alcune ricerche biologiche richiedono la misurazione delle dimensioni degli organismi. In questa foto una piccola testuggine comune (*Testudo hermanni*) viene misurata con un *calibro*, uno strumento di precisione per misurare la lunghezza di oggetti piccoli. La misura è espressa da un **valore numerico** e dalla sua **unità di misura**, in questo caso il centimetro.

**UNITÀ 0** Conoscenze di base per la biologia

# 3. IL SISTEMA INTERNAZIONALE DELLE UNITÀ DI MISURA

Il Sistema Internazionale delle unità di misura (SI) definisce quali unità di misura devono essere utilizzate in ambito scientifico.

Nel 1960, per mettere ordine tra tutte le unità di misura utilizzate sino a quel momento, è stato istituito il **Sistema Internazionale delle Unità di misura (SI)**, valido per quasi tutti i Paesi.

Gli unici Stati in cui il SI non è stato adottato come principale o unico sistema di misurazione sono gli Stati Uniti, la Liberia e la Birmania.

La comunità scientifica ha individuato sette grandezze, considerate **grandezze fondamentali**, che trovi riportate nella tabella in basso a sinistra.

Tutte le grandezze sono indicate con un **simbolo**. A ciascuna grandezza è attribuita una propria unità di misura, anch'essa indicata con un simbolo. Le grandezze fondamentali sono:
- la lunghezza;
- la massa;
- il tempo;
- l'intensità di corrente elettrica;
- la temperatura;
- la quantità di sostanza;
- l'intensità luminosa.

Di alcune di queste grandezze parleremo in questa unità e nelle prossime; altre, come l'intensità luminosa, sono tipiche dello studio della fisica e poco usate invece per lo studio della chimica e delle scienze naturali.

Dalla combinazione algebrica (moltiplicazioni e divisioni) delle grandezze fondamentali, si ottengono le **grandezze derivate** e quindi le loro unità di misura, che vedi riportate nella tabella in basso a destra.

Per esempio, l'area di una superficie può essere calcolata a partire dalla lunghezza dei lati; oppure la velocità si ricava facendo il rapporto (la divisione) tra le due grandezze fondamentali della lunghezza e del tempo.

Le unità di misura delle grandezze derivate si ottengono nello stesso modo a partire dalle unità di misura delle grandezze fondamentali. Nei nostri esempi, l'unità di misura dell'area è il *metro quadrato* ($m^2$, cioè m × m); quella della velocità è *metri al secondo* (m/s).

---

**IMPARA A IMPARARE**

- Costruisci una tabella con i simboli delle grandezze che ti capita di usare più frequentemente nella vita di tutti i giorni. Per queste grandezze indica le unità di misura del SI con i relativi simboli.
- Riporta inoltre delle unità di misura diverse da quelle del SI che eventualmente hai usato o hai sentito nominare.

---

**GRANDEZZE FONDAMENTALI**

| GRANDEZZA FISICA | SIMBOLO DELLA GRANDEZZA | NOME DELL'UNITÀ DI MISURA | SIMBOLO DELL'UNITÀ DI MISURA |
|---|---|---|---|
| lunghezza | $l$ | metro | m |
| massa | $m$ | kilogrammo | kg |
| tempo | $t$ | secondo | s |
| intensità di corrente elettrica | $I$ | ampere | A |
| temperatura | $T$ | kelvin | K |
| quantità di sostanza | $n$ | mole | mol |
| intensità luminosa | $i_v$ | candela | cd |

**GRANDEZZE DERIVATE**

| GRANDEZZA FISICA | NOME DELL'UNITÀ DI MISURA | SIMBOLO DELL'UNITÀ DI MISURA | DEFINIZIONE DELL'UNITÀ DI MISURA SI |
|---|---|---|---|
| area | metro quadrato | $m^2$ | |
| volume | metro cubo | $m^3$ | |
| densità | kilogrammo al metro cubo | $kg/m^3$ | |
| forza | newton | N | $1\ N = 1\ kg \cdot m/s^2$ |
| pressione | pascal | Pa | $1\ Pa = 1\ N/m^2$ |
| energia, lavoro, calore | joule | J | $1\ J = 1\ N \cdot m$ |
| velocità | metri al secondo | m/s | |
| accelerazione | metri al secondo quadrato | $m/s^2$ | |
| potenza | watt | W | $1\ W = 1\ J/s$ |
| carica elettrica | coulomb | C | $1\ C = 1\ A \cdot s$ |

UNITÀ 0  Conoscenze di base per la biologia

# 4. RAGIONARE PER ORDINI DI GRANDEZZA

Quando si esprime una misura, oltre a usare l'unità di misura opportuna, può esssere necessario impiegare una potenza in base dieci o scegliere un multiplo (oppure un sottomultiplo) di tale unità.

Vi capiterà di dover quantificare dimensioni o tempi e di dover utilizzare numeri molto grandi o molto piccoli. Per esempio, le cellule più piccole sono batteri lunghi appena 0,000 000 1 m, mentre la velocità della luce nel vuoto è 300 000 000 m/s.

Entrambe le grandezze sono molto scomode da scrivere. Ma c'è un modo per condensare questi numeri sfruttando le proprietà delle **potenze** (in base dieci):

- quando l'esponente è positivo, si ha:
  $10^n = 10 \times 10 \times \ldots \times 10$ (n volte)
- quando l'esponente è zero, si ha:
  $10^0 = 1$
- quando l'esponente è negativo, si ha:
  $10^{-n} = \dfrac{1}{10^n} = 0,00\ldots 01$

(con n zeri, compreso quello prima della virgola).

Come regola empirica, il risultato di una potenza di dieci contiene un numero di zeri uguale all'esponente:

$$10^4 = 10000 \ (4 \text{ zeri})$$
$$10^{-3} = 0,001 \ (3 \text{ zeri})$$

Tutti i numeri si possono rappresentare con il prodotto di un numero compreso tra 1 e 10 e una potenza in base dieci:

$$1500 = 1,5 \times 10^3$$
$$0,05 = 5 \times 10^{-2}$$

Con questo metodo, noto come **notazione esponenziale**, la distanza media tra Terra e Sole è

$$1,496 \times 10^{11} \text{ m}$$

e la massa dell'atomo di idrogeno è invece

$$1,661 \times 10^{-27} \text{ kg}$$

In molti casi è possibile evitare di usare una notazione esponenziale, scegliendo di esprimere la misura con un multiplo o un sottomultiplo di una certa unità di misura.

Facciamo un esempio. In autostrada vi sarà capitato di leggere su un cartello che mancano alcuni kilometri a un'uscita.

Il kilometro è un **multiplo** del metro, ovvero un metro *moltiplicato* per 10 un certo numero di volte (in questo caso, 1000 metri). Ma esistono anche i **sottomultipli** delle grandezze, che sono le stesse *divise* per 10 un certo numero di volte. Multipli e sottomultipli si indicano facendo precedere un prefisso all'unità di misura fondamentale.

È frequente avere a che fare con i multipli e i sottomultipli delle unità di misura, perché consentono di usare numeri «comodi»: per esempio, scriveremo 170 km (kilometri) anziché 170 000 m (metri).

Le equivalenze tra le unità di misura e i loro multipli e sottomultipli sono regolate dalle potenze di dieci.

Per esempio, 1 km corrisponde a $10^3$ m. 1 cm (centimetro) corrisponde invece a $10^{-2}$ m, e di conseguenza 1 m corrisponde a $10^2$ cm.

Quando si parla delle dimensioni delle cellule si utilizza generalmente il *micrometro* (μm) che corrisponde a $10^{-6}$ m.

---

**IMPARA A IMPARARE**

Scrivi un glossario con i termini "in neretto" di questa pagina.

---

| POTENZA DI 10 | FRAZIONE | NUMERO | NOME |
|---|---|---|---|
| $10^{-9}$ | $\dfrac{1}{10^9}$ | 0,000 000 001 | un miliardesimo |
| $10^{-6}$ | $\dfrac{1}{10^6}$ | 0,000 001 | un milionesimo |
| $10^{-3}$ | $\dfrac{1}{10^3}$ | 0,001 | un millesimo |
| $10^{-2}$ | $\dfrac{1}{10^2}$ | 0,01 | un centesimo |
| $10^{-1}$ | $\dfrac{1}{10}$ | 0,1 | un decimo |
| $10^0$ | | 1 | uno |
| $10^1$ | | 10 | dieci |
| $10^2$ | | 100 | cento |
| $10^3$ | | 1000 | mille |
| $10^6$ | | 1 000 000 | un milione |
| $10^9$ | | 1 000 000 000 | un miliardo |

| MULTIPLO | PREFISSO | SIMBOLO |
|---|---|---|
| $10^1$ | deca- | da- |
| $10^2$ | etto- | h- |
| $10^3$ | kilo- | k- |
| $10^6$ | mega- | M- |
| $10^9$ | giga- | G- |
| $10^{12}$ | tera- | T- |

| SOTTOMULTIPLO | PREFISSO | SIMBOLO |
|---|---|---|
| $10^{-1}$ | deci- | d- |
| $10^{-2}$ | centi- | c- |
| $10^{-3}$ | milli- | m- |
| $10^{-6}$ | micro- | μ- |
| $10^{-9}$ | nano- | n- |
| $10^{-12}$ | pico- | p- |

XV

# 5. LA MASSA, IL VOLUME, LA DENSITÀ

La massa è la quantità di materia presente in un corpo. Il volume è lo spazio occupato da un corpo. La densità è definita come il rapporto tra la massa del corpo e il suo volume.

Per studiare la materia, anche quella di origine biologica, è importante conoscere alcune grandezze che la caratterizzano. La **massa**, per esempio, è una proprietà della materia che ci dà immediatamente un'idea delle caratteristiche di un corpo. La massa è definita come la quantità di materia che costituisce un corpo. È una grandezza fondamentale estensiva la cui unità di misura nel SI è il kilogrammo (kg). La massa si misura con la **bilancia a due piatti**.

Il **volume** è lo spazio occupato da un corpo; si tratta di una grandezza estensiva derivata da una lunghezza (al cubo). Nel SI la sua unità di misura è il $m^3$ ma, dato che si tratta di un'unità di misura molto grande, spesso in laboratorio si preferisce ricorrere ai suoi sottomultipli, il decimetro cubo ($dm^3$) e il centimetro cubo ($cm^3$), o anche al litro (L) e al suo sottomultiplo, il millilitro (mL).

Il SI ha stabilito che, per definizione,
$1 L = 10^{-3} m^3 = 1 dm^3 = 1000 cm^3$

Quindi, dato che 1 L = 1000 mL, allora 1000 mL = 1000 $cm^3$ e 1 mL = 1 $cm^3$.

Il rapporto tra la massa di un corpo e il suo volume costituisce la **densità** del corpo:
$$d = m/V$$

Nel SI la densità si misura in **kg/$m^3$** o in g/$cm^3$, oppure in g/L per i gas. La densità è una proprietà intensiva perché non dipende dalle dimensioni del campione, ma è caratteristica di ciascun materiale. Infatti, all'aumentare del volume di un campione la sua massa aumenta in proporzione e il rapporto tra le due grandezze resta costante. Per questo motivo, in alcuni casi, il valore della densità può risultare utile per identificare una sostanza. La densità, però, varia al variare della temperatura e della pressione (perché il volume dipende da entrambe queste grandezze). Un aumento di temperatura porta, in genere, a un aumento di volume e, di conseguenza, a una diminuzione della densità. L'acqua è tra le poche sostanze che fanno eccezione.

La pressione influenza il volume dei gas. L'aumento di pressione determina una diminuzione del volume e il conseguente aumento della densità. Quando si esprime la densità è quindi necessario specificare a quali condizioni di temperatura e pressione si riferisce. I valori di densità in genere sono riferiti alla temperatura di 20 °C e alla pressione atmosferica, cioè la pressione esercitata dall'aria al livello del mare.

> **IMPARA A IMPARARE**
> Rintraccia nella figura come si calcola il volume di un oggetto con forma regolare. Applica il metodo per calcolare il volume di un libro con dimensioni 20 cm × 23 cm × 5 cm. Esprimi ora il risultato ottenuto in litri (L).

| SOLIDI | DENSITÀ A 20 °C (g/$cm^3$) |
|---|---|
| ferro | 7,88 |
| gesso | da 0,97 a 1,25 |
| ghiaccio[1] | 0,92 |
| legno | da 0,8 a 0,9 |
| marmo | da 2,7 a 2,8 |
| oro | 19,3 |
| PVC | da 1,3 a 1,4 |
| rame | 8,9 |
| sughero | 0,21 |
| vetro | da 2,5 a 2,8 |

| LIQUIDI | DENSITÀ A 20 °C (g/$cm^3$) |
|---|---|
| aceto | 1,01 |
| acqua[2] | 1,00 |
| alcol etilico (etanolo) | 0,79 |
| benzina | 0,67 |
| benzene | 0,879 |
| petrolio | da 0,80 a 0,82 |
| mercurio | 13,6 |
| olio di oliva | 0,92 |
| sangue | 1,06 |

| GAS | DENSITÀ A 20 °C (g/L) |
|---|---|
| aria | 1,29 |
| azoto | 1,25 |
| cloro | 3,0 |
| anidride carbonica | 1,98 |
| idrogeno | 0,089 |
| ossigeno | 1,43 |

[1] valore a 0 °C    [2] valore a 4 °C

Per calcolare il volume di un oggetto di forma regolare se ne misurano le dimensioni e si applicano le regole della geometria solida. Per esempio, il volume di un parallelepipedo rettangolo è:
V = base × altezza × profondità.
Nel nostro esempio:
V = 10 cm × 5 cm × 20 cm = 1000 $cm^3$.

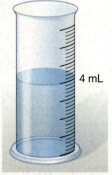

Per misurare il volume di un oggetto di forma irregolare si può procedere per differenza di volumi. Si versa dell'acqua in un cilindro graduato e si legge il volume sulla scala graduata.

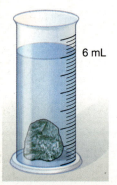

A questo punto, si immerge nell'acqua l'oggetto e si legge il nuovo valore del volume. Infine, si sottrae al valore del volume finale (acqua + oggetto) il volume iniziale (solo acqua) e si ottiene il valore del volume dell'oggetto.

# 6. L'ENERGIA

L'energia è la capacità di compiere un lavoro e, in natura, si presenta in diverse forme.

Gli organismi, compresi gli esseri umani, così come le apparecchiature che usiamo nella vita quotidiana richiedono energia per funzionare. Tutti i sistemi, infatti, a parte quelli isolati, scambiano energia con l'ambiente esterno.

L'**energia** è *la capacità di compiere un lavoro o trasferire del calore*. Il lavoro è la possibilità di spostare un corpo in una direzione in cui da solo non andrebbe ed è definito dalla formula:

$$L = F \times S$$

$$\text{lavoro} = \text{forza} \times \text{spostamento}$$

Dal punto di vista fisico, l'energia, il lavoro e il calore sono la stessa cosa e pertanto possiedono la stessa unità di misura. Nel Sistema Internazionale (SI) l'unità di misura è il joule (J) definito come:

$$1 J = 1 N \times m = \frac{1 \text{kg} \times m^2}{s^2}$$

L'energia si presenta in natura in numerose forme, tra le quali distinguere risulta spesso difficile. Tutti noi però siamo in grado di riconoscere alcune forme di energia:
- l'**energia termica** o calore;
- l'**energia cinetica**, associata agli oggetti in movimento;
- l'**energia elettrica**, dovuta al movimento delle cariche elettriche;
- l'**energia chimica**, contenuta nei legami chimici delle sostanze e l'**energia nucleare**, contenuta nel nucleo degli atomi;
- l'**energia luminosa**.

A queste forme di energia i fisici aggiungono l'**energia potenziale**, che rappresenta la capacità di un corpo di compiere un lavoro in base alla propria posizione nello spazio.

Un oggetto che si trova a una certa altezza sopra il suolo possiede una certa energia potenziale perché, se lasciato andare, cadrà a terra liberando energia cinetica (che la sua posizione potenzialmente conteneva). In quest'ottica anche l'energia chimica è una forma di energia potenziale che si trasformerà in calore o in un'altra forma di energia nel momento in cui avverrà una reazione chimica.

### IMPARA A IMPARARE
Rileggi il testo e riporta su un quaderno la definizione di energia, quella della sua unità di misura, le forme di energia che conosci e una breve descrizione di ciascuna di esse.

Una persona che trasporta uno zaino di 10 kg per 10 m compie un lavoro e pertanto consuma energia. Poiché 10 kg equivalgono a 98,1 N (il peso dello zaino è pari alla massa dello zaino stesso per l'accelerazione di gravità) il lavoro compiuto dalla persona è 98,1 N × 10 m = 981 J.

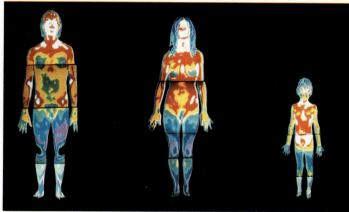

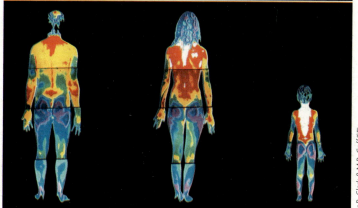

I corpi emettono energia sotto forma di calore. Nella termografia di un uomo, di una donna e di un bambino di 8 anni si distinguono le zone più fredde (in blu) da quelle più calde (in rosso).

# 7. IL CALORE, UNA FORMA DI ENERGIA

Il calore è l'energia che si trasferisce da un corpo a temperatura più alta a uno a temperatura più bassa.

Il **calore** è una forma di energia (energia termica) che si trasferisce da un corpo caldo a un altro più freddo. Quando i corpi raggiungono la stessa temperatura il trasferimento di calore cessa. Il trasferimento di calore può avvenire secondo tre modalità: per *conduzione*, per *convezione*, per *irraggiamento*. I tre processi sono descritti nella fotografia dell'iguana a lato.

La quantità di calore che un corpo trasferisce a un altro dipende dalla differenza di temperatura e dal rapporto tra la massa del corpo più caldo e la massa del corpo più freddo. Si tratta quindi di una grandezza estensiva. Nel SI l'unità di misura del calore è il **joule** (J), la stessa usata per l'energia.

Un'altra unità di misura non appartenente al Sistema Internazionale ma usata comunemente, soprattutto in biologia, è la **caloria**. La caloria è definita come la quantità di calore necessaria per riscaldare 1 g di acqua distillata da 14,5 °C a 15,5 °C. Esiste un'equivalenza tra calorie e joule:

$$1 \text{ cal} = 4,18 \text{ J}.$$

L'effetto provocato da una certa quantità di calore fornita a un corpo dipende dalla natura del corpo stesso, cioè dal tipo di materia che lo forma.

Per esempio, quando forniamo la stessa quantità di calore a 1 kg di acqua e a 1 kg di roccia con la stessa temperatura iniziale, si registrano temperature finali diverse.

Più precisamente, la quantità di calore necessaria per far aumentare di 1 K la temperatura di 1 kg di massa dipende dalla natura del corpo. Tale quantità di calore è detta **calore specifico**. Il calore specifico è la quantità di calore assorbita o ceduta da 1 kg di materiale che provoca un aumento o una diminuzione di temperatura di 1 K. Il calore specifico è una grandezza derivata. La sua unità di misura nel SI è il **J / (kg × K)**, ma si usano anche J / (g × K), J / (g × °C) e cal / (g × °C).

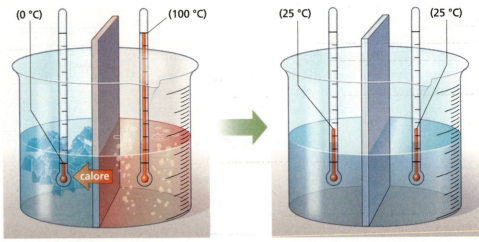

Il corpo più caldo trasferisce calore al corpo più freddo.

Quando i due corpi raggiungono la stessa temperatura il trasferimento di calore cessa.

Il riscaldamento per **irraggiamento** avviene tramite assorbimento di energia a mezzo di onde elettromagnetiche (per esempio la luce solare).

La trasmissione per **conduzione** si verifica attraverso il contatto diretto di due corpi a temperature differenti.

La **convezione** si realizza quando il calore viene trasportato da un fluido, in genere aria o acqua.

### IMPARA A IMPARARE

Rintraccia nel testo e riporta sul quaderno la definizione di calore specifico. A tuo parere il calore specifico è una grandezza che potrebbe essere utilizzata per identificare una sostanza? Motiva la risposta.

| SOSTANZA | CALORE SPECIFICO J / (g × °C) | CALORE SPECIFICO cal / (g × °C) |
|---|---|---|
| acqua | 4,18 | 1,0 |
| alluminio | 0,900 | 0,215 |
| aria | 1,00 | 0,24 |
| rame | 0,385 | 0,092 |
| piombo | 0,142 | 0,034 |
| ferro | 0,45 | 0,107 |

# 8. LE TRASFORMAZIONI DELL'ENERGIA

L'energia in un sistema isolato è costante e quindi non può essere né creata né distrutta ma solamente trasformata da una forma all'altra. In tutte le trasformazioni una parte dell'energia è persa sotto forma di calore.

Come abbiamo visto, l'energia si presenta in diverse forme: elettrica, termica, luminosa, cinetica e chimica; inoltre essa può trasformarsi da una forma all'altra.

La scienza che studia le trasformazioni energetiche si chiama **termodinamica**. Il primo e il secondo principio della termodinamica sono le due leggi fisiche fondamentali che regolano le trasformazioni dell'energia.

**1.** Il **primo principio** della termodinamica afferma che *sebbene possa essere trasformata e trasferita, l'energia presente in un sistema isolato resta costante* (quindi non si crea né si distrugge). Ricorda che si definisce sistema isolato un sistema che non può scambiare né energia né materia con l'ambiente.

**2.** Il **secondo principio** della termodinamica afferma che *nella trasformazione dell'energia da una forma in un'altra, una parte di questa energia diviene indisponibile per compiere lavoro ed è dissipata sotto forma di calore.*
Per il secondo principio quindi nessuna trasformazione avviene con un rendimento del 100% e per questa ragione siamo continuamente obbligati ad approvvigionarci di energia. Per la stessa ragione il nostro corpo si scalda quando compiamo uno sforzo, le apparecchiature elettriche si riscaldano durante il funzionamento e il motore delle automobili necessita di un impianto di raffreddamento.

Occorre distinguere le forme con cui l'energia si presenta in natura dalle **fonti di energia**, utilizzate dagli esseri umani per ricavarla. Poiché la forma di energia più richiesta e più pratica da trasferire è quella elettrica, le centrali energetiche trasformano in elettricità altre forme di energia.

Alcune fonti energetiche dipendono da fenomeni che si rigenerano in breve tempo; per questa ragione sono dette *rinnovabili*. Sono esempi di fonti rinnovabili l'energia solare, quella eolica (generata dal vento) e quella idrica (generata dall'acqua).

Tutte queste fonti sono indirettamente basate sull'attività del Sole, che mette in moto il ciclo dell'acqua e i movimenti d'aria nell'atmosfera.

Altre fonti di energia, come il petrolio e gli altri combustibili fossili, una volta esaurite non si rigenerano in breve tempo: sono fonti di energia *non rinnovabili*. Anche queste fonti di energia derivano indirettamente dal Sole perché i combustibili fossili sono costituiti da resti vegetali o animali, accumulatisi e fossilizzatisi nel corso di milioni di anni.

La maggior parte dell'energia utilizzata dagli esseri umani per le attività industriali e civili è ottenuta da fonti non rinnovabili.

La centrale mareomotrice posta sull'estuario del fiume Rance, nel nord della Francia, produce energia elettrica sfruttando l'escursione del livello del mare provocata dalle maree. È un esempio di fonte energetica rinnovabile.

I muscoli del ciclista trasformano l'energia chimica contenuta negli zuccheri in energia meccanica. Questa trasformazione comporta che una frazione dell'energia si trasformi nel calore che provoca il riscaldamento del corpo del ragazzo.

### IMPARA A IMPARARE

Costruisci una tabella a due colonne. Nella prima riporta tutte le fonti di energia rinnovabili che conosci e nella seconda tutte le fonti non rinnovabili. Per ciascuna fonte fornisci una breve descrizione.

# 9. GLI ELEMENTI CHIMICI

In natura esistono novantadue elementi chimici, sostanze semplici che non possono essere ulteriormente scomposte.

Gli **elementi chimici** sono sostanze che non possono essere scomposte in altre più semplici; essi sono costituiti da particelle tutte uguali tra loro, dette **atomi**.

Alcuni elementi sono noti sin dall'antichità e il loro nome attuale deriva dall'antico nome latino o greco. È il caso per esempio dell'argento, dal latino *argentum*, e del piombo, dal latino *plumbum*. Ad altri elementi sono stati attribuiti dei nomi che richiamano le loro proprietà fisiche o chimiche più importanti. Per esempio il cloro deve il nome al proprio colore (in greco *chloros* significa verde pallido), l'argon alla scarsa tendenza a reagire chimicamente (dal greco *argon* che significa pigro) e il cromo al fatto che forma dei composti vivacemente colorati (in greco *chroma* significa colore).

Nel caso degli elementi scoperti recentemente, si è preferito dare loro il nome di alcuni pianeti (come per l'uranio e per il nettunio), di scienziati famosi (fermio, einsteinio, curio e bohrio) oppure di nazioni e continenti (francio, germanio, europio e americio).

A tutt'oggi sono noti 118 elementi chimici, 24 dei quali sono stati prodotti esclusivamente in laboratorio e per questo sono detti **elementi artificiali**. In futuro il loro numero potrebbe aumentare in quanto, attraverso particolari reazioni nucleari, possono formarsi nuovi elementi.

Nella tabella gli elementi sono elencati in base all'anno di scoperta; a ciascun elemento è associato il proprio **simbolo chimico**, cioè un'abbreviazione che lo rappresenta universalmente:

- nella maggior parte dei casi, il simbolo deriva dalla *lettera iniziale* – scritta sempre con carattere maiuscolo – del nome antico dell'elemento (per esempio H per l'idrogeno, C per il carbonio ecc.);
- in altri casi, il simbolo è composto da due lettere. Per questi elementi la prima lettera viene scritta in maiuscolo mentre la successiva in minuscolo (per esempio He per l'elio, Zn per lo zinco).

Molti elementi hanno un simbolo che richiama il nome italiano, ma non è una regola. Esistono parecchi elementi, infatti, il cui simbolo non ha niente a che vedere con il nome italiano: per esempio il potassio ha come simbolo K, in quanto il simbolo deriva dal nome latino *kalium*; il rame ha simbolo Cu dato che il suo nome latino è *cuprum*.

La lettura dei simboli chimici deve essere effettuata sempre pronunciando una lettera alla volta, per esempio il simbolo del ferro (Fe) si legge «effe-e»; il simbolo del cobalto (Co) si legge «ci-o».

### IMPARA A IMPARARE

Scrivi il nome e il simbolo chimico di 10 elementi a tua scelta. Per ciascuno pronuncia poi il nome ad alta voce, seguendo le regole di lettura indicate nel testo.

| ELEMENTO | SIMBOLO | ANNO DI SCOPERTA | ELEMENTO | SIMBOLO | ANNO DI SCOPERTA |
|---|---|---|---|---|---|
| Carbonio | C | antichità | Sodio | Na | 1807 |
| Zolfo | S | antichità | Potassio | K | 1807 |
| Ferro | Fe | antichità | Boro | B | 1808 |
| Rame | Cu | antichità | Magnesio | Mg | 1808 |
| Argento | Ag | antichità | Calcio | Ca | 1808 |
| Stagno | Sn | antichità | Stronzio | Sr | 1808 |
| Oro | Au | antichità | Bario | Ba | 1808 |
| Mercurio | Hg | antichità | Iodio | I | 1811 |
| Piombo | Pb | antichità | Litio | Li | 1817 |
| Zinco | Zn | XV secolo | Cadmio | Cd | 1817 |
| Arsenico | As | XV secolo | Selenio | Se | 1818 |
| Antimonio | Sb | XV secolo | Silicio | Si | 1824 |
| Fosforo | P | 1669 | Alluminio | Al | 1825 |
| Cobalto | Co | 1737 | Bromo | Br | 1820 |
| Platino | Pt | 1748 | Torio | Th | 1828 |
| Nichel | Ni | 1751 | Vanadio | V | 1830 |
| Bismuto | Bi | 1753 | Lantanio | La | 1839 |
| Idrogeno | H | 1766 | Rubidio | Rb | 1860 |
| Azoto | N | 1772 | Cesio | Cs | 1860 |
| Ossigeno | O | 1774 | Gallio | Ga | 1875 |
| Cloro | Cl | 1774 | Fluoro | F | 1886 |
| Manganese | Mn | 1774 | Germanio | Ge | 1886 |
| Molibdeno | Mo | 1782 | Argon | Ar | 1894 |
| Tellurio | Te | 1783 | Elio | He | 1895 |
| Tungsteno | W | 1783 | Neon | Ne | 1898 |
| Zirconio | Zr | 1789 | Kripton | Kr | 1898 |
| Uranio | U | 1789 | Xeno | Xe | 1898 |
| Titanio | Ti | 1791 | Polonio | Po | 1898 |
| Berillio | Be | 1797 | Radio | Ra | 1898 |
| Cromo | Cr | 1798 | Attinio | Ac | 1899 |
| Rodio | Rh | 1803 | Radon | Rn | 1900 |
| Iridio | Ir | 1804 | Protoattinio | Pa | 1917 |

Si ritiene che gli **elementi esistenti in natura** siano 92. Nella tabella sono riportati i più comuni, ordinati in base alla data di scoperta.

# 10. LA TAVOLA PERIODICA DEGLI ELEMENTI

La tavola periodica riporta gli elementi chimici ordinati in gruppi e periodi in base alle loro proprietà.

Gli elementi chimici conosciuti sono in genere rappresentati in uno schema noto come **tavola periodica degli elementi**. Questo sistema di ordinamento venne ideato nel 1869 dal chimico russo Dimitrij Mendeleev il quale, pur conoscendo solo una parte degli elementi oggi noti, riconobbe negli elementi alcune proprietà fisiche e chimiche ricorrenti, dette appunto «periodiche». Mendeleev intuì che alcuni elementi non erano ancora stati scoperti e lasciò pertanto degli spazi vuoti sulla sua tavola periodica. Egli si spinse a descrivere anche le proprietà degli elementi allora sconosciuti e le successive scoperte confermarono le sue previsioni.

Nella tavola periodica gli elementi sono ordinati in colonne verticali, dette **gruppi**. I gruppi risultano particolarmente importanti per la classificazione dato che gli elementi che appartengono ad uno stesso gruppo mostrano tra loro delle proprietà chimiche molto simili. Per esempio tutti gli elementi del primo gruppo a sinistra reagiscono vivacemente se messi a contatto con l'acqua.

Le righe orizzontali della tavola periodica sono invece chiamate **periodi**. Le proprietà all'interno di un periodo sono meno marcate rispetto a quelle che caratterizzano i gruppi, ma ugualmente si notano importanti tendenze. Per esempio muovendosi da sinistra verso destra all'interno di un periodo aumentano le dimensioni e la massa degli atomi che costituiscono gli elementi.

> **IMPARA A IMPARARE**
>
> Scegli 12 elementi a caso dalla tavola periodica. Per ciascun elemento riporta il simbolo, il periodo e il gruppo di appartenenza.

**NELLE RISORSE DIGITALI**

▶ Video La tavola periodica

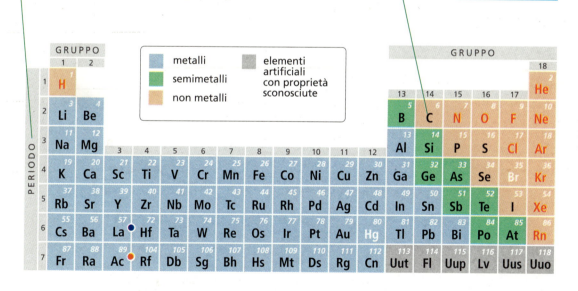

I **periodi** sono sette e sono indicati da un numero. Per individuare un certo elemento è possibile fornire le *coordinate chimiche*, ovvero indicare il gruppo e il periodo dell'elemento stesso: per esempio dicendo «5° periodo – 11° gruppo» si individua l'argento.

Gli elementi il cui simbolo è scritto in nero si presentano solidi in condizioni normali (temperatura ambiente e pressione atmosferica), quelli scritti in bianco sono liquidi, mentre quelli in rosso si presentano gassosi.

La moderna tavola periodica comprende 18 **gruppi**, ciascuno indicato con un numero. Fino al 1983 erano utilizzati i numeri romani e si indicavano solo 8 gruppi: i primi 2 a sinistra e gli ultimi 6 a destra.

# 11. ATOMI, MOLECOLE E IONI

La materia è formata da particelle piccolissime chiamate atomi. Gli atomi si legano tra loro a formare le molecole. In alcuni casi gli atomi possono trasformarsi in particelle dotate di carica elettrica, chiamate ioni.

Abbiamo detto che la materia è costituita da atomi e che in natura esistono 92 tipi di atomi, ciascuno dei quali corrisponde a un elemento chimico. Non ci resta che scoprire come sono fatti gli atomi.

Gli atomi sono costituiti da particelle ancora più piccole:
- i **protoni**;
- i **neutroni**;
- gli **elettroni**.

Protoni e neutroni hanno una massa simile ($1,67 \times 10^{-27}$ kg) e diversa carica elettrica: il protone ha carica positiva unitaria, mentre il neutrone ha carica nulla. Gli elettroni hanno invece una carica unitaria come i protoni, ma di segno negativo, e una massa molto più piccola ($9,1 \times 10^{-31}$ kg).

Poiché l'atomo nel suo complesso è elettricamente neutro, protoni ed elettroni devono essere presenti in egual numero. Questo numero è caratteristico di tutti gli atomi di un elemento, si chiama **numero atomico** e si indica con Z. Per esempio, tutti gli atomi di idrogeno hanno un solo protone e un solo elettrone (Z = 1); tutti gli atomi di carbonio hanno 6 protoni e 6 elettroni (Z = 6).

Il numero di protoni sommato a quello dei neutroni costituisce il **numero di massa atomica** (che viene indicato con A). Atomi di uno stesso elemento (quindi con numero atomico uguale) possono avere un diverso numero di massa: questi atomi sono detti **isotopi**.

Protoni e neutroni compongono il nucleo dell'atomo, mentre gli elettroni si muovono attorno, in regioni di spazio chiamate *orbitali*. Ogni orbitale può ospitare un numero ben preciso di elettroni. Il primo orbitale (quello più interno) può contenere al massimo due elettroni, tutti gli altri ne possono ospitare al massimo 8 (*regola dell'ottetto*).

Gli elettroni di un atomo occupano prima gli orbitali più vicini al nucleo: più è alto il numero atomico, più orbitali vengono riempiti.

### IMPARA A IMPARARE
Compila un glossario con i termini che trovi scritti in neretto in questo paragrafo.

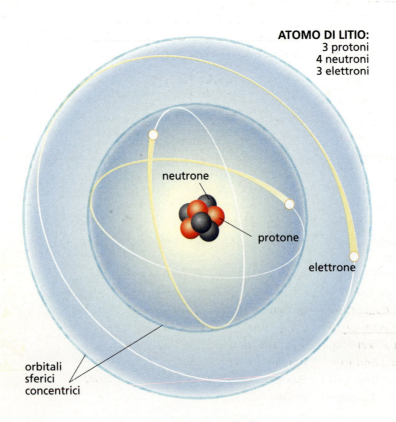

**ATOMO DI LITIO:**
3 protoni
4 neutroni
3 elettroni

*QUANDO RAGGIUNGONO L'OTTETTO → SONO GAS NOBILI*

## ■ Le molecole e il legame covalente

Guardandoci intorno osserviamo un numero enorme di sostanze diverse, ben più numerose degli elementi di cui abbiamo parlato. Per giustificare questa varietà è necessario ipotizzare che gli atomi si possano legare tra loro per formare nuove entità: le **molecole**. Una molecola può essere formata da due o più atomi di uno stesso elemento o da due o più atomi di elementi diversi. In questo caso gli elementi sono presenti nella stessa proporzione in tutte le molecole di una certa sostanza: tutte le molecole d'acqua, per esempio, sono formate da due atomi di idrogeno e da uno di ossigeno. Per scrivere la formula chimica di una molecola si usano i simboli degli elementi che la compongono accompagnati dal numero di atomi presenti. Nel caso dell'acqua scriveremo $H_2O$.

Nelle molecole gli atomi sono uniti da un **legame covalente** nel quale mettono in comune una o più coppie di elettroni. Perché lo fanno? Formando un legame gli atomi diventano più stabili. Per ragioni che hanno a che fare con la struttura interna dell'atomo, la stabilità massima è raggiunta quando l'orbitale più esterno è completo, ossia contiene il numero massimo di elettroni che può ospitare. L'idrogeno, per esempio, ha un solo elettrone nell'orbitale più esterno, il primo, e ha quindi bisogno di un altro elettrone per completarlo; il cloro ha 7 elettroni nell'orbitale più esterno e ha quindi bisogno di un elettrone per completare l'ottetto. Nella molecola HCl entrambi gli atomi mettono dunque in comune un elettrone dell'orbitale più esterno per raggiungere la stabilità. Il legame covalente può essere **semplice**, **doppio** o **triplo** in base al fatto che gli atomi condividano una, due o tre coppie di elettroni.

Nella formazione di un legame covalente possono verificarsi due casi:

- gli elettroni di legame sono attirati in misura diversa dai nuclei dei due atomi. La carica elettrica degli elettroni si accumula a una delle estremità e la molecola viene allora definita **polare**;
- la carica elettrica degli elettroni di legame si distribuisce in modo uniforme intorno ai nuclei dei due atomi. La molecola che si forma è allora detta **apolare**.

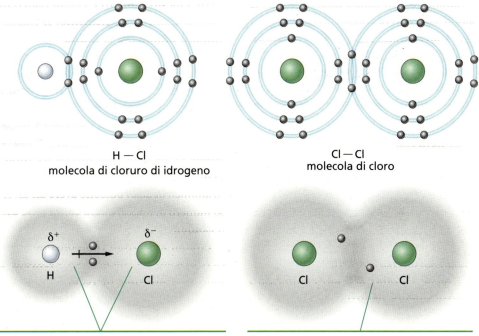

H — Cl
molecola di cloruro di idrogeno

Cl — Cl
molecola di cloro

Il legame tra l'idrogeno e il cloro nella molecola HCl è **polare**. Talvolta, per indicare che sul cloro si addensa la carica negativa degli elettroni si utilizza la lettera greca «delta» seguita dal segno «meno» ($\delta^-$); analogamente, per indicare la parziale positività dell'idrogeno si utilizza il simbolo $\delta^+$.
La freccia tra i due nuclei sta a indicare che gli elettroni di legame si spostano verso il nucleo che contiene più protoni e quindi li attira maggiormente.

Il legame tra atomi identici, per esempio i due atomi di cloro nella molecola $Cl_2$, è **apolare**.

## ■ Gli ioni e i legami ionici

Alcuni atomi – interagendo con un altro atomo o con una fonte di energia – perdono o acquistano uno o più elettroni per avere l'orbitale più esterno completo.

Perdendo o acquistando elettroni l'atomo diventa elettricamente carico e si trasforma in uno **ione**. Uno ione negativo, o **anione**, possiede uno o più elettroni in più rispetto a quelli previsti dal numero atomico; uno ione positivo, o **catione**, ha elettroni in meno rispetto al numero atomico.

Ioni di carica opposta si attraggono reciprocamente e il risultato di questa *interazione elettrostatica* è la formazione di un **legame ionico**.

Il sale da cucina (cloruro di sodio, NaCl) è un composto ionico: l'atomo di sodio cede un elettrone al cloro e si trasforma in uno ione positivo ($Na^+$). Il cloro, acquistando l'elettrone, diventa uno ione $Cl^-$. Tra il catione $Na^+$ e l'anione $Cl^-$ si esercita un'attrazione elettrostatica per cui ogni ione si circonda di altri di carica opposta formando una struttura ordinata, detta *reticolo cristallino*.

**RETICOLO CRISTALLINO DEL CLORURO DI SODIO**

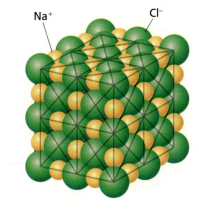

$Na^+$   $Cl^-$

XXIII

# 12. SOSTANZE PURE E MISCUGLI

La materia può essere formata da una sostanza pura (elemento o composto) o da un miscuglio di due o più sostanze diverse.

Il mondo naturale è costituito da un numero enorme di sostanze diverse, che difficilmente si presentano in forma pura.

Un materiale è detto *puro* quando è costituito da una singola sostanza. Il concetto di **sostanza pura** è però un'astrazione. Per esempio, il rame che viene usato per i fili elettrici è puro al 99,97%. Anche se dal punto di vista pratico viene considerato rame «puro», comunque contiene lo 0,03% di altre sostanze. L'acqua pura è quella che comunemente viene detta acqua distillata: è stata purificata attraverso il processo di distillazione che ha permesso di allontanare sali, gas e altre sostanze che normalmente sono presenti nell'acqua. Il rame e l'acqua, pur essendo entrambe sostanze pure, sono chimicamente molto diverse:

- il rame è un **elemento**, cioè è *una sostanza che non può essere scomposta in sostanze più semplici*.
- L'acqua è un **composto**, cioè è *una sostanza costituita da elementi combinati tra loro chimicamente*.

Generalmente, la materia non si presenta pura ma in **miscugli** di sostanze differenti. I miscugli sono costituiti da una mescolanza di due o più sostanze.

Un miscuglio differisce da un composto poiché i suoi componenti non sono elementi combinati chimicamente.

Un miscuglio molto semplice da ottenere è quello costituito da sale da cucina e acqua. I cristalli di sale si sciolgono nell'acqua e non sono più visibili, nemmeno usando un microscopio. Il miscuglio di sale e acqua è uniforme e, all'interno dell'acqua, non si notano zone con colore o proprietà differenti. In questo caso i chimici dicono che *il sistema è formato da una sola fase* (si dice **fase** una porzione di materia che ha proprietà intensive uniformi). I miscugli che presentano le stesse proprietà in tutte le loro parti e sono costituiti da una sola fase sono detti **miscugli omogenei**.

Tutte le *soluzioni*, come quella tra acqua e sale, sono miscugli omogenei. Anche le bevande alcoliche (come il vino) sono miscugli omogenei tra alcol etilico, acqua e altre sostanze in quantità minore. L'acqua, essendo il componente più abbondante, è il *solvente*, mentre l'alcol, meno abbondante, è il *soluto*.

Oltre ai miscugli omogenei, esistono anche miscugli in cui le differenti componenti sono separate e distinguibili a occhio nudo (o in alcuni casi al microscopio) e le loro proprietà non sono omogenee. In questo caso il sistema è formato da due o più fasi. I miscugli di questo tipo vengono chiamati **miscugli eterogenei**.

Esistono numerosi esempi di miscugli eterogenei: la maggior parte delle rocce è un miscuglio eterogeneo tra minerali diversi; in alcuni casi i minerali sono visibili, per esempio nel granito, mentre in altri casi sono di dimensioni microscopiche. Esistono anche miscugli eterogenei le cui fasi sono in stati di aggregazione diversi, come per esempio le bevande gassate.

> **IMPARA A IMPARARE**
> Rintraccia nel testo e riporta sul quaderno le definizioni di elemento, composto e miscuglio. Per ciascuna definizione fornisci quindi un esempio.

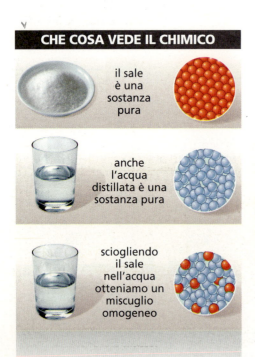

**CHE COSA VEDE IL CHIMICO**
- il sale è una sostanza pura
- anche l'acqua distillata è una sostanza pura
- sciogliendo il sale nell'acqua otteniamo un miscuglio omogeneo

Il granito è una roccia formata da un miscuglio di minerali tra i quali è possibile distinguere il quarzo (granuli grigi traslucidi), l'ortoclasio (grossi cristalli rosa) il plagioclasio (cristalli bianchi) e la mica (cristalli nerastri).

La birra è una bevanda gassata, cioè che contiene disciolta una certa quantità di gas. Versandola in un bicchiere i gas si concentrano nella porzione più superficiale formando la schiuma. Le schiume sono per l'appunto dei miscugli tra liquidi e gas in cui la quantità di gas è elevata.

# 13. TRASFORMAZIONI CHIMICHE E FISICHE DELLA MATERIA

La materia può andare incontro a trasformazioni che ne modificano la composizione chimica (trasformazioni chimiche) o trasformazioni che non ne alterano la natura (trasformazioni fisiche).

Le sostanze possono essere distinte sulla base di **proprietà fisiche** come la forma, il colore e la lucentezza. Ma esse possiedono anche **proprietà chimiche**, come la reattività nei confronti di altre sostanze: per esempio, i minerali di ferro a contatto con l'ossigeno formano la ruggine.

Vi sono perciò *trasformazioni fisiche*, che intervengono sulle proprietà fisiche e non alterano la composizione chimica della sostanza, e *trasformazioni chimiche*, in cui cambia la composizione chimica delle sostanze coinvolte e si ha quindi la formazione di nuove sostanze.

Sono **trasformazioni fisiche** tutti i cambiamenti di forma e volume che una sostanza subisce se viene riscaldata o se viene sottoposta a variazioni della pressione.

Per esempio, possiamo dividere una roccia secondo le sue caratteristiche morfologiche (in lamine, blocchi cubici ecc.) senza che essa cambi natura.

Le **trasformazioni chimiche** sono *processi durante i quali una o più sostanze scompaiono e contemporaneamente si formano una o più nuove sostanze*.

Le trasformazioni chimiche sono comunemente chiamate **reazioni chimiche**.

La combustione della legna in un caminetto, la formazione dello yogurt a partire dal latte, la ruggine che si forma su un pezzo di ferro sono alcuni esempi di trasformazioni chimiche.

Distinguere una trasformazione chimica da una trasformazione fisica non è sempre facile. Esiste però una serie di cambiamenti che ci possono indicare che è avvenuta o sta avvenendo una reazione chimica. Eccone alcuni.

**1.** Se osserviamo un cambiamento di colore è avvenuta una trasformazione chimica. Quando si spreme il succo di limone nel tè, quest'ultimo diventa più chiaro: l'acido citrico contenuto nel limone ha infatti reagito con alcune sostanze contenute nel tè, che si sono trasformate in altre sostanze (di colore diverso).

**2.** Se osserviamo la comparsa di una sostanza gassosa è avvenuta una trasformazione chimica. Se si versa una goccia di acido solforico su un minerale costituito da carbonati (per esempio il marmo), si osserva un'effervescenza: le bollicine sono dovute al diossido di carbonio, un gas prodotto dalla reazione tra carbonato e acido.

**3.** Se si verifica la formazione di un solido (non a causa di una variazione della temperatura) è probabile che sia avvenuta una trasformazione chimica in cui la sostanza solida compare tra i prodotti. È il caso del calcare che si deposita all'interno degli elettrodomestici o intorno ai rubinetti.

**4.** Se si verifica un aumento o una rapida diminuzione di temperatura, è probabile che ci sia stata una trasformazione chimica. Per esempio, il ghiaccio istantaneo che si compra in farmacia genera un abbassamento di temperatura grazie a una reazione che avviene assorbendo calore.

> **IMPARA A IMPARARE**
>
> Elenca le principali osservazioni che si possono fare per individuare una trasformazione fisica e quelle che invece individuano una trasformazione chimica.

La luce prodotta da una lampadina deriva da una **trasformazione fisica**. Il filamento di tungsteno, attraversato da una corrente elettrica, si surriscalda diventando incandescente ed emettendo luce, senza però che la sua natura chimica subisca trasformazioni.

| trasformazioni fisiche | trasformazioni chimiche |
|---|---|
| evaporazione dell'acqua | combustione del gas domestico |
| magnetizzazione di un ago con la calamita | formazione di ruggine sugli oggetti di ferro |
| montare il bianco d'uovo | cottura di un uovo |

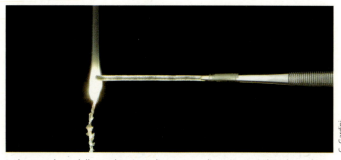

La luce prodotta dalla combustione di un nastro di magnesio è il risultato di una **trasformazione chimica**. La combustione è una trasformazione chimica che provoca il consumo del magnesio e la produzione di una nuova sostanza, l'ossido di magnesio. La reazione chimica inoltre produce luce e calore.

# DOMANDE PER IL RIPASSO

**ALTRI ESERCIZI SU ZTE ONLINE**

## PARAGRAFO 1

1. Accanto a ciascuna grandezza scrivi se si tratta di una grandezza intensiva (I) o estensiva (E).

A massa ...............
B peso ...............
C lunghezza ...............
D densità ...............
E velocità ...............
F energia ...............
G volume ...............
H area ...............
I tempo ...............
J quantità di sostanza ...............

## PARAGRAFO 2

2. Che cosa significa misurare una grandezza?
3. Che cos'è un'unità di misura?

## PARAGRAFO 3

4. Scrivi accanto a ciascuna grandezza il simbolo che la rappresenta e il simbolo della sua unità di misura nel SI.

Lunghezza ............... ...............
Massa ............... ...............
Volume ............... ...............
Tempo ............... ...............
Temperatura ............... ...............

## PARAGRAFO 4

5. Ordina dalla più grande alla più piccola queste grandezze.

A Raggio del Sole, $10^6$ km ...........
B Distanza media tra gli atomi di un diamante, $10^{-10}$ m ...........
C Dimensione dei batteri, $10^{-7}$ m
D Larghezza di una mano, 10 cm ...........

## PARAGRAFO 5

6. Qual è il volume di un oggetto di massa 30 g e densità 1,5 g/cm³?

A 20 cm³.
B 30 cm³.
C 1,5 g.
D 45 cm³.

## PARAGRAFO 6

7. Elenca le diverse forme di energia.

A ENERGIA CINETICA
B ENERGIA ELETTRICA
C ENERGIA CHIMICA
D ENERGIA NUCLEARE
E ENERGIA TERMICA

## PARAGRAFO 7

8. Come avviene il trasferimento di calore?
CONDUZIONE, CONVEZIONE e IRRAGGIAMENTO

## PARAGRAFO 8

9. Enuncia il secondo principio della termodinamica. PARTE DI ENERGIA VIENE PERSA SOTTOFORMA DI CALORE
10. Definisci il termine rendimento.

## PARAGRAFO 9

11. Il simbolo degli elementi chimici deriva dal nome italiano degli elementi stessi. V [F]
12. Effettua l'esatto accoppiamento tra l'elemento e il suo simbolo chimico collegandoli con una freccia.

A Argento    I N
B Alluminio    II Hg
C Azoto    III Au
D Oro    IV Sn
E Stagno    V Al
F Mercurio    VI Ag

## PARAGRAFO 10

13. Quanti periodi ci sono sulla tavola periodica?

A 2.
B 7.
C 8.
D 18.

14. Quali proprietà hanno in comune gli elementi di uno stesso gruppo? CHIMICHE

## PARAGRAFO 11

15. Considera due atomi che possiedano rispettivamente 8 protoni e 10 protoni. Questi atomi:

A sono dello stesso elemento.
B sono sicuramente di elementi diversi.
C non ci sono dati sufficienti per rispondere.

## PARAGRAFO 12

16. Qual è la formula più comune in cui la materia si presenta?

A Miscuglio.
B Composto.
C Elemento.
D Soluzione.

## PARAGRAFO 13

17. Elenca quali fenomeni possono indicare che è in corso una reazione chimica.

A CAMBIAMENTO COLORE
B COMPARSA DI SOSTANZA GASSOSA
C FORMAZIONE DI UN SOLIDO
D AUMENTO (DIMINUZIONE DELLA TEMPERATURA

# 1 GRANDI IDEE DELLA BIOLOGIA

Tutti gli aspetti della **vita** sulla Terra – dalle forme che assume, alla distribuzione sul pianeta fino alle sue origini – sono studiati dalla **biologia**.
Gli esseri viventi sono accomunati dal fatto di essere formati da cellule, piccole unità in grado di trasformare l'energia, di riprodursi e di rispondere agli stimoli provenienti dall'ambiente esterno. I biologi, quindi, studiano le cellule, ma si occupano anche di tutti gli altri livelli di complessità che caratterizzano la vita, dalle molecole organiche fino al livello più complesso, l'**ecosistema**.
Un'altra caratteristica importante degli organismi è la loro capacità di cambiare nel tempo, generazione dopo generazione, in un processo chiamato **evoluzione**.
È stata l'evoluzione a modellare la grande varietà di forme di vita presenti sul pianeta: una **biodiversità** che dobbiamo salvaguardare nell'interesse di tutti.

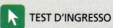 TEST D'INGRESSO

**Guarda il video che presenta gli argomenti dell'unità.**

Per ciascuna idea presentata nel video annota una o due parole chiave che ti permettano di ripeterne il contenuto essenziale.

# 1. GLI ESSERI VIVENTI POSSIEDONO CARATTERISTICHE TIPICHE

Le caratteristiche che permettono di definire gli esseri viventi sono il metabolismo, il materiale genetico, la membrana cellulare e la capacità di cambiare nel tempo.

Come si riconosce un essere vivente da un oggetto? La maggior parte delle persone risponde a questa domanda avendo in mente come modello di organismo il proprio cane, un gatto, un essere umano: nella loro idea, l'essere in questione, per poter essere definito *vivente*, deve nascere, nutrirsi, respirare, muoversi, riprodursi, morire.

Alcune di queste funzioni sono effettivamente comuni a tutti gli organismi, ma altre sono chiaramente il risultato di un pensiero riferito a un animale, tutt'al più a una pianta: esistono organismi che non si muovono affatto e altri che si riproducono semplicemente dividendosi in due individui figli. In questo caso non si verifica una vera nascita, né la morte del genitore.

Gli scienziati, che nel loro lavoro tengono conto di tutti gli organismi, riducono a quattro le caratteristiche principali che contraddistinguono gli esseri viventi: un oggetto che non le possieda tutte contemporaneamente non potrà essere considerato un organismo.

**1.** Per prima cosa un organismo è in grado di fabbricare e riciclare i suoi costituenti e per farlo ha bisogno di trasformare l'energia che ricava dall'ambiente che lo circonda. I biologi descrivono queste funzioni con il termine **metabolismo**.

**2.** Un'altra caratteristica comune a tutti gli organismi è il **materiale genetico**, una specie di «libretto di istruzioni» della vita. La forma, l'aspetto, le dimensioni e le funzioni di un individuo sono scritte in questo libretto. Gli organismi, riproducendosi, trasmettono il materiale genetico alla prole, che pertanto risulta somigliante agli organismi che l'hanno generata.

**3.** Tutti gli organismi possiedono una superficie che delimita le entità di cui sono costituiti, le *cellule*. Se non ci fosse questa superficie *semipermeabile*, detta **membrana cellulare**, non potremmo neanche stabilire il confine tra l'organismo e l'ambiente che sta fuori.

**4.** A queste caratteristiche, qualsiasi biologo ne aggiungerebbe un'altra: gli organismi cambiano nel tempo sotto la pressione dell'ambiente, cioè **evolvono** secondo il meccanismo proposto dallo scienziato Charles Darwin alla fine dell'Ottocento.

Finalmente ora siamo in grado di dare una definizione scientifica di **vita**. *Un organismo vivente è un sistema in grado di automantenersi, capace di evoluzione darwiniana.*

Questa definizione di organismo esclude dal mondo dei viventi i *virus*, gli agenti responsabili di molte malattie che colpiscono gli esseri umani, come il morbillo e la rosolia. I *virus* sono particelle dalla struttura molto semplice: non sono formati da cellule, come gli organismi, ma possiedono un rivestimento che racchiude una certa quantità di materiale genetico. Per potersi replicare, i virus entrano nelle cellule ospiti, si impadroniscono del loro sistema genetico e le forzano a produrre copie di sé e delle molecole che li costituiscono. In altre parole, i virus non sono in grado di automantenersi.

> **IMPARA A IMPARARE**
> - Sottolinea le quattro caratteristiche degli esseri viventi.
> - Sottolinea con un colore diverso la definizione di vita. Analizza parola per parola questa definizione. Ritieni che essa tenga conto di tutte le caratteristiche dei viventi? Motiva la risposta.

> **NELLE RISORSE DIGITALI**
> - Esercizi interattivi
> - Mappa del paragrafo

Gli esseri viventi, indipendentemente dalle loro dimensioni, sono in grado di automantenersi attraverso il metabolismo e di riprodursi.

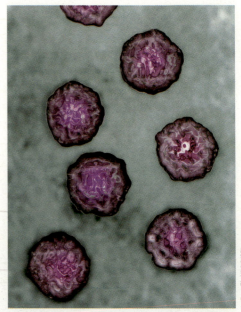

Il virus responsabile della poliomielite, una grave malattia, si riproduce solo all'interno delle cellule umane; quindi non è considerato un essere vivente.

# 2. LA CELLULA È L'UNITÀ DI BASE DELLA VITA

Tutti gli esseri viventi sono costituiti da cellule, cioè da piccole unità strutturali e funzionali che possiedono tutte le caratteristiche tipiche degli organismi. Ogni cellula deriva da un'altra cellula preesistente.

Il nome *cellula* deriva dal latino e significa «piccola camera». L'uso di questo termine in biologia si deve allo scienziato inglese Robert Hooke che nel 1665, osservando al microscopio un campione di sughero, scoprì che esso era costituito da minuscole unità, la cui struttura ricordava quella delle celle destinate ai monaci in convento. Hooke calcolò che ogni centimetro quadrato di sughero conteneva quasi 200 milioni di queste piccole celle.

Le cellule sono in effetti molto piccole: sebbene esistano anche cellule visibili ad occhio nudo, come le uova di uccello, la maggior parte presenta dimensioni inferiori a un decimo di millimetro. All'interno di questo piccolissimo spazio esiste un'attività frenetica dovuta alla presenza di migliaia di molecole diverse.

Le osservazioni di Hooke e altre compiute successivamente portarono alla formulazione della **teoria cellulare**. Essa afferma che tutti gli esseri viventi sono formati da una sola o da più cellule, a seconda che si tratti di organismi **unicellulari** o **pluricellulari**, e che ogni cellula deriva da un'altra. Per esempio, si stima che il corpo umano sia costituito da circa $10^{13}$ cellule: derivano tutte da una singola cellula che si forma al momento della fecondazione dall'unione dello spermatozoo paterno e della cellula uovo materna.

Tutte le cellule possiedono le seguenti caratteristiche generali:
- sono delimitate da una *membrana* che le separa dall'ambiente circostante;
- il loro interno è formato da una sostanza semiliquida, detta *citoplasma*;
- contengono il *materiale ereditario* che dirige le attività della cellula e la sua riproduzione.

Nonostante queste caratteristiche comuni, le cellule non sono tutte uguali e presentano un'estrema *differenziazione*. In particolare, la forma delle cellule è strettamente connessa alla funzione che esse svolgono all'interno di un organismo.

> **IMPARA A IMPARARE**
> Individua nel testo le caratteristiche comuni a tutte le cellule.

**NELLE RISORSE DIGITALI**
- Esercizi interattivi
- Mappa del paragrafo

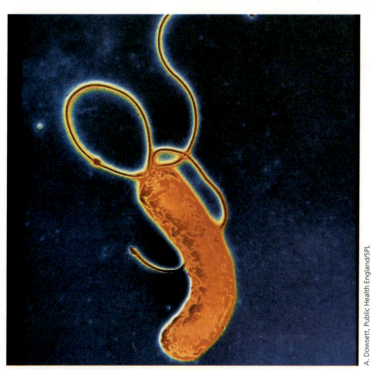

In questa immagine è visibile il batterio *Helicobacter pylori*. È un organismo **unicellulare** che può essere presente nell'apparato digerente umano.

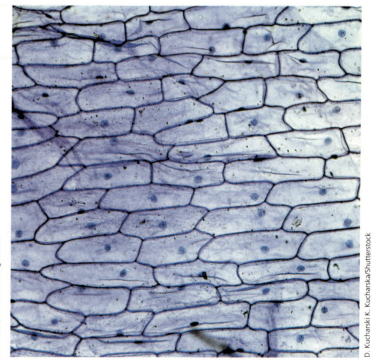

Tra gli strati di una cipolla è presente una pellicina, l'epidermide, che al microscopio rivela la sua natura **pluricellulare**: ogni celletta costituisce una cellula.

# 3. LA VITA È ORGANIZZATA IN DIVERSI LIVELLI DI COMPLESSITÀ

La vita sulla Terra è un sistema complesso in cui si riconoscono diversi livelli di organizzazione, a partire dal livello molecolare fino a quello di ecosistema.

Per mettere ordine nella complessità della vita sulla Terra, i biologi riconoscono e studiano diversi **livelli di organizzazione**.

Le **molecole** sono il primo livello strutturale indagato dalla biologia. Ci possono essere piccole molecole inorganiche (come l'acqua) e *macromolecole* organiche (come le proteine). Le macromolecole sono le principali componenti delle cellule.

La **cellula** è l'unità fondamentale della vita e rappresenta un altro dei suoi livelli di organizzazione. Negli organismi pluricellulari le cellule possono associarsi in **tessuti**, costituiti da più cellule simili che cooperano tra loro. I tessuti a loro volta si organizzano a formare gli **organi**, che collaborano nelle loro funzioni costituendo gli **apparati** (o sistemi).

Un essere vivente è un **organismo** formato da molti apparati che collaborano tra loro e che contribuiscono in vario modo alla sua sopravvivenza.

A loro volta gli organismi costituiscono le **popolazioni**: gruppi di individui di una stessa specie (cioè in grado di riprodursi tra loro) che vivono in un'area geografica definita.

L'insieme delle popolazioni presenti in una stessa area costituisce il livello di organizzazione superiore: la **comunità**.

Le comunità presenti in una stessa area geografica e i fattori non viventi (come l'acqua e l'aria) formano un livello strutturale ancora più complesso: l'**ecosistema**.

L'insieme di tutti gli ecosistemi del nostro pianeta costituisce la **biosfera**.

> **IMPARA A IMPARARE**
> Scrivi i livelli di organizzazione gerarchica della vita sulla Terra e per ciascuno fornisci un esempio diverso da quello proposto nel testo.

**NELLE RISORSE DIGITALI**
- Esercizi interattivi
- Mappa del paragrafo

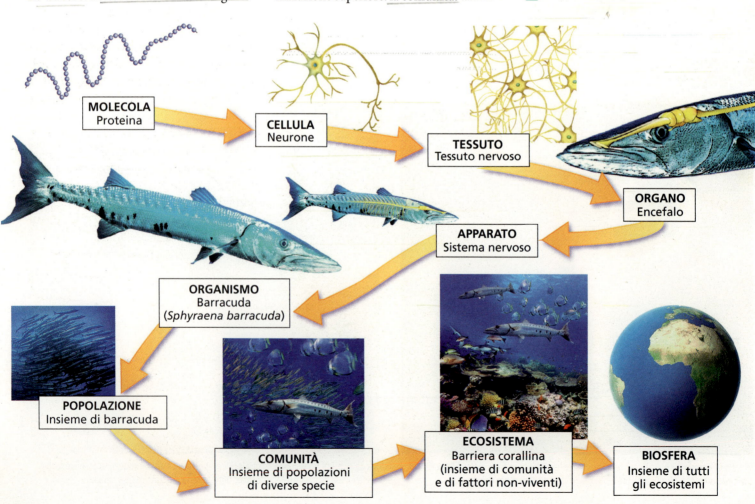

# 4. LA CONTINUITÀ DELLA VITA È GARANTITA DAL DNA

Il DNA è il materiale genetico delle cellule: esso porta le informazioni necessarie per la loro vita e le loro attività e viene trasmesso alle nuove cellule di un individuo o alle cellule della sua prole.

Abbiamo visto che una delle caratteristiche degli esseri viventi è il fatto che essi possiedono il **materiale genetico**. Che aspetto ha questo «materiale»? Guardandolo al microscopio, esso si presenta in genere come una specie di groviglio di fili, ciascuno dei quali è una molecola di **DNA**.

DNA è una sigla che sta per *acido deossiribonucleico*: si tratta della sostanza che contiene le informazioni necessarie a controllare e dirigere le attività della cellula e di un intero essere vivente. Per poter controllare la vita di un organismo, il DNA deve essere una molecola straordinaria, e in effetti lo è.

Le molecole di DNA sono lunghissime, ed è questa lunghezza a consentire loro di portare un numero tanto elevato di istruzioni. Se potessimo distendere e mettere in fila una dopo l'altra le 46 molecole di DNA contenute in ogni cellula umana, queste raggiungerebbero una lunghezza di oltre due metri.

Non resta che scoprire in quale lingua, o meglio codice, sono scritte le istruzioni. Le istruzioni contenute nel DNA sono scritte in un «linguaggio chimico». Le lettere di questo linguaggio sono quattro molecole più piccole che si ripetono milioni di volte. Esattamente come l'alfabeto Morse, che alternando punti e linee consente di scrivere messaggi complessi, le diverse sequenze di queste piccole molecole contengono il messaggio in codice per produrre tutte le sostanze utili alla cellula e all'intero organismo. Tutte le cellule di un individuo possiedono lo stesso DNA: le cellule dell'occhio e quelle del cuore della stessa persona, pur essendo molto diverse nell'aspetto e nelle funzioni, contengono molecole di DNA identiche, ma ciascun tipo usa solo la parte di istruzioni che le serve.

Un altro aspetto straordinario del DNA è la sua forma geometrica, che ricorda una scala a chiocciola. Questa particolare geometria fa sì che il DNA possa facilmente formare delle copie di sé stesso pronte per essere distribuite alle nuove cellule dell'individuo e a quelle dei suoi figli.

La molecola di DNA è formata da milioni di molecole più piccole legate tra loro e disposte in modo tale da ricordare una scala a chiocciola (o anche una **doppia elica**).

I gradini colorati rappresentano i quattro tipi di molecole la cui sequenza viene tradotta dalla cellula nelle istruzioni per produrre tutte le sostanze di cui necessita.

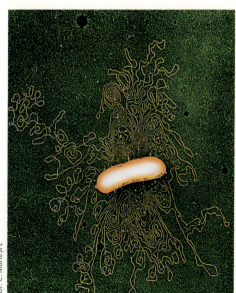

In questa immagine al microscopio elettronico si vede *Escherichia coli*, un batterio molto comune presente anche nell'intestino umano, trattato con sostanze che ne danneggiano la membrana facendo fuoriuscire il materiale genetico dalla cellula. La molecola di DNA di *E.coli* è lunga circa 1,5 mm, cioè oltre 1000 volte il batterio stesso.

### IMPARA A IMPARARE
Sottolinea nel testo la frase che riassume le funzioni svolte dal DNA.

### NELLE RISORSE DIGITALI
- Esercizi interattivi
- Mappa del paragrafo

# 5. L'EVOLUZIONE DETERMINA LA VARIETÀ E L'UNITARIETÀ DEI VIVENTI

Le specie evolvono, cioè cambiano nel tempo, per opera della selezione naturale, che favorisce gli individui di una popolazione più adatti all'ambiente in cui vivono. Nel corso di milioni di anni questo processo ha prodotto la grande varietà di forme di vita presenti sul nostro pianeta.

A che cosa è dovuta la grande varietà di esseri viventi sulla Terra? Come si sono potuti formare i milioni di specie che popolano oggi il nostro pianeta?

Il primo a fornire una risposta convincente a queste domande è stato Charles Darwin, nel 1859, nel libro *L'origine delle specie*, in cui il naturalista inglese enunciò la sua **teoria dell'evoluzione** delle specie. Salito a bordo della nave britannica *Beagle* come naturalista, Darwin girò il mondo per cinque anni, osservando la grande varietà di specie animali e vegetali e la somiglianza tra esemplari che abitano ambienti diversi del pianeta. Da queste osservazioni e dopo 20 anni di ricerche, Darwin arrivò a ipotizzare che tutte le specie hanno un progenitore comune e che non sono immutabili, ma cambiano nel tempo. Da allora nuove prove si sono aggiunte ed è possibile affermare che l'evoluzione è un fatto scientifico accertato e supportato da una gran mole di osservazioni provenienti dai vari campi delle scienze naturali.

Il meccanismo che secondo la teoria di Darwin determina il cambiamento delle specie è la **selezione naturale**: gli individui di una popolazione più adatti all'ambiente in cui vivono lasciano una discendenza più numerosa e vitale rispetto ad altri della stessa popolazione. In altre parole, la natura «sceglie» i più adatti, cioè gli individui che riescono a sfruttare meglio le risorse a loro disposizione, e li favorisce rispetto a quelli che non si adattano altrettanto bene all'ambiente in cui vivono. Gli organismi più adatti all'ambiente avranno un maggior successo riproduttivo, cioè saranno in grado di originare una prole più numerosa, a cui trasmettono i loro caratteri. Con il passare delle generazioni, i più adatti sopravviveranno, mentre coloro che non possiedono le caratteristiche favorevoli all'ambiente si estingueranno.

Nel corso delle generazioni e durante i miliardi di anni della storia della vita sulla Terra, la selezione naturale è stata in grado di plasmare la vita dalle forme semplici degli esordi fino alla grande varietà e alla complessità che osserviamo attualmente.

> **IMPARA A IMPARARE**
> Ricerca nel testo e riporta sul quaderno con parole tue le definizioni di evoluzione e di selezione naturale.

**NELLE RISORSE DIGITALI**
- Esercizi interattivi
- Mappa del paragrafo

Il fennec (*Vulpes zerda*) è una volpe che vive nei deserti del Nordafrica. Questa specie presenta molti adattamenti all'ambiente in cui vive: il colore della pelliccia, che le permette di mimetizzarsi; le orecchie grandi, le ridotte dimensioni corporee e l'assenza di grasso, che favoriscono la dispersione del calore.

La volpe artica (*Alopex lagopus*) vive nelle regioni fredde dal Canada alla Siberia. Pur appartenendo alla stessa famiglia zoologica del fennec, la volpe artica presenta una serie di adattamenti che le consentono di vivere in ambiente polare: il colore del pelo, che varia dal bianco candido invernale al grigio screziato in estate, garantisce il mimetismo; le orecchie piccole e arrotondate e il corpo tondeggiante rivestito di grasso sottocutaneo permettono la conservazione del calore corporeo.

# 6. LA VITA È COMPARSA ALMENO 3,5 MILIARDI DI ANNI FA

Nonostante i progressi compiuti in tutti i campi della biologia, i grandi interrogativi sull'origine della vita sono ancora aperti. Quando, dove e come è comparsa la vita? Queste domande non hanno ancora risposte certe e definitive.

Le tracce di vita più antiche scoperte finora si trovano in rocce formatesi 3,5 miliardi di anni fa. In queste rocce sono state trovate strutture fossili simili alle **stromatoliti**, formazioni marine prodotte da colonie di batteri.

I dati geochimici suggeriscono che questi batteri fossero già in grado di compiere la fotosintesi, ossia fossero dotati di un metabolismo capace di sfruttare l'energia proveniente dal Sole.

È possibile che queste cellule siano state le prime forme di vita apparse sulla Terra?

Gli scienziati ritengono che le prime cellule si siano formate a partire da molecole organiche che si sono *autoorganizzate* in strutture complesse, in grado di riprodursi.

Ma come si sono formate queste molecole organiche a partire da sostanze chimiche non organiche?

4,4 miliardi di anni fa, circa 0,2 miliardi di anni dopo la sua formazione, la Terra subì una completa trasformazione. L'acqua accumulata a partire dalla formazione del pianeta (e portata dalle meteoriti e dalle comete) – dapprima evaporata a causa dell'intenso calore che regnava – si condensò e formò gli oceani. L'atmosfera era composta da diossido di carbonio, vapore acqueo, azoto e altri gas presenti in piccole quantità. Si pensa che, sottoposte ai raggi ultravioletti provenienti dal Sole, ai fulmini dei temporali e agli impatti delle meteoriti, queste molecole semplici abbiano reagito chimicamente, originando molecole più complesse. Queste sostanze sarebbero poi passate dall'atmosfera alle distese d'acqua formando ciò che gli scienziati chiamano **brodo primordiale**. Questa ipotesi è stata verificata dai chimici Miller e Urey nel 1953 con un esperimento di laboratorio.

Secondo ipotesi più recenti, un altro ambiente avrebbe potuto ospitare la sintesi delle prime biomolecole: si tratta delle **sorgenti idrotermali**, alti camini sottomarini da cui fuoriescono acque caldissime, cariche di minerali. Oggi queste strutture ospitano alcuni batteri che ricavano energia senza bisogno della luce solare, e questi probabilmente sono molto simili alle prime forme di vita apparse sul pianeta.

Resta il fatto che un conto è la formazione di molecole organiche, un altro è la loro organizzazione in cellule, e ancora più difficile è stabilire come si siano generate le funzioni biologiche. Su questi temi il dibattito tra gli scienziati è ancora oggi molto acceso.

> **IMPARA A IMPARARE**
> Elenca gli eventi che probabilmente hanno portato alla comparsa delle molecole organiche sulla Terra.

> **NELLE RISORSE DIGITALI**
> - **Approfondimento** L'esperimento di Miller e Urey
> - **Approfondimento** Dalle molecole biologiche alle prime cellule
> - **Esercizi interattivi**
> - **Mappa del paragrafo**

La sezione di una **stromatolite fossile** evidenzia i sottili strati sovrapposti di carbonato di calcio depositati per azione dei batteri. La formazione di stromatoliti è tuttora possibile in particolari ambienti marini.

La Terra primitiva potrebbe aver ospitato vari ambienti favorevoli allo sviluppo della vita. Oltre al brodo primordiale, anche le **sorgenti idrotermali** potrebbero aver avuto un ruolo importante nella genesi delle biomolecole e dei primi organismi.

# 7. IL MONDO DEI VIVENTI SI STUDIA CON IL METODO SCIENTIFICO

Per poter progredire nelle conoscenze biologiche, come in tutte le scienze sperimentali, bisogna applicare un metodo d'indagine chiamato «metodo scientifico».

Nel loro lavoro di ricerca, gli scienziati si comportano più o meno come gli investigatori sulla scena di un crimine. Incaricati di trovare il colpevole di un omicidio, gli investigatori arrivano sul posto e cominciano a osservare i dettagli: il luogo, la disposizione degli oggetti, le tracce lasciate dall'assassino. Allo stesso modo, uno scienziato che vuole indagare su un determinato fenomeno naturale comincia proprio con l'osservarlo. **Osservare** è la prima delle diverse azioni che caratterizzano il metodo scientifico.

Compiute le prime osservazioni, gli investigatori iniziano a porsi delle domande. Quando è stato compiuto l'omicidio? Chi è l'assassino? Anche i ricercatori si pongono delle domande. Qual è la causa di un fenomeno naturale? Perché un animale si comporta in una certa maniera? La seconda azione su cui si basa il metodo scientifico è **formulare una domanda**.

Torniamo al nostro omicidio. Dopo aver fatto i rilievi del caso e interrogato i testimoni, gli investigatori forniscono alcune possibili risposte alle domande che si sono posti, cioè propongono delle ipotesi. **Proporre un'ipotesi** è anche la terza fase del metodo scientifico: gli scienziati formulano risposte possibili alle loro domande. Si tratta di risposte estremamente probabili, ma che devono ancora essere verificate con ulteriori osservazioni o attraverso un **esperimento** per **verificare le ipotesi**.

Adesso è per tutti venuto il momento di **analizzare i risultati**. La polizia scientifica procede analizzando il DNA trovato su un mozzicone di sigaretta lasciato dall'assassino e confrontandolo con quello di alcuni sospettati. Dal canto loro, gli scienziati realizzano uno o più esperimenti che consentono loro di verificare che la loro deduzione sia corretta. Per essere sicuri che il risultato ottenuto non sia casuale, i ricercatori ripetono l'esperimento più volte. Dall'analisi dei risultati è possibile **trarre le conclusioni**. Alcune volte i risultati degli esperimenti contraddicono l'ipotesi investigativa. In questo caso, sulla base di nuove osservazioni, l'ipotesi viene modificata o addirittura abbandonata.

Infine, si devono **comunicare i risultati**: la scienza può progredire solamente se i ricercatori condividono i loro risultati con tutta la comunità scientifica che si occupa di un certo argomento.

> **IMPARA A IMPARARE**
> Riporta sul tuo quaderno le fasi che compongono il metodo scientifico.

**NELLE RISORSE DIGITALI**
- Esercizi interattivi
- Mappa del paragrafo

I biologi hanno osservato che i bruchi (cioè larve di farfalla) vivacemente colorati vivono in gruppo e che, nonostante siano molto visibili, sono poco predati dagli uccelli che si cibano di insetti.

I ricercatori si sono domandati perché i bruchi colorati vengono mangiati dagli uccelli meno di quanto accada ai bruchi mimetici, come quello nella foto. Una risposta possibile è che le colorazioni vistose segnalino agli uccelli che i bruchi sono tossici o di sapore sgradevole.

Per verificare la loro ipotesi, i ricercatori offrono ad alcuni uccelli larve con colori appariscenti e larve mimetiche: un frammento di bruco colorato provoca il vomito negli uccelli, mentre le larve mimetiche no. L'ipotesi (colore = tossicità) è verificata.

## 8. LA CONOSCENZA DEGLI ESSERI VIVENTI MIGLIORA LA NOSTRA VITA

La medicina, la farmacologia e molte altre scienze sono basate sulla conoscenza degli esseri viventi. Lo studio della biologia, quindi, trova numerose applicazioni utili per la vita di tutti i giorni.

Lo studio della vita ha molte applicazioni pratiche. Per esempio, le moderne conoscenze di **biologia molecolare** e dei processi che avvengono all'interno delle cellule hanno permesso di fare grandi passi in avanti alle *biotecnologie*. Con questo termine si indicano tutte le tecnologie che utilizzano gli esseri viventi per fornire prodotti o processi utili. A partire dalla seconda metà del secolo scorso, gli scienziati sono riusciti a trasferire, da una specie a un'altra, dei geni, cioè tratti di DNA che contengono le informazioni indispensabili alla cellula per produrre una certa proteina. Questi *organismi geneticamente modificati* (OGM) trovano applicazione in molti settori produttivi, tra cui quello farmacologico: per esempio, l'insulina che viene somministrata ai pazienti diabetici è oggi prodotta utilizzando batteri geneticamente modificati. In molti Paesi gli OGM vegetali sono impiegati nell'alimentazione umana. Tuttavia il loro uso è controverso e in Italia ne è vietata la coltivazione.

La **genetica** (lo studio dei geni e delle caratteristiche che essi determinano negli esseri viventi) contribuisce in modo determinante alla lotta contro malattie gravi che possono essere trasmesse dai genitori ai propri figli. Per esempio, nel 1959 il genetista francese Jérôme Lejeune scoprì che la sindrome di Down è causata da un'anomalia del numero di cromosomi: questo ha permesso di arrivare alla diagnosi prenatale della malattia.

La **biologia sistematica**, cioè lo studio della classificazione degli organismi e delle parentele evolutive che esistono tra le diverse specie, è alla base di scoperte utili per gli esseri umani: molte malattie sono state sconfitte grazie alla conoscenza dei microrganismi che le provocano; alcune patologie vengono curate grazie alle sostanze scoperte studiando piante o animali. Per esempio, il chinino, la sostanza impiegata per curare alcuni tipi di malaria, viene estratto dalla corteccia di piante del genere *Cinchona* e l'acido acetilsalicilico, il principio attivo dell'aspirina, si estrae dalla corteccia del salice bianco.

Infine, l'**ecologia**, cioè lo studio delle interazioni tra gli organismi e l'ambiente in cui vivono, è importante per la loro *conservazione* e per la salvaguardia di tutte le specie, compresa la nostra.

> **IMPARA A IMPARARE**
> Fornisci qualche esempio di applicazioni pratiche della biologia.

### NELLE RISORSE DIGITALI
- Esercizi interattivi
- Mappa del paragrafo

Il riso dorato o *Golden rice* è un riso **geneticamente modificato**, ottenuto tramite l'introduzione di un gene che permette l'accumulo nel chicco del beta-carotene, una sostanza necessaria alla produzione della vitamina A. Lo scopo è quello di combattere la carenza di questa vitamina, che colpisce migliaia di donne e bambini malnutriti soprattutto in India e in Africa e che può causare la cecità e la morte.

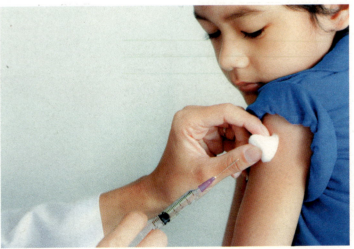

I **vaccini** sono stati scoperti grazie allo studio dei microrganismi responsabili di alcune malattie. L'introduzione su scala globale di alcuni di questi vaccini ha permesso di sconfiggere patologie gravissime, come il vaiolo.

# 9. PROTEGGERE LA BIODIVERSITÀ È IMPORTANTE PER IL NOSTRO FUTURO

La biodiversità del pianeta è minacciata da diverse cause, quasi tutte legate alle attività umane. La conservazione della varietà biologica dovrebbe essere una delle priorità dell'umanità.

Il termine **biodiversità** indica l'insieme di tutte le forme di vita presenti sul nostro pianeta e degli ecosistemi di cui esse fanno parte.

Secondo le stime più recenti, la Terra ospita più di 8 milioni di specie (di cui solo 1,9 milioni sono quelle conosciute), ma il loro numero sembra destinato a diminuire. Che cosa minaccia la varietà della vita sulla Terra?

La perdita di biodiversità ha molte cause, quasi tutte riconducibili all'attività umana. Le principali sono:
- la **caccia** e il **bracconaggio** (caccia di frodo);
- la **distruzione degli ambienti naturali** per ottenere terreni da coltivare e materie prime per le industrie;
- la **frammentazione degli habitat**, che consiste nella riduzione degli ambienti naturali a piccole chiazze isolate;
- il **cambiamento climatico** globale che, secondo alcune stime, determinerà nel giro di 50 anni la scomparsa di numerose specie polari.

Una volta identificate le cause di vulnerabilità per la biodiversità, è possibile mettere in atto alcune **strategie di protezione**. Per esempio, si possono approvare leggi che limitino la caccia di specie a rischio di estinzione, o si possono creare aree protette che salvaguardino alcuni ambienti. Queste azioni, tuttavia, hanno tempi lunghi e in molti casi si scontrano con interessi economici e politici. Talvolta, per far fronte al calo drastico di una popolazione animale o vegetale in una certa area, si ricorre a interventi di *ripopolamento*. I ricercatori prelevano alcuni esemplari da zone dove la specie è diffusa e li rilasciano in territori dove sta scomparendo.

Perché è importante proteggere la biodiversità? L'estinzione delle specie è un argomento di grande importanza per tutti, poiché l'umanità dipende in vario modo dalla presenza delle altre specie. I processi che si svolgono negli ecosistemi, infatti, producono effetti positivi per la nostra specie: per esempio, la produzione e il mantenimento del suolo fertile e quindi adatto a essere coltivato.

> **IMPARA A IMPARARE**
>
> Rintraccia nel testo e sottolinea le principali cause di minaccia per la biodiversità.

**NELLE RISORSE DIGITALI**
- Esercizi interattivi
- Mappa del paragrafo

Il rinoceronte nero (*Diceros bicornis*) è a rischio di estinzione. Il **bracconaggio** dei rinoceronti è aumentato quasi del 50% tra il 2011 e il 2012 causando la riduzione del 3% delle popolazioni.

Il **disboscamento** delle foreste in Sudamerica ha portato alla rapida diminuzione delle popolazioni di scimmie del genere *Ateles*.

La costruzione di una strada può causare la **frammentazione di un habitat**; per evitare l'isolamento delle popolazioni animali che vi vivono, sono stati costruiti degli appositi attraversamenti.

A causa del **cambiamento climatico** globale si stima che tra un terzo e metà delle popolazioni di orso polare (*Ursus maritimus*) scomparirà nei prossimi 75 anni.

# DOMANDE PER IL RIPASSO

ALTRI ESERCIZI SU **ZTE** ONLINE

## PARAGRAFO 1

*METABOLISMO, DNA, MEMBRANA CELLULARE*

1. Quali sono le caratteristiche degli esseri viventi?
2. Qual è la definizione di vita? *UN ESSERE VIVENTE È UN SISTEMA IN GRADO DI AUTORGANIZZARSI*
3. I virus non sono ritenuti esseri viventi in quanto non hanno materiale genetico. V **F**

*LE CELLULE SONO MOLTO PICCOLE MA ESISTONO ANCHE CELLULE GRANDI ALL'INTERNO DI ESSE SONO PRESENTI CE MOLECOLE*

## PARAGRAFO 2

4. Che cosa afferma la teoria cellulare?
5. Completa.
   Tutte le cellule sono delimitate da una *MEMBRANA* contengono il citoplasma e il materiale *EREDITARIO* .

## PARAGRAFO 3

6. Più cellule simili che cooperano tra loro costituiscono:
   - **A** un tessuto.
   - **B** un organo.
   - **C** un apparato.
7. Che cos'è una popolazione? *GRUPPI DI INDIVIDUI DI UNA STESSA SPECIE*
8. Quale livello di organizzazione della vita comprende oltre alle comunità anche i fattori non viventi di un territorio? *L'ECOSISTEMA*

## PARAGRAFO 4 *ACIDO DEOSSIRIBONUCLEICO*

9. Che cosa significa la sigla DNA?
10. Qual è la funzione del DNA all'interno della cellula?
11. Cellule diverse di uno stesso individuo contengono molecole di DNA differenti. *CONTROLLA E DIRIGE* V **F**

## PARAGRAFO 5

12. Completa.
    Charles Darwin enunciò la sua teoria *DELL'EVOLUZIONE* pubblicando nel *1859* il libro dal titolo *L'ORIGINE DELLA SPECIE*
13. Che cosa si intende con l'espressione «selezione naturale»?
14. Che cosa significa che un organismo è adatto all'ambiente?

13. *LA NATURA SCEGLIE GLI ORGANISMI ADATTI*
14. *PUÒ SOPRAVVIVERE IN QUELL'AMBIENTE*

## PARAGRAFO 6

15. La vita è comparsa almeno:
    - **A** 4,4 miliardi di anni fa.
    - **B** 3,5 miliardi di anni fa.
    - **C** 4,3 miliardi di anni fa.
16. Che cosa si intende per brodo primordiale? *SOSTANZE MATERIA*
17. Che cosa sono le sorgenti idrotermali e perché sono importanti per l'origine della vita? *SONO CAMINI DA DOVE FUORIESCE ACQUA CALDA E SALI MINERALI*

## PARAGRAFO 7

18. La terza fase del metodo scientifico è l'analisi dei risultati. V **F**
19. Per quale ragione è importante per gli scienziati comunicare i loro risultati? *PER AIUTARE ALTRI CON I LORO ESPERIMENTI*

## PARAGRAFO 8

20. Completa.
    Con il termine *BIOLOGIA* si indicano tutte le tecnologie che utilizzano gli esseri viventi per fornire *PRODOTTI* o processi .
21. Per quale ragione è importante lo studio della genetica?

## PARAGRAFO 9

22. Che cosa si intende con il termine «biodiversità?»
23. Sulla Terra ci sono più di 8 milioni di specie, ma finora ne conosciamo circa:
    - **A** 3 milioni.
    - **B** 2,8 milioni.
    - **C** 1,9 milioni.
24. Quali sono le principali cause della perdita di biodiversità da imputarsi alle attività umane?

**Riorganizza i concetti completando la mappa**

BIOLOGIA → si studia a diversi → .............. di organizzazione → attraverso → il ..............

BIOLOGIA → studia la

VITA → è caratterizzata dalla presenza di:
- *VIRUS*
- materiale *GENETICO*
- *SISTEMA GENETIC*
- *MOLECOLE* → cioè cambiamento nel *TEMPO* → che genera → biodiversità

# 2 L'ACQUA E LE BIOMOLECOLE NEGLI ORGANISMI

L'**acqua** è la sostanza più abbondante nel corpo degli organismi, ma i composti che li costituiscono sono numerosissimi. Tra questi, le **proteine** sono le molecole organiche più abbondanti e numerose: nel corpo umano ve ne sono migliaia di tipi diversi. Grazie alla loro varietà, le proteine sono coinvolte nella maggior parte dei processi cellulari.
Anche i **lipidi** rappresentano una frazione importante del corpo degli organismi; servono soprattutto per la costruzione delle membrane che delimitano le cellule e a immagazzinare energia (un ruolo che condividono con i **carboidrati**).
Grande importanza hanno gli **acidi nucleici**, il DNA e l'RNA, coinvolti nella sintesi delle proteine. In particolare, il DNA è la molecola che trasmette le informazioni ereditarie da una generazione a quella successiva.

 TEST D'INGRESSO

 Laboratorio delle competenze pagine 30-33

# PRIMA DELLA LEZIONE

**Guarda il video *L'acqua e le biomolecole negli organismi*, che presenta gli argomenti dell'unità.**

Completa la tabella scrivendo almeno una delle principali funzioni svolte da ciascun tipo di macromolecola organica.

| CARBOIDRATI | |
|---|---|
| LIPIDI | |
| PROTEINE | |
| ACIDI NUCLEICI | |

Quali sono le proprietà fisiche dell'acqua presentate nel video?

..................................................................................................................................................................
..................................................................................................................................................................

**Guarda le fotografie scattate durante alcuni esperimenti sulle proprietà dell'acqua.**

**1** Procurati due vetrini da laboratorio ben puliti, uno stuzzicadenti e una pinzetta. I due vetrini devono essere sovrapposti e fissati dalla pinzetta, mentre al margine opposto si posiziona lo stuzzicadenti che li tiene leggermente separati.

**3** Riempi un recipiente d'acqua fino al bordo. Osserva come si presenta la superficie dell'acqua.

**5** Ora procurati una piccola bacinella e riempila con qualche centimetro di acqua. Cospargi la superficie con del borotalco in modo uniforme. A questo punto appoggia un dito sulla superficie. Che cosa accade?

**2** Immergi il bordo inferiore in acqua colorata. Che cosa osservi?
Questa proprietà dell'acqua è detta **capillarità**. Descrivila con parole tue:

..................................................................................
..................................................................................
..................................................................................

**4** Poi appoggia una graffetta sulla superficie dell'acqua. Che cosa osservi?
Questa proprietà è detta **tensione superficiale**. Descrivila con parole tue:

..................................................................................
..................................................................................
..................................................................................

**6** Ripeti l'operazione dopo aver sfregato la punta del dito su una saponetta. Che cosa è cambiato? In questo esperimento è nuovamente coinvolta una delle due proprietà dell'acqua precedenti. Quale a tuo avviso?

..................................................................................
..................................................................................

Con questi semplici esperimenti hai potuto osservare alcune proprietà dell'acqua.
Approfondirai queste proprietà e ne scoprirai ulteriori nel paragrafo 4 di questa unità.

# 1. ELEMENTI E COMPOSTI NEGLI ORGANISMI

Gli elementi più abbondanti negli esseri viventi sono l'ossigeno, il carbonio, l'idrogeno e l'azoto. Il composto più presente è l'acqua, che costituisce circa il 65% in peso di una cellula.

Gli elementi chimici che costituiscono gli esseri viventi sono gli stessi che si trovano nell'Universo. Ciò che è notevolmente differente è l'abbondanza relativa con la quale essi si trovano nei tessuti viventi. Gli elementi più abbondanti sono l'idrogeno (H) e l'elio (He), che si stima costituiscano insieme il 98% della materia presente nell'Universo. Nei corpi degli organismi, invece, prevalgono l'ossigeno (O) e il carbonio (C), che insieme all'idrogeno (H) e all'azoto (N) costituiscono circa il 96% della materia vivente.

Si ritiene che gli elementi indispensabili alla vita siano 25, anche se alcuni di questi sono necessari per certe specie di viventi ma non per altre.

Alcuni elementi, detti **oligoelementi**, sono essenziali anche se in quantità molto basse. Lo iodio, per esempio, è necessario agli esseri umani: il nostro corpo ha infatti bisogno di circa 0,15 mg di iodio al giorno per mantenere il corretto funzionamento della tiroide, una ghiandola che produce ormoni contenenti tale elemento.

I composti sono sostanze formate da elementi legati chimicamente tra loro. Di conseguenza, i composti possono essere scomposti negli elementi che li formano solo attraverso processi chimici (*reazioni chimiche*). In chimica i composti si dividono in *organici* e *inorganici*.

La divisione è di origine storica e non sempre risulta chiara. In generale, si può affermare che i composti organici sono composti che contengono *carbonio* e che traggono origine dall'attività degli esseri viventi. Esistono però sostanze contenenti carbonio che non sono composti organici: per esempio, i carbonati, gli ossidi di carbonio (come l'anidride carbonica) e i cianuri.

Gli esseri viventi sono costituiti da composti sia organici sia inorganici. La sostanza più abbondante all'interno dei viventi è un composto inorganico: l'**acqua**. Essa costituisce il 65% in peso di una qualsiasi cellula umana.

La parte restante della cellula è formata da composti organici come le proteine (20% circa), i lipidi (12% circa) e, in misura minore, i carboidrati e gli acidi nucleici.

### IMPARA A IMPARARE
Rintraccia nel testo la differenza tra composto organico e inorganico e riscrivila sul quaderno con parole tue. Costruisci poi una tabella in cui vengano elencati i composti presenti nella cellula e la loro abbondanza relativa.

### NELLE RISORSE DIGITALI
- Esercizi interattivi
- Mappa del paragrafo

| SIMBOLO | ELEMENTO | PERCENTUALE IN PESO |
|---|---|---|
| O | ossigeno | 65,0 |
| C | carbonio | 18,5 |
| H | idrogeno | 9,5 |
| N | azoto | 3,3 |
| Ca | calcio | 1,5 |
| P | fosforo | 1,0 |
| K | potassio | 0,4 |
| S | zolfo | 0,25 |
| Na | sodio | 0,2 |
| Cl | cloro | 0,15 |
| Mg | magnesio | 0,05 |
| Fe | ferro | 0,006 |
| F | fluoro | 0,0037 |
| Zn | zinco | 0,0032 |
| Si | silicio | 0,002 |

In questa tabella sono riportati gli elementi più abbondanti nel corpo umano. Approssimativamente gli stessi valori si ritrovano in tutti i tessuti viventi, che sono pertanto costituiti per il 96,3% da **ossigeno**, **carbonio**, **idrogeno** e **azoto**.

Il bitume è una miscela di idrocarburi naturali o derivanti dalla distillazione del petrolio greggio. Il bitume, che viene utilizzato soprattutto per le pavimentazioni stradali, è costituito principalmente da carbonio e idrogeno ed è considerato un **composto organico**.

Le vasche termali di Pamukkale, che tradotto dal turco significa «castello di cotone», sono formate da strati di calcare bianco costituito da carbonato di calcio ($CaCO_3$). Nonostante contenga carbonio, il calcare è considerato un **composto inorganico**.

# 2. L'ACQUA NEI SISTEMI VIVENTI

L'acqua è necessaria alla vita: rappresenta il solvente in cui avvengono le reazioni chimiche delle cellule, in alcuni casi partecipa alle reazioni come reagente ed è il principale liquido di trasporto all'esterno delle cellule.

La vita è presente sulla Terra perché sul nostro pianeta esistono le condizioni di temperatura e pressione tali da consentire l'esistenza dell'acqua allo stato liquido.

L'acqua è il composto più abbondante nelle cellule e negli esseri viventi, dove svolge molteplici funzioni:
- l'acqua rappresenta il **solvente** per molti soluti coinvolti nelle reazioni chimiche fondamentali per la sopravvivenza (questa funzione verrà descritta dettagliatamente nel paragrafo 4);
- in alcuni casi l'acqua non si limita al ruolo di solvente, ma prende parte nelle reazioni chimiche in qualità di **reagente**, come, per esempio, nella fotosintesi;
- l'acqua infine svolge all'interno di molti organismi la funzione di **liquido di trasporto** all'esterno delle cellule; negli animali, per esempio, il sangue è costituito approssimativamente dall'85% di acqua; nelle piante la linfa contiene una percentuale d'acqua ancora maggiore.

Il corpo umano è costituito approssimativamente per il 60% del suo peso da acqua. Tale percentuale è maggiore (circa il 75%) in un neonato, mentre diminuisce con l'età, arrivando fino al 45% nelle persone anziane. Questi valori sono puramente indicativi e variano ampiamente all'interno della popolazione.

L'acqua è presente in diversi comparti del nostro organismo:
- circa 2/3 dell'acqua presente nel corpo umano costituisce il **fluido intracellulare**, il liquido che si trova all'interno delle cellule;
- circa 1/3 si trova all'esterno delle cellule e forma il **plasma**, la parte fluida del sangue, e il **liquido interstiziale**, presente tra le cellule;
- una frazione molto piccola costituisce il liquido presente all'interno di alcuni organi (come il liquido cefalorachidiano all'interno del cervello).

Gli esseri umani, come tutti gli organismi terrestri, perdono costantemente una notevole quantità d'acqua (mediamente 2,5 litri al giorno) in numerosi processi (soprattutto attraverso l'urina e la traspirazione dalla pelle). Per mantenere il corretto funzionamento di tutte le funzioni vitali, l'acqua deve venire prontamente reintegrata. È sufficiente infatti una riduzione del 7% circa dell'acqua presente nel corpo per provocare una condizione di **disidratazione** tale da mettere in pericolo la sopravvivenza.

La quantità d'acqua persa viene reintegrata soprattutto bevendo e grazie all'acqua contenuta nei cibi.

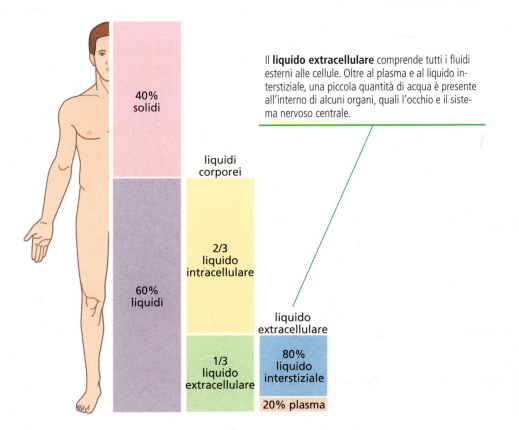

Il **liquido extracellulare** comprende tutti i fluidi esterni alle cellule. Oltre al plasma e al liquido interstiziale, una piccola quantità di acqua è presente all'interno di alcuni organi, quali l'occhio e il sistema nervoso centrale.

### IMPARA A IMPARARE
- Fai un elenco delle principali funzioni dell'acqua nei viventi e all'interno del corpo umano.
- Quale percentuale del nostro corpo è costituita dall'acqua?
- Leggi l'immagine: quali liquidi sono compresi nel liquido extracellulare?

### NELLE RISORSE DIGITALI
- Esercizi interattivi
- Mappa del paragrafo

# 3. L'ACQUA E LE SUE PROPRIETÀ

La struttura chimica delle molecole d'acqua determina la formazione di particolari legami tra molecola e molecola, detti «a idrogeno», che conferiscono all'acqua alcune proprietà tipiche.

L'acqua è dotata di particolari proprietà che sono determinate dalla struttura chimica delle sue molecole.

Ogni molecola di acqua è formata da due atomi di idrogeno e un atomo di ossigeno (**H₂O**), uniti tra loro da due legami di tipo covalente polare. All'interno della molecola (che nel suo complesso è neutra) la carica elettrica negativa si concentra attorno al nucleo dell'atomo dell'ossigeno. La regione che circonda il nucleo dell'ossigeno, quindi, acquista una parziale carica negativa; al contrario, la regione che avvolge la coppia di nuclei di idrogeno è debolmente positiva. La molecola d'acqua è dunque **polare**.

Quando due molecole d'acqua si avvicinano, tra le loro regioni che possiedono carica opposta si manifesta una debole **forza elettrostatica**.

In sostanza, tra la parte negativa di una molecola d'acqua (che corrisponde all'atomo di ossigeno) e la parte positiva di un'altra molecola (situata in corrispondenza dei due atomi di idrogeno), si viene a formare un **legame a idrogeno**.

I legami a idrogeno sono legami intermolecolari e pertanto sono più deboli dei legami di tipo covalente o ionico. Tuttavia, presi nel loro insieme, i legami a idrogeno hanno una forza notevole.

La vita dei legami a idrogeno è molto breve: un legame a idrogeno tra molecole d'acqua ha una durata media di appena $10^{-11}$ secondi. Trascorso questo lasso di tempo, il legame si rompe e viene immediatamente sostituito da un altro che nella maggior parte dei casi si instaura tra molecole d'acqua diverse.

A causa della sua forma angolare, ogni molecola d'acqua può formare al massimo 4 legami a idrogeno con altrettante molecole.

I legami a idrogeno, oltre che tra le molecole d'acqua, si stabiliscono anche tra regioni con carica opposta presenti in grosse molecole organiche (come le proteine o il DNA), oppure tra le molecole di acqua e altre molecole polari.

### IMPARA A IMPARARE
Rintraccia nel testo e sottolinea le caratteristiche del legame a idrogeno.

### NELLE RISORSE DIGITALI
- Video Il legame a idrogeno
- Esercizi interattivi
- Mappa del paragrafo

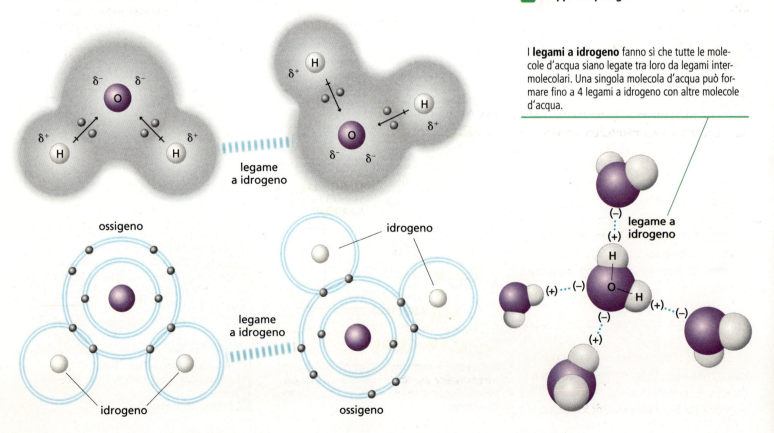

I **legami a idrogeno** fanno sì che tutte le molecole d'acqua siano legate tra loro da legami intermolecolari. Una singola molecola d'acqua può formare fino a 4 legami a idrogeno con altre molecole d'acqua.

## Le proprietà dell'acqua

La formazione di legami a idrogeno tra le molecole d'acqua determina le proprietà di questa sostanza.

**1.** La **tensione superficiale** provoca il fenomeno per cui sembra che sulla superficie dell'acqua sia presente una specie di «pellicola» trasparente ed elastica; è una conseguenza della formazione dei legami a idrogeno tra le molecole in superficie e quelle sottostanti. Molti insetti acquatici (come i gerridi) sfruttano questa proprietà per i loro spostamenti sul pelo dell'acqua.

La tensione superficiale può essere rotta da un *tensioattivo*, cioè una sostanza in grado di spezzare il legame tra le molecole di acqua; ne è un esempio il sapone, le cui molecole si inseriscono tra le molecole d'acqua, allontanandole.

**2.** L'acqua dà luogo poi al fenomeno della **capillarità**: è in grado infatti di muoversi in spazi piccolissimi e risalire lungo tubi sottili. Questa proprietà è il risultato delle interazioni che si stabiliscono tra le molecole d'acqua e tra queste ultime e le molecole delle diverse sostanze con cui vengono a contatto. Grazie alla capillarità, l'acqua – assorbita dalle radici – risale all'interno del fusto delle piante fino alle foglie.

**3.** L'elevato **calore specifico** (ossia la quantità di energia assorbita o ceduta da 1 kg di sostanza che provoca un aumento o una diminuzione di temperatura di 1 K) dell'acqua determina la sua «resistenza» ai cambiamenti di temperatura: questa caratteristica contribuisce a mantenere costante la temperatura interna degli organismi viventi. Anche questa proprietà dell'acqua dipende dalla formazione dei legami a idrogeno, che tendono a limitare il movimento delle molecole. Per innalzare la temperatura dell'acqua, infatti, è necessario aumentare l'energia cinetica delle sue molecole, ma per poterlo fare bisogna prima rompere i legami a idrogeno tra esse.

**4.** La **densità** (il rapporto tra massa e volume) dell'acqua aumenta al diminuire della temperatura fino a circa 4 °C. Al di sotto di questa temperatura la densità dell'acqua diminuisce, al contrario di quanto accade in genere nei liquidi. Perché l'acqua si comporta in questo modo? Per via della forma tridimensionale delle sue molecole. A 0 °C (punto di solidificazione dell'acqua) le molecole d'acqua, per poter continuare a formare 4 legami a idrogeno con altrettante molecole, sono costrette ad allontanarsi. Quindi nel ghiaccio le molecole sono più distanti tra loro di quanto non lo siano nell'acqua liquida e, a parità di massa, il volume dell'acqua allo stato solido è maggiore. Il ghiaccio è perciò meno denso dell'acqua e vi galleggia sopra. È grazie a questa peculiarità che i pesci possono sopravvivere nei laghi e negli stagni durante l'inverno: al di sotto della superficie ghiacciata, l'acqua rimane infatti allo stato liquido. Se il ghiaccio fosse più denso dell'acqua liquida, esso affonderebbe e in breve tempo il lago ghiaccerebbe completamente, causando la morte degli organismi acquatici.

Grazie alla **tensione superficiale** dell'acqua molti insetti possono muoversi sulla sua superficie.

Il fenomeno della **capillarità**, messo in moto dal meccanismo di evaporazione dalle foglie, permette la risalita dei liquidi nelle piante.

A causa del suo elevato **calore specifico**, l'acqua del mare si riscalda e si raffredda più lentamente durante il giorno rispetto al terreno o alla roccia, determinando le brezze.

La minore **densità** del ghiaccio rispetto all'acqua liquida lo fa galleggiare e permette la vita nell'acqua sotto di esso.

# 4. L'ACQUA COME SOLVENTE

L'acqua funziona come solvente e forma un gran numero di soluzioni di notevole importanza per gli esseri viventi. Le sostanze ioniche e polari sono solubili in acqua, mentre quelle apolari sono insolubili.

Molte sostanze si sciolgono nell'acqua formando delle miscele omogenee, chiamate **soluzioni**. Le lacrime, l'urina, il plasma del sangue, la linfa delle piante sono tutti esempi di soluzioni biologiche, in cui il componente più abbondante – il **solvente** – è l'acqua. Le sostanze disciolte, presenti in quantità minore, sono dette **soluti**.

Il rapporto tra la quantità di soluto e la quantità di soluzione è chiamato **concentrazione**.

La concentrazione di una soluzione indica quante particelle di soluto (ioni o molecole) sono «disperse» nella soluzione. La concentrazione può essere espressa in *percentuale di soluto* rispetto alla soluzione, oppure in *massa di soluto per volume di soluzione* (in g/L).

Il sale da cucina, l'alcol e lo zucchero si sciolgono in acqua, cioè si dice che sono *solubili* in acqua. L'olio, i grassi, il metano, invece, sono *insolubili* in acqua.

Tutte le sostanze possono essere classificate in base alla loro affinità per l'acqua: sono dette **idrofile** le molecole che si sciolgono nell'acqua, e **idrofobe** quelle che, al contrario, sono insolubili in acqua.

Qual è la ragione di questo comportamento?

La solubilità in acqua dei composti dipende dalla loro struttura molecolare. I composti ionici e quelli covalenti polari sono solubili in acqua; i composti apolari, al contrario, non si sciolgono in acqua.

L'acqua si comporta come un solvente all'interno di tutte le cellule. Molte sostanze, infatti, possono svolgere la loro funzione solo se si trovano disciolte nell'acqua.

> **IMPARA A IMPARARE**
> Definisci i seguenti termini: solvente, soluto, soluzione, concentrazione, sostanza idrofila e sostanza idrofoba.

**NELLE RISORSE DIGITALI**
- Esercizi interattivi
- Mappa del paragrafo

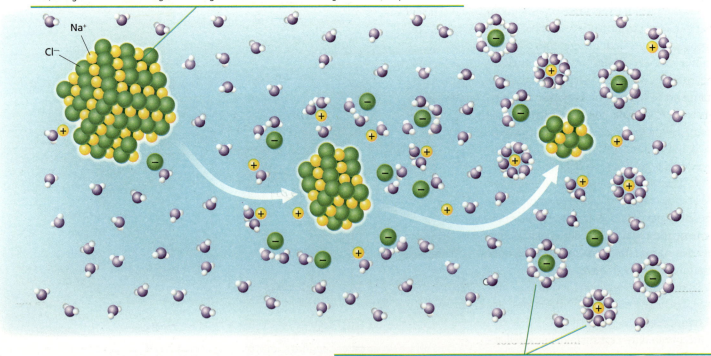

Sciogliendo in acqua una sostanza ionica (in questo caso NaCl), le molecole polari dell'acqua sono attratte dagli ioni: la regione debolmente positiva della molecola d'acqua viene attratta dagli ioni negativi; la regione debolmente negativa interagisce elettrostaticamente con gli ioni di carica positiva.

L'attrazione tra le molecole d'acqua e gli ioni indebolisce il legame tra gli ioni all'interno dei cristalli di NaCl. Essi si separano e vengono circondati, in tutte le direzioni dello spazio, dalle molecole d'acqua. Lo stesso accade per le molecole dei composti polari.

## ■ La ionizzazione dell'acqua

L'acqua pura allo stato liquido ha una debolissima tendenza a ionizzarsi: un piccolo numero di molecole si scinde in ioni H⁺ (**protoni**) e OH⁻ (**ossidrili**). Lo ione H⁺ è estremamente reattivo e tende a legarsi subito con un'altra molecola d'acqua. Si forma in questo modo lo ione $H_3O^+$ (**idronio**). La tendenza a ionizzarsi delle molecole d'acqua è bilanciata dalla tendenza degli ioni idronio e degli ossidrili a riassociarsi tra loro. In altre parole, mentre alcune molecole d'acqua si dissociano, un uguale numero di ioni si associano e si stabilisce così una sorta di *equilibrio dinamico*. Ricorda però che soltanto una piccola parte dell'acqua si ionizza (circa una molecola ogni 18 milioni); la maggior parte è presente in forma molecolare.

La reazione di autoionizzazione dell'acqua è la seguente:

$$2 H_2O \leftrightarrow H_3O^+ + OH^-$$

Le due frecce indicano che la reazione procede in entrambe le direzioni.

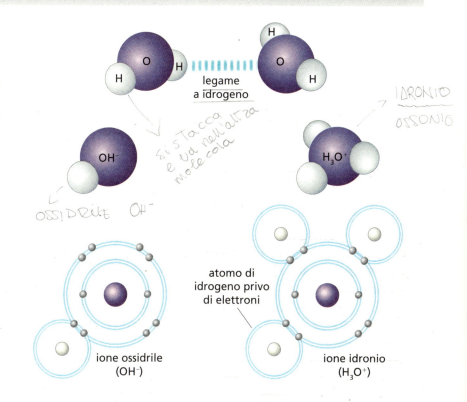

## ■ Acidi e basi

Nell'acqua pura, ioni idronio e ossidrili sono presenti alla stessa concentrazione, ma questa può cambiare se all'acqua pura si aggiunge una sostanza che si dissocia. Alcuni soluti possono infatti cedere ioni H⁺ (protoni) mentre altri possono accettarli. È detta **acido** qualsiasi molecola o ione che possa donare un protone; è detta **base** qualsiasi molecola o ione che possa accettarlo.

Il grado di acidità si misura tramite il pH, un parametro legato alla concentrazione in soluzione di ioni $H_3O^+$: le sostanze acide hanno pH compreso tra 0 e 7; quelle basiche pH tra 7 e 14; quelle con pH 7 sono dette **neutre**.

Le sostanze acide, come l'aceto, hanno di solito un sapore aspro, mentre le basi, come il sapone, hanno un sapore amaro.

Il liquido più acido del corpo umano è il succo gastrico (pH tra 1,5 e 2,5), che contiene acido cloridrico secreto dalla mucosa dello stomaco. La sensazione di bruciore che si avverte quando si vomita è dovuta all'acidità tipica del succo gastrico su mucose (come quella della bocca) non abituate a tali valori di pH. La maggior parte delle reazioni negli organismi, infatti, avviene a valori di pH molto ristretti e vicini alla neutralità. Il sangue è debolmente basico, la saliva è debolmente acida.

Nel corpo degli organismi, i liquidi biologici sono miscelati in modo da contrastare le brusche variazioni di pH e mantenerlo in un ristretto intervallo di valori.

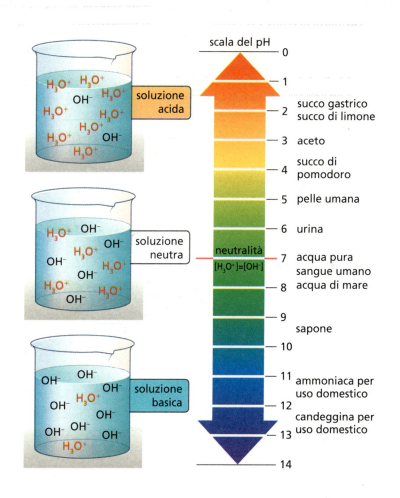

# 5. I COMPOSTI ORGANICI NEI VIVENTI

Le molecole organiche sono basate sulla capacità dell'atomo di carbonio di formare quattro legami di tipo covalente. Esse presentano proprietà diverse a seconda dei loro gruppi funzionali.

Abbiamo detto che il corpo degli organismi è formato – oltre che dall'acqua, che rappresenta fino al 95% del loro peso – quasi interamente da **molecole organiche**.

Tutte le molecole organiche contengono atomi di carbonio (C) uniti ad altri atomi (di carbonio o di altro tipo) tramite legami covalenti. Ricordiamo che le proprietà di un elemento chimico dipendono dagli elettroni presenti nell'orbitale più esterno dei suoi atomi. Un atomo di carbonio ha 4 elettroni in un orbitale che ne può contenere 8: quindi può formare 4 legami di tipo covalente con altri atomi. Proprio grazie a questa caratteristica, gli atomi di carbonio possono formare nei composti organici catene molto lunghe che costituiscono lo *scheletro carbonioso* delle molecole organiche.

I composti organici più semplici sono gli idrocarburi (come il metano), costituiti soltanto da carbonio e idrogeno.

Nonostante il loro grande interesse economico, queste sostanze non sono particolarmente importanti per i sistemi viventi.

Le molecole organiche più complesse sono caratterizzate da gruppi di atomi detti **gruppi funzionali**. Sono i gruppi funzionali a determinare le proprietà chimiche dei composti organici. Nella tabella sono riportati i principali gruppi funzionali e le molecole organiche che li contengono.

Un'altra caratteristica tipica dei composti organici è rappresentata dal fatto che spesso le loro molecole, in genere grosse e complesse (chiamate **polimeri**), sono formate dall'unione di molte molecole più piccole simili o uguali (dette **monomeri**). Come i vagoni di un treno, i monomeri si ripetono in successione, uniti da legami covalenti.

> **IMPARA A IMPARARE**
> Ricerca nel testo e riporta sul quaderno le definizioni di gruppo funzionale, monomero e polimero.

### NELLE RISORSE DIGITALI
- Esercizi interattivi
- Mappa del paragrafo

| GRUPPO FUNZIONALE | FORMULA GENERALE | CLASSE DI COMPOSTI | MOLECOLE IN CUI SI TROVANO |
|---|---|---|---|
| ossidrilico —OH | —O—H | alcoli | zuccheri; vitamine idrosolubili |
| carbonilico >CO | —C(=O)H | aldeidi | alcuni zuccheri; formaldeide (un disinfettante) |
|  | —C(=O)— | chetoni | alcuni zuccheri; «corpi chetonici» presenti nelle urine (provenienti dalla demolizione dei grassi) |
| carbossilico —COOH | —C(=O)OH | acidi carbossilici | amminoacidi; proteine; alcune vitamine; acidi grassi |
| amminico —NH₂ | —N(H)(H) | ammine | amminoacidi; proteine; urea delle urine (proveniente dalla demolizione delle proteine) |

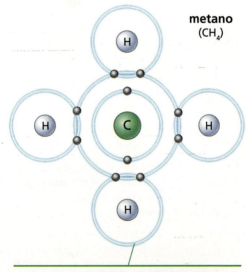

metano (CH₄)

Nella molecola di **metano**, il carbonio completa il suo orbitale esterno condividendo i suoi quattro elettroni con altri quattro appartenenti ad altrettanti atomi di idrogeno e formando quattro legami covalenti.

# 6. I CARBOIDRATI

I carboidrati sono molecole composte da atomi di carbonio, idrogeno e ossigeno e rappresentano le principali fonti di energia per la cellula. Si dividono in monosaccaridi, disaccaridi e polisaccaridi.

I **carboidrati** (o *zuccheri*) sono un vasto gruppo di molecole biologiche costituite da carbonio, idrogeno e ossigeno. Essi sono le principali fonti di energia della cellula, formano alcune delle riserve di energia presenti negli organismi ed entrano a far parte della loro struttura, in particolare nelle piante.

I carboidrati vengono classificati in base al numero di molecole che contengono. I carboidrati più semplici, formati da una sola molecola, si chiamano **monosaccaridi**. Nella molecola dei monosaccaridi per ogni atomo di carbonio sono presenti due atomi di idrogeno e uno di ossigeno. In soluzione acquosa i monosaccaridi presentano, oltre alla struttura a catena lineare, una struttura chiusa ad anello.

Il *glucosio*, un monosaccaride che contiene sei atomi di carbonio, è la principale fonte di energia per gli esseri umani e gli altri vertebrati. Il *fruttosio* (uno zucchero a sei atomi di carbonio presente nella frutta) e il *galattosio* (contenuto nel latte) sono altri monosaccaridi molto importanti.

Le molecole dei vari monosaccaridi possono unirsi tra loro per dare zuccheri con molecole più grandi, come il *saccarosio* (lo zucchero che usiamo a tavola). Il saccarosio, la cui molecola è formata da due unità diverse (una molecola di glucosio e una di fruttosio), è un **disaccaride**.

Le catene di monosaccaridi possono essere anche molto più lunghe. I carboidrati formati da centinaia o migliaia di unità si chiamano **polisaccaridi**.

Alcuni polisaccaridi funzionano come riserve di zuccheri semplici per gli organismi. Per esempio, le piante immagazzinano lo zucchero in eccesso sotto forma di *amido*, un polisaccaride formato da molte unità di glucosio.

Gli animali, invece, fanno scorta di zucchero sotto forma di *glicogeno* nel fegato e nei muscoli. Il glicogeno è formato da molecole di glucosio che formano lunghe catene ramificate.

Altri polisaccaridi costituiscono i materiali che hanno la funzione di sostenere le cellule o l'intero organismo. È il caso della *cellulosa*, la principale componente del legno, e della chitina, che costituisce lo scheletro esterno degli insetti.

> **IMPARA A IMPARARE**
> Costruisci una tabella in cui nella prima colonna vengano riportati i tre principali gruppi di carboidrati, nella seconda un esempio di zucchero per ciascun gruppo e nella terza le loro funzioni.

### NELLE RISORSE DIGITALI
- Esercizi interattivi
- Mappa del paragrafo

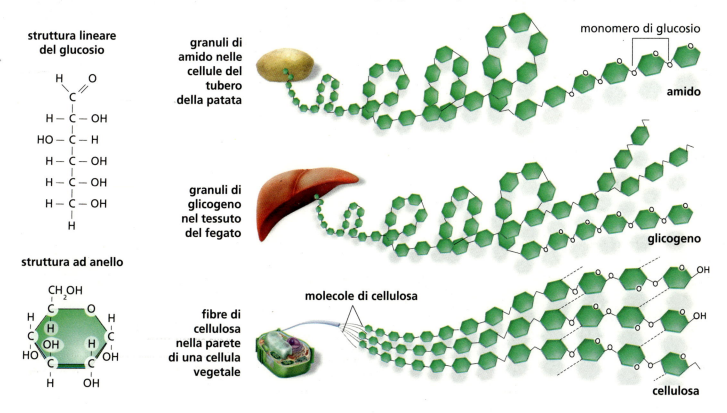

# 7. I LIPIDI

I lipidi sono il gruppo di molecole organiche che comprende i grassi, le cere, i fosfolipidi, i glicolipidi e gli steroidi. La caratteristica comune a tutti i lipidi è di essere insolubili in acqua.

I **lipidi** sono macromolecole organiche che svolgono diverse funzioni importanti: per esempio, costituiscono le membrane che delimitano le cellule e funzionano da riserva energetica. I lipidi sono più efficienti dei carboidrati come riserve di energia: a parità di peso, infatti, la loro completa demolizione libera circa il triplo dell'energia di quella dei carboidrati.

I lipidi sono formati da atomi di carbonio, idrogeno e ossigeno. Nonostante siano gli stessi elementi presenti nei carboidrati, i lipidi presentano caratteristiche molto diverse, che dipendono dal modo in cui gli atomi sono legati tra loro a formare le macromolecole. La caratteristica che accomuna i lipidi è il fatto che sono **insolubili** in acqua.

Esistono diversi tipi di lipidi: i grassi, le cere, i fosfolipidi, i glicolipidi e gli steroidi.

**1.** I **grassi** più comuni sono i trigliceridi, che derivano dall'unione di tre molecole di *acido grasso* con una molecola di *glicerolo*. Gli acidi grassi sono costituiti da lunghe catene di atomi di carbonio con un gruppo carbossilico al termine della catena. I lipidi che contengono acidi grassi in cui non compaiono doppi legami tra gli atomi di carbonio della catena sono detti *saturi* e sono solidi a temperatura ambiente. Sono grassi di questo tipo il grasso della carne e il burro. I lipidi che contengono acidi grassi in cui compare almeno un doppio legame sono detti *insaturi* e sono liquidi a temperatura ambiente, come gli oli vegetali. La maggior parte dei grassi presenti sia nei cibi di origine animale sia negli oli vegetali è rappresentata da *trigliceridi* costituiti da miscele di diversi acidi grassi.

**2.** Le **cere** sono lipidi piuttosto simili ai grassi. Esse formano un rivestimento che protegge la pelle e rende impermeabile lo scheletro esterno degli insetti, il pelo dei mammiferi e le penne degli uccelli, oltre che le foglie e i frutti delle piante terrestri.

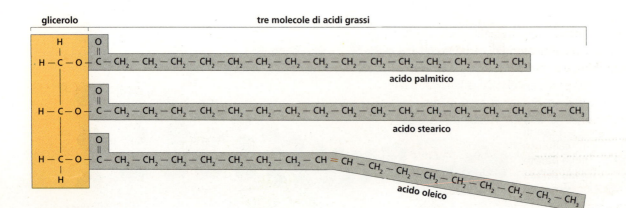

Il burro e la margarina contengono acidi grassi saturi.

L'olio di oliva contiene acidi grassi insaturi.

**3.** I **fosfolipidi** costituiscono le membrane che delimitano tutte le cellule. Essi sono formati da due molecole di acidi grassi unite a una molecola di glicerolo. Il terzo atomo di carbonio del glicerolo è legato a sua volta a un gruppo fosfato ($-PO_4^{3-}$) con caratteristiche polari. Ne risulta una molecola con una duplice natura: è **idrofila** (cioè ha affinità per l'acqua) in corrispondenza del gruppo fosfato ed è **idrofoba** (cioè non ha affinità per l'acqua e tende ad allontanarsi da essa) in corrispondenza delle due «code» formate dagli acidi grassi.

**4.** I **glicolipidi** sono molto simili ai fosfolipidi. La differenza principale consiste nel fatto che il glicerolo è legato a una corta catena di carboidrati, anziché al gruppo fosfato. Data la natura polare degli zuccheri, la «testa» dei glicolipidi è polare come quella dei fosfolipidi e il comportamento in acqua è lo stesso.

**5.** Gli **steroidi** hanno molecole in cui gli atomi di carbonio si legano a formare anelli chiusi uniti tra loro. Lo steroide più comune è il *colesterolo*, un componente importante delle membrane cellulari, nelle quali svolge la funzione di fluidificante, favorendo lo scorrimento laterale dei fosfolipidi.

> **IMPARA A IMPARARE**
> Costruisci una tabella in cui nella prima colonna vengano riportati i nomi dei principali gruppi di lipidi, nella seconda una breve descrizione, nella terza la loro funzione nei viventi.

**NELLE RISORSE DIGITALI**
- Esercizi interattivi
- Mappa del paragrafo

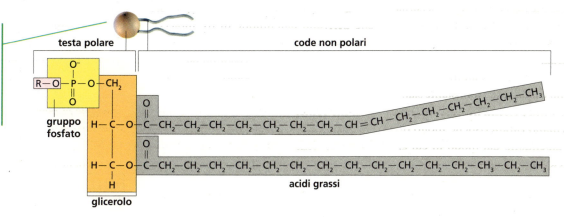

I fosfolipidi vengono rappresentati con una sferetta (la «testa» polare) dalla quale partono due code (le molecole di acido grasso).

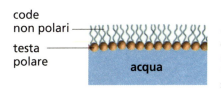

Quando i fosfolipidi si trovano in acqua o in una soluzione acquosa, tendono a portarsi in superficie disponendosi con le code idrofobe verso l'alto e con le teste idrofile a contatto con il liquido.

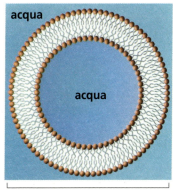

Nelle cellule i fosfolipidi formano doppi strati, disponendosi con le code le une contro le altre e le teste rivolte verso l'ambiente acquoso.

## Il colesterolo

Il colesterolo è il composto più comune appartenente alla classe degli **steroidi**, un gruppo di lipidi in cui gli atomi di carbonio si legano a formare quattro anelli chiusi e uniti tra loro. Oltre a essere un componente essenziale delle membrane cellulari, il colesterolo è la molecola di partenza nella sintesi di un gruppo di ormoni, detti *ormoni steroidei*. Essi comprendono gli ormoni sessuali e alcuni ormoni prodotti dalle ghiandole surrenali.

Il colesterolo viene trasportato nel sangue e, quando è presente in eccesso, può causare problemi all'apparato circolatorio. Per questa ragione, in alcuni casi, è necessario limitare la quantità di colesterolo nel sangue anche attraverso un controllo della dieta.

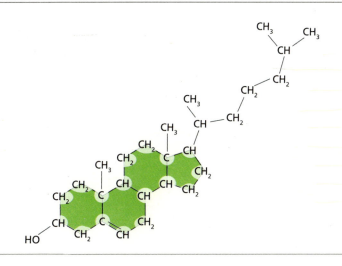

# 8. LE PROTEINE

Le proteine sono polimeri di amminoacidi. La grande varietà di proteine presenti nelle cellule permette loro di svolgere numerose funzioni.

Dopo l'acqua, le **proteine** sono le sostanze più abbondanti nelle cellule e sono coinvolte nella maggior parte dei processi biologici che si svolgono in esse. Nell'organismo umano ve ne sono migliaia di tipi diversi. Grazie alla loro varietà, le proteine svolgono molte funzioni: regolano l'entrata e l'uscita di alcune molecole dalle cellule, trasportano sostanze nei liquidi corporei e un gruppo particolare di proteine, dette **enzimi**, facilita le reazioni chimiche che avvengono nelle cellule. Alcune proteine hanno funzioni strutturali e formano parti visibili anche a occhio nudo, come le ragnatele e i capelli.

Le proteine sono polimeri in cui le unità che si ripetono sono amminoacidi. Ogni molecola di amminoacido presenta due gruppi funzionali legati a un atomo di carbonio (C) centrale. I due gruppi hanno un comportamento chimico differente: il gruppo carbossilico (—COOH) in acqua rilascia protoni e si comporta come un acido, il gruppo amminico (—NH$_2$) accetta protoni, comportandosi come una base.

Il carbonio centrale è legato anche a un atomo di idrogeno (H) e a un gruppo di atomi (indicato genericamente con R): è il gruppo R che differenzia i vari tipi di amminoacidi. Esistono solo 20 tipi di amminoacidi, che vengono indicati con tre lettere, abbreviazione del loro nome. Molti animali (tra cui gli esseri umani) sono in grado di sintetizzare solo alcuni amminoacidi; 8 amminoacidi sono detti **essenziali**, perché devono essere assunti con la dieta.

Le proteine differiscono per il numero di amminoacidi che le costituiscono e per la loro sequenza, cioè l'ordine con cui sono assemblati. Nelle cellule, gli amminoacidi formano lunghe catene mediante legami covalenti tra il carbonio (C) del gruppo carbossilico di una molecola e l'azoto (N) del gruppo amminico della molecola successiva. La sequenza degli amminoacidi in una proteina è detta **struttura primaria**.

Ogni proteina ha una diversa struttura primaria che determina la forma tridimensionale della molecola. Dalla forma delle proteine dipende la funzione che esse svolgono.

> **IMPARA A IMPARARE**
> - Fai un elenco delle funzioni svolte dalle proteine.
> - Ricerca nel testo quanti sono gli amminoacidi essenziali, quali sono e cerca su internet alcuni esempi di alimenti che li contengano.

**NELLE RISORSE DIGITALI**
- Esercizi interattivi
- Mappa del paragrafo

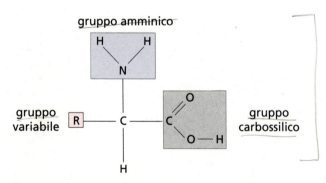

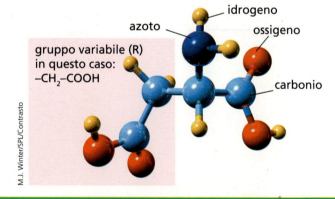

| AMMINOACIDO | SIGLA |
|---|---|
| Valina (essenziale) | Val |
| Leucina (essenziale) | Leu |
| Isoleucina (essenziale) | Ile |
| Fenilalanina (essenziale) | Phe |
| Triptofano (essenziale) | Trp |
| Metionina (essenziale) | Met |
| Treonina (essenziale) | Thr |
| Lisina (essenziale) | Lys |
| Istidina | His |
| Glicina | Gly |

| AMMINOACIDO | SIGLA |
|---|---|
| Alanina | Ala |
| Prolina | Pro |
| Serina | Ser |
| Cisteina | Cys |
| Tirosina | Tyr |
| Asparagina | Asn |
| Glutammina | Gln |
| Acido aspartico | Asp |
| Acido glutammico | Glu |
| Arginina | Arg |

## La forma tridimensionale delle proteine

Si è visto che ogni proteina è costituita da una catena di amminoacidi. Una volta che la proteina è stata assemblata, gli amminoacidi formano tra loro legami a idrogeno che determinano un ripiegamento della molecola. Tale configurazione tridimensionale, detta **struttura secondaria**, può essere:
- a elica tipica delle proteine elastiche (come l'actina e la miosina, responsabili della contrazione dei muscoli);
- piana, con le catene di amminoacidi allineate in file parallele (questa struttura è detta a *foglietto ripiegato* ed è tipica di proteine lisce, soffici ma non elastiche, come il collagene).

A causa delle interazioni tra i gruppi R dei diversi amminoacidi, la struttura secondaria può ripiegarsi ancora e determinare la complessa **struttura terziaria** di alcune proteine.

Grazie a questi ripiegamenti, le proteine formano delle «nicchie» chiamate **siti**. Come la serratura di una porta che viene aperta da una sola chiave, il sito di una proteina è in grado di «accogliere» un unico tipo di molecola o di atomo. Si tratta di una proprietà molto importante, fondamentale per il funzionamento di alcune proteine, come gli enzimi.

L'attività biologica di una proteina dipende strettamente dalla sua struttura tridimensionale. L'esposizione ad agenti fisici o chimici, come il calore o gli acidi, può far sì che una proteina perda la sua struttura terziaria originale e di conseguenza la sua funzionalità. Questo fenomeno prende il nome di **denaturazione**. Una volta denaturate, le proteine possono formare nuovi legami. Un processo di questo tipo avviene, per esempio, nella cottura dei cibi. Il cambiamento di consistenza e colore tra l'albume di un uovo crudo e uno cotto è dovuto proprio alla formazione di nuovi legami tra le proteine dell'albume denaturate.

Molte proteine, inoltre, sono formate da più catene di amminoacidi legate tra loro. L'insieme delle diverse catene rappresenta la loro **struttura quaternaria**.

Alcune proteine, note come **proteine coniugate**, presentano, associate alle normali catene polipeptidiche, delle molecole di altra natura, come molecole organiche non proteiche, ioni metallici (ferro, zinco, ecc.) o altri oligoelementi.

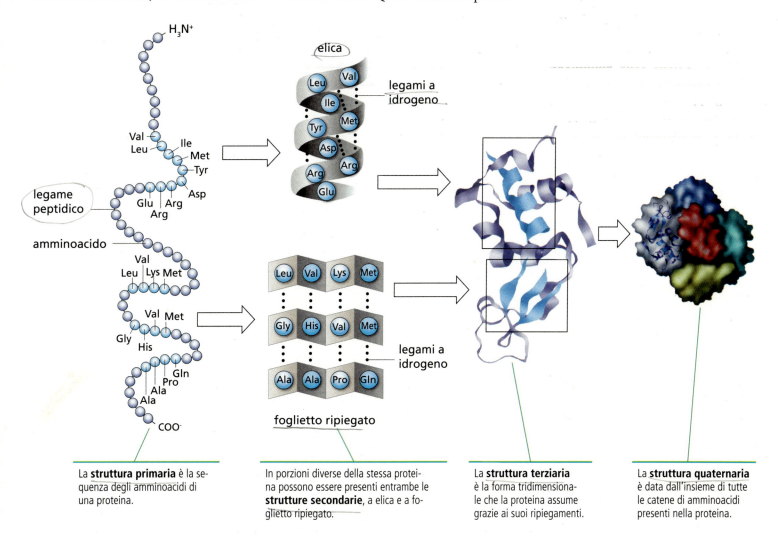

La **struttura primaria** è la sequenza degli amminoacidi di una proteina.

In porzioni diverse della stessa proteina possono essere presenti entrambe le **strutture secondarie**, a elica e a foglietto ripiegato.

La **struttura terziaria** è la forma tridimensionale che la proteina assume grazie ai suoi ripiegamenti.

La **struttura quaternaria** è data dall'insieme di tutte le catene di amminoacidi presenti nella proteina.

UNITÀ 2  L'acqua e le biomolecole negli organismi

# 9. GLI ACIDI NUCLEICI: IL DNA

L'acido deossiribonucleico (DNA) è la macromolecola biologica che contiene le informazioni necessarie alla produzione delle proteine. Essa è costituita da due filamenti di nucleotidi, avvolti a doppia elica.

Gli **acidi nucleici** sono molecole biologiche complesse presenti in diverse parti della cellula; devono il loro nome al fatto che in acqua si comportano come gli acidi (rilasciano protoni) e al fatto di essere stati scoperti per la prima volta all'interno del nucleo. Solo più tardi gli scienziati li hanno identificati anche in altre aree della cellula. Gli acidi nucleici sono il DNA e l'RNA (di cui si parlerà nel prossimo paragrafo).

Il **DNA** (*acido deossiribonucleico*) svolge le funzioni di contenere nella sua lunga molecola le informazioni e le istruzioni necessarie per la produzione delle proteine, e di trasmettere le informazioni ereditarie.

Ogni molecola di DNA è costituita da due lunghi filamenti avvolti uno sull'altro.

Ciascun filamento è formato da una catena di **nucleotidi**, uniti da legami covalenti. I nucleotidi sono formati ciascuno da tre parti:
- un **gruppo fosfato**;
- una **molecola di zucchero** che contiene 5 atomi di carbonio (il *deossiribosio*);
- una **base azotata** (una molecola che contiene azoto).

Esistono quattro tipi di basi azotate, contenute nei nucleotidi del DNA:
- **adenina** (A),
- **guanina** (G),
- **citosina** (C),
- **timina** (T).

Le lettere iniziali delle basi azotate (A, G, C, T) sono utilizzate anche come abbreviazioni dei nucleotidi che le contengono.

I nucleotidi di ciascun filamento possono essere disposti in qualunque ordine e – dal momento che una molecola di DNA può contenere milioni di nucleotidi – la sequenza delle basi può presentarsi con un'enorme varietà.

> **IMPARA A IMPARARE**
> Disegna uno schema di un nucleotide del DNA, indicando tutte le parti presenti e descrivendo le caratteristiche di ciascuna parte.

**NELLE RISORSE DIGITALI**
- Video Il DNA
- Esercizi interattivi
- Mappa del paragrafo

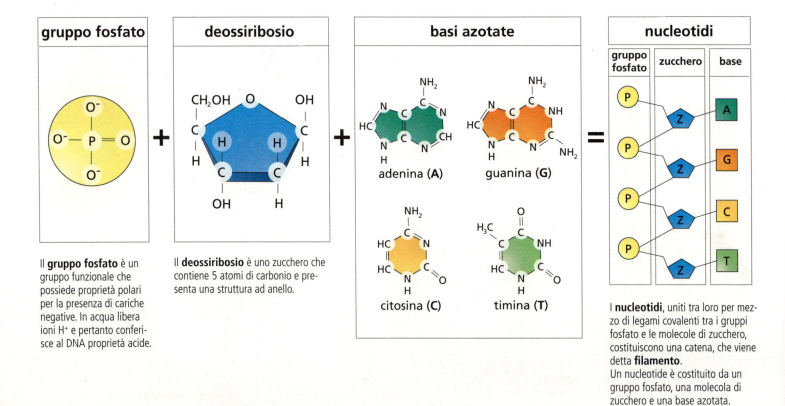

Il **gruppo fosfato** è un gruppo funzionale che possiede proprietà polari per la presenza di cariche negative. In acqua libera ioni H+ e pertanto conferisce al DNA proprietà acide.

Il **deossiribosio** è uno zucchero che contiene 5 atomi di carbonio e presenta una struttura ad anello.

I **nucleotidi**, uniti tra loro per mezzo di legami covalenti tra i gruppi fosfato e le molecole di zucchero, costituiscono una catena, che viene detta **filamento**.
Un nucleotide è costituito da un gruppo fosfato, una molecola di zucchero e una base azotata.

## La forma tridimensionale della molecola di DNA

La molecola di DNA ha una struttura particolare, descritta nel 1953 da James Watson e Francis Crick, grazie anche agli studi di Rosalind Franklin. I due scienziati – che per le loro ricerche sul DNA vinsero il premio Nobel nel 1962 – scoprirono che il DNA possiede una struttura molto lunga e spiralizzata, detta a **doppia elica**.

Si può paragonare il DNA a una specie di scala a pioli, «ritorta» in modo da formare una spirale. I due montanti della scala sono costituiti da molecole di zucchero alternate a gruppi fosfato; i pioli sono costituiti invece da coppie di basi azotate.

Watson e Crick scoprirono inoltre che le basi azotate si appaiano seguendo sempre lo stesso principio:

- l'adenina (A) può appaiarsi solamente con la timina (T);
- la citosina (C) può appaiarsi solamente con la guanina (G).

A causa di questo appaiamento caratteristico si dice che le basi azotate sono *complementari*. Per esempio, la sequenza di basi ACCA è sempre appaiata alla sequenza TGGT.

I legami chimici tra le basi azotate sono del tipo *a idrogeno*. I due tipi di basi formano un numero diverso di legami a idrogeno: A e T ne formano due, C e G tre. Per questa ragione quante più coppie CG sono presenti nei due filamenti della molecola di DNA, tanto più la molecola risulta stabile. Inoltre, le zone della molecola che devono essere separate facilmente contengono molte coppie AT. La stabilità della doppia elica, oltre che ai legami a idrogeno, è dovuta anche alla repulsione idrofobica di alcune regioni della molecola di DNA e l'acqua presente all'interno della cellula.

I legami a idrogeno, indipendentemente dal loro numero, sono relativamente deboli e possono essere rotti sia da un'azione meccanica (come avviene durante la replicazione del DNA) sia dalle alte temperature. Dopo la rottura dei legami a idrogeno, i due filamenti possono essere separati come le parti di una cerniera. L'apertura della doppia elica del DNA è una tecnica molto impiegata nei laboratori di biologia molecolare. I legami che si formano tra il gruppo fosfato di un nucleotide e lo zucchero di quello successivo sono invece di tipo *covalente* e sono legami forti.

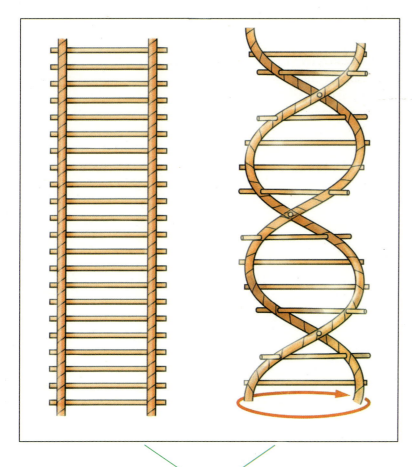

La forma generale della molecola di DNA è quella di una **doppia elica**: una specie di scala a pioli ritorta, dove i montanti sono rappresentati dall'alternanza tra gruppi fosfato e molecole di zucchero, mentre i pioli sono formati dalle basi azotate.

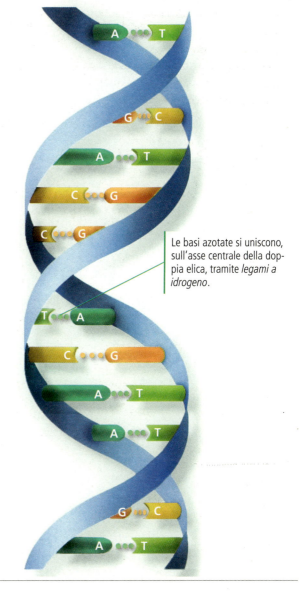

Le basi azotate si uniscono, sull'asse centrale della doppia elica, tramite *legami a idrogeno*.

## 10. GLI ACIDI NUCLEICI: L'RNA

L'acido ribonucleico (RNA) funziona come intermediario nel processo di produzione delle proteine. Esso viene sintetizzato a partire dal DNA, a cui è chimicamente molto simile.

L'**RNA** (*acido ribonucleico*) è formato, come il DNA, da una lunga catena di nucleotidi, ma con alcune differenze. Le differenze principali tra i due acidi nucleici sono tre.

**1.** I nucleotidi dell'RNA contengono come zucchero il **ribosio** al posto del *deossiribosio* (presente nel DNA); entrambi questi zuccheri presentano cinque atomi di carbonio, ma un diverso numero di atomi di ossigeno.

**2.** Nell'RNA non si trova la timina (T) che è sostituita da un'altra base azotata: l'**uracile** (U). Come la timina, l'uracile si appaia solo con l'adenina (A).

**3.** La maggior parte delle molecole di RNA sono formate da un **singolo filamento** (rispetto ai due filamenti del DNA).

Come nel DNA, i nucleotidi dell'RNA sono tenuti insieme da legami covalenti tra il gruppo fosfato di un nucleotide e lo zucchero del nucleotide successivo.

Nella cellula si riconoscono tre diversi tipi di RNA, secondo le funzioni svolte:
- l'**RNA messaggero** (mRNA),
- l'**RNA ribosomiale** (rRNA),
- l'**RNA di trasporto** (tRNA).

Abbiamo detto che il DNA fornisce le istruzioni alla cellula per produrre le proteine. L'informazione necessaria è contenuta nelle lunghe sequenze di basi nucleotidiche: essendoci 4 tipi di basi (A, G, C e T), il sistema funziona come un alfabeto di sole 4 lettere.

L'RNA funziona come intermediario nei processi che, partendo dal DNA, portano alla sintesi delle proteine. L'informazione del DNA viene «trascritta» nelle sequenze di basi dell'RNA, il cui alfabeto è leggermente diverso da quello del DNA, e trasportata al di fuori del nucleo della cellula.

I tre tipi di RNA, mediante un'azione coordinata, portano le sequenze di basi a essere «tradotte» nelle sequenze di amminoacidi che formano le proteine.

> **IMPARA A IMPARARE**
>
> Elenca e descrivi le differenze tra la molecola del DNA e quella dell'RNA. Fai un disegno schematico che metta in evidenza le differenze che hai elencato.

### NELLE RISORSE DIGITALI

- Video L'RNA
- Esercizi interattivi
- Mappa del paragrafo

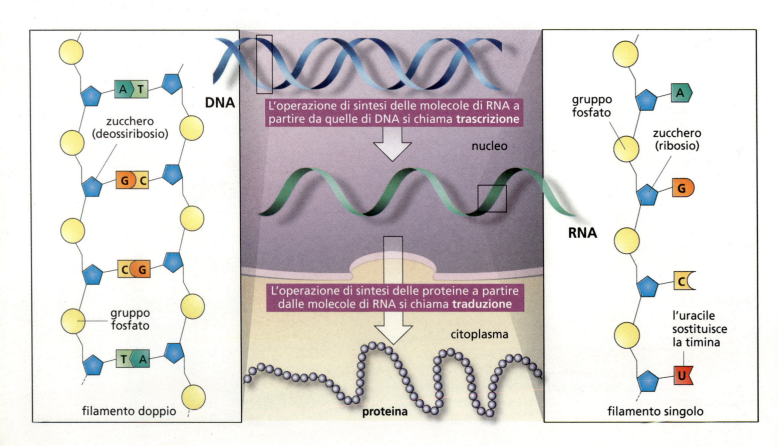

# DOMANDE PER IL RIPASSO

### PARAGRAFO 1
1. Completa.
   Nell'Universo il 98% della materia è costituito da .............. e .............. . Negli esseri viventi, invece, prevalgono .............. e il .............. .
2. Che cosa si intende con il termine oligoelementi?
3. Che differenza c'è tra i composti organici e i composti inorganici?

### PARAGRAFO 2
4. Negli animali l'85% del sangue è costituito da acqua. V F
5. Che cosa significa che l'acqua agisce come reagente? Fai un esempio.

### PARAGRAFO 3
6. Com'è distribuita la carica elettrica all'interno di una molecola d'acqua?
7. I legami a idrogeno si formano solo tra le molecole d'acqua. V F

### PARAGRAFO 4
8. Scegli l'alternativa corretta.
   Le sostanze idrofile/idrofobe si sciolgono in acqua.
9. Da cosa dipende la solubilità in acqua dei composti?

### PARAGRAFO 5
10. Quanti legami forma l'atomo di carbonio nei composti organici?
11. La classe di composti caratterizzata dal gruppo funzionale —COOH è quella:
    - A delle aldeidi.
    - B degli acidi carbossilici.
    - C degli alcoli.

### PARAGRAFO 6
12. Che cos'è il saccarosio?
13. Completa.
    I .............. funzionano come riserve di zuccheri semplici.
14. Quanti atomi di carbonio contiene il glucosio?
    - A 3.
    - B 4.
    - C 6.
    - D 8.

### PARAGRAFO 7
15. Qual è la proprietà che accomuna tutti i tipi di lipidi?
16. Completa.
    Le .............. formano un rivestimento che protegge e rende .............. il pelo dei mammiferi. I .............. costituiscono le membrane che delimitano tutte le cellule.

17. La molecola che nei grassi lega i gruppi di tre acidi grassi è:
    - A il colesterolo.
    - B uno zucchero.
    - C uno steroide.
    - D il glicerolo.

### PARAGRAFO 8
18. Quali sono le funzioni delle proteine?
19. Gli amminoacidi essenziali sono 20 e vengono assunti tramite la dieta. V F

### PARAGRAFO 9
20. Da quali parti è composto un nucleotide del DNA?
21. Il filamento complementare alla sequenza ACCTGTTA è:
    - A TGCAGAAT.
    - B TGGATGGC.
    - C TGGACAAT.

### PARAGRAFO 10
22. Completa.
    L'RNA è formato da un .............. filamento; rispetto al DNA ha il .............. al posto del deossiribosio e la .............. è sostituita dall' .............. .
23. Quale funzione svolge l'RNA?

## APPLICA LE TUE CONOSCENZE
Descrivi i fenomeni mostrati nelle fotografie e spiegali facendo riferimento alle proprietà dell'acqua.

# 2 LABORATORIO DELLE COMPETENZE

## 1 Sintesi: dal testo alla mappa

- Gli **elementi chimici** presenti negli esseri viventi sono gli stessi che compongono l'Universo, ma presentano un'abbondanza relativa differente. I più comuni nei viventi sono l'**ossigeno** (O), il **carbonio** (C), l'**idrogeno** (H) e l'**azoto** (N) che, insieme, costituiscono il 96% della materia organica.

- Gli elementi si combinano a formare i composti. Esistono **composti organici** che contengono **carbonio** e che si originano dall'attività degli esseri viventi, e altri invece detti **composti inorganici** che possono ugualmente essere necessari alla vita.

- L'**acqua** è indispensabile agli esseri viventi poiché svolge diverse funzioni: essa rappresenta il **solvente** all'interno del quale avvengono le reazioni chimiche delle cellule; inoltre in alcuni casi essa interviene direttamente come **reagente**; infine l'acqua svolge all'interno del corpo degli esseri viventi la funzione di **liquido di trasporto** all'esterno delle cellule.

- L'acqua costituisce circa il 60% del nostro peso ed è presente nel nostro corpo come **fluido intracellulare**, cioè all'interno delle cellule, come **plasma** nel sangue e come **liquido interstiziale** tra le cellule dell'organismo e (per una frazione molto piccola) all'interno di alcuni organi.

- L'**acqua** ($H_2O$) è una molecola formata da due atomi di **idrogeno** e da un atomo di **ossigeno** uniti tra loro da legami covalenti. Pur essendo una molecola neutra, le cariche al suo interno non sono distribuite in maniera uniforme: infatti la regione che circonda l'ossigeno possiede una parziale carica negativa, mentre intorno ai nuclei di idrogeno sono presenti parziali cariche positive. La molecola dell'acqua è dunque **polare**. Ciò fa sì che la carica positiva di una molecola d'acqua venga attratta da quella negativa di una molecola vicina e che pertanto le molecole d'acqua siano debolmente legate tra loro da una forza elettrostatica, chiamata **legame a idrogeno**.

- L'acqua presenta molte proprietà particolari che la rendono piuttosto diversa da sostanze simili: per esempio, la **tensione superficiale**, la **capillarità**, l'elevato **calore specifico** e la **densità** sono proprietà che l'acqua deve alla formazione dei legami elettrostatici tra le sue molecole.

- L'acqua rappresenta il **solvente**, ovvero il componente più abbondante, in molte **soluzioni** importanti per la vita: come, per esempio, il plasma sanguigno, l'urina, la linfa delle piante ecc.

- Alcune sostanze, come sale, alcol e zucchero, si sciolgono in acqua e sono pertanto **sostanze idrofile**; altre invece, come l'olio o i grassi, non si sciolgono in acqua sono pertanto dette **idrofobe**. Le molecole polari si sciolgono in acqua, quelle apolari no.

- I viventi sono costituiti, oltre che da acqua, da **molecole organiche**. Le molecole organiche contengono atomi di **carbonio** (C) uniti tra loro o uniti con altri atomi. Ogni atomo di carbonio può formare quattro legami covalenti, e questa sua proprietà permette la formazione di lunghe catene di atomi.

- Le molecole organiche più complesse sono caratterizzate dai **gruppi funzionali**, cioè piccoli gruppi di atomi che ne determinano le proprietà.

- I **carboidrati** o **zuccheri** sono un gruppo di molecole organiche che contengono carbonio, idrogeno e ossigeno. Essi sono distinti in **monosaccaridi** (come il glucosio e il fruttosio), in **disaccaridi** (come il saccarosio) e in **polisaccaridi**. I polisaccaridi sono polimeri formati da centinaia o migliaia di unità di monosaccaridi unite tra loro.

- I **lipidi** sono macromolecole organiche che svolgono importanti funzioni biologiche: costituiscono le membrane che circondano le cellule e rappresentano una riserva di energia. Tra i lipidi più comuni vi sono i **grassi**, formati da tre molecole di acido grasso unite da una molecola di glicerolo, e le **cere**. I **fosfolipidi** e i **glicolipidi** hanno una molecola simile a quella dei trigliceridi ma al posto di una delle tre catene di acido grasso vi è una parte polare. Infine vi sono gli **steroidi**, come il *colesterolo*, che sono dei lipidi con molecola chiusa ad anello.

- Dopo l'acqua, le **proteine** sono le sostanze più abbondanti all'interno di una cellula. Le proteine svolgono un gran numero di funzioni: facilitano le reazioni chimiche nelle cellule, regolano l'entrata e l'uscita delle sostanze, trasportano altre componenti ecc. Esse sono polimeri formati da sequenze più o meno lunghe di unità più piccole, gli **amminoacidi**.

- Il **DNA** o **acido deossiribonucleico** svolge le funzioni di contenere nella sua molecola le istruzioni necessarie alla produzione delle proteine, e di trasmettere le informazioni ereditarie. Una molecola di DNA è costituita da due lunghi **filamenti** uniti e avvolti tra loro a formare una **doppia elica**. Ogni filamento è formato da una catena di **nucleotidi**.

- L'**RNA** o **acido ribonucleico** funziona come intermediario nel processo di produzione delle proteine. Esso viene sintetizzato a partire dalla molecola di DNA. La sua struttura chimica è molto simile a quella del DNA, da cui si differenzia per tre ragioni: lo zucchero presente nei nucleotidi di RNA è **ribosio**, quindi diverso dal deossiribosio del DNA; una delle basi azotate è diversa (l'RNA presenta l'*uracile* al posto della timina) e la molecola si presenta a **filamento singolo** e non doppio.

# Laboratorio delle competenze UNITÀ 2

**Riorganizza i concetti completando le mappe**

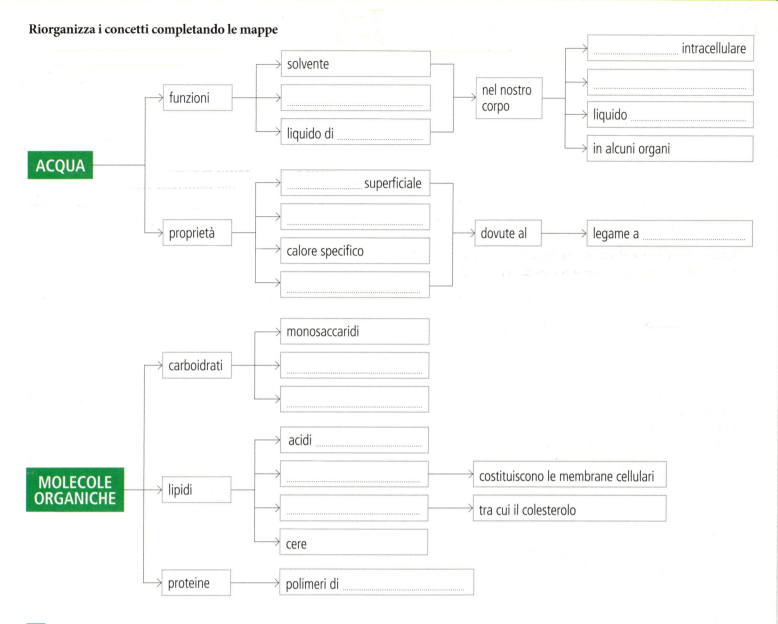

## 2 Collegare i concetti

1. Completa con i termini mancanti.
   Circa un .................... dell'acqua presente nel nostro corpo si trova all'esterno delle cellule e forma il liquido ...................., che riempie gli spazi tra le nostre cellule, e il plasma, la parte liquida del ..................... Il nostro plasma presenta mediamente un valore del pH di 7,4 cioè leggermente ....................: ciò significa che disciolti nel plasma ci sono più ioni .................... che ioni ..................... .

2. Quali tra le seguenti affermazioni sull'acqua sono vere?
   (3 risposte corrette)
   - [A] La molecola d'acqua è apolare.
   - [B] In acqua si sciolgono tutte le sostanze idrofile, come i sali, l'alcol e lo zucchero.
   - [C] Circa il 20% del peso del nostro peso corporeo è dovuto all'acqua.
   - [D] La maggior parte dell'acqua presente nel corpo umano si trova all'interno delle cellule.
   - [E] Le proprietà dell'acqua si devono soprattutto alla formazione dei legami a idrogeno.
   - [F] La ionizzazione dell'acqua è la sua tendenza a risalire all'interno di tubicini sottili.

3. Quali tra le seguenti affermazioni sono vere?
   (2 risposte corrette)
   - [A] Il DNA e l'RNA presentano le stesse basi azotate.
   - [B] I carboidrati e i lipidi sono fatti dagli stessi elementi legati in modo molto diverso.
   - [C] Il gruppo carbossilico è presente sia negli amminoacidi sia negli acidi grassi.
   - [D] I disaccaridi sono costituiti da due unità di amminoacidi uniti tra loro.
   - [E] Le uniche molecole organiche che contengono azoto sono le proteine.

31

## 3 Comprendere un testo

### Acidi grassi saturi e insaturi

*Non è detto che i tre acidi grassi di una molecola di trigliceride abbiano una catena idrocarburica delle stessa lunghezza o della stessa struttura.*

- *Negli acidi grassi **saturi**, tutti i legami fra gli atomi di carbonio della catena sono legami semplici: non compaiono doppi legami. In altre parole, tutti i legami sono saturati con atomi di idrogeno. Le molecole di questi acidi grassi sono rigide e lineari, cosicché tendono ad affiancarsi come le matite dentro un portamatite.*
- *Negli acidi grassi **insaturi**, le catene idrocarburiche contengono uno o più doppi legami. L'acido oleico, per esempio, è un acido grasso monoinsaturo, con un solo doppio legame collocato verso la metà della catena, dove si produce una sorta di gomito. Alcuni acidi grassi, detti polinsaturi, contengono più doppi legami e presentano vari gomiti, che impediscono alle molecole di addossarsi strettamente.*

*La quantità di gomiti nelle molecole degli acidi grassi è importante per determinare la fluidità e il punto di fusione di un lipide.*

[Da D. Sadava e altri, *Biologia – La scienza della vita*, Zanichelli, 2010]

**Rispondi alle seguenti domande.**
a. Che cosa significa che un acido grasso è saturo?
b. Quale caratteristica presentano le molecole degli acidi grassi saturi?
c. Che cosa contengono le catene degli acidi grassi insaturi?
d. Che cosa significa che un acido grasso è polinsaturo?
e. Per quale ragione le molecole di acidi grassi insaturi presentano dei gomiti?
f. Perché questo fatto è importante?

## 4 Descrivere un fenomeno

### Olio e alcol: sostanze idrofile o idrofobe?

Prendi un bicchiere alto e stretto, riempilo per circa un terzo di acqua, poi versa uno strato di olio e infine uno strato di alcol.
a. Che cosa noti? I tre liquidi si sono mescolati?
A questo punto immergi nel cilindro un cubetto di ghiaccio e lascia che vada a galleggiare tra l'olio e l'alcol, avendo peso specifico intermedio tra essi. Aspetta qualche minuto che il ghiaccio si sciolga rilasciando qualche goccia d'acqua liquida.
b. Che cosa succede alle gocce d'acqua?
c. Per quale ragione?

## 5 Costruire un modello

### Il tetraedro del carbonio

La molecola più semplice della chimica organica è il metano, in cui gli atomi di idrogeno sono disposti sui vertici di un tetraedro. Costruiamo insieme un tetraedro di cartone per avere un'idea della sua forma.
Prendi un cartoncino un po' spesso e disegna un triangolo equilatero sul cartoncino.
Il triangolo equilatero si disegna utilizzando un compasso:
▶ si traccia un segmento di alcuni cm, che sarà il lato del triangolo;
▶ si apre il compasso della distanza del segmento disegnato e si tracciano due archetti puntando il compasso alternativamente nei due estremi del segmento;
▶ il punto di unione dei due archetti è il vertice del triangolo equilatero, quindi uniscilo ai due estremi del segmento.
Ora disegna altri tre triangoli e completa la figura come la vedi qui sotto. Ritaglia la figura, piega lungo le linee, incolla i lembi e otterrai un tetraedro.
a. Dove si trova l'atomo di carbonio rispetto al tetraedro?
b. Gli atomi di idrogeno hanno tutti la stessa distanza dall'atomo di carbonio?

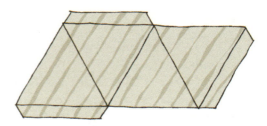

## 6 Fare un esperimento

### Il riconoscimento dell'amido nelle patate

Le patate sono tuberi molto ricchi di amido. È possibile verificare la presenza di amido nelle patate utilizzando qualche goccia di tintura di iodio.
La tintura di iodio è un liquido brunastro, che si usa come disinfettante; in presenza di amido reagisce cambiando colore e assumendo un colore blu-violetto.
Prendi un pezzetto di patata, pestala in un mortaio e poi aggiungi qualche goccia di tintura di iodio.
a. Che cosa è successo?
Ripeti la stessa operazione utilizzando un altro alimento, per esempio un vegetale, come una zucchina.
b. Che cosa noti?

## 7 Descrivere un fenomeno

### La denaturazione delle proteine

Prendi un uovo e separa albume e tuorlo. Prendi l'albume, mettilo in un recipiente e ricoprilo d'aceto. Lascia riposare albume e aceto per alcuni giorni.
a. Che cosa noti al termine dell'esperimento?
b. Secondo te, perché l'aceto ha modificato la struttura dell'albume?

## 8 Osservare una figura

### I fosfolipidi in acqua

Spiega perché i fosfolipidi si dispongono nell'acqua come è mostrato in questa figura.

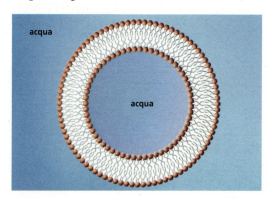

## 9 Fare una ricerca

### I grassi negli alimenti

Procurati le confezioni di alcuni alimenti che puoi trovare nella dispensa di casa. Leggi i dati riportati dalle etichette alimentari presenti sulle confezioni facendo attenzione a quelli relativi ai grassi. Riporta in una tabella i nomi degli alimenti e il quantitativo totale di grassi in essi presenti.
a. Quali alimenti contengono più grassi? Quali meno?
Cerca nelle etichette le informazioni in merito ai grassi saturi e insaturi.
b. Quali alimenti sono più ricchi di grassi saturi?

## 10 Fare un esperimento

### Osserva il tuo DNA

Sciacqua la bocca con acqua energicamente per 2 minuti, poi versa il liquido in un bicchiere: avrai così delle cellule della mucosa. Sciogli ora in una tazza d'acqua un cucchiaino di sale e uno schizzo di detersivo per piatti. Versa un cucchiaino del liquido ottenuto sciacquandoti la bocca in una provetta e aggiungi mezzo cucchiaino della miscela sale/detersivo. Questo passaggio serve a rompere le cellule e a liberare il DNA nella soluzione.
Aggiungi nella provetta un cucchiaino di alcol denaturato gelato. Scuotila dolcemente, senza fare schiuma, e osserverai la formazione di filamenti del tuo DNA, che non è solubile nell'alcol etilico e precipita (sotto forma di sale).
Al termine dell'esperimento stila una relazione indicando i materiali necessari, il metodo seguito nell'esperimento e le osservazioni effettuate.

## 11 Applicare una formula

### Calcola la concentrazione di una soluzione

Per una cottura ottimale della pasta, in una ricetta si raccomanda di sciogliere 25 g di sale da cucina in 2 L di acqua. Calcola la concentrazione della soluzione ottenuta in mg/L e in percentuale in peso di soluto, tenendo presente che la densità dell'acqua è pari a 1 kg/L.

## 12 Scrivere una formula chimica

### La struttura degli amminoacidi

Partendo dalla formula generica riportata nel paragrafo 8, scrivi le formule dei seguenti amminoacidi:
alanina (gruppo R = —$CH_3$);
serina (gruppo R = —$CH_2$—OH);
cisteina (gruppo R = —$CH_2$—SH).

## 13 Applicare una formula

### La perdita d'acqua durante l'attività sportiva

È stato calcolato che un atleta durante una corsa in clima caldo (con temperatura superiore ai 20 °C) può arrivare a perdere 15-25 ml d'acqua al minuto. Anche una perdita del 3% dell'acqua contenuta nel corpo dell'atleta può portare a una diminuzione della prestazione sportiva. Supponendo che il corridore pesi 80 kg, calcola la quantità d'acqua contenuta nel suo corpo e dopo quanto tempo di corsa raggiunge la soglia del 3% di disidratazione.

## 14 Osservare una figura

### La struttura delle proteine

La proteina che è rappresentata possiede una struttura quaternaria? Motiva la tua risposta.

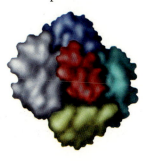

# 3 ALL'INTERNO DELLE CELLULE

Tutti gli organismi sono formati da cellule: alcuni sono costituiti da una sola cellula (come il foraminifero della fotografia, che è dotato anche del guscio che vedi), altri da milioni. Le **cellule** sono le più piccole unità viventi: esse crescono, si riproducono, sono in grado di trasformare la materia e l'energia, rispondono agli stimoli provenienti dall'esterno, mantengono costanti le caratteristiche chimiche e fisiche presenti al loro interno. Tutte le cellule sono delimitate da una **membrana** che le separa dall'ambiente esterno e che è attraversata di continuo da sostanze di vario tipo.
Al loro interno le cellule contengono una sostanza gelatinosa (il **citoplasma**) e il materiale ereditario (**DNA**).

 TEST D'INGRESSO

 Laboratorio delle competenze
pagine 50-53

# PRIMA DELLA LEZIONE

 **Guarda il video *All'interno delle cellule*, che presenta gli argomenti dell'unità.**

Elenca le proprietà delle cellule tipiche di tutti gli esseri viventi menzionate nel video.
a ............................................................................................................................................................
b ............................................................................................................................................................
c ............................................................................................................................................................
d ............................................................................................................................................................
e ............................................................................................................................................................

**Completa.**
Gli organismi formati da molte cellule si chiamano ..................................................
I batteri sono i soli organismi ..............................................................
Tutte le cellule, a parte quelle dei batteri, sono di tipo ..................................................

Qui di seguito trovi le fotografie di alcuni organismi o parti di essi. Sai dire quali di questi sono *procarioti, eucarioti, unicellulari, pluricellulari*? (Puoi inserire più definizioni per ogni fotografia.)

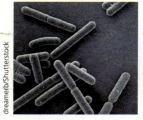
Batterio

Ameba

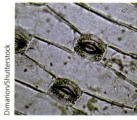
Zanzara

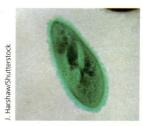
Lattuga

Paramecio

**Guarda le fotografie realizzate durante un esperimento sull'estrazione della clorofilla dalle cellule vegetali.**

**1** Procurati delle foglie di spinaci e triturale in un mortaio o in un robusto vaso di vetro. Aggiungi poco alla volta un cucchiaio di alcol etilico a 95° (quello che si usa per fare i liquori).

**2** Lascia riposare il pestato per qualche minuto, scaldalo su un fornello (senza portarlo a ebollizione) e infine, dopo averlo fatto raffreddare, versalo in un bicchiere, filtrandolo attraverso un colino (o un filtro di carta). Il liquido ottenuto sarà la tua soluzione contenente la clorofilla.

**3** Procurati ora della carta da filtro e tagliane una striscia di circa 2 cm di larghezza e 10 cm di lunghezza. A circa 3 cm da una delle due estremità versa qualche goccia della soluzione contenente la clorofilla. A questo punto immergi l'altra estremità della striscia di carta sul fondo di un bicchiere (in cui hai versato circa 1 cm di alcol etilico) e fai in modo che si appoggi al bordo.

L'alcol, salendo per capillarità lungo la carta da filtro, trasporta le sostanze estratte dalle foglie. Che cosa noti sulla striscia di carta? La «macchia» verde è proprio la clorofilla, il pigmento responsabile del colore verde delle piante. Nel paragrafo 5 scoprirai un'altra funzione importante di questa sostanza.

# 1. LA CELLULA, L'UNITÀ FONDAMENTALE DEGLI ORGANISMI

Tutti gli organismi sono formati da cellule. In genere, le cellule sono molto piccole e gli organismi di grandi dimensioni sono formati da miliardi di cellule.

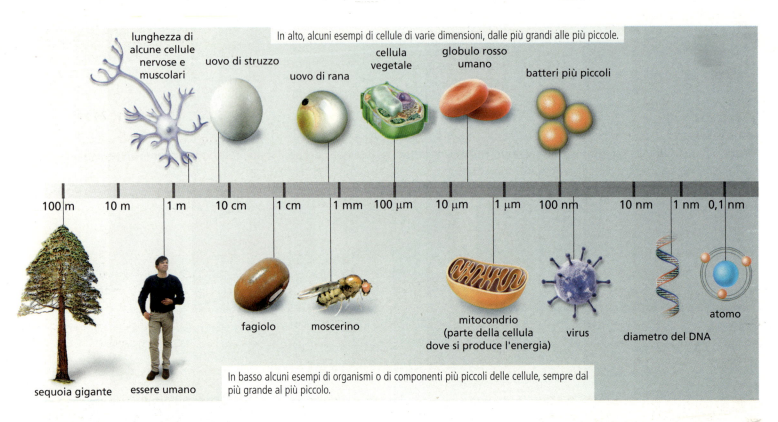

In alto, alcuni esempi di cellule di varie dimensioni, dalle più grandi alle più piccole.

In basso alcuni esempi di organismi o di componenti più piccoli delle cellule, sempre dal più grande al più piccolo.

Gli organismi sono formati da cellule: alcuni sono **unicellulari**, cioè formati da una sola cellula, gli altri sono **pluricellulari**.

Dal punto di vista funzionale, la maggior parte delle cellule mostra tutte le caratteristiche tipiche degli organismi. Le cellule crescono, si riproducono, sono in grado di trasformare la materia e l'energia, rispondono agli stimoli che provengono dall'ambiente esterno, mantengono il controllo del proprio ambiente interno. Le cellule si assomigliano anche dal punto di vista della struttura generale: sono delimitate da una *membrana* che le separa dall'ambiente circostante, contengono al loro interno una sostanza gelatinosa, detta *citoplasma*, e il *materiale ereditario* (il DNA) che permette loro la riproduzione.

Pur avendo degli elementi comuni, al tempo stesso le cellule presentano una grande **varietà**. La cellula di un batterio ha caratteristiche che permettono di distinguerla da quelle di un essere umano; le cellule delle piante sono molto diverse da quelle degli animali; le cellule che formano i muscoli del nostro corpo sono completamente diverse da quelle del cervello.

I diversi tipi di cellule presentano inoltre **dimensioni** molto variabili: le più grosse sono le uova di uccello (quelle di struzzo arrivano a 15 cm di diametro); le cellule più piccole sono alcuni batteri lunghi appena 0,0001 mm. Una «tipica» cellula animale ha un diametro di circa 0,01 mm; una cellula vegetale è circa 10 volte più grande. Quando si parla delle dimensioni delle cellule, per evitare di scrivere tanti decimali, l'unità di misura più usata è il **micrometro** (μm). 1 μm è la milionesima parte di un metro: 1 μm = $10^{-6}$ m. Per esprimere dimensioni ancora più piccole (come quelle delle molecole che formano le cellule) si usa il **nanometro**, che è un miliardesimo di metro: 1 nm = $10^{-9}$ m.

### IMPARA A IMPARARE

Individua nel testo le caratteristiche comuni a tutte le cellule, elencale e per ciascuna scrivi una breve spiegazione. Poi individua nell'immagine la grandezza di una cellula uovo di rana, di una tipica cellula animale, di una tipica cellula vegetale e di un batterio e costruisci una tabella con i dati raccolti.

### NELLE RISORSE DIGITALI

- **Approfondimento** Il microscopio ottico
- **Approfondimento** Il microscopio elettronico
- **Video** Le dimensioni delle cellule
- **Esercizi interattivi**
- **Mappa del paragrafo**

### ■ Dimensioni minime e massime delle cellule

Le cellule non possono avere dimensioni né troppo piccole né troppo grandi.

Il motivo per cui esistono dimensioni minime per le cellule è semplice: per poter sopravvivere e riprodursi, le cellule devono contenere al loro interno una certa quantità di strutture e molecole biologiche, come il DNA e le proteine.

Ma perché la maggior parte delle cellule non supera determinate dimensioni? In altre parole, perché gli organismi pluricellulari non sono formati da poche cellule molto grandi? Le dimensioni cellulari sono limitate dalla necessità di avere una superficie esterna abbastanza estesa da poter introdurre un'adeguata quantità di sostanze nutritive ed eliminare le sostanze di rifiuto. Se una cellula aumenta di volume, anche la sua superficie esterna lo fa, ma non in misura corrispondente. È necessario, quindi, che le cellule si mantengano entro dimensioni tali da garantire un rapporto superficie/volume abbastanza elevato.

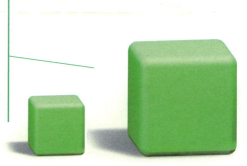

Il volume della seconda cellula è otto volte quello della prima mentre la sua superficie è solo 4 volte maggiore: il rapporto superficie/volume è pertanto dimezzato. Questa relazione vale per qualsiasi forma assuma la cellula.

| | | |
|---|---|---|
| lato | 1 cm | 2 cm |
| superficie | 6 cm$^2$ | 24 cm$^2$ |
| volume | 1 cm$^3$ | 8 cm$^3$ |
| superficie/volume | 6/1 | 3/1 |

### ■ Osservare le cellule

La maggior parte delle cellule è talmente piccola da non poter essere osservata a occhio nudo; il limite visibile per l'occhio umano è infatti 0,2 mm. Per vedere chiaramente una cellula si utilizza uno strumento che ingrandisce l'immagine: il microscopio. Esistono vari tipi di microscopio: in genere, il laboratorio di una scuola ha in dotazione un **microscopio ottico**, che funziona facendo passare la luce attraverso l'oggetto da ingrandire. Il **microscopio elettronico** impiega, al posto della luce, un fascio di elettroni. I microscopi elettronici ingrandiscono i campioni molto di più di quelli ottici, ma al contrario di questi ultimi non possono essere utilizzati per osservare cellule vive. Uno stesso oggetto ha un aspetto molto diverso a seconda del tipo di microscopio che si usa per ingrandirlo.

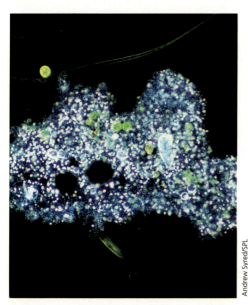

Un'ameba vista al **microscopio ottico**. Si tratta di un organismo unicellulare acquatico, con una lunghezza reale di circa 0,1 mm. Qui la vediamo ingrandita di circa 70 volte. Il microscopio ottico consente di osservare campioni vivi.

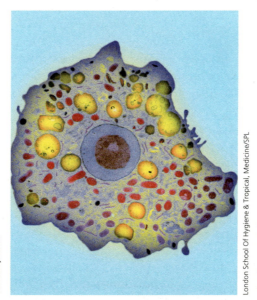

Un'ameba osservata al **microscopio elettronico a trasmissione**. Il microscopio elettronico a trasmissione ha un potere di risoluzione molto maggiore del microscopio ottico. L'immagine, originariamente in bianco e nero, è stata colorata. Il microscopio elettronico a trasmissione è uno strumento molto costoso e non consente lo studio di campioni vivi.

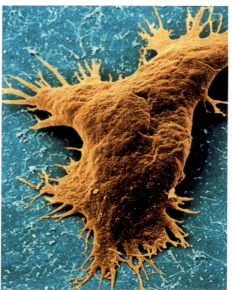

Un'ameba osservata al **microscopio elettronico a scansione**. Con questo strumento si osserva la superficie esterna degli oggetti da studiare (in questo caso l'ameba) e si ottengono immagini tridimensionali. Il microscopio elettronico a scansione non consente lo studio di campioni vivi.

UNITÀ 3 All'interno delle cellule

## 2. LA MEMBRANA PLASMATICA

La membrana plasmatica è il sottile rivestimento che delimita le cellule. Tutte le sostanze che entrano ed escono dalle cellule attraversano la membrana plasmatica.

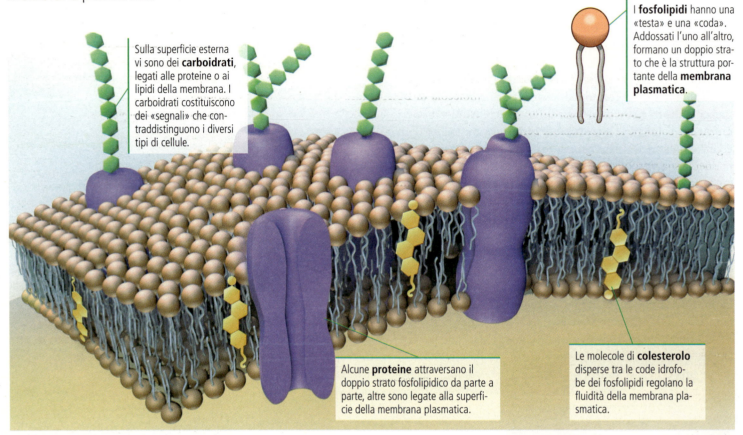

Sulla superficie esterna vi sono dei **carboidrati**, legati alle proteine o ai lipidi della membrana. I carboidrati costituiscono dei «segnali» che contraddistinguono i diversi tipi di cellule.

I **fosfolipidi** hanno una «testa» e una «coda». Addossati l'uno all'altro, formano un doppio strato che è la struttura portante della **membrana plasmatica**.

Alcune **proteine** attraversano il doppio strato fosfolipidico da parte a parte, altre sono legate alla superficie della membrana plasmatica.

Le molecole di **colesterolo** disperse tra le code idrofobe dei fosfolipidi regolano la fluidità della membrana plasmatica.

Tutte le cellule sono delimitate dalla **membrana plasmatica** (o *membrana cellulare*), un sottile confine che separa l'interno della cellula dall'ambiente esterno. Attraverso la membrana cellulare, le cellule introducono le sostanze di cui hanno bisogno ed eliminano i prodotti di rifiuto.

La membrana è formata principalmente da **fosfolipidi**, molecole organiche del gruppo dei lipidi che contengono fosforo. Nella membrana sono presenti da 500 a 1000 tipi di fosfolipidi diversi.

La molecola dei fosfolipidi è formata da due parti che interagiscono con l'acqua in maniera opposta. La testa della molecola è *idrofila*, mentre la coda è *idrofoba*. Le molecole idrofile sono solubili in acqua; le molecole idrofobe, al contrario, non si sciolgono in questo liquido. Proprio a causa delle loro caratteristiche chimiche, nell'acqua i fosfolipidi formano in maniera spontanea una **struttura a doppio strato**: le teste idrofile si orientano verso l'esterno (a contatto con l'acqua), mentre le code idrofobe si rivolgono all'interno, allontanandosi dall'acqua. Questo comportamento dei fosfolipidi è molto importante, dato che la sostanza che riempie le cellule (il *citoplasma*) è formata per la maggior parte da acqua e, generalmente, lo spazio tra le cellule che formano il corpo degli organismi è riempito da un liquido acquoso.

Inserite nel doppio strato di fosfolipidi si trovano molte proteine diverse. Esse svolgono funzioni fondamentali per la vita della cellula; per esempio, funzionano come canali che vengono attraversati dalle sostanze in entrata o in uscita dalla cellula. Nonostante la sua complessità chimica, la membrana cellulare ha uno spessore di appena 5 nanometri, vale a dire $5 \times 10^{-9}$ m.

La membrana non è una struttura rigida: le molecole di fosfolipidi e la maggior parte delle proteine possono scorrere lateralmente; per questa ragione e per il fatto di essere formata da molti tasselli (le molecole che la costituiscono), la membrana plasmatica viene definita un **mosaico fluido**.

### IMPARA A IMPARARE

Rintraccia nel testo e nella figura quali sono i componenti della membrana plasmatica. Fai un elenco e per ciascuno di essi fornisci una descrizione.

### NELLE RISORSE DIGITALI

- Video La membrana plasmatica
- Esercizi interattivi
- Mappa del paragrafo

UNITÀ 3   All'interno delle cellule

# 3. LA CELLULA PROCARIOTICA

La cellula procariotica è il tipo di cellula più semplice e più piccola. Gli unici organismi a essere formati da cellule procariotiche sono i batteri.

Tutte le cellule possiedono tre caratteristiche comuni:

**1.** la **membrana plasmatica**, che delimita la cellula dall'ambiente esterno;

**2.** il **materiale genetico**, costituito dal DNA, che contiene le informazioni per dirigere le attività che si svolgono nella cellula e per la sua riproduzione;

**3.** il **citoplasma**, la parte interna alla cellula composta da un liquido gelatinoso e da una serie di strutture solide.

Tuttavia tra le cellule esistono importanti differenze che consentono di raggrupparle in due categorie. La differenza principale riguarda l'organizzazione del materiale genetico all'interno del **citoplasma**. Nel-

le **cellule procariotiche** il DNA è libero nel citoplasma, semplicemente concentrato in una zona. I procarioti possiedono una sola molecola di DNA chiusa ad anello. Nelle **cellule eucariotiche**, invece, il DNA è circondato da una doppia membrana (formata da fosfolipidi) che lo separa dal citoplasma e dalle altre strutture cellulari.

Un'altra differenza tra i due gruppi di cellule riguarda le loro dimensioni. Le cellule procariotiche sono molto più piccole di quelle eucariotiche: la maggior parte delle cellule procariotiche ha un diametro compreso tra 2 e 8 µm, mentre le cellule eucariotiche più piccole non vanno al di sotto dei 10 µm.

Gli unici organismi che possiedono cellule procariotiche sono i batteri; tutti gli altri esseri viventi sono formati da cellule eucariotiche. I batteri peraltro sono gli organismi più numerosi sulla Terra.

### IMPARA A IMPARARE

Costruisci una tabella: nella prima colonna elenca le caratteristiche comuni a tutte le cellule, nella seconda colonna quelle esclusive delle cellule procariotiche, nella terza colonna quelle delle cellule eucariotiche.

### NELLE RISORSE DIGITALI

↖ Esercizi interattivi

↖ Mappa del paragrafo

---

Il **nucleoide** è la regione della cellula procariotica dove è concentrato il materiale genetico; in tutti i batteri il materiale ereditario è rappresentato da una molecola circolare di DNA.

Il **citoplasma** è formato dal *citosol*, una soluzione acquosa di consistenza gelatinosa, che contiene ioni e diverse altre sostanze.

I **ribosomi** sono piccole strutture in cui avviene la sintesi, cioè la «costruzione», delle proteine, sotto il controllo del DNA. Nelle cellule procariotiche i ribosomi sono sparsi nel citoplasma. I ribosomi sono presenti anche nelle cellule eucariotiche.

La **membrana plasmatica** separa l'ambiente interno dall'ambiente esterno alla cellula.

La **parete cellulare** è una struttura rigida che stabilizza e protegge la cellula.

Talvolta la superficie esterna dei batteri presenta dei **pili**, corti filamenti che li aiutano ad aderire alle superfici.

Alcuni procarioti sono in grado di muoversi nel loro ambiente liquido mediante lunghe appendici chiamate **flagelli**.

La **capsula** è una struttura rigida, presente solo in alcuni batteri, situata all'esterno della parete cellulare. Essa impedisce la disidratazione della cellula.

39

UNITÀ 3 All'interno delle cellule

# 4. LA CELLULA EUCARIOTICA ANIMALE

Nelle cellule eucariotiche il materiale genetico è racchiuso all'interno del nucleo, un organulo delimitato da una doppia membrana.

Tutti gli esseri viventi – a parte i batteri – sono costituiti da **cellule eucariotiche**, più grandi e complesse rispetto a quelle procariotiche. Le cellule eucariotiche e quelle procariotiche possiedono alcuni elementi comuni, come la membrana plasmatica, i ribosomi e il citoplasma. Tuttavia, esistono strutture cellulari che caratterizzano le sole cellule eucariotiche e che non ritroviamo nei procarioti:

**1.** il **nucleo** è l'organulo più importante della cellula; è avvolto dalla **membrana nucleare**, un doppio involucro attraversato da pori tramite i quali le sostanze entrano ed escono dal nucleo. Nel nucleo è contenuto il materiale genetico, che nelle cellule eucariotiche è costituito da varie molecole di DNA, e non da una soltanto come

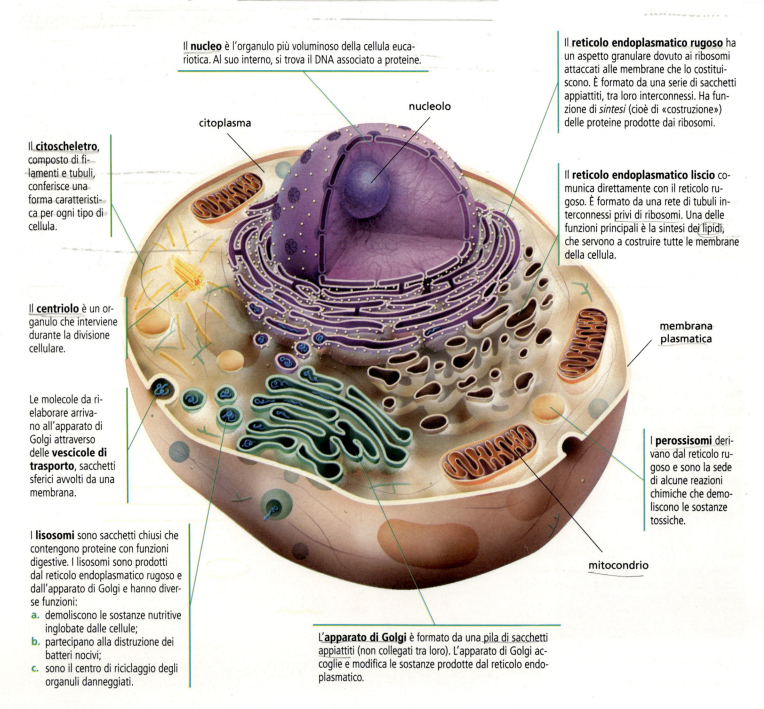

Il **nucleo** è l'organulo più voluminoso della cellula eucariotica. Al suo interno, si trova il DNA associato a proteine.

nucleolo

citoplasma

Il **citoscheletro**, composto di filamenti e tubuli, conferisce una forma caratteristica per ogni tipo di cellula.

Il **centriolo** è un organulo che interviene durante la divisione cellulare.

Le molecole da rielaborare arrivano all'apparato di Golgi attraverso delle **vescicole di trasporto**, sacchetti sferici avvolti da una membrana.

I **lisosomi** sono sacchetti chiusi che contengono proteine con funzioni digestive. I lisosomi sono prodotti dal reticolo endoplasmatico rugoso e dall'apparato di Golgi e hanno diverse funzioni:
a. demoliscono le sostanze nutritive inglobate dalle cellule;
b. partecipano alla distruzione dei batteri nocivi;
c. sono il centro di riciclaggio degli organuli danneggiati.

Il **reticolo endoplasmatico rugoso** ha un aspetto granulare dovuto ai ribosomi attaccati alle membrane che lo costituiscono. È formato da una serie di sacchetti appiattiti, tra loro interconnessi. Ha funzione di *sintesi* (cioè di «costruzione») delle proteine prodotte dai ribosomi.

Il **reticolo endoplasmatico liscio** comunica direttamente con il reticolo rugoso. È formato da una rete di tubuli interconnessi privi di ribosomi. Una delle funzioni principali è la sintesi dei lipidi, che servono a costruire tutte le membrane della cellula.

membrana plasmatica

I **perossisomi** derivano dal reticolo rugoso e sono la sede di alcune reazioni chimiche che demoliscono le sostanze tossiche.

mitocondrio

L'**apparato di Golgi** è formato da una pila di sacchetti appiattiti (non collegati tra loro). L'apparato di Golgi accoglie e modifica le sostanze prodotte dal reticolo endoplasmatico.

nei procarioti. All'interno del nucleo si trova il **nucleolo** il sito dove vengono assemblati i ribosomi;

**2.** gli **organuli**, cioè compartimenti delimitati da membrane. Tra questi vi sono, oltre al nucleo, i mitocondri, il reticolo endoplasmatico, i lisosomi, i perossisomi, l'apparato di Golgi e le vescicole di trasporto.
Molte attività chimiche delle cellule – chiamate nel loro complesso *metabolismo cellulare* – si svolgono negli spazi pieni di liquido interni agli organuli. Grazie all'esistenza di questi compartimenti, nella cellula eucariotica si svolgono contemporaneamente numerose reazioni chimiche differenti. Anche sulle membrane degli organuli si svolgono molti processi del metabolismo cellulare: se non possedessero questo **sistema di membrane interne**, le cellule eucariotiche non avrebbero una superficie abbastanza estesa per soddisfare i loro bisogni metabolici.

Nelle cellule eucariotiche esistono anche organuli privi di membrana come i ribosomi e i centrioli; sono inoltre presenti il **citoscheletro** e, talvolta, i **flagelli**, strutture di cui parleremo nel paragrafo 7.

### ■ I mitocondri

All'interno di tutte le cellule eucariotiche sono presenti i **mitocondri**, organuli importanti in quanto responsabili della produzione di energia. I mitocondri hanno in genere un diametro appena inferiore a 1,5 μm e una lunghezza di 2-8 μm, più o meno le dimensioni di molti batteri. Il numero di mitocondri per cellula varia da uno solo, in alcuni organismi unicellulari, ad alcune centinaia di migliaia in una grande cellula uovo. Le cellule che richiedono molta energia tendono ad avere molti mitocondri: per esempio, negli esseri umani una cellula del fegato in media ne contiene più di un migliaio. I mitocondri sono delimitati da due membrane: la membrana esterna è liscia e svolge una funzione di protezione; la membrana interna è ripiegata su sé stessa in maniera complessa a formare delle *creste*.

La membrana interna racchiude un liquido chiamato *matrice mitocondriale*. La matrice contiene ribosomi, DNA e diversi enzimi che partecipano alla **respirazione cellulare**, il processo attraverso il quale le cellule eucariotiche ricavano energia. Alcune fasi della respirazione cellulare avvengono nella matrice, altre coinvolgono la membrana interna e lo spazio intermembrana.

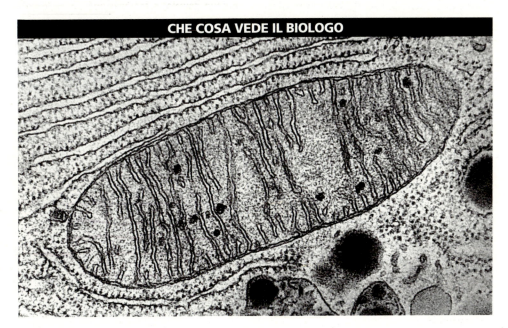

CHE COSA VEDE IL BIOLOGO

0,6 μm

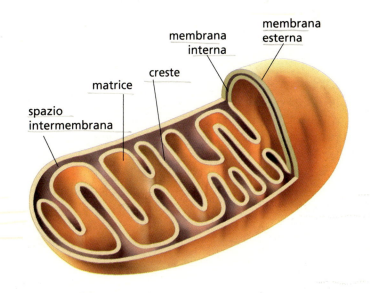

#### IMPARA A IMPARARE
Rintraccia nel testo le informazioni per creare un elenco degli organuli delimitati da una membrana e di quelli privi di membrana.

#### NELLE RISORSE DIGITALI
- Esercizi interattivi
- Mappa del paragrafo

UNITÀ 3 All'interno delle cellule

# 5. LA CELLULA EUCARIOTICA VEGETALE

Le cellule eucariotiche dei vegetali sono molto simili a quelle degli animali, ma possiedono anche alcune strutture particolari: la parete cellulare, il vacuolo centrale e i cloroplasti.

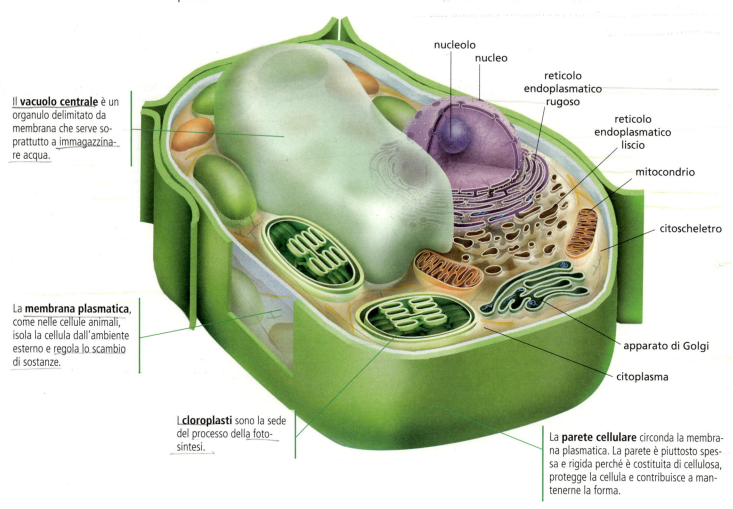

Il **vacuolo centrale** è un organulo delimitato da membrana che serve soprattutto a immagazzinare acqua.

La **membrana plasmatica**, come nelle cellule animali, isola la cellula dall'ambiente esterno e regola lo scambio di sostanze.

I **cloroplasti** sono la sede del processo della fotosintesi.

nucleolo
nucleo
reticolo endoplasmatico rugoso
reticolo endoplasmatico liscio
mitocondrio
citoscheletro
apparato di Golgi
citoplasma

La **parete cellulare** circonda la membrana plasmatica. La parete è piuttosto spessa e rigida perché è costituita di cellulosa, protegge la cellula e contribuisce a mantenerne la forma.

Al pari delle cellule animali, quelle vegetali presentano un nucleo contenente il materiale genetico, il citoplasma, la membrana plasmatica, i ribosomi, il reticolo endoplasmatico liscio e quello rugoso, i mitocondri, i perossisomi, l'apparato di Golgi e il citoscheletro.

La **cellula vegetale** presenta però alcune caratteristiche particolari e alcuni organuli che mancano nella cellula animale.

**1.** La cellula vegetale è rivestita da una **parete cellulare** piuttosto rigida, che conferisce alla cellula una forma, in genere, poliedrica. La parete cellulare delle piante ha una composizione chimica diversa da quella che circonda alcune cellule procariotiche.

**2.** All'interno della cellula vegetale sono presenti i *plastidi*, organuli a doppia membrana che svolgono diverse funzioni, per esempio quella di accumulo di sostanze e pigmenti. Tra i plastidi vi sono anche i **cloroplasti**, che sono la sede della *fotosintesi clorofilliana*, un processo in cui l'anidride carbonica e l'acqua sono trasformate in zuccheri grazie alla luce del Sole.

**3.** Nella cellula vegetale è presente il **vacuolo centrale**, che ha la forma di un sacchetto e svolge numerose funzioni: agisce come un lisosoma, immagazzina acqua (contribuendo a far aumentare le dimensioni della cellula), contiene sostanze chimiche essenziali e prodotti di rifiuto.

Rispetto alla cellula animale, la cellula vegetale non possiede né i centrioli né i lisosomi; il citoscheletro, pur essendo presente, è ridotto, dato che la forma della cellula viene mantenuta dalla parete cellulare.

### IMPARA A IMPARARE

Scrivi in una colonna l'elenco delle caratteristiche comuni sia alla cellula vegetale sia a quella animale. Ora scrivi a fianco l'elenco delle differenze tra i due tipi di cellule.

### NELLE RISORSE DIGITALI

- Esercizi interattivi
- Mappa del paragrafo

42

### ■ I cloroplasti

I cloroplasti sono organuli presenti esclusivamente nelle cellule eucariotiche vegetali. Essi sono delimitati da una doppia membrana che racchiude:
- i **tilacoidi**, cioè dei dischi appiattiti originati da ripiegamenti della membrana più interna del cloroplasto; essi sono impilati uno sull'altro a formare i *grana*. I tilacoidi contengono i pigmenti che conferiscono la colorazione verde ai cloroplasti e, in generale, alle piante. Il pigmento più abbondante è la **clorofilla**, una sostanza in grado di catturare la luce necessaria a svolgere la fotosintesi, il processo attraverso il quale le piante producono gli zuccheri a partire dall'anidride carbonica e dall'acqua;
- lo **stroma**, cioè la matrice in cui sono immersi i *grana*. Nello stroma sono presenti DNA e ribosomi utilizzati per sintetizzare diverse proteine coinvolte nelle reazioni chimiche della fotosintesi.

## CHE COSA VEDE IL BIOLOGO

Nei **tilacoidi** dei cloroplasti, che contengono la clorofilla, è catturata l'energia solare.

Le pile di tilacoidi che costituiscono i grana sono collegate tra loro da tilacoidi non impilati, dette **lamelle stromatiche** (o intergrana).

grana

Nello **stroma** si svolgono le reazioni di sintesi degli zuccheri.

J. Burgess/Photo Researchers, Inc.

### ■ L'origine dei mitocondri e dei cloroplasti

I mitocondri e i cloroplasti – gli organuli che all'interno delle cellule eucariotiche sono sede delle trasformazioni energetiche – hanno probabilmente un'origine comune. La **teoria endosimbiontica**, proposta dalla biologa Lynn Margulis, ipotizza che gli organuli delle cellule eucariotiche derivino da cellule procariotiche penetrate all'interno di cellule ancestrali più grandi. Anziché essere digeriti e distrutti, i procarioti sarebbero rimasti intatti, originando una simbiosi (cioè una relazione tra le due cellule) con un vantaggio reciproco: le cellule procariotiche avrebbero ricevuto molecole e nutrienti dalla cellula più grande, alla quale avrebbero fornito in cambio una parte dell'energia prodotta. Nel corso dei miliardi di anni di storia della vita sulla Terra, le cellule procariotiche si sarebbero trasformate in organuli integrati nella cellula eucariotica e dipendenti da essa. Esistono diverse prove a sostegno di tale teoria: per esempio il fatto che cloroplasti e mitocondri sono organuli cellulari rivestiti da una doppia membrana e che entrambi presentano al loro interno una molecola di DNA.

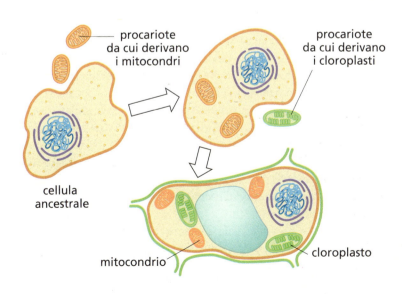

# 6. LA BIODIVERSITÀ DELLE CELLULE

La forma delle cellule dipende dalla funzione che esse svolgono nell'organismo.

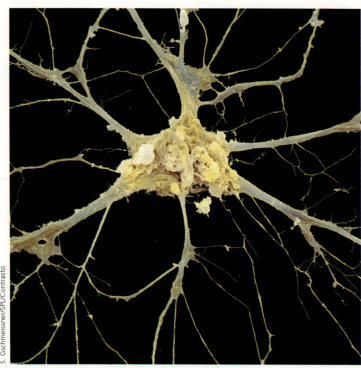

I **neuroni**, o cellule nervose, hanno la funzione di trasportare gli impulsi nervosi in tutte le parti del corpo. La loro forma allungata e ricca di terminazioni è quella che meglio permette di assolvere questo compito.

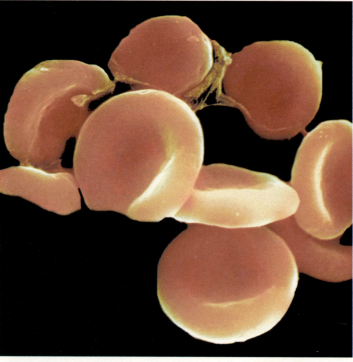

I **globuli rossi** hanno la funzione di trasportare ossigeno a tutte le cellule che formano l'organismo, e per farlo devono poter scorrere all'interno dei *capillari*, i vasi sanguigni più sottili. La forma che meglio permette di svolgere questa funzione è quella di un dischetto appiattito. Il trasporto dell'ossigeno è svolto da una proteina chiamata emoglobina. Per poter trasportare la maggiore quantità possibile di *emoglobina*, i globuli rossi maturi perdono il nucleo e i mitocondri diventando dei semplici «contenitori» di emoglobina.

Nei paragrafi precedenti abbiamo descritto nel dettaglio l'organizzazione di «cellule-tipo», cioè di una cellula eucariotica animale e di una vegetale prese a modello per tutte le altre. In realtà, le cellule che costituiscono un organismo mostrano forme assai differenti a seconda della funzione che devono svolgere. Per esempio, le cellule che costituiscono i muscoli sono totalmente diverse per forma e dimensioni dai globuli rossi presenti nel sangue, che a loro volta sono molto differenti dalle cellule riproduttive o dalle cellule nervose.

Inoltre, a seconda della funzione che svolgono, le cellule possono presentare caratteristiche diverse anche nella loro struttura interna: un numero maggiore o minore di mitocondri, un reticolo endoplasmatico rugoso più o meno esteso (in base alla quantità di proteine che devono produrre), un numero variabile di organuli digestivi. Analoghe differenze strutturali sono presenti anche tra le cellule vegetali.

In altre parole, il «modello generale» della cellula eucariotica subisce delle modifiche strutturali in base all'attività che un certo tipo di cellula deve svolgere in prevalenza nel corso della propria vita. È in questo senso che possiamo affermare che anche a livello cellulare esiste una certa biodiversità. Inoltre, se consideriamo gli organismi formati da una sola cellula, la **biodiversità** delle cellule appare ancora più evidente: esistono infatti migliaia di tipi diversi di organismi unicellulari eucarioti, noti nel loro insieme come **protisti**.

### IMPARA A IMPARARE

Rintraccia nel testo la ragione per cui è possibile parlare di biodiversità anche a livello cellulare.

### NELLE RISORSE DIGITALI

- Approfondimento I protisti
- Esercizi interattivi
- Mappa del paragrafo

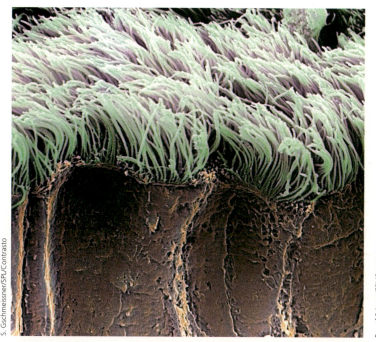

Le **cellule ciliate** rivestono la superficie dei bronchi, i condotti che portano l'aria verso i polmoni. La loro funzione è impedire l'ingresso di batteri e altre particelle potenzialmente nocive. Le impurità restano intrappolate nel muco prodotto dalle cellule ciliate e il movimento delle ciglia le spinge verso la gola, da dove possono essere eliminate.

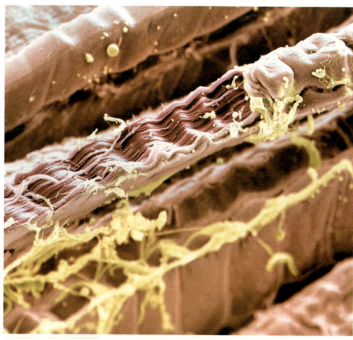

Le **cellule muscolari** hanno la funzione di contrarsi, cioè variare la loro lunghezza per permettere il movimento delle varie parti del corpo. Hanno una forma allungata e contengono filamenti proteici che scorrono gli uni rispetto agli altri provocando l'accorciamento e l'allungamento della cellula.

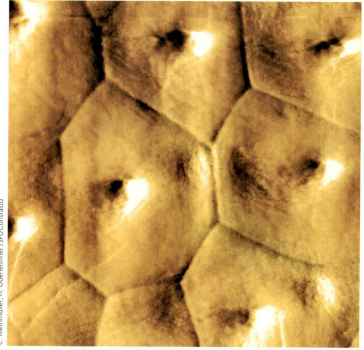

Le **cellule epiteliali** svolgono soprattutto la funzione di rivestire la superficie esterna del corpo o le superfici degli organi interni. Per poter stare a stretto contatto una con l'altra e formare uno strato continuo, la maggior parte di queste cellule ha una forma piatta, cubica o cilindrica.

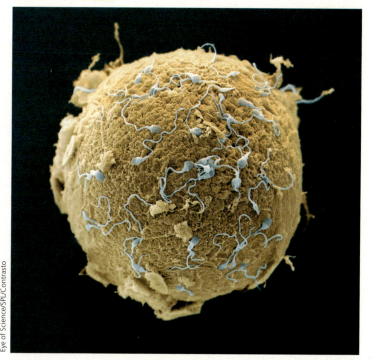

Le **cellule uovo** e gli **spermatozoi** sono le cellule riproduttive rispettivamente negli individui di sesso femminile e in quelli di sesso maschile. In questa fotografia è visibile una grossa cellula uovo circondata da numerosi piccoli spermatozoi. La cellula uovo è molto più grande degli spermatozoi perché contiene tutte le sostanze nutritive necessarie nelle prime fasi di sviluppo dell'embrione. Gli spermatozoi sono piccoli e dotati di un lungo flagello per potersi spostare attivamente.

## 7. IL CITOSCHELETRO

Le cellule eucariotiche sono attraversate da una rete di sottili fibre di sostegno che costituisce il citoscheletro.

Il **citoscheletro** si estende in tutto il citoplasma e contribuisce a dare sostegno alla cellula e a stabilizzarne la forma. Inoltre le fibre che compongono il citoscheletro facilitano il movimento degli organuli all'interno del citoplasma. Esistono tre tipi di fibre del citoscheletro.

**1.** I **microfilamenti** sono le fibre più sottili. Essi sono rigidi e composti da una proteina chiamata *actina*. Ogni microfilamento è formato da due catene di actina avvolte ad elica. Una cellula può cambiare forma e muoversi aggiungendo coppie di molecole di actina all'estremità di un filamento o togliendole dall'estremità opposta. Per esempio, il movimento delle amebe avviene grazie a questo meccanismo.

**2.** I **filamenti intermedi** funzionano come rinforzo alla struttura della cellula e tengono bloccati alcuni organuli. Per esempio, i mitocondri sono spesso «ancorati» alla membrana plasmatica tramite dei filamenti intermedi.

**3.** I **microtubuli** sono le fibre più spesse e ricordano dei tubi, cavi all'interno. Come i microfilamenti, i microtubuli possono aumentare o diminuire la loro lunghezza tramite l'aggiunta alle loro estremità di molecole di *tubulina*, la proteina che li costituisce. I microtubuli svolgono diverse funzioni: forniscono un supporto strutturale alla cellula, trattengono gli organuli e li guidano nei loro movimenti all'interno del citoplasma (per esempio, muovono le vescicole di trasporto e i lisosomi), infine hanno un ruolo importante nei processi di divisione cellulare.

I microtubuli costituiscono anche la struttura di sostegno di **ciglia** e **flagelli**, le appendici che servono ad alcune cellule per muoversi nei liquidi.

> **IMPARA A IMPARARE**
>
> Elenca le fibre che compongono il citoscheletro delle cellule eucariotiche e illustra analogie e differenze tra esse.

### NELLE RISORSE DIGITALI

- Esercizi interattivi
- Mappa del paragrafo

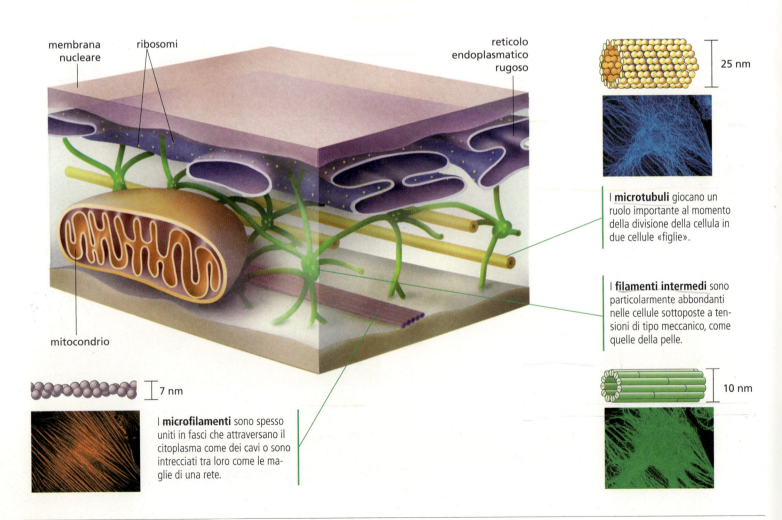

I **microtubuli** giocano un ruolo importante al momento della divisione della cellula in due cellule «figlie».

I **filamenti intermedi** sono particolarmente abbondanti nelle cellule sottoposte a tensioni di tipo meccanico, come quelle della pelle.

I **microfilamenti** sono spesso uniti in fasci che attraversano il citoplasma come dei cavi o sono intrecciati tra loro come le maglie di una rete.

## ■ Le ciglia e i flagelli

Ciglia e flagelli sono appendici del citoplasma delle cellule eucariotiche che vengono utilizzate per il movimento all'interno di un liquido (generalmente acqua).

Ciglia e flagelli presentano strutture analoghe, che si distinguono essenzialmente per le dimensioni:
- le **ciglia** sono corte e numerose;
- i **flagelli** sono più lunghi e, in genere, molto meno numerosi.

Il meccanismo d'azione di ciglia e flagelli è lo stesso: si muovono entrambi con un battito simile a quello di una frusta.

Le ciglia e i flagelli si trovano sia nei *protisti*, gruppo di organismi unicellulari che comprende anche le alghe, sia in alcune cellule specializzate degli organismi pluricellulari. Per esempio, la maggior parte degli animali possiede cellule riproduttive maschili flagellate, gli spermatozoi.

## CHE COSA VEDE IL BIOLOGO

Immagine al microscopio ottico di un protista del genere *Euplotes* in cui sono ben visibili le ciglia che permettono il movimento.

L'alga unicellulare *Chlamydomonas* vive in acqua e si sposta grazie a due flagelli lunghi circa 10 micrometri.

Gli spermatozoi sono cellule riproduttive dotate di un flagello che permette il movimento.

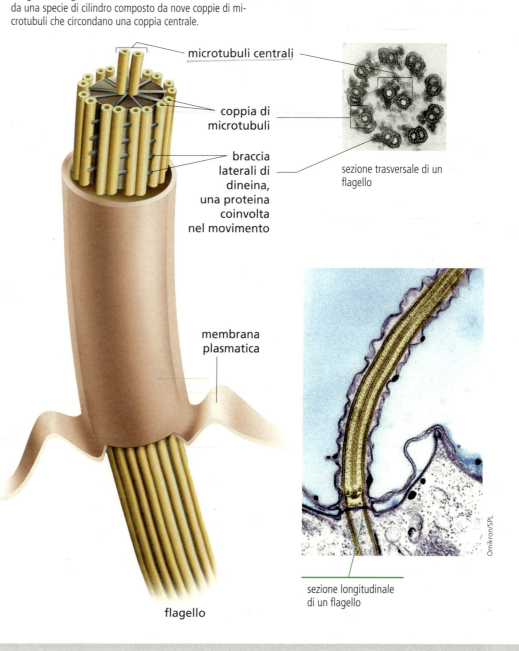

I flagelli e le ciglia hanno la stessa struttura, sono formati da una specie di cilindro composto da nove coppie di microtubuli che circondano una coppia centrale.

- microtubuli centrali
- coppia di microtubuli
- braccia laterali di dineina, una proteina coinvolta nel movimento
- membrana plasmatica
- flagello

sezione trasversale di un flagello

sezione longitudinale di un flagello

# 8. LE GIUNZIONI CELLULARI

Negli organismi pluricellulari le cellule sono unite dalle giunzioni cellulari, strutture con funzione di collegamento.

Gli organismi procarioti sono organismi che vivono isolati, oppure in colonie di cellule non aggregate tra loro. Gli involucri esterni di questi organismi interagiscono soprattutto con le sostanze in cui sono immersi e meno frequentemente si trovano a contatto diretto con altre cellule simili. Molti organismi eucarioti, al contrario, sono costituiti da aggregati di cellule che funzionano in maniera coordinata.

Per poter interagire tra loro, le cellule eucariotiche di un tessuto (il livello biologico di organizzazione superiore a quello di cellula) devono possedere delle parti con funzione di collegamento. Tali strutture si chiamano **giunzioni cellulari**.

Esistono diversi tipi di giunzioni cellulari che differiscono a seconda che si trovino in cellule animali o vegetali.

Le cellule animali sono collegate da:
1. **giunzioni occludenti** che uniscono strettamente le cellule contigue di un tessuto in modo che nello spazio tra una cellula e l'altra non possa passare alcuna molecola;
2. **desmosomi** che tengono unite le cellule tra loro o alla **matrice extracellulare**, la sostanza in cui si trovano immerse le cellule dei tessuti. Queste giunzioni consentono il passaggio di molecole negli spazi tra le cellule;
3. **giunzioni comunicanti** che permettono all'acqua e ad altre piccole molecole di fluire da una cellula a quella adiacente.

Le cellule vegetali di uno stesso tessuto sono in collegamento grazie a numerosi canali che forano la parete cellulare. Queste giunzioni cellulari, dette **plasmodesmi**, assomigliano alle giunzioni comunicanti delle cellule animali. La membrana cellulare e il citoplasma delle cellule vegetali si insinuano nei plasmodesmi e, grazie a questa comunicazione diretta, l'acqua e le piccole molecole passano da una cellula all'altra.

### IMPARA A IMPARARE

Rintraccia nel testo tutti i tipi di giunzione cellulare; per ciascuno di essi indica in quale tipo di cellula si trova e fornisci una descrizione.

### NELLE RISORSE DIGITALI

- Esercizi interattivi
- Mappa del paragrafo

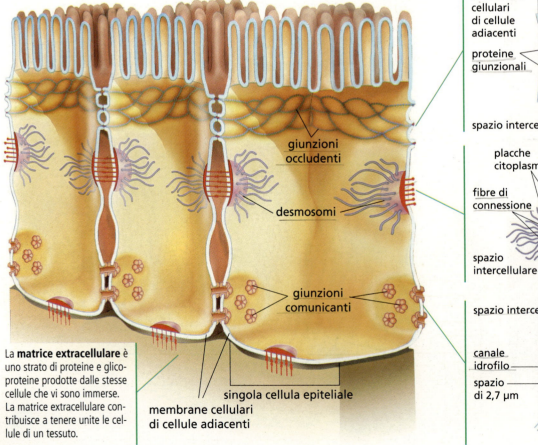

La **matrice extracellulare** è uno strato di proteine e glicoproteine prodotte dalle stesse cellule che vi sono immerse. La matrice extracellulare contribuisce a tenere unite le cellule di un tessuto.

Le **giunzioni occludenti** sono costituite da lunghe file di proteine che formano una specie di reticolo. Non consentono il movimento delle sostanze disciolte nello spazio presente tra cellule adiacenti.

I **desmosomi** uniscono strettamente cellule adiacenti, ma permettono alle sostanze di muoversi nello spazio tra esse.

Le **giunzioni comunicanti** permettono la comunicazione tra cellule adiacenti, formando dei pori. Le sostanze disciolte possono passare da una cellula all'altra attraverso questi canali.

# DOMANDE PER IL RIPASSO

## PARAGRAFO 1
1. Perché la cellula è considerata l'unità fondamentale della vita? *Perché formano gli organismi*
2. Le cellule procariotiche hanno un diametro:
   - A) superiore ai 10 μm.
   - B) tra 1 e 4 μm. ✓
   - C) tra 2 e 8 μm.

## PARAGRAFO 2
3. Da quali tipi di molecole è costituita la membrana plasmatica? *Fosfolipidi, carboidrati, proteine e colesterolo*
4. Com'è fatta la molecola dei fosfolipidi?
5. Le molecole di colesterolo formano un doppio strato all'interno della membrana. V **F** ✓

## PARAGRAFO 3
6. Quali sono le caratteristiche fondamentali di tutte le cellule? *Membrana plasmatica, materiale genetico e citoplasma*
7. I ribosomi:
   - A) sono sparsi nel citoplasma. ✓
   - B) si trovano sulla parete cellulare.
   - C) non sono presenti nelle cellule procariotiche.
8. Quali organismi sono formati da una cellula procariotica? *I batteri*

## PARAGRAFO 4
9. Che cos'è il nucleo della cellula eucariotica?
10. I mitocondri sono rivestiti da una singola membrana. V **F** ✓
11. Quali differenze presentano il reticolo endoplasmatico liscio e quello rugoso? *Un aspetto granulare / formato da una rete di tubuli*

## PARAGRAFO 5
12. Quali organuli presenti nella cellula vegetale mancano in quella animale? *I cloroplasti*

13. Quale funzione svolgono i cloroplasti? *Fanno la fotosintesi clorofilliana*
14. Completa.
    Il <u>VACUOLO CENTRALE</u> immagazzina acqua, sostanze chimiche essenziali e prodotti di rifiuto del metabolismo cellulare.
    *Le cellule svolgono diverse funzioni*

## PARAGRAFO 6
15. Che cos'è la biodiversità? Perché si può parlare di biodiversità anche a livello cellulare?
16. I globuli rossi sono privi di nucleo perché:
    - A) è più facile passare all'interno dei vasi sanguigni.
    - B) contengono più emoglobina. ✓
    - C) non hanno bisogno del DNA.
17. Perché le cellule uovo sono molto più grandi degli spermatozoi? *Perché le cellule uovo contengono le sostanze nutritive*

## PARAGRAFO 7
18. Completa.
    I <u>MICROFILAMENTI</u> sono le fibre più sottili e sono formati da una proteina chiamata <u>ACTINA</u>.
19. Che cos'è la tubulina? *Proteina che costituisce i microtubuli*
20. Quali appendici della cellula sono formate da microtubuli? *Ciglia e flagelli*

## PARAGRAFO 8
21. Qual è la funzione delle giunzioni cellulari? *Collegamento*
22. I desmosomi consentono il passaggio:
    - A) solo di acqua.
    - B) di DNA.
    - C) di varie molecole. ✓

# APPLICA LE TUE CONOSCENZE

Per ciascuna immagine, scrivi una didascalia indicando con quale tipo di microscopio è stata ottenuta e quale tipo di cellula vi è raffigurata.

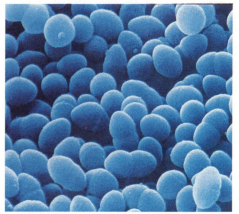

*Microscopio elettronico a scansione*

*Microscopio a trasmissione*

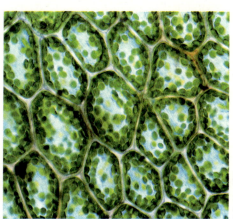

*Microscopio ottico*

# 3 LABORATORIO DELLE COMPETENZE

## 1 Sintesi: dal testo alla mappa

- Tutti gli organismi sono costituiti da **cellule**. Alcuni sono **unicellulari**, cioè formati da una sola cellula, altri sono **pluricellulari**. Tutte le cellule hanno alcuni elementi in comune: contengono il *materiale ereditario* (il DNA), sono delimitate da una *membrana plasmatica* e contengono una sostanza semiliquida (il *citoplasma*).

- Le cellule presentano **dimensioni** molto variabili: le più grosse sono le uova di uccello, mentre le più piccole sono alcuni *batteri* delle dimensioni di appena 0,1 μm. La maggior parte delle cellule non può essere osservata a occhio nudo, e per vederle è necessario utilizzare un **microscopio** (ottico o elettronico).

- La **cellula procariotica** è il tipo di cellula più semplice. In queste cellule il DNA è libero nel citoplasma, concentrato in una zona. Sono le cellule più piccole, in media hanno *dimensioni* comprese tra 2 e 8 μm. Gli unici organismi che possiedono cellule procariotiche sono i **batteri**. Alcuni batteri sono in grado di muoversi nel loro ambiente liquido mediante appendici.

- La **cellula eucariotica** possiede un **nucleo**, un organulo delimitato da una doppia membrana dotata di pori, che contiene il materiale genetico. Oltre al nucleo, nella cellula eucariotica esistono diversi **organuli cellulari**, cioè dei compartimenti delimitati da membrane.

- I principali organuli della **cellula eucariotica animale** sono i *mitocondri*, il *reticolo endoplasmatico*, l'*apparato di Golgi*, i *lisosomi*, i *perossisomi* e le *vescicole di trasporto*. Oltre agli organuli circondati da membrane ve ne sono anche alcuni privi di membrana, come i **ribosomi** e i *centrioli*. Inoltre è presente una struttura di sostegno, il *citoscheletro*.

- La **cellula eucariotica vegetale** è simile a quella animale e contiene molti degli stessi organuli, come il *nucleo*, i *mitocondri*, il *reticolo endoplasmatico*, l'*apparato di Golgi*, i *lisosomi*, i *perossisomi* e il *citoscheletro*. Nelle cellule vegetali sono inoltre presenti i **cloroplasti**, dove si realizza la fotosintesi, e il **vacuolo centrale**.

- Inoltre le cellule vegetali sono rivestite da una **parete cellulare** rigida che circonda la membrana plasmatica e fornisce sostegno alla cellula.

- La **forma delle cellule** varia notevolmente, anche all'interno di uno stesso organismo, a seconda della funzione che la cellula deve svolgere. Il modello generale della cellula eucariotica subisce delle *modifiche strutturali* e determina così una certa **biodiversità**, anche a livello cellulare.

- Il **citoscheletro** è una rete di sottili *filamenti* che contribuisce a stabilizzare e a dare sostegno alla cellula. Esso è costituito da tre tipi di fibre: i **microfilamenti**, le fibre più sottili formate da una proteina chiamata *actina*; i **filamenti intermedi**, che ancorano gli organuli cellulari; i **microtubuli**, le fibre più spesse formate da una proteina chiamata *tubulina*.

- I *microtubuli* costituiscono anche la struttura di sostegno per le **ciglia** e i **flagelli**, le appendici che servono per il movimento.

- Le **giunzioni cellulari** sono le strutture che mantengono unite le cellule adiacenti e permettono la coordinazione nelle cellule degli organismi pluricellulari. Esistono diversi tipi di giunzioni cellulari.

  Le **giunzioni occludenti** uniscono le cellule contigue strettamente determinando la formazione di un *tessuto*.

  I **desmosomi** tengono unite le cellule animali tra loro oppure alla *matrice extracellulare*, la sostanza in cui le cellule sono immerse.

  Le **giunzioni comunicanti** permettono all'acqua e ad altre molecole di fluire da una cellula a quella adiacente.

  I **plasmodesmi**, tipici delle cellule vegetali, sono dei canali che perforano la parete cellulare e permettono il contatto tra le membrane plasmatiche di cellule adiacenti.

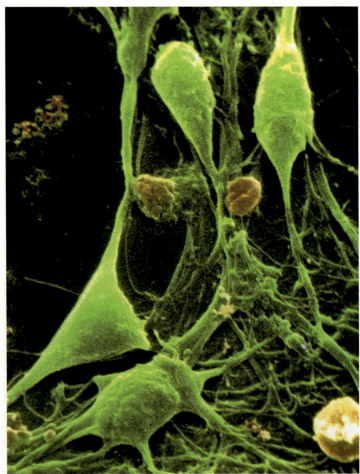

Neuroni della corteccia cerebrale visti al microscopio elettronico.

**Riorganizza i concetti completando le mappe**

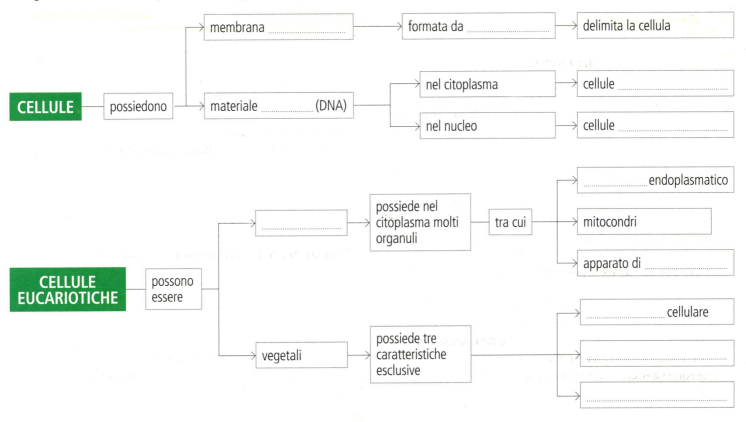

## 2 Collegare i concetti

1. Scegli l'affermazione corretta.
   - A Tutte le cellule contengono membrane interne.
   - B Tutte le cellule sono delimitate da una membrana plasmatica.
   - C Tutte le cellule contengono mitocondri.
   - D Tutte le cellule eucariotiche hanno una parete cellulare.
   - E Tutte le cellule possiedono i cloroplasti.
   - F Tutte le cellule possiedono un citoscheletro.

2. Completa con i termini mancanti.
   Il citoscheletro, costituito da filamenti e ..................., è presente nelle cellule ..................., sia animali sia vegetali, ma è molto più sviluppato nelle cellule animali dato che la funzione di ................... nelle cellule vegetali viene garantita dalla presenza della ................... cellulare, la struttura rigida che circonda la ................... plasmatica.

3. Per ogni organulo cellulare indica se si tratta di un organo a membrana singola o a doppia membrana.
   Nucleo ...................
   Reticolo endoplasmatico liscio ...................
   Vacuolo centrale ...................
   Mitocondrio ...................
   Cloroplasto ...................
   Apparato di Golgi ...................

4. Alcune cellule presenti nella parete dello stomaco producono una proteina coinvolta nella digestione. In queste cellule è particolarmente sviluppato:
   - A il nucleo.
   - B il citoscheletro.
   - C il numero di lisosomi.
   - D il reticolo endoplasmatico rugoso.
   - E il numero di apparati di Golgi.

5. Un biologo vuole osservare al microscopio ottico dei globuli rossi umani e le cellule di una foglia. Per poterli vedere all'incirca delle stesse dimensioni, il ricercatore dovrà:
   - A usare un ingrandimento dieci volte maggiore quando osserva le cellule della foglia rispetto ai globuli rossi.
   - B usare un ingrandimento dieci volte maggiore quando osserva i globuli rossi rispetto alle cellule della foglia.
   - C sono grandi uguali, quindi potrà usare lo stesso ingrandimento.

6. Completa con i termini mancanti.
   Tutte le cellule hanno una ................... che circonda il loro citoplasma. Le cellule vegetali hanno anche una ................... esterna costituita da cellulosa.
   All'interno delle cellule animali e vegetali è presente anche un sistema di membrane interne alla cellula. Le cellule ..................., al contrario, non hanno compartimenti interni.

## 3 Comprendere un testo

### La composizione delle membrane biologiche

*Tutte le membrane biologiche manifestano notevoli somiglianze reciproche, ma le membrane dei diversi tipi cellulari o dei vari organuli possono differire considerevolmente nella relativa composizione lipidica. In molte membrane, ad esempio, il 25% dei lipidi è rappresentato dal colesterolo, mentre alcune membrane ne risultano totalmente prive. Quando tale sostanza è presente, essa si trova di regola in prossimità di un acido grasso insaturo e la sua regione polare sporge nello strato acquoso extracellulare. Il colesterolo svolge un ruolo essenziale nel determinare il grado di fluidità della membrana ed è capace sia di aumentarla che di diminuirla a seconda delle necessità. Catene più corte di acidi grassi incrementano la fluidità così come fanno gli acidi grassi insaturi. Gli organismi sono in grado di modificare la composizione lipidica delle proprie membrane per compensare variazioni di temperatura. Alcune piante d'appartamento, ad esempio, possono sopravvivere sia alle temperature ambientali all'interno della casa sia a quelle esterne. Una volta acclimatate alle temperature interne, tuttavia, tali piante possono non sopravvivere se vengono improvvisamente esposte alle temperature esterne più fredde, anche se non particolarmente rigide. L'improvviso cambiamento della temperatura non lascia, infatti, alle piante il tempo sufficiente per adattare la composizione lipidica delle proprie membrane al nuovo contesto climatico. I lipidi costituiscono la componente quantitativamente maggiore di tutte le membrane, e di regola formano una matrice continua all'interno della quale si inseriscono le altre componenti molecolari.*

(Da W.K. Purves et al., *Biologia*, Zanichelli, 2001)

**Rispondi alle seguenti domande.**

a. Come possono variare le membrane dei diversi tipi cellulari o dei vari organuli della cellula?
b. Come varia la quantità di colesterolo nella membrana cellulare?
c. Che ruolo svolge il colesterolo all'interno della membrana cellulare?
d. Per quale ragione gli organismi variano la composizione della membrana cellulare?
e. Perché alcune piante di appartamento possono morire se esposte improvvisamente alle temperature esterne?

## 4 Fare un calcolo

### Confronta le dimensioni di una cellula

Una tipica cellula animale ha un diametro di 0,01 mm. Per capire quanto sono piccoli per noi 0,01 mm, pensa che per poterla vedere nelle dimensioni di 1 mm abbiamo bisogno di ingrandirla 100 volte. Ora pensa che un uovo di gallina sia la tua cellula da studiare e immagina di doverlo ridisegnare ingrandito di 100 volte. Riusciresti a disegnarlo? Quanto risulterebbe grande?

## 5 Completare una tabella

### Gli organuli cellulari

|  | nome | funzione |
|---|---|---|
|  | .......... | .......... |
|  | .......... | .......... |
|  | .......... | .......... |
|  | .......... | .......... |
|  | .......... | .......... |

## 6 Descrivere un fenomeno

### Simulazione di una membrana cellulare

Versa dell'acqua in un barattolo di vetro con tappo avvitabile; aggiungi un cucchiaio d'olio e un pizzico di caffè in polvere. Tappa il barattolo e scuotilo energicamente. L'olio si frammenta in goccioline e tra le molte che si formano è possibile trovarne alcune con all'interno un po' di caffè.

▸ A che cosa puoi paragonare i granelli di caffè?
▸ Che cosa ti ricordano le gocce d'olio che contengono il caffè?

## 7 Costruire un modello

### La struttura di ciglia e flagelli

Le ciglia e i flagelli degli eucarioti presentano la stessa struttura. Costruiamo un modello di tale struttura. Procurati presso un negozio di bricolage o articoli per giardinaggio 10 m di tubo sottile per irrigatori automatici (di solito di colore nero). Tagliane 20 pezzi lunghi 50 cm e uniscili a due a due con del nastro adesivo. Prendi una coppia di tubicini e avvolgila con della carta igienica per lo spessore di circa 1 cm. Poi circondala con le altre 9 coppie cercando di fissarle con il nastro adesivo nelle posizioni che vedi nell'immagine al microscopio elettronico, che rappresenta la sezione trasversale di un flagello.

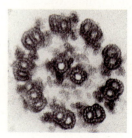

▸ Come ti sembra la struttura ottenuta?
▸ È sufficientemente resistente e flessibile?
▸ In quale modo può essere utilizzata per realizzare il movimento?

## 8 Osservare la figura

### Unicellulari acquatici

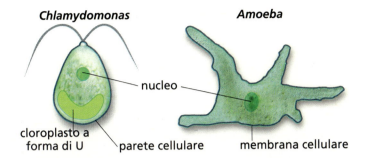

Considera le due cellule rappresentate qui sopra.
- Quale delle due cellule è una cellula vegetale e quale invece è una cellula animale?
- Per quale ragione?
- Elenca le differenze tra cellula animale e cellula vegetale e per ciascuna fornisci una descrizione.

## 9 Descrivere un fenomeno

### Il sistema delle membrane interne

Gran parte del volume interno delle cellule eucariotiche è occupato da un complesso sistema di membrane di cui fanno parte: il **reticolo endoplasmatico**, l'**apparato di Golgi**, le **vescicole di trasporto** e i **lisosomi**. Il contenuto e le condizioni chimico-fisiche all'interno di queste membrane sono diversi rispetto a quelli del citoplasma che le circonda, ed è grazie a questi compartimenti che nelle cellule si possono svolgere nello stesso momento molte reazioni chimiche diverse. Le membrane interne cooperano alla produzione e al trasferimento di varie sostanze dall'interno all'esterno delle cellule e viceversa. Per esempio, gli organuli intervengono nel meccanismo che va dalla produzione delle proteine a opera dei ribosomi fino al trasporto ai siti in cui esse vengono impiegate, all'interno o all'esterno della cellula. Aiutandoti con la figura seguente, descrivi sul quaderno le tappe del percorso che compie una proteina dalla sua sintesi alla sua fuoriuscita dalla cellula, nominando tutti gli organuli coinvolti in questo processo.

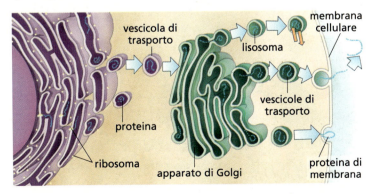

## 10 Biology in English

### Glossary

| | |
|---|---|
| cell | endoplasmatic reticulum |
| cell membrane | golgi body |
| cell wall | microscope |
| central vacuole | mitochondrion |
| chloroplast | nucleus |
| cytoplasm | organelles |

### True or false?
1. All cells have cell walls. T F
2. Cell walls are made of starch. T F
3. Cell walls are made of cellulose. T F
4. All cells have a membrane. T F

### Select the correct answer
5. The nucleus contains
   - A hydrolitic digestive enzymes.
   - B the cell's genetic information.
   - C water.

6. Which of the following organelles can be found in both animal and plant cells?
   - A Mitochondria.
   - B Chloroplasts.
   - C Vacuole.

7. Which of the following organelles carry out cellular respiration?
   - A Nuclei.
   - B Mitochondria.
   - C Ribosomes.

### Read the text and underline the key terms

Most cells are specialised for a specific job. For example, red blood cells are designed to carry oxygen. They are doughnut-shaped to allow maximum oxygen adsorption by the haemoglobin they contain. They are doughnut-shaped also to allow smooth passage through the capillaries. Sperm and egg cells are specialised for reproduction. The egg cell contains huge food reserves to provide nutrition for the development of the embryo; the sperm has a long tail that gives it the mobility needed on its journey to find the egg. Other important examples of specialised human cells are neurons, cells in the intestine and white blood cells.

# 4 LE TRASFORMAZIONI ENERGETICHE NELLE CELLULE

Per poter svolgere le proprie attività, le cellule hanno bisogno di **energia**. Dato che l'energia non può essere né creata né distrutta ma solo trasformata, le cellule compiono tali trasformazioni attraverso una serie di reazioni chimiche, che nel loro insieme costituiscono il **metabolismo cellulare**. Queste reazioni sono accelerate dalla presenza nelle cellule di particolari proteine, gli **enzimi**.

La maggior parte delle cellule ricava energia attraverso la **respirazione cellulare**, una serie di reazioni chimiche che portano alla liberazione dell'energia contenuta nei legami chimici degli zuccheri.

Le cellule vegetali sono in grado di compiere un altro tipo di trasformazione energetica: la **fotosintesi clorofilliana**. In questo processo, l'energia solare viene trasformata nell'energia chimica presente nelle molecole di zucchero prodotte dalle cellule vegetali.

TEST D'INGRESSO

Laboratorio delle competenze
pagine 66-69

# PRIMA DELLA LEZIONE

**CIAK si impara!** Guarda il video *Le trasformazioni energetiche nelle cellule*, che presenta gli argomenti dell'unità.

Completa lo schema.
Per descrivere la differenza tra una reazione endoergonica ed una esoergonica, nello schema logico seguente, dove metteresti la voce ENERGIA? Tra i reagenti o tra i prodotti?

| REAZIONE ENDOERGONICA | | REAZIONE ESOERGONICA | |
|---|---|---|---|
| Reagenti | Prodotti | Reagenti | Prodotti |
| A + B + ............ –> | C + D + ................ | A + B + ............. –> | C + D + ................... |

In quale dei due cerchi deve esserci la maggiore concentrazione di una sostanza affinché il trasporto nella direzione della prima freccia richieda energia mentre avvenga per diffusione nella direzione della seconda freccia?

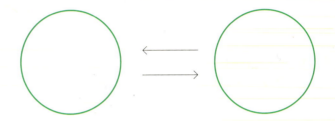

Guarda le fotografie scattate durante un esperimento su una cellula animale: l'uovo

**1** Un normale uovo di gallina è una cellula animale facile da studiare. Incomincia a misurare le sue dimensioni con un righello.

**2** Immergi un uovo in un bicchiere, nel quale avrai mescolato in parti uguali dell'acqua e dell'aceto. Lascia l'uovo immerso per due giorni osservandolo a intervalli regolari. Il guscio verrà progressivamente sciolto dall'aceto.

**3** Una volta che il guscio si è completamente disciolto rimane esposta la sottile membrana che si trova immediatamente al di sotto del guscio stesso.

**4** Questa membrana è permeabile ad alcune sostanze e lascia passare i liquidi presenti nel bicchiere. A questo punto, facendo molta attenzione, risciacqua l'uovo e rimisura le sue dimensioni.

Completa la seguente tabella. Con *a*, *b* e *c* sono indicate le misure dei tre assi dell'uovo (che sono le misure più semplici da rilevare, come illustrato nella figura 1), ma per calcolare il volume (con la formula approssimata che è indicata) devi trasformarle nei semiassi *x*, *y* e *z*.

| | Dimensioni dei tre semiassi (in mm) | | | Volume (in mm³) |
|---|---|---|---|---|
| | $x = a/2$ | $y = b/2$ | $z = c/2$ | $V = \frac{4}{3} \pi x y z$ |
| Uovo con guscio | | | | |
| Uovo senza guscio | | | | |

Il volume dell'uovo è aumentato o diminuito dopo l'immersione in acqua e aceto? Per quale ragione secondo te?
Se hai dei dubbi, troverai la risposta nel paragrafo 4 di questa unità.

# 1. IL METABOLISMO CELLULARE

Nelle cellule si verificano in ogni istante migliaia di reazioni chimiche che, nel loro complesso, costituiscono il metabolismo cellulare.

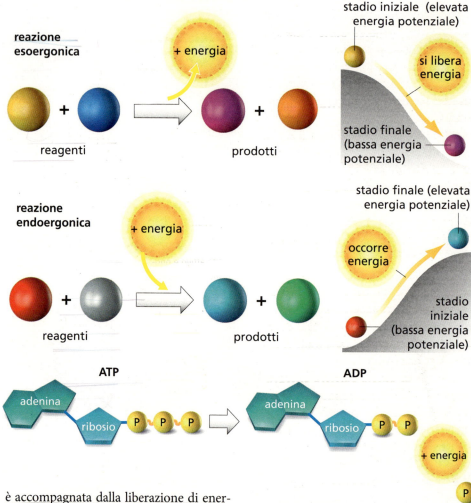

Per poter svolgere molte delle loro attività (come per esempio trasportare grosse molecole al loro interno o muovere i flagelli) le cellule impiegano **energia**. Ma da dove la ricavano? L'energia è ottenuta tramite reazioni chimiche particolari, chiamate **reazioni esoergoniche**: durante questi processi di trasformazione della materia viene liberata una certa quantità di energia che la cellula può impiegare per far avvenire **reazioni endoergoniche** (che per procedere richiedono un apporto di energia).

All'interno di ogni cellula si verificano contemporaneamente migliaia di reazioni endoergoniche ed esoergoniche. L'insieme di queste reazioni costituisce il **metabolismo cellulare**. Il modo in cui le cellule possono ricavare e trasformare l'energia non è univoco: per esempio, i batteri dello yogurt ricavano energia da reazioni chimiche molto diverse da quelle compiute dalle cellule muscolari di un mammifero. Queste differenze a livello molecolare e funzionale sono un ulteriore riflesso della biodiversità.

Per ottenere l'energia necessaria a svolgere le proprie attività, le cellule accoppiano delle reazioni esoergoniche con delle reazioni endoergoniche: in generale, l'accoppiamento energetico tra reazioni esoergoniche ed endoergoniche viene realizzato nelle cellule tramite una molecola chiamata **ATP** (*adenosina trifosfato*). L'ATP è una molecola contenuta nella maggior parte delle cellule ed è un nucleotide costituito da tre parti: una base azotata (l'adenina), uno zucchero (il ribosio) e tre gruppi fosfato (gruppi che contengono atomi di fosforo). Sono proprio i gruppi fosfato a fare in modo che l'ATP possa svolgere la funzione di trasporto dell'energia chimica. In che modo? Il terzo gruppo fosfato può essere staccato facilmente dalla molecola di ATP, rompendo il legame che lo lega al secondo gruppo. La rottura di questo legame è accompagnata dalla liberazione di energia e dalla trasformazione dell'ATP in ADP (*adenosina difosfato*). La cellula può accoppiare questa reazione esoergonica con una qualsiasi reazione endoergonica del proprio metabolismo: in altre parole, l'ATP libera energia e contribuisce a far avvenire un'altra reazione che ne ha bisogno per poter procedere.

L'ATP può essere rigenerata. Nella cellula l'ATP viene continuamente rinnovata attraverso una reazione endoergonica che porta alla formazione di un legame tra una molecola di ADP e un gruppo fosfato. Possiamo affermare allora che le cellule immagazzinano l'energia in un salvadanaio molto particolare: le molecole di ATP.

### IMPARA A IMPARARE
Rintraccia nel testo e sottolinea le definizioni di reazione esoergonica e reazione endoergonica.

### NELLE RISORSE DIGITALI
- **Approfondimento** L'energia e le sue trasformazioni
- **Esercizi interattivi**
- **Mappa del paragrafo**

**UNITÀ 4** Le trasformazioni energetiche nelle cellule

*Catalizzatore Biologico*

# 2. GLI ENZIMI E LA LORO ATTIVITÀ

Gli enzimi sono proteine che accelerano le reazioni chimiche nelle cellule, abbassando la barriera dell'energia di attivazione.

A temperatura ambiente (ma anche a quella corporea) la maggior parte delle reazioni metaboliche avverrebbe molto lentamente se all'interno delle cellule non fossero presenti i **catalizzatori**. Quasi tutti i catalizzatori biologici sono proteine chiamate **enzimi**.

In che modo agiscono gli enzimi per velocizzare le reazioni? Il compito degli enzimi è quello di abbassare l'**energia di attivazione** che caratterizza ciascuna reazione. L'energia di attivazione è una quota di energia iniziale che bisogna fornire ai reagenti per rompere alcuni dei loro legami e dare il via alla reazione che li trasforma in prodotti.

L'energia di attivazione è quindi una *barriera* che deve essere superata per innescare una reazione chimica, sia che si tratti di una reazione esoergonica, sia che si tratti di una reazione endoergonica.

L'esistenza di questa barriera energetica rappresenta un meccanismo di sicurezza per la cellula: senza l'energia di attivazione, infatti, le reazioni avverrebbero in maniera rapida e spontanea e non solo quando necessarie.

Gli enzimi non forniscono energia alla reazione ma, legandosi ai reagenti, ne indeboliscono i legami, «preparandoli» alla reazione. Al termine della reazione l'enzima è inalterato ed è pronto a catalizzare un'altra reazione dello stesso tipo.

Ogni enzima riconosce un solo reagente, chiamato **substrato**, e catalizza un unico tipo di reazione chimica: le molecole di substrato si incastrano in una particolare «nicchia» dell'enzima (detta **sito attivo**) complementare al substrato stesso.

Alcuni enzimi, per poter svolgere la loro azione catalitica, richiedono la presenza di molecole non proteiche dette **cofattori**. I cofattori possono essere ioni metallici (come $Mg^{2+}$, $Fe^{3+}$, $Zn^{2+}$) legati in permanenza all'enzima – dove costituiscono il sito at-

tivo – o piccole molecole organiche, dette **coenzimi**. Solo quando il coenzima si combina all'enzima quest'ultimo diventa attivo.

Nelle cellule esistono migliaia di enzimi diversi che possono essere attivati o disattivati a seconda delle necessità del momento. I meccanismi di attivazione e disattivazione degli enzimi sono molto complessi ed è grazie a questi processi che le cellule regolano la loro attività metabolica.

In genere, il nome degli enzimi richiama la loro funzione e termina con il suffisso *-asi* (per esempio, nella sintesi del DNA è coinvolto un enzima che si chiama DNA polimerasi, nella sintesi dell'RNA interviene l'RNA polimerasi).

**enzima**

**substrato**

**a.** All'inizio il sito attivo dell'enzima – una piccola tasca che ha una forma complementare a quella del substrato – è vuoto.

**b.** Il substrato entra nel sito attivo.

**d.** L'enzima libera i prodotti e rimane inalterato dalla reazione. Il suo sito attivo è nuovamente disponibile.

**prodotti**

**c.** Il substrato si scinde nei prodotti.

---

**IMPARA A IMPARARE**

Rintraccia nel testo le informazioni che riguardano gli enzimi (definizione, funzione, tipi esistenti, nome) e riportale in un breve riassunto di 6 righe.

**NELLE RISORSE DIGITALI**

▶ **Video** Gli enzimi

▶ **Esercizi interattivi**

▶ **Mappa del paragrafo**

57

# 3. IL TRASPORTO PASSIVO: LA DIFFUSIONE

La diffusione è la tendenza spontanea delle particelle disciolte in acqua a spostarsi dalla zona dove sono più concentrate alla zona dove lo sono meno. In questo caso le particelle attraversano la membrana plasmatica senza dispendio energetico da parte della cellula.

*il soluto si sposta dove il contenuto è meno concentrato*

Per poter svolgere le proprie attività, per esempio le reazioni chimiche descritte nei paragrafi precedenti, le cellule devono compiere continuamente due azioni: rifornirsi di alcune sostanze ed eliminarne altre. Acqua, ossigeno, anidride carbonica, zuccheri e sostanze di rifiuto entrano ed escono in ogni istante dalle cellule. Le cellule sono delimitate da una membrana plasmatica a **permeabilità selettiva**, cioè una membrana che lascia passare alcune sostanze ma non altre. Le sostanze per le quali la membrana è permeabile possono, in determinate condizioni, attraversarla per **diffusione**. La diffusione è un fenomeno che non richiede energia perché dipende dal movimento spontaneo delle particelle disciolte nell'acqua e dalla loro concentrazione. Una sostanza, infatti, diffonde sempre spontaneamente da una zona in cui è più concentrata a quella nella quale lo è meno. Dato che questa modalità di trasporto non richiede energia si parla di **trasporto passivo** delle sostanze. Possiamo osservare un esempio di diffusione lasciando cadere alcune gocce di inchiostro in un bicchier d'acqua: in pochi istanti l'inchiostro diffonde e si distribuisce uniformemente all'interno dell'acqua.

Esistono due tipi di diffusione dei soluti attraverso la membrana.

**1.** Alcune molecole di dimensioni molto piccole (quali l'ossigeno, l'anidride carbonica e alcune piccole molecole organiche come l'alcol etilico) possono superare liberamente la membrana plasmatica attraversando il doppio strato fosfolipidico che la costituisce. Questo meccanismo di trasporto è detto **diffusione semplice**.

**2.** Altre molecole e alcuni ioni non riescono a passare tra i fosfolipidi della membrana plasmatica. L'ingresso o l'uscita di queste sostanze avviene grazie alla presenza di particolari proteine presenti nella membrana. Tale modalità di trasporto è detta **diffusione facilitata**. Queste proteine presenti all'interno della membrana formano dei pori che permettono il passaggio di specifici ioni o particelle e sono dette **canali ionici**. In alcuni casi i canali ionici possono aprirsi o chiudersi in risposta a specifici segnali, regolando il movimento delle sostanze in entrata o in uscita

> **IMPARA A IMPARARE**
>
> Ricerca nel testo le definizioni di diffusione semplice e diffusione facilitata. Riportale sul quaderno e fai un disegno schematico di ciascun processo.

**NELLE RISORSE DIGITALI**
- Esercizi interattivi
- Mappa del paragrafo

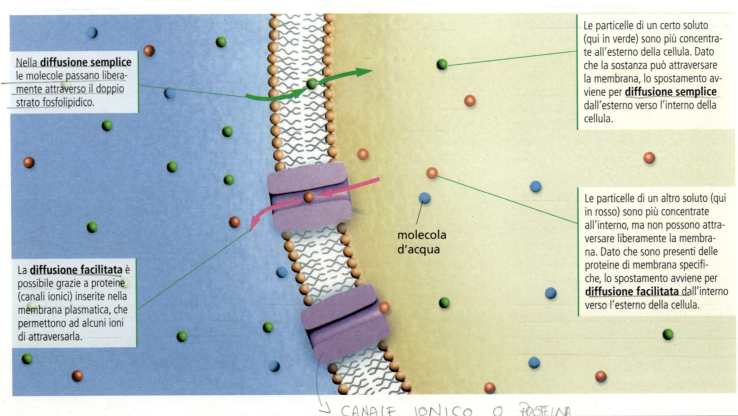

Nella **diffusione semplice** le molecole passano liberamente attraverso il doppio strato fosfolipidico.

La **diffusione facilitata** è possibile grazie a proteine (canali ionici) inserite nella membrana plasmatica, che permettono ad alcuni ioni di attraversarla.

molecola d'acqua

Le particelle di un certo soluto (qui in verde) sono più concentrate all'esterno della cellula. Dato che la sostanza può attraversare la membrana, lo spostamento avviene per **diffusione semplice** dall'esterno verso l'interno della cellula.

Le particelle di un altro soluto (qui in rosso) sono più concentrate all'interno, ma non possono attraversare liberamente la membrana. Dato che sono presenti delle proteine di membrana specifiche, lo spostamento avviene per **diffusione facilitata** dall'interno verso l'esterno della cellula.

*CANALE IONICO O PROTEINA*

# 4. L'OSMOSI

L'osmosi consiste nella diffusione facilitata delle molecole d'acqua attraverso la membrana plasmatica delle cellule. Le molecole d'acqua si muovono dalla soluzione meno concentrata verso quella più concentrata.

Tra le sostanze che possono attraversare la membrana plasmatica c'è anche l'acqua. Il processo di diffusione dell'acqua attraverso la membrana si chiama **osmosi**.

L'osmosi si verifica quando le particelle di soluto non sono in grado di attraversare la membrana plasmatica e quindi non possono spostarsi secondo le differenze di concentrazione. In tal caso, sono le molecole d'acqua, cioè le particelle che costituiscono il solvente, che si spostano in senso opposto. L'osmosi è una modalità di **trasporto passivo**, dato che non richiede lavoro da parte della cellula ma avviene spontaneamente in risposta alle differenze di concentrazione.

Nell'osmosi la diffusione dell'acqua tende a equilibrare le concentrazioni delle sostanze disciolte nel liquido all'interno e all'esterno della cellula: l'acqua diffonde dalla soluzione meno concentrata (detta soluzione **ipotonica**) verso la soluzione più concentrata (detta soluzione **ipertonica**).

L'osmosi è un processo di diffusione facilitata, dato che il passaggio dell'acqua avviene attraverso i **canali per l'acqua**. Questi sono dei pori che attraversano la membrana plasmatica e sono costituiti da particolari proteine canale, dette *acquaporine*. Le acquaporine sono presenti in tutte le cellule, ma non in egual numero. Per esempio all'interno del rene esiste una particolare struttura, il tubulo renale, che regola la quantità d'acqua da espellere o da conservare nel nostro corpo. Per la delicata funzione che compiono, le cellule dei tubuli renali possiedono un numero di acquaporine molto superiore alla media.

> **IMPARA A IMPARARE**
>
> Compila un glossario con i termini della pagina in neretto.

### NELLE RISORSE DIGITALI

- Video L'osmosi
- Esercizi interattivi
- Mappa del paragrafo

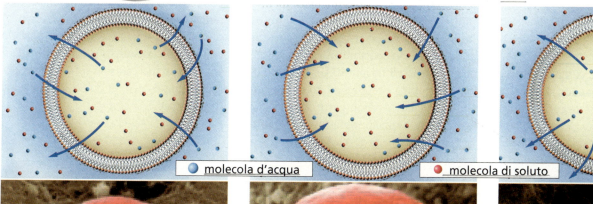
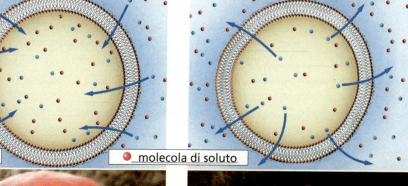

La concentrazione dei soluti all'esterno della cellula è uguale a quella all'interno. Le molecole di acqua che entrano sono in numero uguale a quelle che escono e la situazione si mantiene in equilibrio.

La concentrazione dei soluti è maggiore all'interno della cellula, pertanto le molecole d'acqua si spostano dalla soluzione esterna verso l'interno della cellula.

La concentrazione dei soluti è maggiore nella soluzione all'esterno della cellula, pertanto le molecole d'acqua si spostano dall'interno verso l'esterno della cellula.

• molecola d'acqua    • molecola di soluto

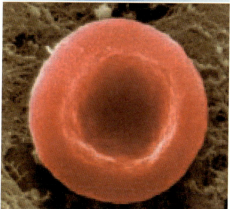

Globulo rosso in soluzione isotonica.

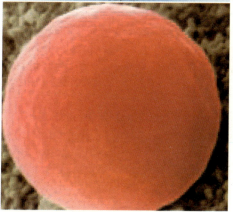

Globulo rosso in soluzione ipotonica.

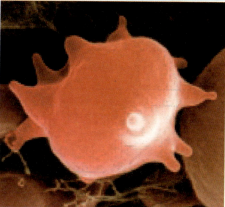

Globulo rosso in soluzione ipertonica.

# 5. IL TRASPORTO ATTIVO

Il trasporto attivo sposta le molecole di soluto dalla parte della membrana dove sono meno concentrate verso quella dove lo sono di più; per questa ragione richiede un consumo di energia da parte della cellula.

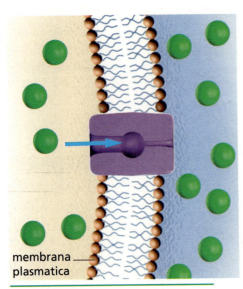

Una molecola si lega alla proteina di trasporto.

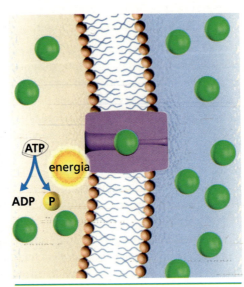

L'ATP fornisce l'energia necessaria per modificare la forma della proteina di trasporto.

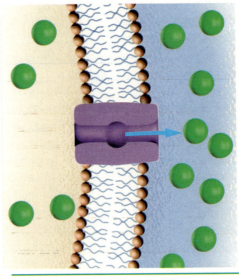

La proteina di trasporto rilascia la molecola sul lato opposto della membrana plasmatica.

I movimenti delle sostanze attraverso la membrana plasmatica possono avvenire spontaneamente, grazie ai meccanismi di trasporto passivo che abbiamo illustrato nei paragrafi precedenti, oppure in maniera attiva. Si parla di **trasporto attivo** quando la cellula è costretta a compiere un lavoro, e quindi a spendere energia, per fare in modo che una certa sostanza attraversi la membrana plasmatica.

Il vantaggio di questo tipo di trasporto è che esso può realizzarsi in senso contrario a quello della diffusione spontanea, cioè le molecole di soluto possono spostarsi dal lato della membrana dove si trovano a concentrazione minore verso quello dove sono a concentrazione maggiore.

Nel caso in cui le molecole siano di *piccole dimensioni* il trasporto viene effettuato da alcune **proteine di trasporto** (dette anche «proteine pompa»), presenti nella membrana plasmatica. Queste proteine «pompano» attivamente il soluto da un lato all'altro della membrana e fanno sì che esso possa accumularsi all'interno o all'esterno della cellula. Le proteine di trasporto funzionano come delle serrature: le molecole di un certo soluto possono legarsi a un solo tipo di proteina di trasporto (come una chiave che può entrare in una sola serratura) e sono trasferite sul lato opposto della membrana attraverso un cambiamento di forma della proteina di trasporto. Un esempio di trasporto attivo è rappresentato dalla *pompa sodio-potassio*. Gran parte delle cellule eucariotiche animali, soprattutto nel tessuto nervoso, presenta ai due lati della membrana cellulare concentrazioni di ioni sodio ($Na^+$) e potassio ($K^+$) molto differenti. Queste differenze di concentrazione sono alla base della trasmissione dell'impulso nervoso. Per ogni molecola di ATP spesa, ogni proteina sodio-potassio è in grado di trasportare tre $Na^+$ fuori dalla cellula e due $K^+$ dentro la cellula.

Le proteine di trasporto utilizzano l'ATP come fonte di energia per modificare la propria forma durante il trasporto attivo. Le cellule possiedono proteine di trasporto specifiche per il glucosio, per gli amminoacidi e per molte altre sostanze.

Nel caso in cui la cellula debba trasportare attraverso la membrana delle *macromolecole*, intervengono dei meccanismi di trasporto diversi detti **esocitosi** (quando il trasporto avviene verso l'esterno della cellula) ed **endocitosi** (quando le sostanze entrano nella cellula). Alcuni organismi unicellulari sfruttano un meccanismo simile all'endocitosi per alimentarsi: in questo caso si parla di **fagocitosi**.

### IMPARA A IMPARARE

Rintraccia nel testo e nella figura la descrizione del funzionamento delle proteine di trasporto. Fornisci una descrizione del meccanismo indicando in particolare per quale ragione esso richiede energia.

### NELLE RISORSE DIGITALI

- Video Il trasporto attivo
- Esercizi interattivi
- Mappa del paragrafo

## Il trasporto delle macromolecole

Al contrario dell'acqua e delle molecole di piccole dimensioni che possono entrare e uscire dalle cellule liberamente o attraverso i canali ionici e le proteine di trasporto, le macromolecole (come le proteine) non possono spostarsi altrettanto facilmente attraverso la membrana plasmatica. Per trasportare attivamente le molecole di grandi dimensioni verso l'interno o verso l'esterno della membrana, la cellula mette in atto due processi analoghi, ma che avvengono uno in senso opposto all'altro:

- per trasportare fuori dal proprio citoplasma molecole molto grandi utilizza il meccanismo di **esocitosi**;
- per trasportare le macromolecole all'interno del citoplasma utilizza il meccanismo di **endocitosi**.

Questi processi richiedono alla cellula un notevole *dispendio energetico*, necessario per modificare la forma della membrana e per formare le vescicole di trasporto.

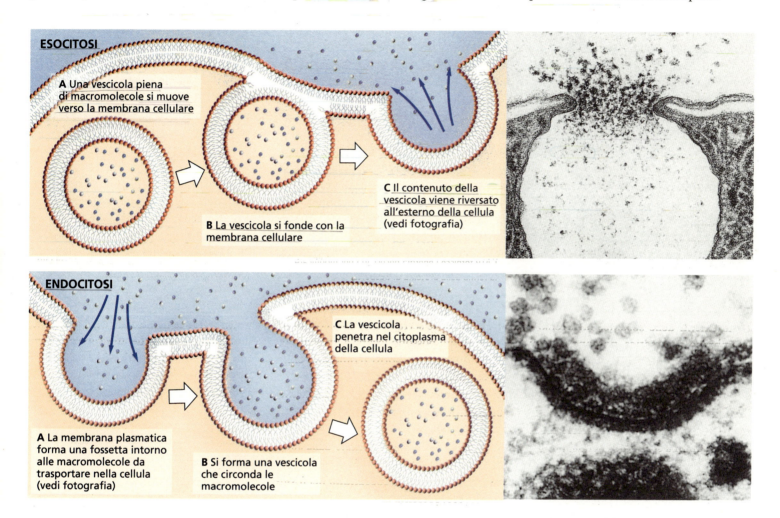

## La fagocitosi

Un tipo particolare di endocitosi è la **fagocitosi**, che consiste nella cattura da parte delle cellule di particelle alimentari o di microrganismi. Alcuni organismi unicellulari, come le amebe, prima inglobano le prede tramite delle estroflessioni del citoplasma, poi le avvolgono e le «impacchettano» in un vacuolo, dove sono poi digerite.

Quando la cellula introduce al proprio interno in prevalenza sostanze liquide si ha la **pinocitosi**, un altro tipo di endocitosi.

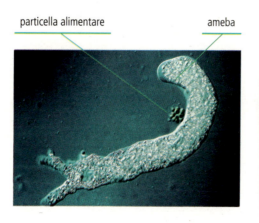

# 6. LE CELLULE RICAVANO ENERGIA DAGLI ZUCCHERI

Le cellule ricavano l'energia di cui hanno bisogno per le loro attività dagli zuccheri, attraverso i processi della glicolisi e della respirazione cellulare.

Per poter svolgere le proprie attività, le cellule impiegano una certa quantità di **energia**. La maggior parte delle cellule eucariotiche ricava energia dall'**ossidazione** di alcune molecole organiche presenti negli alimenti, cioè dalla loro demolizione per mezzo dell'ossigeno.

La molecola organica più utilizzata dalle cellule come combustibile è il *glucosio*, ma non è la sola. Come prodotti di scarto dei processi che portano alla demolizione del glucosio, la cellula produce *anidride carbonica e acqua*.

L'equazione chimica che descrive globalmente l'ossidazione del glucosio è:

$$\underbrace{C_6H_{12}O_6}_{\text{1 molecola di glucosio}} + \underbrace{6O_2}_{\text{6 molecole di ossigeno}} \rightarrow \underbrace{6CO_2}_{\text{6 molecole di anidride carbonica}} + \underbrace{6H_2O}_{\text{6 molecole di acqua}} + \text{energia}$$

L'energia è immagazzinata sotto forma di ATP, sintetizzata a partire da ADP.

I processi che portano alla liberazione di energia nelle cellule eucariotiche sono costituiti da una serie di reazioni chimiche che avvengono in successione e che possono essere raggruppate in due stadi: la glicolisi e la respirazione cellulare.

La **glicolisi** si svolge nel citoplasma delle cellule ed è costituita da una serie di reazioni, ciascuna catalizzata da uno specifico enzima, nelle quali i prodotti di una reazione sono i reagenti della reazione successiva. In questa sequenza di reazioni, una molecola di glucosio si trasforma in due molecole di *acido piruvico*, un composto formato da tre atomi di carbonio. Nella prima fase della glicolisi, alla cellula è richiesto un investimento di 2 molecole di ATP, mentre nelle reazioni della seconda fase si assiste a una liberazione di energia che consente la produzione di 4 molecole di ATP. In termini energetici quindi la glicolisi porta a un guadagno netto di 2 molecole di ATP. Durante la glicolisi si verifica anche la produzione di 2 molecole di NADH a partire da NAD⁺. Questa sostanza servirà nella respirazione cellulare. Il NADH è un **coenzima** che agisce come trasportatore di elettroni.

In tutti gli **organismi aerobi**, cioè organismi che vivono in ambienti in cui è presente l'ossigeno, la glicolisi è seguita dalla **respirazione cellulare**.

Quando parliamo di *respirazione* solitamente pensiamo allo scambio di gas che avviene nei nostri polmoni. Per *respirazione cellulare*, invece, si intende il processo attraverso il quale le cellule ricavano la maggior parte dell'energia di cui necessitano: la demolizione dell'acido piruvico (prodotto nella glicolisi) in acqua e anidride carbonica infatti permette di produrre un numero elevato di molecole di ATP.

La respirazione cellulare si realizza in due fasi chiamate rispettivamente **ciclo di Krebs** e **fosforilazione ossidativa**, ciascuna delle quali è costituita da una serie di complesse reazioni chimiche.

Negli organismi **anaerobi** (come alcuni batteri e lieviti che vivono in ambienti privi di ossigeno o dove esso è presente in minima quantità) e negli organismi **anaerobi facoltativi** (quelli in grado di sopravvivere indifferentemente in presenza o assenza di ossigeno), la glicolisi è seguita dalle reazioni della **fermentazione**.

> **IMPARA A IMPARARE**
>
> Costruisci una tabella a due colonne, una con i reagenti e una con i prodotti dell'equazione chimica dell'ossidazione del glucosio.

**NELLE RISORSE DIGITALI**

- **Approfondimento** La respirazione cellulare e le reazioni del catabolismo
- **Esercizi interattivi**
- **Mappa del paragrafo**

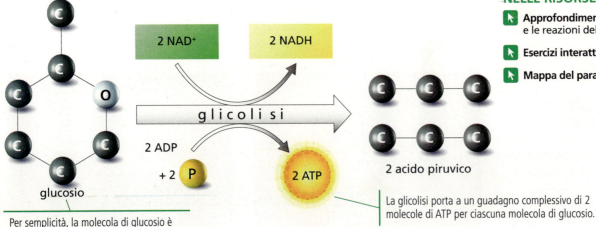

Per semplicità, la molecola di glucosio è rappresentata dai soli atomi di carbonio.

La glicolisi porta a un guadagno complessivo di 2 molecole di ATP per ciascuna molecola di glucosio.

## La respirazione cellulare

Abbiamo visto che la glicolisi fornisce alla cellula una quantità di energia limitata. Le poche molecole di ATP prodotte per ogni molecola di glucosio impiegata sono insufficienti per il fabbisogno delle cellule eucariotiche. Molta più energia è fornita dal completamento della demolizione dei legami delle molecole di glucosio, che si realizza nelle due fasi della respirazione cellulare: il ciclo di Krebs e la fosforilazione ossidativa.

Il **ciclo di Krebs** avviene nella matrice dei mitocondri. Il ciclo è composto da una serie di reazioni chimiche il cui prodotto finale è uno dei due reagenti della prima reazione: al termine di un ciclo può iniziare immediatamente quello successivo.

Nel corso del ciclo di Krebs, l'acido piruvico ottenuto con la glicolisi subisce ulteriori trasformazioni: si producono quindi altre 2 molecole di ATP (una per ogni molecola di acido piruvico), altro NADH e due molecole di anidride carbonica.

L'ultima tappa della respirazione cellulare è la **fosforilazione ossidativa** che – grazie a una catena di trasporto degli elettroni – produce la massima quantità di ATP. Per ogni molecola di glucosio, durante la fosforilazione ossidativa, sono prodotte 34 molecole di ATP.

Gli elettroni trasportati nella catena sono forniti dal NADH ottenuto nelle fasi precedenti della respirazione cellulare. Tale trasporto, che consuma ossigeno e produce acqua, avviene tramite proteine inserite nella membrana interna dei mitocondri.

Alla fine della respirazione cellulare, quindi, la cellula ottiene 38 molecole di ATP. Non tutta l'energia chimica contenuta nei legami della molecola di glucosio diviene utilizzabile per la cellula sotto forma di ATP; circa la metà si disperde come calore.

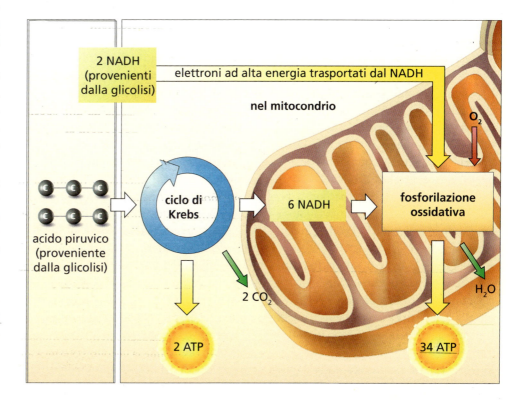

## La fermentazione

Gli organismi anaerobi ottengono anch'essi energia dalla glicolisi, ma questa fase non è seguita dalle reazioni del ciclo di Krebs, bensì da reazioni di **fermentazione**.

Il processo di fermentazione ha un'efficienza inferiore rispetto alla respirazione cellulare; nel processo anaerobio viene prodotta una quantità minore di energia.

Nella fermentazione l'acido piruvico è trasformato in altre sostanze. A seconda dei prodotti finali si distinguono due diversi tipi di fermentazione.

**1.** Nella **fermentazione alcolica** i lieviti trasformano l'acido piruvico in alcol (etanolo) e anidride carbonica; questo processo si utilizza nella produzione del vino e della birra, ma anche nella lievitazione del pane.

**2.** Nella **fermentazione lattica** alcuni batteri ottengono acido lattico dall'acido piruvico; è il caso della produzione di formaggio o yogurt. In entrambi i casi al termine della fermentazione viene ripristinato il coenzima NADH – nella forma NAD$^+$ – che è quindi nuovamente disponibile per la glicolisi.

L'acido lattico è prodotto anche nelle cellule muscolari, per esempio durante uno sforzo fisico, a causa di una carenza di ossigeno nelle cellule. In questo caso, invece di esserci la normale respirazione cellulare si attiva la fermentazione lattica.

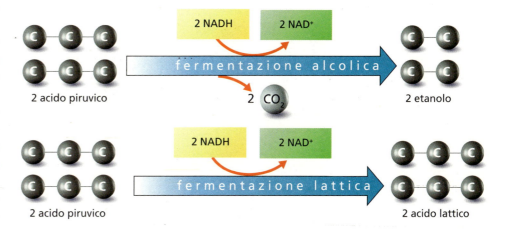

# 7. LA FOTOSINTESI

La fotosintesi è il processo mediante il quale le piante, le alghe e alcuni batteri utilizzano l'energia luminosa per produrre molecole organiche, in particolare carboidrati, partendo da anidride carbonica e acqua.

L'energia che permette la vita sulla Terra proviene quasi interamente dal Sole. La maggior parte degli organismi dipende infatti dai prodotti della **fotosintesi**. Ciò può avvenire in modo diretto, come per le piante, o indiretto, come per gli organismi che si nutrono di esse.

La fotosintesi è il processo chimico attraverso il quale le piante, le alghe e alcuni batteri utilizzano l'energia luminosa per sintetizzare glucosio e altri carboidrati, a partire dall'acqua e dall'anidride carbonica presente nell'aria. Oltre al glucosio, la fotosintesi produce ossigeno ($O_2$) come prodotto secondario.

Nelle alghe e nelle piante la fotosintesi avviene nei *cloroplasti*, gli organuli specializzati che contengono *pigmenti sensibili alla luce*. Anche i cianobatteri, organismi unicellulari procarioti, sono in grado di svolgere la fotosintesi grazie al fatto che la loro cellula ha una struttura simile a quella di un cloroplasto.

La fotosintesi comprende numerose reazioni chimiche, che possono essere raggruppate in due fasi.
**1.** La prima fase richiede la presenza della *luce solare* ed è pertanto detta **fase luminosa**. L'energia luminosa è assorbita da alcuni pigmenti presenti nei cloroplasti (come per esempio la **clorofilla**) ed è utilizzata per sintetizzare molecole «ricche» di energia, come l'ATP.
**2.** La fase successiva non richiede energia solare ed è chiamata **fase oscura**. In questa seconda serie di reazioni l'energia che è stata ricavata nella fase luminosa sotto forma di molecole di ATP è utilizzata per la **sintesi dei carboidrati**. Il carboidrato più comune è il **glucosio**, un monosaccaride solitamente indicato come «il prodotto» della fotosintesi. A partire dal glucosio le cellule sintetizzano anche il **saccarosio**, un disaccaride, l'**amido** e la **cellulosa**, due polisaccaridi che svolgono rispettivamente funzione di riserva e di sostegno.

Gli organismi che – come le piante – producono autonomamente tutte le sostanze organiche di cui necessitano sono chiamati **autotrofi**. Al contrario, gli organismi che – come gli animali – non sono in grado di produrre le molecole organiche da cui ricavano energia sono detti **eterotrofi**.

> **IMPARA A IMPARARE**
> Compila un glossario con i termini della pagina in neretto.

> **NELLE RISORSE DIGITALI**
> - Approfondimento I pigmenti vegetali assorbono la luce
> - Approfondimento Organismi autotrofi ed eterotrofi
> - Esercizi interattivi
> - Mappa del paragrafo

Sezione di una foglia di Elodea, una pianta acquatica, nella quale sono ben visibili i cloroplasti.

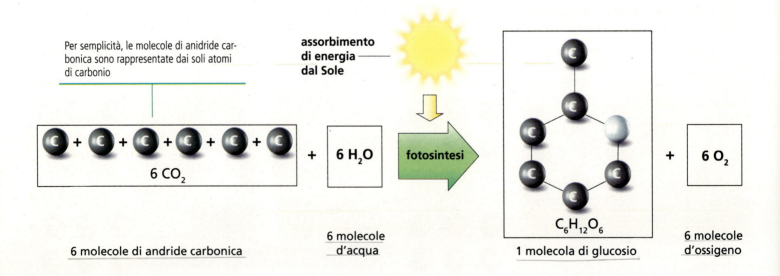

Per semplicità, le molecole di anidride carbonica sono rappresentate dai soli atomi di carbonio

6 $CO_2$ + 6 $H_2O$ →fotosintesi→ $C_6H_{12}O_6$ + 6 $O_2$

6 molecole di andride carbonica — 6 molecole d'acqua — 1 molecola di glucosio — 6 molecole d'ossigeno

assorbimento di energia dal Sole

# DOMANDE PER IL RIPASSO

### PARAGRAFO 1
1. Che cosa si intende per reazione chimica endoergonica? E per reazione esoergonica?
2. In che cosa consiste il metabolismo cellulare?
3. L'ATP è formato dall'adenina, dal ribosio e da:
   - A due gruppi fosfato.
   - B quattro gruppi fosfato.
   - C tre gruppi fosfato.

### PARAGRAFO 2
4. Che cosa sono gli enzimi?
5. Quale funzione svolgono gli enzimi nella cellula?

### PARAGRAFO 3
6. Che cosa significa che la membrana plasmatica ha permeabilità selettiva?
7. Completa.
   Alcune molecole di piccole dimensioni possono attraversare la membrana per diffusione _____ , quelle più grandi hanno bisogno di particolari proteine dette _____ _____ .
8. Che cos'è un canale ionico e perché è importante?

### PARAGRAFO 4
9. Per quale ragione l'osmosi è considerata una modalità di trasporto passivo?
10. Nell'osmosi l'acqua diffonde da una soluzione ipertonica a una ipotonica.  V  F

### PARAGRAFO 5
11. Che cosa si intende per trasporto attivo e quale vantaggio comporta questo tipo di trasporto?
12. Come funzionano le proteine di trasporto?
13. La fagocitosi è un tipo di:
    - A esocitosi.
    - B trasporto passivo.
    - C endocitosi.

### PARAGRAFO 6
14. In che cosa consiste la respirazione cellulare?
15. Quali fasi costituiscono la respirazione cellulare?
16. Completa.
    La _____ trasforma una molecola di _____ in due di _____ portando a un guadagno netto di _____ molecole di _____ .
17. In che cosa consiste la fermentazione?
18. Dove si svolgono rispettivamente il ciclo di Krebs e la fosforilazione ossidativa?
19. Che cosa accade durante la fosforilazione ossidativa?
20. Tra le seguenti, la fase che ha maggiore resa energetica è:
    - A il ciclo di Krebs.
    - B la glicolisi.
    - C la fosforilazione ossidativa.

### PARAGRAFO 7
21. Quale funzione svolgono i pigmenti nella fotosintesi?
22. Quali esseri viventi compiono la fotosintesi?
23. Quali sono le fasi della fotosintesi e che cosa avviene in ciascuna di esse?
24. Le piante sono organismi autotrofi in quanto producono autonomamente tutte le sostanze organiche di cui necessitano.  V  F

## APPLICA LE TUE CONOSCENZE

Per ciascuna fotografia scrivi una didascalia in cui venga descritto il processo rappresentato. In particolare, indica dove si trova la soluzione a concentrazione maggiore e in quale direzione si sposta l'acqua.

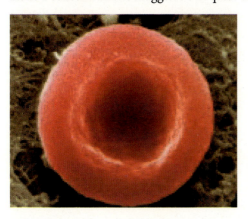 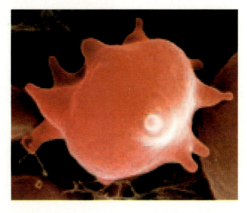 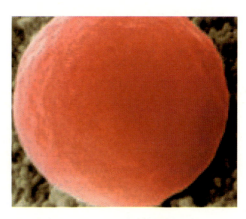

# 4 LABORATORIO DELLE COMPETENZE

## 1 Sintesi: dal testo alla mappa

- Per le sue attitvità la cellula ha bisogno di **energia**, che ricava attraverso delle reazioni chimiche. Le reazioni che liberano energia sono dette **esorgoniche**, mentre quelle che richiedono energia sono dette **endoergoniche**. Nelle cellule esiste una molecola che accoppia le reazioni esoergoniche e quelle endoergoniche: è l'**ATP**, o *adenosina trifosfato*. Quando si stacca un gruppo fosfato dalla molecola di ATP, si libera una certa quantità di energia che viene utilizzata della cellula. L'ATP è poi rigenerata e tale operazione richiede energia.

- Tutte le reazioni chimiche avvengono grazie alla presenza degli **enzimi**. Gli enzimi sono dei **catalizzatori**, che *abbassano l'energia di attivazione di una reazione*, cioè l'energia che bisogna fornire a una reazione perché essa avvenga. Gli enzimi fanno sì che si compiano alcune reazioni che non avverrebbero spontaneamente.

- Gli enzimi agiscono su una determinata molecola, detta **substrato**. La parte dell'enzima a cui si aggancia il substrato è detta **sito attivo**. Ogni enzima è specifico, cioè catalizza solo un certo tipo di reazione chimica.

- Per poter svolgere le loro attività, le cellule devono continuamente scambiare sostanze con l'ambiente esterno. Gli scambi avvengono attraverso la **membrana plasmatica**, che è a **permeabilità selettiva**, cioè lascia passare alcune sostanze e altre no. Alcune sostanze possono attraversare la membrana spontaneamente tramite dei meccanismi di **trasporto passivo** che non richiedono energia. Il trasporto passivo comprende la **diffusione**, che interessa molecole piccole come l'ossigeno o l'anidride carbonica, e la **diffusione facilitata**, aiutata da proteine a forma di canale che facilitano il passaggio di molecole più grandi, come gli ioni.

- Un particolare tipo di trasporto passivo è l'**osmosi**, un processo che si verifica quando le particelle di soluto non possono attraversare la membrana. In questo caso è il solvente, in genere l'acqua, che si sposta e diffonde dalla soluzione meno concentrata (**ipotonica**) verso quella più concentrata (**ipertonica**). L'acqua può passare da una parte all'altra della membrana grazie alle **proteine canale dell'acqua**.

- Quando la cellula è costretta a spendere energia per il trasporto delle sostanze attraverso la membrana, si parla di **trasporto attivo**. Questo tipo di trasporto può realizzarsi in senso contrario a quello della diffusione spontanea. Le molecole piccole vengono trasportate dalle **proteine di trasporto** presenti nella membrana plasmatica. Queste proteine pompano attivamente il soluto da un lato all'altro della membrana.

- Alcune molecole molto grandi (come le proteine) possono passare da una parte all'altra della cellula solo attraverso processi più complessi, che richiedono energia, e che sono noti come **endocitosi** ed **esocitosi**.

- Le cellule ricavano energia dalle molecole degli alimenti tramite l'**ossidazione** delle molecole organiche, cioè la loro demolizione per mezzo dell'ossigeno. La molecola organica più utilizzata è il *glucosio*, che si combina con l'*ossigeno*, liberando **energia**, *anidride carbonica* e *acqua*.

- L'ossidazione degli zuccheri nelle cellule comincia con la **glicolisi**, che avviene nel citoplasma. Negli organismi aerobi (che vivono in presenza di ossigeno), la glicolisi è seguita dalla **respirazione cellulare**, composta da due fasi, il **ciclo di Krebs** e la **fosforilazione ossidativa**. Negli organismi anaerobi o anaerobi facoltativi la glicolisi è seguita dalla fermentazione.

- Il **ciclo di Krebs** è la fase della respirazione cellulare che avviene nella matrice dei **mitocondri**. Essa è seguita dalla **fosforilazione ossidativa**, che è costituita da una *catena di trasporto di elettroni*, e si compie sulla membrana interna dei mitocondri. Queste due fasi sono quelle che forniscono alla cellula la maggior quantità di **ATP**.

- La **fotosintesi** è il processo che permette alle piante di utilizzare l'**energia luminosa** proveniente dal Sole per produrre *molecole organiche* a partire da *acqua* e *anidride carbonica*. I prodotti della fotosintesi sono il **glucosio** e l'**ossigeno**. La fotosintesi è composta da una **fase luminosa**, che richiede la luce solare, nella quale l'energia viene usata per produrre molecole di ATP, e da una **fase oscura**, che non richiede la presenza della luce e in cui le molecole di ATP vengono utilizzate per sintetizzare i carboidrati.

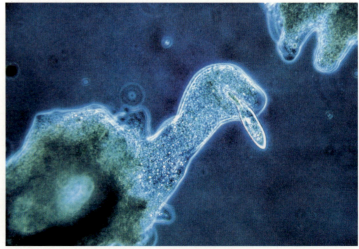

Un'ameba (a sinistra) si ciba tramite fagocitosi di un protozoo (in alto a destra).

**Riorganizza i concetti completando le mappe**

## 2 Collegare i concetti

1. Completa con i termini mancanti.
   Il NADH che interviene nelle varie fasi del processo di ossidazione degli ............... è un ...............; cioè un enzima in cui una parte della molecola non è di natura ............... . Esso viene prodotto durante la ............... e nel ciclo di ............... e trasporta gli ............... all'ultima fase della respirazione cellulare, la ............... ossidativa.

2. Per ogni processo indicato inserisci all'interno delle parentesi un segno + se il processo porta alla formazione di ATP, un segno – se il processo consuma ATP o una X se il processo non produce né consuma ATP.
   Respirazione cellulare ( )
   Esocitosi ( )
   Glicolisi ( )
   Fase oscura della fotosintesi ( )
   Osmosi ( )
   Fase luminosa della fotosintesi ( )
   Diffusione facilitata ( )
   Azione delle proteine pompa ( )

3. Quando una molecola viene trasportata dall'esterno verso l'interno della cellula, e la concentrazione della molecola stessa è più alta all'interno che all'esterno, quale processo si sta verificando?
   A Osmosi.
   B Diffusione facilitata.
   C Trasporto attivo mediante proteine pompa.
   D Trasporto passivo per diffusione.
   E Fagocitosi.

4. Quali tra le seguenti affermazioni sono vere? (2 risposte corrette)
   A La formazione dell'ATP a partire da ADP e gruppo fosfato è una reazione esoergonica.
   B Le reazioni esoergoniche sono quelle che avvengono con liberazione di energia.
   C Le reazioni esoergoniche non hanno mai bisogno della presenza di un enzima.
   D La glicolisi nel suo complesso è un processo esoergonico.
   E La molecola su cui agisce un enzima è detta sito attivo.
   F Il trasporto per diffusione avviene con consumo di ATP.

UNITÀ 4 Le trasformazioni energetiche nelle cellule

## 3 Comprendere un testo

### I catalizzatori biologici

*Nelle cellule viventi, i catalizzatori biologici aumentano la velocità delle reazioni chimiche e quindi esercitano un controllo fondamentale sulle attività cellulari. Un catalizzatore è qualsiasi sostanza capace di accelerare una reazione chimica senza essere in essa consumata. Un catalizzatore non rende possibile alcuna reazione che non avverrebbe anche in sua assenza; semplicemente, un catalizzatore accelera sia la reazione diretta che quella inversa permettendo il raggiungimento dell'equilibrio della reazione in un tempo minore. [...] la quasi totalità dei catalizzatori biologici sono proteine dette enzimi. [...] è bene sapere che hanno attività catalitica anche certe molecole di RNA, dette ribozimi. In effetti nell'evoluzione della vita la comparsa di molecole di RNA catalitiche può aver preceduto l'avvento delle proteine catalitiche.*
(Da W.K. Purves et al., *Biologia*, Zanichelli, 2001)

**Rispondi alle seguenti domande.**
a. Quale ruolo hanno i catalizzatori biologici nelle attività cellulari?
b. Che cos'è un catalizzatore?
c. Esistono catalizzatori biologici che non siano proteine?
d. Che cos'è un ribozima? Che ruolo potrebbero aver avuto queste molecole nell'evoluzione della vita?

## 4 Leggere un grafico

### Reazione esoergonica o endoergonica?

Rileggi il paragrafo 1. La curva rossa e quella blu nel grafico qui sotto rappresentano due possibili andamenti della stessa reazione chimica.
Si tratta di una reazione endoergonica o esoergonica?
...........................................................................................................

Ora concentrati su come varia l'energia di attivazione richiesta per lo svolgimento della reazione. In base a ciò, indica quale delle due curve raffigura l'andamento della reazione in presenza di un enzima catalizzatore e quale invece quello in assenza di enzima.
curva rossa: ................................................................................
curva blu: ...................................................................................

## 5 Formulare un'ipotesi

### Annaffiare con l'acqua salata

Facendo riferimento al fenomeno dell'osmosi studiato nel paragrafo 4, prova a immaginare che cosa accade alle foglie di una pianta quando viene annaffiata con acqua salata. Quale aspetto assumeranno le foglie? Motiva la risposta.

.........................................................................................................
.........................................................................................................
.........................................................................................................
.........................................................................................................
.........................................................................................................
.........................................................................................................

## 6 Ricercare ed esporre informazioni

### La respirazione cellulare

Rileggi il paragrafo 6 di questa unità.
Elenca in ordine i passaggi che avvengono nel processo di ossidazione del glucosio e per ciascuno di essi fornisci una breve descrizione.
Collega con una freccia la fermentazione, che avviene in caso di mancanza di ossigeno, al passaggio che la precede. Infine scrivi i due tipi di fermentazione e dai una breve descrizione di ciascuno di essi.

## 7 Fare una ricerca

### La fermentazione

Molte produzioni alimentari sfruttano il processo di fermentazione: il pane, lo yogurt, il vino, la birra vengono prodotti sfruttando l'attività dei lieviti.
Scegli uno di questi alimenti e documentati sui lieviti utilizzati e sul processo di fermentazione che avviene durante la sua preparazione.

## 8 Fare un esperimento

### Prove di osmosi

Pela una patata, tagliala e scava le due metà (che chiamiamo A e B) in modo da formare due «barchette». Dentro A metti un cucchiaio di sale, dentro B metti un goccio d'acqua. Poi sciogli del sale in una scodella d'acqua e riempine un'altra con dell'acqua pura. Metti A nell'acqua pura e B nella soluzione di acqua e sale in modo che, in entrambi i casi, le patate tagliate a metà galleggino e l'acqua non possa entrare dall'alto.
Aspetta qualche minuto.
Descrivi che cosa osservi a proposito del sale in A e dell'acqua in B. Come interpreti questo fenomeno?

## 9 Fare un esperimento

### Gas dal lievito

Metti in una bottiglietta del lievito di birra mescolato con un po' di acqua e zucchero. Chiudi la bottiglietta con un palloncino di gomma e osserva che cosa avviene.
Rileggi il paragrafo 6 di questa unità e spiega qual è secondo te l'origine del gas che riempie il palloncino.

## 10 Spiegare un fenomeno

### Bollicine dalle foglie

Osservando la fotografia di una pianta acquatica, si notano alcune bollicine di gas che risalgono verso la superficie dell'acqua.
Quale pensi possa essere l'origine delle bollicine di gas?
Di quale gas pensi possa trattarsi?
Per controllare le tue risposte rileggi il paragrafo 7 di questa unità.

## 11 Fare un esperimento

### L'ossidazione sviluppa energia

Metti un termometro in una pentola vuota chiusa da un coperchio. Attendi 5 minuti circa e prendi nota della temperatura dell'aria all'interno della pentola registrata dal termometro.
Ora procurati una paglietta di acciaio (non inox) e immergila nell'aceto per circa 1 minuto, toglila e, dopo averla scrollata, avvolgila intorno al bulbo del termometro; infine rimetti il tutto nella pentola chiusa.
L'aceto serve a rimuovere le impurità intorno al ferro permettendo all'ossigeno dell'aria di ossidare il ferro della paglietta.
Attendi altri 5 minuti e controlla la temperatura.
Che cosa è successo? Per quale ragione la temperatura è cambiata?
La reazione avvenuta è esorgonica o endoergonica?

## 12 Biology in English

### Glossary

| | |
|---|---|
| active transport | enzyme |
| carrier protein | glucose |
| channel protein | osmosis |
| diffusion | photosynthesis |

### Select the correct answer

1. Diffusion occurs
   - A in both plant and animal cells.
   - B only in animal cells.
   - C only in plant cells.
2. In osmosis, water molecules move across the cell membrane
   - A from a region of low water concentration to a region of high water concentration.
   - B randomly.
   - C from a region of high water concentration to a region of low water concentration.
3. Active transport requires
   - A channel proteins.
   - B carrier proteins and energy.
   - C enzymes.

### Read the text and underline the key terms

Photosynthesis is the process that allows plants and algae to produce their own food sources and regenerate oxygen in the environment.
Four things are needed for photosynthesis to happen: a) sunlight energy; b) chlorophyll (a sunlight absorbing pigment contained in chloroplasts); c) carbon dioxide, that enters the leaf from the surrounding air; and d) water, adsorbed from the soil.
Sunlight energy is used to combine carbon dioxide and water to produce glucose (a sugar); oxygen is simply a by-product.

# 5 LE CELLULE CRESCONO E SI RIPRODUCONO

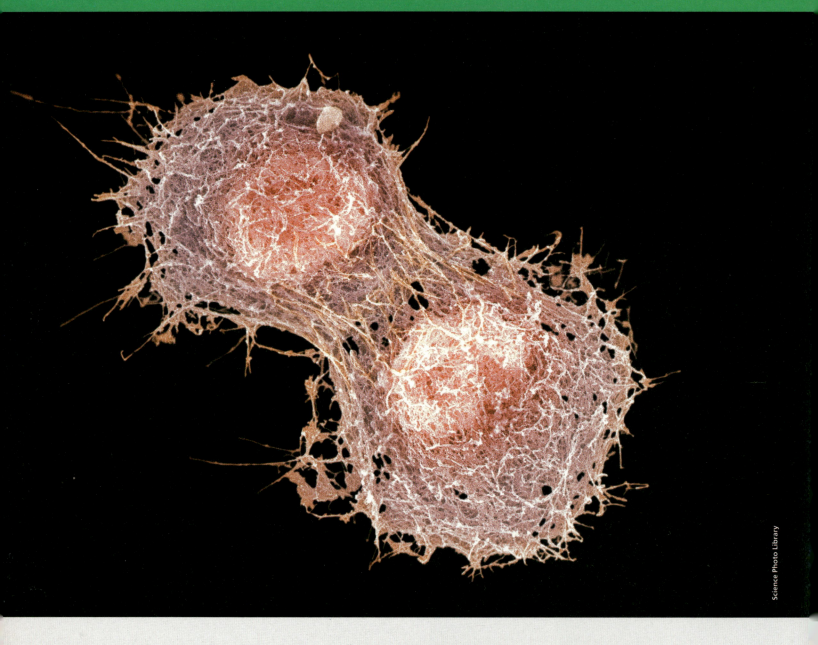

Nel corso della loro vita, le cellule vanno incontro a una precisa sequenza di eventi chiamati, nel loro complesso, **ciclo cellulare**. Raggiunte le opportune dimensioni, la cellula si divide e il suo contenuto è distribuito tra le cellule figlie. Esistono diverse modalità di divisione cellulare: con la **mitosi** seguita dalla **citodieresi** la cellula produce due cellule figlie geneticamente identiche alla cellula madre; con la **meiosi** (seguita anch'essa dalla citodieresi) ogni cellula produce quattro cellule caratterizzate dal possedere metà del patrimonio genetico rispetto alla cellula di partenza. La meiosi produce le cellule riproduttive, i **gameti**; la mitosi porta alla formazione di tutte le altre cellule dell'organismo.

 TEST D'INGRESSO

 Laboratorio delle competenze pagine 88-91

# PRIMA DELLA LEZIONE

 **Guarda il video *Le cellule crescono e si riproducono* che presenta gli argomenti dell'unità.**

Completa ora le seguenti frasi.
**a.** Le cellule nuove hanno origine da un processo chiamato ....................................................................................
**b.** Prima della divisione, la cellula madre, oltre a sintetizzare molecole proteiche, ..............................................
**c.** Il DNA contiene tutte le informazioni necessarie alla cellula per ........................................... e per ...................

Rispondi alla domanda.
Perché le cellule si dividono?
.................................................................................................................................................................................
.................................................................................................................................................................................
.................................................................................................................................................................................

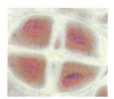 Guarda la fotografia e rispondi.
Questa immagine mostra l'ultima fase della mitosi o della meiosi?
Motiva la tua risposta.
.................................................................................................................................................................................
.................................................................................................................................................................................

**Guarda le fotografie scattate durante la realizzazione di un esperimento sulla divisione cellulare.**

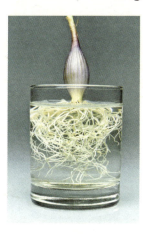

**1** È possibile osservare delle cellule che si dividono? Sì, a patto di cercare un essere vivente o una parte di esso in rapido accrescimento. L'ideale è far germogliare le radici di una cipolla, per esempio mettendola in un bicchiere a contatto con dell'acqua.

**2** Una volta ottenuti i germogli delle radici, bisogna affettarne con una lametta da barba la punta in modo da ottenere una sezione sottile di un apice. Per osservare le cellule è necessario preparare un vetrino e utilizzare un buon microscopio ottico.

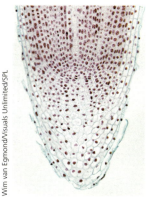

**3** Quest'immagine è stata presa dopo che il nucleo delle cellule è stato colorato con un colorante selettivo, ed è quindi possibile osservare i nuclei delle singole cellule che compongono l'apice della radice. L'apice si presenta rivestito da una zona esterna detta cuffia, mentre la parte interna alla cuffia è quella in rapido accrescimento.

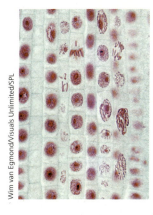

**4** Ingrandendo l'immagine è possibile vedere delle cellule in mitosi.

Osserva attentamente l'immagine 4 e indica quali cellule a tuo parere si stanno dividendo. Confronta questa immagine con i disegni e le foto della figura del paragrafo 7 cercando di individuare in quale fase della mitosi si trova ciascuna cellula.
Per quale ragione la radice possiede così tante cellule in divisione?

# 1. IL CICLO CELLULARE

La vita delle cellule eucariotiche è caratterizzata da una precisa sequenza di eventi chiamata, nel suo complesso, ciclo cellulare.

Tutte le cellule assumono sostanze dall'ambiente esterno e le utilizzano per produrre nuove molecole (come proteine, lipidi, acidi nucleici). Grazie a queste molecole, le cellule compiono le loro funzioni e si accrescono, fino al momento in cui, raggiunte le opportune dimensioni, si dividono, suddividendo il loro contenuto in due cellule figlie.

Nelle cellule eucariotiche i processi di crescita e divisione avvengono secondo una sequenza di fasi chiamate **ciclo cellulare**. Le fasi principali del ciclo cellulare sono cinque: **$G_1$, S, $G_2$, mitosi** e **citodieresi**.

Le fasi $G_1$, S e $G_2$ compongono l'**interfase**. Nell'interfase, che corrisponde circa al 90% del ciclo cellulare, la cellula cresce, sintetizza nuove molecole (in particolare duplica il suo DNA) e produce nuovi organuli.

L'interfase è seguita da due fasi, la **mitosi** e la **citodieresi** (di cui parleremo nel paragrafo 7). La mitosi e la citodieresi portano alla formazione di due cellule figlie, ciascuna delle quali possiede un nucleo circondato dal citoplasma. Ogni cellula figlia riceve all'incirca metà della massa della cellula madre e comincia il proprio ciclo cellulare.

Perché le cellule si dividono? Negli organismi pluricellulari la divisione delle cellule è alla base del processo di crescita dell'individuo; per esempio, il corpo di un neonato è costituito da $10^{12}$ cellule che si sono formate, in soli nove mesi, a partire da un'unica cellula tramite migliaia di divisioni successive. Durante lo sviluppo dell'individuo, la maggior parte delle cellule continua a dividersi e, nell'età adulta, questo meccanismo garantisce la sostituzione delle cellule danneggiate.

La velocità con la quale le cellule crescono e si dividono dipende dal tipo di cellula e da fattori esterni, come la temperatura e la disponibilità di sostanze nutritive. Alcune cellule del nostro corpo, per rimpiazzare le perdite, devono dividersi una volta al giorno, altre ancora più spesso; ma esistono anche tipi di cellule, come quelle nervose e quelle muscolari, che si dividono soltanto in condizioni particolari.

> **IMPARA A IMPARARE**
> Elenca le 5 fasi del ciclo cellulare e per ciascuna di esse descrivi i fenomeni che la caratterizzano.

### NELLE RISORSE DIGITALI
- Esercizi interattivi
- Mappa del paragrafo

Nella **fase $G_1$** la cellula raddoppia di dimensioni, sintetizzando una gran quantità di proteine e organuli. Alcune strutture (come i ribosomi) possono essere prodotte *ex novo*; altre (come l'apparato di Golgi) derivano dal reticolo endoplasmatico che si ingrandisce grazie all'aggiunta di fosfolipidi e proteine.

Nella **fase S** avviene la duplicazione del DNA e la sintesi di molte proteine a esso associate.

La fase **$G_2$** è caratterizzata da un'intensa attività metabolica. La cellula sintetizza alcune proteine indispensabili per il processo di divisione cellulare che l'attende: per esempio quelle di cui sono costituiti i microtubuli (che serviranno nella mitosi).

Durante la **mitosi**, il nucleo e il suo contenuto si dividono e si distribuiscono equamente in due nuclei figli.

La **citodieresi** consiste nella divisione in due del citoplasma.

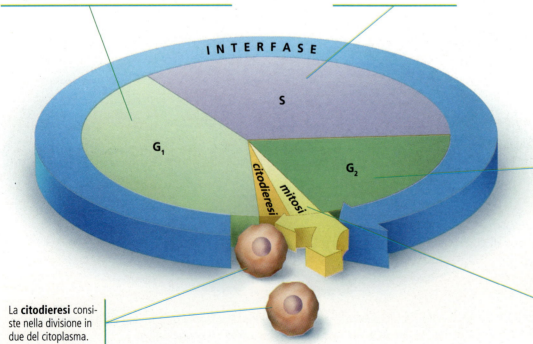

### ■ La divisione cellulare e la riproduzione asessuata

Per molti organismi unicellulari, sia procarioti (come i batteri) sia eucarioti, la divisione della cellula madre in due cellule figlie rappresenta la principale modalità di **riproduzione**. A meno che non intervenga un cambiamento casuale del DNA, cioè una mutazione (ne parleremo nella prossima unità), le due nuove cellule sono geneticamente identiche tra loro e alla cellula madre. Dato che non coinvolge individui di sesso diverso, questo tipo di riproduzione è detto *riproduzione asessuata*.

Il processo è molto rapido e, in breve tempo, a partire da pochi organismi unicellulari, se ne generano migliaia. Per esempio le *diatomee*, alghe unicellulari dotate di una doppia teca silicea a forma di scatola, sfruttano la divisione cellulare per riprodursi velocemente. Tuttavia, dato che una delle due emiteche è più piccola dell'altra, nel corso di qualche generazione una parte della popolazione risulta di dimensioni molto più piccole del normale. Per ripristinare la taglia consueta, allora, interviene un tipo diverso di riproduzione che richiede l'unione di due individui (*riproduzione sessuata*).

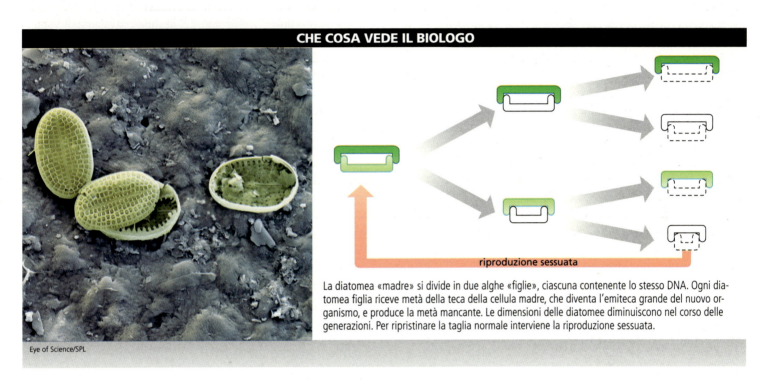

**CHE COSA VEDE IL BIOLOGO**

La diatomea «madre» si divide in due alghe «figlie», ciascuna contenente lo stesso DNA. Ogni diatomea figlia riceve metà della teca della cellula madre, che diventa l'emiteca grande del nuovo organismo, e produce la metà mancante. Le dimensioni delle diatomee diminuiscono nel corso delle generazioni. Per ripristinare la taglia normale interviene la riproduzione sessuata.

Eye of Science/SPL

---

### ■ L'apoptosi

La duplicazione delle cellule in alcuni tessuti è bilanciata da un processo di «morte programmata». Questo meccanismo, detto **apoptosi**, è distinto dalla *necrosi* (una forma di morte cellulare causata per esempio da un trauma) e avviene in modo regolato con consumo di energia (ATP). In un organismo adulto, alcune centinaia di migliaia di cellule sono prodotte ogni secondo in seguito alla divisione cellulare e un numero simile muore per apoptosi. La morte cellulare programmata e il ciclo cellulare sono normalmente soggetti a un'accurata regolazione. Infatti una divisione cellulare troppo veloce, non bilanciata dall'apoptosi, può portare allo sviluppo di tumori; i tessuti dell'organismo sono invasi dalle cellule in rapida divisione e la loro funzionalità è compromessa.

In un organismo adulto esiste infatti un numero ottimale di cellule che formano un tessuto o un organo; perciò l'aumento del numero di cellule dovuto alla divisione deve essere compensato da un processo di «morte programmata».

Al contrario, si ipotizza che una morte cellulare eccessiva si associ a **malattie neurodegenerative**, come il morbo di Parkinson, sebbene l'argomento resti controverso.

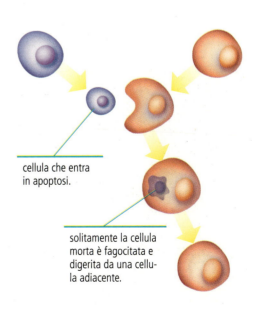

cellula che entra in apoptosi.

solitamente la cellula morta è fagocitata e digerita da una cellula adiacente.

# 2. LA DUPLICAZIONE DEL DNA

Nella fase S del ciclo cellulare, le cellule duplicano il proprio DNA. Il meccanismo di duplicazione si basa sul processo di appaiamento delle basi azotate e coinvolge numerosi enzimi specifici.

Una caratteristica fondamentale del DNA è la sua capacità di produrre copie identiche di se stesso. Senza tale meccanismo di duplicazione le cellule figlie non sarebbero uguali alla cellula madre. La duplicazione del DNA si verifica durante la fase S del ciclo cellulare.

Ricorda che il DNA è una molecola biologica complessa costituita da due lunghi filamenti, disposti come una doppia elica. Come abbiamo visto nell'unità 2, ciascun filamento è formato da una **catena di nucleotidi**: monomeri che contengono un *gruppo fosfato*, uno zucchero a 5 atomi di carbonio e una *base azotata*. Le **basi azotate** sono di quattro tipi: adenina (A), guanina (G), citosina (C), timina (T). Tra le basi azotate dei due filamenti si stabiliscono legami a idrogeno, con la particolarità che *l'adenina si appaia soltanto con la timina* (e viceversa) e *la citosina si appaia sempre con la guanina* (e viceversa). Per questo appaiamento caratteristico si dice che le basi azotate sui due filamenti sono *complementari*.

Al momento della duplicazione, la molecola di DNA si apre (come una cerniera) a partire da una sequenza specifica di nucleotidi, detta **punto di origine**. Nei procarioti esiste un solo punto di origine; negli eucarioti ne esistono molti per ogni molecola di DNA. In entrambi i casi, a partire da un punto di origine, alcuni enzimi spezzano i legami a idrogeno che tengono unite le basi azotate. Esse, quindi, si separano e i due filamenti si dividono. A questo punto altri enzimi si legano ai singoli filamenti per mantenerli separati. Dopo essersi separati, i due filamenti si comportano come stampi: ciascuno di essi «dirige» la sintesi di un nuovo filamento complementare. Ecco che cosa avviene: se sul vecchio filamento è presente un nucleotide che contiene la base A, al nuovo filamento si aggiungerà un nucleotide che porta la base T (e viceversa); al nucleotide con la base C si appaierà solo un nucleotide con G (e viceversa). I nucleotidi vengono aggiunti ai filamenti in costruzione uno alla volta (in una sola direzione), grazie all'intervento di enzimi specifici chiamati **DNA polimerasi**.

La duplicazione è un processo molto rapido: nelle cellule dei mammiferi vengono aggiunti ai filamenti «in costruzione» circa 50 nucleotidi al secondo, ma in alcuni organismi unicellulari si arriva fino a 500 nucleotidi al secondo.

Nella duplicazione del DNA esiste anche un meccanismo di **correzione degli errori**. Durante la sintesi può infatti accadere che al filamento in costruzione venga aggiunto un nucleotide sbagliato, cioè non complementare al nucleotide del filamento-stampo. A questo punto la DNA polimerasi può funzionare da correttore, invertendo il senso di marcia, rimuovendo i nucleotidi non appaiati correttamente e inserendo il giusto nucleotide. Quando tutti i tratti dei due filamenti sono stati duplicati, il processo termina. Nella cellula ora sono presenti due molecole identiche di DNA, ciascuna formata da un filamento vecchio e uno nuovo. Per questa ragione la duplicazione del DNA è detta *semiconservativa*.

> **IMPARA A IMPARARE**
>
> Rintraccia nel testo e sottolinea la sequenza degli eventi che accadono durante la duplicazione del DNA. Poi numerali e riporta sul quaderno un riassunto di ciascuno di essi.

**NELLE RISORSE DIGITALI**
- Esercizi interattivi
- Mappa del paragrafo

## CHE COSA VEDE IL BIOLOGO

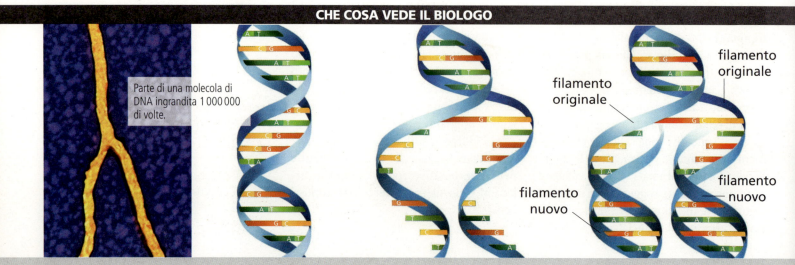

Parte di una molecola di DNA ingrandita 1 000 000 di volte.

filamento originale

filamento nuovo

filamento originale

filamento nuovo

## 3. L'ORGANIZZAZIONE DEL DNA

Nell'interfase le molecole di DNA si trovano nel nucleo delle cellule in forma di cromatina, una massa indistinta di sottili filamenti. Subito prima della mitosi, la cromatina si compatta in forma di cromosomi.

Per poter essere contenuto nel nucleo della cellula, il DNA si ripiega e si compatta grazie a speciali proteine, dette **istoni**. L'insieme del DNA e degli istoni costituisce la **cromatina**, la sostanza filamentosa che occupa gran parte del nucleo.

Più in dettaglio, 8 molecole di istoni si associano tra loro a formare una specie di «rocchetto», intorno al quale si avvolge due volte un tratto di una molecola di DNA. Ciascun rocchetto, con il DNA avvolto intorno, si chiama **nucleosoma**.

I nucleosomi si succedono nella cromatina come le perle nel filo di una collana. I filamenti di cromatina, poi, si ripiegano a formare delle anse e delle spirali sempre più compatte. Per questo la cromatina appare come una massa di fibre molto aggrovigliate.

Il nome cromatina si riferisce al fatto che questa sostanza è in grado di legare i coloranti che si usano in microscopia (dal greco *chroma* = colore). Per questa ragione, al microscopio ottico, la cromatina appare come una macchia colorata.

Prima della mitosi, la cromatina si compatta ulteriormente in strutture dette **cromosomi**. In questa fase si può osservare che ciascun cromosoma è, in realtà, costituito da due «bastoncini» identici, i **cromatidi**. I due cromatidi «fratelli» che costituiscono un cromosoma si sono formati in seguito alla duplicazione del DNA e alla produzione di istoni, durante la fase S del ciclo cellulare. Ogni cromatidio, quindi, corrisponde a una singola molecola di DNA.

La duplicazione del DNA avviene nella fase S del ciclo cellulare. Tuttavia, i cromatidi non sono distinguibili fino all'inizio della mitosi. Come mai?

Le ragioni sono due. Innanzitutto, per poter vedere i cromosomi bisogna attendere che la cromatina si compatti. Inoltre, per poter vedere i singoli cromatidi che formano un cromosoma, è necessario che la proteina che li mantiene uniti per gran parte della lunghezza (la *coesina*) si dissolva. Al termine del processo, la proteina è presente soltanto in corrispondenza della regione centrale del cromosoma, il **centromero**, dove i cromatidi rimangono uniti.

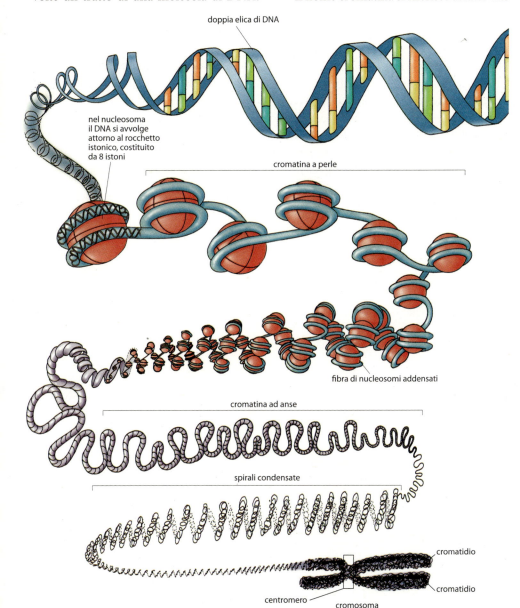

### IMPARA A IMPARARE
Scrivi un glossario con le definizioni dei termini: cromatina, cromosoma, cromatidio.

### NELLE RISORSE DIGITALI
- Esercizi interattivi
- Mappa del paragrafo

# 4. LE FUNZIONI DELL'RNA

L'RNA è un acido nucleico che ha un ruolo importante nella sintesi delle proteine. Esistono tre diversi tipi di RNA che svolgono funzioni diverse.

Nelle cellule, oltre al DNA, si trova un altro acido nucleico, l'**RNA**. La struttura chimica dell'RNA, che è già stata descritta nell'unità 2, è molto simile a quella del DNA, da cui differisce per lo zucchero presente nei nucleotidi (*ribosio* al posto del *deossiribosio*) e per una delle quattro basi azotate (*uracile* al posto della *timina*). Inoltre, mentre la molecola di DNA è composta da due filamenti di nucleotidi avvolti a doppia elica, quella di RNA è formata da un solo filamento.

L'RNA funziona da intermediario nei processi che, partendo dal DNA, portano alla produzione delle proteine. Grazie all'RNA, infatti, la sequenza di basi azotate dei nucleotidi del DNA viene *tradotta* nella sequenza di amminoacidi che costituisce le proteine. Parleremo di questo meccanismo nei prossimi paragrafi.

Nel processo di sintesi delle proteine intervengono tre tipi di RNA, diversi per struttura e funzione, che vengono sintetizzati a partire da tratti di DNA che funzionano da «stampo».

1. L'**mRNA** o **RNA messaggero** ha il compito di trasportare nel citoplasma le informazioni codificate dal DNA, che è contenuto nel nucleo. Per svolgere il proprio compito deve quindi attraversare la membrana nucleare.

2. L'**rRNA** o **RNA ribosomiale** è il costituente, insieme ad alcune proteine, dei **ribosomi**. I ribosomi sono i piccoli organuli cellulari in cui gli amminoacidi vengono uniti tra loro per formare le proteine. Nelle cellule eucariotiche i ribosomi si trovano sparsi nel citoplasma ma anche attaccati al reticolo endoplasmatico. L'rRNA è il tipo di RNA più abbondante nella cellula.

3. Il **tRNA** o **RNA di trasporto** ha il compito di trasportare gli amminoacidi prelevati nel citoplasma fino ai ribosomi. Le molecole di tRNA sono formate da circa 80 nucleotidi e hanno una forma a «trifoglio». Nelle molecole di RNA di trasporto sono presenti due porzioni particolari:
- un'estremità che si lega all'amminoacido da trasportare;
- un **anticodone**, cioè una sequenza di tre nucleotidi, con cui il tRNA si lega a una molecola di mRNA (anche in questo caso tramite il meccanismo di appaiamento delle basi complementari).

> **IMPARA A IMPARARE**
> Descrivi la funzione di ciascun tipo di RNA.

> **NELLE RISORSE DIGITALI**
> Esercizi interattivi
> Mappa del paragrafo

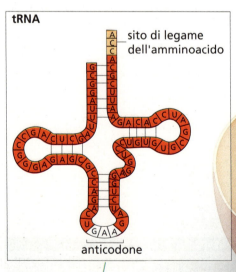

I **tRNA** presentano una struttura complessa a «trifoglio». Su una delle anse presenti nella molecola è situata la tripletta di basi dell'**anticodone**.

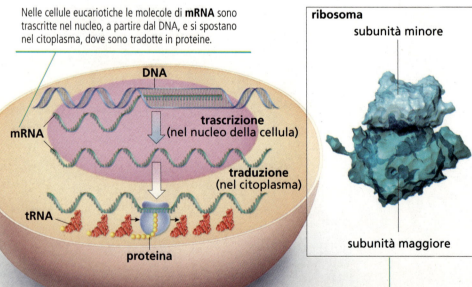

Le molecole di **rRNA** costituiscono i ribosomi. Negli eucarioti, ciascun ribosoma è composto da una subunità maggiore, formata da 3 molecole di rRNA, e da una subunità minore, formata da una molecola di rRNA. Queste molecole di rRNA sono associate a diverse proteine.

# 5. LA SINTESI DELL'RNA

L'RNA è sintetizzato, attraverso il processo di trascrizione, a partire da tratti di DNA che fungono da stampo.

L'RNA è prodotto nel nucleo della cellula in un processo chiamato **trascrizione**. La trascrizione consiste nella copia di un tratto di uno dei due filamenti di DNA, secondo il meccanismo di accoppiamento delle basi complementari, in maniera analoga a quanto abbiamo descritto per la duplicazione del DNA. La differenza principale è che solo uno dei due filamenti del DNA funziona da stampo per la molecola di RNA, mentre quello complementare non viene trascritto. La trascrizione produce tutti e tre i tipi di RNA partendo da tratti diversi di DNA. I tratti di DNA utilizzati come stampo per l'mRNA sono quelli con le informazioni per produrre le proteine di cui la cellula necessita.

**1.** La trascrizione ha inizio quando l'enzima **RNA polimerasi** si attacca a un punto preciso della molecola di DNA, detto *promotore*, e la «apre». Il promotore è una sequenza di basi che indica il punto della molecola di DNA dove deve iniziare la trascrizione, quale dei due filamenti deve essere trascritto e in quale direzione.

**2.** Nella seconda fase del processo di trascrizione, l'RNA polimerasi si sposta lungo la molecola di DNA e prosegue la separazione dei due filamenti, consentendo l'appaiamento tra le basi del filamento che funziona da stampo e quelle della molecola di RNA in costruzione.

**3.** La trascrizione termina quando l'RNA polimerasi incontra una particolare sequenza di basi detta *terminatore*. A questo punto, l'enzima si stacca dal DNA e il filamento di RNA viene liberato.

> **IMPARA A IMPARARE**
> Riassumi sul quaderno le tre fasi della sintesi dell'mRNA.

**NELLE RISORSE DIGITALI**
- Esercizi interattivi
- Mappa del paragrafo

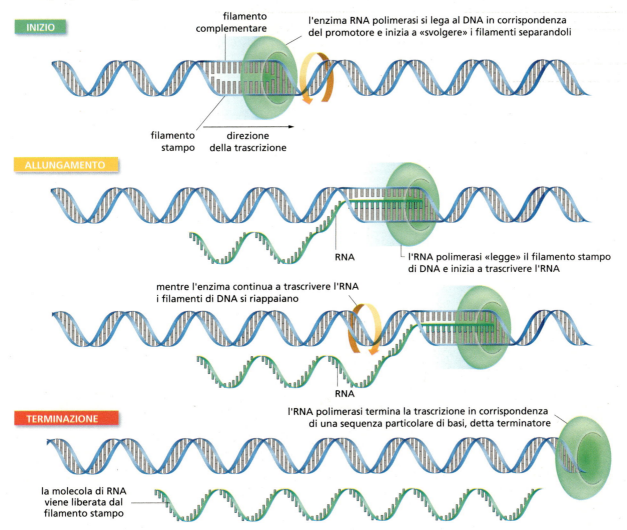

UNITÀ 5   Le cellule crescono e si riproducono

# 6. LA SINTESI DELLE PROTEINE

La sintesi delle proteine, detta traduzione, avviene nei ribosomi.
La traduzione è basata sul codice genetico.

La sintesi delle proteine si compie grazie al processo di **traduzione**. Questo meccanismo è chiamato così perché le informazioni del patrimonio genetico sono trasportate da una «lingua», quella degli acidi nucleici, fatta di sequenze di basi azotate, in un'altra, quella delle proteine, basata sulle sequenze di amminoacidi. Per effettuare la traduzione, le cellule utilizzano il **codice genetico**.

Il codice genetico è rappresentato da 64 diverse *triplette* di basi azotate, chiamate **codoni**. Il numero 64 deriva dalle possibili combinazioni delle quattro basi azotate dell'RNA (U, C, G, A) prese tre alla volta ($4^3 = 64$). I codoni sono le «unità di senso» del codice, come le parole lo sono di un linguaggio. Per esempio, il codone UUU corrisponde all'amminoacido *fenilalanina*.

Alcuni codoni corrispondono a uno stesso amminoacido e per questa ragione si dice che il codice genetico è **degenerato**. Ciò è dovuto al fatto che i codoni sono più numerosi degli amminoacidi presenti nelle proteine, che sono solo 20.

I codoni sono letti in successione, senza pause, a partire da un **codone di inizio** (AUG), che codifica l'amminoacido *metionina*. Tre codoni non specificano alcun amminoacido e indicano la conclusione della sintesi della catena proteica in accrescimento. Tali codoni (UAA, UAG e UGA) sono chiamati **codoni di stop**.

La sequenza di tutti i codoni che corrispondono agli amminoacidi di una determinata proteina costituisce un **gene**. In altre parole, un gene è un tratto di DNA che porta l'informazione per tradurre un'intera proteina.

Il codice genetico è **universale**, cioè identico in tutti gli organismi. Il codone UUA quindi specifica l'amminoacido *leucina* in una cellula procariotica, in una mosca, in un pino o in un essere umano.

La sintesi delle proteine avviene nei **ribosomi**, organuli cellulari presenti sia nel citoplasma, sia sul reticolo endoplasmatico, e si svolge in tre fasi:

- **inizio**, nella quale il ribosoma e le molecole di mRNA e tRNA si assemblano;
- **allungamento**, nella quale viene costruita la catena di amminoacidi;
- **terminazione**, nella quale si interrompe la sintesi e viene liberata la proteina.

---

**IMPARA A IMPARARE**

Descrivi per punti le caratteristiche del codice genetico.

---

**NELLE RISORSE DIGITALI**

▸ **Video** La sintesi delle proteine

▸ **Esercizi interattivi**

▸ **Mappa del paragrafo**

---

### seconda lettera

| prima lettera | U | C | A | G | terza lettera |
|---|---|---|---|---|---|
| **U** | UUU UUC fenilalanina / UUA UUG leucina | UCU UCC UCA UCG serina | UAU UAC tirosina / UAA UAG codoni di stop | UGU UGC cisteina / UGA codone di stop / UGG triptofano | U C A G |
| **C** | CUU CUC CUA CUG leucina | CCU CCC CCA CCG prolina | CAU CAC istidina / CAA CAG glutamina | CGU CGC CGA CGG arginina | U C A G |
| **A** | AUU AUC isoleucina / AUA / AUG metionina | ACU ACC ACA ACG treonina | AAU AAC asparagina / AAA AAG lisina | AGU AGC serina / AGA AGG arginina | U C A G |
| **G** | GUU GUC GUA GUG valina | GCU GCC GCA GCG alanina | GAU GAC acido aspartico / GAA GAG acido glutamico | GGU GGC GGA GGG glicina | U C A G |

78

## Il meccanismo di traduzione

Le proteine vengono sintetizzate durante tutto il ciclo cellulare – dal momento che la funzionalità della cellula è assicurata dalle proteine – ma il processo di sintesi è particolarmente intenso nelle fasi $G_1$ e $G_2$.

La sintesi delle proteine si compie grazie all'azione e al coinvolgimento dei tre tipi di RNA. Il momento chiave della traduzione è il riconoscimento tra le triplette di basi presenti sull'mRNA, i **codoni**, e le triplette complementari, gli **anticodoni**, presenti nelle molecole di tRNA. Questo riconoscimento avviene seguendo le regole di complementarietà delle basi e le combinazioni definite dal codice genetico. Nei ribosomi sono presenti dei **siti** (contrassegnati dalle lettere A, C e D) in cui le molecole di tRNA possono legarsi a (o staccarsi da) quelle di mRNA.

La traduzione procede attraverso l'aggiunta successiva di amminoacidi alla catena proteica in formazione e si svolge in tre fasi.

**1.** Nella **fase d'inizio** una molecola di mRNA si lega a un ribosoma. Subito dopo, il tRNA che porta l'anticodone complementare al codone di inizio AUG si posiziona nel ribosoma, legandosi all'mRNA e dando il via alla traduzione.

**2.** Durante la **fase di allungamento**, altri amminoacidi vengono aggiunti uno per volta alla catena proteica in formazione. Questo processo avviene in tre tappe: il riconoscimento codone-anticodone tra mRNA e tRNA, la formazione di un *legame peptidico* tra gli amminoacidi portati dai tRNA, e, infine, lo scorrimento del ribosoma. Il processo di allungamento si ripete anche per migliaia di volte portando alla formazione della catena polipeptidica.

**3.** La **fase di terminazione** si verifica quando nel sito A del ribosoma si posiziona uno dei codoni di stop (UAA, UAG o UGA). Poiché a tali triplette non corrisponde alcun amminoacido, la catena polipeptidica si stacca dal tRNA e tutto il complesso mRNA-ribosoma si separa.

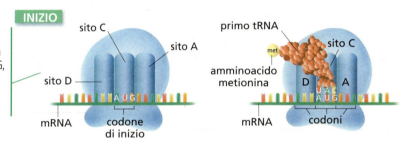

Un ribosoma si lega a una molecola di mRNA in modo che la tripletta AUG si posizioni nel sito C. Dal citoplasma arriva un tRNA, il cui anticodone è complementare al codone AUG, e si inserisce nel sito C, grazie ai legami a idrogeno che si formano tra le basi del codone e quelle dell'anticodone. Il primo tRNA trasporta sempre l'amminoacido *metionina*.

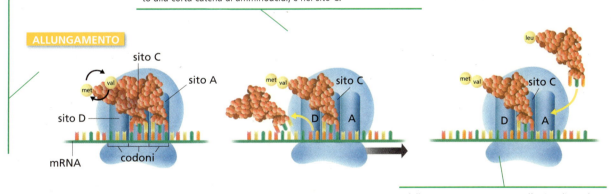

Un secondo tRNA che trasporta un altro amminoacido, per esempio la *valina*, occupa il sito A del ribosoma (sempre grazie all'appaiamento di basi complementari). Quando i due amminoacidi si trovano vicini, si forma un legame covalente (**legame peptidico**) che li unisce.

Dopo la formazione del legame tra i due amminoacidi, il ribosoma scorre lungo l'mRNA. Il primo tRNA si trova ora nel sito D e si stacca, allontanandosi dal ribosoma. Il secondo tRNA, ancora unito alla corta catena di amminoacidi, è nel sito C.

L'allungamento prosegue con l'arrivo di un ulteriore tRNA che trasporta un altro amminoacido e con la ripetizione dei passaggi appena descritti.

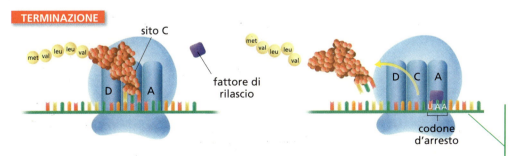

Quando nel sito A si trova un codone di stop, il sito viene occupato da una proteina, detta **fattore di rilascio**, che causa la liberazione nel citoplasma dell'ultimo tRNA e della catena di amminoacidi. Poco dopo l'mRNA si stacca dal ribosoma.

# 7. LA DIVISIONE CELLULARE

La divisione cellulare porta alla formazione di due cellule figlie a partire da una cellula madre. Essa si compone di una fase di mitosi e di una fase di citodieresi.

Durante l'**interfase** del ciclo cellulare la cellula cresce, produce nuove proteine e nuove strutture (per esempio alcune membrane interne) e duplica il proprio DNA attraverso i processi che abbiamo descritto nei paragrafi precedenti. Al termine dell'interfase la cellula è pronta a dividersi: le due cellule figlie si generano da due processi, la mitosi e la citodieresi.

La **mitosi** è il processo più delicato dato che consiste nella suddivisione del nucleo della cellula madre in due nuclei «figli», ciascuno con lo stesso corredo di cromosomi della cellula madre.

La mitosi avviene in quattro fasi successive: **profase**, **metafase**, **anafase** e **telofase**.

## CHE COSA VEDE IL BIOLOGO

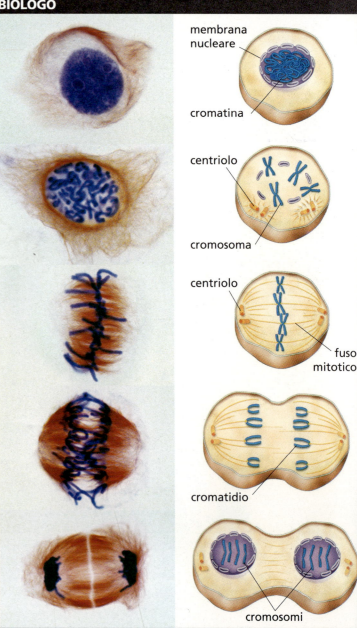

**Interfase**
Prima dell'inizio della mitosi, non è ancora possibile distinguere i cromosomi al microscopio perché la cromatina non è sufficientemente condensata.

**Profase**
– La cromatina si condensa e diventano visibili (al microscopio ottico) i **cromosomi**.
– I microtubuli si dispongono a formare il **fuso mitotico**, a partire da due strutture che contengono i centrioli che stanno migrando ai due poli opposti della cellula.
– Contemporaneamente alla formazione del fuso mitotico la membrana nucleare si disgrega. Le fibre del fuso si agganciano ai cromosomi a livello del centromero, in modo da poterli manovrare nelle fasi successive della mitosi.

**Metafase**
– Le fibre del fuso, che ora occupano l'intera cellula, allungandosi e accorciandosi, determinano l'allineamento dei cromosomi lungo il piano equatoriale.
– Ciascun cromatidio di un cromosoma è legato ai microtubuli provenienti da un solo polo del fuso mitotico.

**Anafase**
– I microtubuli si accorciano trascinando i cromatidi fratelli verso i poli opposti della cellula. Da questo momento, ciascun cromatidio è considerato un cromosoma indipendente.
– Altre fibre, non attaccate ai cromatidi, si allontanano facendo allungare la cellula.
Al termine dell'anafase le due serie di cromosomi hanno raggiunto i due poli.

**Telofase**
– Si riforma la membrana nucleare attorno ai due gruppi di cromosomi, che iniziano ad apparire meno condensati.
– Il fuso mitotico si disgrega e le fibre che lo compongono tornano a far parte del citoscheletro. Alla fine della mitosi i due nuovi nuclei sono geneticamente identici.

### La citodieresi

La divisione cellulare si completa con la fase di **citodieresi**, cioè con la suddivisione del citoplasma della cellula madre. La citodieresi inizia prima del completamento della mitosi, durante la telofase.

La citodieresi delle cellule animali differisce per alcuni aspetti da quella delle cellule vegetali, dato che queste ultime sono circondate da una parete cellulare rigida.

Al termine della citodieresi le due cellule figlie contengono tutte le componenti che caratterizzano una cellula completa, anche se gli organuli possono essere distribuiti in modo disomogeneo nelle due cellule. Infatti, nelle cellule figlie è sufficiente la presenza di alcuni organuli: il loro numero verrà poi ristabilito durante l'interfase, a seconda delle necessità della cellula.

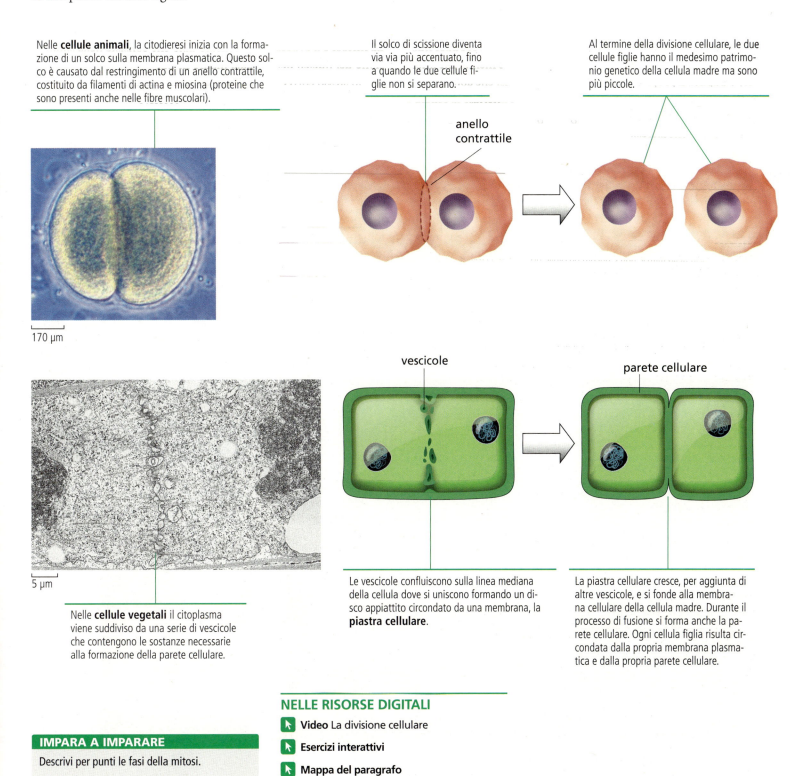

Nelle **cellule animali**, la citodieresi inizia con la formazione di un solco sulla membrana plasmatica. Questo solco è causato dal restringimento di un anello contrattile, costituito da filamenti di actina e miosina (proteine che sono presenti anche nelle fibre muscolari).

Il solco di scissione diventa via via più accentuato, fino a quando le due cellule figlie non si separano.

Al termine della divisione cellulare, le due cellule figlie hanno il medesimo patrimonio genetico della cellula madre ma sono più piccole.

anello contrattile

170 μm

5 μm

Nelle **cellule vegetali** il citoplasma viene suddiviso da una serie di vescicole che contengono le sostanze necessarie alla formazione della parete cellulare.

vescicole

parete cellulare

Le vescicole confluiscono sulla linea mediana della cellula dove si uniscono formando un disco appiattito circondato da una membrana, la **piastra cellulare**.

La piastra cellulare cresce, per aggiunta di altre vescicole, e si fonde alla membrana cellulare della cellula madre. Durante il processo di fusione si forma anche la parete cellulare. Ogni cellula figlia risulta circondata dalla propria membrana plasmatica e dalla propria parete cellulare.

### NELLE RISORSE DIGITALI
- Video La divisione cellulare
- Esercizi interattivi
- Mappa del paragrafo

**IMPARA A IMPARARE**

Descrivi per punti le fasi della mitosi.

# 8. CELLULE DIPLOIDI E CELLULE APLOIDI

Le cellule che contengono coppie di cromosomi tra loro simili (cromosomi omologhi) sono dette diploidi. Le cellule riproduttive (gameti) contengono metà del patrimonio genetico dell'individuo e sono chiamate aploidi.

Tutti gli organismi possiedono un **patrimonio genetico**, cioè un corredo cromosomico caratteristico. Ciascuna specie ha un determinato numero di cromosomi: gli esseri umani ne hanno 46, i gatti 38, il moscerino della frutta 8 ecc. Il patrimonio genetico delle varie specie può differire, oltre che per il numero, anche per la forma e per le dimensioni dei cromosomi.

Osservando al microscopio una cellula durante la mitosi, si nota che nel suo nucleo i cromosomi sono presenti in coppie.

Per esempio, il nostro corredo cromosomico è costituito da 23 coppie di cromosomi. I cromosomi di ciascuna coppia sono simili per lunghezza e posizione del centromero e sono chiamati **cromosomi omologhi**; entrambi controllano le stesse caratteristiche ereditarie.

Le 23 coppie di cromosomi umani sono di due tipi: 22 coppie sono formate da cromosomi omologhi presenti sia nei maschi sia nelle femmine (gli **autosomi**), mentre l'ultima coppia è costituita dai **cromosomi sessuali**, che determinano il sesso di un individuo. Nella specie umana, le femmine possiedono una coppia di cromosomi sessuali omologhi chiamati X; i maschi possiedono un cromosoma X e un cromosoma chiamato Y, diversi per grandezza e forma, che rappresentano un'eccezione all'omologia dei cromosomi.

Le cellule i cui nuclei contengono coppie di cromosomi omologhi sono dette **diploidi**. Il numero totale di cromosomi delle cellule diploidi viene indicato con $2n$: nella nostra specie, per esempio, $2n = 46$. Non tutte le nostre cellule sono diploidi: gli ovuli e gli spermatozoi – le cellule riproduttive chiamate **gameti** – sono cellule aploidi, cioè con un numero di cromosomi pari a $n$ (negli esseri umani, $n = 23$).

Le cellule aploidi sono prodotte negli organi riproduttivi (negli animali, ovaie e testicoli) con un processo di divisione cellulare chiamato meiosi, di cui parleremo nel prossimo paragrafo.

> **IMPARA A IMPARARE**
>
> Rintraccia nel testo le definizioni di cellula diploide e di cellula aploide, riportale sul quaderno e completale indicando quali cellule dell'organismo sono diploidi, quali sono aploidi, qual è la loro funzione e in quali processi sono prodotte.

### NELLE RISORSE DIGITALI

- Esercizi interattivi
- Mappa del paragrafo

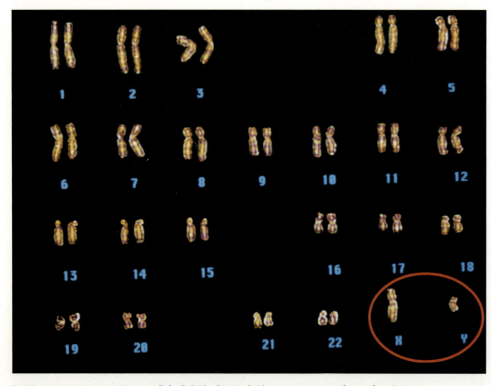

I cromosomi sessuali X e Y di un essere umano di sesso maschile (che qui vedi in una fotografia al microscopio elettronico a scansione, con ingrandimento di 10 000 volte) sono omologhi solo in alcuni tratti.

Tutti i cromosomi presenti in una cellula diploide di un individuo possono essere fotografati al microscopio e ordinati a coppie, ottenendo il cosiddetto **cariotipo**.

## ■ Il ciclo vitale degli organismi

Il ciclo vitale è il processo di accrescimento e riproduzione che consente agli organismi di generare individui a loro simili. Nella nostra specie e nella maggior parte degli altri animali, il ciclo vitale inizia con la **fecondazione** del gamete femminile (la cellula uovo) con quello maschile (lo spermatozoo), che produce lo **zigote**, la prima cellula di un individuo. Lo zigote è una cellula diploide. Se i gameti fossero diploidi, con la fecondazione il numero di cromosomi raddoppierebbe a ogni generazione; al contrario, dato che i gameti sono aploidi, la fecondazione ripristina il numero di cromosomi 2n delle cellule diploidi.

Lo zigote si divide per mitosi e le cellule si differenziano: a ogni divisione, le cellule somatiche mantengono il loro patrimonio genetico diploide (2n). Dopo la nascita, la crescita dell'individuo e la riparazione dei tessuti continuano a essere assicurate dalla mitosi. Raggiunta la maturità sessuale, negli organi riproduttivi si verifica la *meiosi*, che porta alla formazione dei gameti aploidi (n).

Analizzando il ciclo vitale di altre specie a riproduzione sessuata, si osserva che, nei vari organismi, la meiosi si verifica in momenti diversi del ciclo vitale.

In molti funghi, per esempio, la meiosi si verifica subito dopo la fecondazione, riducendo la durata della fase diploide. Lo zigote, infatti, è l'unica cellula diploide dell'intero ciclo e l'individuo è aploide.

In alcune piante, come i muschi e le felci, il ciclo vitale presenta le due fasi completamente separate: organismi aploidi generano figli diploidi e viceversa. Questo tipo di ciclo, caratteristico del mondo vegetale, è detto **alternanza di generazioni**.

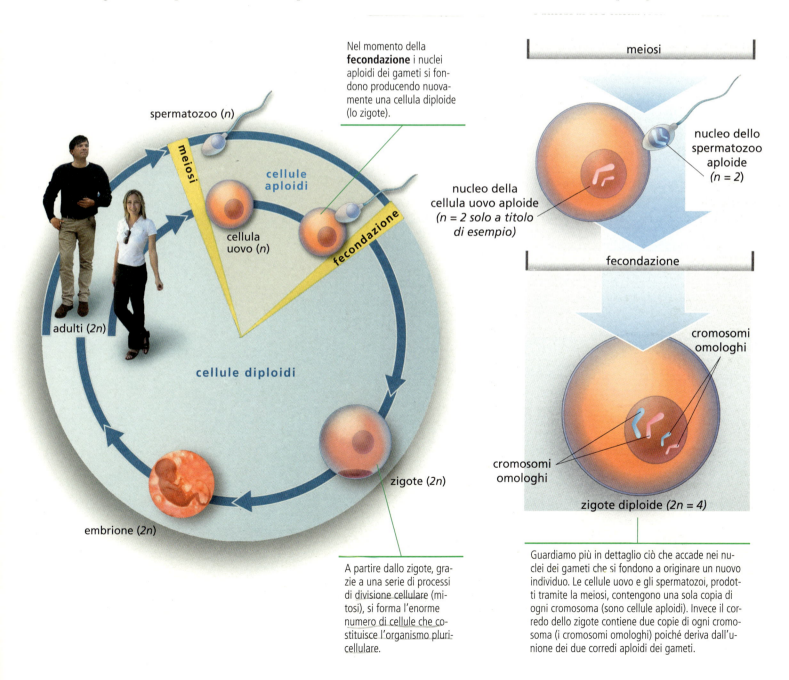

Nel momento della **fecondazione** i nuclei aploidi dei gameti si fondono producendo nuovamente una cellula diploide (lo zigote).

A partire dallo zigote, grazie a una serie di processi di divisione cellulare (mitosi), si forma l'enorme numero di cellule che costituisce l'organismo pluricellulare.

Guardiamo più in dettaglio ciò che accade nei nuclei dei gameti che si fondono a originare un nuovo individuo. Le cellule uovo e gli spermatozoi, prodotti tramite la meiosi, contengono una sola copia di ogni cromosoma (sono cellule aploidi). Invece il corredo dello zigote contiene due copie di ogni cromosoma (i cromosomi omologhi) poiché deriva dall'unione dei due corredi aploidi dei gameti.

# 9. LA MEIOSI

La meiosi è il processo che porta alla produzione dei gameti, le cellule specializzate nella riproduzione sessuata. La meiosi è costituita da due divisioni cellulari successive e produce quattro cellule figlie aploidi.

Ricapitolando quanto detto nei paragrafi precedenti, le cellule eucariotiche si possono dividere in due modi.
1. La **divisione cellulare** è costituita dalle fasi di mitosi e di citodieresi. La mitosi di una cellula diploide porta a due cellule figlie con lo stesso numero di cromosomi della cellula madre, quindi diploidi.
2. La **meiosi** è il processo che porta alla formazione dei gameti. In questo processo, a partire da una cellula diploide, si originano delle cellule aploidi, ovvero delle cellule con un patrimonio genetico dimezzato rispetto a quello della cellula madre.

La mitosi e la meiosi sono precedute da una sola duplicazione del DNA, che avviene durante l'interfase del ciclo cellulare. La meiosi assomiglia alla mitosi, ma a differenza di questa comprende due divisioni successive del patrimonio genetico contenuto nel nucleo, chiamate *meiosi I* e *meiosi II*.

## CHE COSA VEDE IL BIOLOGO - MEIOSI I

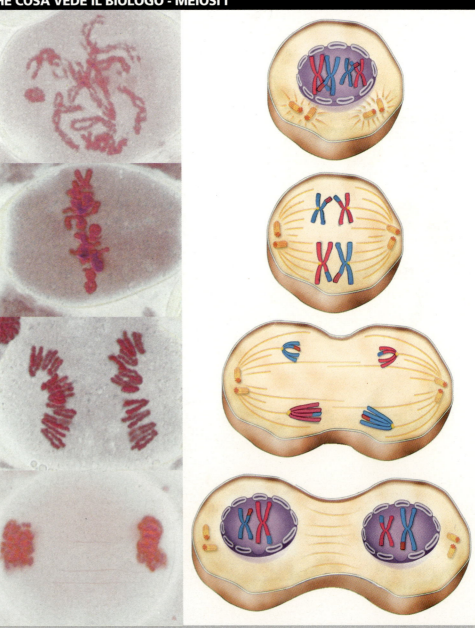

**Profase I**
– La cromatina si condensa e diventano visibili i cromosomi, formati da cromatidi identici.
– I cromosomi omologhi si appaiano formando delle strutture dette **tetradi** (costituite da 4 cromatidi).
– I cromosomi appaiati si scambiano tra loro alcuni segmenti durante un processo detto **crossing-over**.
– Al termine della profase si è ormai formato il fuso e si è disgregata la membrana cellulare.

**Metafase I**
– Le tetradi si allineano sul piano equatoriale della cellula.
– Per ogni tetrade, i microtubuli del fuso legati a uno dei due cromosomi omologhi provengono da uno dei due poli della cellula, mentre l'altro cromosoma è attaccato alle fibre che provengono dal polo opposto.

**Anafase I**
Le tetradi si dividono e i cromosomi omologhi migrano verso i poli opposti della cellula.

**Telofase I**
I cromosomi raggiungono i poli della cellula. Ogni cromosoma è ancora formato da due cromatidi.

**Citodieresi**
Contemporaneamente alla telofase I si verifica la citodieresi. Ogni cellula figlia contiene un solo cromosoma (due cromatidi) di ciascuna coppia di omologhi.

Tra la meiosi I e la meiosi II esiste una breve interfase, in cui i cromosomi si despiralizzano e nella cellula risulta visibile la cromatina. A differenza di quanto avviene nell'interfase del ciclo cellulare, durante l'interfase tra meiosi I e meiosi II non si verifica la duplicazione del DNA.

Nel processo di meiosi, la citodieresi, cioè la divisione del citoplasma, avviene due volte: durante la telofase I e durante la telofase II. Il risultato della divisione meiotica è quindi la formazione di quattro cellule con *corredo cromosomico aploide*.

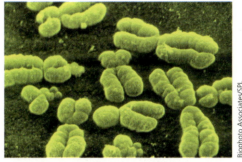

La posizione del centromero sul cromosoma è uno dei fattori di riconoscimento dei cromosomi omologhi: in alcune coppie si trova al centro, in altre un po' spostato e in altre ancora è quasi all'estremità dei due cromatidi (cromosomi acrocentrici).

### IMPARA A IMPARARE
Rileggi il testo ed elenca le principali differenze tra la mitosi e la meiosi.

### NELLE RISORSE DIGITALI
- Video La meiosi
- Mappa del paragrafo
- Esercizi interattivi

## CHE COSA VEDE IL BIOLOGO - MEIOSI II

**Profase II**
– La meiosi I è seguita da una breve interfase durante la quale il DNA non viene duplicato.
– La meiosi II è sostanzialmente simile a una mitosi, con la differenza che ha inizio da una cellula in cui il patrimonio genetico non è stato duplicato.
– Durante la profase II la cromatina si condensa nuovamente.

**Metafase II**
I cromosomi si allineano sul piano equatoriale della cellula.

**Anafase II**
I due cromatidi di ciascun cromosoma si separano e migrano ai poli opposti del fuso, diventando cromosomi indipendenti.

**Telofase II e citodieresi**
La telofase II e la citodieresi avvengono contemporaneamente. Si formano 4 cellule figlie, ciascuna con un assetto aploide di cromosomi.

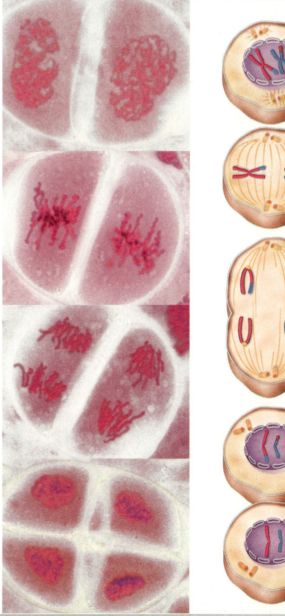
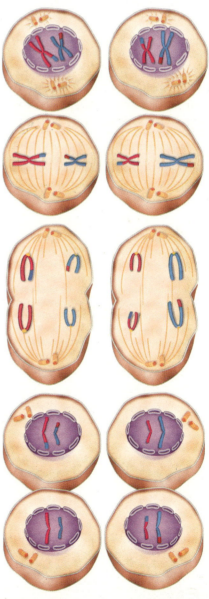

# 10. IL CROSSING-OVER

Durante la profase della prima divisione meiotica i cromosomi omologhi si scambiano tratti di DNA. Questo processo, chiamato crossing-over, aumenta la differenza genetica delle cellule figlie.

Nella nostra specie ogni individuo eredita metà del patrimonio genetico da un genitore e metà dall'altro. In altre parole, per ciascuna coppia di cromosomi omologhi possediamo un cromosoma di origine materna e uno di origine paterna. Al momento della produzione dei gameti, dato che la ripartizione dei cromosomi nelle cellule figlie che si generano per meiosi è un processo casuale, sono possibili $2^{23}$ combinazioni differenti, ovvero ciascuno di noi produce più di otto milioni di tipi di gameti differenti (ricorda che possediamo 23 coppie di cromosomi).

Nonostante questa variabilità genetica possa sembrare già di per sé molto elevata, durante la meiosi essa aumenta ancora grazie al **crossing-over**, un processo che avviene nella profase I.

Il crossing-over consiste in una ricombinazione dei cromosomi omologhi che si scambiano dei segmenti corrispondenti e ha l'effetto di incrementare le **differenze genetiche** tra le cellule che derivano dalla meiosi. I cromosomi che derivano da questo processo sono diversi da quelli di partenza e portano una mescolanza delle caratteristiche genetiche che l'individuo aveva a sua volta ricevuto dai genitori. Gli scambi avvengono a caso, motivo per cui le combinazioni possibili sono milioni. Ne deriva che ogni gamete prodotto da un individuo è diverso da tutti gli altri prodotti dallo stesso individuo.

La ricombinazione genetica generata dal crossing-over è significativa anche per un'altra ragione: con questo meccanismo, infatti, tratti di cromosomi ereditati dal padre si scambiano con porzioni di cromosomi materni. Ai figli vengono quindi trasferite caratteristiche provenienti da entrambi i nonni paterni e da entrambi i nonni materni.

> **IMPARA A IMPARARE**
> - Sottolinea nel testo la definizione di crossing-over.
> - Spiega per punti perché il crossing-over è importante.

### NELLE RISORSE DIGITALI
- Esercizi interattivi
- Mappa del paragrafo

## CHE COSA VEDE IL BIOLOGO

Il crossing-over si verifica durante la profase I, quando i cromosomi omologhi si appaiano a formare le tetradi

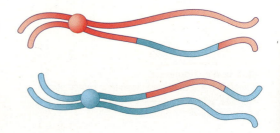

Durante il crossing-over i cromosomi omologhi si sono scambiati dei segmenti corrispondenti

# DOMANDE PER IL RIPASSO

**PARAGRAFO 1**
1. Che cos'è il ciclo cellulare?
2. Quali sono le fasi principali del ciclo cellulare?
3. Durante l'interfase la cellula raddoppia di dimensioni. [V] [F]

**PARAGRAFO 2**
4. Perché le cellule devono duplicare il proprio DNA?
5. In quale fase del ciclo cellulare avviene la duplicazione del DNA?
6. Completa.
   La ................ del DNA è detta ................ in quanto la nuova molecola di DNA sarà formata da un filamento ................ e uno nuovo.
7. Quali funzioni svolgono gli enzimi DNA polimerasi?

**PARAGRAFO 3**
8. Che cos'è la cromatina?
9. Il DNA, per poter essere contenuto all'interno della cellula, si ripiega e si compatta tramite:
   [A] il nucleosoma.
   [B] la cromatina.
   [C] gli istoni.
10. Che cosa sono i cromosomi?

**PARAGRAFO 4**
11. Quali sono le funzioni dei tre tipi di RNA?
12. L'anticodone è una sequenza di tre nucleotidi che permette al tRNA di legarsi al filamento di mRNA. [V] [F]
13. Quale tipo di RNA è il più abbondante all'interno della cellula?

**PARAGRAFO 5**
14. Che cos'è la trascrizione e come funziona?
15. Completa.
    L'enzima che interviene nella trascrizione si chiama ................

**PARAGRAFO 6**
16. Il codice genetico si dice degenerato in quanto più amminoacidi corrispondono a uno stesso codone. [V] [F]
17. Quali sono e che funzione svolgono i codoni di stop?
18. Descrivi le fasi della traduzione.

**PARAGRAFO 7**
19. In quale fase della divisione cellulare i cromosomi si allineano lungo il piano equatoriale della cellula?
    [A] Anafase.   [B] Profase.   [C] Metafase.
20. Che cos'è il fuso mitotico e perché è importante?
21. Descrivi le quattro fasi della mitosi.

**PARAGRAFO 8**
22. Che cosa significa che una cellula è diploide?
23. Da quanti cromosomi è formato il patrimonio genetico degli esseri umani?
24. Quanti sono e che caratteristiche presentano i cromosomi sessuali umani?
25. Nei gameti il numero di cromosomi è il doppio rispetto a quello delle altre cellule. [V] [F]

**PARAGRAFO 9**
26. Quante cellule si generano durante il processo di meiosi e quali caratteristiche hanno?
27. Se alla fine della meiosi I le cellule hanno sei cromosomi ognuna, quale sarà il numero totale di cromosomi dell'organismo in questione?
    [A] Sei.   [B] Dodici.   [C] Tre.

**PARAGRAFO 10**
28. Completa.
    Il crossing-over avviene durante ................ della meiosi ................ e permette la ................ dei cromosomi ................
29. Perché il crossing-over è importante?

## APPLICA LE TUE CONOSCENZE

Scrivi una didascalia per ogni immagine: indica di quale fase della mitosi si tratta e ciò che sta avvenendo all'interno della cellula.

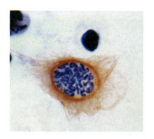  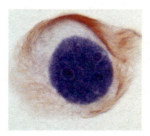  

# 5 LABORATORIO DELLE COMPETENZE

## 1 Sintesi: dal testo alla mappa

■ Le cellule assumono sostanze provenienti dall'esterno per produrre nuove molecole e crescere. Quando raggiungono una certa dimensione, le cellule si duplicano e suddividono il loro contenuto tra due cellule figlie, che iniziano a loro volta ad accrescersi. Questi eventi rappresentano il **ciclo cellulare**, che è caratterizzato da cinque fasi: $G_1$, **S**, $G_2$, **mitosi** e **citodieresi**. Le fasi $G_1$, S e $G_2$ costituiscono l'**interfase**: è la fase più lunga del ciclo cellulare ed è anche quella in cui viene duplicato il DNA. La duplicazione cellulare serve all'individuo a crescere, a sostituire le cellule danneggiate e, negli organismi unicellulari, per riprodursi.

■ Le informazioni necessarie al funzionamento di una cellula si trovano nel **DNA**. Esso si duplica, a ogni ciclo cellulare, in modo che ciascuna cellula figlia riceva una copia dell'intero materiale genetico. La molecola di DNA è costituita da due **filamenti di nucleotidi**, in cui le basi azotate dei due filamenti formano dei legami a idrogeno che tengono insieme i due filamenti avvolti a *doppia elica*. Nel momento della duplicazione, questi legami si spezzano e i filamenti si separano: ciascun filamento funziona «da stampo» per la creazione di un nuovo filamento a opera di enzimi, le **DNA polimerasi**. Dato che metà della nuova molecola di DNA proviene da quella già esistente, si parla di duplicazione **semiconservativa**.

■ Nelle cellule eucariotiche, durante l'interfase, il DNA all'interno del nucleo si presenta sotto forma di **cromatina**: una massa indistinta di filamenti costituita da particolari proteine, gli **istoni**. Prima della mitosi, la cromatina si compatta e rende visibili i **cromosomi**, strutture costituite da due «bastoncini» identici, i **cromatidi**, uniti in una zona detta **centromero**.

■ Dato che ogni cromosoma contiene una molecola di DNA, il numero di cromosomi è caratteristico di ogni specie: negli esseri umani è a pari a 46.

■ L'**RNA** è un'acido nucleico. La sua funzione è quella di intermediario nel processo di produzione delle proteine. Esistono tre tipi di RNA: **mRNA** o *RNA messaggero*, che trasporta le informazioni dal nucleo della cellula, dove è sintetizzato, al citoplasma e in particolare ai ribosomi; **rRNA** o *RNA ribosomiale*, che insieme ad alcune proteine forma i ribosomi, la sede della sintesi delle proteine; **tRNA** o *RNA di trasporto*, che trasporta gli amminoacidi ai ribosomi.

■ Tutti e tre i tipi di RNA sono prodotti nel processo di **trascrizione**, che avviene nel nucleo. In questo processo, uno dei due filamenti di DNA funziona da stampo e un enzima (**RNA polimerasi**) catalizza la sintesi dell'RNA.

■ La **sintesi delle proteine** si compie con il processo di **traduzione**. Le informazioni contenute negli acidi nucleici, scritte in un linguaggio fatto di sequenze di basi azotate, vengono trasformate nel linguaggio delle proteine, cioè in sequenze di amminoacidi. Per fare ciò, la cellula si avvale del **codice genetico** che è universale ed è composto da 64 triplette di basi azotate, dette **codoni**, a cui corrispondono 20 amminoacidi. Dato che più codoni codificano per uno stesso amminoacido, si dice che il codice è **degenerato**. La sintesi delle proteine avviene nei **ribosomi** e si compie in tre fasi: *inizio*, fase di *allungamento* e *terminazione*.

■ La **divisione cellulare** è il processo che porta alla formazione di due cellule figlie a partire da una cellula madre. Essa si compie in due fasi. La prima è la **mitosi**, durante la quale la cellula suddivide il patrimonio genetico tra i due nuclei figli. All'interno della mitosi si riconoscono quattro fasi: *profase, metafase, anafase* e *telofase*.

■ La seconda fase è la **citodieresi**, nella quale la cellula madre divide il proprio citoplasma tra le cellule figlie.

■ Il **patrimonio genetico** di un organismo è formato da coppie di cromosomi e varia a seconda della specie. I cromosomi che formano una coppia sono detti **omologhi**. La maggior parte delle cellule del nostro corpo è **diploide**, ossia contiene una coppia di ciascun cromosoma. Le uniche cellule che contengono una sola copia di ciascun cromosoma sono i **gameti**: servono alla riproduzione e sono dette **aploidi**.

■ Il ciclo vitale di un organismo inizia con la **fecondazione**, cioè con l'unione tra il gamete femminile (*cellula uovo*) e quello maschile (*spermatozoo*), e la formazione della prima cellula diploide, lo **zigote**. Lo zigote si divide per mitosi e le cellule si differenziano: l'individuo cresce e raggiunta la maturità inizia a produrre per **meiosi** nuove cellule aploidi.

■ La **meiosi** è il processo di produzione delle cellule sessuali. In questo processo, a partire da una cellula diploide si formano quattro cellule aploidi, i **gameti**, attraverso due divisioni successive del patrimonio genetico e del citoplasma. La meiosi è preceduta da una sola duplicazione del DNA che avviene durante l'interfase.

■ Nella profase della prima divisione della meiosi si verifica il **crossing-over**. Esso consiste in un appaiamento tra i cromosomi omologhi e in uno scambio di segmenti di DNA corrispondenti tra i cromosomi stessi. Questo meccanismo, che è casuale, ha l'effetto di incrementare le **differenze genetiche** tra i gameti.

**Riorganizza i concetti completando le mappe**

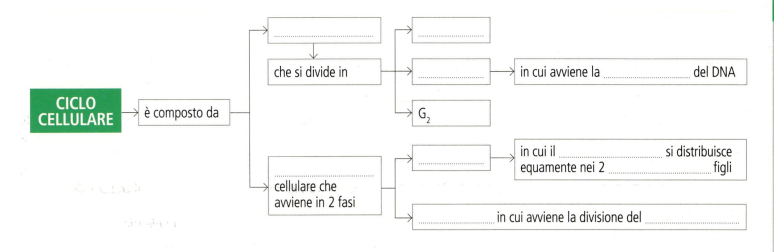

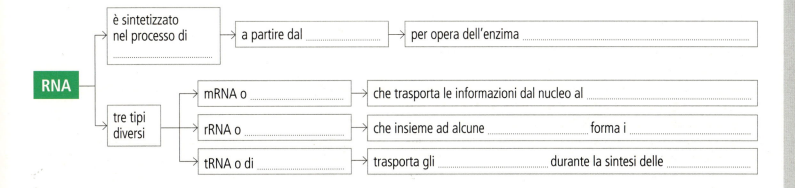

## 2 Collegare i concetti

1. Completa con i termini mancanti.
Il DNA si duplica nella fase .............. dell'.............. del ciclo cellulare. Questo processo inizia in corrispondenza di una sequenza detta .............. di .............. e prosegue grazie all'azione dell'enzima .............. . Le due copie di DNA così ottenute verranno poi ripartite alle cellule figlie nel processo di ..............

2. Quale processo fa in modo che le cellule non vengano prodotte in numero eccessivo e che quindi i tessuti non siano invasi da nuove cellule?
   - [A] Meiosi.
   - [B] Mitosi.
   - [C] Duplicazione del DNA.
   - [D] Apoptosi.
   - [E] Crossing-over

3. Metti in ordine, inserendo dei numeri, gli eventi che si susseguono nella vita di una cellula partendo dalla fase di citodieresi.

   | | | | |
   |---|---|---|---|
   | Citodieresi ( ) | Fase G2 ( ) |
   | Anafase ( ) | Profase ( ) |
   | Fase S ( ) | Telofase ( ) |
   | Metafase ( ) | Fase G1 ( ) |

4. Quali tra le seguenti affermazioni relative all'RNA sono vere? (2 risposte corrette)
   - [A] Viene trascritto a partire da uno dei due filamenti di DNA.
   - [B] L'enzima che lo produce è la DNA polimerasi.
   - [C] L'RNA messaggero presenta forma a trifoglio.
   - [D] La tripletta di basi detta codone si trova sull'RNA messaggero.
   - [E] L'RNA responsabile del trasporto degli amminoacidi ai ribosomi è l'RNA ribosomiale.

5. Completa con i termini mancanti.
La .............. è la sostanza, in grado di colorarsi, presente nel nucleo della cellula durante l'.............. del ciclo cellulare. Essa è formata da DNA e da proteine dette .............. che permettono di avvolgere il DNA in strutture chiamate .............. . Durante la .............. della mitosi, il nucleo scompare e il DNA si condensa a formare i .............., che nella specie umana sono .............. .

## 3 Comprendere un testo

### Cromosomi e cromatidi

*Al microscopio ottico, ogni cromosoma profasico appare costituito da due cromatidi, strettamente aderenti l'uno all'altro per gran parte della loro lunghezza. I due cromatidi di un singolo cromosoma mitotico sono del tutto identici per struttura, composizione chimica e contenuto di informazione genetica. Essi vengono pertanto definiti cromatidi fratelli. Ogni elemento della coppia, formatosi durante la sottofase S dell'interfase precedente, rappresenta infatti una copia esatta del cromatidio che lo affianca.*

*La regione in cui i due cromatidi sono uniti reciprocamente corrisponde al centromero, che rappresenta il sito in cui successivamente i due cromatidi si uniranno ai microtubuli del fuso. Durante la tarda profase, infatti, nella regione del centromero si forma, in corrispondenza del lato esterno di ciascun cromatidio, una struttura proteica tristratificata che viene definita cinetocore (complessivamente due cinetocori per ogni cromosoma). Tali strutture rappresentano la sede di attacco dei microtubuli al cromosoma e serviranno per la successiva migrazione dei cromatidi verso i poli opposti della cellula.*

(Da W.K. Purves et al., *Biologia*, Zanichelli, 2001)

**Rispondi alle seguenti domande.**

a. Come appare un cromosoma al microscopio ottico durante la profase?
b. Per quale ragione i due cromatidi sono detti cromatidi fratelli?
c. Quando si sono formati i due cromatidi?
d. Come si chiama e a che cosa serve la parte in cui i due cromatidi sono uniti tra loro?
e. Qual è il ruolo del cinetocore durante la mitosi?

## 4 Riprodurre un fenomeno

### Quale sequenza di amminoacidi?

Individua il codone di inizio all'interno della seguente sequenza di basi di una ipotetica molecola di mRNA.
AUCGUAUGGAUGCUCCUCCCUGUGUAAGCCUG
CGAUUUUAACAA
Quindi utilizzando la tabella con il codice genetico di pag. 80, individua e scrivi tutti gli amminoacidi sintetizzati fino allo stop della sintesi.

## 5 Simulare un processo biologico

### La duplicazione del DNA in una cerniera-lampo

Recupera da qualche capo di vestiario dismesso una vecchia cerniera-lampo.
▸ Noti qualche somiglianza tra la cerniera chiusa e la molecola di DNA?
▸ Che cosa succede se apri parzialmente la cerniera?
▸ Disponi ora la cerniera su un foglio di carta. A cosa corrispondono la «lampo» e i «denti» della cerniera? E la parte della cerniera in tessuto? Disegna quindi sul foglio le parti che intervengono nella duplicazione del DNA rifacendoti alla figura del paragrafo 2.

## 6 Simulare un processo biologico

### La sequenza genetica

L'ormone antidiuretico umano è la proteina che regola la quantità di acqua nelle urine ed è formata da soli 9 amminoacidi. Dalla sua struttura primaria non è possibile risalire alla sequenza di basi che lo produce perché sia l'RNA messaggero sia la catena polipeptidica da cui deriva subiscono delle modificazioni. Ignorando però tali modificazioni ricostruisci una sequenza di basi del DNA che corrisponde alla struttura primaria dell'ormone: Cys – Tyr – Phe – Gln – Asn – Cys – Pro – Arg – Gly.
La sequenza che hai scritto è l'unica possibile? Perché?

## 7 Simulare un processo biologico

### Alternanza di generazioni

Prendi 10 paia di calze diverse ed esegui queste operazioni.
1. Mescolale in un sacchetto e rovesciale sul tavolo.
2. Riappaiale mettendole anche in ordine di lunghezza.
3. Dividi le coppie formando due gruppi di 10 calze ciascuno, con un solo tipo per ogni paio.
4. Riunisci le 10 paia di calze in un unico gruppo.
▸ Che cosa rappresenta una calza?
▸ Che cosa rappresenta l'operazione 3?
▸ Che cosa rappresenta l'operazione 4?

## 8 Realizzare una figura

### Le fasi della meiosi

Osserva le immagini della meiosi nel paragrafo 9. Disegna quindi sul quaderno in successione le fasi della meiosi per una cellula di zanzara (per la quale $2n = 6$). Illustra tutti i cromosomi disegnando con lo stesso colore i cromosomi omologhi e con colori diversi le coppie di cromosomi non omologhi.

## 9 Osservare la figura

### Cromosomi e cromatidi

Nell'immagine a lato individua i cromatidi fratelli e il centromero. In quale fase del ciclo cellulare è stata realizzata questa immagine? Motiva la risposta.

# Biologia per il cittadino

## I tumori e la loro diagnosi

Il tumore (dal latino *tumor*, rigonfiamento) è una malattia caratterizzata da una moltiplicazione incontrollata di alcune cellule dell'organismo. I tumori, detti con termine più tecnico «neoplasie» (dal greco *neo*, nuovo, e *plasia*, formazione), possono essere classificati in benigni e maligni sulla base di caratteristiche diverse, tra cui la capacità di infiltrarsi nei tessuti circostanti.

Il **tumore benigno** è costituito da cellule che si moltiplicano in genere lentamente comprimendo i tessuti vicini, senza infiltrarsi. Alcuni casi di tumori benigni possono causare comunque gravi danni e malattie a causa della compressione dei tessuti vicini. Il **tumore maligno** è chiamato comunemente «cancro» e ha grande capacità di infiltrazione: può invadere le cellule circostanti fino a distruggerle e può diffondersi in altre sedi dell'organismo anche molto lontane (creando le cosiddette *metastasi*), fino a causare la morte.

Nei tumori benigni le cellule mantengono un aspetto simile a quello delle cellule sane, e come si è detto presentano una crescita lenta. Il tumore benigno è pertanto dovuto al fatto che le cellule che dovrebbero venire sostituite non vanno incontro a morte fisiologica (*apoptosi*), come invece dovrebbe succedere alle cellule sane.

Nei tumori maligni, le cellule generano autonomamente dei messaggi di stimolo alla propria crescita, ignorando quelli d'inibizione provenienti dalle cellule circostanti. Queste cellule neoplastiche assumono forme molto diverse da quelle originarie. Inoltre, emettono segnali che inducono lo sviluppo di nuovi vasi sanguigni, per l'approvvigionamento di nutrienti e ossigeno, e possiedono un potenziale di replicazione che permette loro una duplicazione molto veloce.

Le cellule tumorali smettono di rispondere ai meccanismi fisiologici di controllo cellulare a seguito di mutazioni nel DNA, che possono essere dovute a fattori genetici predisponenti o a fattori ambientali, come l'esposizione a sostanze cancerogene. L'accumulo di mutazioni dannose è inoltre favorito dall'invecchiamento fisiologico dell'organismo.

Anche se quasi tutte le neoplasie possono essere facilmente identificate all'interno della categoria maligne/benigne, alcune possono presentare caratteristiche intermedie; per questo la differenza tra le due classi non è così rigida e ben definita.

Una diagnosi precoce dei tumori è essenziale per riconoscere e trattare tumori benigni prima che degenerino in maligni. La scoperta di un tumore in fase precoce (quando ancora poche cellule hanno perso il controllo della crescita) è quindi fondamentale per sconfiggere questo male.

Il cancro può colpire persone di ogni età, nonostante per la maggior parte dei tumori il rischio cresca con l'aumentare degli anni.

Il cancro è una delle prime cause di morte nei paesi industrializzati. Gli studi degli ultimi decenni hanno analizzato la diffusione dei vari tipi di tumore ed è stato dimostrato il ruolo dell'ambiente (per esempio dell'inquinamento atmosferico) e delle abitudini di vita (fumo, consumo eccessivo di alcuni alimenti) nello sviluppo di tali patologie.

Fotografia al microscopio a scansione di cellule di cancro al seno, che si accrescono in modo disordinato e si aggregano a formare la massa tumorale. Il cancro al seno è il più diffuso tra le donne (dalle stime attuali 1 donna su 10-15 incorrerà in una diagnosi di tumore al seno entro i 75 anni). Perciò si sono incentivati i programmi di screening della popolazione femminile tramite mammografia (esame radiografico della mammella) e la pratica dell'autopalpazione (cioè la palpazione del seno e della zona ascellare da parte della donna per verificare che non ci siano accumuli di cellule, detti «noduli»). Questi esami permettono una diagnosi e una cura precoci, aumentando la probabilità di sopravvivenza delle pazienti.

### RICERCA

Ora, provate ad approfondire il tema della prevenzione dei tumori.
Cercate informazioni su Internet su siti come quelli proposti qui di seguito:
www.tumori.net
sito dedicato ai tumori in Italia, con un'ampia sezione dedicata ai fattori di rischio.

www.airc.it
sito dell'AIRC – Associazione Italiana per la Ricerca sul Cancro – con una sezione dedicata alla prevenzione, che riporta il codice europeo contro il cancro.

www.legatumori.it
sito della LILT – Lega Italiana per la Lotta contro i Tumori – ricco di indicazioni in materia di prevenzione.

# 6 LA GENETICA E L'EREDITARIETÀ DEI CARATTERI

Negli esseri viventi è possibile riconoscere numerose caratteristiche fisiche che vengono trasmesse dai genitori ai figli: sono i **caratteri ereditari**. L'ereditarietà dei caratteri è studiata dalla **genetica**. Il padre di questa disciplina è Gregor Mendel che, a metà dell'Ottocento, condusse esperimenti di incrocio tra piante di piselli (simili a quella della fotografia). Oggi sappiamo che i caratteri ereditari sono legati all'esistenza dei **geni**, tratti di DNA che portano le istruzioni per sintetizzare le proteine. La genetica moderna studia il DNA degli individui, il modo in cui esso dirige la sintesi proteica, le sue mutazioni e le malattie che ne derivano, ma fornisce anche contributi importanti allo studio dell'evoluzione, all'ecologia e a molte altre branche della biologia.

 TEST D'INGRESSO

 Laboratorio delle competenze
pagine 108-111

# PRIMA DELLA LEZIONE

**CIAK si impara!**

**Guarda il video** *La genetica e l'ereditarietà dei caratteri* **che presenta gli argomenti dell'unità.**

I globuli rossi sono cellule specializzate per il trasporto dell'ossigeno; al loro interno contengono solo emoglobina, una proteina in grado di legarsi chimicamente all'ossigeno.
Nella fotografia al microscopio elettronico a scansione sono visibili globuli rossi normali (a forma di dischetto appiattito) e globuli rossi falciformi (che puoi riconoscere dalla tipica forma a falce).
Osserva attentamente l'immagine: i globuli normali e quelli falciformi hanno le stesse dimensioni?
Ritieni che i globuli falciformi siano vantaggiosi o svantaggiosi? Perché?

..................................................................................................................................................................
..................................................................................................................................................................
..................................................................................................................................................................

**Guarda le fotografie di questi otto personaggi famosi e rifletti sull'ereditarietà dei caratteri.**

Charles, Principe del Galles | George H. W. Bush | Kirk Douglas | Michele Placido

1. Queste foto ritraggono alcuni personaggi famosi del mondo della politica e del cinema.

2. Qui accanto ci sono le foto dei loro figli, che sono anch'essi personaggi conosciuti. Abbina il padre con il figlio o la figlia corrispondente e in ciascun caso indica quali sono i caratteri del viso che li rendono simili e che hanno permesso l'abbinamento.

Che cosa si può dedurre dalla somiglianza tra genitori e figli?
Per scoprirlo, leggi il paragrafo 1 di questa unità.

# 1. I CARATTERI EREDITARI

I caratteri ereditari sono le caratteristiche fisiche che possono essere trasmesse dai genitori ai figli. Essi vengono studiati dalla genetica.

Ciascun individuo possiede numerose caratteristiche fisiche che permettono di riconoscerlo come appartenente a una certa specie, ma contemporaneamente di distinguerlo da altri esemplari. Per esempio, l'aspetto generale del corpo ci permette immediatamente di distinguere un gatto da un altro animale ma, allo stesso tempo, alcuni caratteri, come le sue dimensioni o il colore del pelo e degli occhi, ci consentono di distinguerlo dagli altri esemplari della stessa specie. Lo stesso discorso vale per i caratteri fisici degli esseri umani.

Dalla semplice osservazione che i figli assomigliano ai genitori si può dedurre che alcune caratteristiche sono trasmesse da una generazione all'altra (dai genitori ai figli): sono quindi **caratteri ereditari**.

L'aspetto di un carattere fisico presente in un individuo – per esempio il colore azzurro degli occhi o il colore castano dei capelli – costituisce il **fenotipo** per quel determinato carattere. Il termine fenotipo si usa sia per i caratteri fisici visibili, sia per quelle caratteristiche fisiologiche, come i gruppi sanguigni, che sono rilevabili soltanto attraverso delle analisi.

Lo studio scientifico dell'ereditarietà costituisce la branca della biologia detta **genetica**. Questa disciplina deve il proprio nome al fatto che i caratteri ereditari sono trasferiti da una generazione all'altra grazie alla trasmissione di «unità» dette **geni**, ciascuna costituita da un determinato tratto di DNA. L'intero DNA di una cellula, di un individuo o di una specie costituisce il **genoma** o **patrimonio genetico** della cellula, dell'individuo o della specie stessa.

### IMPARA A IMPARARE
- Compila un glossario con i termini: gene, genoma, genetica.
- Elenca alcune delle tue caratteristiche fisiche che siano esempi di fenotipi.

### NELLE RISORSE DIGITALI
- Esercizi interattivi
- Mappa del paragrafo

Il colore degli occhi e la forma di certi tratti del viso, come la bocca, il naso, il mento, sono alcuni dei **caratteri ereditari** che negli esseri umani sono trasmessi da una generazione all'altra; nella fotografia, madre e figlia.

# 2. DAI GENI AL FENOTIPO

I geni determinano il fenotipo dei differenti caratteri regolando, direttamente o indirettamente, la produzione delle proteine.

Nel paragrafo precedente abbiamo detto che i caratteri ereditari sono trasmessi da una generazione all'altra tramite il trasferimento di geni, cioè particolari tratti della molecola di DNA.

In che modo i geni determinano il fenotipo? Sappiamo che l'informazione portata dal DNA sotto forma di sequenza di basi azotate è trascritta nell'RNA messaggero e poi tradotta nelle proteine. Per anni si è pensato che a ogni gene corrispondesse una proteina. Negli ultimi anni però la teoria «**un gene-una proteina**» è stata superata, poiché si è scoperto che molti geni funzionano da *regolatori*, cioè non contengono le informazioni per sintetizzare una proteina, ma attivano altri geni a loro volta coinvolti nel processo di sintesi proteica. Inoltre, numerosi studi hanno dimostrato che da un unico gene possono essere prodotte proteine diverse. Possiamo chiederci allora come fanno le proteine a determinare un certo fenotipo in un individuo.

Spesso le proteine catalizzano una serie di reazioni chimiche facendo in modo che si crei una *via metabolica* il cui prodotto finale è una molecola (per esempio un pigmento) che a sua volta determina il fenotipo di un certo carattere. Consideriamo il carattere «colore degli occhi» negli esseri umani: esso è dovuto alla distribuzione, in due strati sovrapposti dell'iride, della melanina, il pigmento che colora anche la pelle e i peli. Si ritiene che esistano almeno due geni che dirigono la sintesi e la distribuzione della melanina nei due strati. Questi geni, tramite le proteine che producono, sono responsabili del colore finale dell'occhio.

In alcuni casi l'espressione dei geni e, di conseguenza, il fenotipo sono influenzati da **fattori ambientali** come la luce, la temperatura, la presenza d'acqua, il tipo di alimentazione. Il fenotipo delle primule che crescono ad alta quota, per esempio, è fortemente influenzato dalla temperatura: normalmente i loro fiori sono di colore rosso, ma se la pianta cresce a una temperatura superiore ai 30 °C produce fiori bianchi, indipendentemente dalle caratteristiche geniche.

Anche tra gli animali esistono esempi dell'influenza dell'ambiente sull'espressione dei geni. I conigli dell'Himalaya hanno di solito zampe anteriori, orecchie, naso e coda di colore nero; se sono allevati a temperature superiori a 35 °C, sono invece completamente bianchi.

> **IMPARA A IMPARARE**
>
> Dopo aver osservato l'immagine in fondo alla pagina, elenca e descrivi in un massimo di due righe per ciascuno i passaggi che dal DNA portano al fenotipo «occhi rossi» nella *Drosophila melanogaster*.

**NELLE RISORSE DIGITALI**

- Esercizi interattivi
- Mappa del paragrafo

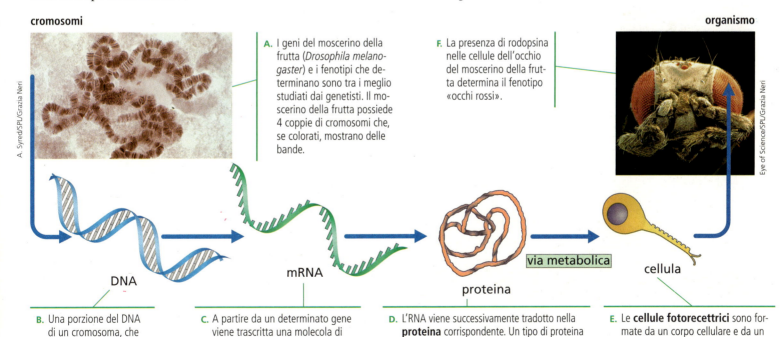

**cromosomi**

A. I geni del moscerino della frutta (*Drosophila melanogaster*) e i fenotipi che determinano sono tra i meglio studiati dai genetisti. Il moscerino della frutta possiede 4 coppie di cromosomi che, se colorati, mostrano delle bande.

F. La presenza di rodopsina nelle cellule dell'occhio del moscerino della frutta determina il fenotipo «occhi rossi».

**organismo**

**DNA** — **mRNA** — **proteina** — via metabolica — **cellula**

B. Una porzione del DNA di un cromosoma, che non necessariamente corrisponde a una banda, costituisce un **gene**.

C. A partire da un determinato gene viene trascritta una molecola di **RNA messaggero** complementare a un filamento del DNA del gene in questione.

D. L'RNA viene successivamente tradotto nella **proteina** corrispondente. Un tipo di proteina importante per la visione in *Drosophila* è la rodopsina, che contiene un pigmento rossastro, responsabile della cattura della luce.

E. Le **cellule fotorecettrici** sono formate da un corpo cellulare e da un prolungamento, nelle cui membrane altamente ripiegate si accumulano grandi quantità di rodopsina.

# 3. GLI ESPERIMENTI DI MENDEL

Le basi della moderna genetica risalgono a metà dell'Ottocento, quando Gregor Mendel progettò e realizzò una serie di esperimenti di impollinazione incrociata tra piante di piselli selvatici.

Lo studio dell'ereditarietà dei caratteri ebbe inizio intorno alla metà dell'Ottocento con gli esperimenti dell'abate boemo Gregor Mendel, quando ancora nulla si sapeva del DNA e dei geni.

Mendel aveva studiato scienze naturali e matematica all'Università di Vienna e insegnava scienze naturali in una scuola superiore.

Prima degli studi di Mendel, l'ipotesi sull'ereditarietà dei caratteri più accreditata tra gli scienziati era quella della mescolanza dei caratteri. Secondo questa ipotesi, l'individuo maschile e quello femminile contribuiscono in modo identico a formare un nuovo individuo figlio e, di conseguenza, l'aspetto di questo è sempre intermedio tra quello dei due genitori.

In accordo con questa idea, incrociando una pianta a fiori rossi con una della stessa specie a fiori bianchi si dovrebbe ottenere sempre un unico tipo di piante figlie, con fiori rosa. Al contrario, vedremo che questo accade solo in determinati casi.

Nel tentativo di spiegare le modalità con cui i caratteri vengono trasmessi da una generazione all'altra, Mendel condusse una serie di esperimenti che consistevano nell'incrocio di piante di pisello selvatico (*Pisum sativum*). Mendel scelse le piante in modo che queste possedessero caratteristiche di cui esistevano due varianti: per esempio alcuni esemplari presentavano il fiore di colore violetto, altri di colore bianco; alcuni producevano semi gialli, altri semi verdi; alcune piante generavano semi con la superficie liscia, altre semi con la superficie rugosa. In totale i caratteri con fenotipi alternativi studiati da Mendel furono sette.

I fiori di pisello selvatico sono ermafroditi, cioè sono dotati sia dell'apparato riproduttore maschile (*stami*) sia di quello femminile (*ovario*). In condizioni naturali i piselli si riproducono per **autoimpollinazione**, cioè il polline prodotto dagli stami di un individuo feconda l'ovario dello stesso fiore.

Mendel coltivò le sue piante fino alla certezza di aver ottenuto delle **linee pure** per un certo carattere (per esempio *fiore bianco*), ossia degli organismi che producevano per autoimpollinazione esclusivamente piante con il carattere in questione identico a quello dei genitori.

Successivamente nei suoi esperimenti Mendel impedì l'autoimpollinazione delle piante di linea pura asportando gli stami e realizzò l'**impollinazione incrociata**: per fecondare gli ovari utilizzò, infatti, il polline proveniente da altri esemplari. Dagli ovari fecondati della generazione che Mendel chiamò «generazione parentale» (o **generazione P**) si svilupparono dei baccelli contenenti dei semi che, germogliando, generarono una prima generazione di piante chiamata da Mendel **generazione F$_1$**.

> **IMPARA A IMPARARE**
>
> Riassumi in quattro punti i passi seguiti da Mendel nell'impollinazione incrociata per ottenere piante di generazione F$_1$. Puoi aiutarti osservando con attenzione la figura di questa pagina.

**NELLE RISORSE DIGITALI**
- Esercizi interattivi
- Mappa del paragrafo

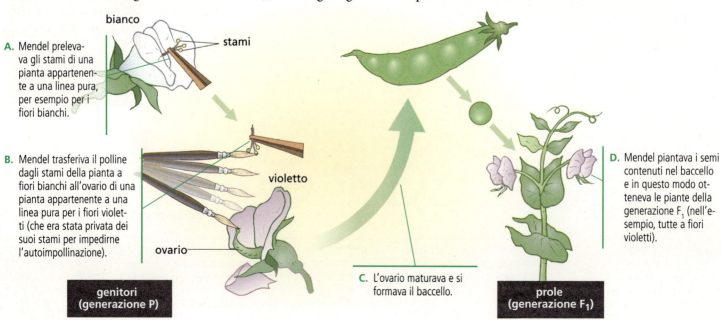

A. Mendel prelevava gli stami di una pianta appartenente a una linea pura, per esempio per i fiori bianchi.

B. Mendel trasferiva il polline dagli stami della pianta a fiori bianchi all'ovario di una pianta appartenente a una linea pura per i fiori violetti (che era stata privata dei suoi stami per impedirne l'autoimpollinazione).

C. L'ovario maturava e si formava il baccello.

D. Mendel piantava i semi contenuti nel baccello e in questo modo otteneva le piante della generazione F$_1$ (nell'esempio, tutte a fiori violetti).

genitori (generazione P)

prole (generazione F$_1$)

# 4. LA LEGGE DELLA SEGREGAZIONE DEI CARATTERI

Gli individui possiedono due fattori (alleli) per ciascun carattere e producono gameti che portano l'uno o l'altro allele.

Nei primi esperimenti Mendel considerò la trasmissione di un solo carattere. Egli incrociò una pianta appartenente a una linea pura per il colore viola del fiore con una appartenente a una linea pura per il colore bianco: da tutti i semi ottenuti si sviluppavano piante con fiori viola.

Permettendo poi a una pianta della generazione $F_1$ di riprodursi per autoimpollinazione, Mendel osservò che in alcune piante della generazione successiva (la **generazione $F_2$**) ricompariva il carattere fiore bianco, che non era invece presente nella prima generazione $F_1$.

Mendel dedusse che, sebbene la generazione $F_1$ avesse fiori viola, essa conteneva al suo interno anche l'informazione genetica per produrre fiori bianchi, che erano infatti presenti nella generazione successiva. Mendel ripeté più volte gli incroci per i sette caratteri alternativi scelti per l'analisi e osservò risultati simili per tutti.

Dall'analisi dei risultati Mendel formulò quattro ipotesi.
**1.** Ogni carattere da lui studiato era trasmesso da un «fattore ereditario» che era presente in due forme alternative. Oggi il fattore ereditario è chiamato **gene** e le due forme alternative **alleli**.
**2.** In ciascun individuo sono presenti due alleli che influenzano un certo carattere (**fenotipo**). Uno dei due alleli è ereditato da un genitore e uno dall'altro. L'insieme dei due alleli costituisce il **genotipo** dell'individuo per quel dato carattere. I due alleli di ciascun gene possono essere uguali – e in questo caso l'individuo è **omozigote** per quel carattere – oppure diversi – e quindi l'individuo è **eterozigote**.
**3.** Le coppie di alleli di ciascun gene si separano (**segregano**) al momento della formazione delle cellule riproduttive (i gameti), che pertanto possiedono un solo allele per ogni gene. La coppia di alleli si riforma con la fecondazione.
**4.** Quando un individuo è eterozigote per un certo carattere, uno dei due alleli viene espresso nel fenotipo mentre l'altro non ha effetti visibili. L'allele che controlla il fenotipo dell'eterozigote è chiamato **allele dominante**, mentre l'altro è detto **allele recessivo**.

Queste quattro ipotesi confluiscono nella **legge della segregazione dei caratteri**. *Ogni individuo porta due fattori (oggi chiamati alleli di uno stesso gene) che controllano un determinato carattere. Durante la formazione dei gameti questi fattori si separano (segregano): metà dei gameti riceve un allele e metà l'altro.*

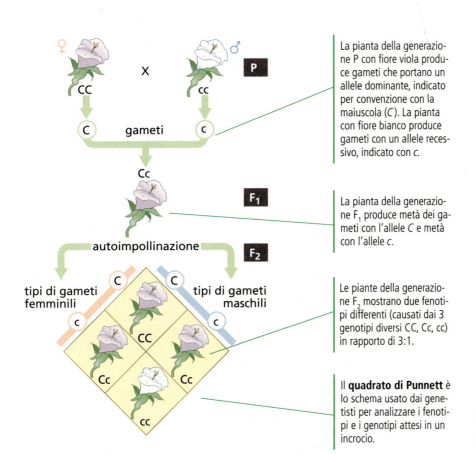

La pianta della generazione P con fiore viola produce gameti che portano un allele dominante, indicato per convenzione con la maiuscola (*C*). La pianta con fiore bianco produce gameti con un allele recessivo, indicato con *c*.

La pianta della generazione $F_1$ produce metà dei gameti con l'allele *C* e metà con l'allele *c*.

Le piante della generazione $F_2$ mostrano due fenotipi differenti (causati dai 3 genotipi diversi CC, Cc, cc) in rapporto di 3:1.

Il **quadrato di Punnett** è lo schema usato dai genetisti per analizzare i fenotipi e i genotipi attesi in un incrocio.

### IMPARA A IMPARARE

Riassumi sul quaderno le quattro ipotesi che portarono Mendel a formulare la legge di segregazione dei caratteri.

### NELLE RISORSE DIGITALI

- Esercizi interattivi
- Mappa del paragrafo

# 5. LA LEGGE DELL'ASSORTIMENTO INDIPENDENTE

La legge dell'assortimento indipendente dei caratteri spiega l'ereditarietà di più caratteri: caratteri diversi sono trasmessi indipendentemente uno dall'altro.

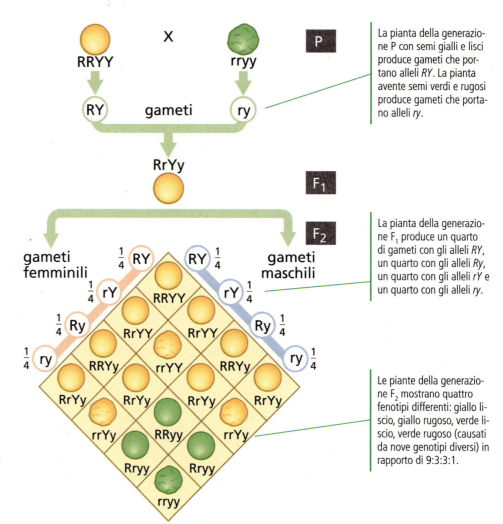

La pianta della generazione P con semi gialli e lisci produce gameti che portano alleli *RY*. La pianta avente semi verdi e rugosi produce gameti che portano alleli *ry*.

La pianta della generazione $F_1$ produce un quarto di gameti con gli alleli *RY*, un quarto con gli alleli *Ry*, un quarto con gli alleli *rY* e un quarto con gli alleli *ry*.

Le piante della generazione $F_2$ mostrano quattro fenotipi differenti: giallo liscio, giallo rugoso, verde liscio, verde rugoso (causati da nove genotipi diversi) in rapporto di 9:3:3:1.

In un'altra serie di esperimenti, Mendel prese in considerazione la trasmissione contemporanea di due caratteri. Il suo scopo era scoprire se caratteri diversi sono trasmessi dai genitori alla prole tutti insieme oppure separatamente, cioè in modo indipendente uno dall'altro.

Mendel incrociò piante appartenenti a una linea pura per i semi lisci e gialli (due caratteri che dopo la prima serie di esperimenti risultavano dominanti) con piante di linea pura per i semi rugosi e verdi (caratteri recessivi). La generazione $F_1$ produceva solo piselli con semi lisci e gialli, cioè presentava esclusivamente i caratteri dominanti. Mendel lasciò che la generazione $F_1$ si riproducesse per autoimpollinazione e nella generazione $F_2$ trovò quattro tipi diversi di fenotipi: i due fenotipi parentali e piante che davano piselli gialli e rugosi, o verdi e lisci.

La comparsa di nuovi fenotipi dimostrava che ciascun carattere è legato a un *fattore ereditario* trasmesso in maniera indipendente dagli altri fattori. I risultati di questo esperimento e degli incroci effettuati considerando altre coppie di caratteri portarono Mendel a formulare la **legge dell'assortimento indipendente**: *quando si formano i gameti, gli alleli di un gene si separano (segregano) indipendentemente dagli alleli di un altro gene.*

Oggi, grazie agli studi di genetica e biologia cellulare, sappiamo che la segregazione degli alleli avviene, durante il processo di meiosi, nel momento della separazione dei cromosomi.

Ogni cellula diploide possiede due serie di cromosomi omologhi, ciascuna ereditata da uno dei due genitori. Gli alleli di uno stesso gene si trovano nello stesso punto, detto **locus**, di ognuno dei due cromosomi omologhi.

Durante la metafase I della meiosi (puoi rivedere il paragrafo 9 dell'unità 5), subito dopo il crossing-over, i cromosomi si separano e migrano verso i due poli della cellula. I cromosomi e con essi gli alleli finiscono pertanto in due gameti differenti, confermando quanto affermato dalla legge della segregazione dei caratteri.

### IMPARA A IMPARARE

Sottolinea nel testo la descrizione dell'esperimento di Mendel e, con un colore diverso, l'enunciato della legge dell'assortimento indipendente dei caratteri.

### NELLE RISORSE DIGITALI

- Esercizi interattivi
- Mappa del paragrafo

### ■ L'associazione genica

Oggi sappiamo che la legge dell'assortimento indipendente ha delle limitazioni. Mendel infatti prese in considerazione solo caratteri trasmessi da geni collocati su cromosomi differenti. I geni situati su uno stesso cromosoma possono essere trasmessi anch'essi in maniera indipendente, qualora vengano casualmente separati dal crossing-over, oppure possono essere trasmessi insieme.

In quest'ultimo caso si parla di **caratteri associati**. Più due geni sono vicini sul cromosoma, maggiore sarà l'associazione genica esistente tra essi. La probabilità che essi vengano separati da un evento di crossing-over dipende infatti dalla loro distanza: quanto più sono vicini, tanto minore è la possibilità che si separino.

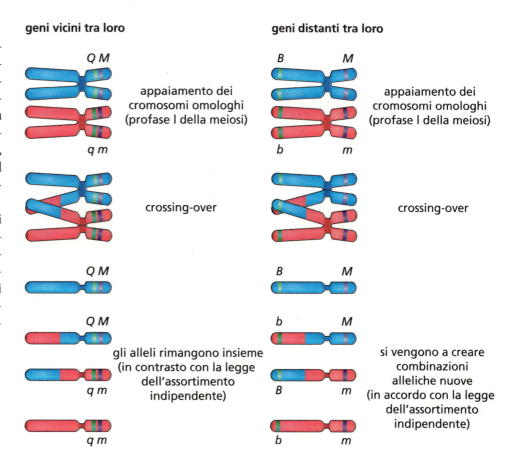

### ■ Gli incroci e le leggi della probabilità

Uno dei motivi del successo degli esperimenti di Mendel risiede nel fatto che egli considerò numerosi incroci e un enorme numero di discendenti. Grazie a questo campione molto ampio, Mendel intuì che alla genetica si potevano applicare le leggi della probabilità.

La **probabilità** che un evento accada è data dal rapporto tra il numero degli eventi favorevoli e il numero degli eventi possibili. Per esempio, la probabilità che lanciando un dado a sei facce si ottenga il 2 è di 1/6; la probabilità che lanciando lo stesso dado si ottenga un numero pari è di 3/6 ovvero 1/2. Ogni lancio è un *evento indipendente* in quanto non è influenzato dai lanci precedenti.

Se lancio due dadi contemporaneamente per ottenere un doppio 6 sono di fronte a un evento composto. In questo caso la probabilità dell'evento è data dal prodotto delle probabilità degli eventi indipendenti, quindi è pari a 1/36.

Queste leggi della probabilità si applicano anche agli incroci e ci permettono di calcolare la probabilità di ottenere determinati fenotipi o genotipi.

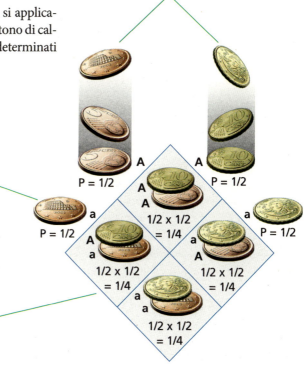

Due lanci di moneta rappresentano due eventi indipendenti tra loro.

Ogni singolo risultato deriva da due eventi indipendenti: ciascuno ha una probabilità P di verificarsi pari a 1/2, mentre la probabilità che entrambi i lanci diano lo stesso risultato sarà 1/2 × 1/2 = 1/4.

Esistono due modi perché si formi un eterozigote (cioè una *testa* e una *croce*), per cui possiamo sommare le due probabilità che ogni singolo evento si verifichi: 1/4 + 1/4 = 1/2.

99

# 6. LA DOMINANZA INCOMPLETA

Alcuni caratteri sono trasmessi con modelli di interazione tra gli alleli diversi rispetto ai modelli descritti dalle leggi di Mendel. Quando nessuno degli alleli domina sull'altro si parla di dominanza incompleta.

Il meccanismo della dominanza descritto dalle leggi di Mendel è uno dei sistemi più semplici di trasmissione dei caratteri. Esistono modelli di trasmissione dei caratteri più complessi, che sono stati compresi soltanto molti anni dopo gli studi mendeliani.

I caratteri possono essere influenzati da diversi tipi di interazioni tra alleli: nel caso in cui nessuno dei due alleli domini sull'altro si parla di **dominanza incompleta**.

Un esempio è offerto dal modello di ereditarietà del colore del fiore nelle piante di bocca di leone (*Antirrhinum majus*), che può essere bianco, rosa o rosso.

In questo caso, se una pianta appartenente a una linea pura a fiori rossi si incrocia con una pianta appartenente alla linea pura a fiori bianchi, si ottiene una generazione $F_1$ di piante con fiori rosa. Da questa osservazione è possibile dedurre che *il fenotipo degli individui eterozigoti è influenzato dall'azione di entrambi gli alleli*. Dato che non ci sono un allele dominante e uno recessivo, si tratta di un esempio di dominanza incompleta. Gli individui eterozigoti differiscono da quelli omozigoti sia per il genotipo, sia per il fenotipo (né rosso né bianco, ma rosa).

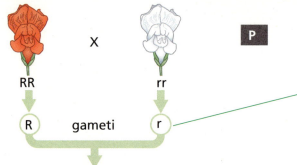

**P** — La pianta della generazione P a fiore rosso produce gameti che portano un allele indicato convenzionalmente con *R*. La pianta a fiore bianco produce gameti con un allele indicato con *r*.

**F₁** — La pianta della generazione $F_1$ presenta fiori rosa e produce metà dei gameti con l'allele *R* e metà con l'allele *r*.

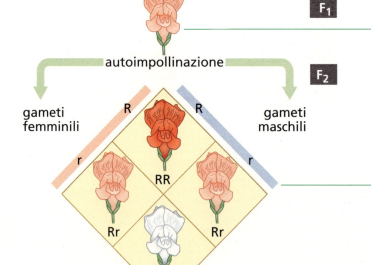

**F₂** — Dall'autoimpollinazione di una pianta della generazione $F_1$ a fiori rosa si ottiene una generazione $F_2$ in cui ricompaiono i fenotipi rosso e bianco del fiore. La proporzione tra il fenotipo rosso, rosa e bianco è 1:2:1.

> **IMPARA A IMPARARE**
>
> Rintraccia nel testo la definizione di dominanza incompleta. Costruisci un quadrato di Punnett, come quelli che abbiamo usato per illustrare le leggi di Mendel, che mostri l'incrocio tra due piante con fiori rosa eterozigoti. Di che colore sono i fiori delle piante che si originano dall'incrocio? Confrontali con i genotipi e i fenotipi ottenuti da Mendel nell'autoimpollinazione degli eterozigoti della generazione $F_1$ (l'esperimento della «legge della segregazione dei caratteri»). Che cosa noti?

## NELLE RISORSE DIGITALI

- Esercizi interattivi
- Mappa del paragrafo

UNITÀ 6 La genetica e l'ereditarietà dei caratteri

# 7. GLI ALLELI MULTIPLI E LA CODOMINANZA

Nel caso in cui un carattere sia controllato dall'azione di più alleli dominanti si parla di codominanza.

Un altro tipo di interazione tra alleli si riscontra quando, all'interno di una popolazione, un gene presenta più di due forme alternative di alleli, detti **alleli multipli**.

Un esempio di ereditarietà di questo tipo si osserva nei gruppi sanguigni presenti nella popolazione umana. La classificazione dei gruppi sanguigni in A, B, AB e 0 si effettua in base alla presenza, o all'assenza, di particolari proteine sulla superficie dei globuli rossi. I globuli rossi del gruppo 0 non presentano sulla loro superficie alcuna proteina; i globuli rossi del gruppo AB presentano sulla superficie sia le proteine che si trovano sui globuli rossi del gruppo A sia quelle del gruppo B. Le proteine presenti sulla superficie dei globuli rossi vengono codificate da un gene che nella popolazione umana presenta tre alleli diversi: $I^A$, $I^B$ e $i$.

Osservando la tabella raffigurata qui sotto, si può notare che il gruppo 0 corrisponde a un genotipo omozigote recessivo: l'allele $i$ infatti non codifica alcuna proteina e fa sì che la superficie dei globuli rossi sia liscia, ossia priva di proteine. I gruppi A e B possono essere sia omozigoti ($I^A I^A$ e $I^B I^B$) sia eterozigoti ($I^A i$ e $I^B i$) dato che è sufficiente un allele che produca le proteine di tipo A (o B) perché la proteina sia presente sulla superficie dei globuli rossi. Il gruppo AB è invece il risultato della **codominanza** dei due alleli $I^A$ e $I^B$: essendo entrambi dominanti, i due alleli vengono espressi nel fenotipo e sulla superficie dei globuli rossi sono presenti ambedue i tipi di proteine.

Conoscere i gruppi sanguigni umani è indispensabile per procedere in modo corretto alla trasfusione di sangue da un individuo a un altro.

Gli individui di gruppo sanguigno A, B e 0 presentano nel plasma degli anticorpi, cioè delle proteine che si legano a quelle presenti sulla superficie dei globuli rossi contenuti nel sangue di individui di gruppo sanguigno diverso. Un individuo di gruppo sanguigno A, per esempio, presenta nel sangue anticorpi anti B. Se questo individuo riceve una trasfusione da un donatore con gruppo sanguigno B, i suoi anticorpi anti B si legano con la proteina corrispondente, determinando l'agglutinazione dei globuli rossi e la coagulazione del sangue: per questo motivo le trasfusioni sono possibili solo tra gruppi compatibili.

Gli individui con gruppo sanguigno 0 sono donatori universali: i loro globuli rossi non presentano alcuna proteina sulla superficie e pertanto non si legano con gli anticorpi del soggetto che riceve la trasfusione. Gli individui con gruppo sanguigno AB sono detti «riceventi universali» in quanto, non avendo anticorpi anti A né anti B, possono ricevere sangue da qualsiasi donatore.

---

**IMPARA A IMPARARE**

Che cosa succederebbe se nella popolazione umana fosse presente un terzo allele dominante $I^c$? Quanti gruppi sanguigni esisterebbero? Costruisci una tabella simile a quella qui sotto prendendo in considerazione anche questo ipotetico allele $I^c$.

---

**NELLE RISORSE DIGITALI**

↖ Esercizi interattivi

↖ Mappa del paragrafo

---

| FENOTIPO (GRUPPO SANGUIGNO) | GENOTIPO (ALLELI PRESENTI) | PROTEINE PRESENTI SULLA SUPERFICIE DEI GLOBULI ROSSI | | ANTICORPI PRESENTI NEL PLASMA | TRASFUSIONI POSSIBILI | |
|---|---|---|---|---|---|---|
| | | | | | PUÒ DONARE AI GRUPPI | PUÒ RICEVERE DAI GRUPPI |
| 0 | $ii$ | – | | anti A   anti B | A, B, AB e 0 | 0 |
| A | $I^A I^A, I^A i$ | A | | | A e AB | A e 0 |
| B | $I^B I^B, I^B i$ | B | | | B e AB | B e 0 |
| AB | $I^A I^B$ | A, B | | – | AB | A, B, AB e 0 |

101

# 8. L'EREDITARIETÀ POLIGENICA E L'EPISTASI

I caratteri possono essere influenzati dall'azione di più geni: nel caso in cui vi sia una somma degli effetti si parla di ereditarietà poligenica, se invece l'effetto di un gene maschera l'azione di un altro si parla di epistasi.

Finora abbiamo esaminato la trasmissione di caratteri determinati da un solo gene per il quale esistono due o più alleli differenti. Esistono però anche caratteri regolati dall'azione contemporanea di numerosi geni (per i quali si parla di **ereditarietà poligenica**); ne sono un esempio il colore degli occhi o della pelle e l'altezza negli esseri umani. Spesso i caratteri trasmessi da più geni corrispondono a vari fenotipi poco diversi l'uno dall'altro: in questo caso il carattere presenta nella popolazione una **variazione continua**.

Supponiamo per semplicità che la trasmissione del colore della pelle sia dovuta all'azione di tre geni (in realtà la situazione è più complessa), indicati nella figura con A, B, C. Per ogni gene esistono due alleli alternativi (indicati con lettera maiuscola o minuscola). Un individuo con pelle molto scura possiede gli alleli dominanti di tutti e tre i geni; una persona con pelle molto chiara possiede gli alleli in forma recessiva. Dall'incrocio di genitori con queste caratteristiche si ottiene una generazione $F_1$ con colore della pelle intermedio (dato che, a livello del singolo gene, l'interazione tra gli alleli segue la regola della dominanza incompleta). Quando individui della generazione $F_1$ producono una prole (generazione $F_2$), questa mostra una grande variabilità nel colore della pelle determinata dall'esistenza di molte combinazioni di alleli nel genotipo. Il quadrato di Punnett rappresenta tutte le combinazioni possibili e il colore usato come sfondo dei quadratini rappresenta il colore della pelle risultante dall'abbinamento di tutti i possibili alleli.

Un caso differente di interazione tra geni è quello rappresentato dall'**epistasi**, in cui un gene influenza (per esempio maschera) gli effetti di un altro. Un esempio di epistasi è il colore del pelo dei cani di razza *Labrador retriever*, determinato da due geni diversi:
- l'allele *B* determina il colore nero ed è dominante sull'allele *b*, che conferisce invece colore marrone;
- l'allele *E* è responsabile del deposito del pigmento colorato nei peli ed è dominante sull'allele *e*, che impedisce invece il deposito del colore, per cui il pelo del cane resta chiaro.

Un altro esempio è la sordità negli esseri umani, che si trasmette con un meccanismo di epistasi.

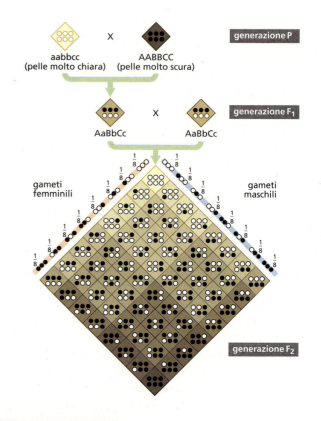

Il Labrador nero ha almeno un allele *B* e uno *E*.

Il Labrador cioccolato ha entrambi gli alleli *b* e almeno un allele *E*.

Il Labrador bianco ha entrambi gli alleli di tipo *e*, indipendentemente dagli alleli che controllano il colore.

---

**IMPARA A IMPARARE**

Rintraccia nel testo i tipi di ereditarietà dovuta a più geni. Per ciascuno di essi, scrivi la definizione e fai un esempio.

**NELLE RISORSE DIGITALI**
- Esercizi interattivi
- Mappa del paragrafo

UNITÀ 6   La genetica e l'ereditarietà dei caratteri

# 9. IL GENOMA UMANO

Il genoma è l'insieme dell'informazione genetica di un organismo. Negli esseri umani il genoma è costituito da 23 coppie di cromosomi su cui sono localizzati circa 25 000 geni.

L'insieme dell'informazione genetica contenuta nel DNA di una cellula, di un individuo o di una specie costituisce il suo **genoma**. Nell'unità 5 abbiamo visto che negli esseri umani il genoma è organizzato in 23 coppie di cromosomi presenti nel nucleo di tutte le nostre cellule, a eccezione dei gameti, che ne contengono la metà. Tra le coppie di cromosomi, una è particolare: si tratta dei *cromosomi sessuali*. Nelle cellule somatiche di un individuo di sesso maschile sono presenti due cromosomi sessuali di aspetto diverso (indicati con le lettere X e Y). Nelle cellule somatiche delle femmine, invece, sono presenti due cromosomi sessuali omologhi (X). Le femmine pertanto producono gameti esclusivamente di tipo X, mentre i maschi possono produrre sia gameti X, che dopo la fecondazione originano individui XX, femmine, sia gameti di tipo Y, che generano individui XY, maschi.

Per conoscere meglio il nostro genoma e capire i meccanismi genetici che stanno alla base delle malattie, da qualche anno ricercatori di tutto il mondo stanno lavorando al **Progetto Genoma Umano**, che si propone di analizzare l'intero patrimonio genetico di *Homo sapiens* attraverso il **sequenziamento** del DNA. Oltre all'individuazione dell'ordine esatto (la sequenza) delle basi azotate che si susseguono nel nostro DNA, obiettivo già raggiunto da alcuni anni, il progetto prosegue allo scopo di «mappare» i cromosomi, cioè di individuare la localizzazione fisica dei singoli geni sui cromosomi e di scoprirne la funzione.

Un'importante scoperta è quella che i geni corrispondono solo a circa il 3% dell'intera sequenza di basi. La maggior parte del DNA è quindi costituita da **DNA non codificante** (detto *DNA spazzatura*). Si ipotizza che il DNA non codificante abbia una funzione di regolazione dell'attività o di protezione dei geni. Secondo alcuni ricercatori, una parte del DNA non codificante potrebbe corrispondere ai geni che nel corso dell'evoluzione hanno perso la loro funzione, ma le cui sequenze di basi si sono conservate nel nostro genoma. Altre informazioni interessanti vengono fornite dal confronto tra il nostro genoma e quello di altre specie.

### IMPARA A IMPARARE

Crea un glossario con la definizione di ciascuna espressione riportata in neretto nel testo.

### NELLE RISORSE DIGITALI

▸ **Approfondimento** Il confronto tra il genoma umano e quello di altre specie

▸ **Esercizi interattivi**

▸ **Mappa del paragrafo**

Gli studi più recenti stimano che i geni che compongono il genoma umano siano circa 25 000. Tale numero è molto più basso di quanto si riteneva fino a pochi anni fa ed è di poco superiore a quello di organismi meno complessi: un verme, per esempio, possiede circa 19 000 geni.

| Organismo | Homo sapiens (essere umano) | Mus musculus (topolino domestico) | Drosophila melanogaster (moscerino della frutta) | Caenorhabditis elegans (verme cilindrico) | Saccharomyces cerevisiae (lievito di birra) |
|---|---|---|---|---|---|
| **Numero di cromosomi** | 46 | 40 | 8 | 12 | 32 |
| **Dimensione del genoma (in milioni di coppie di basi - Mbp)** | 3200 Mbp | 2700 Mbp | 180 Mbp | 97 Mbp | 12 Mbp |
| **Numero stimato di geni** | 25 000 | 30 000 | 13 600 | 19 100 | 6 300 |
| **Densità media dei geni** | 1/100 000 basi | 1/100 000 basi | 1/9000 basi | 1/5000 basi | 1/2000 basi |

## 10. LE MUTAZIONI

Le mutazioni sono dovute a errori di duplicazione del DNA oppure a errori durante il processo di meiosi. Possono colpire i gameti o le cellule somatiche, interessare una o poche basi, oppure possono riguardare interi cromosomi.

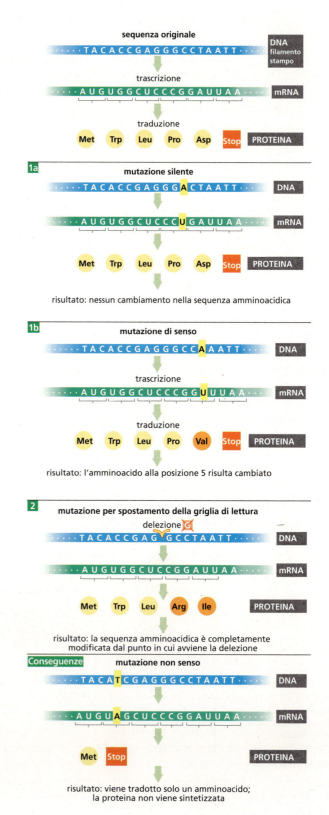

La duplicazione del DNA, che avviene nell'interfase del ciclo cellulare, è un processo che, seppur raramente, può essere soggetto a errori. Una variazione della sequenza o del numero di nucleotidi del DNA che si verifica per un errore nel momento della duplicazione viene detta **mutazione**.

Le mutazioni spontanee sono eventi che si verificano molto raramente, grazie al fatto che l'enzima DNA polimerasi ha la capacità di effettuare un controllo e una correzione delle sequenze di basi appena sintetizzate. Nelle cellule eucariotiche si riscontra mediamente una mutazione ogni $10^4$-$10^6$ cellule prodotte. Esistono però alcuni agenti fisici o chimici, detti **mutageni**, che possono far aumentare la frequenza delle mutazioni. Sono agenti mutageni, per esempio, i raggi X, le radiazioni ultraviolette e alcune sostanze chimiche, come il benzopirene.

Le mutazioni possono essere distinte in base al numero di basi coinvolte. Nel caso in cui l'errore interessi una sola o poche basi della sequenza nucleotidica del DNA si parla di **mutazioni puntiformi**. Se invece l'errore interessa lunghi tratti di DNA si originano **mutazioni cromosomiche**. Infine esistono mutazioni che riguardano il numero di cromosomi del corredo genetico e sono dette **mutazioni genomiche**.

Le mutazioni puntiformi possono avvenire con modalità differenti.

**1.** Una mutazione puntiforme può verificarsi, per esempio, per la **sostituzione** di una base azotata con una base differente. Se avviene una sostituzione di una base possono verificarsi due casi:

  **a.** dato che il codice genetico è ridondante, la nuova tripletta di basi può codificare per lo stesso amminoacido e nella proteina non si verifica nessun cambiamento; in questo caso l'errore non produce effetti e si parla di **mutazione silente**;

  **b.** nel caso in cui la base sostituita produca nella proteina un cambiamento della sequenza degli amminoacidi si parla di **mutazione di senso**. Un esempio di questo tipo di mutazione riguarda l'allele responsabile dell'anemia falciforme.

**2.** Una mutazione puntiforme può essere costituita anche da una **delezione** o **inserzione** di basi, cioè dall'eliminazione o dall'inserimento di una base nella sequenza. Le delezioni e le inserzioni modificano radicalmente la proteina sintetizzata perché provocano uno *spostamento della griglia di lettura* e possono portare alla sintesi di proteine difettose, in genere prive di funzionalità.

**Conseguenze.** Le mutazioni puntiformi descritte (sostituzioni, delezioni, inserzioni) possono anche originare **mutazioni non senso**, se una tripletta codificante un amminoacido è mutata in una tripletta di terminazione (per esempio UAG): in questo caso, quando il ribosoma arriva in prossimità della tripletta in questione, la sintesi si arresta e viene prodotta una proteina «troncata», la cui funzionalità è probabilmente compromessa.

Le mutazioni possono colpire due tipi di cellule e quindi avere conseguenze diverse.

Se la mutazione si verifica in una cellula che va incontro a meiosi, ossia in una cellula riproduttiva, l'errore interessa il DNA dei gameti e si parla di **mutazione germinale**. In questo caso, durante la fecondazione, la mutazione potrà essere trasmessa allo zigote e quindi a tutte le cellule del nuovo organismo. Le mutazioni germinali sono nella maggioranza dei casi nocive e determinano l'insorgere delle malattie genetiche ereditarie. Talvolta però questo tipo di mutazione può risultare utile e conferire all'organismo che la possiede una maggiore capacità di adattamento all'ambiente. Sono infatti le mutazioni germinali che rendono possibile l'evoluzione dei viventi.

Se l'errore avviene durante la divisione di una cellula somatica si parla di **mutazione somatica**. Essa rimane circoscritta alla cellula in cui è avvenuta e alle cellule figlie che da essa si generano per mitosi. Le mutazioni somatiche non sono trasmesse alla progenie e in genere non hanno effetti gravi, ma possono determinare l'insorgenza di tumori.

> **IMPARA A IMPARARE**
> Elenca i differenti tipi di mutazione puntiforme illustrati. Per ciascun tipo fornisci una descrizione, un esempio e illustra le conseguenze.

**NELLE RISORSE DIGITALI**
- Video Le mutazioni
- Esercizi interattivi
- Mappa del paragrafo

## ■ Le mutazioni cromosomiche

Alcuni processi che avvengono nella cellula, come il crossing-over durante la meiosi, provocano la rottura di filamenti di DNA. Se questi vengono ricongiunti in modo errato si verificano mutazioni della struttura dei cromosomi, che possono provocare perdita o anomalie nel funzionamento di uno o più geni.

Si conoscono quattro tipi di **mutazioni cromosomiche**.

1. Se un tratto di DNA si stacca e risulta perduto si parla di **delezione**.
2. Si ha una **duplicazione** se un frammento di cromosoma viene duplicato e si posiziona vicino a un frammento uguale già esistente.
3. Nel caso in cui un segmento di DNA si spezzi e si riattacchi ma con l'orientamento invertito si parla di **inversione**.
4. Infine si ha una **traslocazione** quando un frammento di cromosoma si stacca e si va a legare a un altro cromosoma non omologo.

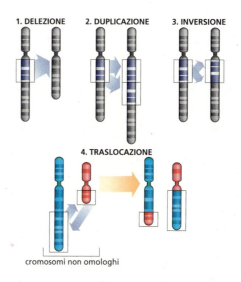

## ■ Le mutazioni genomiche

Sono alterazioni del cariotipo che si verificano quando un individuo presenta dei cromosomi in più o in meno rispetto al numero normale. Esse si originano per *errori nella meiosi*. Per esempio, se l'errore si verifica al momento della disgiunzione dei cromosomi, si formano dei gameti anomali: uno dei quattro gameti che si producono contiene un cromosoma in più, mentre un altro ne contiene uno in meno (gli altri due hanno un numero di cromosomi normale). Se il gamete con un cromosoma in più, al momento della fecondazione, si fonde con un gamete normale si origina un embrione con un cromosoma soprannumerario. Questa condizione viene chiamata **trisomia** ($2n + 1$).

Nella maggior parte dei casi, un embrione con numero di cromosomi anomalo non si sviluppa. Esistono però delle eccezioni: nelle persone affette dalla **sindrome di Down**, la trisomia riguarda il cromosoma 21.

La sindrome di Down è l'anomalia genetica più frequente e colpisce circa un neonato ogni 700.

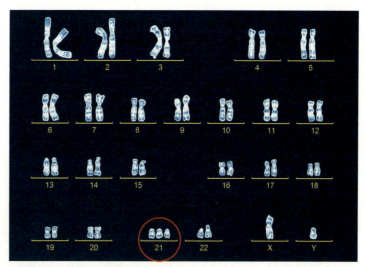

Il cariotipo di una persona affetta da **sindrome di Down** evidenzia la presenza del cromosoma 21 soprannumerario. Questi individui sono caratterizzati da bassa statura, viso tondo, setto nasale appiattito. Le principali conseguenze negative di questa sindrome sono il ritardo mentale e alcuni difetti cardiaci.

## 11. LE MALATTIE GENETICHE

Le malattie genetiche sono malattie ereditarie causate da mutazioni che determinano la mancanza o l'alterazione di una proteina. La maggior parte delle malattie genetiche che colpiscono gli esseri umani è dovuta ad alleli recessivi.

A meno che non si tratti di una mutazione silente, un errore nella duplicazione del DNA provoca un cambiamento nella proteina codificata da un determinato gene. In molti casi la proteina non è funzionante e non può svolgere il proprio compito; nonostante ciò non sempre si sviluppa una **malattia genetica**. Esaminiamo i casi possibili.

**1.** L'allele del gene mutante presente sul cromosoma omologo è normale e fa in modo che la proteina sia ugualmente sintetizzata, garantendo il corretto funzionamento dell'organismo. L'allele mutante è recessivo dato che non si manifesta nel fenotipo di un individuo eterozigote. Gli individui eterozigoti che possiedono un allele mutante non sono affetti dalla malattia e sono detti **portatori sani**.

**2.** L'allele del gene mutante è presente anche sul cromosoma omologo; nessuno dei due alleli è in grado di sintetizzare la proteina, che verrà quindi a mancare completamente nell'organismo. L'individuo è omozigote recessivo per il gene mutante, manifesterà gli effetti della mutazione e sarà quindi **affetto dalla malattia**.

**3.** Alcune malattie si manifestano anche nell'eterozigote in quanto la proteina sintetizzata da un solo allele non è quantitativamente sufficiente a garantire una situazione normale.

La maggior parte delle malattie genetiche umane è dovuta ad alleli recessivi. Tra queste alcune sono abbastanza frequenti.

La **fibrosi cistica** è una grave malattia che porta a un'eccessiva produzione di muco nei polmoni e nell'apparato digerente e si manifesta, tra le persone di pelle bianca, con 1 caso ogni 3300 nati.

L'**albinismo** è dovuto a un allele recessivo che impedisce la sintesi della melanina e porta alla decolorazione della pelle, degli occhi e dei capelli. 1 individuo su circa 22 000 nati è albino.

L'**anemia falciforme** è una malattia che si manifesta sia negli individui omozigoti recessivi per l'allele mutante, sia in quelli eterozigoti. Questi ultimi producono globuli rossi sia normali sia anomali (a forma di falce) e presentano disturbi meno gravi rispetto agli omozigoti recessivi (per i quali tutti i globuli rossi sono anomali). L'allele mutante è molto frequente nella popolazione di pelle nera (1 ogni 500 nati). Questa elevata incidenza ha però una giustificazione: i globuli rossi falciformi non vengono attaccati dal parassita che provoca la malaria, il *Plasmodium*. Nelle aree in cui la malaria è molto diffusa, come l'Africa, avere una parte di globuli rossi anomali è quindi un vantaggio.

Esistono anche alcune malattie genetiche, come l'**ipercolesterolemia**, dovute ad alleli dominanti. Queste malattie si manifestano sia negli omozigoti sia negli eterozigoti e, generalmente, si sviluppano solo in tarda età. Se infatti tali malattie portassero alla morte in età precoce, gli alleli non potrebbero essere trasmessi alla generazione successiva, perché non possono conservarsi negli individui eterozigoti (come invece fanno gli alleli recessivi).

Alcune malattie sono dovute a geni localizzati sui cromosomi sessuali e pertanto si manifestano con frequenza differente nei due sessi. È il caso del **daltonismo** e dell'**emofilia**, malattie che sono più frequenti nei maschi che nelle femmine.

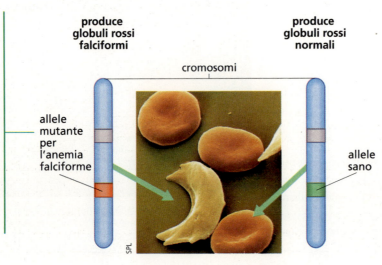

La sostituzione di una timina con un'adenina nel gene che codifica per uno dei due tipi di catene polipeptidiche dell'emoglobina determina il cambiamento di un amminoacido nella catena corrispondente. Questo tipo di emoglobina provoca una malformazione dei globuli rossi che la contengono (globuli «a falce»).

> **IMPARA A IMPARARE**
>
> Riporta in un elenco le malattie genetiche presentate in questo paragrafo. Per ciascuna malattia fornisci una breve descrizione, indicane l'incidenza nella popolazione umana e scrivi se l'allele che la provoca è recessivo o dominante.

### NELLE RISORSE DIGITALI

- **Approfondimento** Le malattie genetiche più frequenti nei maschi
- **Approfondimento** La diagnosi preventiva delle malattie genetiche
- **Esercizi interattivi**
- **Mappa del paragrafo**

# DOMANDE PER IL RIPASSO

ALTRI ESERCIZI SU **ZTE** ONLINE

## PARAGRAFO 1

1. Che cosa sono i caratteri ereditari?
2. Che cosa si intende per fenotipo?
3. Completa.
   L'intero ............... di una ......................, di un ............... o di una specie costituisce il patrimonio ............... .

## PARAGRAFO 2

4. Qual è la funzione dei geni?
5. L'espressione dei geni è influenzata anche da fattori ambientali. ☐V ☐F

## PARAGRAFO 3

6. Che cosa affermava l'ipotesi della mescolanza dei caratteri?
7. Nei suoi esperimenti, Mendel otteneva la generazione parentale per autoimpollinazione. ☐V ☐F

## PARAGRAFO 4

8. Che cosa sono gli alleli?
9. In un individuo eterozigote, l'allele che non viene espresso nel fenotipo è detto:
   - A recessivo.
   - B dominante.
   - C omozigote.
10. Che cosa significano i termini omozigote ed eterozigote?
11. Che cosa afferma la legge della segregazione dei caratteri di Mendel?

## PARAGRAFO 5

12. Che cosa afferma la legge dell'assortimento indipendente di Mendel?
13. Completa.
    Gli alleli di uno stesso gene si trovano nello stesso ............... e si separeranno durante la ............... della ............... .

## PARAGRAFO 6

14. Com'è il fenotipo dell'eterozigote nel caso della dominanza incompleta?

## 15.

15. In caso di dominanza incompleta, gli eterozigoti differiscono dagli omozigoti sia per il genotipo, sia per il fenotipo. ☐V ☐F

## PARAGRAFO 7

16. Spiega come si presenta la codominanza nei gruppi sanguigni umani.
17. Una coppia di genitori, entrambi con gruppo sanguigno AB, può avere figli con gruppo sanguigno A o B. ☐V ☐F

## PARAGRAFO 8

18. Che cosa si intende per ereditarietà poligenica?
19. Quando, nell'espressione di un carattere, un gene maschera l'effetto di un altro si parla di:
    - A variazione continua.
    - B variazione discontinua.
    - C epistasi.

## PARAGRAFO 9

20. Che cos'è il genoma?
21. Quale percentuale del nostro genoma è costituita da DNA non codificante?
    - A Il 3%.
    - B Il 97%.
    - C Non si sa.

## PARAGRAFO 10

22. Che differenza c'è tra mutazioni germinali e somatiche?
23. Una mutazione che porta a un cambiamento della sequenza di amminoacidi di una proteina è chiamata:
    - A delezione.
    - B mutazione di senso.
    - C mutazione non senso.

## PARAGRAFO 11

24. Completa.
    Un individuo è ............... sano di una malattia quando l'allele mutante è ............... e non si manifesta in un individuo ............... .
25. Quale particolarità presentano le malattie dovute a geni collocati sui cromosomi sessuali?

## APPLICA LE TUE CONOSCENZE

Completa la seguente tabella con i dati mancanti.

| Organismo | | | Mus musculus (topolino domestico) | Drosophila melanogaster (moscerino della frutta) | Caenorhabditis elegans (verme cilindrico) | |
|---|---|---|---|---|---|---|
| Numero dei cromosomi | 46 | 40 | | | 12 | 32 |
| Dimensione del genoma (in milioni di coppie di basi - Mbp) | 3200 Mbp | | | 180 Mbp | | 12 Mbp |
| Numero stimato di geni | | 30 000 | | 13 600 | | 6 300 |
| Densità media dei geni | 1/100 000 basi | 1/100 000 basi | | 1/9000 basi | 1/5000 basi | 1/2000 basi |

107

# 6 LABORATORIO DELLE COMPETENZE

## 1 Sintesi: dal testo alla mappa

■ I **caratteri ereditari** sono le caratteristiche fisiche che vengono trasmesse da una generazione all'altra attraverso i **geni**. La disciplina che studia i meccanismi di trasmissione dei caratteri si chiama **genetica**. L'insieme dei geni di una cellula, di un individuo o di una specie costituisce il suo *patrimonio genetico* o **genoma**.

■ Per ciascun carattere (per esempio il colore degli occhi o dei capelli), si riconosce un **fenotipo**, ossia la manifestazione del carattere stesso (per esempio occhi azzurri o capelli castani). Un certo fenotipo dipende dall'espressione di uno o più geni, che avviene grazie alla trascrizione delle informazioni portate dal DNA in proteine. Molte proteine costituiscono nel loro insieme delle **vie metaboliche**, il cui prodotto finale è un determinato fenotipo di un certo carattere. L'espressione di un gene è influenzata anche da fattori ambientali.

■ Lo **studio dell'ereditarietà dei caratteri** iniziò a metà dell'Ottocento a opera di **Gregor Mendel**. Egli condusse i suoi esperimenti incrociando piante di pisello con differenti caratteri, facendo in modo che le piante si riproducessero per **autoimpollinazione** o per **impollinazione incrociata**. Mendel incrociò delle piante che si presentavano come *linee pure* per alcuni caratteri e sulla base dei risultati ottenuti ricavò delle leggi che portano il suo nome.

■ Dai risultati degli incroci Mendel si accorse che ogni carattere veniva determinato da un «fattore ereditario» (il **gene**) presente in due forme alternative (gli **alleli**). Per ogni carattere, infatti, ogni organismo ha due alleli, uno ereditato da un genitore e uno dall'altro. Se i due alleli sono uguali si dice che l'individuo è **omozigote**, se sono diversi l'individuo è detto **eterozigote** per quel carattere. L'allele che controlla il fenotipo dell'eterozigote si dice *allele dominante*, mentre l'altro è l'*allele recessivo*.

■ In base a queste osservazioni, Mendel formulò la **legge della segregazione dei caratteri**, che afferma che *le coppie di alleli si separano (segregano) in maniera indipendente durante la formazione dei gameti*.

■ In una seconda serie di esperimenti, Mendel osservò la trasmissione contemporanea di due caratteri. I risultati lo portarono a formulare la **legge dell'assortimento indipendente**, che afferma che *al momento della formazione dei gameti, gli alleli di un gene si separano (segregano) indipendentemente dagli alleli di un altro gene*. Le conoscenze attuali ci permettono di confermare che ciò avviene perché gli alleli si trovano nello stesso punto, il **locus**, di ciascun cromosoma omologo e che questi ultimi si separano durante la metafase della meiosi. Oggi sappiamo anche che esistono eccezioni a questa legge, dato che due geni situati in due loci molto vicini di uno stesso cromosoma possono essere trasmessi insieme. In questo caso si parla di **caratteri associati**.

■ L'ereditarietà dei caratteri procede anche secondo modelli diversi da quelli scoperti da Mendel. Alcuni caratteri presentano **dominanza incompleta**, cioè nessuno dei due alleli domina sull'altro e pertanto nell'eterozigote si ha un fenotipo diverso da quello delle due linee pure. In altri casi sono presenti più alleli dominanti all'interno della popolazione: è il caso dei gruppi sanguigni umani che presentano la possibilità di una **codominanza**, ovvero di un individuo con due alleli dominanti.

■ Altri caratteri possono essere controllati da più geni: è il caso dell'**ereditarietà poligenica** che determina una variazione continua di un carattere all'interno di una popolazione. In un altro caso, noto come **epistasi**, un gene maschera l'effetto di un altro.

■ Il **genoma umano** è l'insieme dell'informazione genetica degli esseri umani portata dal DNA. Nella nostra specie il genoma è costituito da **23 coppie di cromosomi** e da circa 25 000 geni. Tra le coppie di cromosomi vi è quella di cromosomi sessuali (XX nelle femmine, XY nei maschi). Il *Progetto Genoma Umano* ha sequenziato il DNA umano e ha scoperto che i geni corrispondono solamente al 3% dell'intero genoma. La maggior parte del DNA è **non codificante**, e viene chiamato *DNA spazzatura*, anche se si ritiene che possa in realtà svolgere diverse funzioni.

■ Una variazione della sequenza o del numero di nucleotidi del DNA dovuta a un errore durante la duplicazione determina una **mutazione**. Le mutazioni sono relativamente rare, ma esistono alcuni **agenti mutageni** che ne fanno aumentare la frequenza. Esistono **mutazioni puntiformi**, che interessano uno o pochi nucleotidi, e **mutazioni cromosomiche**, che invece interessano lunghi tratti di DNA. Inoltre esistono cambiamenti nel numero di cromosomi; in questo caso si parla di **mutazioni genomiche**.

■ Alcune mutazioni non hanno conseguenze sul fenotipo, altre determinano cambiamenti dannosi e provocano malattie. Le mutazioni che interessano i gameti provocano un cambiamento nel DNA del nascituro e sono **mutazioni germinali**; quelle che invece interessano solo le cellule di un individuo sono dette **mutazioni somatiche**. In genere queste ultime sono di scarsa importanza, ma in alcuni casi causano l'insorgenza di tumori.

■ In alcuni casi una mutazione porta a un cambiamento della proteina codificata e fa sì che essa non sia funzionante. Molte **malattie genetiche** negli esseri umani sono dovute alla presenza di alleli recessivi, derivanti da mutazioni del DNA. In questo caso, se la mutazione è presente in uno solo dei due cromosomi omologhi, si dice che l'individuo è **portatore sano**, dato che, avendo almeno uno dei due geni funzionante, potrà sintetizzare correttamente la proteina; se invece la mutazione è presente su entrambi i cromosomi, l'individuo non potrà sintetizzare la proteina e quindi è **affetto dalla malattia** genetica.

**Riorganizza i concetti completando le mappe**

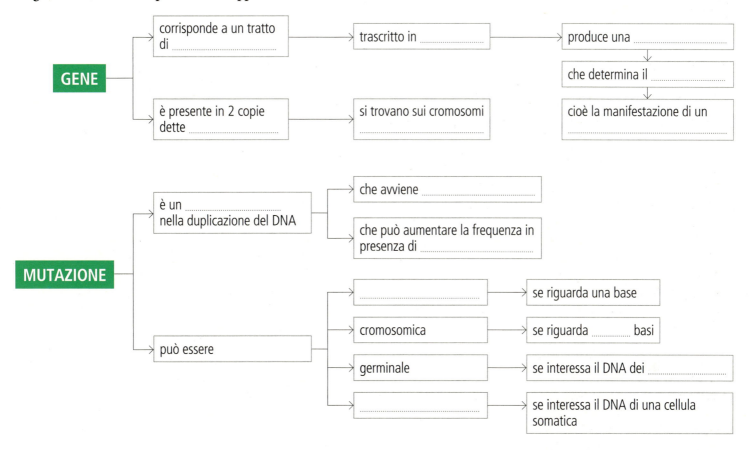

## 2 Collegare i concetti

1. Completa con i termini mancanti.
   Le due copie di uno stesso gene dette ............ si trovano in un punto, detto ............, situato su entrambi i cromosomi ............ . Nel caso in cui due geni si trovino sullo stesso cromosoma possono essere trasferiti in modo indipendente, in accordo con la legge dell' ............ indipendente, oppure come caratteri ............ quando si trovano molto ............ .

2. Il sistema di trasmissione dei caratteri nel quale si presenta il caso della codominanza è quello:
   A della dominanza incompleta.
   B degli alleli multipli.
   C dell'ereditarietà mendeliana.

3. Applica la legge della probabilità a un esempio reale.
   In una famiglia la moglie è portatrice sana dell'allele che determina la fibrosi cistica e il padre è affetto da fibrosi. Che probabilità ha questa coppia di avere un figlio malato? E di avere tre figli tutti sani?

4. Quali tra le seguenti affermazioni relative alle mutazioni sono vere? (3 risposte corrette)
   A Qualsiasi mutazione determina una malattia genetica.
   B Esistono mutazioni che non portano a un cambiamento del DNA.
   C Le mutazioni silenti non portano cambiamenti nelle proteine prodotte.
   D I portatori sani hanno una copia di un allele mutato e una copia dell'allele normale.
   E Le mutazioni non senso determinano uno spostamento della griglia di lettura delle basi.
   F Alcune mutazioni portano a un cambiamento di un solo amminoacido.

5. Completa con i termini mancanti.
   Il fenotipo per un certo carattere è controllato da una o più ............ prodotte a partire dall' ............ la cui sintesi è a sua volta controllata dal DNA, che nel suo insieme costituisce il ............ di una cellula, di un individuo o di una ............ . Negli esseri umani solo il ............ % di quest'ultimo codifica, la maggior parte costituisce infatti il cosiddetto DNA ............ . Questo però non è completamente inutile e si ritiene possa svolgere funzioni di ............ .

## 3 Comprendere un testo

### La distrofia muscolare

*La distrofia muscolare di Duchenne è una delle forme di distrofia che provoca una grave insufficienza dei muscoli volontari; questa forma, la più grave, determina una debolezza progressiva che costringe in sedia a rotelle i ragazzi che ne sono affetti. Questo tipo di distrofia, che ha un'incidenza di un bambino malato su 3500 circa, colpisce i maschi a partire dai 2-5 anni. La malattia è prevalentemente maschile in quanto è assai difficile trovare femmine omozigote: la gravità della malattia in genere è tale da impedire ai maschi che ne soffrono di riprodursi e di trasmettere alle figlie il cromosoma X con l'allele malato. Nel dicembre del 1987 Louis Kunkel ha identificato e isolato una proteina, chiamata distrofina, che è difettosa (o addirittura assente) nei pazienti colpiti da distrofia muscolare. Alcune tra le ricerche più recenti su questa malattia prevedono l'impianto di cellule staminali capaci di promuovere la rigenerazione del tessuto muscolare, mentre altre si basano sulla sperimentazione di farmaci contenenti una proteina, l'utrofina, che potrebbe compensare in qualche modo l'assenza di distrofina.*
(Da H. Curtis, N.S. Barnes, *Invito alla biologia*, sesta edizione, Zanichelli)

**Rispondi alle seguenti domande.**
a. Che cosa provoca la distrofia muscolare di Duchenne?
b. Che incidenza ha questa malattia nella popolazione?
c. Perché questa malattia colpisce quasi esclusivamente individui maschi?

## 4 Approfondire

### Il calcolo delle probabilità e il quadrato di Punnett

Uno dei motivi del successo degli esperimenti di Mendel risiede nel fatto che egli considerò numerosi incroci e un enorme numero di discendenti. Grazie a questo campione molto ampio, Mendel intuì che alla genetica si potevano applicare le leggi della probabilità. Vediamo in che modo.
Per calcolare i risultati degli incroci degli esperimenti di Mendel abbiamo utilizzato lo schema grafico del **quadrato di Punnett**. Esso infatti ci permette di calcolare facilmente le probabilità con cui compaiono i vari tipi di genotipo e di fenotipo nella prole.
La **probabilità** che un evento accada è data dal rapporto tra il numero di eventi favorevoli e il numero di eventi possibili. Come quando si lancia una moneta per fare «testa o croce», il figlio di un incrocio tra due cavalli eterozigoti (*Bb*) per il colore del mantello ha 1/2 (ossia il 50%) di probabilità di ricevere un allele *B* e altrettante di ricevere l'allele *b*.
Qual è la probabilità che un figlio erediti due specifici alleli, ognuno proveniente da un genitore?
Per calcolare il risultato dobbiamo **moltiplicare** le probabilità dei singoli eventi che avvengono in modo indipendente. È lo stesso calcolo che dobbiamo fare per calcolare la probabilità di ottenere un doppio 5 lanciando contemporaneamente due dadi:

- probabilità di ottenere 5 sul primo dado = $\frac{1}{6}$;
- probabilità di ottenere 5 sul secondo dado = $\frac{1}{6}$;
- probabilità di ottenere 5 contemporaneamente su entrambi i dadi = $\frac{1}{6} \times \frac{1}{6} = \frac{1}{36}$.

Nel nostro esempio:

- probabilità di ricevere *BB* = $\frac{1}{2} \times \frac{1}{2} = \frac{1}{4}$ ossia 25%;
- probabilità di ricevere *Bb* = $\frac{1}{2} \times \frac{1}{2} = \frac{1}{4}$ ossia 25%;
- probabilità di ricevere *bB* = $\frac{1}{2} \times \frac{1}{2} = \frac{1}{4}$ ossia 25%;
- probabilità di ricevere *bb* = $\frac{1}{2} \times \frac{1}{2} = \frac{1}{4}$ ossia 25%.

Il quadrato di Punnett mette subito in evidenza le probabilità genotipiche. Per calcolare i risultati fenotipici è necessario **sommare** i risultati dei vari eventi.
Dato che i genotipi *BB* e *Bb* determinano lo stesso fenotipo (mantello nero), la probabilità che la prole abbia un mantello di colore nero è di $\frac{1}{4} + \frac{1}{4} + \frac{1}{4} = \frac{3}{4}$, cioè del 75%. Osserva che il quadrato di Punnett non fornisce questo risultato; il calcolo deve essere eseguito in un secondo momento.

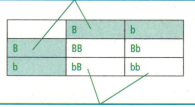

Per costruire il quadrato di Punnett relativo all'incrocio di due genitori si scrivono gli alleli del parente 1 (in questo caso *Bb*) sul lato sinistro del quadrato di Punnett, un allele per riga; poi gli alleli del parente 2 (*Bb*) sul lato superiore, un allele per colonna.

Nei cavalli l'allele *B* è dominante per il colore del mantello nero; *b* è recessivo per il colore del mantello bruno.

Poi si ricopiano, riga per riga e colonna per colonna, i simboli degli alleli dei genitori 1 e 2. In ogni quadrato si leggono le possibili combinazioni genotipiche presenti nella generazione $F_1$.

### ORA PROVA TU

Nella specie umana il lobo dell'orecchio staccato è un carattere dominante (*E*) su quello attaccato (*e*) e l'attaccatura dei capelli a punta (*P*) è dominante sull'attaccatura dritta (*p*).
Da una coppia di genitori nasce un figlio con lobo staccato e attaccatura a punta. Sapendo che uno dei genitori ha lobo staccato e attaccatura dritta e l'altro ha lobo attaccato e attaccatura a punta, dopo aver compilato il quadrato di Punnett necessario, elenca i possibili genotipi del figlio. Calcola poi la probabilità associata a ciascun genotipo.

## 5 Formulare un'ipotesi

### Tipi di mutazione

Gioca al telefono senza fili: disponiti a semicerchio insieme ai compagni e inventa una frase. Di' nell'orecchio del compagno vicino la frase, il tuo compagno la ripeterà al compagno successivo e così via fino all'ultimo, che la dirà ad alta voce.
Trovi analogie tra questo gioco e le mutazioni genetiche?

## 6 Fare una previsione

### Gruppi sanguigni

Una coppia è formata da madre con gruppo sanguigno AB e padre con gruppo sanguigno 0. Che probabilità avrà questa coppia di avere due figli entrambi con gruppo sanguigno B?

## 7 Studiare un caso reale

### L'albero genealogico di una malattia genetica

L'albinismo è una malattia genetica caratterizzata dalla mancanza di melanina, il pigmento che colora la pelle e i peli. Questa malattia può presentarsi sia negli esseri umani sia negli altri mammiferi, nei rettili e negli anfibi.
Per studiare le malattie genetiche i biologi ricorrono spesso alla costruzioni di alberi genealogici, in cui vengono rappresentati i membri di una certa famiglia sani e quelli malati. Nello schema rappresentato qui sotto, è riportato l'albero genealogico di una famiglia in cui sono presenti degli albini:
▸ i maschi sono rappresentati da quadrati, le femmine da cerchi;
▸ gli individui sani sono colorati in nero mentre gli albini sono in bianco;
▸ l'individuo contrassegnato dalla X è albino.
Rispondi, fornendo una motivazione, alle seguenti domande.
▸ Che rapporti di parentela ha con gli altri albini della famiglia?
▸ Possiede parenti stretti (genitori o fratelli) affetti da albinismo?
▸ Puoi fare delle ipotesi su quali componenti della famiglia siano portatori sani?
▸ A tua parere la malattia ha a che fare con il fatto che la persona sia maschio o femmina?
▸ L'albinismo è una malattia portata da un allele recessivo o dominante?

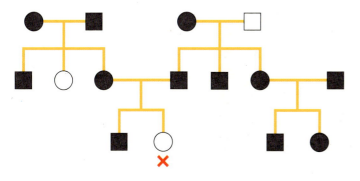

## 8 Simulare una situazione

### L'ereditarietà del colore degli occhi

Supponiamo che il carattere colore degli occhi negli esseri umani sia dovuto a due geni (in realtà si ritiene che siano più di due). Costruisci un quadrato di Punnett, simile a quello per il colore della pelle (a pagina 102), partendo da un genitore con occhi neri e uno con occhi azzurri. Per i fenotipi intermedi scegli dei colori plausibili quali il verde e i diversi toni di marrone. Quanti fenotipi si riscontrano? Con quali frequenze? Come prevedi che sia il numero di fenotipi nella situazione reale con più geni?

## 9 Formulare un'ipotesi

### Il testcross

Se per un carattere un individuo presenta il fenotipo dominante, non si può dire con certezza quale sia il genotipo corrispondente. Nel caso del fiore della pianta di pisello, il fenotipo viola può essere determinato da un genotipo omozigote *CC* o eterozigote *Cc*. Per risolvere l'ambiguità si ricorre al testcross: un incrocio tra un individuo con il genotipo sconosciuto (pianta a fiori viola) e un individuo omozigote recessivo (pianta a fiori bianchi).

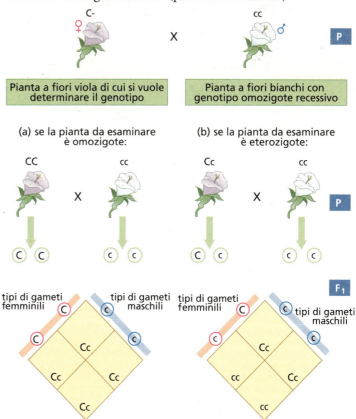

Completa i quadrati di Punnett della figura.
▸ Che cosa noti nel fenotipo delle generazioni F1?
▸ In base a quale evento puoi discriminare tra il genotipo eterozigote e quello omozigote per la pianta a fiori viola della generazione P?

# 7 FORMA E FUNZIONE DEGLI ORGANISMI

Qualunque sia il livello di organizzazione biologica che consideriamo, esiste una stretta correlazione tra la **forma** delle strutture del corpo di un organismo e la loro **funzione**.
A livello cellulare un esempio è offerto dai globuli rossi, che con la loro forma a dischetto appiattito possono passare all'interno dei vasi sanguigni più sottili. Lo stesso stretto legame tra forma e funzione si ritrova anche a livello di tessuti, di organi e di apparati.
Questa correlazione tra forma e funzione dei diversi livelli di organizzazione biologica è il frutto della lunga **storia evolutiva** delle specie. Per esempio, il panda maggiore (*Ailuropoda melanoleuca*) – che come tutti gli orsi non ha un pollice opponibile alle altre dita – per poter trattenere con facilità i rami di bambù di cui si ciba possiede un particolare adattamento: un osso del polso molto sviluppato che «simula» un sesto dito opponibile.

 TEST D'INGRESSO

 Laboratorio delle competenze
pagine 122-123

# PRIMA DELLA LEZIONE

 **Guarda il video *Forma e funzione degli organismi*, che presenta gli argomenti dell'unità.**

Come puoi vedere nel video, molti animali hanno una simmetria bilaterale. Anche il corpo degli esseri umani può essere diviso da un piano di simmetria che lo separa in due parti speculari. Quale di queste immagini rappresenta correttamente il nostro piano di simmetria?

A   B   C

Organizza in ordine gerarchico i seguenti termini, partendo da quello a maggiore complessità fino ad arrivare a quello più semplice. Per ciascuno di essi scrivi un esempio.

☐ organi   esempio ............................................................................................
☐ cellule   esempio ............................................................................................
☐ tessuti   esempio ............................................................................................
☐ apparati  esempio ............................................................................................

**Guarda le fotografie scattate durante un esperimento sulla densità dei tessuti.**

Prova a misurare la densità del tessuto muscolare e del tessuto osseo, utilizzando una costata di manzo, una coscia di pollo o altri tessuti animali.

**1** Per prima cosa separa i diversi tessuti. Per esempio, nel caso di una coscia di pollo, disossala utilizzando un coltello, e stacca il tessuto muscolare dall'osso. Togli anche la pelle, di cui misurerai la densità in un secondo momento.

**2** Ora devi determinare massa e volume di ciascun tessuto. Per misurare la massa, è sufficiente una bilancia da cucina. Riporta i valori ottenuti per ciascun tessuto separato (muscolo, osso e, eventualmente, pelle).

**3** Per misurare il volume, riempi d'acqua fino all'orlo un bicchiere grande e appoggialo in una scodella. Immergi delicatamente il pezzo di tessuto nel bicchiere (se dovesse galleggiare spingilo sotto il livello dell'acqua utilizzando la punta di un coltello o uno stuzzicadenti).

**4** Parte dell'acqua traboccherà dal bicchiere e andrà nella scodella: il volume di quest'acqua è uguale al volume del tessuto. Pertanto è sufficiente misurare il volume dell'acqua nella scodella utilizzando un contenitore graduato e registrarne il valore per ciascun tessuto.

A questo punto puoi procedere a calcolare il valore della densità di ciascun tessuto, dividendo la massa (in g) per il volume (in cm$^3$). Quali valori hai ottenuto?
Potrai approfondire le principali caratteristiche dei diversi tessuti e le loro funzioni nel paragrafo 3 di questa unità.

# 1. L'ORGANIZZAZIONE STRUTTURALE DEGLI ANIMALI

Il corpo degli animali presenta un piano strutturale che può essere descritto in base al tipo di simmetria. Gli animali hanno una grande varietà di forme, basate su un numero limitato di piani strutturali.

Nel corpo degli animali è possibile riconoscere un'organizzazione generale che ne costituisce il piano strutturale. Il **piano strutturale** del corpo di una certa specie dipende principalmente dal suo adattamento all'ambiente e dal suo percorso evolutivo. Infatti, qualunque sia il piano strutturale di un animale, la forma di una parte o dell'intero corpo è correlata alla funzione che svolge.

Tra gli unicellulari e gli animali si incontra un numero relativamente limitato di piani strutturali differenti: per descriverli ci si può riferire al tipo di **simmetria** che contraddistingue il loro corpo. Il tipo di simmetria è di grande importanza sia dal punto di vista sistematico sia da quello ecologico. Questa proprietà, infatti, è un carattere utile per descrivere una specie e fornisce anche indizi sulle sue abitudini di vita.

Gli organismi con un piano strutturale privo di simmetria sono pochi: solamente alcune specie di spugne e alcuni protozoi, come le amebe, presentano un *corpo asimmetrico*. Nel corpo della maggior parte degli animali e degli unicellulari è infatti presente almeno un piano di simmetria.

In base al tipo di simmetria è possibile riconoscere due piani strutturali fondamentali.

**1.** Un piano strutturale molto diffuso nel regno animale è quello che presenta una **simmetria raggiata**. Alcune spugne, i celenterati (come gli anemoni di mare) e gli echinodermi (come le stelle marine e i ricci di mare) hanno un corpo con questo tipo di simmetria. Il piano strutturale a simmetria raggiata è caratteristico degli animali che vivono sul fondo del mare, siano essi fissi, come gli anemoni, o che si spostino lentamente, come le stelle marine. Si trova inoltre in altri animali, come le meduse, che si fanno trasportare passivamente dalle correnti marine.

**2.** La maggior parte degli animali che si sposta in modo attivo nell'ambiente presenta invece una **simmetria bilaterale**. Lo sviluppo di tale simmetria ha rappresentato una tappa fondamentale dell'evoluzione dei primi animali e oggi è quella più diffusa. Questo tipo di piano strutturale è correlato con una direzione di movimento preferenziale dell'animale: l'estremità situata nella direzione in cui l'organismo si muove è caratterizzata dalla presenza di un *capo*, che porta gli organi di senso e quelli che permettono di elaborare le informazioni. Negli animali a simmetria bilaterale è possibile anche riconoscere una *superficie ventrale*, il lato in cui è situata la bocca, e una *superficie dorsale*, il lato opposto. Gli animali con simmetria bilaterale possiedono una notevole capacità di perlustrazione dell'ambiente esterno, vantaggiosa per la ricerca di cibo e, in generale, per la sopravvivenza della specie.

A questi due tipi principali si aggiunge la **simmetria sferica**, che riguarda alcuni organismi eucarioti unicellulari. Negli organismi a simmetria sferica è possibile immaginare un numero infinito di piani di simmetria passanti per il centro del corpo – ovvero della cellula – che lo dividono in parti specularmente uguali.

### IMPARA A IMPARARE

Individua nel testo i possibili piani strutturali degli organismi unicellulari e degli animali. Per ciascun tipo indica il numero di piani di simmetria presenti, quali organismi lo possiedono e le loro principali caratteristiche ecologiche. Infine, fai una rappresentazione schematica del corpo di un organismo per ciascun tipo di piano strutturale, indicando i piani di simmetria.

### NELLE RISORSE DIGITALI

- Video La simmetria negli animali
- Esercizi interattivi
- Mappa del paragrafo

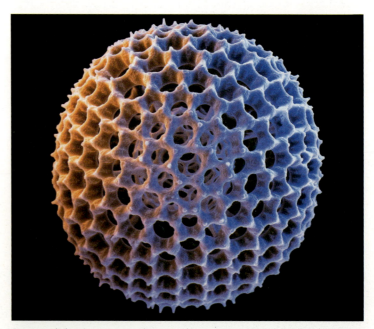

Questo *radiolare* è un esempio di protista (organismo eucariota unicellulare) dotato di **simmetria sferica**.

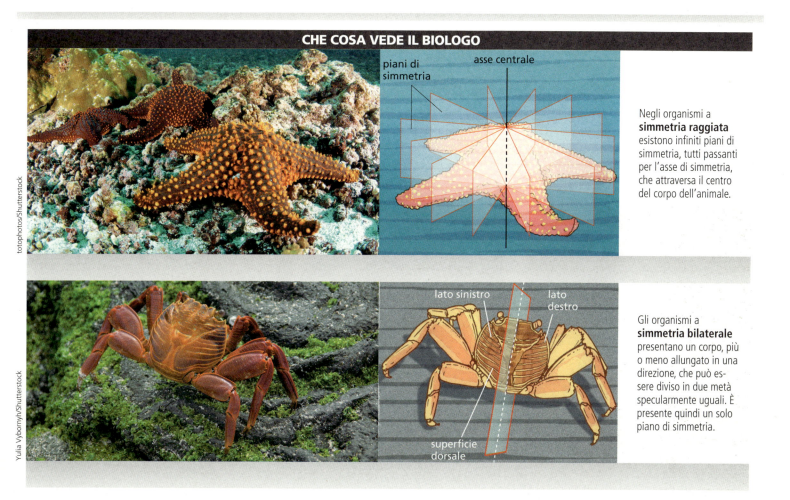

## CHE COSA VEDE IL BIOLOGO

Negli organismi a **simmetria raggiata** esistono infiniti piani di simmetria, tutti passanti per l'asse di simmetria, che attraversa il centro del corpo dell'animale.

Gli organismi a **simmetria bilaterale** presentano un corpo, più o meno allungato in una direzione, che può essere diviso in due metà specularmente uguali. È presente quindi un solo piano di simmetria.

### ■ La correlazione tra struttura e funzione

Come abbiamo visto, la varietà di piani strutturali del corpo degli animali è piuttosto limitata. Al contrario, la diversità di forme che gli organi o le differenti parti del corpo possono assumere è notevole. In generale si può affermare che *le strutture del corpo di un animale sono strettamente correlate alle funzioni che svolgono*.

Le strutture che in organismi di diverso tipo svolgono funzioni diverse, ma hanno una comune derivazione a livello embrionale, sono dette **strutture omologhe**. È il caso, per esempio, dell'ala di un uccello e della pinna di una balena. In genere le strutture omologhe conservano una certa somiglianza anatomica anche quando svolgono funzioni molto diverse tra loro.

Altre strutture svolgono la stessa funzione ma hanno una diversa origine embrionale: ne sono un esempio l'ala di un insetto e quella di un uccello. Tali strutture vengono dette **strutture analoghe**. Le strutture analoghe possono avere un aspetto simile, ma a un esame più attento mostrano grandi differenze anatomiche.

La pinna di una balena e l'ala di un uccello sono **strutture omologhe**.

L'ala di un uccello e quella di un insetto sono **strutture analoghe**.

115

UNITÀ 7 Forma e funzione degli organismi

# 2. APPARATI E ORGANI DEGLI ANIMALI

Nel corpo umano e degli animali sono presenti diversi apparati, ciascuno dei quali svolge una determinata funzione vitale. Gli apparati sono formati da organi, a loro volta costituiti da tessuti. I tessuti sono costituiti da cellule.

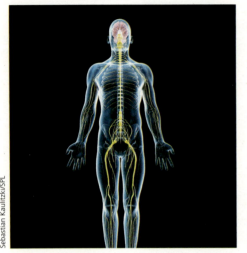

Il **sistema nervoso** è composto da vari organi (cervello, midollo spinale, nervi).

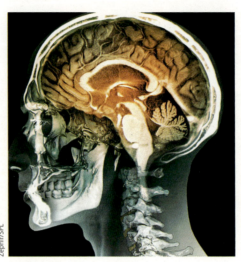

Il **cervello** è l'organo più voluminoso del sistema nervoso.

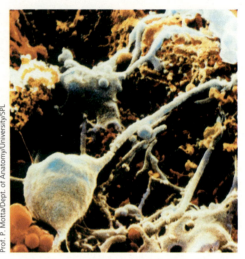

Il **tessuto nervoso** è costituito da **cellule** di diverso tipo (neuroni e cellule di sostegno).

In ogni essere vivente è possibile individuare diverse funzioni vitali. Negli animali, ciascuna funzione vitale viene portata a compimento da un **apparato** o **sistema**. Gli apparati collaborano tra loro e permettono la sopravvivenza dell'individuo (e della specie).

Ciascun apparato è costituito da diversi **organi**, che cooperano tra loro permettendo così il funzionamento dell'intero apparato. Gli organi sono a loro volta costituiti da tessuti.

Un **tessuto** è un insieme di cellule, generalmente simili tra loro, che cooperano nello svolgimento della stessa funzione. Nel corpo umano e in quello degli animali sono presenti diversi tipi di tessuto, che saranno descritti dettagliatamente nel prossimo paragrafo.

La **cellula** rappresenta l'unità funzionale degli esseri viventi ed è alla base dell'organizzazione strutturale degli animali.

Le **funzioni vitali** che vengono svolte dagli apparati del corpo umano sono numerose.

**1.** L'assunzione, la digestione e l'assorbimento del cibo si realizzano nell'**apparato digerente**.
**2.** Il rifornimento dell'ossigeno e più in generale lo scambio dei gas tra l'interno e l'esterno del corpo sono garantiti dall'**apparato respiratorio**.
**3.** Il trasporto dell'ossigeno e delle sostanze necessarie alla vita delle cellule e la rimozione delle sostanze di rifiuto sono compiti del **sistema circolatorio**. Esso è costituito dall'*apparato cardiovascolare*, che compie la maggior parte delle funzioni appena descritte e in cui circola il sangue, e dal *sistema linfatico*, che mantiene costante il volume del sangue. Associato al sistema circolatorio si trova anche il **sistema immunitario**, che difende l'organismo dalle infezioni.
**4.** La filtrazione del sangue e l'eliminazione delle sostanze di rifiuto prodotte dal metabolismo sono le funzioni svolte dall'**apparato escretore**.
**5.** La percezione, l'elaborazione e la risposta agli stimoli ricevuti dagli organi di senso sono le principali azioni svolte dal **sistema nervoso**, coadiuvato nel controllo delle attività corporee dal **sistema endocrino**.
**6.** La funzione di sostegno del corpo – insieme a quella di protezione degli organi vitali – è svolta dall'**apparato scheletrico**. Insieme all'**apparato muscolare** esso collabora per realizzare il movimento delle parti del corpo e quindi dell'intero organismo.
**7.** L'**apparato riproduttore** permette all'organismo di produrre prole. È l'unico apparato che non è indispensabile per la sopravvivenza del singolo individuo, ma è di fondamentale importanza per la sopravvivenza della specie.

### IMPARA A IMPARARE

Ricerca nel testo e nella figura della pagina seguente tutti gli apparati presenti nel corpo umano. Fai un elenco e per ciascun apparato indica la funzione che svolge.

### NELLE RISORSE DIGITALI

- Esercizi interattivi
- Mappa del paragrafo

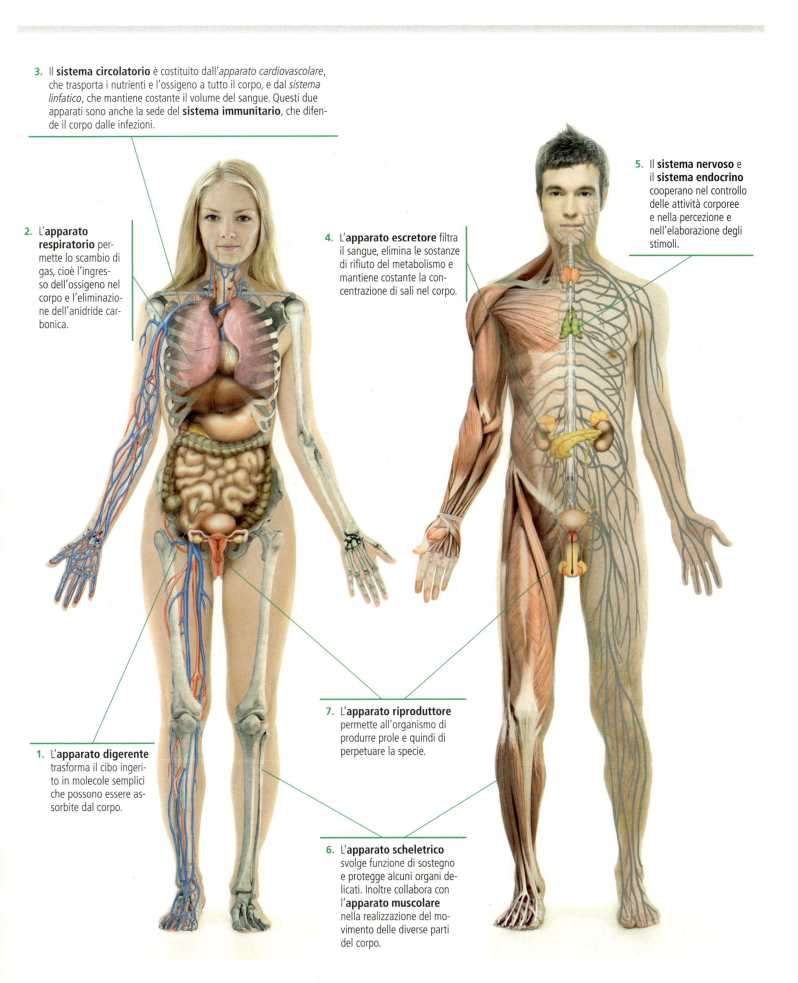

**3.** Il **sistema circolatorio** è costituito dall'*apparato cardiovascolare*, che trasporta i nutrienti e l'ossigeno a tutto il corpo, e dal *sistema linfatico*, che mantiene costante il volume del sangue. Questi due apparati sono anche la sede del **sistema immunitario**, che difende il corpo dalle infezioni.

**2.** L'**apparato respiratorio** permette lo scambio di gas, cioè l'ingresso dell'ossigeno nel corpo e l'eliminazione dell'anidride carbonica.

**4.** L'**apparato escretore** filtra il sangue, elimina le sostanze di rifiuto del metabolismo e mantiene costante la concentrazione di sali nel corpo.

**5.** Il **sistema nervoso** e il **sistema endocrino** cooperano nel controllo delle attività corporee e nella percezione e nell'elaborazione degli stimoli.

**1.** L'**apparato digerente** trasforma il cibo ingerito in molecole semplici che possono essere assorbite dal corpo.

**7.** L'**apparato riproduttore** permette all'organismo di produrre prole e quindi di perpetuare la specie.

**6.** L'**apparato scheletrico** svolge funzione di sostegno e protegge alcuni organi delicati. Inoltre collabora con l'**apparato muscolare** nella realizzazione del movimento delle diverse parti del corpo.

# 3. I TESSUTI ANIMALI

Negli animali sono presenti diversi tipi di tessuto, ciascuno dei quali possiede caratteristiche che dipendono dalle funzioni assolte dall'organo di cui il tessuto fa parte.

Nel corpo umano si possono distinguere quattro tipi fondamentali di tessuto: il *tessuto epiteliale*, che compie funzioni di rivestimento e di secrezione; il *tessuto connettivo*, la cui funzione è di collegare e sostenere organi e tessuti; il *tessuto muscolare*, che grazie alla sua capacità di contrarsi realizza il movimento; il *tessuto nervoso*, che trasporta le informazioni da una parte all'altra del corpo (compreso il cervello). Le funzioni svolte da questi ultimi due tessuti sono strettamente collegate: il tessuto nervoso, infatti, controlla e induce le contrazioni dei vari muscoli del corpo.

**1.** Il **tessuto epiteliale** è costituito da cellule adiacenti che formano una superficie libera, aperta agli scambi con l'esterno, e una superficie che aderisce a una membrana, detta *membrana basale dell'epitelio*. Esistono due tipi principali di tessuto epiteliale.

- L'**epitelio di rivestimento** ricopre la superficie esterna del corpo, alcuni organi interni e le loro cavità e i vasi sanguigni. Gli epiteli di rivestimento vengono classificati in base alla disposizione delle cellule in strati: possono essere *semplici*, se presentano un solo strato di cellule, o *stratificati*, se ne presentano diversi. A seconda della forma delle cellule si distinguono epiteli *squamosi* (con cellule

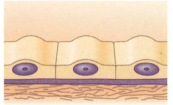

Un esempio di **epitelio semplice** è quello che forma la membrana di rivestimento della cavità addominale.

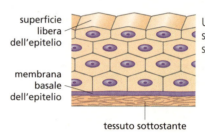

Un esempio di **epitelio stratificato** (in questo caso di tipo squamoso) è quello che riveste la parete interna dell'esofago.

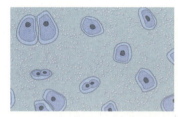

Il **tessuto connettivo cartilagineo** è formato da cellule immerse in una matrice di fibre di collagene, che rendono il tessuto resistente ed elastico. Le cartilagini rivestono le superfici articolari e costituiscono alcune parti del corpo, come il naso e le orecchie.

Il **tessuto connettivo lasso** è composto da fibre proteiche di vario tipo (come il collagene) in cui sono inseriti vari tipi di cellule. La funzione del connettivo lasso è unire e connettere altri tessuti e organi; per esempio, circonda i vasi sanguigni e i nervi e si trova nello strato profondo della pelle.

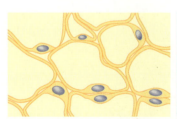

Il **tessuto connettivo adiposo** è formato da cellule che contengono depositi di sostanze grasse. Esso rappresenta la riserva energetica degli animali, svolge la funzione di proteggere gli organi interni e contribuisce a mantenere la temperatura corporea dell'organismo, isolandolo termicamente.

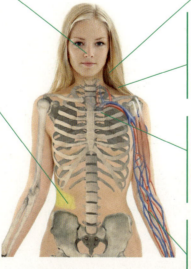

Il **tessuto connettivo fibroso** è costituito da una matrice di fibre di collagene strettamente impacchettate ed intrecciate. È un materiale resistente e elastico che forma alcune parti del nostro scheletro, quali tendini e legamenti.

Il **tessuto connettivo osseo** è il tessuto rigido che costituisce lo scheletro. La rigidità è data dalla matrice costituita da fibre di collagene impregnate di sali di calcio.

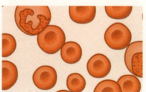

Il **sangue** è un tessuto connettivo la cui matrice, il *plasma*, è fluida. Il sangue trasporta l'ossigeno e le sostanze necessarie alle cellule di tutti i tessuti del corpo.

piatte), *cubici* e *cilindrici*.
- L'**epitelio ghiandolare** forma la parte secernente delle ghiandole. Gli epiteli ghiandolari producono e secernono particolari sostanze come il muco, gli enzimi digestivi, il sudore, la saliva, il latte ecc.

**2.** Il **tessuto connettivo** è formato da cellule sparse immerse in una *matrice*. Questa è costituita da una *sostanza fondamentale* fluida, gelatinosa oppure solida, ed è prodotta dalle cellule stesse che costituiscono il connettivo. La sostanza fondamentale può contenere acqua e molti tipi di molecole organiche, come proteine e polisaccaridi. Esistono numerosi tipi di tessuto connettivo e la loro classificazione si basa sul tipo di matrice presente e sulla funzione che svolgono: alcuni costituiscono la struttura del corpo (per esempio il tessuto connettivo osseo e quello cartilagineo); altri svolgono funzioni di trasporto (come il sangue e la linfa); altri servono per immagazzinare sostanze (per esempio il tessuto connettivo adiposo).

**3.** Il **tessuto muscolare** è il tessuto più abbondante nel corpo dei vertebrati; per esempio, negli esseri umani costituisce quasi il 50% del peso corporeo. È formato da cellule allungate, dette *fibre muscolari*, in grado di generare forza e di contrarsi. Negli animali omeotermi (cioè in grado di mantenere costante la propria temperatura corporea), il tessuto muscolare contribuisce, con la propria contrazione, a generare e mantenere il calore corporeo.

Esistono tre tipi di tessuto muscolare.
- Il **tessuto muscolare scheletrico** (o *striato*) si trova in tutti i muscoli collegati allo scheletro ed è il tessuto muscolare responsabile dei movimenti volontari e del mantenimento della postura del corpo.
- Il **tessuto muscolare liscio** si trova nella *muscolatura involontaria*, ovvero nei muscoli che rivestono le pareti dell'apparato digerente, le arterie e gli organi interni che hanno capacità di contrarsi, come l'utero o la vescica.
- Il **tessuto muscolare cardiaco** forma una buona parte delle pareti del cuore.

**4.** Il **tessuto nervoso** è formato da due tipi di cellule.
- I **neuroni**, o *cellule nervose*, sono le unità funzionali del sistema nervoso, specializzate nella trasmissione degli impulsi nervosi. Sono formati da un grosso corpo cellulare, contenente il nucleo e gli organuli cellulari. Dal corpo cellulare si dipartono due tipi di appendici: i *dendriti*, brevi e ramificati, presenti in gran numero su ciascun neurone, e l'*assone*, una fibra spessa, lunga e non ramificata se non nella sua parte terminale. Ogni neurone possiede un solo assone, che può essere molto lungo.
- Le **cellule di sostegno** (per esempio le *cellule di Schwann*) sono delle cellule che si arrotolano intorno all'assone formando la **guaina mielinica**, una sostanza bianca, densa e isolante.

### IMPARA A IMPARARE
Costruisci una tabella indicando nelle colonne:
1. i quattro tipi fondamentali di tessuto;
2. i diversi tessuti appartenenti a ciascun tipo fondamentale;
3. una breve descrizione di ogni tessuto;
4. alcuni esempi di organi costituiti principalmente da quel tipo di tessuto.

### NELLE RISORSE DIGITALI
- Esercizi interattivi
- Mappa del paragrafo

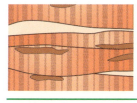

Il **tessuto muscolare scheletrico** è formato da cellule (dette *fibre*) molto lunghe e dotate di più nuclei. Le fibre sono organizzate in fasci e presentano un'alternanza di bande chiare e scure (striatura).

Il **tessuto muscolare cardiaco** è striato come il tessuto muscolare scheletrico, ma le sue contrazioni sono involontarie come quelle del tessuto muscolare liscio. Esso è costituito da una fitta rete di cellule ramificate, unite tra loro.

Il **tessuto muscolare liscio** è costituito da cellule affusolate dotate di un solo nucleo.

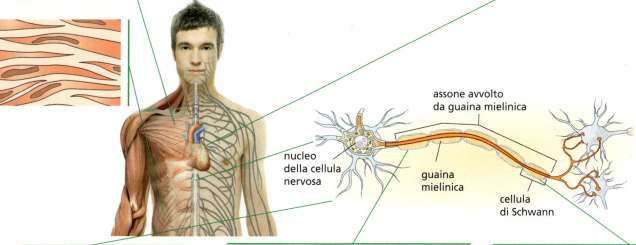

La funzione dei **dendriti** è di ricevere gli stimoli da altre cellule e di trasmetterli verso il corpo cellulare.

La funzione dell'**assone** è di condurre l'impulso dall'interno verso l'esterno della cellula, cioè verso un altro neurone o verso una cellula muscolare o ghiandolare.

I brevi tratti fra due cellule di Schwann successive in cui il neurone è scoperto sono detti **nodi di Ranvier**.

UNITÀ 7 Forma e funzione degli organismi

# 4. L'ORGANIZZAZIONE STRUTTURALE DELLE PIANTE

L'anatomia delle piante è basata su tre organi principali: le radici, che ancorano al suolo il vegetale, il fusto, che fornisce sostegno, e le foglie, sede della fotosintesi.

Il **fusto** svolge le funzioni di sostegno, permettendo lo sviluppo verticale della pianta, e di trasporto delle sostanze nutritive dalle radici all'apice della pianta e viceversa.

La **radice**, per assolvere alle sue funzione di ancoraggio e assorbimento, spesso è molto ramificata ed estesa.

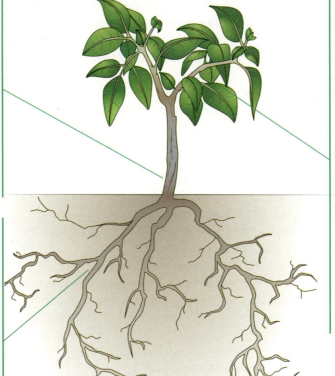

La **foglia** è la sede principale della fotosintesi e, pertanto, ha la necessità di esporsi alla luce solare. La maggior parte delle foglie si trova perciò nella parte superiore della pianta, esterna rispetto al fusto. La foglia è collegata al ramo dal picciolo, che la distanzia da esso.

Gli **organismi vegetali** svolgono le stesse funzioni vitali che caratterizzano gli altri viventi. Si differenziano dagli animali per il modo con cui ricavano i composti necessari ai processi vitali. Le piante sono infatti organismi **autotrofi**, cioè sintetizzano (mediante la *fotosintesi*) le molecole organiche da cui ricavano energia.

Sebbene esista un'enorme varietà di specie vegetali, è possibile riconoscere nella struttura delle piante terrestri un unico modello di base. Questa omogeneità delle specie vegetali si deve al fatto che tutte discendono da una forma primitiva, evolutasi da un'alga. Nel passaggio dalla vita acquatica all'ambiente subaereo, le piante si sono trovate a dover risolvere alcuni problemi.

**1.** Una pianta terrestre deve generalmente ancorarsi al suolo, sia per avere una sede fissa, sia perché il suolo fornisce acqua e nutrienti fondamentali. L'organo che assolve ambedue le funzioni è la **radice**.
**2.** L'aria ha una densità molto minore rispetto a quella dell'acqua e fornisce, pertanto, un sostegno minore rispetto a quello che garantisce l'ambiente acquatico. Le piante terrestri hanno quindi bisogno di una struttura di sostegno che trasporti gli organi fotosintetici verso l'alto, in modo da esporli il più possibile alla luce del sole. L'organo che svolge questo compito è il **fusto**.
**3.** L'ambiente terrestre comporta la perdita d'acqua per evaporazione, attraverso lo stesso organo in cui si svolge la fotosintesi, ovvero la **foglia**. Le piante hanno ovviato a questo problema con una serie di adattamenti (di cui parleremo nell'unità 11).

La radice, il fusto e le foglie sono costituiti da diversi tipi di tessuto.

### IMPARA A IMPARARE

Fai un disegno schematico che rappresenti una generica pianta. Scrivi i nomi delle tre parti fondamentali e illustra la funzione di ciascuna di esse.

### NELLE RISORSE DIGITALI

- Approfondimento I tessuti vegetali
- Esercizi interattivi
- Mappa del paragrafo

# DOMANDE PER IL RIPASSO

## PARAGRAFO 1
1. Qual è la forma del corpo di un protozoo a simmetria sferica?
2. Quali organismi hanno simmetria sferica?
3. Quale tra i seguenti animali ha simmetria raggiata?
   - A Un granchio.
   - B Un riccio di mare.
   - C Un radiolare.
4. Quanti sono i piani di simmetria di un animale a simmetria raggiata?
5. Quali sono i vantaggi evolutivi per un animale a simmetria bilaterale?
6. Per strutture analoghe si intendono parti anatomiche aventi stessa ................... e diversa ................... .
   Per strutture omologhe si intendono parti anatomiche aventi stessa ................... e diversa ................... .

## PARAGRAFO 2
7. Che cos'è un apparato?
8. Che cos'è un tessuto?
9. Un tessuto è l'unità fondamentale degli esseri viventi. V F
10. Quali sono gli apparati del corpo umano?
11. Quale funzione svolge il sistema nervoso?
12. Completa.
    Il sistema ................... è costituito dall'apparato cardiovascolare, che trasporta alle cellule l'................... e tutte le sostanze necessarie alla vita, e dal sistema ................... che mantiene costante il volume del sangue.

## PARAGRAFO 3
13. Che cosa sono gli epiteli?
14. Completa.
    Gli ................... semplici presentano un solo ................... di cellule, quelli ................... ne presentano diversi. A seconda della ................... delle cellule, si distinguono in ................... (con cellule piatte), ................... e cilindrici.
15. Quali caratteristiche accomunano i tessuti connettivi?
16. Quali tipi di tessuto connettivo esistono?
17. Esistono tessuti con matrice liquida? Fai un esempio.
18. Qual è la funzione del tessuto connettivo adiposo?
19. Quali caratteristiche possiede il tessuto muscolare?
20. Completa.
    Il tessuto muscolare ................... riveste le arterie e gli organi interni, quello ..................., invece, è responsabile dei movimenti ................... e della postura del corpo.
21. Quali funzioni svolge il tessuto muscolare?
22. Quali tipi di cellule compongono il sistema nervoso?
23. Com'è fatto un neurone?
24. Completa.
    Le cellule che si avvolgono intorno all'assone sono chiamate cellule di ................... (ne sono un esempio le cellule di ...................). Esse costituiscono una protezione densa e isolante di colore chiaro detta ................... .
25. Quale funzione svolge il tessuto nervoso?

## PARAGRAFO 4
26. L'organo che permette il trasporto delle sostanze da una parte all'altra della pianta è la radice. V F
27. Quale funzione svolge il fusto nelle piante?
28. Quale funzione svolgono le foglie?
29. Completa.
    Le piante sono organismi ................... in quanto sintetizzano mediante ................... le molecole organiche da cui ricavano ................... .

## APPLICA LE TUE CONOSCENZE
Scrivi una didascalia per ogni tipo di tessuto muscolare.

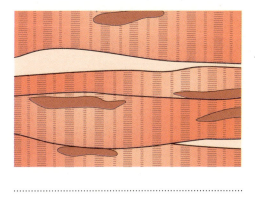
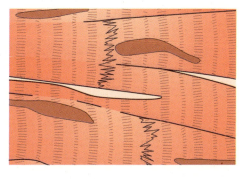

# 7 LABORATORIO DELLE COMPETENZE

## 1 Sintesi: dal testo alla mappa

- Nel corpo degli animali è possibile riconoscere un **piano strutturale** che dipende dal percorso evolutivo delle specie. È possibile descrivere questo piano strutturale analizzando la **simmetria** del corpo. Pochi animali, come alcune spugne e alcuni protozoi hanno un corpo asimmetrico, alcuni organismi unicellulari sono costituiti da una cellula in cui è possibile riconoscere una simmetria sferica.
- Un piano strutturale molto diffuso è quello a **simmetria raggiata**, tipico degli animali che vivono sul fondo del mare. Il corpo di questi animali è caratterizzato da un asse di simmetria principale e da un numero infinito di piani di simmetria, passanti per l'asse, che dividono il corpo in metà speculari.
- Gli animali che si muovono liberamente presentano un corpo allungato in una direzione con una **simmetria bilaterale**. Il corpo è divisibile in due parti speculari da un solo piano di simmetria. In generale, le strutture del corpo di un animale sono strettamente e perfettamente correlate alle loro funzioni.

- Nel corpo umano e degli animali sono riconoscibili diversi **apparati** o **sistemi**, ciascuno dei quali svolge una determinata funzione vitale. Ogni apparato è costituito da diversi **organi**, che coordinano la loro azione e collaborano al funzionamento dell'apparato. Gli organi sono formati da **tessuti**, cioè un insieme di cellule simili che cooperano tra loro per svolgere una certa funzione. La **cellula** rappresenta l'unità funzionale della vita ed è alla base dell'organizzazione strutturale degli animali.
- L'**apparato digerente** si occupa della digestione e dell'assorbimento del cibo. L'**apparato respiratorio** garantisce lo scambio gassoso tra l'interno e l'esterno del corpo. L'**apparato circolatorio** trasporta le sostanze necessarie a tutte le cellule del corpo. Associato a questo è presente anche il **sistema immunitario**, che difende il corpo dalle infezioni e dai microrganismi.
- L'**apparato escretore** elimina le sostanze di rifiuto. Il **sistema nervoso** e il **sistema endocrino** si occupano di ricevere gli stimoli dall'ambiente e di elaborare delle risposte. L'**apparato scheletrico** e quello **muscolare** cooperano per mantenere il sostegno e permettere il movimento del corpo. L'**apparato riproduttore** consente di generare la prole.

- Nei vari apparati e organi sono presenti diversi tipi di **tessuto**. I **tessuti epiteliali** sono tessuti che svolgono funzioni di rivestimento (dell'intero corpo e dei vari organi interni) e funzione ghiandolare. I **tessuti connettivi** svolgono funzione di sostegno e di riserva, oltre a riempire i vuoti lasciati da altri tessuti. La caratteristica comune a tutti i tessuti connettivi è quella di essere formati da cellule sparse in una sostanza, chiamata *matrice*. Sono tessuti connettivi il sangue, le ossa, le cartilagini, il grasso ecc.
- Il **tessuto muscolare** permette il movimento grazie alla capacità di contrarsi. Esistono tre tipi di tessuto muscolare: il tessuto scheletrico (o *striato*), il tessuto *liscio* e il tessuto *cardiaco* (presente solo nel cuore).
- Il **tessuto nervoso** trasporta le informazioni tra le varie parti del corpo: esso è costituito da *neuroni*, cioè le cellule nervose, che presentano numerose appendici e ramificazioni, e da *cellule di sostegno*, che isolano le fibre dei neuroni.

- Il **piano strutturale degli organismi vegetali** è molto più semplice di quello degli animali. Esso è composto da tre soli organi: radice, fusto e foglie.
- La **radice** è l'organo che permette alla pianta di ancorarsi e fissarsi al suolo. La radice inoltre permette l'assorbimento dell'acqua e delle sostanze nutrienti dal suolo stesso. Il **fusto** è la struttura che sostiene la pianta e innalza verso la luce gli organi dove si svolge la fotosintesi. Il fusto inoltre trasporta dalle radici l'acqua e i nutrienti verso le diverse parti della pianta. La **foglia** è l'organo in cui avviene la fotosintesi. Questi organi sono costituiti da vari tipi di **tessuti vegetali**.

**Riorganizza i concetti completando la mappa**

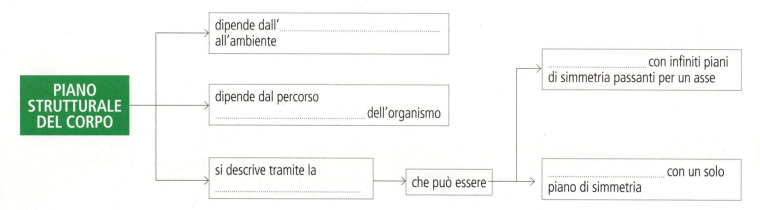

## 2  Collegare i concetti

1. Completa con i termini mancanti.
   L'apparato muscolare e l'apparato .............................. cooperano per realizzare il movimento del corpo. Il primo è fatto quasi esclusivamente da tessuto muscolare .............................. cioè da
   muscoli attaccati alle .............................. tramite i tendini, che
   sono invece costituiti da tessuto connettivo .............................. . Il
   secondo invece comprende anche parti costituite da tessuto
   .............................. .

2. Il corpo degli esseri umani:
   - A presenta simmetria bilaterale.
   - B presenta simmetria raggiata.
   - C non presenta simmetria, cioè è asimmetrico.

3. Quali tra le seguenti affermazioni sono vere?
   (3 risposte corrette)
   - A Le strutture analoghe hanno la stessa derivazione embrio-
     nale.
   - B Gli autotrofi sono organismi in grado di produrre le mole-
     cole organiche da cui ricavano l'energia.
   - C Il sistema immunitario ha sede all'interno dell'apparato mu-
     scolare.
   - D La simmetria bilaterale è tipica degli animali che hanno una
     direzione di spostamento preferenziale.
   - E Non esistono animali privi di simmetria.
   - F L'unità funzionali degli esseri viventi è il tessuto.
   - G Alcuni epiteli hanno funzione di secernere sostanze, come
     muco, saliva ecc.

4. Cancella le alternative sbagliate.
   Il cervello è un tessuto/un organo/un sistema. È formato soprattutto da tessuto connettivo/nervoso/epiteliale. Nei vertebrati, il cervello è localizzato nel capo. Tutti i vertebrati, quindi,
   hanno una simmetria sferica/raggiata/bilaterale.

5. Quali tra queste affermazioni possono essere riferite alle piante
   terrestri? (2 risposte corrette)
   - A Hanno simmetria bilaterale.
   - B Hanno tre organi principali.
   - C Hanno tre tipi di tessuto.
   - D Sono formate da cellule.

6. Scegli le affermazioni corrette riferite all'ala di un uccello.
   (3 risposte corrette)
   - A È un organo.
   - B È un apparato.
   - C È analoga alla pinna di una balena.
   - D È omologa alla pinna di una balena.
   - E È formata anche da tessuto osseo.

## 3  Comprendere un testo

### Il tessuto connettivo

*Ogni tipo di connettivo ha proprietà uniche, a seconda del tipo di
matrice extracellulare che contiene. La matrice cellulare consiste
di sostanza fondamentale fluida, gelatinosa o solida, insieme a
fibre proteiche. La sostanza fondamentale è quella componente del
tessuto connettivo presente tra le cellule e le fibre: essa sostiene le
cellule, le connette e fornisce il mezzo attraverso il quale avviene
lo scambio di sostanze con il sangue. La sostanza fondamentale
incide attivamente sul modo in cui i tessuti si sviluppano, migrano,
proliferano e cambiano forma e sul modo in cui svolgono le
funzioni metaboliche. La sostanza fondamentale contiene acqua e
una gamma di grandi molecole organiche, molte delle quali sono
complesse combinazioni di polisaccaridi e proteine. Per esempio,
l'acido ialuronico è una sostanza densa e viscida che tiene unite le
cellule, lubrifica le articolazioni e aiuta a conservare la forma dei
globi oculari.*

(Da G.J. Tortora, B. Derrickson, *Conosciamo il corpo umano*, Zanichelli, 2009)

**Rispondi alle seguenti domande.**
a. Da che cosa dipendono le proprietà di un tessuto
   connettivo?
b. Che cos'è e come è fatta la sostanza fondamentale?
c. Da quale tipi di molecole è costituita la sostanza
   fondamentale?
d. A che cosa serve l'acido ialuronico?

## 4  Riflettere

### Il rapporto tra struttura e funzione

Le strutture del corpo di un organismo sono strettamente correlate
alle funzioni che svolgono, qualsiasi sia il livello di organizzazione
biologica (cellule, tessuti, organi, apparati) che consideriamo.
Per esempio, i globuli rossi del sangue hanno una forma
completamente diversa da quella dei neuroni perché questi tipi di
cellule svolgono funzioni differenti.
Rileggi i paragrafi 1, 2 e 3 di questa unità e fai un esempio che
illustri questo concetto per almeno due livelli di organizzazione a
tua scelta.

## 5  Costruire una tabella

### Il tessuto connettivo

Rileggi il paragrafo 3, in particolare la parte riguardante il tessuto
connettivo. Costruisci una tabella in cui siano riportati i diversi
tipi di tessuto connettivo; per ciascuno fai una descrizione del
tessuto, indica se la matrice è liquida, gelatinosa o solida e infine
fornisci alcuni esempi.

# 8 L'ALIMENTAZIONE

L'**alimentazione** permette agli organismi di reintegrare le energie spese nei processi vitali. Inoltre, le molecole alimentari servono per costruire (e ricostruire) le strutture del corpo. Dopo l'ingestione, il cibo va incontro a una serie di processi digestivi che lo trasformano in molecole alimentari sufficientemente piccole da poter essere assorbite dalle cellule. La complessità dell'**apparato digerente** varia nei diversi gruppi di organismi. Le alghe e le piante producono da sé le sostanze da cui ricavano energia: attraverso la **fotosintesi** trasformano l'acqua e l'anidride carbonica in zuccheri adatti a essere «bruciati» nelle cellule. Le piante carnivore, pur facendo la fotosintesi, si nutrono di insetti per ricavare l'azoto contenuto nelle loro proteine, un elemento indispensabile per la crescita di piante che vivono su suoli poveri di composti azotati.

 TEST D'INGRESSO

 Laboratorio delle competenze pagine 138-141

# PRIMA DELLA LEZIONE

 Guarda il video *L'alimentazione*, che presenta gli argomenti dell'unità.

Per quale motivo ci alimentiamo?

.................................................................................................................................................................................
.................................................................................................................................................................................

In che modo pensi si alimenti l'organismo unicellulare mostrato nella fotografia?

.....................................................................................................
.....................................................................................................
.....................................................................................................
.....................................................................................................
.....................................................................................................
.....................................................................................................
.....................................................................................................

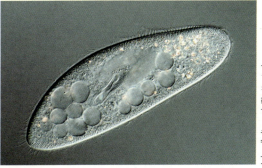

📷 Guarda le fotografie scattate durante un esperimento sull'assorbimento dell'acqua nelle piante.

**1** Dopo esserti procurato un gambo di sedano, sciogli del colorante alimentare o un acquerello in un bicchiere d'acqua.

**2** Taglia con un coltello il gambo di sedano, immergilo nell'acqua colorata e posiziona il bicchiere in un luogo luminoso, per esempio vicino a una finestra.

**3** Osserva i cambiamenti di colore del sedano nelle 12 ore successive.

**4** Quando non osservi più cambiamenti e ritieni che la situazione si sia stabilizzata, prendi il gambo di sedano e tagliane delle fettine a diverse altezze.

Che cosa noti? Che cosa pensi si possa dimostrare con questo semplice esperimento?
Potrai verificare le tue ipotesi leggendo il paragrafo 11 di questa unità.

# 1. LE TRASFORMAZIONI DEL CIBO

All'interno del corpo degli animali il cibo subisce varie trasformazioni fino a essere ridotto a molecole semplici che verranno assorbite dalle cellule.

Il cibo che gli animali assumono con l'alimentazione contiene tutte le sostanze necessarie per costruire nuove cellule, per riparare quelle danneggiate e per fornire loro energia.

Tuttavia, le molecole alimentari (i carboidrati, i grassi e le proteine) contenute nel cibo sono in genere troppo grandi per entrare nelle cellule. Per questo motivo, gli alimenti devono essere elaborati e ridotti a molecole sufficientemente piccole da poter essere assorbite dalle cellule.

Nella serie di trasformazioni che il cibo subisce all'interno del corpo di un organismo, sono individuabili quattro fasi fondamentali.

1. La prima fase consiste nell'**ingestione**, cioè nell'ingresso del cibo nel corpo.
2. La seconda fase è detta **digestione**:
   - inizia con la *demolizione meccanica* degli alimenti ingeriti, cioè uno sminuzzamento del cibo, che viene contemporaneamente inumidito, fino a diventare una poltiglia;
   - prosegue con la *digestione chimica*, cioè la scomposizione delle molecole alimentari grandi in molecole più piccole, pronte a entrare nelle cellule. Per esempio, le lunghe catene che costituiscono le proteine vengono scisse nei singoli amminoacidi che le compongono.
3. Il cibo, ridotto in molecole piccole e semplici, può finalmente entrare nelle cellule durante la terza fase della sua trasformazione: l'**assorbimento**. Dalle cellule che tappezzano il tubo digerente le sostanze sono trasportate a tutte le altre con una modalità che dipende dal tipo di apparato circolatorio posseduto dall'organismo.
4. L'ultima fase del percorso del cibo è l'**eliminazione**, cioè l'espulsione dal corpo di tutte le sostanze non digeribili e pertanto impossibili da assorbire.

Il modo in cui si svolge il processo di trasformazione del cibo e la sua durata variano a seconda dell'organismo considerato e delle sue caratteristiche anatomiche.

Negli esseri umani, un boccone di cibo, dal momento della sua ingestione all'eliminazione delle parti non digerite, impiega da 24 a 72 ore per percorrere l'intero apparato digerente.

> **IMPARA A IMPARARE**
>
> Compila una tabella a due colonne. Nella prima colonna scrivi le varie fasi della trasformazione del cibo nel nostro corpo. Nella seconda colonna descrivi brevemente che cosa succede in ciascuna fase.

### NELLE RISORSE DIGITALI

- Approfondimento La digestione chimica delle molecole alimentari
- Esercizi interattivi
- Mappa del paragrafo

**CHE COSA VEDE IL BIOLOGO**

1. La prima fase dell'alimentazione è l'**ingestione**, cioè l'ingresso del cibo nel corpo dell'animale.

2. La **digestione** consiste in processi di tipo meccanico e di tipo chimico. La demolizione meccanica riduce il cibo in frammenti umidi; la digestione chimica scinde le grandi molecole alimentari in molecole piccole e semplici.

3. Durante la fase di **assorbimento** le molecole semplici provenienti dalla digestione entrano nelle cellule.

4. Con la fase di **eliminazione**, le sostanze che non possono essere digerite sono espulse dal corpo.

Michael Walters/Shutterstock

# 2. LA VARIETÀ DEI SISTEMI DIGERENTI

Il modo in cui gli animali assumono il cibo e lo digeriscono dipende dalla loro complessità e dalle loro abitudini alimentari.

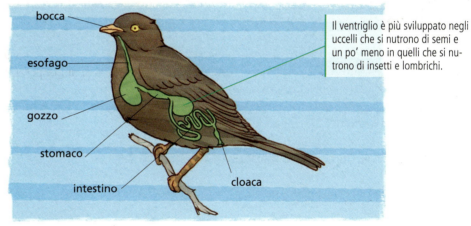

In natura esiste una grande varietà nelle modalità con cui gli esseri viventi si cibano. Negli organismi unicellulari, per esempio, qualsiasi particella alimentare viene assorbita direttamente attraverso la membrana della cellula, con un processo chiamato **fagocitosi**.

Esistono anche alcuni organismi pluricellulari in grado di assorbire i nutrienti attraverso la superficie del corpo. Per esempio, la tenia – un verme piatto, parassita, che vive nell'intestino dei cani, dei gatti e anche degli esseri umani – è priva di apparato digerente e assorbe le molecole alimentari già digerite dall'apparato digerente del suo ospite.

In alcuni animali che vivono filtrando l'acqua, come le idre, le meduse e i coralli, l'intero processo alimentare si svolge nella **cavità gastrovascolare**, un sacco che occupa quasi completamente l'interno del loro corpo. Le prede (piccoli organismi planctonici), catturate grazie ai tentacoli che circondano la bocca, passano nella cavità gastrovascolare dove agiscono gli enzimi digestivi. Terminata la digestione, le molecole semplici sono assorbite dalle cellule che tappezzano internamente la cavità gastrovascolare. I residui non digeribili vengono espulsi dall'animale tramite la bocca, che rappresenta l'unica apertura della cavità gastrovascolare verso l'esterno.

La maggior parte degli animali possiede un **tubo digerente** che percorre tutto il corpo e si apre all'esterno con due aperture: la bocca e l'ano.

Il tubo digerente si compone di diversi tratti: i principali sono, nell'ordine, *esofago*, *stomaco* e *intestino*. Il cibo entra dalla bocca e percorre il tubo digerente in un solo senso. La digestione e l'assorbimento, quindi, avvengono in modo sequenziale nelle diverse parti del tubo digerente; i residui vengono poi espulsi attraverso l'ano.

Negli animali più complessi, i tratti fondamentali del tubo digerente possono essere molto articolati e assumere forme e funzioni particolari.

Negli uccelli, per esempio, il sistema digerente è molto specializzato. Il cibo viene accumulato e ammorbidito nel *gozzo*, in seguito passa nel *ventriglio*, una sacca dove viene sminuzzato grazie a muscoli potenti (e alla presenza di dentelli). Le sostanze assorbite a livello dell'intestino passano poi nel sangue e sono distribuite a tutte le cellule del corpo. I materiali non digeriti sono espulsi dalla *cloaca*, un'unica apertura che riceve anche l'urina e i dotti dell'apparato riproduttore.

> **IMPARA A IMPARARE**
>
> Rintraccia ed evidenzia nel testo i tipi di apparato con cui gli organismi assumono e trasformano il cibo. Per ciascun tipo fornisci una breve descrizione indicando il numero di aperture verso l'esterno e gli organi presenti.

### NELLE RISORSE DIGITALI

- **Approfondimento** Il tubo digerente dei mammiferi
- **Esercizi interattivi**
- **Mappa del paragrafo**

UNITÀ 8  L'alimentazione

# 3. IL TUBO DIGERENTE UMANO

Gli esseri umani possiedono un lungo tubo digerente le cui parti principali sono la bocca, la faringe, l'esofago, lo stomaco, l'intestino tenue, l'intestino crasso e l'ano.

La **bocca** è la sede dei primi processi digestivi. Nella bocca è contenuta la **lingua**, un organo muscolare che rimescola il cibo durante la **masticazione** e lo spinge sul retro per la **deglutizione**.

Con la masticazione il cibo è ridotto a bolo alimentare, una poltiglia ammorbidita e umidificata dalla saliva prodotta dalle *ghiandole salivari*.

Il bolo alimentare viene inghiottito e transita nella **faringe**, un breve tratto che costituisce l'ingresso comune per il cibo e l'aria che respiriamo.

Il bolo alimentare procede verso l'**esofago** (un semplice tubo rivestito di due strati di muscoli) che mette in comunicazione la faringe con lo stomaco. L'esofago termina con una valvola chiamata **cardias** che impedisce il rigurgito del cibo. Il cardias permette l'ingresso del bolo nello **stomaco**, dove prosegue la digestione del cibo. Nello stomaco il cibo è ridotto a una massa semiliquida che può passare nell'intestino attraverso la valvola che chiude lo stomaco, il **piloro**. Questo passaggio avviene gradualmente e lo stomaco si svuota in un tempo variabile tra le 2 e le 6 ore.

Allo stomaco segue il tratto più lungo del nostro apparato digerente – l'**intestino tenue** – che misura circa 3,5 m di lunghezza per un diametro di soli 3-5 cm. Nell'intestino tenue, grazie anche ai *succhi digestivi* prodotti dal fegato e dal pancreas che qui si riversano, si conclude la *digestione chimica* del cibo; in esso comincia, inoltre, la prima fase dell'*assorbimento*, che si concluderà nell'**intestino crasso**. Le sostanze che non sono state digerite e assorbite vengono definitivamente eliminate attraverso l'**ano**.

Il processo di avanzamento del cibo in tutto il tubo digerente si chiama **peristalsi** (ne parleremo nel paragrafo 5).

Tutti gli organi del tubo digerente umano presentano la stessa organizzazione: dall'esterno verso l'interno sono presenti degli strati di *tessuto muscolare*, una sottomucosa formata da *tessuto connettivo* e una mucosa di *tessuto epiteliale* che riveste il canale interno, detto *lume*.

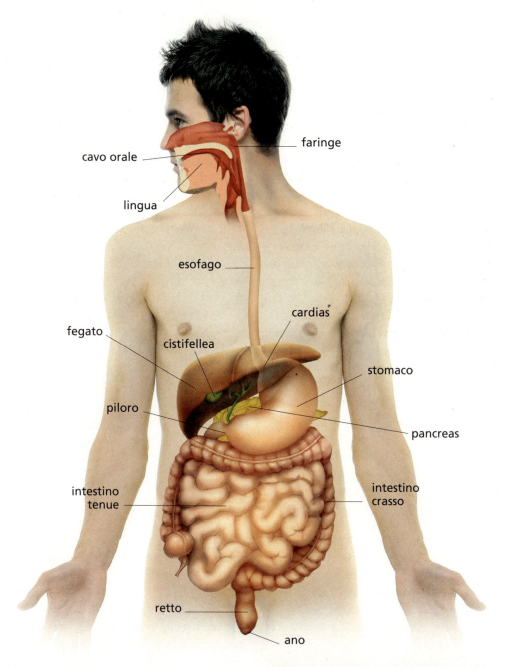

### IMPARA A IMPARARE
Elenca le parti principali del tubo digerente umano e la loro funzione.

### NELLE RISORSE DIGITALI
- Esercizi interattivi
- Mappa del paragrafo

# 4. LA BOCCA

Nella bocca comincia il processo di digestione del cibo, che viene sminuzzato dai denti, umidificato dalla saliva e rimescolato dalla lingua.

I mammiferi sono i soli animali in grado di masticare il cibo nella **bocca** (o *cavità orale*). La bocca è formata dalle labbra, dalle guance, dal palato duro, dal palato molle, dai denti e dalla lingua.

Le **labbra** e le **guance** trattengono il cibo durante la masticazione; sono inoltre coinvolte nell'articolazione del linguaggio.

Il **palato duro** è formato dalle ossa mascellari e forma il tetto della bocca.

Il **palato molle** è un lembo di tessuto muscolare situato posteriormente al palato duro. Da esso pende l'**ugola**, un'escrescenza che durante la deglutizione si alza (insieme al palato molle) per impedire al cibo di entrare nella cavità nasale.

Nella bocca avviene la demolizione meccanica del cibo (grazie alla masticazione) e inizia la digestione chimica dell'amido (grazie all'amilasi presente nella saliva).

La masticazione del cibo nella bocca è il risultato dell'azione combinata della dentatura e del movimento della mandibola: 32 denti (divisi nell'arcata superiore e nell'arcata inferiore) lacerano e macinano il cibo.

La **lingua** è formata da muscolatura striata ed è coperta da un epitelio di rivestimento. Essa rimescola il cibo durante la masticazione e lo spinge sul retro della bocca per la deglutizione. Inoltre è indispensabile per l'articolazione delle parole.

Nella bocca si aprono sei **ghiandole salivari** principali che producono la saliva. Nella saliva è presente l'amilasi salivare, un enzima in grado di spezzare le molecole di amido, il carboidrato contenuto in pane, pasta e patate. La saliva contiene inoltre sostanze antibatteriche e molecole capaci di neutralizzare gli acidi. In una giornata le ghiandole salivari secernono in media 1,5 litri di saliva.

> **IMPARA A IMPARARE**
> Osserva la figura relativa alla dentatura e calcola quanti incisivi, canini, premolari e molari sono presenti nella tua bocca.

### NELLE RISORSE DIGITALI

- Esercizi interattivi
- Mappa del paragrafo

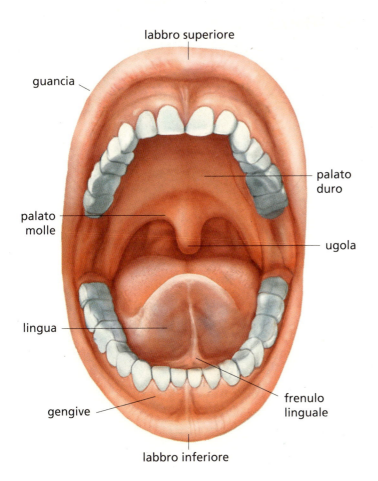

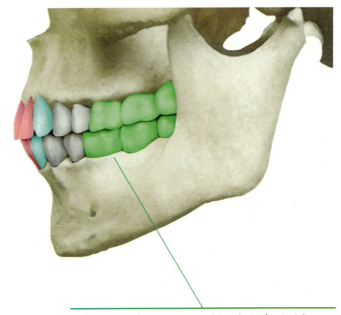

I **denti** hanno forme diverse perché svolgono funzioni diverse.
Gli *incisivi* (in rosso) sono appiattiti e specializzati nel taglio del cibo.
I *canini* (in azzurro) sono appuntiti e servono per afferrare e lacerare.
I *premolari* (in grigio) e i *molari* (in verde), larghi e appiattiti, sono adatti a triturare.

# 5. IL MOVIMENTO DEL CIBO NEL TUBO DIGERENTE

Il meccanismo della deglutizione regola la discesa del cibo dalla bocca all'esofago. Nel restante tratto dell'apparato digerente il bolo alimentare è spinto dalla peristalsi, la contrazione delle pareti muscolari.

Il tratto dell'apparato digerente immediatamente successivo alla bocca è la **faringe**, che costituisce l'ingresso comune per il cibo e per l'aria. Per evitare che il bolo alimentare entri nelle vie respiratorie interviene un riflesso involontario, la **deglutizione**, che per circa un secondo blocca l'accesso all'apparato respiratorio. Vediamo che cosa accade.

1. Durante la respirazione, l'esofago rimane chiuso ed è sollevata l'**epiglottide**, un lembo di tessuto cartilagineo che ricopre l'imbocco della laringe.
2. Durante la deglutizione la laringe si alza e permette, con un meccanismo «a leva», l'abbassamento dell'epiglottide. Questa ostruisce l'ingresso delle vie aeree e, grazie alla contemporanea apertura dell'esofago, permette il passaggio del cibo.
3. Subito dopo il passaggio del bolo alimentare, la situazione torna allo stato iniziale, cioè l'esofago si richiude, la laringe si abbassa e l'epiglottide torna a sollevarsi.

Il cibo procede lungo l'apparato digerente grazie al meccanismo della **peristalsi**: il bolo alimentare è spinto verso il basso non dalla forza di gravità, ma da un'onda di contrazione degli strati muscolari che rivestono il tubo digerente (per questa ragione il bolo alimentare avanza anche se stiamo a testa in giù).

La peristalsi comincia nell'esofago e prosegue nei diversi tratti del tubo digerente.

Possiamo paragonare la peristalsi al movimento del dentifricio in un tubetto schiacciato progressivamente a partire dal fondo, riposizionando le dita ogni volta un po' più avanti sul tubetto.

> **IMPARA A IMPARARE**
> Descrivi con parole tue il meccanismo della deglutizione suddividendolo in tre fasi.

**NELLE RISORSE DIGITALI**
- Esercizi interattivi
- Mappa del paragrafo

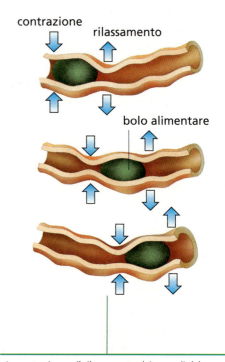

La contrazione e il rilassamento dei muscoli del tubo digerente generano un'**onda peristaltica**.

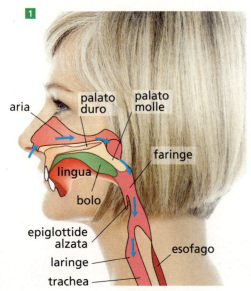
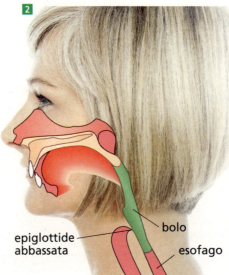
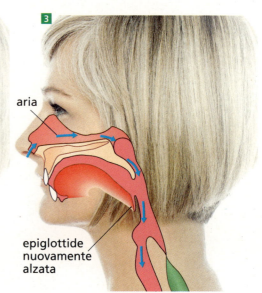

# 6. LO STOMACO

Lo stomaco è un organo cavo la cui funzione principale è quella di accumulare il cibo. Nello stomaco prosegue la digestione chimica iniziata in bocca.

Lo **stomaco** è un organo cavo rivestito da muscolatura la cui forma ricorda quella di una J. Esso svolge tre funzioni principali:
1. accumula il cibo;
2. compie parte della digestione chimica;
3. regola l'ingresso del cibo parzialmente digerito nell'intestino tenue.

Le pareti dello stomaco sono costituite da strati di muscolatura involontaria che consentono all'organo di dilatarsi fino a raggiungere i 2 litri di volume e di contrarsi. La contrazione delle pareti dello stomaco consente il rimescolamento del cibo, favorendo l'attività degli enzimi. L'azione di questi ultimi è così efficiente che il cibo, quando lascia lo stomaco diretto verso l'intestino tenue, è ridotto a uno stato semiliquido cremoso e acido, detto **chimo**.

La superficie interna dello stomaco è molto articolata: essa è costituita da cavità lunghe e strette chiamate **fossette gastriche** (il termine «gastrico» indica tutto ciò che riguarda lo stomaco). Sulle pareti di queste fossette sono distribuiti diversi tipi di cellule che producono i succhi gastrici:

- le **cellule principali** secernono il pepsinogeno che (in ambiente acido, come quello presente all'interno dello stomaco) si trasforma in *pepsina*, un enzima in grado di spezzare le lunghe catene di amminoacidi che formano le proteine;
- le **cellule parietali** secernono acido cloridrico (HCl) che uccide i batteri contenuti nelle sostanze ingerite, attiva il pepsinogeno e scioglie le parti più coriacee del cibo.

Vi sono poi le **cellule del muco** che ricoprono il primo tratto di ogni fossetta gastrica. Il muco serve a proteggere lo stomaco dall'azione dei succhi gastrici. Ciononostante, l'ambiente acido è estremamente dannoso per le cellule che rivestono internamente lo stomaco: esse hanno una vita media di soli 3 giorni, poi sono rapidamente sostituite.

> **IMPARA A IMPARARE**
>
> Evidenzia nel testo le funzioni svolte dallo stomaco. Individua quindi le funzioni svolte dai diversi tipi di cellule presenti nelle fossette gastriche.

**NELLE RISORSE DIGITALI**
- Esercizi interattivi
- Mappa del paragrafo

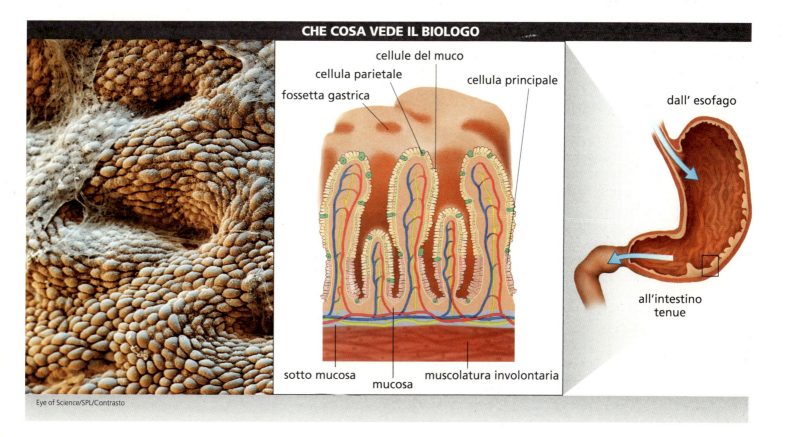

CHE COSA VEDE IL BIOLOGO

Eye of Science/SPL/Contrasto

UNITÀ 8  L'alimentazione

# 7. IL FEGATO E IL PANCREAS

Il fegato e il pancreas sono ghiandole che secernono diverse sostanze implicate nel processo di digestione chimica.

Abbiamo visto che la demolizione delle molecole alimentari inizia nella bocca e prosegue nello stomaco. Il processo di digestione chimica si completa con l'arrivo del chimo nel **duodeno**, cioè nella prima parte dell'intestino tenue. In questo tratto dell'apparato digerente, lungo circa 25 cm, si riversano infatti le sostanze prodotte da due importanti ghiandole: il fegato e il pancreas.

Il **fegato** è uno degli organi più grandi del corpo e, in un adulto, pesa circa 1,4 kg. Esso si trova nella parte destra dell'addome. Il fegato produce la **bile**, una soluzione di colore giallo-verdastro che non contiene enzimi, ma che è in grado di emulsionare i grassi, cioè di suddividerli in microscopiche goccioline. Ciò facilita l'azione degli enzimi e, conseguentemente, favorisce la digestione chimica dei grassi.

Il fegato, inoltre, svolge diverse altre funzioni fondamentali per il metabolismo, come:

- mantenere costante il livello di glucosio nel sangue (la *glicemia*);
- intervenire nel metabolismo delle proteine rimuovendo i gruppi amminici ($-NH_2$) dagli amminoacidi e producendo l'urea (una sostanza tossica che è eliminata attraverso l'urina);
- regolare il metabolismo dei grassi (tra i quali anche il colesterolo) e di alcune vitamine;
- demolire e trasformare alcune sostanze tossiche (per esempio l'alcol).

Il **pancreas** è una ghiandola lunga e stretta, posta appena al di sotto dello stomaco e dietro al fegato. Essa produce il *succo pancreatico*, una soluzione acquosa contenente diversi enzimi, tra cui:

- le *lipasi*, che demoliscono i grassi;
- l'*amilasi pancreatica*, che digerisce l'amido;
- la *tripsina* e la *chimotripsina*, che terminano la digestione delle proteine, cominciata nello stomaco.

Nel pancreas sono inoltre presenti alcune cellule la cui funzione è quella di produrre *ormoni*, in particolare l'insulina e il glucagone, che regolano il metabolismo degli zuccheri.

> **IMPARA A IMPARARE**
>
> Fai un elenco delle funzioni svolte dal fegato. Compila quindi un altro elenco degli enzimi contenuti nel succo pancreatico e, per ciascuno, indica il tipo di molecole alimentari su cui agisce.

**NELLE RISORSE DIGITALI**
- Esercizi interattivi
- Mappa del paragrafo

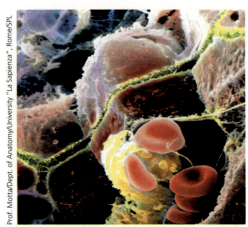

Le cellule del fegato, dette **epatociti** (in marrone), producono la bile che viene drenata da microscopici dotti (in verde).

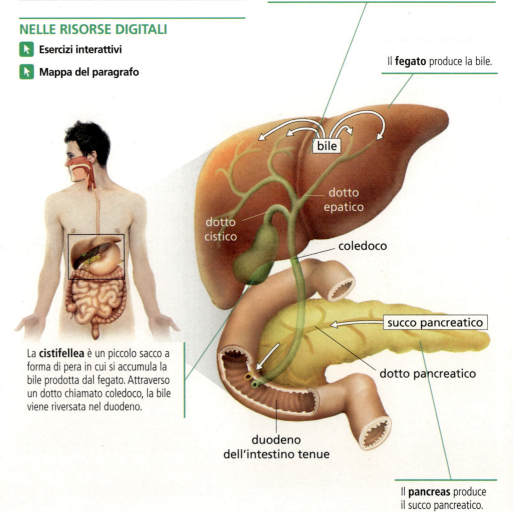

La **cistifellea** è un piccolo sacco a forma di pera in cui si accumula la bile prodotta dal fegato. Attraverso un dotto chiamato coledoco, la bile viene riversata nel duodeno.

Il **fegato** produce la bile.

Il **pancreas** produce il succo pancreatico.

# 8. L'INTESTINO TENUE

Nell'intestino tenue, oltre a concludersi il processo digestivo, avviene l'assorbimento dei nutrienti.

L'assorbimento dell'acqua e delle molecole semplici, ottenute dai processi di digestione, inizia nel duodeno e procede lungo tutto l'**intestino tenue**. La superficie interna dell'intestino è costituita da una **mucosa** formata da un sottile strato di cellule in grado di assorbire i nutrienti e di trasferirli al sangue.

Il processo di assorbimento è tanto più efficiente quanto maggiore è la superficie a disposizione per l'ingresso delle sostanze: per questa ragione l'intestino umano è molto lungo e ripiegato in anse. Inoltre, la parete interna dell'intestino tenue presenta una serie di caratteristiche che permettono di ampliare la superficie sulla quale avviene l'assorbimento dei nutrienti:

- le **pieghe circolari**, cioè dei ripiegamenti della mucosa;
- i **villi**, delle appendici della mucosa simili a microscopiche dita dell'altezza di circa 1 mm;
- i **microvilli**, ovvero delle microscopiche estroflessioni della membrana plasmatica delle cellule epiteliali dei villi.

Le pieghe, i villi e i microvilli fanno sì che la superficie di assorbimento aumenti enormemente: se la superficie interna dell'intestino umano fosse completamente liscia, la sua area coprirebbe approssimativamente lo schermo di un grosso televisore; invece, grazie alla presenza di questi ripiegamenti raggiunge i 300 m$^2$, circa l'area di un campo da tennis.

All'interno di ciascun villo intestinale è presente una rete di **capillari sanguigni**. I capillari confluiscono in vasi sanguigni di dimensioni maggiori che trasportano il sangue al fegato. Il fegato è il primo organo a ricevere le sostanze assorbite a livello intestinale e svolge diversi compiti, alcuni dei quali indicati nel paragrafo precedente.

### IMPARA A IMPARARE
Elenca e descrivi le caratteristiche dell'intestino tenue che ne aumentano la superficie interna.

### NELLE RISORSE DIGITALI
- Video L'assorbimento dei nutrienti
- Esercizi interattivi
- Mappa del paragrafo

### ATTIVITÀ

**Piegare per aumentare la superficie**

Prendi un foglio di carta e ritaglia una striscia larga 2 cm e lunga 5 cm, avente quindi una superficie di 10 cm$^2$. Ora ritaglia un'altra striscia sempre larga 2 cm, ma lunga 20 cm e ripiegala in modo che la sua lunghezza diventi di 5 cm. Aiutati con una pinzatrice o con della colla per tenere ferme le ripiegature.

- Confronta le due strisce: a parità di lunghezza, perché una delle due ha una superficie maggiore dell'altra?

Le **pieghe circolari** sono creste della mucosa intestinale che aumentano la superficie di assorbimento e fanno in modo che il chimo non proceda rapidamente e in modo rettilineo nell'intestino tenue, ma venga rallentato e compia un moto elicoidale lungo le pareti.

## CHE COSA VEDE IL BIOLOGO

Prof. Motta / SPL / Contrasto

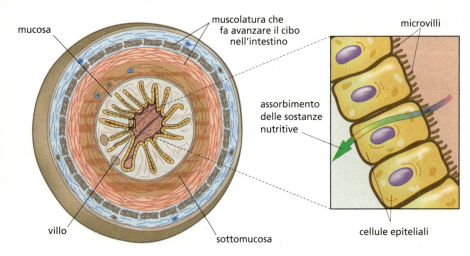

UNITÀ 8 L'alimentazione

# 9. L'INTESTINO CRASSO

Nell'intestino crasso, l'ultimo tratto dell'apparato digerente, avviene la maggior parte dell'assorbimento dell'acqua e dei sali minerali.

Al termine dell'intestino tenue, il tubo digerente prosegue con l'**intestino crasso**, formato da intestino cieco, colon e retto.

L'**intestino cieco** è una breve «sacca» (a fondo cieco) situata nei pressi della giunzione tra intestino tenue e crasso. Esso termina con una diramazione vermiforme, chiamata **appendice**.

L'intestino crasso continua con il **colon**, lungo circa 1,5 m per un diametro di 5 cm. La sua funzione principale è quella di completare l'assorbimento dell'acqua iniziato nell'intestino tenue. Normalmente nel nostro apparato digerente passano circa 9 litri di liquidi al giorno (in parte ingeriti con l'alimentazione e in parte secreti internamente dal corpo) e il 90% di essi viene assorbito.

La superficie interna del colon non è così fittamente ripiegata come quella dell'intestino tenue: non sono presenti villi, ma l'epitelio interno è rivestito da numerose cellule assorbenti. Con l'assorbimento della parte liquida, il cibo non digerito viene spinto lungo il colon e diventa gradualmente più denso.

Nell'ultimo tratto del nostro intestino, detto **retto**, si accumulano i residui della digestione in forma di feci solide: le feci sono composte da acqua, da batteri della flora intestinale e da sostanze che hanno attraversato il tubo digerente senza subire dei cambiamenti (per esempio, la cellulosa contenuta nei vegetali). L'apertura terminale dell'apparato digerente, l'**ano**, consente l'espulsione delle feci attraverso la defecazione.

> **IMPARA A IMPARARE**
> Riporta in una tabella i diversi tratti dell'intestino crasso, una breve descrizione di ciascuno di essi e la loro funzione.

### NELLE RISORSE DIGITALI

- Video La flora intestinale
- Esercizi interattivi
- Mappa del paragrafo

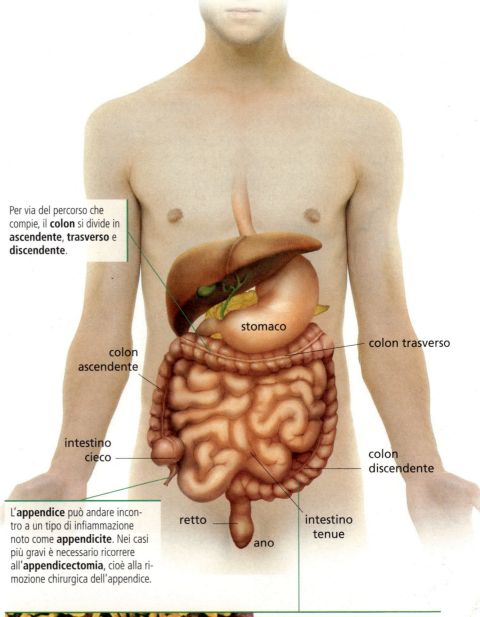

Per via del percorso che compie, il **colon** si divide in **ascendente**, **trasverso** e **discendente**.

L'**appendice** può andare incontro a un tipo di infiammazione noto come **appendicite**. Nei casi più gravi è necessario ricorrere all'**appendicectomia**, cioè alla rimozione chirurgica dell'appendice.

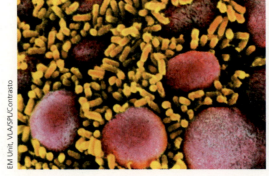

Nel colon è presente un enorme numero di batteri (nella fotografia qui a fianco sono i corpi più piccoli, gialli, tra i microvilli, di colore rosso), che costituiscono la **flora intestinale**.
Questi batteri ricavano energia dalle sostanze che non digeriamo, e sono molto utili in quanto sono in grado di produrre alcune vitamine che vengono assorbite e utilizzate dal nostro corpo (soprattutto per rafforzare le difese immunitarie).

# 10. LE MOLECOLE NEGLI ALIMENTI

I cibi contengono grassi, proteine, carboidrati, vitamine, sali minerali e acqua. Ogni giorno è necessario assumere una adeguata quantità di alimenti per garantire l'ottimale funzionamento delle nostre cellule.

Le **fibre** sono contenute soprattutto nelle verdure e nei cereali integrali.

I **sali minerali** sono presenti soprattutto nella verdura e nella frutta, oltre che nel sale da cucina.

Le principali fonti di **grassi** sono i condimenti (olio, burro e margarina) e i cibi di origine animale, come carni e formaggi.

Le principali fonti di **proteine** sono gli alimenti di origine animale come le uova, la carne, il pesce, il latte, i formaggi, oltre ad alcuni vegetali come i legumi.

I cibi maggiormente ricchi di **carboidrati** sono il pane, la pasta, il riso, i dolci e le patate.

Gli agrumi, il fegato, le uova, le verdure e i cereali integrali sono alimenti ricchi di **vitamine**.

Gli alimenti di cui ci nutriamo contengono sostanze appartenenti a sei classi di composti.

**1.** I **grassi** (o lipidi) rappresentano circa il 15% del nostro peso e costituiscono la riserva energetica più importante. I grassi sono infatti le sostanze che forniscono più energia a parità di peso (9,3 kcal/g). Una dieta eccessivamente ricca di grassi può portare a un aumento di peso e incrementare il rischio di contrarre alcune malattie dell'apparato circolatorio.

**2.** Le **proteine** possono venire utilizzate per ricavare energia (forniscono 3,1 kcal/g), ma soprattutto rappresentano i «mattoni» per la costruzione del nostro corpo. Esse sono costituite da venti tipi di amminoacidi; otto di questi sono *essenziali*, cioè devono obbligatoriamente essere assunti tramite l'alimentazione, dato che le nostre cellule non riescono a sintetizzarli. In genere, negli adulti viene raccomandata una razione proteica giornaliera pari a 0,8 g per ogni kilogrammo di peso corporeo.

**3.** I **carboidrati** hanno quasi esclusivamente funzione energetica (forniscono 3,8 kcal/g) e costituiscono il principale combustibile per l'attività delle cellule. Il carboidrato che costituisce la parete cellulare delle cellule vegetali, la cellulosa, per gli esseri umani non è digeribile, ma fornisce il necessario apporto di **fibre**, indispensabili per la funzionalità dell'intestino e per l'eliminazione delle scorie.

**4.** Le **vitamine** non hanno funzione energetica, ma sono necessarie per la produzione di alcuni enzimi. Molte vitamine sono essenziali, mentre altre vengono prodotte dalla flora batterica intestinale.

**5.** I **sali minerali** sono importantissimi per molte funzioni vitali: il sodio e il potassio, per esempio, controllano la regolazione idrica e la trasmissione degli impulsi nervosi, il ferro è contenuto nell'emoglobina, mentre il calcio interviene nella contrazione dei muscoli e insieme al fosforo si trova nelle ossa.

**6.** L'**acqua** costituisce circa il 60% del nostro peso corporeo ed è necessaria in quanto rappresenta il solvente in cui avvengono tutte le reazioni chimiche del nostro metabolismo. La perdita d'acqua attraverso la respirazione polmonare e quella dovuta alla traspirazione attraverso la cute e all'eliminazione delle urine e delle feci devono essere giornalmente compensate attraverso l'assunzione di liquidi e di cibi e tramite l'ossidazione del glucosio (che avviene nel processo di respirazione cellulare).

### IMPARA A IMPARARE

Costruisci una tabella in cui nella prima colonna siano riportate le diverse molecole alimentari, nella seconda i cibi che ne sono più ricchi, e nella terza la loro funzione nel nostro corpo.

### NELLE RISORSE DIGITALI

- Video Il fabbisogno energetico
- Esercizi interattivi
- Mappa del paragrafo

UNITÀ 8   L'alimentazione

# 11. LA NUTRIZIONE NELLE PIANTE

Tramite la fotosintesi le piante ricavano le sostanze organiche che servono loro per ottenere l'energia necessaria per i processi vitali. Nella fotosintesi l'anidride carbonica, che le piante prelevano dall'aria, e l'acqua, che viene assorbita dal terreno, sono trasformate in zuccheri.

Le piante sono organismi *autotrofi*, cioè producono autonomamente le sostanze organiche, gli zuccheri, che servono loro a ottenere l'energia necessaria per i processi vitali. Ciò avviene tramite la **fotosintesi**. I vegetali devono quindi approvvigionarsi delle sostanze inorganiche, acqua e anidride carbonica, che rappresentano i reagenti della fotosintesi.

L'**anidride carbonica** è disponibile nell'atmosfera (della quale costituisce lo 0,04% in volume) ed entra direttamente nelle foglie.

Le piante si procurano l'**acqua** mediante le *radici*, organi specializzati a tale scopo, e lo fanno per assorbimento dal terreno. Le radici di un albero occupano, al di sotto del terreno, un volume pari all'incirca a quello occupato dai rami della sua chioma. Le fun-zioni principali dell'apparato radicale sono:

- rifornire la pianta di acqua arricchita di sali minerali prelevati dal suolo;
- accumulare parte delle sostanze che la pianta produce con la fotosintesi sotto forma di carboidrati (come l'amido);
- fornire sostegno e ancoraggio alla pianta.

La maggior parte dell'acqua entra nella pianta passando per i **peli radicali**, estensioni delle cellule dell'epidermide che riveste la radice. I peli radicali consentono di aumentare la superficie di contatto tra la pianta e il suolo, rendendo l'assorbimento più efficiente.

Talvolta, l'assorbimento è favorito dal fatto che le cellule delle radici sono in simbiosi con alcuni funghi. In queste associazioni, dette **micorrize**, i funghi ottengono zuccheri dalla pianta fornendo in cambio acqua e sali minerali.

Solo una piccola parte dell'acqua assorbita è realmente impiegata nella reazione di fotosintesi; la maggior parte dell'acqua serve per il trasporto delle sostanze all'interno dell'organismo vegetale.

---

### IMPARA A IMPARARE

Individua nel testo quali sono le sostanze nutrienti necessarie alla sopravvivenza di una pianta: elencale e per ciascuna di esse indica la modalità di approvvigionamento.

---

### NELLE RISORSE DIGITALI

- **Approfondimento** Le micorrize
- **Approfondimento** I sali minerali
- **Esercizi interattivi**
- **Mappa del paragrafo**

Il bucaneve (*Galanthus nivalis*) possiede un ingrossamento alla base del fusto da cui partono delle radici che si diramano in tutte le direzioni, dette **radici fascicolate**. L'ingrossamento, detto **bulbo**, è l'organo in cui si accumulano le sostanze di riserva, e serve alla pianta a superare il periodo in cui le condizioni ambientali non sono favorevoli alla crescita.

Il dente di leone (*Taraxacum officinale*) è una pianta erbacea con **radice a fittone**, simile a quelle delle carote. In queste piante è presente una radice principale che si accresce verso il basso e permette quindi di assorbire l'acqua dalle zone più profonde del terreno.

Tompet/Shutterstock

Tom Biegalski/Shutterstock

136

# DOMANDE PER IL RIPASSO

## PARAGRAFO 1
1. A che cosa serve il cibo che gli organismi assumono con l'alimentazione?
2. Quali trasformazioni subisce il cibo nel corpo degli organismi?
3. Completa.
   Nella digestione ............... le molecole alimentari grandi vengono scomposte in molecole più piccole.

## PARAGRAFO 2
4. Come si nutrono gli organismi unicellulari?
5. Nei coralli l'intero processo alimentare si svolge nella cavità gastrovascolare. V F

## PARAGRAFO 3
6. In quali organi del tubo digerente umano si compie la digestione chimica del cibo?
7. Qual è la funzione del cardias e quella del piloro?

## PARAGRAFO 4
8. Quante sono le principali ghiandole salivari?
9. La lingua è formata da muscolatura liscia ed è coperta da un epitelio di rivestimento. V F

## PARAGRAFO 5
10. Perché l'epiglottide si abbassa durante la deglutizione?
11. Che cos'è la peristalsi?

## PARAGRAFO 6
12. Quali sono le funzioni principali dello stomaco?
13. Completa.
    Il ............... serve a proteggere lo stomaco dall'azione dei succhi ............... .
14. Che cos'è il chimo?

## PARAGRAFO 7
15. Quale tra questi enzimi non fa parte del succo pancreatico?
    A La tripsina.
    B L'insulina
    C Le lipasi.
16. Quali funzioni svolge il fegato?
17. Che cos'è la cistifellea?

## PARAGRAFO 8
18. Che cos'è la mucosa intestinale e quali caratteristiche possiede?
19. Le pieghe circolari servono per aumentare il volume dell'intestino. V F
20. Dove si trovano i microvilli?

## PARAGRAFO 9
21. Come si chiama il primo tratto dell'intestino crasso?
    A Colon.
    B Retto.
    C Cieco.

## PARAGRAFO 10
22. Qual è la funzione delle proteine che assumiamo con l'alimentazione?
23. Quale tra questi alimenti è ricco di fibre?
    A L'insalata.   B La carne.   C Le olive.
24. Quali molecole alimentari sono contenute in un toast farcito con prosciutto e formaggio?

## PARAGRAFO 11
25. Quali sostanze sono necessarie alle piante per svolgere la fotosintesi?
26. Che cos'è il bulbo?

## APPLICA LE TUE CONOSCENZE
Per ciascuna delle seguenti immagini scrivi una didascalia che descriva il processo rappresentato.

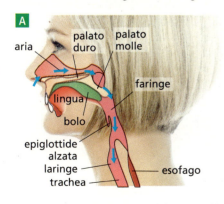
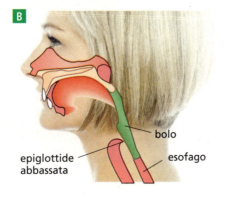
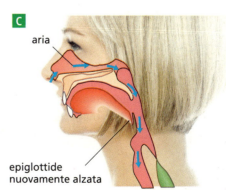

# 8 LABORATORIO DELLE COMPETENZE

## 1 Sintesi: dal testo alla mappa

- L'**alimentazione** serve agli organismi per reintegrare l'energia consumata nei processi vitali e per procurarsi le sostanze necessarie a costruire nuove cellule. Le **molecole alimentari** contenute nei cibi sono troppo grandi per poter entrare nelle cellule e devono essere trasformate. Queste trasformazioni includono l'**ingestione**, cioè l'ingresso del cibo nel corpo; la **digestione**, che si compone di una fase di *demolizione meccanica* del cibo e di una di *digestione chimica* delle molecole; l'**assorbimento**, che rappresenta l'ingresso delle molecole digerite all'interno delle cellule; infine l'**eliminazione**, cioè l'espulsione dei residui non digeribili.

- Gli animali si cibano in modo molto vario e differente e possiedono un **apparato digerente** adattato alla loro dieta e alle loro abitudini alimentari. Gli organismi unicellulari si nutrono per **fagocitosi**, mentre alcuni organismi pluricellulari parassiti non possiedono nessun apparato digerente, dato che assorbono i nutrienti direttamente attraverso la loro superficie corporea. Alcuni animali piuttosto semplici, come le meduse e i coralli, possiedono la **cavità gastrovascolare**, un sacco interno al corpo con una sola apertura verso l'esterno, all'interno del quale avvengono tutti i processi digestivi. La maggior parte degli animali possiede un **tubo digerente** che percorre tutto il corpo e si apre all'esterno attraverso la bocca e l'ano. Nel tubo digerente le trasformazioni del cibo avvengono in sequenza lungo i tratti dell'apparato.

- Il **tubo digerente umano** si compone di numerosi tratti e organi, ciascuno con funzioni differenti. La **bocca** è l'apertura da cui entra il cibo e in cui avviene la **masticazione**, cioè la demolizione meccanica degli alimenti. Una volta demolito e inumidito dalla *saliva*, il cibo viene spinto nella **faringe** e nell'**esofago** tramite il meccanismo della **deglutizione**, che impedisce al bolo di entrare nelle vie respiratorie.
  - Il cibo scende lungo l'esofago grazie alla **peristalsi** e si raccoglie nello **stomaco**, un organo cavo in cui il cibo si accumula e dove avvengono i processi digestivi. La digestione si completa nel primo tratto dell'intestino tenue, il **duodeno**, grazie al fatto che lì sono riversati gli *enzimi digestivi* prodotti dal **pancreas** e la *bile* prodotta dal **fegato**.
  - Nell'**intestino tenue** inizia anche l'assorbimento delle molecole semplici. Per aumentare la superficie di assorbimento, l'intestino tenue è molto lungo, più volte ripiegato e dotato di *villi* e *microvilli*. Il tubo digerente prosegue con l'**intestino crasso**, in cui avviene il maggior assorbimento di acqua e sali minerali. Nel crasso si trova la *flora batterica intestinale* che fornisce all'organismo alcune vitamine. L'ultimo tratto del tubo digerente è il **retto**, in cui si accumulano i residui della digestione prima di essere espulsi attraverso l'**ano**.

- Le **molecole alimentari** appartengono a sei gruppi differenti: i **grassi** o *lipidi*, che forniscono più energia a parità di peso e che sono importanti componenti strutturali del nostro corpo; le **proteine**, che contengono alcuni amminoacidi essenziali, cioè necessari alla nostra sopravvivenza; i **carboidrati**, che hanno quasi esclusivamente funzione energetica; le **vitamine**, che sono anch'esse essenziali; i **sali minerali** e l'**acqua**.

- Le **piante** sono organismi **autotrofi**, cioè producono da sé le sostanze organiche necessarie alla produzione di energia: lo fanno tramite la **fotosintesi**, che avviene grazie alla presenza della luce. I nutrienti necessari alla fotosintesi sono l'*anidride carbonica*, proveniente dall'aria, e l'*acqua* e alcuni *sali minerali*, assorbiti dalle **radici**. Per aumentare la superficie di assorbimento, le radici sono molto ramificate e possiedono piccole appendici, i **peli radicali**.
Inoltre, in alcune piante l'assorbimento aumenta ulteriormente grazie alla presenza delle **micorrize**, associazioni tra le radici e alcuni funghi.

Le piante carnivore sono adattate alla vita su suoli poveri di sali minerali e di nutrienti. Nella foto, una *Nepenthes sp.* attira con il suo profumo una lumaca. All'interno dell'ascidio (una foglia a forma di sacco) sono contenuti gli enzimi che digeriranno la preda.

Laboratorio delle competenze **UNITÀ 8**

**Riorganizza i concetti completando le mappe**

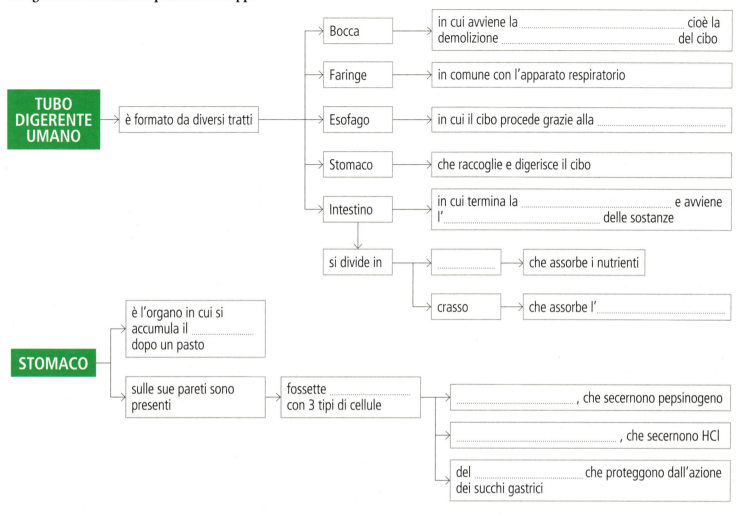

## 2 Collegare i concetti

1. Completa con i termini mancanti.
L'................ del cibo nel nostro corpo avviene attraverso la bocca. Grazie ai denti e alla ................ avviene la demolizione meccanica del cibo. Nella bocca è presente anche la saliva, prodotta dalle ................ che contiene degli enzimi che iniziano la digestione chimica dei ................ Il cibo ridotto in poltiglia viene spinto verso l'................ Per impedire che il bolo entri nelle vie respiratorie si ha la deglutizione, cioè l'................ si piega all'indietro tappando l'ingresso della laringe.

2. Quale tra i seguenti organi non produce enzimi digestivi?
   - A Ghiandole salivari.
   - B Fegato.
   - C Pancreas.

3. Quali tra le seguenti affermazioni relative all'intestino sono vere? (3 risposte corrette)
   - A Il fegato e il pancreas riversano i loro prodotti nell'intestino tenue.
   - B I villi sono microscopiche estroflessioni delle cellule dell'epitelio intestinale.
   - C La superficie dell'intestino tenue è circa 300 m², paragonabile a quella di un campo da tennis.
   - D La funzione principale del colon è riassorbire l'acqua e i sali minerali.
   - E La flora batterica intestinale si trova nell'intestino tenue.
   - F Le feci sono composte esclusivamente dai residui del cibo non digerito.

4. Completa con i termini mancanti.
I grassi sono i composti alimentari che costituiscono la nostra più importante ................ di energia. Essi infatti forniscono circa il triplo dell'energia fornita da ................ e carboidrati. La loro digestione è però complessa: il ................ produce la bile, che si accumula nella ................ e viene quindi riversata nel ................ La bile non contiene ................ ma permette l'emulsione dei grassi cioè la loro riduzione a piccole goccioline sulle quali poi possono più facilmente agire le lipasi, enzimi digestivi prodotti dal ................

139

## 3 Comprendere un testo

### Le vitamine

*In genere [le vitamine] non possono essere sintetizzate dall'organismo, perciò devono essere assunte con l'alimentazione. Alcune di esse, come la vitamina K, sono prodotte da batteri presenti nel tratto gastrointestinale, dove vengono anche assorbite. L'organismo umano, tuttavia, è in grado di assemblare alcune vitamine partendo da materiali grezzi chiamati provitamine. Per esempio, la vitamina A è prodotta a partire dalla provitamina beta-carotene, un composto chimico presente nelle arance, nei vegetali gialli, come le carote, e nei vegetali verdi scuro, come gli spinaci. Non esiste un singolo alimento che contenga tutte le vitamine necessarie, il che costituisce già da solo un ottimo motivo per seguire una dieta variata. Chimicamente le vitamine si dividono in liposolubili e idrosolubili. Le vitamine liposolubili (solubili nei lipidi) indicate con le sigle A, D, E e K, vengono assorbite nell'intestino tenue insieme ai lipidi alimentari e impacchettate nei chilomicroni (microgranuli di grasso), in modo da essere assorbite in quantità adeguata. Le vitamine liposolubili possono essere accumulate nelle cellule, in particolare nel fegato. Le vitamine idrosolubili (solubili in acqua), che comprendono quelle del gruppo B e la vitamina C, si dissolvono nei fluidi corporei; se assunte in quantità eccessiva, non vengono immagazzinate, ma escrete con l'urina.*

(Da G.J. Tortora, B. Derrickson, *Conosciamo il corpo umano*, Zanichelli, 2009)

**Rispondi alle seguenti domande.**
a. Da dove proviene la vitamina K?
b. Che cosa sono le provitamine?
c. Per quale motivo è bene seguire una dieta variata?
d. Che cosa sono i chilomicroni?
e. Che cosa sono le vitamine liposolubili?
f. Qual è il destino delle vitamine idrosolubili assunte in eccesso?

## 4 Fare una ricerca

### I disturbi dell'alimentazione

Alcuni disturbi alimentari, come l'anoressia o la bulimia, non sono patologie dell'apparato digerente, ma disturbi legati a disagio psicologico. La nutrizione infatti, oltre a mantenerci in vita, è anche legata alla nostra vita sociale: spesso mangiamo per festeggiare, per noia, per stress e per molte altre ragioni. Approfondisci questi argomenti, cercando su Internet alcune informazioni a proposito: per esempio, informati su quante persone sono affette da disturbi alimentari in Italia, quali sono le patologie associate ai disturbi alimentari, quali fattori sociali inducono l'aumento di tali disturbi.

## 5 Raccogliere e analizzare i dati

### La tua dieta

- Analizza l'etichetta che vedi qui sotto. Ordina le classi alimentari presenti in questo prodotto, in ordine decrescente in base alla percentuale.
- Raccogli altre etichette con i valori nutrizionali di una decina di prodotti che consumi abitualmente (biscotti, pasta, riso, qualche snack ecc.). Con l'aiuto di chi ti prepara i pasti, cerca di individuare approssimativamente la quantità giornaliera dei prodotti di cui ti nutri. Analizza quindi le percentuali di grassi, proteine, carboidrati e fibre che compongono la tua alimentazione.
- Prova a confrontare questi dati con la piramide alimentare. La piramide alimentare rappresenta la composizione di una dieta equilibrata nella quale il 45-60% delle calorie giornaliere assunte dovrebbe provenire da carboidrati complessi, il 15% da frutta e verdura e il restante apporto calorico dovrebbe invece essere fornito da proteine, grassi e zuccheri semplici.

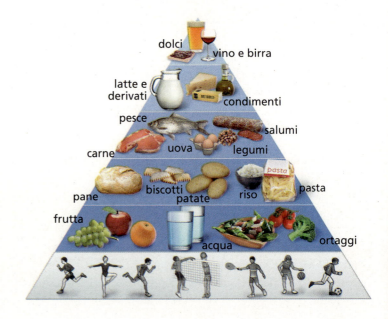

## 6 Leggere un'immagine

### La dentatura nei mammiferi

Questi disegni raffigurano il cranio di un cane e di una pecora. Osserva in particolare la dentatura di ciascun animale e fai un confronto con la dentatura umana (a pagina 129). Che cosa noti? Prova a descrivere la struttura dentaria dei due animali raffigurati. Quali differenze noti rispetto alla struttura dentaria umana? Ritieni ci sia una relazione tra la dentatura e il diverso tipo di alimentazione di questi animali? Per quale ragione?

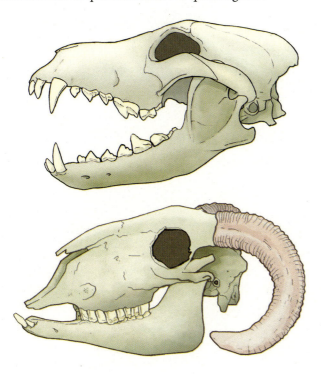

## 7 Fare un calcolo

### Calcola il peso ideale

Una prima indicazione su una corretta alimentazione è fornita dal peso corporeo. Il peso ideale può variare, ma in genere esistono dei valori associabili a uno stato di buona salute. Esistono diverse formule che danno indicazioni sul peso.
Per esempio, la formula di Lorentz permette di calcolare il peso ideale (PI) in questo modo:
- per i maschi: PI = altezza (cm) − 100 − [(altezza − 150) : 4]
- per le femmine: PI = altezza (cm) − 100 − [(altezza − 150) : 2]

Un altro metodo è quello dell'indice di massa corporea (BMI, dall'inglese *body mass index*) che è dato dalla formula:
BMI = peso / (altezza)$^2$

Se l'indice ottenuto è inferiore a 20, si è sottopeso; se è tra 20 e 25 il peso è considerato regolare; se è oltre 25 si è sovrappeso. Poiché queste formule valgono per gli adulti, prova a eseguire dei calcoli usando entrambe le formule con uno o più adulti di tua conoscenza e a confrontare i risultati ottenuti.

## 8 Fare una ricerca

### La composizione della saliva

La saliva prodotta dalle ghiandole salivari è una soluzione piuttosto complessa. Cerca su Internet, controllando su diversi siti a tua scelta, la composizione della saliva umana e prova a interpretare i dati trovati. Quali sostanze sono disciolte nella saliva? Qual è la funzione di ciascuna sostanza?

## 9 Fare un calcolo e rappresentare i dati

### Le calorie di un piatto di pasta

Supponi di aver consumato a pranzo esclusivamente un piatto di pasta con il sugo di carne, senza aver mangiato alimenti come verdura o frutta. Il piatto di pasta era costituito da 95 g di pasta (carboidrati), 35 g di carne (proteine) e 10 g di condimenti (grassi). Tenendo conto dei valori calorici indicati nel paragrafo 10, calcola il totale delle calorie che hai ingerito. In base a questi dati calcola la percentuale di calorie provenienti dai diversi tipi di molecole alimentari e costruisci un grafico a torta che indichi tali percentuali. Confronta il grafico ottenuto con la piramide alimentare di pagina precedente. Ritieni che il tuo pasto abbia rispettato la piramide alimentare? Motiva la risposta.

## 10 Riflettere

### Vegetariani e vegani

Il veganismo è una filosofia di vita che rifiuta lo sfruttamento degli animali. A differenza dei vegetariani, i vegani o vegetaliani, oltre a carne, pesce, molluschi e crostacei, escludono anche latte e derivati, uova e miele. La loro dieta quindi è composta da alimenti vegetali, funghi e batteri. Quali problemi potrebbe comportare una scelta di questo tipo e perché? Quali vantaggi invece potrebbe presentare? Quali alimenti vegetali devono per forza essere inclusi in una dieta vegana e per quale ragione?

## 11 Fare una ricerca

### L'intolleranza al glutine o celiachia

La celiachia è un'intolleranza alimentare che si scatena in presenza di glutine, una sostanza di natura proteica. La digestione del glutine porta alla formazione di peptidi, alcuni dei quali nei soggetti celiaci scatenano una reazione che causa la distruzione dei villi intestinali. Negli ultimi anni si è assistito a una maggior sensibilità nei confronti di questa malattia, che ha portato a indicare la presenza o meno di glutine sulle confezioni dei prodotti alimentari. Cerca su Internet in quali alimenti si trova principalmente il glutine, quali sono i sintomi della malattia, quante persone ne sono colpite in Italia e nel mondo e quali conseguenze comporta.

# 9 GLI SCAMBI GASSOSI

Tutti i mammiferi **respirano** l'ossigeno dell'aria e rilasciano anidride carbonica. I mammiferi marini, come le balene, periodicamente devono risalire in superficie per compiere questo **scambio di gas**. Una volta entrato nel corpo, l'ossigeno è trasportato dal **sangue** a tutte le cellule, dove partecipa a un processo chiamato **respirazione cellulare**. In questo processo, gli zuccheri e le altre sostanze nutritive ottenute con l'alimentazione reagiscono con l'ossigeno liberando **energia**, acqua e anidride carbonica. Le cellule impiegano l'energia così prodotta per svolgere le loro attività.

L'anidride carbonica segue il percorso contrario a quello dell'ossigeno in entrata e viene liberata nell'aria a ogni espirazione, insieme a una certa quantità di vapore acqueo.

 TEST D'INGRESSO

 Laboratorio delle competenze
pagine 154-157

# PRIMA DELLA LEZIONE

**Guarda il video *Gli scambi gassosi*, che presenta gli argomenti dell'unità.**

Immagina di dover partecipare a una specie di «fiera della scienza». Nel tuo stand, dedicato al tema di questa unità, potrai proiettare questo video, ma non avrai modo di far sentire agli spettatori l'audio. Scrivi dei sottotitoli da inserire in sovraimpressione che permettano di comprendere il video anche senza ascoltarne l'audio completo.
Tieni conto che i potenziali spettatori del video saranno visitatori di passaggio, che molto probabilmente non potranno vederlo dall'inizio alla fine.
Pensa quindi a frasi brevi che possano essere comprese a colpo d'occhio e che rimangano sullo schermo anche su una sequenza di varie immagini.

**Guarda le fotografie scattate durante un esperimento eseguito per misurare la capacità vitale dei polmoni.**

La misurazione della *capacità vitale* dei polmoni, cioè della quantità massima d'aria scambiabile dai polmoni, è effettuata attraverso un esame medico, la spirometria. In questo esperimento cercheremo di eseguire una stima della capacità vitale, naturalmente meno precisa e rigorosa rispetto alla spirometria.

**1** Per prima cosa procurati un palloncino gonfiabile rotondo e un righello. Stira il palloncino più volte in modo che non sia incollato e resistente. A questo punto inspira l'aria normalmente ed espira nel palloncino, facendo attenzione a non forzare l'espirazione. Chiudi l'apertura del palloncino con le dita e misura il diametro nel modo illustrato. In questo modo misurerai il *volume corrente*, cioè l'aria scambiata dai polmoni in un normale respiro a riposo. Ripeti tre volte il procedimento in modo da avere tre valori.

**2** Ora ripeti la procedura forzando l'inspirazione: inala cioè la massima quantità d'aria possibile ed espira all'interno del palloncino (espirazione forzata). Anche in questo caso, ripeti tre volte la procedura.

Ora occorre effettuare qualche conto. Innanzitutto calcola la media dei tre valori misurati nell'espirazione a riposo e la media dei tre valori dell'espirazione forzata. Poi bisogna calcolare il volume della sfera corrispondente ai diametri (*d*) misurati utilizzando la formula:

$$V = \frac{4\pi R^3}{3} = \frac{4}{3}\pi\left(\frac{d}{2}\right)^3$$

Il valore trovato per l'espirazione a riposo corrisponde al volume corrente, mentre il valore trovato per l'espirazione forzata corrisponde alla capacità vitale.

I ricercatori hanno riscontrato che la capacità vitale è proporzionale alla superficie corporea di una persona, che può essere calcolata con una formula empirica basata sull'altezza e sul peso:

$$\text{superficie corporea} = \sqrt{\frac{\text{altezza (in cm)} \times \text{peso (in kg)}}{3600}}$$

Una volta trovato il valore della superficie corporea, per trovare il valore della capacità vitale esso va moltiplicato per 2500 nei maschi e per 2000 nelle femmine. Prova a fare tutti i calcoli e confronta il valore con quello trovato con il metodo del palloncino.

Scoprirai come sono fatti i polmoni e l'apparato respiratorio negli esseri umani nel paragrafo 3 di questa unità.

# 1. PERCHÉ GLI ORGANISMI RESPIRANO

La respirazione è un insieme di processi che ha come risultato lo scambio di gas tra le cellule e l'ambiente esterno. Lo scopo della respirazione è la produzione di energia attraverso l'ossidazione delle sostanze nutritive.

Nel parlare comune, con il termine «respirare» si intende l'ingresso e l'uscita dell'aria dai polmoni. In un minuto, quando siamo a riposo, la nostra cassa toracica si solleva e si abbassa in media dodici volte: prima i polmoni si riempiono di aria; dopo pochi secondi, la cassa toracica si abbassa e l'aria fuoriesce dai polmoni. Dal punto di vista scientifico l'azione che abbiamo descritto non si chiama respirazione, ma **ventilazione** ed è solo la prima fase di un processo che si conclude all'interno delle cellule. In biologia, con il termine **respirazione** si indica la sequenza di eventi che ha come risultato lo **scambio di gas** tra le cellule del corpo e l'ambiente esterno. I gas che intervengono in questo processo sono l'*ossigeno* ($O_2$, che viene prelevato dall'aria) e l'*anidride carbonica* ($CO_2$, che è allontanata dal corpo).

La respirazione avviene in quattro fasi.
**1.** Nella maggior parte degli organismi, l'ossigeno è **prelevato** dall'esterno da alcuni organi specializzati (come le branchie dei pesci e i polmoni dei vertebrati terrestri).
**2.** L'ossigeno entra nel sangue per **diffusione semplice**: le molecole di qualsiasi gas disciolte in un liquido o presenti in una miscela di gas si spostano spontaneamente dalle zone a concentrazione più alta verso quelle a concentrazione più bassa. L'aria è ricca di ossigeno, mentre il sangue ne è povero; pertanto sulla superficie di contatto tra l'aria e i *capillari* (presenti nei polmoni) le molecole di $O_2$ passano spontaneamente dall'aria al sangue.
**3.** L'ossigeno è **trasportato** dal sangue che scorre nei vasi sanguigni ai vari tessuti del corpo.
**4.** A livello dei capillari, il gas entra nelle cellule di ogni tessuto per diffusione semplice e raggiunge i mitocondri, dove è utilizzato nelle reazioni chimiche della **respirazione cellulare**. Si tratta di una serie di reazioni chimiche analoghe alla combustione, che consente di bruciare gli zuccheri in presenza di ossigeno (*ossidazione*) e di produrre energia: le sostanze nutritive, introdotte nell'organismo con l'alimentazione, forniscono la loro energia alle cellule attraverso la respirazione cellulare. Le cellule hanno continuamente bisogno di energia, ma la quantità di ossigeno che può essere accumulata nel corpo di un organismo è piuttosto limitata. Per questa ragione è necessario respirare continuamente.

I prodotti della respirazione cellulare sono acqua e anidride carbonica. L'acqua è un composto utile all'organismo, mentre l'anidride carbonica non può accumularsi e deve pertanto essere allontanata. L'anidride carbonica diffonde dalle cellule al sangue e da questo è trasportata agli organi respiratori, che provvedono a eliminarla all'esterno del corpo.

> **IMPARA A IMPARARE**
> - Rintraccia nel testo e sottolinea la definizione scientifica del termine respirazione.
> - Elenca le 4 fasi principali che si verificano nella respirazione.

> **NELLE RISORSE DIGITALI**
> - Esercizi interattivi
> - Mappa del paragrafo

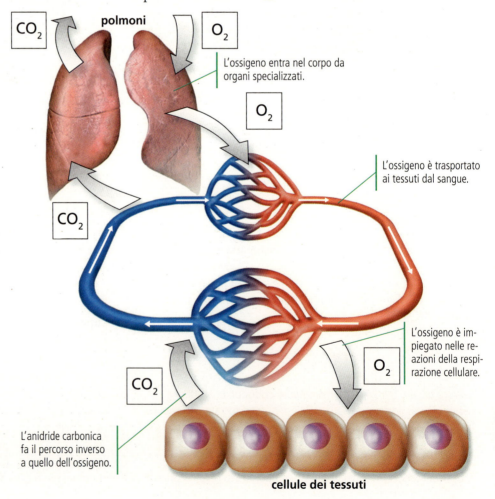

L'ossigeno entra nel corpo da organi specializzati.

L'ossigeno è trasportato ai tessuti dal sangue.

L'ossigeno è impiegato nelle reazioni della respirazione cellulare.

L'anidride carbonica fa il percorso inverso a quello dell'ossigeno.

cellule dei tessuti

## L'ossigeno nell'aria

L'aria che respiriamo è una **miscela di gas**. Il più abbondante è l'azoto – che da solo rappresenta circa il 78% in volume dell'aria secca – seguito dall'ossigeno (circa 21%), dall'argon (circa 0,9%) e da altri gas (come l'anidride carbonica, che rappresenta solo lo 0,04%).

L'azoto, nonostante la sua abbondanza, non è coinvolto nella respirazione cellulare.

Come abbiamo visto, il passaggio dell'ossigeno al sangue avviene per diffusione semplice, un processo che dipende dalla differenza di concentrazione tra l'interno e l'esterno delle cellule. In località ad alta quota (generalmente superiore ai 2000 m), dove l'aria è più rarefatta, anche l'ossigeno lo è ed esercita nella miscela di gas una minore pressione parziale (ricorda che la pressione parziale dell'ossigeno a livello del mare è 160 mmHg). La minore concentrazione di ossigeno ostacola l'assunzione di questo gas a livello degli organi respiratori, con conseguenze anche gravi, come la perdita dei sensi e l'accumulo di liquido nei polmoni.

Nel corso della loro storia, le popolazioni che vivono ad alta quota, per esempio sulle Ande, in Nepal o in Tibet, hanno sviluppato alcuni **adattamenti** per vivere senza difficoltà in un ambiente povero di ossigeno. Questi popoli presentano polmoni più grandi della media e un maggior numero di globuli rossi nel sangue (le cellule che trasportano l'ossigeno a tutte le cellule del corpo): due adattamenti che favoriscono gli scambi gassosi e un maggiore afflusso di ossigeno ai tessuti.

Adattamenti simili sono presenti anche negli animali che possono rimanere in immersione per lunghi periodi, come i pinguini, le foche e i cetacei. Il record di apnea appartiene al capodoglio (*Physeter macrocephalus*), che è in grado di trattenere il respiro per oltre un'ora. Tutte queste specie presentano inoltre un adattamento particolarmente efficace: le cellule dei loro muscoli possiedono una grande quantità di **mioglobina**, la proteina che conferisce il colore rosso alla carne. Questa proteina è in grado di trattenere l'ossigeno e trasportarlo all'interno delle cellule verso i mitocondri, gli organuli cellulari che lo utilizzano nella respirazione.

Alcuni *sherpa* – un gruppo etnico che vive in Nepal – trasportano il materiale di una spedizione alpinistica. In media uno di questi uomini può portare sulle spalle uno zaino di 30 kg.

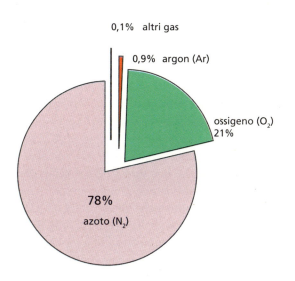

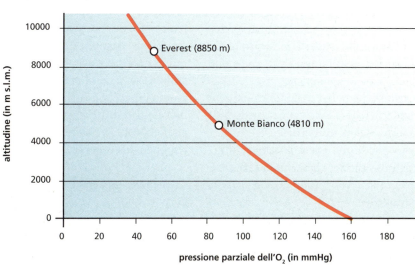

# 2. LA VARIETÀ DEI SISTEMI RESPIRATORI

Il modo in cui avvengono gli scambi gassosi negli animali dipende dalla loro complessità e dall'ambiente in cui vivono.

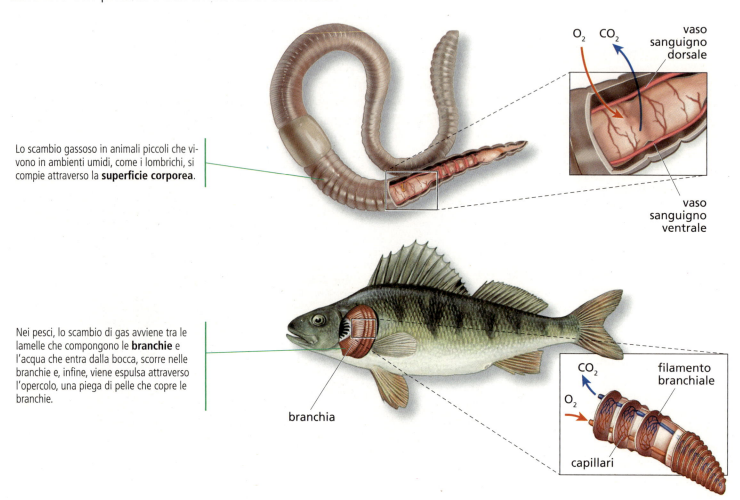

Lo scambio gassoso in animali piccoli che vivono in ambienti umidi, come i lombrichi, si compie attraverso la **superficie corporea**.

Nei pesci, lo scambio di gas avviene tra le lamelle che compongono le **branchie** e l'acqua che entra dalla bocca, scorre nelle branchie e, infine, viene espulsa attraverso l'opercolo, una piega di pelle che copre le branchie.

Gli scambi gassosi, cioè il passaggio di ossigeno dall'aria all'interno del corpo di un animale e il passaggio dell'anidride carbonica dall'interno verso l'esterno, avvengono attraverso una **superficie respiratoria**. La superficie respiratoria deve avere due caratteristiche fondamentali:
- le cellule che la rivestono devono essere umide, perché la diffusione richiede che i gas siano sciolti in acqua;
- deve essere più estesa possibile, affinché il volume dei gas scambiati sia sufficiente alle necessità energetiche dell'organismo.

Negli animali esistono vari tipi di superfici respiratorie, legate alla complessità dell'organismo e all'ambiente in cui esso vive.

Le *spugne*, le *meduse*, i *vermi piatti* e i *lombrichi* non possiedono alcun organo specializzato alla respirazione. Lo scambio respiratorio avviene attraverso l'intera **superficie corporea**. Gli animali che respirano attraverso la superficie del corpo vivono in acqua o in ambienti molto umidi (come il terreno). Essi sono di piccole dimensioni o di forma appiattita, in modo che a un volume relativamente piccolo corrisponda una superficie corporea (e quindi respiratoria) sufficientemente estesa.

In molti organismi, però, la superficie corporea non è in grado di garantire una quantità sufficiente di scambi, oppure, in alcuni casi, è ricoperta di cellule morte o impermeabili per esigenze di protezione. La maggior parte degli organismi, quindi, è dotata di organi particolari per la respirazione.

L'organo respiratorio della maggior parte dei *pesci* è costituito dalle **branchie**, estensioni esterne della superficie corporea molto ramificate. Soltanto in pochi casi però le branchie sono realmente esterne; normalmente si trovano dietro una piega di pelle detta *opercolo*. Dato che nell'acqua è sciolta una quantità di ossigeno piuttosto scarsa, il liquido che raggiunge le branchie deve essere ricambiato spesso perché venga scambiata una quantità di ossigeno sufficiente.

Gli animali che vivono sulla terraferma possono scambiare i gas respiratori direttamente con l'atmosfera: l'aria contiene infatti il 21% di ossigeno e rappresenta una fonte di approvvigionamento molto più comoda e abbondante dell'acqua.

Gli *insetti* hanno uno scheletro esterno rigido e impermeabile. I gas respiratori, quindi, non possono essere scambiati attraverso la superficie corporea. L'aria entra nel corpo degli insetti attraverso gli *spiracoli*, piccoli fori presenti sullo scheletro esterno che permettono di accedere a un sistema di tubi, le **trachee**. Le trachee si ramificano in tubuli ancora più piccoli chiamati *tracheole*.

Le tracheole terminano con delle estremità a fondo cieco contenenti un liquido: le pareti di tali estremità sono la sede dello scambio gassoso. In questo modo i gas respiratori raggiungono direttamente tutte le cellule dell'organismo, senza l'intervento del sangue.

La maggior parte degli *anfibi*, i *rettili*, gli *uccelli* e i *mammiferi* respirano attraverso i **polmoni**. I polmoni sono contenuti all'interno del corpo e sono costituiti da due sacche. Per aumentare l'estensione della superficie respiratoria, la parete interna dei polmoni si presenta molto ramificata e concamerata, in quasi tutti gli organismi. La cavità dei polmoni viene continuamente riempita e svuotata d'aria attraverso le vie respiratorie. L'ossigeno dell'aria diffonde dalla superficie interna dei polmoni, rivestita da uno strato di cellule costantemente umido, ai capillari sanguigni che lo trasportano alle cellule del corpo per mezzo del sistema circolatorio.

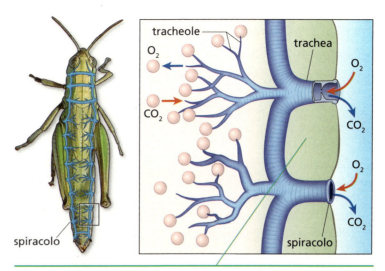

L'aria entra nel corpo degli insetti tramite delle aperture, gli spiracoli, poste sui fianchi. Gli spiracoli comunicano con sottilissimi tubi, le **trachee** e le **tracheole**, che conducono l'aria a tutte le cellule. A livello delle trachee, i gas respiratori entrano nelle cellule del corpo per diffusione semplice attraverso la membrana cellulare.

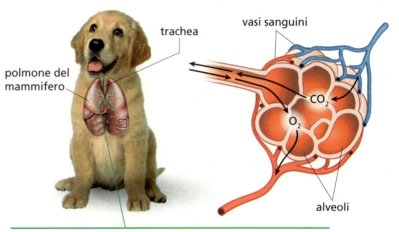

La superficie interna dei **polmoni** dei mammiferi aumenta grazie alla presenza di concamerazioni e ramificazioni.

### IMPARA A IMPARARE

- Individua nel testo le due caratteristiche fondamentali che possiedono le superfici respiratorie.
- Elenca i tipi di superficie respiratoria descritti nel testo e per ciascuna fai un esempio di un animale che la possiede.

### NELLE RISORSE DIGITALI

- **Video** Lo scambio gassoso
- **Esercizi interattivi**
- **Mappa del paragrafo**

### ATTIVITÀ

#### Dimensioni, volume e superficie corporea

Immagina un animale di forma cubica (naturalmente un organismo del genere non esiste ma semplifica i conti!). Calcola volume e superficie corporea di questo organismo al variare delle dimensioni del lato e completa la tabella.

| LATO (*l*) | VOLUME (*V* = *l*³) | SUPERFICIE RESPIRATORIA (*S* = 6 *l*²) | RAPPORTO *V/S* |
|---|---|---|---|
| 1 | | | |
| 2 | | | |
| 3 | | | |

Costruisci un grafico che metta in relazione il rapporto volume/superficie con il lato del cubo.

- Che cosa ti suggerisce questo grafico in merito alla respirazione?

# 3. L'APPARATO RESPIRATORIO UMANO

L'apparato respiratorio umano è formato dal naso, dalla faringe, dalla laringe, dalla trachea, dai bronchi e dai polmoni.

Tutte le cellule del corpo umano richiedono un costante e continuo apporto di ossigeno per poter ricavare l'energia necessaria per i loro processi vitali. Senza ossigeno, l'attività delle cellule cessa completamente nell'arco di pochi minuti. Per questa ragione è possibile smettere di respirare soltanto per intervalli di tempo molto brevi. Lo scambio gassoso nel corpo umano è garantito dall'**apparato respiratorio**, di cui fanno parte diversi organi.

Il **naso** è la parte visibile dell'apparato respiratorio. Le narici (insieme alla bocca) sono il punto di ingresso dell'aria nel corpo e costituiscono l'inizio delle **vie respiratorie**. La volta della cavità nasale è ricoperta dalla **mucosa olfattiva** e forma l'organo dell'olfatto, che ci consente di percepire gli odori.

Nella cavità nasale l'aria subisce tre modificazioni: essa viene *riscaldata*, grazie ai capillari della mucosa, *umidificata*, tramite la cessione di acqua per traspirazione, e *filtrata*, grazie ai peli di cui la cavità stessa è rivestita.

L'aria, dopo aver attraversato la **faringe**, entra nella **laringe**, l'organo della *fonazione* che permette l'emissione dei suoni sfruttando l'aria in uscita dall'apparato respiratorio. La modulazione dei suoni avviene grazie alle **corde vocali**, pieghe della mucosa della laringe, e all'azione della muscolatura della bocca. L'aria inspirata percorre poi la trachea, per entrare nei polmoni. La **trachea** è un tubo sostenuto da una serie di anelli cartilaginei che le conferiscono rigidità e permettono il passaggio dell'aria.

La trachea si dirama in due **bronchi**, che una volta nei polmoni si dividono in numerosi rami più piccoli: i **bronchioli**.

I bronchioli terminano infine con alcune minuscole sacche – gli **alveoli polmonari** – riunite in grappoli dove si verifica lo scambio gassoso.

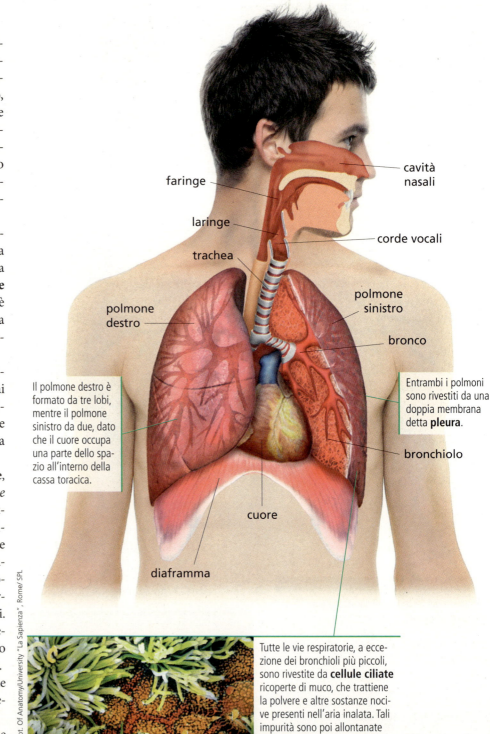

Il polmone destro è formato da tre lobi, mentre il polmone sinistro da due, dato che il cuore occupa una parte dello spazio all'interno della cassa toracica.

Entrambi i polmoni sono rivestiti da una doppia membrana detta **pleura**.

Tutte le vie respiratorie, a eccezione dei bronchioli più piccoli, sono rivestite da **cellule ciliate** ricoperte di muco, che trattiene la polvere e altre sostanze nocive presenti nell'aria inalata. Tali impurità sono poi allontanate dalle vie respiratorie attraverso l'azione delle ciglia, che spingono il muco verso la faringe.

## Gli alveoli polmonari

Per garantire uno scambio gassoso sufficiente alle necessità dell'organismo, la superficie respiratoria dei polmoni deve essere ampia. Per questa ragione, essi sono formati da circa 300 milioni di **alveoli** e, pertanto, presentano un aspetto spugnoso. La presenza di milioni di alveoli polmonari fa sì che un essere umano in buona salute possieda una superficie respiratoria la cui estensione raggiunge complessivamente gli 80 m$^2$, la stessa di un appartamento di tre stanze.

Ciascun alveolo polmonare è costituito da una piccolissima sacca a fondo cieco, delimitata da una parete estremamente sottile, intorno alla quale si ramifica una fitta rete di capillari sanguigni. Le pareti degli alveoli costituiscono la **superficie respiratoria** e sono la sede del processo di diffusione semplice che garantisce lo scambio gassoso tra l'aria e il sangue.

La diffusione è un fenomeno che interessa i gas in soluzione e per questa ragione la superficie degli alveoli deve essere mantenuta umida. Ciò avviene grazie all'umidificazione nelle vie respiratorie dell'aria in ingresso e alla produzione di un liquido (*liquido alveolare*) da parte delle cellule dell'epitelio che rivestono gli alveoli.

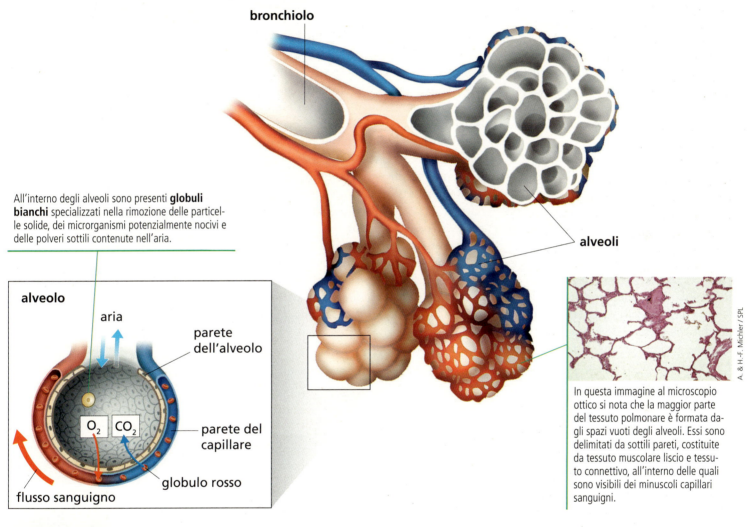

All'interno degli alveoli sono presenti **globuli bianchi** specializzati nella rimozione delle particelle solide, dei microrganismi potenzialmente nocivi e delle polveri sottili contenute nell'aria.

In questa immagine al microscopio ottico si nota che la maggior parte del tessuto polmonare è formata dagli spazi vuoti degli alveoli. Essi sono delimitati da sottili pareti, costituite da tessuto muscolare liscio e tessuto connettivo, all'interno delle quali sono visibili dei minuscoli capillari sanguigni.

### ATTIVITÀ

**Osservazione di un polmone di vitello**

Cerca nel reparto macelleria del tuo supermercato una vaschetta di polmone di vitello. Qual è il suo aspetto generale? Riconosci qualche struttura particolare? Con un coltello tagliane una fetta sottile. Che aspetto ha la sezione? Riconosci gli alveoli? Puoi individuare dei vasi sanguigni?

### IMPARA A IMPARARE

- Elenca le trasformazioni che subisce l'aria nella cavità nasale.
- Fai un disegno schematico dell'apparato respiratorio umano e individua le diverse parti che lo compongono.

### NELLE RISORSE DIGITALI

- Esercizi interattivi
- Mappa del paragrafo

UNITÀ 9  Gli scambi gassosi

# 4. IL MECCANISMO DELLA VENTILAZIONE POLMONARE

La ventilazione polmonare è il meccanismo che permette l'entrata e l'uscita dell'aria dall'apparato respiratorio. Essa si realizza grazie ai movimenti del diaframma e della cassa toracica.

La **ventilazione polmonare** è un processo meccanico che permette di rinnovare in continuazione l'aria presente nei nostri polmoni tramite l'alternarsi di *inspirazioni* e di *espirazioni*. Questo continuo rinnovamento garantisce la presenza negli alveoli di aria ricca di ossigeno e consente allo stesso tempo di eliminare la miscela gassosa arricchita di anidride carbonica prodotta dopo lo scambio gassoso.

La ventilazione polmonare avviene grazie alle variazioni di volume e di pressione dell'aria contenuta nei polmoni. Queste variazioni sono provocate dai cambiamenti di forma della cassa toracica, nella quale alloggiano i polmoni.

**1.** L'**inspirazione**, cioè l'ingresso dell'aria, si realizza attraverso la contrazione del *diaframma* (il sottile muscolo che separa la cassa toracica dalla cavità addominale) e dei muscoli presenti tra le costole. La contrazione dei muscoli intercostali e del diaframma determina l'espansione della cassa toracica, che, a sua volta, provoca un aumento del volume dei polmoni: la pressione nei polmoni diminuisce risucchiando l'aria dall'esterno verso l'interno.

**2.** L'**espirazione**, cioè la fuoriuscita dell'aria, si ottiene invece con il rilassamento del diaframma e dei muscoli intercostali: il volume dei polmoni diminuisce e, di conseguenza, la pressione interna aumenta fino a superare il valore della pressione atmosferica all'esterno, consentendo perciò l'espulsione di una parte dell'aria contenuta nei polmoni.

Questi movimenti respiratori sono involontari e sono controllati dal sistema nervoso centrale. Anche il **ritmo respiratorio** è sotto il controllo del sistema nervoso centrale: esso generalmente si mantiene piuttosto basso (circa 12 respirazioni al minuto) quando un individuo si trova in condizioni di riposo, mentre aumenta sotto sforzo (può arrivare fino a 35-45 respirazioni al minuto).

La miscela di gas che è espulsa dai polmoni durante l'espirazione presenta una composizione di gas differente da quella dell'aria in ingresso. L'azoto entra ed esce dai polmoni senza essere assorbito, quindi la sua percentuale nell'aria espirata è uguale a quella nell'atmosfera (circa il 78%). L'ossigeno è invece contenuto nell'aria espirata in quantità significativamente minore (circa il 16%) rispetto a quella presente nell'aria (circa il 21%). Ciò è dovuto al fatto che una parte dell'ossigeno è stata trattenuta dagli organi respiratori e circola ora nel sangue. Nei polmoni il sangue ha rilasciato l'anidride carbonica, pertanto la miscela di gas in uscita dalle vie respiratorie risulta arricchita di anidride carbonica, che ne costituisce circa il 4%.

> **IMPARA A IMPARARE**
> Individua nel testo la descrizione delle variazioni di volume e pressione dell'aria contenuta nei polmoni durante l'inspirazione e durante l'espirazione e sintetizzala.

**NELLE RISORSE DIGITALI**
- **Approfondimento** Perché si sbadiglia, si tossisce e si starnutisce
- **Video** La respirazione
- **Esercizi interattivi**
- **Mappa del paragrafo**

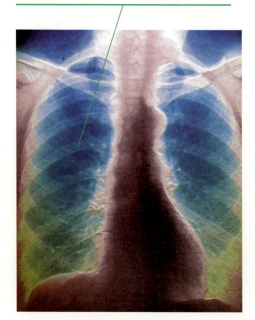

Durante l'**inspirazione** il diaframma e i muscoli intercostali si contraggono. In questo modo il diaframma si abbassa e la cassa toracica si allarga.

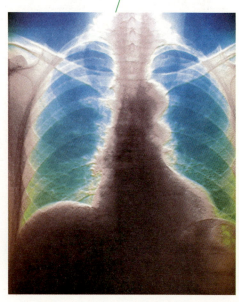

Durante l'**espirazione** il diaframma e i muscoli intercostali si rilassano. Ciò provoca l'innalzamento del diaframma e il restringimento della cassa toracica.

# 5. IL TRASPORTO DEI GAS RESPIRATORI NEL SANGUE

L'ossigeno è poco solubile nel sangue e pertanto viene trasportato dai pigmenti respiratori. In tutti i vertebrati tale compito viene svolto da una proteina: l'emoglobina.

L'ossigeno è poco solubile in acqua: a pressione atmosferica e a una temperatura di 20 °C è possibile sciogliere in un litro d'acqua solo 9,1 mg di ossigeno e tale valore diminuisce all'aumentare della temperatura. Il plasma sanguigno è una soluzione acquosa alla temperatura corporea (circa 37 °C) e, di conseguenza, può trasportare una frazione di ossigeno molto piccola, circa lo 0,3% in volume. Per questa ragione la maggior parte dell'ossigeno è trasportata grazie all'intervento di alcune proteine – i **pigmenti respiratori** – capaci di legare la molecola di $O_2$, di trasportarla all'interno del flusso sanguigno e di liberarla una volta giunti alle cellule. Il termine *pigmento* indica una sostanza colorata, infatti i pigmenti respiratori sono le molecole che conferiscono la colorazione al sangue:

- in alcuni molluschi, granchi e scorpioni l'ossigeno è trasportato dall'*emocianina*. Il colore azzurro del sangue di questi animali è dovuto alla presenza in questa proteina di ioni rame che si legano con l'ossigeno trasportato;
- nei vertebrati e in tutti gli animali che possiedono il sangue rosso, l'ossigeno è trasportato dall'*emoglobina*. Il colore è dovuto alla presenza all'interno di questa proteina di atomi di ferro.

L'**emoglobina** è una proteina che presenta una struttura quaternaria formata da quattro catene di amminoacidi, uguali a due a due. Ciascuna catena polipeptidica è unita a un **gruppo eme**, che rappresenta una parte della molecola non costituita da amminoacidi. Il gruppo eme è infatti un complesso chimico al centro del quale è situato un atomo di ferro. Quest'ultimo risulta particolarmente importante poiché rappresenta il punto dell'emoglobina a cui l'ossigeno è in grado di legarsi; ne risulta che una sola molecola di emoglobina può trasportare quattro molecole di $O_2$.

L'emoglobina è contenuta in grande quantità nei globuli rossi che formano il sangue: trasportata al loro interno, raggiunge tutti i tessuti del corpo ai quali rilascia l'ossigeno. L'emoglobina trasporta anche una parte dell'anidride carbonica che viene condotta dalle cellule dei tessuti, dove è stata prodotta, ai polmoni. La maggior parte dell'anidride carbonica è però trasportata disciolta nel sangue sotto forma di ione bicarbonato ($HCO_3^-$).

> **IMPARA A IMPARARE**
> - Rintraccia nel testo le informazioni sulla struttura chimica dell'emoglobina.
> - Fai uno schema della molecola basandoti sulla sua descrizione e poi confrontalo con la figura di questa pagina.

**NELLE RISORSE DIGITALI**
- Esercizi interattivi
- Mappa del paragrafo

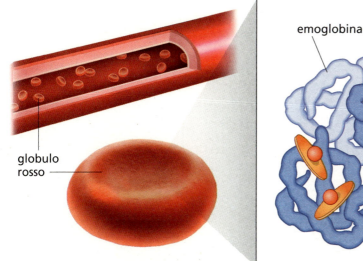

Ogni globulo rosso presente nel sangue può trasportare al suo interno da 300 a 400 milioni di molecole di emoglobina.

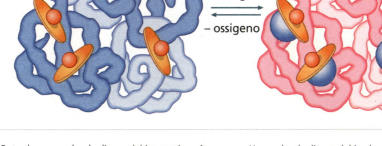

Dato che una molecola di emoglobina contiene 4 catene polipeptidiche e 4 gruppi eme, ciascuna molecola può trasportare 4 molecole di $O_2$.

Una molecola di emoglobina legata all'ossigeno costituisce l'ossiemoglobina.

# 6. GLI SCAMBI GASSOSI NELLE PIANTE

Lo scambio gassoso nelle piante avviene prevalentemente in senso inverso rispetto a quello della respirazione cellulare: l'anidride carbonica entra nelle foglie mentre l'ossigeno è allontanato. Tale scambio si compie attraverso delle aperture presenti sulla superficie delle foglie: gli stomi.

Tramite la **fotosintesi** le piante producono glucosio e ossigeno ($O_2$), partendo da anidride carbonica ($CO_2$) e acqua. Una parte dell'ossigeno è utilizzata dalla pianta, tramite la respirazione cellulare, per ricavare energia dagli zuccheri. L'ossigeno non utilizzato è reimmesso nell'atmosfera.

Lo scambio gassoso nei vegetali avviene quindi prevalentemente in senso contrario rispetto a quello che si verifica negli animali: entra anidride carbonica e si allontana ossigeno.

L'organo delle piante in cui avviene lo scambio gassoso è lo stesso in cui si verifica la fotosintesi: la **foglia**.

La superficie della foglia è costituita da un tessuto, chiamato **epidermide**, in cui vi sono numerose piccole aperture che rappresentano il punto di ingresso e di uscita dei gas. Queste aperture sono dette **stomi** e mettono in comunicazione l'esterno della foglia con gli spazi tra una cellula e l'altra che sono presenti nel **mesofillo**, il tessuto che forma la parte interna della foglia.

Il mesofillo è composto da due strati differenti:
- uno strato superiore molto compatto, lo *strato a palizzata*;
- uno strato inferiore con cellule piuttosto distanziate e meno fitte, lo *strato spugnoso*.

Lo strato spugnoso, che si trova a contatto con l'epidermide della pagina inferiore della foglia, è ricco di spazi tra le cellule, che possono venire facilmente riempiti dall'aria in ingresso. Per questa ragione la maggior parte degli stomi è concentrata nella pagina inferiore della foglia, a tal punto che in 1 $cm^2$ di superficie se ne possono contare anche decine di migliaia; nella pagina superiore, al contrario, gli stomi sono pochi o del tutto assenti.

L'aria che in questo modo entra attraverso gli stomi permette la diffusione dell'anidride carbonica in tutte le cellule del mesofillo.

### NELLE RISORSE DIGITALI

- **Approfondimento** Gli stomi regolano gli scambi gassosi
- **Esercizi interattivi**
- **Mappa del paragrafo**

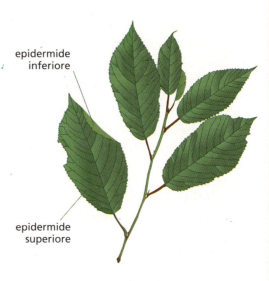

## CHE COSA VEDE IL BIOLOGO

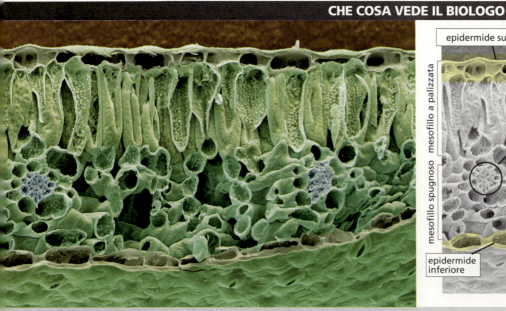

Eye of Science /SPL/Grazia Neri

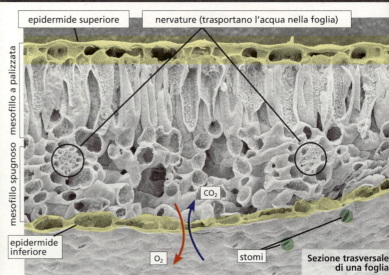

Sezione trasversale di una foglia

# DOMANDE PER IL RIPASSO

## PARAGRAFO 1
1. Perché respiriamo?
2. Perché è necessario respirare continuamente?
3. Qual è la differenza tra la respirazione polmonare e la respirazione cellulare?
4. Quale percorso compie l'ossigeno nel corpo?
5. Quale percorso compie l'anidride carbonica nel corpo?
6. Qual è il gas più presente nell'aria che respiriamo?
   - A Azoto.
   - B Argon.
   - C Ossigeno.

## PARAGRAFO 2
7. Quali caratteristiche possiedono le superfici respiratorie?
8. Quali organismi scambiano i gas respiratori attraverso l'intera superficie del corpo?
9. I pesci respirano attraverso:
   - A i polmoni.
   - B le branchie.
   - C l'intera superficie corporea.
10. Quali animali possiedono i polmoni?

## PARAGRAFO 3
11. Quali modificazioni subisce l'aria nella cavità nasale?
12. Che cos'è la mucosa olfattiva?
13. Quale percorso compie l'aria dopo essere stata inspirata?
14. Perché il polmone destro e quello sinistro hanno dimensioni diverse?
15. Che cosa sono i bronchi?
16. Che cosa sono gli alveoli polmonari?
17. Lo scambio gassoso avviene:
    - A negli alveoli polmonari.
    - B nei bronchioli.
    - C in tutto l'apparato respiratorio.
    - D nella trachea.

## PARAGRAFO 4
18. Che cosa si intende per ventilazione polmonare?
19. Qual è la funzione della ventilazione polmonare nel processo respiratorio?
20. Che cos'è il diaframma e quale funzione svolge?
21. Quali modificazioni del volume e della pressione dell'aria nei polmoni si verificano durante l'inspirazione? Da che cosa sono provocate?
22. Quali modificazioni del volume e della pressione dell'aria nei polmoni si verificano durante l'espirazione?
23. Quale apparato controlla il ritmo respiratorio?
24. Quante respirazioni compiamo normalmente a riposo?
    - A 12.
    - B 60.
    - C 30.

## PARAGRAFO 5
25. Perché nel sangue si scioglie poco ossigeno?
26. Che cos'è un pigmento respiratorio?
27. Com'è fatta la molecola di emoglobina?
28. Come viene trasportata l'emoglobina nel sangue?
29. Dove si trova principalmente l'emoglobina?
    - A Nei globuli rossi.
    - B Nei globuli bianchi.
    - C Nel plasma.
30. Come viene trasportata l'anidride carbonica nel sangue?

## PARAGRAFO 6
31. Attraverso la fotosintesi le piante producono:
    - A glucosio e acqua.
    - B ossigeno e anidride carbonica.
    - C glucosio e ossigeno.
    - D acqua e ossigeno.
32. Come avviene lo scambio gassoso nelle piante?
33. In che cosa consiste la fotosintesi clorofilliana?
34. Che cosa sono e a che cosa servono gli stomi?
35. Quali tessuti sono presenti in una foglia?
36. A che cosa servono le nervature di una foglia?

## APPLICA LE TUE CONOSCENZE

Scrivi una didascalia per i seguenti disegni spiegando che cosa avviene in ciascuna fase della ventilazione polmonare.

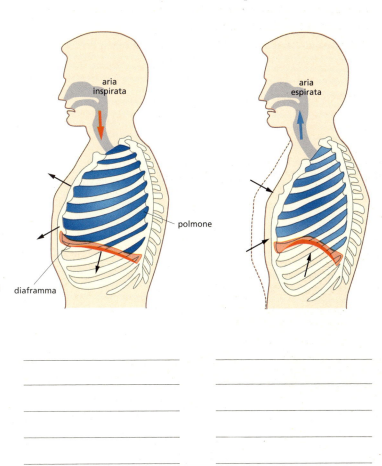

# 9 LABORATORIO DELLE COMPETENZE

### 1 Sintesi: dal testo alla mappa

- In tutte le cellule avviene il processo di **respirazione cellulare**, mediante il quale le sostanze nutritive ottenute con l'alimentazione sono ossidate allo scopo di ricavare energia. Ciascuna cellula, per poter effettuare questo processo, deve ricevere ossigeno ($O_2$) ed eliminare l'anidride carbonica ($CO_2$) che è prodotta. Questo scambio gassoso avviene in tutti gli animali e si compone di quattro fasi: l'ingresso dell'ossigeno nel corpo dell'organismo, il trasporto del gas a tutte le cellule, la cessione dell'anidride carbonica e il suo trasporto all'esterno del corpo.

- Negli animali lo scambio respiratorio avviene per **diffusione semplice** attraverso la **superficie respiratoria**. La superficie deve essere mantenuta costantemente umida e deve essere la più ampia possibile in modo da soddisfare le esigenze energetiche dell'organismo. Negli animali più semplici l'intera superficie corporea funziona come superficie respiratoria, mentre in animali più complessi sono presenti degli organi respiratori: le trachee (negli insetti), le branchie (nei pesci), i polmoni (nei vertebrati terrestri).

- Gli esseri umani possiedono un **apparato respiratorio** altamente specializzato. Le vie respiratorie sono costituite, in ordine, da: il **naso** e la cavità nasale; la **faringe** e la **laringe**, che contiene le corde vocali e rappresenta l'organo della fonazione; la **trachea**, il tubo che convoglia l'aria nei polmoni; i *bronchi* e i *bronchioli*, che penetrano all'interno dei **polmoni**. I polmoni sono gli organi respiratori e sono formati da milioni di **alveoli polmonari** a fondo cieco; sulla superficie degli alveoli avviene lo scambio gassoso.

- L'aria presente nei polmoni è costantemente rinnovata grazie al meccanismo della **ventilazione polmonare**. Durante l'**inspirazione**, l'aria è risucchiata all'interno dei polmoni dalle differenze di pressione create dall'allargamento della cassa toracica. Successivamente, durante l'**espirazione**, la miscela gassosa prodotta dalla respirazione viene spinta all'esterno, per l'aumento della pressione interna dovuto alla cassa toracica che si restringe.

- L'ossigeno è poco solubile nel plasma e, nel sangue, è trasportato dai **pigmenti respiratori**. Nei vertebrati il pigmento respiratorio è una proteina chiamata **emoglobina**.

- Nelle piante lo scambio gassoso avviene prevalentemente in senso inverso rispetto a quello degli animali. La **fotosintesi** infatti richiede **anidride carbonica**, che entra attraverso le foglie, e acqua. I prodotti della fotosintesi sono il glucosio e l'**ossigeno**, che viene immesso nell'atmosfera. Attraverso gli **stomi**, aperture presenti sulla superficie della foglia, entra quindi $CO_2$ ed esce $O_2$.

**Riorganizza i concetti completando le mappe**

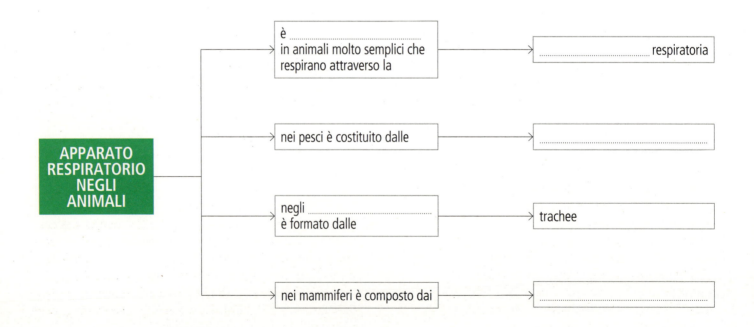

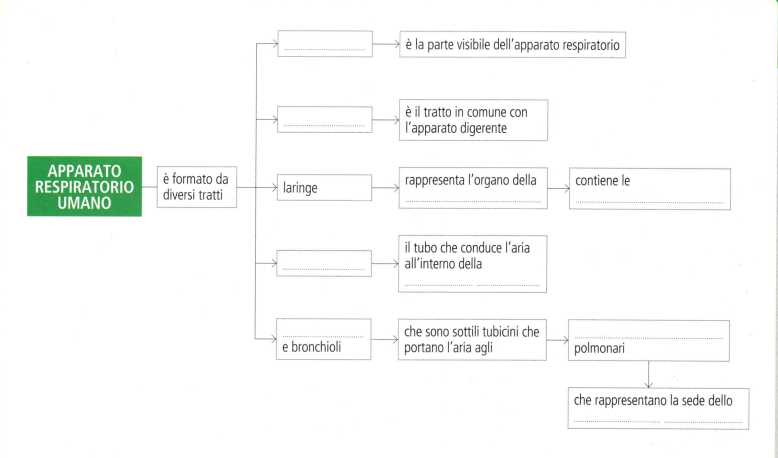

## 2 Collegare i concetti

1. Completa con i termini mancanti.
L'ossigeno si scioglie poco in acqua. Gli animali acquatici quindi devono continuamente rinnovare l'acqua che scorre sulle .................... , creando una corrente d'acqua che entra dalla bocca ed esce dall' .................... . L'ossigeno è invece abbondante nell'atmosfera, di cui costituisce il .......... %, quindi per gli animali terrestri il problema non è l'approvvigionamento ma il trasporto nel .................., che è costituito in maggioranza da acqua. A tale scopo essi possiedono dei .................... respiratori, cioè delle .................... capaci di legare l'ossigeno e trasportarlo sangue.

2. Quali tra i seguenti processi avvengono per diffusione semplice? (4 risposte corrette)
   A Ingresso dell'aria nei polmoni.
   B Ingresso dell'ossigeno nel sangue.
   C Trasporto dell'ossigeno nel sangue.
   D Ingresso dell'ossigeno nelle cellule.
   E Uscita dell'anidride carbonica dalle cellule.
   F Trasporto dell'anidride carbonica nel sangue.
   G Uscita dell'anidride carbonica dal sangue all'aria contenuta nei polmoni.
   H Espulsione dell'aria dai polmoni.

3. Numera i diversi tratti delle vie respiratorie umane nell'ordine con cui sono attraversati dall'aria che respiriamo.
   Alveoli polmonari ( )   Trachea ( )
   Naso ( )   Laringe ( )
   Faringe ( )   Bronchioli ( )
   Bronchi ( )

4. Quali tra le seguenti affermazioni non sono vere? (3 risposte corrette)
   A L'emoglobina contiene un atomo di rame.
   B Durante l'inspirazione il diaframma si contrae e si abbassa.
   C Perché avvenga la diffusione semplici e la superficie degli alveoli deve essere umida.
   D Le corde vocali si trovano nella faringe.
   E La mioglobina è la proteina che trasporta l'ossigeno nel sangue dei vertebrati.

5. Completa con i termini mancanti.
L'ossigeno entra nel sangue per .................... semplice. A tale scopo gli animali che respirano attraverso la .................... corporea sono piccoli, di forma .................... . Negli animali che possiedono i polmoni invece i vasi sanguigni circondano gli .................... polmonari, che per aumentare la superficie respiratoria sono .................... Dato che questi sono presenti in gran numero, i polmoni assumono un aspetto .................... .

## 3 Comprendere un testo

### Le corde vocali e la produzione dei suoni

*Le membrane mucose della laringe formano due paia di pieghe: un paio superiore chiamate corde vocali false e un paio inferiore chiamate corde vocali vere. Le corde vocali false trattengono l'aria contro la pressione nella cavità toracica nello sforzo di sollevare un oggetto pesante, come uno zaino pieno di libri, e non producono alcun suono. Le corde vocali vere producono suoni mentre si parla e si canta. Esse contengono legamenti elastici tesi fra pezzi di cartilagine rigida, come le corde di una chitarra. I muscoli della laringe si attaccano sia alla cartilagine sia alle corde vocali vere e, quando si contraggono, tirano con forza i legamenti elastici che tendono le corde vocali vere. L'aria espirata provoca la vibrazione delle corde vocali producendo suoni di diverse frequenze; maggiore è la pressione dell'aria più acuto sarà il suono prodotto.*

(Da G.J. Tortora, B. Derrickson, *Conosciamo il corpo umano*, Zanichelli, 2009)

**Rispondi alle seguenti domande**
a. Che cosa sono le corde vocali?
b. Quale funzione svolgono le corde vocali false?
c. A che cosa si attaccano i muscoli della laringe?
d. Che cosa provoca la vibrazione delle corde vocali?

## 4 Costruire una tabella

### Il percorso dell'aria nell'apparato respiratorio

- Rileggi il paragrafo 3 di questa unità.
- Ricerca nel testo quali sono gli organi attraversati dall'aria nel suo percorso all'interno dell'apparato respiratorio.
- Costruisci una tabella a tre colonne:
  – nella prima colonna scrivi l'elenco degli organi individuati in precedenza;
  – nella seconda colonna fornisci una breve descrizione della forma e della struttura di ciascun organo;
  – nella terza colonna indica la funzione di ciascun organo.

## 5 Fare una ricerca

### Animali dal sangue blu

Il colore del sangue è determinato dalla presenza di particolari pigmenti respiratori. Il sangue dei vertebrati, per esempio, è di colore rosso a causa della presenza di emoglobina, una molecola che contiene ferro.
Alcuni animali, come il limulo (*Limulus polyphemus*) possiedono un sangue incolore, che a contatto con l'aria diventa di colore azzurro intenso.
Ricerca su Internet informazioni sul pigmento respiratorio contenuto nel sangue del limulo. Scopri se esistono altri animali che lo possiedono.

## 6 Leggere un grafico

### La capacità dei polmoni

La capacità polmonare, cioè il volume totale dei polmoni, varia tra 4 e 6 L, a seconda dell'età, del sesso, della taglia e delle condizioni generali dell'individuo. Durante una normale respirazione a riposo viene scambiato un volume molto minore, detto **volume corrente**, pari a circa 500 mL. Nel grafico qui riportato il volume corrente corrisponde all'area arancione. Durante uno sforzo fisico è possibile aumentare il volume d'aria scambiata ricorrendo a una inspirazione forzata che permette di scambiare l'aria che corrisponde al **volume di riserva inspiratorio** (area verde).

▶ Quanta aria si riesce a scambiare durante una respirazione forzata?

Analogamente, a seguito di una espirazione forzata è possibile svuotare i polmoni del **volume di riserva espiratorio** (area azzurra). Anche dopo questo forzato svuotamento, nei polmoni permane comunque un **volume residuo** di aria che impedisce agli alveoli polmonari di collassare su sé stessi.

▶ A quanto ammonta il volume residuo? A quanto ammonta il volume di riserva respiratorio?

▶ A che cosa corrisponde la capacità vitale? A quanto ammonta in questo caso?

Nel grafico la capacità totale dei polmoni è pari 6 L. Ridisegna sul tuo quaderno un grafico che mantenga all'incirca le stesse proporzioni ma che mostri una capacità totale pari a 4 L.

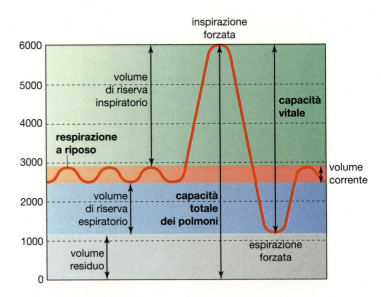

## 7 Disegnare uno schema

### Le superfici respiratorie

Dopo aver riletto il paragrafo 2, rappresenta in maniera schematica il corpo di un generico pesce e quello di un mammifero a tua scelta, ed evidenzia in colore rosso la superficie respiratoria dei due animali.

# Biologia per il cittadino

## I rischi per l'apparato respiratorio

Il rischio più diffuso per l'apparato respiratorio è legato al **fumo** di **sigaretta**. Il fumo fa male perché la combustione del tabacco genera un gran numero di sostanze dannose per l'organismo.

In Italia ci sono circa 14 milioni di fumatori. L'abitudine del fumo causa nel nostro Paese approssimativamente 40 000 morti all'anno: 30 000 sono da imputare al *cancro del polmone* e le restanti 10 000 sono attribuibili all'*enfisema polmonare*. Nel mondo, alcuni studi indicano in 4 milioni all'anno il numero delle morti dovute al consumo di sigarette. Un numero superiore alle vittime provocate complessivamente da tubercolosi, AIDS, incidenti stradali e sul lavoro, suicidi e omicidi.

Altri rischi per l'apparato respiratorio derivano da alcune **fibre di minerali** (come l'amianto, utilizzato in passato in alcune costruzioni perché ignifugo) e da certi prodotti chimici impiegati nelle lavorazioni industriali.

Ulteriori danni all'apparato respiratorio possono essere causati dagli **inquinanti atmosferici**. Con questo termine si indicano gli agenti fisici, chimici e biologici che modificano le caratteristiche naturali dell'atmosfera, causando effetti nocivi all'ambiente e, spesso, alla salute umana. Nonostante la presenza di difese come il muco e le ciglia, il nostro apparato respiratorio può essere danneggiato da diverse sostanze che si accumulano in quantità elevata nell'aria delle grandi aree urbane.

Negli ultimi anni diversi studi hanno evidenziato il ruolo di queste sostanze inquinanti nel determinare diverse patologie non solo respiratorie (bronchiti, asme), ma anche a carico dell'apparato circolatorio o nervoso, in particolare in fasce più a rischio della popolazione (come bambini, anziani, donne in gravidanza).

Tra gli inquinanti più nocivi per gli esseri umani ci sono il monossido di carbonio (che può legarsi all'emoglobina, sostituendosi all'ossigeno e quindi impedendone il trasporto ai tessuti), gli ossidi di azoto e di zolfo, l'ozono, ma anche le cosiddette polveri sottili.

Le polveri sottili sono piccole particelle solide che restano in sospensione nell'aria e sono classificate in base alle dimensioni: per esempio, le PM 10, che hanno un diametro medio minore di 10 μm. Ancor più dannose sono le PM 2,5 (con diametro medio minore di 2,5 μm), perché possono passare attraverso i filtri delle vie respiratorie superiori.

L'attenzione si sta ora focalizzando sui rischi legati all'inalazione di particelle ancora più piccole e penetranti, le PM 0,1.

Le polveri sottili presenti nell'atmosfera dei centri urbani sono di origine antropica; infatti, le alte concentrazioni di polveri sottili che si registrano nelle grandi città sono dovute soprattutto ai processi di combustione, come nel caso del traffico veicolare (in particolare gli autoveicoli a gasolio), al riscaldamento delle case, degli inceneritori di rifiuti e delle attività industriali. Nelle zone dei centri urbani in cui l'aria ristagna, la loro concentrazione può aumentare e diventare particolarmente pericolosa.

Un altro tipo di particelle di piccole dimensioni molto pericolose per la salute è costituito dai metalli pesanti, come il piombo, che possono depositarsi nei reni o nelle ossa.

Dopo vari anni d'indagine, nel 2005 l'Organizzazione Mondiale della Sanità ha pubblicato uno studio che mostra la stretta correlazione tra l'aumento di concentrazione (anche per brevi periodi) delle polveri sottili e il tasso di mortalità e di ricoveri ospedalieri legati a disturbi cardiovascolari e respiratori.

**Nel fumo di sigaretta sono presenti numerose sostanze pericolose.** Oltre ai metalli pesanti (come l'arsenico e il cadmio), nel fumo sono presenti composti organici cancerogeni (quali il benzopirene e il toluene) e altri composti inorganici velenosi (acido cianidrico, monossido di carbonio e ammoniaca).

## DISCUTIAMONE INSIEME

In classe dividetevi in 3 gruppi e discutete con i compagni del vostro gruppo su quali possono essere le motivazioni che spingono un adolescente a iniziare a fumare.

Provate anche a riflettere su quali argomenti potrebbero convincere chi tra voi fuma a smettere.

Ogni gruppo proponga un messaggio per una campagna pubblicitaria contro il fumo.

Il messaggio deve contenere uno slogan accompagnato da una o più immagini: potete realizzare un cartellone, una presentazione al computer oppure un breve video di 30 secondi.

# 10 IL TRASPORTO E LE DIFESE IMMUNITARIE

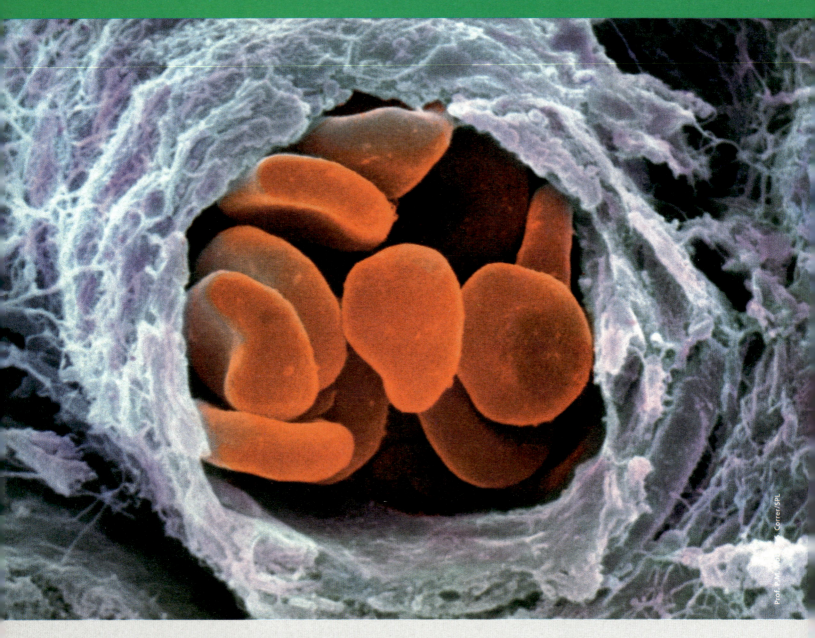

Per poter svolgere le loro attività, le cellule hanno bisogno di essere continuamente rifornite di ossigeno e sostanze nutritive. Nei vertebrati il compito di trasportare e distribuire queste sostanze è svolto dall'**apparato cardiovascolare**, un complesso **sistema di vasi** entro cui il **cuore** pompa il **sangue**. Durante questo processo, una frazione della parte liquida del sangue si perde negli interstizi presenti tra le cellule e viene recuperata dal **sistema linfatico**. Da questo sistema di vasi che percorre tutto il corpo, il liquido è ricondotto all'apparato cardiovascolare. Il sistema circolatorio è anche la sede in cui si svolge l'**azione di difesa** contro gli agenti patogeni, come virus e batteri, che occasionalmente attaccano l'organismo.

TEST D'INGRESSO

Laboratorio delle competenze
pagine 176-179

# PRIMA DELLA LEZIONE

 Guarda il video *Il trasporto e le difese immunitarie*, che presenta gli argomenti dell'unità.

A che cosa serve il cuore?
................................................................................................................................................................
................................................................................................................................................................

Elenca le modalità con cui le sostanze sono trasportate alle cellule del corpo degli organismi descritti nel video.
**a.** ................................................................................................................................................................
**b.** ................................................................................................................................................................
**c.** ................................................................................................................................................................

Scegli l'alternativa corretta.
Nei vertebrati, la prima parte del corpo che riceve il sangue ricco di ossigeno
- [A] sono i polmoni.
- [B] sono gli arti.
- [C] è la testa.
- [D] è lo stomaco.

📷 Guarda le fotografie scattate durante un esperimento sulla forma dei globuli rossi.

**1** Gonfia un palloncino colorato (meglio se scuro), fino a quando è teso come quello della foto, e chiudilo con un nodo.

**2** Schiaccia il palloncino tra le due mani.

Il volume del palloncino tra i momenti 1 e 2 è cambiato?
- ☐ SÌ     ☐ NO

La superficie del palloncino tra i momenti 1 e 2 è cambiata?
- ☐ SÌ     ☐ NO

Quale osservazione puoi portare a sostegno della tua risposta?
................................................................................................................................................................
................................................................................................................................................................

Il rapporto tra la superficie e il volume del palloncino
- ☐ è maggiore nella situazione 1.
- ☐ è maggiore nella situazione 2.
- ☐ è lo stesso nei due casi.

I globuli rossi sono cellule presenti nel sangue la cui funzione è quella di trasportare ossigeno a tutte le cellule del corpo. La loro forma a dischetto appiattito consente di avere per un volume contenuto una superficie molto estesa, molto maggiore che se i globuli rossi avessero una forma sferica. Questo elevato rapporto superficie/volume favorisce il processo di diffusione semplice dell'ossigeno attraverso la membrana cellulare.
I globuli bianchi hanno invece funzione di difesa. Ritieni che la loro forma sia la stessa dei globuli rossi?
................................................................................................................................................................

Nel paragrafo 5 vedremo nel dettaglio la forma e la funzione delle cellule presenti nel sangue.

# 1. IL TRASPORTO NEGLI INVERTEBRATI

Negli organismi molto semplici, il trasporto delle sostanze nutritive e dei gas respiratori avviene da cellula a cellula per diffusione semplice. Negli invertebrati di maggiore complessità è presente un apparato circolatorio vero e proprio.

Gli esseri viventi hanno la necessità di distribuire l'ossigeno e le sostanze nutritive a tutte le cellule del corpo.

Negli organismi unicellulari e in quelli il cui corpo è costituito da poche cellule, il trasporto avviene per **diffusione semplice**.

I *phyla* di invertebrati più semplici, come i poriferi (spugne), i celenterati (come le meduse) e i platelminti (come i vermi piatti), non possiedono organi specializzati per il trasporto. In questi animali, le sostanze e i gas respiratori diffondono attraverso il fluido intercellulare e raggiungono tutte le cellule. Il trasporto per diffusione è facilitato dalle ridotte dimensioni dell'animale e dalla forma del corpo: nei platelminti, per esempio, ogni cellula si trova in prossimità della superficie corporea, grazie alla forma appiattita in senso dorso-ventrale.

Il processo di diffusione è estremamente lento e, di conseguenza, non può garantire il trasporto delle sostanze in animali più complessi e voluminosi.

Nel corso dell'evoluzione, negli animali pluricellulari si sono sviluppati sistemi di trasporto sempre più specializzati, all'aumentare delle dimensioni e della complessità degli organismi.

La maggior parte degli invertebrati possiede un apparato circolatorio vero e proprio, dotato di **vasi** in grado di contrarsi che fungono da **cuore** e spingono il liquido di trasporto in tutte le regioni del corpo.

Alcuni insetti (per esempio, le cavallette) possiedono un cuore di forma tubulare che pompa il liquido di trasporto verso il capo e verso il resto del corpo. Un apparato circolatorio di questo tipo è chiamato **apparato circolatorio aperto**.

Subito dopo essere uscito dal cuore, il liquido abbandona i vasi e scorre liberamente negli spazi intercellulari. Questo liquido,

## CHE COSA VEDE IL BIOLOGO

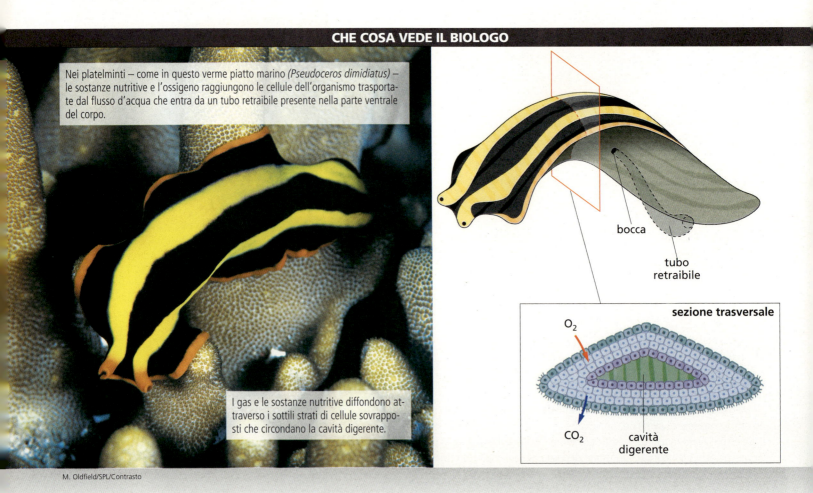

Nei platelminti – come in questo verme piatto marino *(Pseudoceros dimidiatus)* – le sostanze nutritive e l'ossigeno raggiungono le cellule dell'organismo trasportate dal flusso d'acqua che entra da un tubo retraibile presente nella parte ventrale del corpo.

I gas e le sostanze nutritive diffondono attraverso i sottili strati di cellule sovrapposti che circondano la cavità digerente.

M. Oldfield/SPL/Contrasto

chiamato *emolinfa*, ha una composizione del tutto simile a quella del liquido interstiziale e si riversa tra i tessuti portando le sostanze necessarie direttamente alle cellule.

L'emolinfa ritorna all'interno del cuore (quando questo ha terminato la contrazione) attraverso una serie di *pori* che mettono in comunicazione il cuore con gli spazi interstiziali tra le cellule. I pori sono dotati di valvole in grado di chiudersi e di impedire che il liquido fluisca nella direzione opposta.

Altri gruppi di invertebrati possiedono invece un **apparato circolatorio chiuso**. Uno degli esempi più semplici è rappresentato dall'apparato circolatorio del lombrico. I lombrichi possiedono un ampio vaso al di sotto del tubo digerente (*vaso ventrale*) – che trasporta il sangue dalla zona anteriore del corpo a quella posteriore – e un *vaso dorsale* in cui il sangue circola in senso contrario.

Il vaso ventrale e quello dorsale sono collegati lungo il corpo da vasi più sottili che raggiungono tutti i tessuti. Inoltre, nella regione anteriore del corpo, il vaso ventrale e quello dorsale sono connessi da cinque coppie di vasi in grado di contrarsi ritmicamente: per il lombrico, il vaso dorsale e i cinque vasi di collegamento fungono da cuore perché le loro contrazioni sostengono la circolazione del sangue.

> **IMPARA A IMPARARE**
> Rintraccia nel testo quali gruppi di animali hanno un cuore e quali invece ne sono privi. Per ciascun gruppo indica quale sistema di trasporto delle sostanze possiede.

**NELLE RISORSE DIGITALI**
- Esercizi interattivi
- Mappa del paragrafo

## CHE COSA VEDE IL BIOLOGO

Negli insetti, come in questa cavalletta, il cuore di forma tubolare si estende lungo tutto il dorso dell'animale.

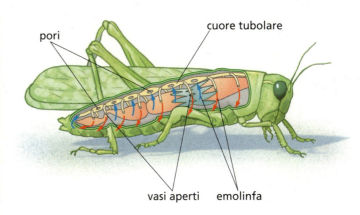

Il lombrico è dotato di un apparato circolatorio formato da un sistema di vasi chiusi e da cinque vasi contrattili che, assieme a quello dorsale, fungono da cuore.

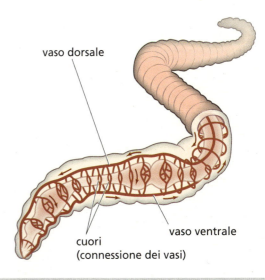

# 2. LA CIRCOLAZIONE NEI VERTEBRATI

I vertebrati possiedono un apparato cardiovascolare, cioè un apparato circolatorio chiuso costituito dal cuore e dai vasi sanguigni. Tra i vertebrati acquatici (che respirano con le branchie) e quelli terrestri, dotati di polmoni, esistono notevoli differenze soprattutto a livello del cuore.

Tutti i vertebrati possiedono un **apparato circolatorio chiuso** che permette di mantenere completamente separato il sangue dal liquido interstiziale.

L'apparato circolatorio dei vertebrati è detto **apparato cardiovascolare**, dato che è formato da un **cuore**, l'organo muscolare che fornisce la spinta al sangue, e dai **vasi** sanguigni, che formano una fitta rete di tubi all'interno della quale scorre il sangue.

Nell'apparato cardiovascolare dei vertebrati si riconoscono tre tipi di vasi che differiscono tra loro per la struttura delle *pareti* e del *lume* (la cavità interna). La morfologia dei vasi dipende dalla funzione che svolgono.

**1.** Le **arterie** trasportano il sangue dal cuore al resto dell'organismo; a mano a mano che si allontanano dal cuore, esse si ramificano e formano arterie più piccole, dette **arteriole**. Le arterie hanno un lume piuttosto ridotto. La loro parete è costituita da tessuto muscolare, tessuto connettivo e da un sottile strato di cellule epiteliali, detto endotelio. La parete delle arterie è dotata di una notevole resistenza ed elasticità. Tale caratteristica permette alle arterie di contrarsi ritmicamente, aiutando il cuore nell'azione di pompaggio.

**2.** I **capillari** hanno un lume molto ridotto e formano una rete che si ramifica in corrispondenza degli organi. Dato che la loro funzione è quella di permettere lo scambio di sostanze tra il sangue e le cellule, i capillari hanno pareti sottilissime, formate da un singolo strato di cellule epiteliali (l'endotelio) e da una membrana basale. Lo scambio è favorito anche dal fatto che nei capillari il sangue scorre più lentamente. Minuscoli capillari riforniscono anche le cellule che costituiscono la parete delle arterie, delle vene e del cuore. I capillari si riuniscono a formare le **venule** che, a mano a mano che si avvicinano al cuore, si riuniscono e formano vene più grandi.

**3.** Le **vene** riportano il sangue dagli organi al cuore. Questi vasi non necessitano di robustezza ed elasticità perché il sangue vi scorre lentamente ed esercita una bassa pressione. Lo strato muscolare è quindi sottile e il lume è ampio. Il sangue torna al cuore grazie al movimento del corpo, per la compressione sulle vene esercitata dai muscoli scheletrici, ma anche per movimenti ridotti come la respirazione. Nelle vene sono presenti alcune *valvole* che impediscono al sangue di rifluire.

> **IMPARA A IMPARARE**
> Trova nel testo i diversi tipi di vasi sanguigni ed elencali in una colonna. A fianco di ciascun tipo scrivi la definizione seguita da una breve descrizione.

### NELLE RISORSE DIGITALI

- **Video** Apparati circolatori a confronto
- **Esercizi interattivi**
- **Mappa del paragrafo**

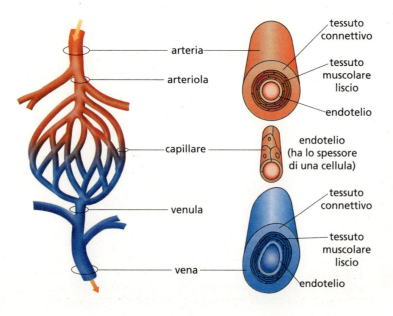

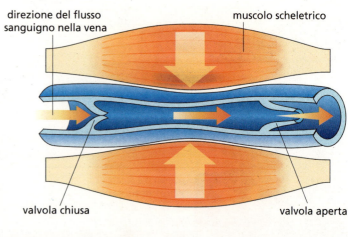

## I diversi tipi di apparato cardiovascolare dei vertebrati

Sebbene la forma dei vasi sanguigni sia sostanzialmente la stessa in tutti i vertebrati, la struttura del cuore e la circolazione variano notevolmente nei diversi gruppi, soprattutto in funzione del modo con cui avvengono gli scambi respiratori.

La differenza principale si registra tra i *vertebrati acquatici*, che respirano attraverso le branchie, e i *vertebrati terrestri*, che invece respirano tramite i polmoni.

I pesci presentano una **circolazione semplice** nella quale il sangue compie un circolo completo all'interno del corpo, passando una sola volta dal cuore. Nei pesci il cuore è diviso in due cavità: l'**atrio** (indicato nei disegni con A) e il **ventricolo** (indicato con V).

Tutti gli altri vertebrati hanno una **circolazione doppia** nella quale il sangue passa due volte dal cuore. La circolazione è costituita da due circuiti: un *circuito sistemico*, che porta il sangue dal cuore a tutte le parti del corpo tranne che ai polmoni, e un *circuito polmonare*, che porta il sangue solo ai polmoni.

Negli anfibi e nei rettili il cuore è diviso in tre cavità (due atri e un ventricolo), mentre negli uccelli e nei mammiferi il cuore è diviso in quattro cavità (due atri e due ventricoli).

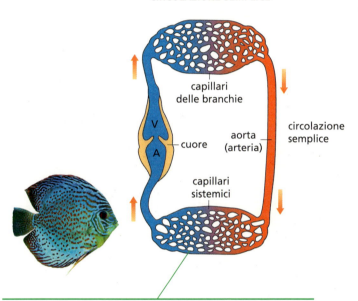

I **pesci** hanno una **circolazione semplice**. Il cuore riceve, nell'atrio, il sangue proveniente dagli organi e lo pompa al ventricolo. Dal ventricolo, il sangue va alle branchie, dove si arricchisce di ossigeno (in rosso nel disegno); da qui prosegue verso gli organi e attraversa i capillari sistemici, dove avviene lo scambio di ossigeno dal sangue alle cellule. Infine, il sangue, povero di ossigeno (in blu), viene riportato dalle vene all'atrio.

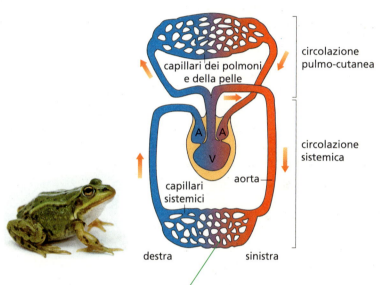

Gli **anfibi** e i **rettili** possiedono una **circolazione doppia incompleta**: con questo termine si sottolinea il fatto che nell'unico ventricolo del cuore si verifica un parziale mescolamento del sangue non ossigenato (in blu nel disegno), proveniente dagli organi, con quello ossigenato (in rosso), proveniente dai polmoni. Il rimescolamento è limitato dalla contrazione *asincrona* (cioè in due momenti diversi) dei due atri.

Il sangue è pompato dall'unico ventricolo in un'arteria che, immediatamente fuori dal cuore, si biforca: una parte del sangue raggiunge i polmoni, mentre il resto va agli altri organi. Il sangue ricco di ossigeno di ritorno dai polmoni (e, nel caso degli anfibi, dalla pelle) entra nell'atrio sinistro, il quale si svuota nel ventricolo, che pompa di nuovo il sangue verso l'esterno del cuore. Il sangue povero di ossigeno di ritorno dagli organi arriva nell'atrio destro, che a sua volta si svuota nel ventricolo.

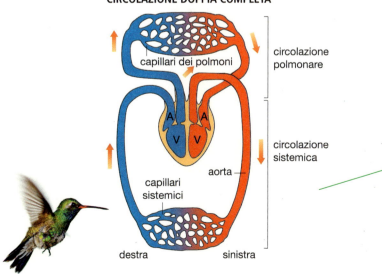

Gli **uccelli** e i **mammiferi** hanno una **circolazione doppia completa** perché i due circuiti sono completamente separati. Questo sistema è molto efficiente e consente a questi animali, per esempio, di mantenere costante la temperatura corporea.

Il cuore degli uccelli e dei mammiferi è diviso in quattro cavità: atrio e ventricolo destro, atrio e ventricolo sinistro.

Il ventricolo destro pompa il sangue verso i polmoni; dai polmoni il sangue torna all'atrio sinistro completando il *circuito polmonare*. Dall'atrio sinistro, il sangue ricco di ossigeno (in rosso nel disegno) passa al ventricolo sinistro ed è spinto verso gli organi; da questi il sangue povero di ossigeno (in blu) rientra nell'atrio destro del cuore, completando il *circuito sistemico*. Passando dall'atrio al ventricolo destro il sangue torna al punto di partenza, completando la *circolazione doppia*.

# 3. L'APPARATO CARDIOVASCOLARE UMANO

Gli esseri umani hanno un apparato cardiovascolare, formato dal cuore e dai vasi sanguigni, con una circolazione sanguigna doppia e completa.

Il sistema circolatorio dei mammiferi, e quindi anche quello umano, è un *sistema chiuso a circolazione doppia e completa*, dato che il sangue ossigenato e quello povero di ossigeno non si mescolano in nessun tratto del percorso.

Negli esseri umani la **circolazione polmonare** viene anche detta «piccola circolazione» perché i polmoni sono relativamente vicini al cuore e il percorso compiuto dal sangue è breve. La **circolazione sistemica** viene invece chiamata «grande circolazione» in quanto rappresenta lo sviluppo maggiore dell'apparato circolatorio.

Il percorso del sangue nell'apparato cardiovascolare umano è descritto nella figura.

### IMPARA A IMPARARE

Spiega la circolazione del sangue nel nostro corpo indicando in ordine le parti del cuore, i principali vasi sanguigni e i principali organi che il sangue attraversa partendo dal ventricolo destro.

### NELLE RISORSE DIGITALI

- Esercizi interattivi
- Mappa del paragrafo

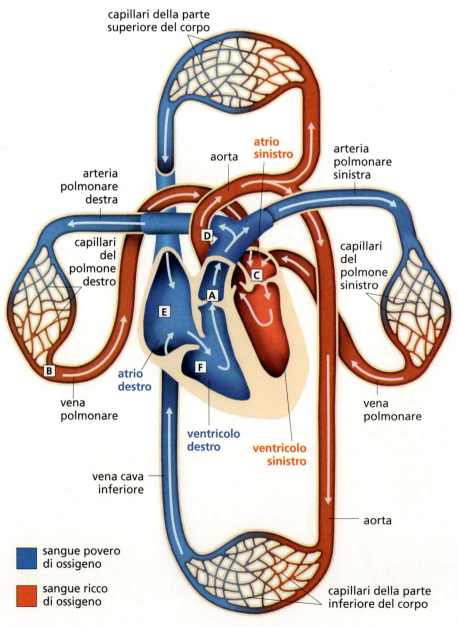

A. Il ventricolo destro pompa il sangue in direzione dei polmoni attraverso l'**arteria polmonare**. Questa si biforca appena uscita dal cuore, dirigendosi verso il polmone destro e verso il polmone sinistro.

B. Nei polmoni il sangue percorre la rete di capillari che rivestono gli alveoli polmonari, arricchendosi di ossigeno. Torna quindi al cuore mediante le **vene polmonari** (le uniche vene contenenti sangue ricco di $O_2$), che sboccano nell'atrio sinistro.

C. Dall'atrio sinistro il sangue ossigenato si riversa nel ventricolo sinistro.

D. Il sangue lascia il ventricolo sinistro del cuore passando nell'aorta, l'arteria più grande del sistema circolatorio. L'**aorta** si ramifica subito in numerose arterie che portano il sangue sia alla parte superiore del corpo, e quindi al capo, sia alla parte inferiore.

E. Il sangue, dopo aver portato l'ossigeno alle cellule del corpo, ritorna verso il cuore raccogliendosi nella **vena cava superiore** e nella **vena cava inferiore**. Queste due vene sfociano infine nell'atrio destro.

F. Dall'atrio destro il sangue si riversa nel ventricolo destro completando la circolazione.

### ■ La pressione sanguigna

La forza che il sangue esercita sulle pareti dei vasi è detta **pressione sanguigna**. Essa è generata dal battito del cuore ed è distinta in:
- **pressione massima**, o *sistolica*, prodotta nel momento della contrazione del ventricolo (in media 120-140 mmHg);
- **pressione minima**, o *diastolica*, che si produce nel momento del rilassamento del ventricolo (in media 70-80 mmHg).

Pertanto la pressione sanguigna viene indicata da una coppia di valori: per esempio, 120/70.

La pressione diminuisce allontanandosi dal cuore e nelle vene è molto bassa: per questa ragione viene misurata nell'arteria dell'avambraccio sinistro, che si trova a breve distanza dal cuore.

Se una persona presenta valori della pressione massima al di sotto dei 100 mmHg si dice che ha la *pressione bassa*. Sebbene questo fatto possa essere causato da diversi disturbi, non ha particolari conseguenze sulla salute.

Se, al contrario, una persona presenta valori della pressione al di sopra dei 140/90 mmHg si parla di *pressione alta* o **ipertensione**. L'ipertensione è pericolosa e può portare ad alcuni disturbi dell'apparato cardiovascolare.

Sia la pressione sia la velocità del sangue sono maggiori nelle arterie, poi entrambe calano rapidamente quando il sangue giunge nelle arteriole e in seguito nei capillari. Ciò è dovuto al fatto che, nonostante il diametro di arteriole e capillari sia ridotto, essi sono molto numerosi, determinando un aumento della sezione totale attraverso cui il sangue deve passare e anche un maggior attrito. Il rallentamento del flusso e la minore pressione del sangue all'interno dei capillari favoriscono lo scambio delle sostanze.

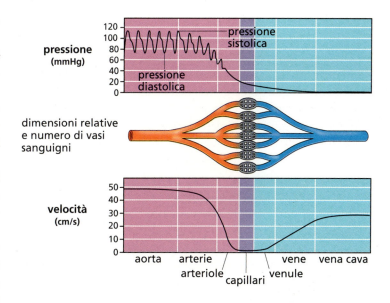

### ■ La perdita di liquido a livello dei capillari

Attraversando la rete di capillari presente all'interno di un organo, di un muscolo o della pelle, il sangue subisce un notevole rallentamento che, a sua volta, determina una diminuzione della pressione che esso esercita sulle pareti dei vasi.

Tuttavia, in corrispondenza del tratto iniziale di un capillare (il segmento più vicino all'arteriola), la pressione sanguigna è ancora piuttosto elevata e supera quella esercitata all'esterno delle pareti dei capillari dal **liquido interstiziale**, il fluido che occupa lo spazio tra le cellule. A causa di questa differenza di pressione, la frazione liquida del sangue (detta *plasma*) può attraversare le sottili pareti dei capillari, dato che esse non sono a «tenuta stagna», può abbandonare il circolo sanguigno e formare il liquido interstiziale.

Al contrario, nel segmento terminale di un capillare, cioè nel tratto più vicino alle venule, la pressione del liquido interstiziale è superiore a quella sanguigna e il liquido interstiziale rientra all'interno del sistema circolatorio. La quantità di liquido che rientra nel sistema circolatorio, però, non è pari a quella fuoriuscita. Complessivamente, a livello dei capillari il sangue perde circa il 15% della sua frazione liquida; questo fluido viene raccolto e riportato al sistema cardiovascolare dal **sistema linfatico** (di cui parleremo nel paragrafo 6).

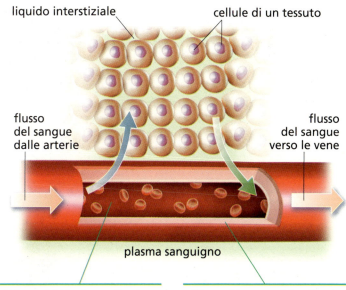

Nel tratto iniziale di un capillare la pressione del sangue è più elevata di quella del liquido interstiziale, pertanto il plasma abbandona il sistema circolatorio.

All'estremità opposta del capillare la pressione del liquido interstiziale è superiore a quella del sangue, quindi una parte del fluido rientra nel sistema circolatorio.

# 4. IL CUORE UMANO

Il cuore è l'organo muscolare che spinge il sangue all'interno del sistema circolatorio. La sua attività si compie attraverso l'alternanza di una fase di contrazione (sistole) e di una fase di rilassamento (diastole).

Il **cuore** si trova all'interno della cassa toracica, nello spazio compreso tra i polmoni. Le dimensioni del cuore umano sono approssimativamente quelle di un pugno e il suo peso è generalmente inferiore ai 400 g.

Il cuore è costituito prevalentemente da **tessuto muscolare cardiaco**, un tipo di tessuto differente da quello di ogni altro muscolo del corpo; infatti, pur essendo un tessuto striato (come i muscoli scheletrici), si contrae in modo involontario (come la muscolatura liscia che riveste l'apparato digerente e altri organi interni).

Il cuore possiede una spessa parete composta da tre strati differenti.

**1.** Il **pericardio**, lo strato più esterno, è costituito da tessuti di rivestimento. La sua funzione è di proteggere il cuore e di «agganciarlo» agli organi circostanti.

**2.** Il **miocardio**, lo strato intermedio, è formato da robusti fasci di muscolatura cardiaca in grado di contrarsi.

**3.** L'**endocardio**, lo strato più interno, è un tessuto sottile e dall'aspetto lucido che riveste le cavità interne del cuore e si trova quindi a contatto con il sangue.

All'interno del cuore sono presenti diverse **valvole cardiache** che, aprendosi e chiudendosi in maniera coordinata, regolano il passaggio del sangue da una cavità all'altra o dall'interno all'esterno del cuore. Tra gli atri e i ventricoli sono presenti le valvole *atrioventricolari*, mentre all'uscita dai ventricoli vi sono le *valvole semilunari*.

Le pareti degli atri sono decisamente più sottili di quelle dei ventricoli. Ciò è dovuto al fatto che gli atri devono limitarsi a riversare il sangue nei vicini ventricoli, mentre questi ultimi devono produrre la potente contrazione che spinge il sangue verso gli organi del corpo.

> **IMPARA A IMPARARE**
>
> Costruisci una tabella: indica nella prima colonna gli strati della parete del cuore, nella seconda colonna la loro posizione relativa e nella terza colonna una breve descrizione che includa anche la loro funzione.

### NELLE RISORSE DIGITALI

- **Video** Il battito cardiaco
- Esercizi interattivi
- Mappa del paragrafo

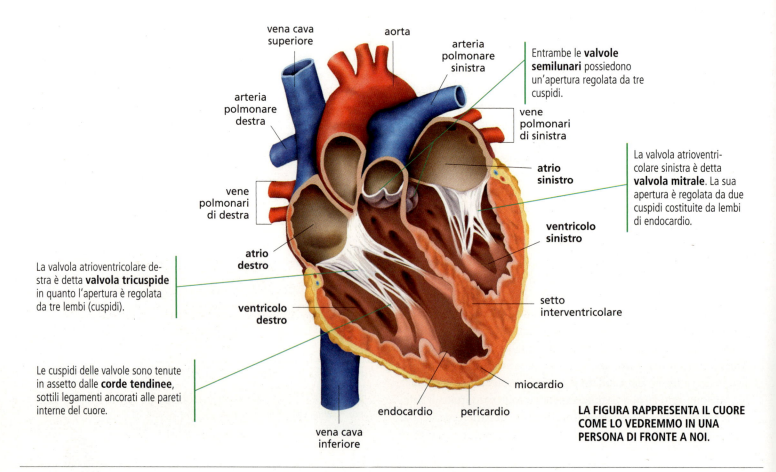

**LA FIGURA RAPPRESENTA IL CUORE COME LO VEDREMMO IN UNA PERSONA DI FRONTE A NOI.**

## Il battito cardiaco

L'alternarsi della contrazione (*sistole*) e del rilassamento e riposo (*diastole*) del muscolo cardiaco costituisce il **ciclo cardiaco**. Il **battito cardiaco** è infatti formato da due suoni (**toni**) che corrispondono alla chiusura delle valvole: prima le atrioventricolari, poi le semilunari. In una persona sana a riposo il cuore batte circa 70 volte al minuto e la durata media di un ciclo cardiaco è di circa 0,8 secondi.

Gli impulsi elettrici che determinano la contrazione regolare del muscolo cardiaco sono generati da una regione situata sulla parete dell'atrio destro, chiamata **nodo senoatriale**, o *pace-maker*. Da qui l'impulso si propaga a tutto il cuore.

Il grafico che rappresenta l'attività del cuore è l'**elettrocardiogramma**, che si ottiene appoggiando alcuni elettrodi sul petto di un paziente. Nel tracciato è possibile riconoscere le varie fasi del ciclo cardiaco e monitorare così il corretto funzionamento del cuore.

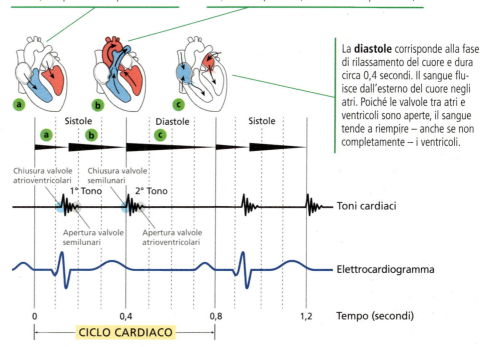

La **sistole** corrisponde alla contrazione del cuore ed è divisa in due fasi. Durante la **sistole atriale**, che dura circa 0,1 secondi, si contraggono gli atri che spingono il sangue nei ventricoli, riempiendoli completamente.

Nella seconda fase, la **sistole ventricolare**, che dura circa 0,3 secondi, si contraggono i ventricoli. Le valvole atrioventricolari si chiudono e si aprono quelle semilunari, permettendo la fuoriuscita del sangue dai ventricoli verso il corpo (tramite l'aorta) o verso i polmoni (tramite l'arteria polmonare).

La **diastole** corrisponde alla fase di rilassamento del cuore e dura circa 0,4 secondi. Il sangue fluisce dall'esterno del cuore negli atri. Poiché le valvole tra atri e ventricoli sono aperte, il sangue tende a riempire – anche se non completamente – i ventricoli.

## Le malattie cardiovascolari

L'apparato cardiovascolare è estremamente efficiente nel trasportare alle cellule del corpo le sostanze che sono loro necessarie, ma può essere soggetto a diversi tipi di disturbi.

Il principale problema di tale apparato è l'indurimento delle arterie, o **aterosclerosi**, che a lungo andare può portare a malattie gravi e anche alla morte. L'indurimento delle arterie è dovuto alla deposizione di lipidi, in particolare colesterolo, sulle pareti del vaso. Si formano così delle **placche** che irrigidiscono la parete dell'arteria e ne restringono il lume. In seguito, le piastrine possono aderire alla placca e produrre un **trombo**, cioè un coagulo, che può rallentare o anche ostruire il passaggio del sangue.

In alcuni casi la formazione di un trombo può interessare le *coronarie*, arterie che portano il sangue ai tessuti muscolari del cuore.

Se il tessuto cardiaco non riceve ossigeno le contrazioni si riducono, provocando una **insufficienza cardiaca**; nei casi più gravi, in cui il battito si interrompe, si ha il cosiddetto **infarto del miocardio**.

Se la formazione del trombo interessa i vasi arteriosi cerebrali, si parla di **ictus**.

Alcuni fattori, quali l'ipertensione, il fumo, una dieta ricca di grassi o la predisposizione genetica possono favorire l'insorgenza dell'aterosclerosi e delle patologie descritte.

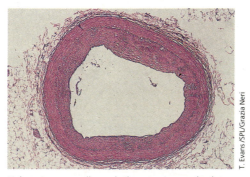

Un'arteria sana, nella quale il tessuto interno (endotelio) si presenta liscio.

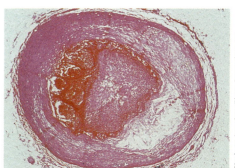

Un'arteria ostruita da una placca (in colore rosso, sulla sinistra) e da un trombo (al centro).

# 5. IL SANGUE

Il sangue è formato da una parte liquida e da una parte cellulare; trasporta in tutto il corpo i nutrienti, l'ossigeno e altre sostanze.

Il sangue è un tessuto connettivo liquido che ha la funzione di trasportare i nutrienti, l'ossigeno e altre sostanze a tutte le cellule del corpo; inoltre il sangue svolge il compito di rimozione delle sostanze di rifiuto, come l'anidride carbonica. All'interno del corpo umano il volume di sangue può arrivare a 5-6 litri e costituire circa l'8% del nostro peso.

Se si preleva un campione di sangue e lo si centrifuga, le sue componenti si separano in base alla densità.

1. Nello strato superiore della provetta si trova la componente liquida, il **plasma**, che rappresenta la frazione più leggera e abbondante e costituisce circa il 55% in volume del sangue.
2. Nello strato inferiore si accumulano gli **elementi figurati**, cioè la parte del sangue formata da cellule (o da parti di esse). Sul fondo della provetta si trovano i **globuli rossi**, la componente più pesante del sangue. Tra i globuli rossi e il plasma è possibile notare un sottile strato che contiene altri elementi figurati, i **globuli bianchi** e le **piastrine**.

> **IMPARA A IMPARARE**
> Costruisci una tabella che illustri la composizione del sangue umano indicandone le componenti, una loro descrizione e la loro funzione.

**NELLE RISORSE DIGITALI**
- Esercizi interattivi
- Mappa del paragrafo

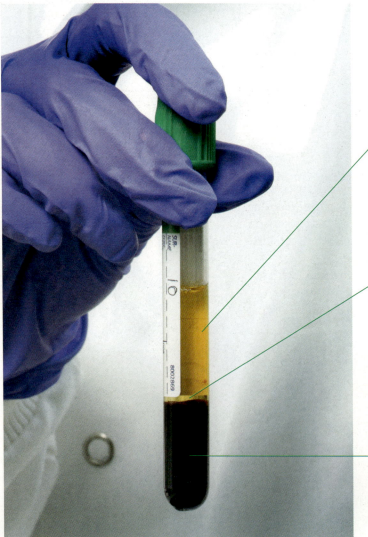

1. Il **plasma** è un liquido composto per il 90% da acqua e per il 10% da alcune sostanze in soluzione come i gas respiratori (ossigeno e anidride carbonica), i nutrienti ottenuti dall'alimentazione (zuccheri, grassi e amminoacidi), gli ormoni e alcuni ioni inorganici. Sono presenti inoltre le *proteine plasmatiche*, che sono i soluti più abbondanti e svolgono diverse funzioni (per esempio, intervengono nei processi di coagulazione del sangue, proteggono dagli agenti infettivi ecc.).

2a. I **globuli bianchi** (o *leucociti*) sono le cellule del sangue che difendono l'organismo dagli agenti infettivi (come virus e batteri), mentre le **piastrine** sono dei frammenti cellulari coinvolti nel meccanismo di coagulazione del sangue.

2b. I **globuli rossi** (o *eritrociti*) sono circa 5 milioni per ogni $mm^3$ di sangue. La loro funzione è di trasportare l'ossigeno. Il gas si lega all'*emoglobina*, la proteina contenuta nei globuli rossi. L'efficienza dei globuli rossi nel trasporto e nello scambio di ossigeno è massima: la forma a disco biconcavo e le piccole dimensioni consentono di avere un volume ridotto in rapporto a una superficie estesa, favorendo così la diffusione e lo scambio gassoso. Inoltre, i globuli rossi non consumano l'ossigeno che trasportano, ma ricavano energia attraverso meccanismi anaerobi e per questo sono privi di mitocondri. Essendo anche senza nucleo, queste cellule possono essere considerate come dei «sacchetti» pieni di emoglobina. Nell'adulto i globuli rossi sono prodotti soprattutto nel midollo osseo e mediamente restano nel sangue per 3-4 mesi. Alla fine della loro vita vengono demoliti nella milza e nel fegato e i loro componenti riciclati per la produzione di nuovi eritrociti.

### ■ I globuli bianchi

I globuli bianchi sono anche chiamati **leucociti** e hanno il compito fondamentale di difendere l'organismo dalle malattie.

Normalmente i globuli bianchi sono molto meno numerosi dei globuli rossi: il loro numero varia da 4000 a 11000 per ogni mm³ di sangue, ma possono aumentare in caso di infezione. La maggior parte delle «battaglie» tra leucociti e agenti nocivi quali virus, batteri, parassiti o cellule tumorali avviene nel liquido interstiziale presente tra le cellule e nel sistema linfatico (di cui parleremo nel prossimo paragrafo).

I globuli bianchi sono le uniche cellule del sangue complete, cioè provviste del nucleo e degli organuli cellulari, e vengono prodotti nel midollo osseo.

Esistono diversi tipi di globuli bianchi, che si differenziano per il modo con cui svolgono il ruolo di difesa: per esempio, i **linfociti** producono *anticorpi*; altri, detti **macrofagi**, fagocitano i microrganismi estranei.

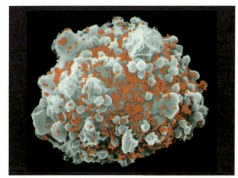

Un linfocita colpito dal virus HIV (in rosso nell'immagine).

### ■ Le piastrine e la coagulazione del sangue

Le **piastrine** sono frammenti di cellule derivanti da grosse cellule presenti nel midollo osseo: i *megacariociti*. Queste cellule danno origine, per gemmazione, a un gran numero di vescicole contenenti numerosi enzimi. Questi frammenti cellulari presentano forma irregolare, sono privi di nucleo, e vengono immessi nel circolo sanguigno: in ogni mm³ di sangue sono presenti circa 300 000 piastrine, che hanno un ruolo fondamentale nel meccanismo della **coagulazione**.

La coagulazione è il processo che consente al sangue di formare un *coagulo*, cioè una sorta di tappo, nel caso in cui un vaso presenti una ferita e si verifichi quindi una perdita di sangue. Oltre a formare il tappo, le piastrine rilasciano, insieme al fegato, alcuni enzimi (detti fattori della coagulazione) coinvolti nel processo di coagulazione.

L'**emofilia** è una malattia ereditaria che impedisce la formazione del coagulo.

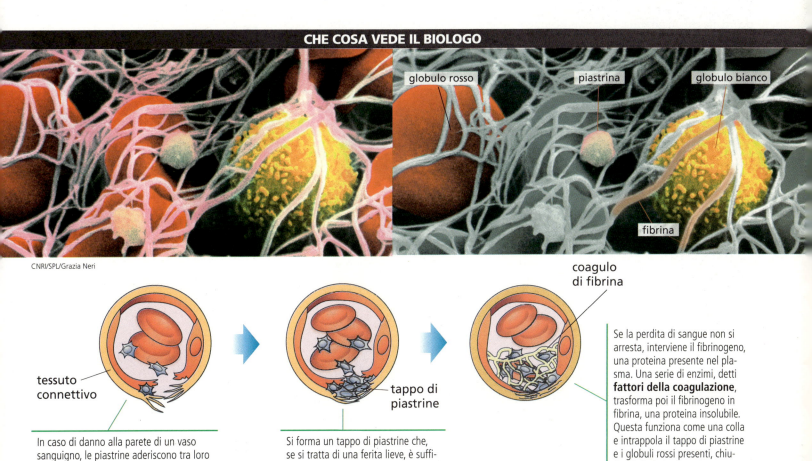

**CHE COSA VEDE IL BIOLOGO**

In caso di danno alla parete di un vaso sanguigno, le piastrine aderiscono tra loro e alla ferita.

Si forma un tappo di piastrine che, se si tratta di una ferita lieve, è sufficiente a bloccare l'emorragia.

Se la perdita di sangue non si arresta, interviene il fibrinogeno, una proteina presente nel plasma. Una serie di enzimi, detti **fattori della coagulazione**, trasforma poi il fibrinogeno in fibrina, una proteina insolubile. Questa funziona come una colla e intrappola il tappo di piastrine e i globuli rossi presenti, chiudendo la ferita ermeticamente.

# 6. IL SISTEMA LINFATICO

Il sistema linfatico è un sistema di vasi che percorre tutto il corpo, svolge la funzione di ricondurre all'apparato cardiovascolare il liquido fuoriuscito dai capillari e combatte le infezioni.

Nei capillari l'ossigeno e le sostanze nutritive abbandonano il sangue per diffondere verso le cellule circostanti. Insieme a essi, anche una parte del plasma sanguigno esce dal sistema circolatorio e si riversa negli spazi tra le cellule, costituendo il *liquido interstiziale*. La frazione liquida che abbandona il flusso sanguigno rappresenta il 15% del volume del sangue ma, data la rapidità della circolazione, in un giorno può arrivare a un volume di circa 3 litri. Affinché le condizioni chimico-fisiche all'interno del corpo non cambino, è necessario che questo liquido torni al sangue.

Il compito di riportare al sangue il liquido perso a livello dei capillari viene svolto dal **sistema linfatico**. Nel momento in cui il liquido interstiziale entra nel sistema linfatico viene chiamato **linfa**. La composizione del liquido interstiziale, e quindi della linfa, varia nei differenti tessuti, ma generalmente è molto simile a quella del plasma sanguigno: è infatti una soluzione acquosa contenente sali minerali e diversi tipi di proteine.

Il sistema linfatico è costituito da una fitta rete di **vasi linfatici** che percorre tutto il corpo. I vasi più piccoli, detti *capillari linfatici*, si uniscono a formare i *dotti linfatici*. I due dotti principali sfociano nell'apparato circolatorio all'altezza delle vene succlavie, due grosse vene poste alla base del collo.

I capillari linfatici sono piuttosto permeabili e vengono facilmente penetrati da virus e batteri. Per questa ragione il sistema linfatico è anche la sede dove le difese dell'organismo combattono la loro battaglia contro le infezioni. Ciò avviene soprattutto nei **linfonodi**, piccoli noduli lunghi meno di 2,5 cm, presenti in tutto il corpo ma concentrati soprattutto nelle ascelle, nel collo e nell'inguine. La loro funzione è di filtrare la linfa trasportata dai vasi linfatici e in particolare di ripulirla da virus e batteri.

Se l'organismo è colpito da un'infezione, i globuli bianchi si moltiplicano e si concentrano nei linfonodi, che si gonfiano e diventano sensibili.

Altri organi del sistema linfatico sono: le *tonsille*, il *timo*, la *milza*, l'*appendice*, il *midollo osseo*.

> **IMPARA A IMPARARE**
> Individua nel testo e nelle figure le informazioni necessarie per costruire un elenco delle funzioni del sistema linfatico, dei linfonodi e dei principali organi linfatici.

**NELLE RISORSE DIGITALI**
- Video Il sistema linfatico
- Esercizi interattivi
- Mappa del paragrafo

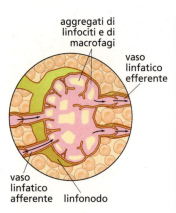

La **linfa** entra nei linfonodi dai vasi linfatici afferenti ed esce da quelli efferenti. Nei linfonodi si trova un gran numero di globuli bianchi (macrofagi e linfociti).

Le **tonsille** sono piccoli agglomerati di tessuto linfatico che si trovano nella faringe. Attaccano e distruggono i microrganismi che penetrano nel corpo attraverso la bocca.

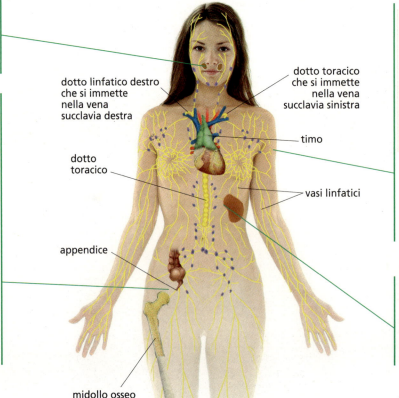

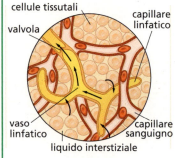

Il plasma uscito dai capillari viene raccolto dai capillari a fondo cieco del sistema linfatico. I **vasi linfatici** sono provvisti di valvole che impediscono il riflusso della linfa.

La **milza** è un organo linfatico il cui compito è quello di filtrare il sangue, che viene ripulito da virus e batteri. Inoltre la milza svolge la funzione di distruggere i globuli rossi e i globuli bianchi «invecchiati».

## ■ Le difese non specifiche

Il sistema di protezione di un organismo complesso, come l'essere umano, è composto da due principali «linee» di difesa: le difese non specifiche e le difese specifiche (di cui parleremo nel prossimo paragrafo).

Le **difese non specifiche** sono un insieme di sistemi di protezione che agiscono indipendentemente dalla natura dell'agente che ha provocato l'infezione.

La prima linea di difesa è di tipo meccanico ed è fornita dalla **pelle** e dalle **mucose**. La pelle secerne liquidi acidi che inibiscono la crescita dei batteri; le mucose che rivestono il sistema respiratorio e l'apparato digerente producono un muco che intrappola la maggior parte dei microrganismi. Se la barriera meccanica viene superata vi sono altri sistemi di difesa non specifici: la risposta infiammatoria e la febbre.

La **risposta infiammatoria** è il principale sistema di difesa contro le infezioni e agisce a livello del sistema linfatico. Qualora si produca una ferita esposta all'ingresso di batteri, particolari cellule del connettivo liberano diversi tipi di molecole, tra le quali l'*istamina*. Essa induce la dilatazione dei vasi sanguigni e quindi un maggior afflusso di sangue. I sintomi di un'infiammazione come rossore, gonfiore e sensazione di calore sono dovuti a questo meccanismo di reazione. Un gran numero di globuli bianchi è richiamato nell'area interessata per fagocitare i batteri presenti. Durante questa «battaglia» molti globuli bianchi muoiono e restano nella zona della ferita dove formano un liquido giallognolo detto **pus**.

Un particolare tipo di globuli bianchi, i **macrofagi**, sono in grado di fagocitare qualsiasi tipo di batterio e costituiscono una difesa contro tutti i tipi di infezione.

Un altro tipo di cellule di difesa sono i **linfociti natural killer**: globuli bianchi in grado di attaccare tutti i tipi di cellule tumorali o di cellule infettate da virus. I *natural killer* rilasciano delle sostanze chimiche capaci di distruggere la membrana plasmatica e il nucleo delle cellule infette.

Quando i batteri entrano nel corpo e nella circolazione, la risposta più comune da parte dell'organismo è l'aumento della temperatura corporea, o **febbre**. La febbre molto alta (superiore ai 39 °C) è pericolosa, ma un lieve aumento di temperatura può essere utile perché impedisce il proliferare dei microrganismi che normalmente vivono alla temperatura ottimale di 37 °C, favorendo così l'azione dei globuli bianchi.

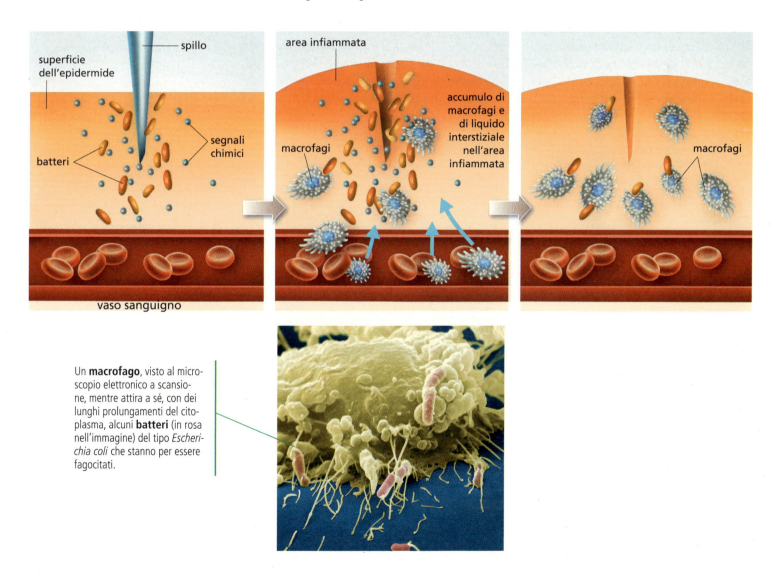

Un **macrofago**, visto al microscopio elettronico a scansione, mentre attira a sé, con dei lunghi prolungamenti del citoplasma, alcuni **batteri** (in rosa nell'immagine) del tipo *Escherichia coli* che stanno per essere fagocitati.

# 7. IL SISTEMA IMMUNITARIO

Il sistema immunitario è deputato alla difesa dell'organismo: esso è in grado di riconoscere in modo specifico gli agenti infettivi e di attaccarli grazie alla produzione di anticorpi.

Se le difese non specifiche non sono sufficienti a fermare l'infezione, la difesa dell'organismo dall'attacco di virus e batteri è garantita dal **sistema immunitario**.

Esso non è identificabile con un organo o una parte anatomica, ma è costituito da cellule che circolano nel corpo attraverso il sangue, il liquido interstiziale e il sistema linfatico. Il sistema immunitario riconosce in modo specifico qualsiasi virus, batterio o cellula estranea all'organismo attivando le difese. La capacità di riconoscere gli agenti estranei è a tal punto efficiente che il sistema immunitario attacca anche le cellule degli organi trapiantati o le cellule dell'organismo stesso divenute cellule tumorali.

La **risposta immunitaria** viene attivata dalla presenza di un **antigene**, cioè di una qualsiasi sostanza che l'organismo riconosce come estranea. Per esempio, funzionano da antigeni alcune tossine batteriche, le proteine e i carboidrati presenti sulla superficie di virus, batteri e cellule tumorali. Quando il sistema immunitario rileva la presenza di un antigene, esso incrementa il numero di globuli bianchi e produce particolari proteine, chiamate **anticorpi** (*antibody* in inglese). Il termine di antigene deriva dalle parole inglesi **anti**body **gene**rating, e indica genericamente una sostanza capace di indurre la produzione di anticorpi.

Gli anticorpi si legano all'antigene presente sulle cellule o sui virus, favorendo la loro distruzione da parte dei globuli bianchi. In altri casi, gli anticorpi provocano direttamente dei cambiamenti nell'ospite in modo da renderlo inattivo o distruggerlo.

Nell'essere umano si stima che esistano 10 milioni di recettori e quindi di anticorpi diversi, in grado di riconoscere i più svariati agenti infettivi.

> **IMPARA A IMPARARE**
> Rintraccia nel testo le definizioni di antigene e di anticorpo e riscrivile sul quaderno.

**NELLE RISORSE DIGITALI**
- **Approfondimento** La memoria del sistema immunitario
- **Video** Antigeni e anticorpi
- **Esercizi interattivi**
- **Mappa del paragrafo**

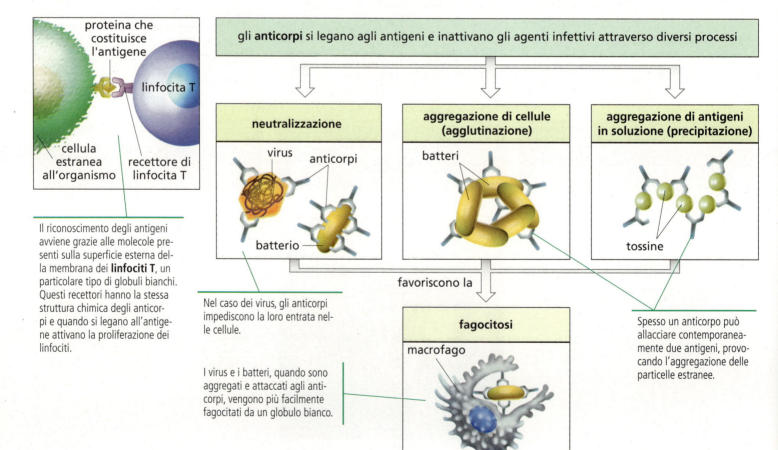

# 8. IL TRASPORTO NELLE PIANTE

La maggior parte delle piante possiede un sistema di vasi che consente il trasporto della linfa grezza dalle radici alle foglie e permette di ridistribuire i prodotti della fotosintesi a tutte le cellule.

Le piante hanno bisogno di trasportare i liquidi dalle radici, dove vengono assorbiti, alle foglie, dove avviene la fotosintesi. Le radici assorbono la cosiddetta *linfa grezza*, una soluzione di sali inorganici disciolti in acqua. Una volta giunta alle foglie, la linfa si arricchisce dei prodotti della fotosintesi (soprattutto carboidrati), che devono essere distribuiti a tutte le cellule.

Le piante semplici e di dimensioni ridotte, come i muschi, non possiedono alcun sistema di trasporto. Le piante più complesse – quali erbe, arbusti e alberi – sono dotate di **fusto** e possiedono un sistema vascolare specializzato nel trasporto dell'acqua e delle sostanze in essa disciolte. I tessuti che formano il **sistema vascolare** si possono osservare nelle parti più giovani della pianta: l'apice del fusto, di un ramo o della radice. Sezionando il fusto perpendicolarmente alla direzione di crescita e osservandolo al microscopio è possibile riconoscere diversi tessuti. Subito all'interno dell'epidermide e della corteccia vi sono i **fasci vascolari**, disposti, in molti tipi di piante, ad anello intorno alla parte centrale del fusto. Ciascun fascio è diviso in una regione interna, lo *xilema* primario, e una esterna, il *floema* primario.

**1.** Lo **xilema** trasporta la linfa grezza dalle radici alle foglie. Gli *elementi vascolari*, cioè le cellule che costituiscono i vasi microscopici, sono diversi nelle gimnosperme (come le conifere) o nelle angiosperme (come le latifoglie):

- le conifere hanno le **tracheidi**, cellule lunghe e affusolate, chiuse alle loro estremità ma comunicanti attraverso numerosi fori laterali, detti *punteggiature*;
- le latifoglie possiedono i **vasi**, cellule larghe corte, con estremità aperte e comunicanti.

Le cellule dello xilema hanno vita brevissima e muoiono immediatamente dopo la loro formazione. Subito dopo la morte, le cellule si trasformano in microscopici tubi per il passaggio della linfa. La loro parete, costituita da cellulosa, è piuttosto robusta e rigida e permette allo xilema di fornire sostegno alla pianta.

**2.** Il **floema** distribuisce l'acqua arricchita di zuccheri (detta *linfa elaborata*) grazie a dei vasi chiamati **tubi cribrosi**. Queste cellule restano in vita a lungo ma, subito dopo la loro formazione, perdono il nucleo e i ribosomi e non sono pertanto in grado di effettuare la sintesi proteica. Per questa ragione, accanto a ogni tubo cribroso vi è una *cellula compagna* che rifornisce il tubo delle proteine necessarie alla sua sopravvivenza. I tubi cribrosi non forniscono sostegno alla pianta.

> **IMPARA A IMPARARE**
>
> Rintraccia nel testo la descrizione dei fasci vascolari e riportala con parole tue sul quaderno.

### NELLE RISORSE DIGITALI

- **Approfondimento** La traspirazione risucchia l'acqua attraverso lo xilema
- **Approfondimento** La struttura del tronco
- **Esercizi interattivi**
- **Mappa del paragrafo**

---

## CHE COSA VEDE IL BIOLOGO

Nella sezione trasversale di un fusto giovane sono visibili i fasci vascolari formati da xilema e floema primari. Sono disposti ad anello attorno al midollo centrale e sono circondati all'esterno da una sottile zona corticale e dall'epidermide.

Nella sezione trasversale dell'apice di una radice è presente un unico fascio vascolare al centro, circondato dalla regione corticale, e non è presente il midollo.

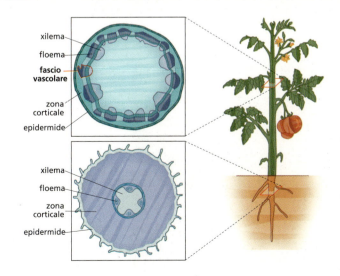

## 9. LE DIFESE DELLE PIANTE

Le piante possiedono vari sistemi di difesa efficaci contro gli agenti patogeni. La prima linea di difesa è rappresentata da barriere fisiche, ma in alcune piante si ha anche la produzione di sostanze chimiche tossiche.

Le piante possono essere attaccate da numerosi organismi patogeni: virus, batteri, funghi, vermi e insetti. Gli attacchi di questi organismi si traducono in gravi malattie, sia nelle piante selvatiche sia in quelle coltivate. Tuttavia, le piante selvatiche si ammalano raramente perché nel corso dell'evoluzione hanno sviluppato svariati meccanismi di difesa.

La prima linea di difesa delle piante è rappresentata dall'insieme delle barriere fisiche che proteggono la cellula vegetale.

- La **cuticola** è uno strato protettivo che circonda la parete delle cellule situate a contatto con l'aria (per esempio, le cellule dell'epidermide delle foglie e del fusto). La cuticola è formata da sostanze lipidiche, quali la *cutina* e le *cere*.
- La **parete cellulare** è costituita principalmente di *cellulosa*, un polimero del glucosio estremamente resistente; talvolta la parete contiene anche la *lignina*, un polimero che fornisce rigidità alle cellule. La lignina è la componente principale del legno. Le pareti cellulari lignificate sono impermeabili agli agenti patogeni e sono difficilmente attaccate dagli insetti fitofagi (cioè che si nutrono di vegetali).

In alcune specie vegetali, a queste barriere protettive di tipo fisico si aggiunge la produzione di sostanze chimiche con proprietà antimicrobiche: alcune di queste sostanze, come la tossina prodotta dalla *Digitalis purpurea*, possono essere tossiche anche per gli esseri umani.

Le **tossine** prodotte dalle piante sono efficaci contro un elevato numero di patogeni e, in molti casi, queste difese non specifiche sono una barriera sufficiente a proteggere l'organismo vegetale.

Tuttavia, alcuni patogeni riescono a superare queste barriere penetrando nei tessuti della pianta attraverso gli stomi (le aperture presenti sulle foglie che permettono gli scambi gassosi), attraverso le lesioni già presenti o producendo alcuni enzimi in grado di degradare la cuticola e la parete cellulare delle cellule vegetali. Alcuni enzimi prodotti dagli agenti patogeni sono anche in grado di neutralizzare le tossine vegetali, metabolizzandole.

Allo stesso tempo, questi enzimi avvertono la pianta della presenza del patogeno. Le cellule vegetali producono allora, in risposta, altre sostanze di difesa di tipo chimico (come le *fitoalexine* e le *proteine PR*, «*pathogenesis related*», cioè correlate alla presenza del patogeno).

La *Digitalis purpurea* produce la digitossina, una sostanza in grado di modificare il ritmo di contrazione del cuore umano. La **tossina** è usata a scopo terapeutico in alcune patologie cardiache, ma se assunta in dose troppo elevata può causare la morte.

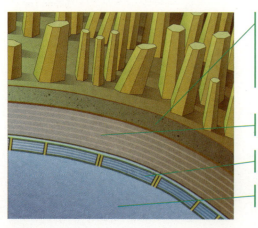

La cuticola protegge la parete cellulare delle cellule esposte all'aria. È costituita principalmente da molecole lipidiche, come la cutina e le cere. Le **cere** rendono la superficie delle cellule impermeabile all'acqua e all'ingresso di molti agenti patogeni.

— Parete cellulare

— Membrana cellulare

— Citoplasma

### IMPARA A IMPARARE

Rintraccia nel testo ed elenca le difese di tipo fisico e quelle di tipo chimico che una pianta adotta contro gli invasori. Fornisci una descrizione di ciascuna di esse.

### NELLE RISORSE DIGITALI

- Approfondimento Le difese di tipo chimico
- Esercizi interattivi
- Mappa del paragrafo

# DOMANDE PER IL RIPASSO

### PARAGRAFO 1
1. Come avviene il trasporto delle sostanze nelle meduse?
2. Completa.
   In un apparato circolatorio ..................., il cuore è di forma ................... e spinge un liquido detto ................... verso il capo e il resto del corpo.

### PARAGRAFO 2
3. Che cosa significa che i vertebrati hanno un apparato circolatorio chiuso?
4. Perché la circolazione dei pesci è detta «semplice»?
5. La circolazione di mammiferi e uccelli è doppia:
   A incompleta.
   B completa.
   C chiusa.
6. Quali sono i tipi di vasi sanguigni dei vertebrati?

### PARAGRAFO 3
7. Che cosa significa «piccola circolazione»?
8. Come si chiama la vena che porta il sangue ossigenato all'atrio sinistro?
   A Cava inferiore.   B Cava superiore.   C Polmonare.
9. Che cos'è l'aorta e dove si trova?

### PARAGRAFO 4
10. Quali caratteristiche presenta il tessuto muscolare cardiaco?
11. Che cos'è e che cosa accade durante la diastole?
12. Completa.
    Le ................... sono sottili legamenti che servono a tenere in assetto le ................... delle ................... del cuore.

### PARAGRAFO 5
13. Qual è la composizione del sangue?
14. A che cosa servono i globuli rossi?
15. Completa.
    I globuli ................... sono cellule che difendono l'organismo da agenti ..................., le ................... sono coinvolte nella coagulazione del ................... .

### PARAGRAFO 6
16. Qual è la funzione del sistema linfatico?
17. Quali sono i principali organi linfatici?
18. I linfonodi non si trovano:
    A nel collo.   B nell'inguine.   C nel cuore.

### PARAGRAFO 7
19. Dove si colloca il sistema immunitario nel corpo umano?
20. Gli antigeni vengono prodotti dagli anticorpi per difendere l'organismo dagli agenti infettivi.   V F

### PARAGRAFO 8
21. Una volta giunta alle foglie, la linfa grezza si arricchisce di carboidrati.   V F
22. Quali parti sono visibili nella sezione di un fusto giovane?

### PARAGRAFO 9
23. Completa.
    Le ................... sono sostanze chimiche prodotte dalle piante per difendersi dai patogeni e sono un esempio di difese ................... .
24. Che cos'è e dove si trova la cuticola?

## APPLICA LE TUE CONOSCENZE
Scrivi una didascalia per ciascuno dei seguenti disegni, descrivendo il processo rappresentato.

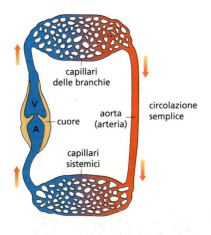
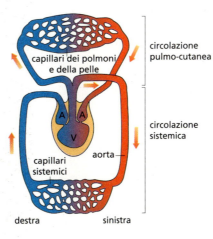
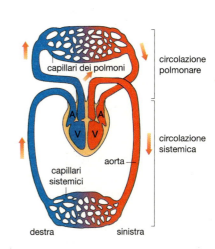

175

# 10 LABORATORIO DELLE COMPETENZE

## 1 Sintesi: dal testo alla mappa

- Le sostanze nutritive e l'ossigeno devono essere distribuite a tutte le cellule del corpo. In animali semplici, come le spugne e le meduse, il trasporto avviene tra una cellula e quelle immediatamente vicine per **diffusione semplice**. Negli animali più complessi, come gli insetti, esiste un **apparato circolatorio aperto** in cui i liquidi che trasportano le sostanze nutritive scorrono nel corpo direttamente tra le cellule.

- Nei vertebrati è presente un apparato circolatorio chiuso, detto **apparato cardiovascolare**, formato da **cuore** e **vasi sanguigni**. Esistono tre tipi di vasi sanguigni: le **arterie**, che trasportano il sangue dal cuore agli organi; i **capillari**, che penetrano in tutti i tessuti e in cui avviene lo scambio delle sostanze, e le **vene**, che riportano il sangue al cuore.

- I diversi tipi di vertebrati possiedono un apparato circolatorio che differisce soprattutto a seconda del tipo di apparato respiratorio. I pesci, dotati di branchie, presentano **circolazione semplice**, nella quale il sangue passa una sola volta dal cuore. I vertebrati terrestri, che respirano tramite i polmoni, presentano invece **circolazione doppia**, nella quale il sangue passa due volte dal cuore.

- L'**apparato cardiovascolare umano** presenta una circolazione doppia completa. La circolazione cuore-polmoni-cuore, detta *piccola circolazione* o **circolazione polmonare**, è completamente separata dalla circolazione cuore-organi-cuore, detta *grande circolazione* o **circolazione sistemica**.

- Il **cuore umano** è l'organo muscolare che fornisce al sangue la spinta necessaria per raggiungere tutti gli organi del corpo. La sua parete è composta da tre strati sovrapposti: il *pericardio*, il *miocardio* e l'*endocardio*. Il cuore è formato da quattro cavità, due **atri** e due **ventricoli**, che comunicano tra loro attraverso delle valvole. L'attività del cuore, il **battito cardiaco**, è composto da una fase di contrazione, la *sistole*, durante la quale il sangue viene spinto all'esterno del cuore, e da una fase di rilassamento, la *diastole*, in cui il sangue rientra nel cuore.

- All'interno dell'apparato cardiovascolare scorre il **sangue**, un tessuto formato da una componente liquida, il **plasma**, che contiene i nutrienti, gli ioni inorganici e alcune proteine, e da una componente solida, composta dai globuli rossi, dai globuli bianchi e dalle piastrine. I **globuli rossi** contengono l'*emoglobina* e svolgono la funzione di trasportare l'ossigeno. I **globuli bianchi** difendono l'organismo dalle infezioni causate da virus, batteri, ecc. Le **piastrine** intervengono nella *coagulazione* del sangue.

- Il **sistema linfatico** svolge la funzione di riportare al sistema circolatorio il liquido che, a livello dei capillari, passa dal sangue al *liquido interstiziale*. All'interno del sistema linfatico circola un liquido, la **linfa**, che è composta dal liquido interstiziale. Il sistema linfatico è costituito dai **vasi linfatici**, dai **linfonodi** e da una serie di organi linfatici (come il timo e la milza).

- Il sistema di difesa dell'organismo è costituito da **difese non specifiche**, come la *risposta infiammatoria* e la *febbre*, e da difese specifiche, messe in atto dal **sistema immunitario**. Esso è in grado di riconoscere i patogeni che invadono l'organismo e di produrre gli **anticorpi**, che favoriscono la distruzione degli invasori.

- Il **trasporto nelle piante** è rappresentato dalla risalita della *linfa grezza* che dalle radici viene trasportata alle foglie. Le piante più complesse sono dotate di un **fusto** e di un **sistema vascolare** che provvede anche a ridistribuire i prodotti della fotosintesi a tutte le cellule. Lo **xilema** è la parte del sistema vascolare che trasporta la linfa grezza dalle radici alle foglie, mentre il **floema** si occupa della ridistribuzione degli zuccheri prodotti dalla fotosintesi.

- Le **difese nelle piante** sono rappresentate da barriere fisiche che impediscono l'ingresso a virus, batteri, funghi ecc. Le cellule vegetali sono protette da una **cuticola**, formata da sostanze cerose, e dalla **parete cellulare**, fatta di *cellulosa* e *lignina*. Alcune piante producono anche delle **tossine** efficaci contro gli agenti patogeni.

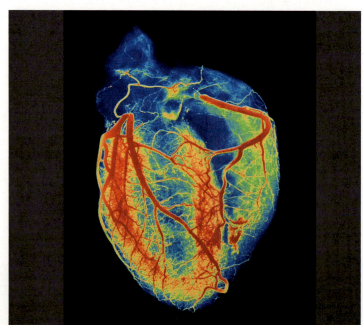

In questa immagine sono ben visibili le coronarie, arterie che portano il sangue ai tessuti muscolari del cuore.

## Laboratorio delle competenze UNITÀ 10

**Riorganizza i concetti completando la mappa**

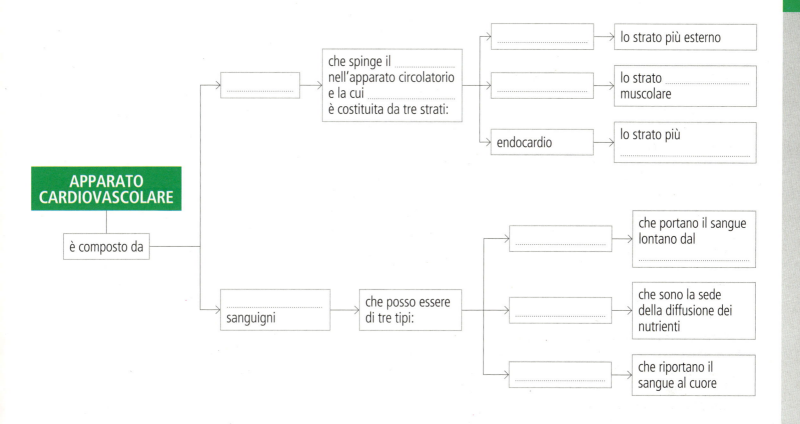

## 2 Collegare i concetti

1. Completa con i termini mancanti.
   La pressione massima del sangue si registra nel momento della ............... ventricolare, una fase del ciclo cardiaco che, a riposo, dura circa ............... secondi, e che segue la sistole ..............., che dura solo 0,1 secondi. Al termine di questa fase si ha la chiusura delle valvole ............... e l'apertura delle valvole atrioventricolari. Il valore normale della pressione ............... è circa 120 mmHg. La pressione minima si ha invece al momento del ............... del ventricolo, cioè nella fase di ............... . Il valore normale in questo caso è circa ....... mmHg.

2. Quali tra le seguenti affermazioni sul cuore sono vere? (4 risposte corrette)
   A Nel cuore dei rettili si ha un rimescolamento del sangue ossigenato con quello non ossigenato.
   B Le pareti del cuore sono fatte da tre strati: endocardio, miocardio e pericardio.
   C In tutti i vertebrati il cuore è diviso in quattro cavità.
   D Le valvole semilunari separano gli atri dai ventricoli.
   E La contrazione del cuore è regolata dal nodo senoatriale.
   F L'arteria che porta il sangue ai tessuti del cuore è detta aorta.
   G Nei pesci il sangue nel suo circolo passa una sola volta dal cuore.

3. Quale tra le seguenti cellule non interviene nel processo di difesa del nostro corpo?
   A Linfociti.
   B Leucociti.
   C Globuli bianchi.
   D Globuli rossi.

4. In quali dei seguenti vasi sanguigni passa sangue non ossigenato?
   A Aorta.
   B Vene polmonari.
   C Arterie polmonari.

5. Completa con i termini mancanti.
   I ............... sono i vasi sanguigni in cui avviene lo scambio delle sostanze. Essi presentano una cavità interna, il ..............., molto piccolo, e una parete sottile, l'..............., dello spessore di una sola cellula. Una parte del plasma che li attraversa fuoriesce dal circolo sanguigno e va a formare il liquido ..............., questo viene drenato e riportato al sangue dal sistema ............... .

177

**UNITÀ 10** Il trasporto e le difese immunitarie

## 3 Comprendere un testo

### Il numero di globuli bianchi nel nostro corpo

*Normalmente, [nel corpo umano] si contano da circa 5000 e fino a 10 000 globuli bianchi per mm³ di sangue. I batteri hanno continuamente accesso all'organismo attraverso la bocca, il naso e i pori della pelle. Inoltre, molte cellule, specialmente quelle del tessuto epiteliale, invecchiano e muoiono quotidianamente e i loro resti devono essere rimossi. Tuttavia, un leucocita riesce a fagocitare soltanto una certa quantità di materiale prima che questo vada a interferire con le proprie attività metaboliche. Quindi la durata di vita della maggior parte dei globuli bianchi è soltanto di pochi giorni. D'altra parte, se nel corso di un'infezione molti globuli bianchi vivono soltanto poche ore è anche vero che alcuni linfociti B e T restano nell'organismo per anni.*

*La leucocitosi, un aumento nel numero di globuli bianchi, è una normale risposta protettiva a stress quali un'invasione microbica, un'attività fisica estrema, un'anestesia o interventi chirurgici e, solitamente, è sintomo di una infiammazione o di un'infezione. Poiché ogni tipo di leucocita gioca un ruolo diverso, determinarne la percentuale relativa nel sangue può essere di aiuto per diagnosticare una patologia. Questo esame, chiamato «formula leucocitaria», rileva la percentuale di ciascun tipo di leucocita in un campione.*

(Da G.J. Tortora, B. Derrickson, *Conosciamo il corpo umano*, Zanichelli, 2009)

### Rispondi alle seguenti domande

a. Come entrano nel nostro corpo i batteri?
b. Oltre a rimuovere i microrganismi, quale altra funzione svolgono i globuli bianchi?
c. Qual è la durata media della vita di un globulo bianco?
d. Che cos'è la leucocitosi?
e. Da che cosa è provocata la leucocitosi?
f. Di che cosa è sintomo?
g. Che cos'è la formula leucocitaria?
h. A che cosa serve?

## 4 Fare una ricerca

### Il valore dell'ematocrito

Un valore molto importante da valutare in un'analisi del sangue è quello dell'ematocrito. L'ematocrito è la percentuale in volume dei globuli rossi nel sangue e i suoi valori normali sono tra il 36% e il 44% nelle donne e tra il 40% e il 50% negli uomini.
Fai una ricerca su Internet in merito a che cosa può indicare un ematocrito basso e perché può essere un problema.
Cerca inoltre che cosa significa un ematocrito alto, da che cosa può essere provocato e per quale ragione è dannoso.
Ne hai mai sentito parlare a proposito di casi di pratiche illecite come il doping nello sport? Sei in grado di ipotizzare se tali pratiche hanno l'obiettivo di indurre un aumento o una diminuzione del valore dell'ematocrito?

## 5 Calcolare

### La gittata cardiaca

La gittata cardiaca è il volume di sangue pompato al minuto dal ventricolo sinistro nell'aorta.
Conta le tue pulsazioni a riposo: allunga il braccio sinistro e appoggia tre dita della mano destra nella cavità alla sinistra dei tendini del polso sinistro.
Se a ogni battito escono dal cuore 75 mL di sangue, di quanto risulta la tua gittata cardiaca in litri?

## 6 Calcolare

### La durata del ciclo cardiaco

La frequenza cardiaca corrisponde al numero di battiti al minuto. La frequenza massima del battito cardiaco si raggiunge quando una persona è al massimo dello sforzo e può essere mantenuta per un limitato periodo di tempo. Tale frequenza, che varia con l'età e con l'allenamento, può essere calcolata, con una certa approssimazione, utilizzando diverse formule. Una di queste è la formula di Tanaka, che vale sia per gli uomini sia per le donne:
FC (Frequenza Cardiaca) max = 208 − (0,7 × età)
Calcola la frequenza cardiaca massima corrispondente alla tua età e a quando avrai 20, 40, 60 e 80 anni. Poi calcola la durata del ciclo cardiaco alla massima frequenza per ognuna delle età considerate. Per fare questo, tieni presente che il ciclo cardiaco corrisponde al reciproco della frequenza cardiaca, espresso però in secondi.
Per esempio, una persona che ha una frequenza cardiaca di 75 battiti al minuto avrà un ciclo cardiaco pari a:

$$\text{ciclo cardiaco} = \frac{1}{75} \times 60 = 0{,}8 \text{ secondi}$$

Riporta i dati ottenuti in una tabella.

▸ Noti una relazione tra la variazione di frequenza massima nelle diverse età e la durata del ciclo cardiaco corrispondente?
▸ Di che tipo di relazione si tratta?

## 7 Formulare un'ipotesi

### Le analisi del sangue

Osserva le analisi del sangue riportate nella tabella qui sotto.

| | Valore ritrovato nel campione analizzato (per mm³ di sangue) | Intervallo di riferimento (per mm³ di sangue) |
|---|---|---|
| Globuli rossi | 5,02 milioni | 4,30-6,10 milioni |
| Globuli bianchi | 12 500 | 5000-11 000 |
| Piastrine | 230 000 | 150 000-300 000 |

▸ Quali valori sono nella norma e quali invece non lo sono?
▸ Puoi ipotizzare che cosa possa aver determinato il valore anomalo nell'analisi del sangue?

# Biologia per il cittadino

## Le vaccinazioni

Il nostro sistema immunitario è dotato di «memoria». Questa è la ragione per cui, una volta che ci si è ristabiliti da alcune malattie infettive, si è immuni a un successivo contagio. La memoria del sistema immunitario è sfruttata per immunizzare l'organismo umano nei confronti di alcune gravi patologie. Il sistema delle **vaccinazioni** si basa sul fatto che non vi è nessuna differenza nella risposta immunitaria se l'antigene invade l'organismo in maniera naturale o se viene iniettato artificialmente.

Queste tecniche prevedono la somministrazione di un **vaccino**, cioè di un preparato che contenga gli antigeni degli organismi che provocano la malattia e che generi, in questo modo, una **risposta immunitaria attiva** (acquisita artificialmente). In genere, i vaccini contengono i virus o i batteri patogeni, uccisi o preventivamente trattati in modo da attenuarne la pericolosità. Attualmente le vaccinazioni sono impiegate per evitare il diffondersi di malattie quali meningite, tetano, difterite, morbillo e altre ancora.

In Italia alcune vaccinazioni sui bambini sono obbligatorie per legge mentre altre sono solo raccomandate o consigliate. Grazie ai vaccini alcune malattie sono virtualmente scomparse: è il caso, per esempio, della poliomielite, una grave malattia infettiva che colpisce il sistema nervoso e porta a paralisi. Nel 1952 questa malattia faceva registrare nel nostro Paese circa 21 000 casi, mentre nel 2009 non è stato reso noto alcun caso.

Oltre alle vaccinazioni, esiste anche una immunità non basata sulla memoria del sistema immunitario.

La **risposta immunitaria passiva** è una protezione fornita dagli *antidoti*, detti anche **sieri**. Essi vengono preparati estraendo il veleno o la tossina dall'organismo che li produce (per esempio, un serpente). Il veleno viene poi iniettato in un altro organismo resistente (per esempio un cavallo), in modo che quest'ultimo produca gli anticorpi. Quindi il sangue dell'animale viene prelevato e filtrato, isolando il plasma. Al termine di ulteriori trattamenti di purificazione, il siero (che contiene quindi gli anticorpi) è pronto per essere iniettato.

I sieri sono usati con successo per trattare il morso di alcuni serpenti velenosi e di malattie come il botulismo, la rabbia e il tetano.

Per preparare l'antidoto contro il veleno di un serpente è necessario prelevare il veleno stesso dall'animale.

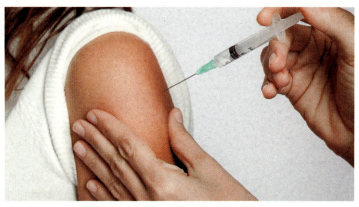

In Italia è obbligatoria la vaccinazione esavalente, che protegge contro la poliomielite, la difterite, il tetano, l'epatite virale B, la pertosse e un microrganismo chiamato *Haemophilus influenzae* di tipo B. Le vaccinazioni sono effettuate durante il primo anno di vita del bambino e sono seguite da «richiami» negli anni successivi. Le vaccinazioni obbligatorie sono gratuite. Non sono obbligatorie ma sono invece consigliate le vaccinazioni contro il morbillo, la rosolia e la parotite.

## DISCUTIAMONE INSIEME

Sul sito del Ministero della Salute www.salute.gov.it cerca informazioni sulle vaccinazioni obbligatorie nell'infanzia e sulle vaccinazioni facoltative.

Chiedi informazioni in famiglia sulle vaccinazioni che ti sono state somministrate. Come per l'assunzione di farmaci, anche la somministrazione dei vaccini può presentare alcune controindicazioni.

Nel motore di ricerca dello stesso sito, inserisci le parole chiave "controindicazioni vaccini". Confronta le informazioni che hai raccolto con quelle trovate dai tuoi compagni.

# 11 IL CONTROLLO DELL'AMBIENTE INTERNO

Tutti gli organismi hanno la necessità di mantenere in condizioni costanti e controllate l'**ambiente interno** del loro corpo. La concentrazione di sali, il pH e la quantità d'acqua nelle cellule, come pure la temperatura del corpo, sono alcuni dei parametri che vengono strettamente regolati dagli organismi. Negli animali più complessi vari apparati cooperano allo svolgimento di questa funzione, sotto il controllo del sistema nervoso. L'**apparato cutaneo**, per esempio, fornisce protezione contro la disidratazione, oltre a contribuire a mantenere costante la temperatura corporea. Un altro apparato coinvolto nel mantenimento dell'ambiente interno è l'**apparato escretore**, che elimina alcuni composti azotati potenzialmente tossici per l'organismo.

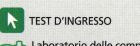 TEST D'INGRESSO

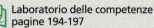 Laboratorio delle competenze
pagine 194-197

# PRIMA DELLA LEZIONE

## CIAK si impara!

**Guarda il video *Il controllo dell'ambiente interno*, che presenta gli argomenti dell'unità.**

Le seguenti classi di vertebrati possiedono degli annessi cutanei tipici; sai dire quali sono?

Pesci ..................................................................................................................................................

Rettili .................................................................................................................................................

Uccelli ................................................................................................................................................

Mammiferi ..........................................................................................................................................

Riporta nella colonna di sinistra i processi con cui gli animali terrestri perdono acqua e nella colonna di destra i processi con cui essi la assumono.

Perdita d'acqua per

a ............................................................

b ............................................................

c ............................................................

Reintegro dell'acqua tramite

a ............................................................

b ............................................................

Quali tra i seguenti animali sono in grado di produrre attivamente calore grazie al proprio metabolismo?

☐ Pesci

☐ Anfibi

☐ Rettili

☐ Uccelli

☐ Mammiferi

Da quali organi è formato l'apparato escretore umano e a che cosa serve?

....................................................................................................................................................................

....................................................................................................................................................................

**Guarda le fotografie realizzate in due esperimenti sulla reazione della pelle agli stimoli esterni.**

**1** Osserva la foto qui sopra in cui è raffigurata la piloerezione su un braccio. Come viene detto comunemente questo fenomeno?

....................................................................................................

Da quali stimoli è provocato?

....................................................................................................

Fai una ricerca e indica le ragioni per cui tali stimoli potrebbero portare a una reazione di questo tipo e a quali vantaggi porta la piloerezione.

....................................................................................................

**2** Procurati dell'alcol denaturato, l'alcol di colore rosa che si usa in casa per disinfettare e per pulire. Con un contagocce fanne cadere una goccia sul dorso della mano o sul braccio, facendo attenzione a scegliere una parte del corpo dove non ci siano piccole ferite.
Quale sensazione hai provato sulla pelle?

....................................................................................................

Per quale ragione secondo te?

....................................................................................................

Quale fenomeno naturale che non necessita dell'alcol produce gli stessi effetti anche se meno intensi?

....................................................................................................

Troverai le informazioni sulla struttura della nostra pelle e sulle strategie per il controllo della temperatura corporea rispettivamente nei paragrafi 1 e 3.

181

# 1. IL RIVESTIMENTO DEGLI ANIMALI

Il corpo degli animali è protetto da un rivestimento esterno: negli invertebrati è un semplice epitelio o un esoscheletro rigido, nei vertebrati è la pelle.

La superficie esterna degli organismi interagisce con l'ambiente e può essere facilmente danneggiata, per esempio da un'eccessiva esposizione ai raggi solari. Per questa ragione, essa è ricoperta da un rivestimento esterno che svolge un importante ruolo di **protezione**. Inoltre, il rivestimento contribuisce all'**omeostasi**. Con questo termine si intende *la capacità degli esseri viventi di mantenere l'ambiente interno del loro corpo in condizioni costanti e controllate*.

Il rivestimento che protegge il corpo ha caratteristiche diverse nei vari gruppi animali. Si distinguono tre principali tipi di rivestimento.

**1.** Gli invertebrati a corpo molle – come i molluschi e gli anellidi – possiedono un semplice **epitelio di rivestimento**.

**2.** Gli artropodi – il gruppo zoologico di invertebrati che comprende insetti, aracnidi, crostacei e miriapodi – possiedono un rivestimento esterno duro, detto **esoscheletro**. Tale rivestimento, oltre a proteggere le parti molli del corpo dell'animale, fornisce anche la struttura di sostegno.

**3.** Il corpo dei vertebrati è interamente rivestito dalla **pelle**, che è composta da due strati. All'esterno, a contatto con l'ambiente, si trova l'**epidermide**, un epitelio squamoso organizzato in sottili strati sovrapposti. Nei vertebrati terrestri le cellule più superficiali dell'epidermide formano il cosiddetto **strato corneo**. Il citoplasma di queste cellule viene invaso e sostituito da una proteina, la *cheratina*, che rende la pelle impermeabile e protegge gli strati sottostanti.

Negli esseri umani le cellule dell'epidermide producono la *melanina*, un pigmento che rende la pelle scura e la protegge dalle radiazioni solari.

La parte più interna della pelle, situata immediatamente al di sotto dell'epidermide, è il **derma**. Esso è formato da diversi strati costituiti da tessuto connettivo ricco di collagene e di una proteina elastica che permette alla pelle di distendersi e di cambiare forma. Il derma è attraversato da terminazioni nervose e da vasi sanguigni; nella nostra specie vi si trovano anche le *ghiandole sudoripare* e le *ghiandole sebacee*.

> **IMPARA A IMPARARE**
>
> Costruisci una tabella riassuntiva dei diversi tipi di rivestimento negli animali. Nella prima colonna elenca i tipi di rivestimento, nella seconda colonna indica i gruppi zoologici che lo possiedono, nella terza colonna forniscine una breve descrizione.

**NELLE RISORSE DIGITALI**
- Esercizi interattivi
- Mappa del paragrafo

L'**epitelio di rivestimento** è un tessuto formato da un solo strato di cellule che riveste il corpo. Esso fornisce una protezione limitata e pertanto alcuni molluschi, come questa chiocciola, possiedono anche un guscio rigido prodotto dalle cellule epiteliali stesse.

L'**esoscheletro** rigido di un artropode, come per esempio la cicala, non è in grado di aumentare di dimensioni con la crescita dell'animale. È necessario quindi che, durante la crescita, l'insetto effettui periodicamente una **muta**, ovvero si liberi del vecchio esoscheletro per formarne uno nuovo, adatto alle sue nuove dimensioni.

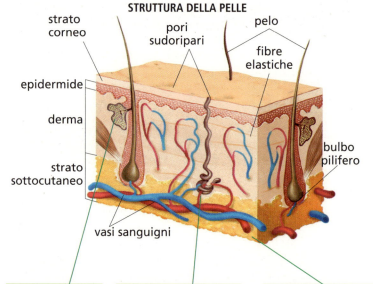

**STRUTTURA DELLA PELLE**

(strato corneo, pori sudoripari, pelo, fibre elastiche, epidermide, derma, strato sottocutaneo, bulbo pilifero, vasi sanguigni)

Le **ghiandole sebacee** producono il sebo, una sostanza grassa che protegge e ammorbidisce la pelle.

Le **ghiandole sudoripare** producono una soluzione salina (detta sudore) che, evaporando, rinfresca la superficie del corpo. Essendo leggermente acida, questa soluzione difende l'epidermide dai batteri.

Sotto il derma è presente uno strato di **grasso sottocutaneo**: esso è un'importante riserva energetica ma soprattutto contribuisce in maniera importante a isolare il corpo, trattenendo il calore.

## 2. GLI ANNESSI CUTANEI DEI VERTEBRATI

Nei vertebrati la pelle si diversifica e origina varie strutture, chiamate annessi cutanei, in grado di svolgere diverse funzioni.

Le **scaglie** dei pesci sono costituite in massima parte da tessuto osseo che si origina nel tessuto connettivo del derma.

Gli anfibi hanno **pelle nuda**, ricca di ghiandole che producono un muco che mantiene umida l'epidermide.

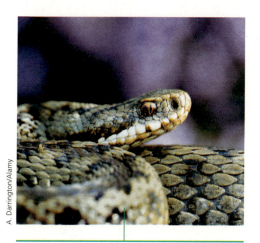

Le **squame** presenti nei rettili sono strutture cornee di derivazione epidermica.

Le **penne** degli uccelli si formano grazie a un'abbondante e regolare proliferazione delle cellule dell'epidermide. Queste si riempiono di cheratina, muoiono e danno origine a delle strutture rigide.

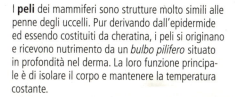

I **peli** dei mammiferi sono strutture molto simili alle penne degli uccelli. Pur derivando dall'epidermide ed essendo costituiti da cheratina, i peli si originano e ricevono nutrimento da un *bulbo pilifero* situato in profondità nel derma. La loro funzione principale è di isolare il corpo e mantenere la temperatura costante.

Il rivestimento esterno nei vertebrati presenta numerose differenze a seconda del gruppo zoologico considerato. La pelle dei pesci, degli anfibi, dei rettili, degli uccelli e dei mammiferi è caratterizzata infatti da strutture particolari, dette **annessi cutanei**. La pelle e le strutture a essa annesse costituiscono l'**apparato cutaneo**.

Alcuni annessi cutanei derivano dall'epidermide: la pelle squamosa dei rettili, il becco e le penne degli uccelli, i peli e le mammelle dei mammiferi, le corna di bovini e ovini e, in generale, gli artigli, le unghie e gli zoccoli degli animali terrestri.

Altre strutture, sebbene siano situate sulla superficie o all'esterno della pelle, hanno origine nel derma: per esempio le scaglie dei pesci o il carapace delle tartarughe.

Nella maggior parte dei casi, gli annessi cutanei dei vertebrati contribuiscono alla protezione della superficie esterna dell'animale, ma talvolta svolgono funzioni specifiche. Per esempio, le penne degli uccelli, oltre alla funzione di rivestimento, hanno anche la capacità di trattenere il calore corporeo e contribuiscono a dare all'ala la forma adatta per sostenere l'animale durante il volo.

### IMPARA A IMPARARE

Elenca i gruppi zoologici che appartengono ai vertebrati. Per ciascun gruppo indica gli annessi cutanei che lo caratterizzano e descrivili.

### NELLE RISORSE DIGITALI

- Esercizi interattivi
- Mappa del paragrafo

# 3. IL CONTROLLO DELLA TEMPERATURA CORPOREA

Alcuni animali mantengono costante la temperatura corporea solamente scambiando calore con l'ambiente, altri invece possono produrre attivamente calore attraverso il loro metabolismo.

Tutti gli animali hanno la necessità di mantenere la propria temperatura corporea all'interno di un intervallo piuttosto ristretto, in cui le cellule funzionano in maniera efficiente. Questo processo è noto come **termoregolazione**.

Per mantenere la temperatura corporea entro un certo intervallo, ogni organismo deve controllare il proprio **bilancio termico**, cioè deve fare in modo che il calore ceduto dal proprio corpo sia pari a quello acquistato.

Negli animali si riconoscono sostanzialmente due tipi di termoregolazione.

**1.** Gli animali **ectotermi**, comunemente detti «a sangue freddo», si riscaldano o si raffreddano esclusivamente scambiando calore con l'ambiente che li circonda, secondo quattro modalità: per conduzione, per convezione, per irraggiamento o attraverso l'evaporazione. Tutti gli invertebrati sono ectotermi, mentre tra i vertebrati lo sono i pesci, gli anfibi e i rettili. Questo sistema di regolazione termica rende gli ectotermi dipendenti dall'ambiente in cui vivono e in condizioni climatiche difficili essi non riescono a svolgere le proprie funzioni vitali.

**2.** Gli animali **endotermi**, comunemente detti «a sangue caldo», oltre a scambiare calore con l'ambiente, sono anche in grado di produrlo attraverso le reazioni chimiche del loro metabolismo. Tra i vertebrati sono endotermi gli uccelli e i mammiferi.

Mentre negli ectotermi la temperatura corporea varia notevolmente a seconda delle condizioni ambientali, negli endotermi essa si mantiene su valori piuttosto costanti. Per questa ragione, gli animali ectotermi sono anche detti **eterotermi** e quelli endotermi vengono anche detti **omeotermi**.

> **IMPARA A IMPARARE**
> - Scegli un animale ectotermo e un animale endotermo e per ciascuno elenca i processi che contribuiscono al suo bilancio termico.
> - Individua nei due elenchi il processo che differenzia animali ectotermi e animali endotermi.

> **NELLE RISORSE DIGITALI**
> - Video Il controllo della temperatura corporea
> - Esercizi interattivi
> - Mappa del paragrafo

Il riscaldamento per **irraggiamento** avviene tramite assorbimento di energia, per esempio dal Sole.

L'**evaporazione** permette uno scambio di calore grazie al rilascio di energia che si verifica nel momento in cui l'acqua cambia di stato fisico (dallo stato liquido a quello aeriforme).

La trasmissione del calore per **conduzione** si verifica attraverso il contatto diretto di due corpi a temperature differenti.

La **convezione** si realizza quando il calore viene trasportato da un fluido, in genere aria o acqua, sulla superficie del corpo.

## ■ Gli adattamenti corporei per conservare o smaltire calore

Gli animali che vivono in ambienti freddi possiedono adattamenti che permettono di conservare il più possibile il calore corporeo.

Per esempio, i mammiferi che vivono nei climi freddi hanno una spessa **pelliccia** e uno strato di **grasso sottocutaneo** che isolano il corpo dall'ambiente.

In alcuni organismi gli adattamenti al freddo sono ancora più particolari: alcune specie di pesci dell'Antartide possiedono nel sangue proteine «antigelo». Queste sostanze contrastano la formazione di microcristalli di ghiaccio all'interno delle cellule, impedendone il congelamento.

Gli animali che vivono nei climi caldi devono invece smaltire il calore in eccesso. Il processo di dispersione è favorito essenzialmente dalla **sudorazione**, che sottrae calore al corpo grazie all'evaporazione del sudore. In questi animali si osservano altre modifiche corporee: per esempio, la rete dei capillari si è sviluppata più superficialmente per favorire la dispersione del calore.

Anche la **forma del corpo** di un animale influisce sul bilancio termico. In generale, si può affermare che un corpo tozzo e una riduzione delle dimensioni delle appendici (le zampe, la coda, le orecchie ecc.) favoriscono la conservazione del calore; al contrario, l'aumento della superficie delle appendici facilita la dispersione del calore.

La lepre artica (*Lepus arcticus*) vive in un clima estremamente rigido. Le orecchie piccole e gli arti ridotti diminuiscono il rapporto tra la superficie e il volume corporeo. La pelliccia e lo strato di grasso aumentano l'**isolamento termico** e aiutano a mantenere il calore corporeo.

La lepre americana (*Lepus californicus*) vive in clima caldo e dispone di una superficie corporea molto ampia rispetto al volume corporeo. I padiglioni auricolari, molto estesi e ricchi di vasi sanguigni, favoriscono la **dispersione del calore** in eccesso.

## ■ I comportamenti che aiutano la termoregolazione

Numerosi **comportamenti** animali hanno lo scopo di mantenere la temperatura corporea entro i limiti ottimali. Tali comportamenti sono tipici degli animali ectotermi dato che queste specie non possono riscaldarsi attraverso il metabolismo. Il comportamento delle lucertole, e dei rettili in generale, che si riscaldano passando lunghi periodi distesi al Sole, costituisce l'esempio più noto.

Esistono comportamenti che hanno lo scopo di regolare la temperatura corporea anche negli animali endotermi. Gli uccelli compiono lunghe **migrazioni** per svernare nelle zone temperate (per esempio del Mediterraneo o dell'Africa), dopo aver trascorso la stagione estiva riproduttiva nelle zone fresche (come il Nord Europa).

Sia negli endotermi che negli ectotermi è abbastanza comune un comportamento che permette di superare i periodi più sfavorevoli riducendo l'attività metabolica. Nella stagione durante la quale non riuscirebbero a procurarsi cibo sufficiente a mantenere il normale metabolismo, alcune specie entrano in uno stato detto **torpore**, nel quale la temperatura corporea diminuisce e il battito cardiaco e il ritmo della respirazione rallentano.

Per superare i mesi rigidi dell'inverno alcuni mammiferi entrano in *letargo*, uno stato di torpore a lungo termine. L'energia consumata durante il letargo proviene dal grasso corporeo accumulato durante la stagione estiva. Negli animali che vivono in zone calde si assiste talvolta all'*estivazione*, uno stato di torpore che permette di superare la stagione torrida.

La rana arboricola grigia (*Hyla versicolor*) è un anfibio comune nei boschi del Nord America.

Durante i mesi invernali, la rana arboricola grigia entra in uno stato di **letargo** in cui il consumo di energia è ridotto al minimo. Essa riesce a sopravvivere grazie a una soluzione di glucosio e proteine che funziona da «antigelo» per i liquidi cellulari.

# 4. IL CONTROLLO DELLA PERDITA D'ACQUA NEGLI ANIMALI ACQUATICI

Gli organismi mantengono la concentrazione ottimale di sali nei liquidi corporei attraverso l'osmoregolazione. Questo processo avviene in modo diverso a seconda dell'ambiente in cui l'organismo vive.

Le reazioni metaboliche fondamentali per la sopravvivenza degli organismi avvengono nel citosol delle cellule, una soluzione acquosa in cui sono presenti diversi sali in proporzioni precise.

Il processo con cui gli organismi regolano la concentrazione di sali si chiama **osmoregolazione** e le modalità con cui esso avviene dipendono dal tipo di animale e dall'ambiente in cui vive.

Per la maggior parte degli animali acquatici la concentrazione di sali presente nelle cellule è diversa da quella dell'ambiente esterno e, per mantenerla costante, questi animali devono contrastare la perdita o l'assunzione di acqua per *osmosi*.

I **vertebrati marini**, per esempio, presentano una concentrazione di sali nei loro liquidi inferiore rispetto a quella dell'acqua del mare in cui sono immersi. Questa condizione fa sì che l'acqua all'interno delle loro cellule tenda a uscire attraverso le membrane cellulari, secondo il fenomeno dell'osmosi, in modo da annullare la differenza di concentrazione tra l'interno e l'esterno del corpo. I **pesci d'acqua salata** devono pertanto contrastare la tendenza delle proprie cellule a perdere acqua. I liquidi vengono assunti bevendo acqua di mare, mentre gli ioni in eccesso (soprattutto ioni sodio $Na^+$ e ioni cloro $Cl^-$) sono eliminati attraverso le *branchie*. Al contrario di quello che si potrebbe pensare, l'urina dei pesci non contiene molti ioni e viene prodotta in quantità molto limitata.

Nei **mammiferi marini** invece l'assunzione dell'acqua avviene soprattutto attraverso il cibo e l'eliminazione dei sali procede attraverso la produzione di *urina ipertonica*, cioè contenente un elevato quantitativo di ioni.

I **pesci di acqua dolce** devono fronteggiare il problema opposto. Dato che possiedono liquidi interni con una concentrazione di sali superiore a quella del mezzo in cui vivono, essi devono contrastare la tendenza dei loro tessuti ad assorbire acqua per osmosi. Ciò avviene grazie all'assunzione di sali con il cibo, alla capacità delle branchie di trattenere i pochi sali presenti nelle acque dolci e soprattutto grazie all'azione dei reni, che producono una grande quantità di *urina ipotonica*, cioè contenente una bassa concentrazione di ioni.

Esistono però anche **animali isosmotici**, cioè che possiedono una concentrazione salina dei liquidi corporei uguale (o molto simile) a quella dell'acqua in cui vivono. Sono isosmotici gli invertebrati marini come le meduse, le ostriche, le aragoste e un gruppo di vertebrati marini, gli agnati, al quale appartengono le lamprede.

Negli animali isosmotici l'equilibrio salino è mantenuto senza dispendio energetico: la quantità di acqua che entra nelle cellule attraverso le membrane cellulari è uguale a quella che esce.

Nella maggior parte dei casi, tutti gli organismi vivono in un ambiente la cui salinità varia all'interno di un ristretto intervallo. Un'eccezione è rappresentata dai salmoni: questi pesci possiedono particolari adattamenti che permettono loro di vivere sia in acque salate che in acque dolci.

> **IMPARA A IMPARARE**
> Sottolinea nel testo le modalità di osmoregolazione con cui gli organismi acquatici regolano la concentrazione dei liquidi corporei.

> **NELLE RISORSE DIGITALI**
> - Esercizi interattivi
> - Mappa del paragrafo

I mammiferi marini normalmente non bevono direttamente l'acqua di mare e quindi l'assunzione di acqua avviene solamente attraverso i cibi ingeriti. La maggior parte delle foche, per esempio, riesce a produrre un'**urina ipertonica** con una concentrazione di sali superiore a quella dei loro liquidi interni, eliminando così i sali in eccesso.

I salmoni vivono in mare ma risalgono i fiumi per depositare le uova. Le cellule della superficie delle branchie possiedono un enzima che permette di pompare ioni sodio e cloruro all'esterno delle cellule quando il pesce si trova in mare e di far entrare tali ioni nelle cellule, quando l'animale si trova in acqua dolce.

# 5. L'OSMOREGOLAZIONE NEGLI ANIMALI TERRESTRI

L'osmoregolazione negli animali terrestri consiste nel raggiungimento dell'equilibrio tra la perdita di acqua e la sua assunzione, in modo che la concentrazione interna alle cellule si mantenga costante.

Come gli animali acquatici, anche quelli terrestri per mantenere l'omeostasi hanno bisogno di conservare una concentrazione ottimale di ioni nei propri fluidi interni e nel citosol delle cellule.

La principale difficoltà che essi devono contrastare è l'eccessiva **perdita di acqua** che può avvenire attraverso quattro processi:
- la respirazione polmonare;
- la traspirazione dalla pelle;
- la produzione di urina;
- l'eliminazione delle feci.

La quantità di liquidi persa attraverso questi meccanismi deve essere recuperata, in modo da mantenere costante la concentrazione dei soluti nelle cellule e nei tessuti. Il **reintegro dei liquidi** perduti avviene attraverso:
- l'assunzione diretta d'acqua, cioè bevendo;
- l'alimentazione, grazie all'acqua contenuta all'interno dei cibi;
- la respirazione cellulare, dato che l'acqua è tra i prodotti dell'ossidazione degli zuccheri e dei grassi.

La *disidratazione* è un rischio reale per gli animali che vivono sulla terraferma; essi hanno quindi sviluppato diversi adattamenti per evitarla. Alcuni esempi sono riportati nelle fotografie di questa pagina.

### IMPARA A IMPARARE

Costruisci una tabella. Nella prima colonna elenca i processi che determinano la perdita d'acqua negli animali terrestri, nella seconda i processi che permettono di riacquistarla.

### NELLE RISORSE DIGITALI

- Esercizi interattivi
- Mappa del paragrafo

Molti insetti, come il coleottero nella foto, si sono adattati a vivere in climi aridi grazie alla presenza sull'esoscheletro di **cere idrorepellenti** che riducono la perdita d'acqua per traspirazione.

I rettili riducono la perdita d'acqua per traspirazione grazie alle **squame**, delle strutture dell'epidermide costituite da cellule impregnate di cheratina, una proteina che le rende dure e impermeabili. Tra una squama e quelle vicine vi sono delle parti meno ricche di cheratina che consentono il movimento. Anche le cellule della nostra epidermide sono cheratinizzate, benché in misura minore rispetto a quelle dei rettili.

Diverse specie di topo canguro, appartenenti al genere *Dipodomys*, sono in grado di sopravvivere nei deserti del Nord America senza bere. L'apporto d'acqua necessario alla sopravvivenza di questi animali di piccola taglia è fornito dall'**ossidazione dei grassi** e delle molecole presenti nei semi oleosi di cui si cibano.

# 6. L'ELIMINAZIONE DELLE SOSTANZE DI RIFIUTO NEGLI ANIMALI

L'eliminazione dei composti azotati provenienti dal metabolismo delle proteine e degli acidi nucleici si chiama escrezione. L'escrezione è un altro processo fondamentale per il mantenimento dell'omeostasi.

Gli animali devono eliminare diverse sostanze di rifiuto prodotte dal metabolismo. È il caso, per esempio, dell'anidride carbonica che viene prodotta dalla respirazione cellulare e che è smaltita dai polmoni attraverso l'espirazione.

Un altro gruppo di sostanze che deve essere eliminato deriva dalla demolizione delle proteine e degli acidi nucleici. Questi polimeri contengono infatti azoto, presente nei gruppi amminici ($-NH_2$) degli amminoacidi e nelle basi azotate contenute nei nucleotidi degli acidi nucleici. I composti azotati sono tossici e vengono eliminati attraverso il processo di **escrezione**, che varia a seconda dell'animale e del suo habitat.

Esistono tre modalità di escrezione.

1. Gli invertebrati semplici, la maggior parte dei pesci e, più in generale, degli animali che vivono in acqua, eliminano l'azoto in forma di **ammoniaca**, una sostanza chimicamente semplice ma molto tossica.

2. Gli organismi terrestri, invece, ricorrono a composti chimici più complessi, ma meno pericolosi: i mammiferi, gli anfibi e alcune specie di pesci, per esempio, eliminano l'azoto sotto forma di **urea**.

3. Gli insetti, gli uccelli e buona parte dei rettili eliminano invece i residui dell'azoto in forma di **acido urico**. La molecola dell'acido urico ha una struttura chimica piuttosto complessa e la sua sintesi richiede una notevole quantità di energia. Tuttavia, dato che l'acido urico è una sostanza meno tossica dell'urea e dell'ammoniaca, può essere smaltito senza essere troppo diluito. Questo consente all'organismo che lo produce di ridurre la perdita d'acqua.

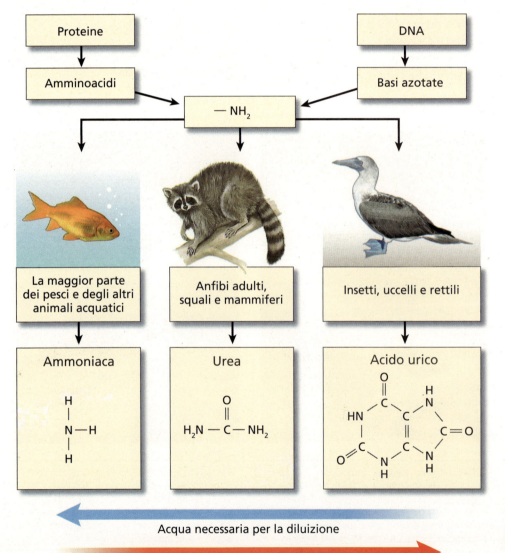

### IMPARA A IMPARARE
Costruisci una tabella a due colonne sulle modalità con cui avviene l'escrezione: nella prima colonna scrivi il nome delle sostanze che vengono eliminate; nella seconda colonna scrivi i gruppi animali che compiono l'escrezione attraverso l'eliminazione di tali composti.

### NELLE RISORSE DIGITALI
- Video Le sostanze di rifiuto e l'ambiente
- Esercizi interattivi
- Mappa del paragrafo

■ **Gli animali acquatici eliminano ammoniaca**

Il modo più semplice con cui gli organismi eliminano le sostanze azotate è quello di trasformarle in **ammoniaca** (NH$_3$), dato che questa sostanza viene prodotta attraverso una serie di reazioni chimiche che avvengono spontaneamente, senza richiesta di energia. L'ammoniaca è molto tossica anche a bassa concentrazione e non può restare a lungo all'interno del corpo. Essendo però un composto molto solubile in acqua, può diffondere dalle cellule degli animali acquatici al mezzo che li circonda. L'escrezione dell'ammoniaca è infatti il sistema utilizzato dagli invertebrati marini, che la eliminano attraverso la superficie corporea, e dalla maggior parte dei pesci, che invece la eliminano principalmente attraverso le branchie.

■ **Mammiferi, anfibi e squali eliminano urea**

Gli animali che vivono sulla terraferma, come la maggior parte degli anfibi adulti e dei mammiferi, ma anche alcune specie di pesci tra cui gli squali, trasformano l'ammoniaca (nel fegato) in un composto meno pericoloso, l'**urea**: (NH$_2$)$_2$CO. L'urea, a parità di concentrazione, è circa 100 000 volte meno tossica dell'ammoniaca e quindi può essere trattenuta nel corpo, in attesa dell'eliminazione, anche in concentrazioni abbastanza elevate. Inoltre, grandi quantità di urea possono sciogliersi in piccoli volumi di acqua, limitando così la perdita di liquido. Le reazioni chimiche che a partire dai gruppi amminici portano alla produzione di urea hanno un costo energetico per l'organismo.

Il consumo di energia e la perdita d'acqua che richiedono la produzione e l'escrezione dell'urea non sono del tutto trascurabili. La dimostrazione è data dal fatto che alcuni animali possono cambiare il sistema di eliminazione dei composti azotati.

■ **Uccelli, rettili e insetti eliminano acido urico**

Gli insetti, gli uccelli e la maggior parte dei rettili eliminano l'azoto sotto forma di **acido urico**, una molecola complessa che, per essere sintetizzata, richiede una quantità di energia maggiore rispetto alla produzione di urea. L'acido urico può venire espulso in forma di piccoli cristalli solidi, oppure insieme alle feci come liquido biancastro o polvere secca. L'energia spesa per la produzione di acido urico è quindi compensata da un notevole risparmio idrico. La strategia di eliminare i composti azotati in forma di acido urico è particolarmente vantaggiosa per le specie che vivono in habitat molto aridi. In alcune aree densamente popolate da uccelli marini, come alcune isole o zone costiere, gli escrementi contenenti acido urico si accumulano e formano i cosiddetti depositi di *guano*. Il guano è una sostanza ricca di composti azotati e di fosfati che viene raccolta e sfruttata commercialmente come fertilizzante naturale.

# 7. L'APPARATO ESCRETORE UMANO

L'apparato escretore regola la quantità di sali e di liquidi del nostro corpo. Esso, inoltre, elimina molte sostanze nocive.

Gli organi principali dell'**apparato escretore** sono i **reni**, che filtrano continuamente il sangue. Una persona di corporatura media possiede circa 5 litri di sangue: grazie alla rapidità con cui esso scorre, nei reni ne passano fino a 2000 litri al giorno.

I reni sono due organi collocati nella regione lombare, grandi quanto una saponetta. Il rene è diviso in due regioni: la **regione corticale**, più esterna, e la **regione midollare**, più interna. Ciascun rene contiene circa un milione di **nefroni**, che rappresentano le sue unità funzionali; ciò significa che ciascun nefrone, preso singolarmente, svolge la stessa funzione dell'intero rene.

Un nefrone è costituito da un **tubulo renale**, al quale sono associati alcuni capillari. Il tubulo ha origine da una struttura a coppa, detta **capsula di Bowman**, che circonda un ammasso di capillari finissimi, detto **glomerulo**.

I capillari del glomerulo sono interposti tra due arteriole con diametro diverso: il sangue, passando da quella più grossa (afferente) a quella più piccola (efferente), è costretto a rallentare. In questo modo la pressione sulle pareti dei capillari aumenta e si ha la filtrazione. Il glomerulo produce il **filtrato**: una soluzione composta da acqua, urea e diversi ioni inorganici ($Na^+$, $K^+$, $Cl^-$ ecc.).

Il filtrato viene poi rielaborato nella parte successiva del tubulo renale, in cui si riconoscono tre tratti:

1. il **tubulo prossimale**, situato, come i glomeruli, nella regione corticale;
2. l'**ansa di Henle**, il tratto a uncino, situata nella regione midollare;
3. il **tubulo distale**, che sbocca nel dotto collettore ed è collocato nella regione corticale.

Durante l'attraversamento di questi tre tratti e del dotto collettore, il filtrato è trasformato in **urina**. L'urina è un liquido appena più denso dell'acqua, il cui colore giallastro è dovuto alla presenza di un pigmento proveniente dalla degradazione dell'emoglobina. Essa contiene principalmente acqua, *urea* e altre sostanze tossiche.

### IMPARA A IMPARARE
Individua nel testo tutte le parti che compongono il nefrone; fanne un elenco scritto e descrivine la funzione.

### NELLE RISORSE DIGITALI
- Esercizi interattivi
- Mappa del paragrafo

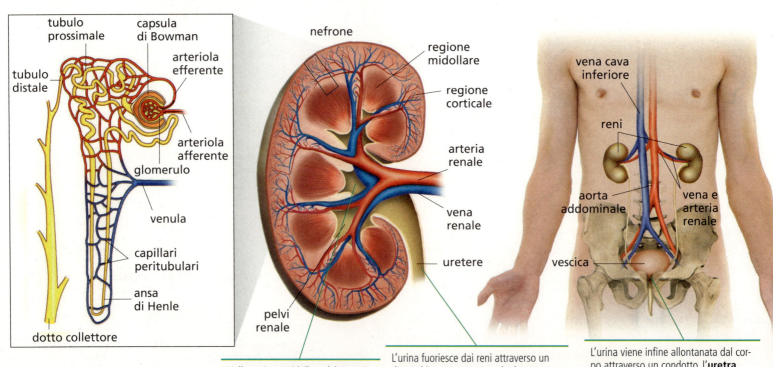

Nella regione midollare del rene si trova la **pelvi renale**, che raccoglie l'urina convogliandola all'uretere.

L'urina fuoriesce dai reni attraverso un dotto chiamato **uretere**, che la porta alla **vescica**, una sorta di serbatoio che la raccoglie temporaneamente.

L'urina viene infine allontanata dal corpo attraverso un condotto, l'**uretra**, che nei maschi attraversa il pene, mentre nelle femmine termina in prossimità della vagina.

### Il filtrato e l'urina

Il filtrato che si ottiene nei glomeruli ha una composizione diversa da quella dell'urina che viene eliminata. Ciò è dovuto al fatto che, nel percorso lungo il tubulo renale, il filtrato subisce delle trasformazioni. Nella produzione dell'urina è pertanto possibile riconoscere quattro fasi fondamentali.

**1.** Il primo passo è rappresentato dalla **filtrazione** del sangue, che si compie nei glomeruli renali. Tale filtrazione trattiene nel sangue le particelle di dimensioni maggiori, come le cellule e le proteine plasmatiche, ma consente il passaggio nel filtrato dell'acqua e delle molecole più piccole. In una giornata, dato che il sangue passa e ripassa continuamente nei reni, si possono ottenere anche 180 litri di filtrato, che sono successivamente rielaborati attraverso le fasi di riassorbimento e secrezione.

**2.** Il **riassorbimento** è il processo tramite il quale l'acqua e le altre sostanze utili all'organismo (come il glucosio, gli ioni, gli amminoacidi ecc.) passano dal tubulo renale ai capillari sanguigni che lo circondano.

**3.** La **secrezione** è l'eliminazione delle sostanze tossiche o in eccesso presenti nel sangue che si spostano dai vasi sanguigni verso l'interno dei tubuli: questo processo riguarda per esempio alcuni farmaci e gli ioni $H^+$ che, se fossero presenti in eccesso nel sangue, lo renderebbero troppo acido.

**4.** L'**escrezione** è il processo finale, nel quale le sostanze secrete vengono eliminate sotto forma di urina.

L'insieme di questi processi è molto efficiente e consente a un essere umano di eliminare circa 1,5 litri di urina al giorno: una perdita di liquido accettabile e facilmente reintegrabile.

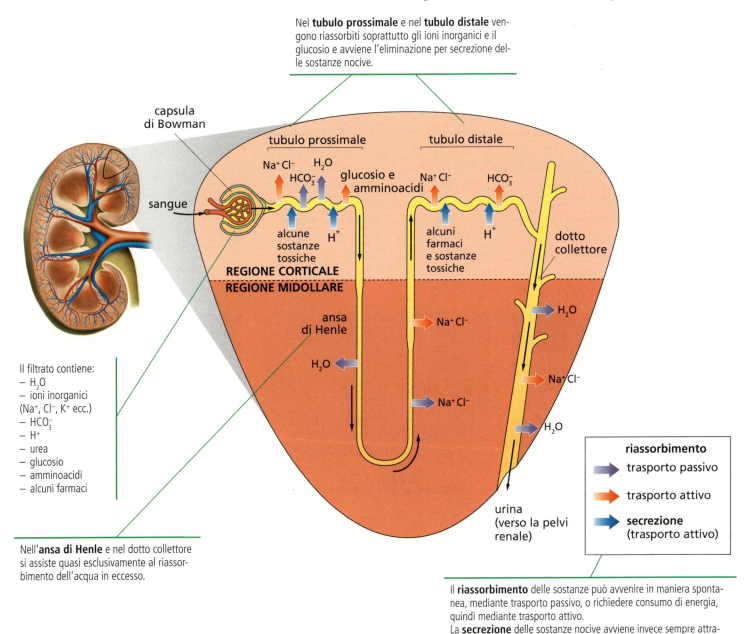

Nel **tubulo prossimale** e nel **tubulo distale** vengono riassorbiti soprattutto gli ioni inorganici e il glucosio e avviene l'eliminazione per secrezione delle sostanze nocive.

Il filtrato contiene:
– $H_2O$
– ioni inorganici ($Na^+$, $Cl^-$, $K^+$ ecc.)
– $HCO_3^-$
– $H^+$
– urea
– glucosio
– amminoacidi
– alcuni farmaci

Nell'**ansa di Henle** e nel dotto collettore si assiste quasi esclusivamente al riassorbimento dell'acqua in eccesso.

**riassorbimento**
- trasporto passivo
- trasporto attivo
- **secrezione** (trasporto attivo)

Il **riassorbimento** delle sostanze può avvenire in maniera spontanea, mediante trasporto passivo, o richiedere consumo di energia, quindi mediante trasporto attivo.
La **secrezione** delle sostanze nocive avviene invece sempre attraverso trasporto attivo, quindi con dispendio energetico.

# 8. IL MANTENIMENTO DELL'OMEOSTASI NELLE PIANTE

Le piante hanno sviluppato numerosi adattamenti per mantenere l'omeostasi: alcuni di questi limitano la perdita d'acqua, altri consentono la vita in ambienti dove è presente un eccesso di sali.

La perdita d'acqua dalle foglie per **evapotraspirazione** rappresenta il principale problema per il mantenimento dell'omeostasi negli organismi vegetali. Inoltre, il reintegro dell'acqua per una pianta può diventare un problema critico quando il suolo inaridisce e le radici non riescono più ad assorbire acqua, come nei periodi di siccità.

Le piante che vivono in climi aridi, dette **xerofite**, hanno sviluppato una serie di adattamenti che permettono di ridurre l'evapotraspirazione. La *riduzione delle dimensioni delle foglie* è la soluzione più immediata, in quanto, diminuendo la superficie di traspirazione, si riduce la perdita d'acqua attraverso gli stomi. Altri adattamenti comuni sono la presenza sulle foglie e sul fusto di una *peluria* che trattiene l'umidità oppure un aumento della *profondità delle radici*.

Gli adattamenti non riguardano soltanto le foglie e le radici, ma in alcuni casi interessano anche le strategie riproduttive della pianta.

Molte specie vegetali che vivono nei deserti sono *piante annuali*. Queste piante producono semi capaci di rimanere quiescenti e di sopportare prolungati periodi di siccità. I semi vengono prodotti e dispersi durante i periodi umidi. Con il sopraggiungere della stagione arida la pianta muore. Il seme è però in grado di superare il periodo di siccità e germina al momento in cui le piogge (anche un semplice temporale) mettono a disposizione l'acqua necessaria. Il germoglio della nuova piantina si sviluppa rapidamente e produce a sua volta dei semi in grado di superare il periodo di aridità successivo. Alcune specie producono semi in grado di resistere e di germinare anche dopo 20 anni di siccità.

In alcuni ambienti, come le zone costiere, la vita della piante è limitata dall'eccesso di sali nel terreno. Un'elevata concentrazione di sali impedisce, infatti, l'assorbimento dell'acqua da parte delle radici: la pianta perderebbe acqua per osmosi, anziché assorbirla. Le piante che hanno sviluppato adattamenti per sopravvivere in ambienti salini sono dette **alofite**.

> **IMPARA A IMPARARE**
> 
> Rileggi il testo ed elenca gli adattamenti presenti nelle piante xerofite per limitare la perdita d'acqua. Fornisci una breve descrizione di ciascun adattamento.

### NELLE RISORSE DIGITALI

- **Approfondimento** Il meccanismo acido delle Crassulacee
- **Esercizi interattivi**
- **Mappa del paragrafo**

Questa foglia di geranio (*Pelargonium tomentosum*) presenta sulla propria superficie una densa **peluria** che riesce a trattenere sull'epidermide uno strato di aria umida, diminuendo così la perdita d'acqua dovuta all'evapotraspirazione.

Il mesquite (*Prosopis pubescens*), che vive nei deserti occidentali degli Stati Uniti, è un albero cespuglioso in grado di spingere le proprie **radici** fino a 50 m di profondità. L'allungamento delle radici consente un miglior assorbimento dell'acqua.

Alcune specie vegetali che vivono in ambienti salini mantengono al loro interno una concentrazione di sali più elevata di quella del suolo, in modo che l'acqua tenda a entrare nelle cellule per osmosi. I soluti in eccesso sono poi eliminati attraverso le **ghiandole del sale** presenti nelle foglie.

# DOMANDE PER IL RIPASSO

#### PARAGRAFO 1
1. Quali animali possiedono un esoscheletro? Qual è la sua funzione?
2. Quali funzioni svolge la pelle?
3. Completa.
   Il .................... è un'importante riserva di energia e aiuta a trattenere il calore corporeo.

#### PARAGRAFO 2
4. Quali annessi cutanei dei vertebrati hanno origine epidermica?
5. Come si formano le penne degli uccelli?
6. I peli sono costituiti di cheratina e servono a isolare il corpo e a mantenere costante la temperatura.  V  F

#### PARAGRAFO 3
7. Che cos'è il bilancio termico?
8. Da che cosa dipende il bilancio termico di un animale ectotermo?
9. Quale processo permette di scambiare calore attraverso il contatto diretto tra due corpi a differente temperatura?
   A  Irraggiamento.
   B  Evaporazione.
   C  Conduzione.
   D  Traspirazione.
10. Quali adattamenti corporei presentano gli animali che vivono in climi freddi?

#### PARAGRAFO 4
11. Che cosa si intende con il termine osmoregolazione?
12. Come eliminano i sali i mammiferi marini?
13. Sono detti isosmotici gli organismi che possiedono una concentrazione dei liquidi corporei superiore a quella dell'acqua in cui vivono.  V  F
14. Quali adattamenti permettono ai salmoni di vivere sia in acqua salata sia in acqua dolce?

#### PARAGRAFO 5
15. Quali processi portano alla perdita d'acqua negli animali terrestri?
16. Completa.
    Il reintegro dei liquidi perduti negli animali terrestri avviene bevendo, tramite l' .................... e attraverso la .................... cellulare.
17. Quali adattamenti possiedono i rettili per ridurre la perdita d'acqua per traspirazione?

#### PARAGRAFO 6
18. Che cosa si intende con il termine escrezione?
19. Quali animali eliminano ammoniaca?
20. Attraverso quale sostanza gli uccelli e i rettili eliminano i composti azotati?
    A  Ammoniaca.
    B  Acido urico.
    C  Urea.

#### PARAGRAFO 7
21. Da quali parti è costituito un nefrone?
22. Completa.
    Il dotto che trasporta l' .................... dai reni alla vescica è detto .................... .
23. Quali sono le principali fasi di rielaborazione del filtrato?
24. Quali sostanze sono eliminate per secrezione?

#### PARAGRAFO 8
25. Qual è il principale problema che devono affrontare le piante per mantenere l'omeostasi?
26. Le piante adattate a vivere in ambienti aridi sono dette xerofite, mentre le piante che vivono in ambienti salini sono le alofite.  V  F
27. A che cosa servono le ghiandole del sale e quali piante le possiedono?

## APPLICA LE TUE CONOSCENZE

Con riferimento alla seguente figura, descrivi in che modo avvengono i quattro processi di scambio di calore tra un organismo e il suo ambiente.

La conduzione è ....................

La convezione è ....................

L'irraggiamento è ....................

L'evaporazione è ....................

# 11 LABORATORIO DELLE COMPETENZE

## 1 Sintesi: dal testo alla mappa

- Il corpo degli animali è protetto da un **rivestimento esterno** che contribuisce a mantenere l'**omeostasi**. Gli invertebrati a corpo molle possiedono un **epitelio di rivestimento**, mentre gli artropodi possiedono un **esoscheletro** rigido. Nei vertebrati il corpo è rivestito dalla **pelle**, costituita dall'*epidermide* esterna e dal *derma*, situato immediatamente al di sotto dell'epidermide. I vertebrati possiedono inoltre diversi **annessi cutanei**, come le scaglie nei pesci, le squame nei rettili e le penne negli uccelli.

- Tutti gli animali devono mantenere la temperatura del loro corpo all'interno di un intervallo ottimale e lo fanno attraverso il processo di **termoregolazione**. Gli animali **ectotermi**, o «a sangue freddo», come i pesci, gli anfibi e i rettili, regolano la propria temperatura esclusivamente scambiando calore con l'ambiente. Gli animali **endotermi**, o «a sangue caldo», come gli uccelli e i mammiferi, oltre a scambiare il calore con l'ambiente sono anche in grado di produrlo attraverso il loro metabolismo.

- Tutti gli organismi devono mantenere una concentrazione ottimale di sali nei liquidi corporei. La regolazione di tale concentrazione è detta **osmoregolazione** e dipende dall'ambiente nel quale vive l'animale. Alcuni organismi marini hanno la stessa concentrazione di sali dell'acqua che li circonda (**isosmotici**). Gli animali d'acqua dolce contrastano l'ingresso di acqua nel corpo producendo un'urina molto diluita. Gli animali terrestri devono contrastare la perdita d'acqua assumendo continuamente acqua in modo diretto (cioè bevendo), attraverso l'alimentazione e grazie alla respirazione cellulare.

- Il metabolismo delle proteine e degli acidi nucleici negli animali produce dei residui contenenti azoto, che sono eliminati mediante il processo di **escrezione**. Gli invertebrati e la maggior parte dei pesci eliminano i composti azotati in forma di **ammoniaca**, che è molto tossica ma facilmente solubile in acqua. Gli animali terrestri, come i mammiferi e gli anfibi, eliminano **urea**, un composto meno tossico ma la cui eliminazione comporta una certa perdita d'acqua. Gli uccelli e i rettili eliminano invece **acido urico**, che permette di risparmiare acqua perché poco tossico, ma che comporta una perdita di energia per la sua produzione.

- Il **sistema escretore umano** filtra il sangue regolando la quantità di liquidi e di sali ed eliminando le sostanze nocive. Gli organi escretori sono i **reni**, composti da numerosi **nefroni**. Ciascun nefrone è formato da diversi tratti con funzione differente: la *capsula di Bowman* e il *glomerulo* di capillari filtrano il sangue ricavando un **filtrato** contenente una grande percentuale d'acqua, sali minerali, zuccheri e altre sostanze utili; il *tubulo prossimale* e quello *distale*, dove alcuni soluti vengono riassorbiti, e l'*ansa di Henle*, tratto in cui viene riassorbita l'acqua. Il prodotto finale della filtrazione è l'**urina**, una soluzione acquosa contenente acqua, urea e altri soluti. Essa viene portata all'esterno del corpo attraverso il dotto collettore, l'uretere e le vie urinarie.

- Il processo di evapotraspirazione è la principale causa di **perdita d'acqua nelle piante**. Le piante che vivono in climi aridi, dette **xerofite**, e quelle che vivono in ambienti salini, dette **alofite**, possiedono degli adattamenti per mantenere l'omeostasi. Alcune piante riducono le dimensioni delle foglie, altre aumentano la profondità delle radici oppure hanno sviluppato una peluria.

**Riorganizza i concetti completando le mappe**

194

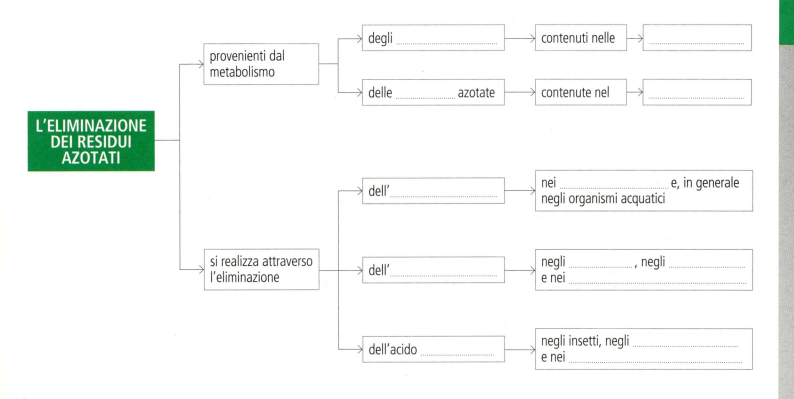

## 2 Collegare i concetti

1. Completa con i termini mancanti.
   La _____, cioè il mantenimento della temperatura corporea all'interno di un intervallo prestabilito, si realizza grazie agli organi e agli annessi cutanei presenti nella _____ dei vertebrati. Le ghiandole _____ raffreddano il corpo grazie all'evaporazione dell'acqua; al contrario, il _____ sottocutaneo, il pelo e le _____ permettono di trattenere il calore corporeo.

2. Quali tra le seguenti caratteristiche saranno più probabilmente presenti in un animale che vive in un clima desertico?
   (2 risposte corrette)
   - A Escrezione dei composti azotati in forma di acido urico.
   - B Eliminazione di urina ipotonica.
   - C Presenza nella pelle di un gran numero di ghiandole sudoripare.
   - D Pelle caratterizzata da squame ricche di cheratina.
   - E Pelle nuda e umida.

3. Molti invertebrati marini presentano il corpo rivestito da un semplice epitelio che fornisce una protezione molto limitata. Quale vantaggio può presentare questo tipo di rivestimento?
   - A Favorisce lo smaltimento del calore corporeo.
   - B Permette di eliminare i composti azotati in forma di ammoniaca attraverso tutta la superficie corporea.
   - C Permette di produrre un'urina povera di sali minerali.

4. Quale tra le seguenti affermazioni è corretta?
   - A L'urina umana contiene acido urico e altre sostanze tossiche.
   - B Gli squali e tutti i pesci eliminano i composti azotati in forma di ammoniaca.
   - C L'urina dei pesci di acqua salata non contiene molti ioni e viene prodotta in quantità limitata.
   - D Il processo di eliminazione dei composti azotati negli uccelli porta a una grande perdita d'acqua.
   - E Gli esseri umani eliminano un'urina la cui composizione è molto simile a quella del filtrato renale.

5. Completa con i termini mancanti.
   Negli animali il reintegro dei liquidi perduti avviene tramite l'assunzione diretta di acqua, cioè _____; tramite l'_____, grazie all'acqua contenuta nei cibi; attraverso la _____ cellulare, dato che l'acqua è tra i prodotti dell'ossidazione degli _____ e dei grassi. Nelle piante invece l'acqua viene esclusivamente assorbita dal terreno tramite le _____.

## 3 Comprendere un testo

### Il riassorbimento del filtrato

*Il riassorbimento tubulare, cioè il recupero della maggior parte dell'acqua e di molti soluti filtrati nel sangue, è la seconda funzione di base svolta dai nefroni e dai dotti collettori. Una volta entrato nel tubulo prossimale, il liquido filtrato diventa fluido tubulare. A causa del riassorbimento e della secrezione, quando scorre lungo il tubulo del nefrone e attraverso il dotto collettore la composizione del fluido tubulare cambia. Di solito, circa il 99% dell'acqua filtrata viene riassorbita e soltanto l'1% effettivamente viene eliminata con l'urina che si riversa nella pelvi renale. Le cellule epiteliali lungo l'intero decorso dei tubuli renali e dei dotti collettori effettuano il riassorbimento tubulare. Alcuni soluti vengono riassorbiti passivamente per diffusione, mentre altri per trasporto attivo. Le cellule del tubulo prossimale danno il maggiore contributo riassorbendo il 65% dell'acqua filtrata, il 100% del glucosio e degli amminoacidi e grandi quantità di vari ioni come il sodio ($Na^+$), il potassio ($K^+$), il cloro ($Cl^-$), il bicarbonato ($HCO_3^-$), il calcio ($Ca^{2+}$) e il magnesio ($Mg^{2+}$).*

(Da G.J. Tortora, B. Derrickson, Conosciamo il corpo umano, Zanichelli, 2009)

**Rispondi alle seguenti domande**

a. Qual è la seconda funzione svolta dai nefroni e dai dotti collettori?
b. Quanta acqua viene effettivamente eliminata?
c. Quali cellule effettuano il riassorbimento?
d. Il processo di riassorbimento ha un costo energetico?
e. Quali sostanze oltre all'acqua vengono riassorbite?

## 4 Completare un'immagine

### La pelle umana

Completa la figura inserendo i termini mancanti.

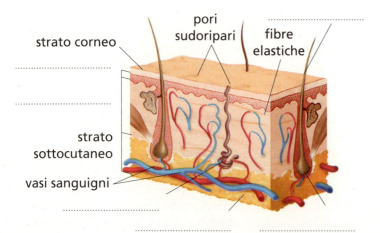

## 5 Costruire un grafico

### La perdita d'acqua in rapporto alla temperatura

Nella tabella è riportato il volume d'acqua perso dal nostro corpo in un'ora tramite la sudorazione e attraverso la produzione di urina al variare della temperatura dell'aria.

| TEMPERATURA DELL'ARIA (°C) | VOLUME D'ACQUA PERSO CON LA SUDORAZIONE ($cm^3/h$) | VOLUME D'ACQUA PERSO TRAMITE LE URINE ($cm^3/h$) | VOLUME TOTALE PERSO ($cm^3/h$) |
|---|---|---|---|
| 0 | 5 | 100 | |
| 5 | 10 | 90 | |
| 10 | 15 | 80 | |
| 15 | 30 | 70 | |
| 20 | 45 | 60 | |
| 25 | 75 | 50 | |
| 30 | 115 | 40 | |
| 35 | 190 | 30 | |

Completa la tabella calcolando il volume d'acqua totale perso in funzione della temperatura.
A questo punto costruisci un grafico con i dati della tabella, utilizzando la carta millimetrata o un programma al computer.
▸ Che cosa noti?
▸ Quale relazione esiste tra traspirazione e temperatura?
▸ Qual è invece la relazione tra produzione di urina e temperatura?
▸ A quale temperatura la perdita d'acqua nel corpo è minima?
▸ A quale temperatura la perdita d'acqua è imputabile in uguale misura ai due processi?

## 6 Riflettere su un fenomeno

### La velocità di filtrazione dei reni

L'attività dei reni dipende dalla velocità con cui si forma il filtrato nei glomeruli. Per valutare il corretto funzionamento dei reni, si calcola la velocità di filtrazione glomerulare attraverso la formula:

$$VFG \text{ (in mL/min)} = \frac{[140 - \text{età (in anni)}] \times \text{peso (in kg)}}{72 \times \text{creatinemia (in mg/dL)}}$$

dove la creatinemia è un marcatore chimico la cui concentrazione nelle urine viene rilevata tramite un'analisi di laboratorio e i cui valori normali oscillano intorno a 0,75 mg/dL nelle donne e 1 mg/dL negli uomini.
Calcola la tua velocità di filtrazione usando i valori normali di creatinemia. Ricorda che il valore ottenuto è espresso in mL/min.
▸ A quanto corrisponde questo valore se lo esprimiamo in L/giorno?
▸ Visto che il volume di sangue nel nostro corpo è circa 5 L, che cosa ti suggerisce il valore ottenuto?

Laboratorio delle competenze **UNITÀ 11**

## 7 Completare un'immagine

### Il nefrone

Completa la figura inserendo i nomi dei seguenti quattro processi nei riquadri giusti:
- escrezione
- filtrazione
- riassorbimento
- secrezione

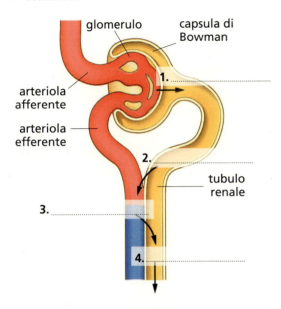

## 8 Completare un'immagine

### L'eliminazione dei composti azotati

Completa la figura inserendo i termini mancanti.

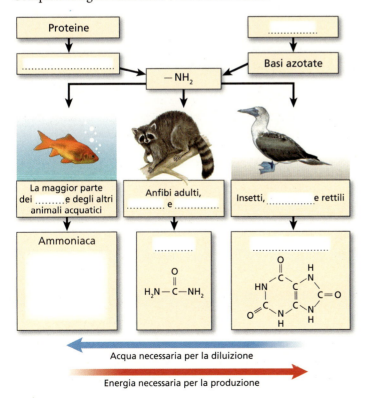

## 9 Fare un esperimento

### Riproduci il filtraggio nel glomerulo renale

Prendi una bottiglia di plastica vuota; con un chiodo fai una decina di piccoli buchi sulle pareti (vicino al collo) e togli il fondo. Mettiti sulla vasca da bagno, tieni la bottiglia sollevata, con il collo in basso (senza tappo) e metti un imbuto nel fondo aperto; versa rapidamente dell'acqua nell'imbuto.
- L'acqua esce dai fori?

Dai una spiegazione del fenomeno.

## 10 Biology in English

### Glossary

| | |
|---|---|
| endocrine system | lymphatic system |
| glomerulus | nephron |
| homeostasis | skin |
| immune system | urea |
| kidney | uric acid |
| lymph | urine |

### Select the correct answer

1. What is the filtration unit in the kidney called?
   - A Loop of Henle.
   - B Ureter.
   - C Nephron.
   - D Collecting duct.
2. Urea is produced
   - A in the liver.
   - B in the kidneys.
   - C in the pancreas.
   - D in the lungs.
3. Urine accumulates in:
   - A the kidneys.    B the liver.    C the bladder.

### Read the text and underline the key terms

The kidneys basically act as filters to clean the blood. They perform three main roles:
a. removal of urea from the blood;
b. adjustment of ions in the blood;
c. adjustment of water content in the blood.
Each kidney is made of millions of tiny tubules with one cell thick walls. Water, ions, glucose and urea are filtered from the blood into tubules at high pressure. As the body needs to keep all the glucose and some water and ions, these are re-absorbed into the blood.

# 12 I SENSI E LA TRASMISSIONE DEGLI IMPULSI NERVOSI

Tutti i mammiferi, compresi gli esseri umani, ricevono continuamente messaggi di vario tipo dall'ambiente in cui vivono grazie ai loro **sensi**: la vista, l'udito, l'olfatto, il gusto e il tatto. Alcuni animali sono in grado di percepire **stimoli** di altra natura, come i campi elettrici, i campi magnetici e le radiazioni elettromagnetiche con lunghezze d'onda particolari, come quelle infrarosse.
Le **cellule recettrici** contenute negli organi di senso inviano i segnali al **sistema nervoso** che li integra, li interpreta ed elabora delle risposte. L'elaborazione compiuta dal sistema nervoso permette di passare dalla **sensazione**, cioè dalla pura e semplice registrazione dello stimolo sensoriale, alla **percezione**, cioè a un'interpretazione del messaggio ricevuto.

 TEST D'INGRESSO

 Laboratorio delle competenze
pagine 222-225

# PRIMA DELLA LEZIONE

**CIAK si impara!** Guarda il video *I sensi e la trasmissione degli impulsi nervosi*, che presenta gli argomenti dell'unità.

Dopo aver guardato il video con attenzione, completa le seguenti frasi:
a. Nel sistema nervoso centrale umano, il midollo spinale _____ le informazioni e produce i riflessi. L'encefalo _____ le informazioni e _____ i movimenti.
b. Il nostro sistema nervoso periferico è costituito da _____ formati ognuno da fasci di neuroni.
c. Nel sistema nervoso periferico si distinguono il sistema nervoso _____, che controlla le azioni volontarie, e quello *autonomo* che controlla le attività _____, come, per esempio, il battito cardiaco.

**Guarda le fotografie realizzate durante la realizzazione di un esperimento sulla sensibilità tattile.**

Quanto è sensibile la nostra pelle? Per verificare la tua sensibilità al tatto e il modo in cui questa cambia nelle diverse parti del corpo puoi eseguire un test con l'aiuto di un'altra persona. Il test si basa sulla capacità di percepire il tocco di due punte e di distinguerlo dalla sensazione di essere toccati da una sola punta.

**1** Procurati cinque pezzetti di filo di ferro malleabile e pulito (o in alternativa cinque graffette) e ripiegalo in modo che le due punte distino tra loro 3 mm nel primo pezzo, 6 mm nel secondo, 10 mm, 20 mm e 30 mm nei successivi. Controlla che le misure siano esatte utilizzando un righello.

**2** Chiedi alla persona che ti aiuta nell'esecuzione del test di premere leggermente le due punte sulla pelle del polpastrello di un tuo dito. Per non farti influenzare, non devi guardare il punto dove vieni toccato. Iniziate con le punte distanti 30 mm e proseguite con le punte più ravvicinate usando per ultime quelle distanti 3 mm. La persona che ti aiuta deve fare attenzione a toccare la pelle con le due punte contemporaneamente.

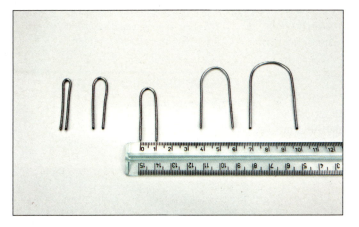
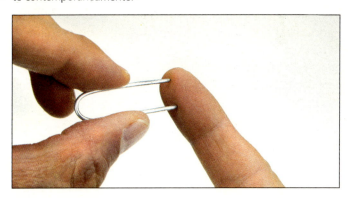

**3** Ora ripeti il procedimento descritto nelle diverse parti del corpo indicate qui sotto. Poi completa la tabella mettendo una X nelle caselle che corrispondono alle distanze per le quali hai percepito effettivamente la presenza di due punte.

|  | Polpastrelli | Palmo della mano | Guancia | Labbro superiore | Fronte | Avambraccio | Braccio superiore | Polpaccio |
|---|---|---|---|---|---|---|---|---|
| 3 mm |  |  |  |  |  |  |  |  |
| 6 mm |  |  |  |  |  |  |  |  |
| 10 mm |  |  |  |  |  |  |  |  |
| 20 mm |  |  |  |  |  |  |  |  |
| 30 mm |  |  |  |  |  |  |  |  |

A partire dai dati raccolti in tabella, sai dire qual è la parte più sensibile del nostro corpo e quale invece quella meno sensibile? Nel paragrafo 9 studierai che questa percezione dipende dal numero di recettori presenti nella pelle.

# 1. I RECETTORI SENSORIALI

Gli animali sono dotati di recettori sensoriali, cellule che permettono di captare gli stimoli provenienti dall'ambiente esterno e dall'interno del corpo.

La sopravvivenza degli animali è strettamente legata alla loro capacità di percepire gli **stimoli**, cioè i segnali che provengono dall'ambiente esterno e dall'ambiente corporeo interno: per cercare il cibo, trovare un partner, sfuggire a un predatore essi ricevono ed elaborano messaggi di vario tipo. I segnali provenienti dall'ambiente vengono captati da speciali cellule dette **recettori**. Alcuni recettori sono localizzati negli *organi di senso*, mentre altri sono disseminati in tutto il corpo.

Esistono cinque tipi principali di recettori.

1. I **termocettori**, sensibili alla *temperatura*, trasmettono le sensazioni di caldo e freddo.

2. I **nocicettori** sono sensibili al *dolore*. Nel corpo umano sono presenti ovunque, a eccezione del cervello. La sensazione di dolore è fondamentale per la sopravvivenza degli organismi che vengono in tal modo avvertiti della pericolosità di una lesione.

3. I **meccanocettori** sono sensibili a diversi tipi di *pressione*. Alcuni recettori meccanici particolari fanno parte degli organi dell'udito e dell'equilibrio. Altri meccanocettori si trovano nella pelle alla base delle *vibrisse*, peli rigidi posizionati sul muso, sulle guance e talvolta sulle zampe (all'altezza del polso) di molti mammiferi. Quando su questi «baffi» si esercita una pressione, per esempio perché vengono in contatto con un oggetto, i recettori si deformano e inviano un segnale a un nervo.

4. I **chemiocettori** sono sensibili alla presenza di determinate *sostanze chimiche*. Il senso dell'olfatto e del gusto sono dovuti alla presenza di chemiocettori. In alcune specie animali tali recettori posso avere un ruolo nella percezione di stimoli legati al processo della riproduzione.

5. I **recettori elettromagnetici** sono sensibili all'*energia* delle radiazioni elettromagnetiche. Gli occhi degli animali sono dotati di **fotocettori**, il più comune tipo di recettori elettromagnetici, sensibili alla luce.

> **IMPARA A IMPARARE**
>
> Disegna una tabella a tre colonne. Nella prima colonna scrivi il nome del recettore, nella seconda colonna inserisci gli stimoli a cui esso è sensibile e nella terza colonna indica, quando possibile, in quale tipo di organo di senso è presente ciascun tipo di recettore.

**NELLE RISORSE DIGITALI**

- Esercizi interattivi
- Mappa del paragrafo

I nostri denti sono sensibili sia ai cibi freddi sia ai cibi caldi. Se la sensazione è molto intensa viene percepita come dolore. Nella gengiva e all'interno dei denti sono presenti infatti **termocettori** e **nocicettori**.

I **meccanocettori** presenti nel sistema della linea laterale dei pesci permettono all'animale di avvertire i movimenti dell'acqua, informandolo sulla presenza nelle vicinanze di corpi in movimento.

Il maschio del baco da seta (*Bombyx mori*) possiede delle antenne dotate di un gran numero di setole sensibilissime ad una sostanza chimica prodotta dalla femmina. L'accoppiamento inizia quando i **chemiocettori** posti nelle setole entrano in contatto con poche molecole dell'ormone della femmina.

Gli animali emettono una radiazione infrarossa che dipende dalla loro temperatura corporea. Il crotalo (*Crotalus* sp) può localizzare le prede anche a distanza grazie a due organi **recettori della radiazione elettromagnetica infrarossa** presenti sulla testa.

UNITÀ 12 I sensi e la trasmissione degli impulsi nervosi

## 2. LA TRASMISSIONE DEGLI STIMOLI

Gli stimoli captati dai recettori sono trasmessi al sistema nervoso dopo essere stati convertiti in impulsi di tipo elettrico. Il sistema nervoso integra i segnali che provengono da tutti i recettori ed elabora una risposta.

Una volta captato lo stimolo, i recettori lo convertono in un impulso di tipo elettrico. Questa operazione, detta **trasduzione sensoriale**, è dovuta a mutamenti chimici che riguardano la membrana delle cellule recettrici. La trasduzione consente all'impulso di viaggiare attraverso il sistema nervoso (come analizzeremo dettagliatamente in seguito). Il sistema nervoso svolge un'azione articolata in tre fasi.

**1.** L'**acquisizione sensoriale** consiste nella «raccolta dei dati». Gli stimoli provenienti dagli organi di senso sono condotti ai centri di elaborazione localizzati nel sistema nervoso centrale (soprattutto nel cervello).

**2.** L'**integrazione** rappresenta la fase in cui le diverse informazioni sono assemblate, interpretate ed elaborate. Queste operazioni sono effettuate dal sistema nervoso centrale e si completano con la formulazione di una risposta allo stimolo ricevuto.

**3.** Lo **stimolo motorio** rappresenta l'impulso di risposta che parte dal centro di elaborazione e arriva alle cellule muscolari che eseguono i movimenti.

Le cellule del sistema nervoso, i **neuroni**, sono distinguibili in tre categorie che corrispondono a ciascuna delle tre azioni appena descritte.

I **neuroni sensoriali** (o *neuroni afferenti*) trasportano l'impulso dai recettori sensoriali al sistema nervoso centrale, passando attraverso i **gangli** (raggruppamenti di corpi cellulari di neuroni sensoriali).

I **neuroni di associazione** (detti anche *interneuroni*) si trovano esclusivamente all'interno del sistema nervoso centrale e svolgono la funzione di integrare ed elaborare gli stimoli ricevuti.

I **neuroni motòri** (o *neuroni effettori*) trasmettono la risposta elaborata dal sistema nervoso centrale alle cellule interessate, per esempio le cellule muscolari.

Tutti i neuroni sono costituiti da un grosso *corpo cellulare* che contiene il nucleo e gli altri organuli, da un *assone*, una fibra lunga e spessa, e dai *dendriti*, prolungamenti brevi e ramificati. Tuttavia, tra i tre tipi di neuroni esistono alcune differenze morfologiche (illustrate nella figura).

### IMPARA A IMPARARE

Rintraccia nel testo le fasi in cui si esplica l'azione del sistema nervoso, riportale sul quaderno e associa a ciascuna fase il tipo di neurone responsabile di tale attività.

### NELLE RISORSE DIGITALI

- **Approfondimento** L'elaborazione delle informazioni
- **Video** La trasmissione degli stimoli
- **Esercizi interattivi**
- **Mappa del paragrafo**

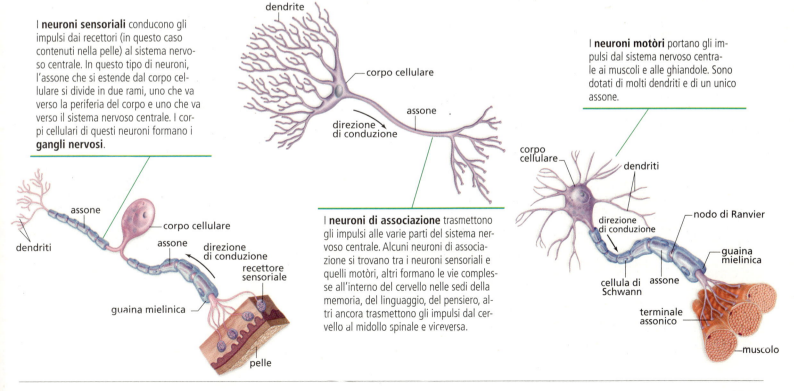

I **neuroni sensoriali** conducono gli impulsi dai recettori (in questo caso contenuti nella pelle) al sistema nervoso centrale. In questo tipo di neuroni, l'assone che si estende dal corpo cellulare si divide in due rami, uno che va verso la periferia del corpo e uno che va verso il sistema nervoso centrale. I corpi cellulari di questi neuroni formano i **gangli nervosi**.

I **neuroni di associazione** trasmettono gli impulsi alle varie parti del sistema nervoso centrale. Alcuni neuroni di associazione si trovano tra i neuroni sensoriali e quelli motòri, altri formano le vie complesse all'interno del cervello nelle sedi della memoria, del linguaggio, del pensiero, altri ancora trasmettono gli impulsi dal cervello al midollo spinale e viceversa.

I **neuroni motòri** portano gli impulsi dal sistema nervoso centrale ai muscoli e alle ghiandole. Sono dotati di molti dendriti e di un unico assone.

# 3. IL POTENZIALE DI RIPOSO

In assenza di stimolazione, i neuroni presentano una polarizzazione della membrana, cioè una differenza di carica che determina un potenziale elettrico, detto potenziale di riposo. L'alterazione di questo potenziale è alla base della trasmissione dell'impulso nervoso.

In tutte le specie animali, i neuroni funzionano trasmettendo un impulso di natura elettrochimica, cioè un fenomeno elettrico dovuto alla distribuzione di alcuni ioni. In questo paragrafo e nei prossimi vedremo in che modo questo impulso viene generato e trasmesso.

Cominciamo con l'analisi della condizione di riposo. Quando i neuroni non vengono stimolati, la loro membrana plasmatica è *polarizzata*, cioè presenta una differenza di carica elettrica tra l'interno e l'esterno. Tale differenza è dovuta alla concentrazione di ioni positivi (soprattutto ioni sodio $Na^+$), maggiore all'esterno che all'interno.

La distribuzione asimmetrica delle cariche produce una differenza di potenziale elettrico detta **potenziale di riposo**.

Il potenziale di riposo è mantenuto dall'azione di una proteina di membrana – chiamata *pompa sodio-potassio* – che trasporta (in modo attivo, cioè con consumo di energia) ioni $Na^+$ dall'interno all'esterno della cellula e ioni potassio $K^+$ dall'esterno all'interno.

Gli ioni $K^+$ possono passare liberamente attraverso alcune proteine di membrana, le *proteine canale per il potassio*, e tendono a equilibrare la loro concentrazione, spostandosi dall'interno all'esterno.

Anche gli ioni $Na^+$ si distribuirebbero uniformemente passando attraverso altre proteine (le *proteine canale per il sodio*), ma ciò non avviene perché quando il neurone non è stimolato questi canali sono chiusi.

In tal modo il potenziale di riposo è mantenuto costante attorno al valore di circa –70 mV, che corrisponde a circa il 5% del potenziale presente in una comune batteria stilo.

Il valore è negativo perché nel citoplasma sono presenti alcune proteine e altre molecole organiche dotate di carica negativa non controbilanciata dagli ioni positivi ($Na^+$ e $K^+$) presenti nella cellula.

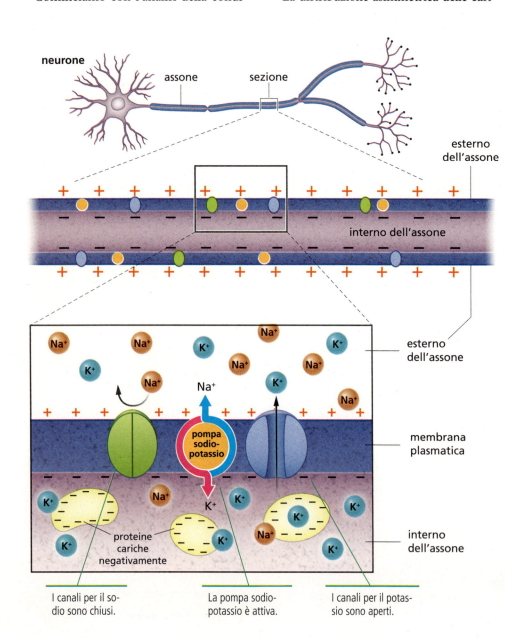

### IMPARA A IMPARARE

- Rintraccia nel testo i tre tipi di proteine di membrana responsabili del mantenimento del potenziale di riposo e descrivi sul quaderno in poche righe la loro funzione.
- Descrivi per punti la modalità con cui viene mantenuto il potenziale di riposo nei neuroni.

### NELLE RISORSE DIGITALI

- Video I potenziali di membrana
- Esercizi interattivi
- Mappa del paragrafo

# 4. IL POTENZIALE D'AZIONE

La stimolazione di un neurone comporta la variazione del potenziale elettrico della membrana: dopo aver raggiunto il potenziale di soglia, il potenziale si inverte bruscamente e dà inizio alla trasmissione dell'impulso.

Se un neurone viene stimolato, alcune proteine canale per il sodio si aprono. L'ingresso nella cellula di ioni sodio Na⁺ determina un aumento del potenziale della membrana che sale da circa –70 mV a circa –50 mV, un valore chiamato **potenziale di soglia**.

Raggiunto questo valore, molte proteine canale per il sodio si aprono e un gran numero di ioni Na⁺ passa dall'esterno all'interno della cellula.

Dato che la concentrazione di cariche positive all'interno aumenta, il potenziale si inverte bruscamente e raggiunge un valore di +35 mV, detto **potenziale d'azione**.

Questa sequenza di eventi è indicata come *depolarizzazione della membrana* ed è il processo alla base della trasmissione dell'impulso nervoso.

Pochi istanti dopo, le proteine canale per il sodio si richiudono, mentre si aprono quelle per il potassio – che nel frattempo erano chiuse – e, grazie all'azione delle proteine pompa sodio-potassio, vengono ristabilite le condizioni di riposo. Questo processo è detto *ripolarizzazione della membrana*.

Nel complesso, le due fasi di depolarizzazione e ripolarizzazione della membrana si completano in circa 1 o 2 millisecondi.

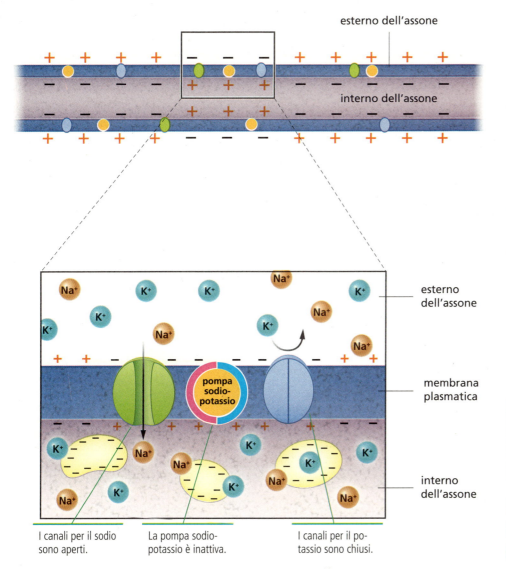

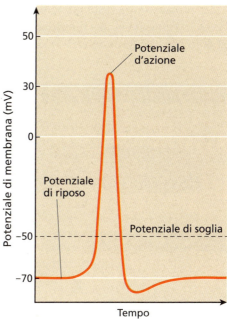

### IMPARA A IMPARARE

Descrivi per punti la depolarizzazione della membrana dei neuroni. Allo stesso modo, descrivi il fenomeno della ripolarizzazione della membrana.

### NELLE RISORSE DIGITALI

- Esercizi interattivi
- Mappa del paragrafo

# 5. LA PROPAGAZIONE DEL POTENZIALE D'AZIONE

L'impulso nervoso si trasmette lungo la membrana degli assoni grazie alla progressiva depolarizzazione e ripolarizzazione della membrana stessa.

Il potenziale d'azione è un fenomeno elettrochimico localizzato in una piccola zona dell'assone. Perché si verifichi la **trasmissione dell'impulso**, la depolarizzazione deve trasmettersi dalla zona in cui è avvenuta al tratto dell'assone immediatamente adiacente. La trasmissione dell'impulso nervoso è paragonabile alla caduta delle tessere di un domino in cui ogni tessera colpisce quella immediatamente successiva.

La propagazione dello stimolo avviene esclusivamente in una direzione grazie al fatto che, nel tratto interessato dal potenziale d'azione, la pompa sodio-potassio e le proteine canale per il potassio stanno operando per riportare le condizioni di riposo. Dato che un gran numero di proteine canale per il $K^+$ si apre a seguito del potenziale d'azione, avviene una rapida diffusione di tali ioni verso l'esterno. La concentrazione di ioni potassio nel liquido interstiziale all'esterno della cellula, per un certo periodo, risulta superiore rispetto a quella delle condizioni normali a riposo; ciò determina una *iperpolarizzazione* della membrana, cioè il potenziale diventa molto negativo; questa situazione persiste finché non viene ripristinato il valore di riposo di −70 mV. In questo lasso di tempo, che dura circa 2 millisecondi, la membrana non può ricevere alcuno stimolo. Questo **periodo di refrattarietà** impedisce la trasmissione della depolarizzazione nella stessa direzione da cui è provenuta, evitando di fatto che la trasmissione dell'impulso si blocchi.

Nei vertebrati, gli assoni di molte cellule del sistema nervoso periferico sono avvolti dalle *cellule di Schwann* che formano la **guaina mielinica** isolante, interrotta in corrispondenza dei cosiddetti *nodi di Ranvier* (puoi rivedere l'Unità 7). L'impulso nervoso procede «saltando» da un nodo di Ranvier all'altro e quindi avanza molto più rapidamente di quanto farebbe se dovesse percorrere l'intero assone.

Negli assoni con guaina mielinica gli impulsi viaggiano a una velocità di circa 100 m/s. Le altre ramificazioni delle cellule nervose – i dendriti – sono invece sempre privi di guaina mielinica: di conseguenza, nei dendriti l'impulso nervoso viaggia molto più lentamente, raggiungendo una velocità di circa 5 m/s.

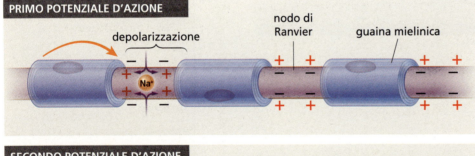

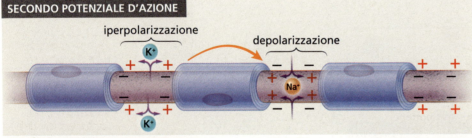

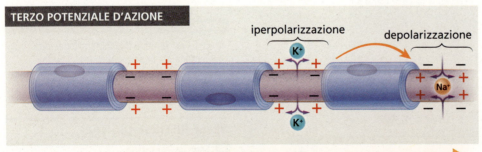

direzione di propagazione dell'impulso nervoso

### IMPARA A IMPARARE

Nel testo di questo paragrafo sono affrontati tre argomenti principali: l'unidirezionalità della propagazione dell'impulso nervoso, l'esistenza di un periodo di refrattarietà e la propagazione a salti dello stimolo. Rintraccia nel testo questi argomenti e circondali ciascuno con un tratto di colore diverso. Poi riassumi sul quaderno in poche righe ciascun argomento.

### NELLE RISORSE DIGITALI

- **Video** La propagazione del potenziale d'azione
- **Esercizi interattivi**
- **Mappa del paragrafo**

# 6. LA TRASMISSIONE DELL'IMPULSO TRA I NEURONI

L'impulso nervoso viene trasferito da un neurone all'altro e da questi alle cellule muscolari attraverso giunzioni specializzate chiamate sinapsi.

La trasmissione dell'impulso nervoso tra neuroni adiacenti o tra un neurone e una cellula effettrice (per esempio quella di un muscolo o di una ghiandola) avviene grazie a giunzioni specializzate chiamate **sinapsi**. Esistono due tipi di sinapsi: le sinapsi elettriche e le sinapsi chimiche.

**1.** Nelle **sinapsi elettriche** il potenziale d'azione passa da una cellula alla successiva con un meccanismo del tutto simile a quello di propagazione dell'impulso all'interno di una singola cellula. Le due cellule infatti sono a contatto attraverso alcune *giunzioni comunicanti*, che lasciano passare gli ioni. Conseguentemente le sinapsi elettriche possono trasmettere l'impulso nervoso in entrambe le direzioni. La trasmissione di un impulso nervoso attraverso una sinapsi elettrica è molto rapida.

**2.** Le **sinapsi chimiche** sono presenti dove l'elaborazione degli impulsi è più varia e complessa, per esempio nel sistema nervoso centrale. Le sinapsi chimiche presentano un piccolo spazio tra il *neurone pre-sinaptico* e il *neurone post-sinaptico*, pertanto la trasmissione dell'impulso tra un neurone e il successivo (o tra neurone e cellula effettrice) è mediata da alcune sostanze chimiche, dette **neurotrasmettitori**, contenute in vescicole. Quando l'impulso nervoso giunge al termine dell'assone, provoca l'apertura delle proteine canale per gli ioni calcio $Ca^{2+}$, situate nel rigonfiamento terminale, detto **bottone sinaptico**. La concentrazione degli ioni calcio è maggiore all'esterno rispetto all'interno della cellula. Gli ioni diffondono quindi verso l'interno della cellula. Questo evento induce l'*esocitosi* delle vescicole contenenti i neurotrasmettitori, che si riversano nello spazio sinaptico e si legano alle proteine di membrana (recettori) del neurone post-sinaptico. Il legame provoca l'apertura di canali ionici, permettendo l'entrata di ioni nel neurone post-sinaptico, provocandone la depolarizzazione e dando l'avvio all'impulso nervoso.

I neurotrasmettitori devono quindi essere riassorbiti e immagazzinati nuovamente nelle vescicole, in modo che le condizioni iniziali vengano ripristinate e la cellula post-sinaptica sia pronta a ricevere un altro stimolo.

Le sinapsi chimiche trasmettono l'impulso nervoso solo in un senso.

> **IMPARA A IMPARARE**
>
> Per ciascun tipo di sinapsi descrivi per punti: il meccanismo d'azione, la direzione di trasmissione dell'impulso, la velocità di trasmissione.

### NELLE RISORSE DIGITALI

- **Approfondimento** L'azione dei neurotrasmettitori
- **Video** La trasmissione degli impulsi nervosi
- **Esercizi interattivi**
- **Mappa del paragrafo**

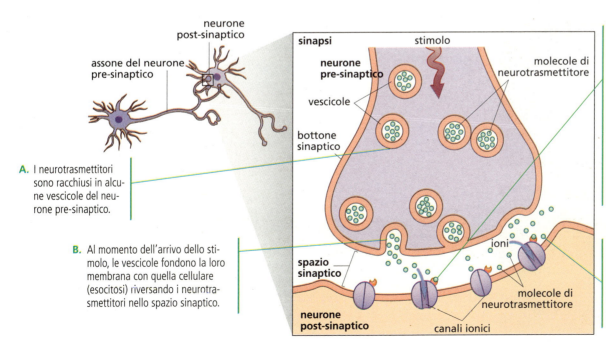

A. I neurotrasmettitori sono racchiusi in alcune vescicole del neurone pre-sinaptico.

B. Al momento dell'arrivo dello stimolo, le vescicole fondono la loro membrana con quella cellulare (esocitosi) riversando i neurotrasmettitori nello spazio sinaptico.

C. I neurotrasmettitori si legano con delle proteine del neurone post-sinaptico determinando l'apertura dei canali ionici. Gli ioni entrano nella cellula dando il via alla depolarizzazione della membrana e alla trasmissione di un nuovo impulso nervoso nella cellula post-sinaptica.

D. I neurotrasmettitori sono infine riassorbiti o eliminati, in modo che le condizioni iniziali della sinapsi vengano ripristinate.

# 7. L'OCCHIO E LA RICEZIONE DELLA LUCE

Gli animali che vivono in ambienti luminosi hanno organi per la ricezione della luce. Negli esseri umani l'occhio è un organo complesso in grado di produrre immagini dettagliate e di distinguere i colori.

Nel regno animale, le poche specie completamente prive di vista sono quelle che vivono in ambienti sotterranei dove la luce è assente. Gli animali che vivono in ambienti luminosi, al contrario, possiedono **organi fotorecettori** di tre tipi.

**1.** L'organo fotorecettore più semplice è la **macchia oculare**, tipica di alcune meduse e dei vermi piatti. Essa è costituita da un piccolo gruppo di cellule in grado di recepire la luce; la macchia oculare non produce una vera e propria immagine ma fornisce all'animale indicazioni sulla direzione di provenienza e sull'intensità della luce.

**2.** Gli invertebrati, come insetti e crostacei, possiedono un **occhio composto**, costituito da migliaia di unità funzionali, dette **ommatidi**; ciascun ommatidio funziona come un occhio singolo mettendo a fuoco e producendo un'immagine che proviene da una piccola parte del campo visivo. Il cervello assembla queste informazioni frammentate originando l'immagine composta. Gli occhi composti sono efficienti nell'individuare soggetti in movimento.

**3.** Tutti i vertebrati e alcuni invertebrati – per esempio il calamaro – possiedono un **occhio a lente singola**.

Vediamo in dettaglio l'occhio a lente singola degli esseri umani. Il nostro occhio è in grado di percepire un gran numero di colori e di fornire un'immagine molto nitida, anche quando la luce è scarsa. La luce entra nell'occhio attraverso la **cornea**, la parte anteriore trasparente. Immediatamente dietro la cornea si trova l'**iride**, che conferisce il colore agli occhi. L'iride contiene sottili muscoli che regolano la dimensione del foro dal quale entra la luce, la **pupilla**. Nel caso in cui ci si trovi in un ambiente poco luminoso, la pupilla aumenta il proprio diametro per lasciar entrare nell'occhio la massima quantità di luce possibile. Al contrario se la luce è molto forte, la pupilla si restringe diminuendo la quantità di luce che entra nell'occhio.

I raggi luminosi proseguono attraversando il **cristallino**, la lente che mette a fuoco l'immagine sulla parete opposta del globo oculare, dove si trova la **retina**. Questa è formata da un tappeto di circa 130 milioni di fotocettori che trasformano lo stimolo luminoso in impulso elettrico. La retina contiene due tipi di cellule:

- i *bastoncelli*, di forma allungata, sono i fotocettori più abbondanti nell'occhio umano; essi sono più concentrati nella parte periferica della retina;
- i *coni*, cellule di forma tozza, presenti in numero 20 volte minore rispetto ai bastoncelli; essi sono più numerosi nella parte centrale della retina, detta **fovea**.

> **IMPARA A IMPARARE**
> 
> Riporta in uno schema i tre tipi di organi per la ricezione della luce, con un disegno e una descrizione di ciascuno di essi.

### NELLE RISORSE DIGITALI

- **Video** Le illusioni ottiche
- **Esercizi interattivi**
- **Mappa del paragrafo**

**Macchia oculare**

Alcuni tipi di meduse hanno delle **macchie oculari** (in rosso nella foto) poste alla base dei tentacoli.

**Occhio composto**

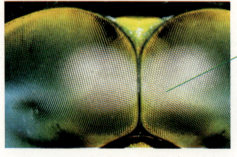

Ciascuna di queste cellette esagonali è un **ommatidio**. Ogni ommatidio viene stimolato separatamente dalla luce e ha un proprio campo visivo.

**Occhio a lente singola**

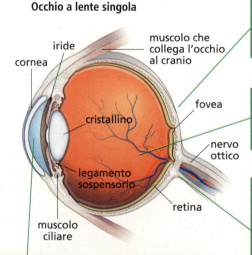

La **sclera** è la membrana biancastra rigida che costituisce l'involucro dell'occhio.

Il **globo oculare** è riempito da una sostanza gelatinosa chiamata **umor vitreo**.

I fotocettori sono distribuiti su tutta la **retina** tranne che nel punto del bulbo dove si trova il nervo ottico. Questa zona è detta *punto cieco* perché gli oggetti che vi focalizziamo scompaiono alla visione.

La piccola cavità davanti al cristallino è piena di un liquido detto **umor acqueo**, che ha una composizione simile al plasma sanguigno.

## Il cristallino e i difetti della vista

Per mettere a fuoco un'immagine, alcuni vertebrati, come i pesci, muovono il cristallino avanti o indietro. Nell'occhio umano, invece, il cristallino cambia forma.

Se l'oggetto è lontano (oltre i 6 m), il cristallino mantiene una forma allungata e focalizza i raggi luminosi paralleli sulla retina. Se l'oggetto da osservare è vicino, il cristallino aumenta la sua convessità, diventando più spesso e arrotondato, grazie alla contrazione dei muscoli che lo circondano. Questo movimento, detto *accomodamento del cristallino*, permette di focalizzare i raggi luminosi divergenti sulla retina. Dopo molte ore di lettura, la continua contrazione dei muscoli può causare un affaticamento dell'occhio.

I difetti della vista che si riscontrano più comunemente sono la **miopia** e l'**ipermetropia**, che consistono in un'errata messa a fuoco delle immagini. Questi difetti sono correggibili grazie all'uso di lenti.

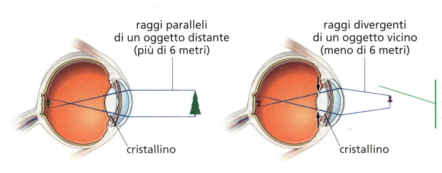

Secondo le leggi dell'ottica, l'immagine che si crea sulla retina è capovolta. Noi però vediamo le immagini raddrizzate grazie all'elaborazione del sistema nervoso.

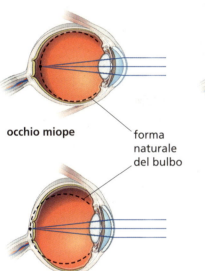

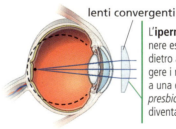

La **miopia** è un difetto che impedisce di mettere a fuoco gli oggetti lontani. Le cause della miopia possono essere diverse: generalmente i miopi hanno il globo oculare allungato, ma possono anche avere un cristallino troppo rigido o una cornea troppo curva. Nell'occhio miope l'immagine è messa a fuoco prima del piano della retina e appare quindi sfuocata. La miopia viene corretta con lenti concave, che provocano la divergenza dei raggi luminosi prima che entrino nell'occhio (quindi l'immagine si forma più indietro, sulla retina).

L'**ipermetropia** è un difetto che impedisce di mettere a fuoco gli oggetti vicini. In genere essa dipende da un globo oculare accorciato. L'immagine in questo caso si forma dietro al piano della retina. Il soggetto ha bisogno di lenti convesse, che fanno convergere i raggi luminosi prima dell'ingresso nell'occhio e producono un'immagine nitida a una distanza inferiore (quindi sulla retina). Un tipo particolare di ipermetropia è la *presbiopia*, che si sviluppa con l'avanzare dell'età. Intorno ai quarant'anni il cristallino diventa meno elastico e perde la capacità di mettere a fuoco gli oggetti vicini.

---

## CHE COSA VEDE IL BIOLOGO

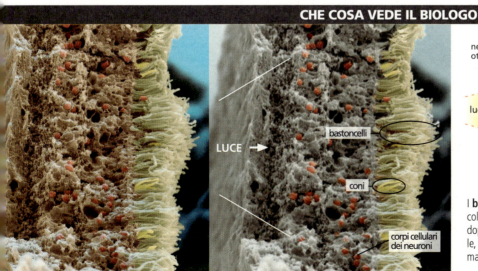

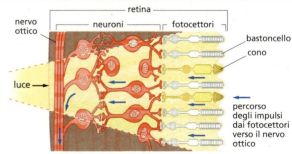

I **bastoncelli** non sono sensibili ai colori; contengono il pigmento rodopsina che funziona con luce debole, perciò in queste condizioni l'immagine percepita è in bianco e nero.

I **coni** sono stimolati dalla luce intensa e sono di tre tipi, contenenti pigmenti sensibili ai colori blu, verde e rosso.

Eye of Science/SPL

UNITÀ 12 I sensi e la trasmissione degli impulsi nervosi

# 8. L'ORECCHIO E L'UDITO

L'orecchio è la sede del senso dell'udito e costituisce anche l'organo dell'equilibrio.

Come nella maggior parte dei vertebrati, l'orecchio umano è l'organo di senso dell'udito e contemporaneamente dell'equilibrio.

L'orecchio è composto da tre parti.

**1.** L'**orecchio esterno** raccoglie i suoni e li convoglia verso l'orecchio medio. È composto dal **padiglione auricolare**, la parte che comunemente chiamiamo orecchio, e dal **meato acustico** o condotto uditivo; quest'ultimo è lungo 2,5 cm e convoglia le onde sonore contro una membrana, detta **timpano**, che separa l'orecchio esterno dall'orecchio medio. Questa membrana– quando è sollecitata dalle onde sonore – vibra e trasforma così il suono in un impulso meccanico. Il processo è analogo a ciò che avviene suonando un tamburo: percuotendo la membrana del tamburo si genera una sollecitazione meccanica che si propaga nell'aria come onda sonora (cioè un'oscillazione dell'aria); il timpano è sollecitato meccanicamente dalle onde sonore e quindi vibra.

**2.** L'**orecchio medio** è una piccola cavità contenente tre minuscoli ossicini disposti in sequenza: il **martello**, l'**incudine** e la **staffa**. La funzione dell'orecchio medio è di amplificare le vibrazioni registrate dal timpano. Tali vibrazioni vengono intensificate dalla catena dei tre ossicini che appoggia sulla *finestra ovale*, una membrana che separa l'orecchio medio dall'orecchio interno.

**3.** L'**orecchio interno**, situato all'interno del cranio, contiene il **labirinto membranoso**, cioè l'*organo dell'equilibrio*, e la coclea, che rappresenta invece il vero e proprio organo dell'udito. La **coclea** è un lungo tubo avvolto a spirale, simile a una chiocciola (da cui ha preso il nome latino), che riceve le vibrazioni della staffa attraverso la finestra ovale. All'interno della coclea è situato l'**organo del Corti** che è formato da una membrana su cui sono inserite delle cellule recettrici ciliate. Le vibrazioni che la finestra ovale riceve dalla catena di ossicini producono onde di compressione nel liquido che riempie la coclea, le quali a loro volta si trasmettono alla **membrana tettoria** a contatto con le ciglia dei recettori dell'organo del Corti. La pressione trasmessa alle ciglia fa cambiare lo stato delle cellule recettrici, che iniziano la trasmissione dell'impulso elettrico alle cellule del sistema nervoso a esse collegate. Si completa così la nostra percezione dello stimolo sonoro.

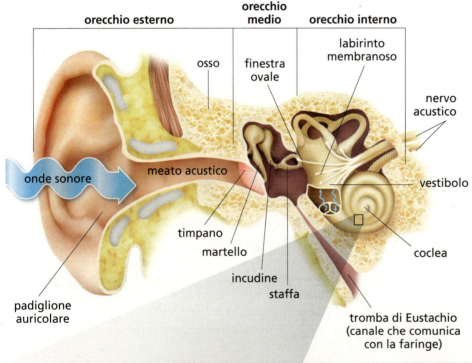

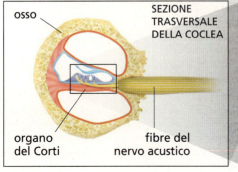

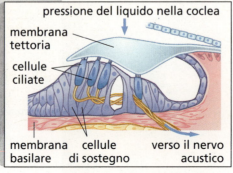

> **IMPARA A IMPARARE**
>
> Costruisci una tabella. Riporta nella prima colonna i tre tratti dell'orecchio, nella seconda colonna gli organi che li costituiscono e nella terza colonna la funzione svolta da ciascun organo.

> **NELLE RISORSE DIGITALI**
>
> ▸ Esercizi interattivi
> ▸ Mappa del paragrafo

208

## L'organo dell'equilibrio

Nell'orecchio interno si trova l'organo dell'equilibrio, il **labirinto membranoso**. Esso è composto da due parti – i canali semicircolari e il vestibolo – che forniscono informazioni al cervello in merito alla posizione e ai movimenti della testa. I **canali semicircolari** sono tre, lunghi circa 12 mm ciascuno, e disposti perpendicolarmente uno all'altro come assi cartesiani. Essi sono responsabili del mantenimento dell'*equilibrio dinamico*, durante i movimenti angolari e rotatori della testa. I canali semicircolari contengono un fluido che viene messo in moto dai movimenti della testa. A sua volta il fluido preme su una massa gelatinosa (la *cupola*) che agisce sulle cellule recettrici ciliate presenti nel canale semicircolare.

Il **vestibolo** è composto da due sacchi membranosi, chiamati **otricolo** e **sacculo**, ed è responsabile del mantenimento dell'*equilibrio statico*: ci fornisce cioè informazioni in merito all'alto e al basso (quindi alla direzione della forza di gravità) anche quando siamo immobili.

L'equilibrio statico è importantissimo in molte situazioni: per esempio grazie a esso i subacquei in immersione percepiscono, anche in assenza di luce, da quale parte si trova la superficie del mare. Nel vestibolo sono presenti cellule recettrici ciliate che vengono sollecitate dal peso di piccole concrezioni calcaree (gli *otoliti*) contenute al suo interno.

È grazie all'azione combinata del vestibolo e dei canali semicircolari, per esempio, che il tuffatore è consapevole della posizione del proprio corpo durante le rotazioni del tuffo.

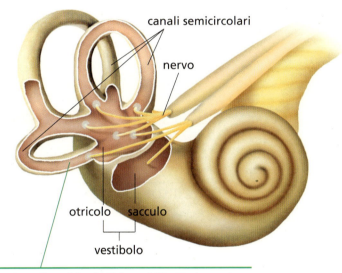

Nei **canali semicircolari** il flusso del liquido dovuto al movimento della testa sposta una massa gelatinosa, detta **cupola**, che sollecita delle cellule ciliate. Queste trasmettono un impulso alle fibre nervose e il cervello determina la nuova posizione della testa.

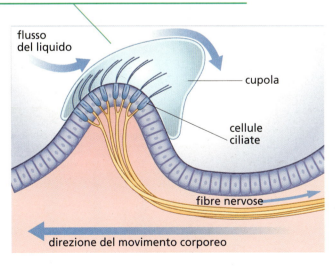

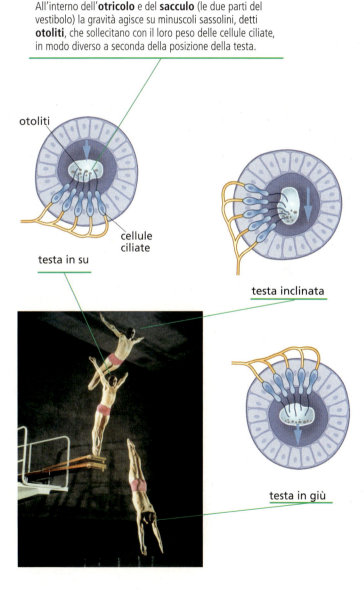

All'interno dell'**otricolo** e del **sacculo** (le due parti del vestibolo) la gravità agisce su minuscoli sassolini, detti **otoliti**, che sollecitano con il loro peso delle cellule ciliate, in modo diverso a seconda della posizione della testa.

# 9. LA RICEZIONE DEGLI ALTRI STIMOLI

I sensi dell'olfatto e del gusto sono dovuti alla presenza, nel naso e nella bocca, di chemiocettori. Il senso del tatto è dovuto ai meccanocettori della pelle.

Oltre alla luce e alle onde sonore, gli esseri umani sono in grado di percepire la presenza di sostanze chimiche disperse nell'aria, tramite il senso dell'**olfatto**, e all'interno dei cibi, attraverso il senso del **gusto**. I sensi dell'olfatto e del gusto forniscono informazioni generali sull'ambiente circostante e soprattutto ci mettono in guardia dalla presenza di sostanze potenzialmente nocive o velenose.

I sensi dell'olfatto e del gusto dipendono da **chemiocettori**: cellule capaci di captare la presenza di particolari molecole e di avviare l'impulso elettrico nei neuroni del sistema nervoso.

Il nostro organo olfattivo, il **naso**, è capace di riconoscere centinaia di odori fondamentali e circa 10 000 odori diversi attivati dalla combinazione di vari recettori. La volta della *cavità nasale* è infatti tappezzata da 5 milioni di recettori olfattivi (costituiti da cellule ciliate).

L'aria inspirata è costretta nel suo percorso a fluire lungo la volta nasale; le molecole in essa contenute vengono pertanto a contatto con le cellule ciliate dei recettori che le catturano e le trattengono.

I recettori reagiscono allo stimolo e danno inizio alla trasmissione dell'impulso elettrico al cervello. Il cervello rielabora poi la percezione; per questa ragione gli odori sono spesso associati a luoghi o a situazioni.

I recettori olfattivi sono molto sensibili e vengono attivati anche da una concentrazione molto bassa di molecole. Essi però si adattano molto rapidamente, ossia perdono in fretta di sensibilità. Per questa ragione, gli esseri umani si abituano agli odori persistenti e dopo breve tempo non li percepiscono più.

Il gusto dipende da alcuni recettori specifici che si trovano nella bocca, detti **bottoni gustativi**.

I bottoni gustativi sono raggruppati nelle **papille gustative**: piccole estroflessioni della superficie della bocca, presenti in massima parte sulla lingua e, in numero molto minore, sul palato. I bottoni gustativi sono costituiti da cellule ciliate, che catturano le sostanze chimiche disciolte nella saliva grazie alle ciglia.

Infine esiste anche il senso del **tatto** che ci fornisce informazioni sugli oggetti che tocchiamo. Esso si realizza grazie alla presenza di **meccanocettori** nella pelle.

> **IMPARA A IMPARARE**
> Descrivi l'azione dei chemiocettori del gusto e dell'olfatto.

> **NELLE RISORSE DIGITALI**
> Esercizi interattivi
> Mappa del paragrafo

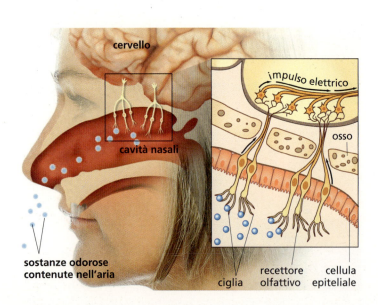

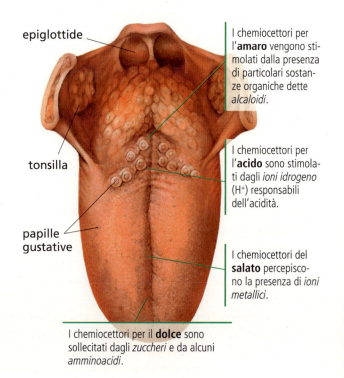

I chemiocettori per l'**amaro** vengono stimolati dalla presenza di particolari sostanze organiche dette *alcaloidi*.

I chemiocettori per l'**acido** sono stimolati dagli *ioni idrogeno* (H+) responsabili dell'acidità.

I chemiocettori del **salato** percepiscono la presenza di *ioni metallici*.

I chemiocettori per il **dolce** sono sollecitati dagli *zuccheri* e da alcuni *amminoacidi*.

## ■ Il senso del tatto

La percezione tattile si realizza grazie a un gran numero di **meccanocettori**, distribuiti nella **pelle**. In ogni cm² di pelle sono presenti mediamente 130 recettori tattili, ma in alcune zone, per esempio sui polpastrelli, sono in numero superiore. Negli strati di epidermide e derma sono sparsi diversi tipi di meccanocettori.

**1.** Le *cellule di Merkel* sono i più semplici sensori del tatto. Registrano semplicemente la pressione esercitata sulla cute. Si trovano nello strato basale dell'epidermide.

**2.** I *corpuscoli di Meissner* sono recettori distribuiti tra epidermide e derma. Essi reagiscono alle variazioni di pressione.

**3.** I *corpuscoli di Ruffini* sono situati in profondità nel derma. Essi misurano la tensione a cui sono sottoposti i tessuti del derma.

**4.** I *corpuscoli di Pacini* sono i recettori tattili più profondi, in quanto sono situati nel tessuto adiposo ipodermico, e i più voluminosi (raggiungono un diametro di 4 mm). Essi rispondono agli stimoli tattili che variano rapidamente, ma restano insensibili a una pressione costante.

Accanto a questi meccanocettori, nella pelle sono presenti anche numerose terminazioni nervose libere che svolgono la funzione di recettori del caldo, del freddo (*termocettori*) o del dolore (*nocicettori*).

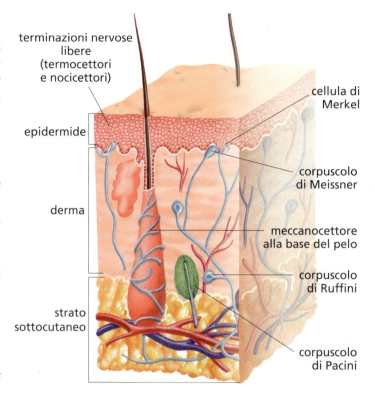

## ■ La ricezione di stimoli particolari negli animali

Alcuni animali possiedono dei sensi particolari, assenti negli esseri umani. Per esempio, l'**elettrorecezione** permette ad alcuni pesci, come squali e razze, di individuare la presenza di prede poco visibili captando la distorsione del debole campo elettrico che li circonda. Negli squali le variazioni del campo elettrico sono percepite tramite le *ampolle del Lorenzini*, minuscoli tubuli affondati nella pelle della regione della testa, che si aprono all'esterno con piccoli pori. Le ampolle contengono una sostanza gelatinosa in grado di condurre l'elettricità: quando un corpo con conduttività diversa da quella dell'acqua passa nelle vicinanze dello squalo, il campo elettrico che quest'ultimo genera attraverso la contrazione muscolare viene distorto e un debole stimolo è trasferito a recettori sensoriali posti alla base delle ampolle.

La **magnetorecezione** è un altro senso presente in molti gruppi animali. Molti uccelli migratori notturni, i piccioni, alcuni roditori, le api, i salmoni e anche alcuni mammiferi migratori sono in grado di riconoscere l'inclinazione delle linee di forza del campo magnetico terrestre e quindi di orientarsi. I meccanismi alla base della magnetorecezione sono ancora in gran parte ignoti.

Infine l'**ecolocalizzazione** (chiamata anche *biosonar*) consente l'orientamento in condizioni di scarsa visibilità, la localizzazione delle prede, la percezione della distanza dagli oggetti circostanti. Gli animali ecolocalizzatori, come i delfini, altre specie di cetacei e alcune specie di pipistrelli, emettono suoni ad altissima frequenza (in genere inudibili per l'orecchio umano) e percepiscono gli echi che rimbalzano sugli oggetti e sulle prede che li circondano. Gli echi, oltre a fornire informazioni sulla presenza e sulle dimensioni di un

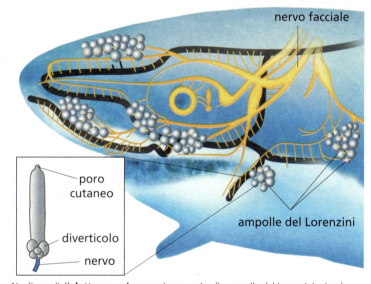

Negli squali, l'**elettrorecezione** avviene grazie alle ampolle del Lorenzini, piccole strutture tubulari che prendono il nome dallo scienziato che per primo le descrisse alla fine del XVII secolo. Sono riunite in gruppi e sono innervate dal nervo facciale. A sinistra, ingrandimento di una singola ampolla.

oggetto, permettono all'animale che li ha generati anche di stimare la distanza dall'ostacolo.

Per esempio, i pipistrelli producono gli ultrasuoni per mezzo della laringe ed emettono il suono dal naso o, più frequentemente, dalla bocca aperta e captano gli echi con le orecchie. I suoni emessi hanno una frequenza compresa tra 1400 e 100 000 Hertz, molto superiori a quelle percepibili dall'orecchio umano (tra 20 e 2000 Hertz).

UNITÀ 12  I sensi e la trasmissione degli impulsi nervosi

# 10. IL SISTEMA NERVOSO NEGLI ANIMALI

Negli animali più semplici il sistema nervoso è costituito da una rete di cellule nervose. Negli animali più complessi, esso si divide in sistema nervoso centrale e periferico.

Le cellule nervose sono simili in tutti gli organismi. Il modo e la complessità con cui si organizzano a formare il **sistema nervoso**, invece, varia in relazione alle dimensioni e alla complessità dell'animale. Gli organismi più semplici, come le meduse, possiedono una **rete nervosa**, priva di organi, formata da singoli neuroni.

In animali più complessi il sistema nervoso mostra due caratteristiche:
- la *centralizzazione*, cioè la tendenza a formare un sistema nervoso centrale con funzione di elaborazione dei dati raccolti dagli organi di senso;
- la *cefalizzazione*, cioè la tendenza a concentrare le strutture nervose nella zona del capo, ovvero nell'estremità anteriore rivolta verso la direzione preferenziale di movimento dell'animale.

Questo tipo di organizzazione raggiunge la massima complessità nei vertebrati, che possiedono un sistema nervoso centrale e un sistema nervoso periferico.

**1.** Il **sistema nervoso centrale** (SNC) costituisce il centro di elaborazione dei dati e svolge essenzialmente la funzione di integrazione, raccogliendo e interpretando gli stimoli, e fornendo le risposte. Esso è a sua volta diviso in *midollo spinale* ed *encefalo*.

Il **midollo spinale** si trova all'interno della colonna vertebrale e si occupa dell'acquisizione degli stimoli sensoriali dalla pelle e dai muscoli e dell'invio dei comandi per i movimenti muscolari. Tra le diverse classi di vertebrati non si notano grandi differenze a livello del midollo spinale.

L'**encefalo**, protetto all'interno nel cranio, è il principale organo di controllo del sistema nervoso. Esso elabora e integra tutte le informazioni provenienti dagli organi di senso e rappresenta la sede delle emozioni e dell'intelletto. Tra le diverse classi di vertebrati si registrano notevoli differenze a livello dell'encefalo. Gli uccelli e i mammiferi possiedono un encefalo che, in rapporto alle dimensioni corporee, è più voluminoso rispetto agli altri gruppi. Un'altra differenza si riscontra nel diverso sviluppo della *corteccia cerebrale*: i delfini e i primati, dei quali fa parte l'*Homo sapiens*, hanno una corteccia ripiegata in modo da consentire, a parità di volume, un cospicuo aumento della sua estensione. Lo sviluppo del cervello consente a questi animali di acquisire un gran numero di informazioni dall'ambiente circostante e di gestire complesse interazioni sociali.

Il midollo spinale e l'encefalo sono circondati e protetti da tre membrane: le *meningi*.

**2.** Il **sistema nervoso periferico** (SNP) è costituito dalle vie di comunicazione che trasportano i messaggi dall'esterno al sistema nervoso centrale e portano le risposte dal sistema nervoso centrale all'esterno. Il sistema periferico si occupa essenzialmente dell'acquisizione sensoriale e dello stimolo motorio ed è formato dai **nervi**, fasci di assoni e dendriti avvolti da tessuto connettivo, e dai **gangli**, ammassi di corpi cellulari di neuroni.

I nervi sono distinti in *nervi cranici*, direttamente connessi all'encefalo (come il nervo ottico), e *nervi spinali*, connessi al midollo spinale.

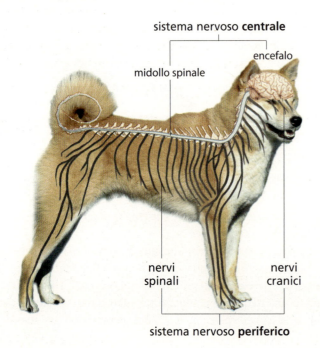

sistema nervoso **centrale**
encefalo
midollo spinale
nervi spinali
nervi cranici
sistema nervoso **periferico**

### IMPARA A IMPARARE

Costruisci un glossario. Per ogni termine in neretto o in corsivo presente in questo paragrafo riporta sul quaderno la definizione e le informazioni che ritieni indispensabili.

### NELLE RISORSE DIGITALI

- Esercizi interattivi
- Mappa del paragrafo

### ■ Il sistema nervoso più semplice è la rete nervosa

I celenterati, ai quali appartengono animali come le meduse e le idre, sono un gruppo di organismi acquatici che vivono attaccati al fondo marino o liberi nell'acqua. La complessità dei loro movimenti è limitata, così come sono molto ridotte le informazioni che essi raccolgono e gestiscono dall'ambiente circostante.

Il loro sistema nervoso è costituito da una **rete nervosa**: un reticolo di neuroni connessi tra loro, che si estende immediatamente sotto l'epitelio che riveste la superficie del corpo.

In questi animali non è possibile distinguere né organi nervosi né un sistema nervoso centrale.

**CHE COSA VEDE IL BIOLOGO**

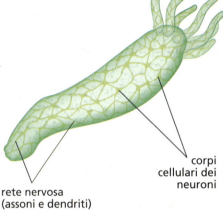

I celenterati del genere *Hydra* sono organismi lunghi pochi millimetri, dotati di una rete nervosa molto semplice estesa in tutto il corpo. La colorazione verde del loro corpo è dovuta alla simbiosi con alcune alghe.

H. Angel, 2004

### ■ Negli animali più complessi il sistema nervoso si centralizza

La maggior parte degli animali possiede una direzione preferenziale di movimento e, di conseguenza, organi di senso collocati in prossimità dell'estremità anteriore del corpo. In questi animali è possibile distinguere un capo e una coda. I vermi piatti, come la planaria, sono animali molto semplici che presentano tali caratteristiche. Il loro sistema nervoso è caratterizzato dalla concentrazione di un gran numero di cellule nervose nel capo, a formare l'organo detto **encefalo**.

Dall'encefalo si dipartono due **cordoni nervosi** paralleli, che costituiscono il sistema nervoso centrale e percorrono tutto il corpo dell'animale. Al di fuori dell'encefalo e dei cordoni nervosi si diramano alcuni piccoli nervi che costituiscono il sistema nervoso periferico.

Il sistema nervoso degli insetti è del tutto simile a quello appena descritto, sebbene il sistema periferico si sviluppi ulteriormente per la presenza di **gangli** (agglomerati di corpi cellulari di neuroni) che controllano la muscolatura di ciascun segmento corporeo.

**CHE COSA VEDE IL BIOLOGO**

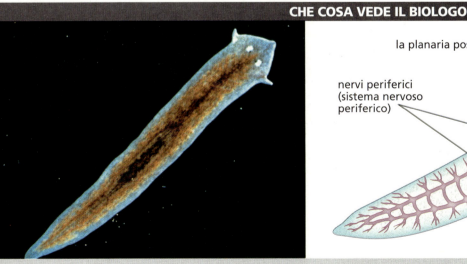

T. E. Adams/P. Arnold, Inc./Alamy

213

# 11. IL SISTEMA NERVOSO CENTRALE UMANO

Il sistema nervoso centrale degli esseri umani è formato dall'encefalo, il centro di elaborazione delle informazioni, e dal midollo spinale, che conduce gli impulsi dall'encefalo al sistema nervoso periferico e viceversa.

Il sistema nervoso centrale umano rappresenta un sistema di elaborazione dati molto complesso ed efficiente ed è costituito dal midollo spinale e dall'encefalo.

Il **midollo spinale** si trova all'interno della colonna vertebrale e la sua funzione è quella di trasportare le informazioni dal sistema nervoso periferico verso l'encefalo e viceversa.

L'**encefalo** è l'organo più importante per l'acquisizione delle informazioni, per il controllo motorio e per il mantenimento dell'omeostasi del nostro corpo. Esso è situato nel cranio e pesa mediamente tra i 1300 g e i 1400 g. È formato da circa 100 miliardi di neuroni e da un numero ancor più grande di cellule di sostegno.

L'encefalo può essere suddiviso in quattro regioni principali.

**1.** Il **tronco cerebrale** è un'area di passaggio delle informazioni provenienti dal midollo spinale verso il resto dell'encefalo e viceversa. Il tronco ha dei centri nervosi che controllano importanti funzioni, come la respirazione e la pressione sanguigna.

**2.** Il **cervelletto** è situato alla base della scatola cranica e controlla la postura, l'equilibrio e la coordinazione dei movimenti.

**3.** Il **diencefalo**, situato al di sopra del tronco cerebrale al centro del cranio, è formato da tre strutture: talamo, ipotalamo e ipofisi. Il **talamo** è paragonabile a un centro di smistamento delle informazioni provenienti dagli organi di senso. L'**ipotalamo** controlla la temperatura corporea, il bilancio idrico e il metabolismo. È sede delle emozioni, del centro del piacere e dell'assuefazione e regola i bioritmi giornalieri (sonno, fame).

L'**ipofisi**, collegata all'ipotalamo tramite un sottile peduncolo, è una ghiandola fondamentale del sistema endocrino.

**4.** Il **telencefalo** è la parte più voluminosa di tutto l'encefalo ed è comunemente detto *cervello*. È costituito da sostanza bianca (all'interno) e da sostanza grigia, o **corteccia cerebrale** (all'esterno). Il telencefalo è costituito da due **emisferi cerebrali**, destro e sinistro, collegati dal **corpo calloso**, una spessa banda di fibre nervose che consentono una elaborazione delle informazioni comune da parte dei due emisferi. La corteccia cerebrale umana, ricca di circonvoluzioni, è formata da circa 10 miliardi di neuroni connessi da centinaia di miliardi di sinapsi ed è la sede della logica, delle capacità matematiche e linguistiche e dell'immaginazione. È in grado di integrare le informazioni ricevute dagli organi di senso e di creare in noi la consapevolezza di ciò che ci circonda.

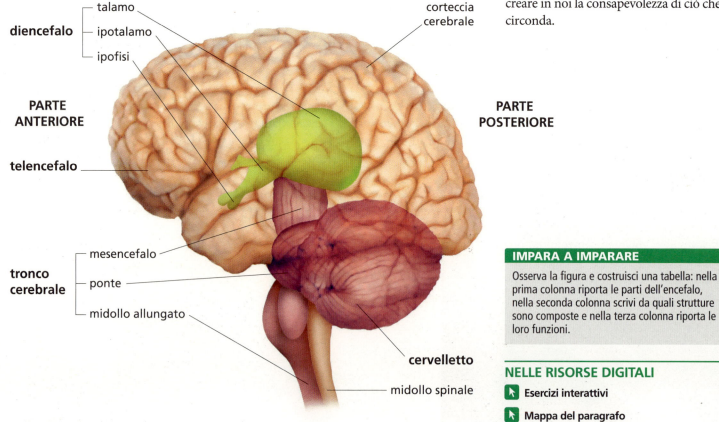

### IMPARA A IMPARARE

Osserva la figura e costruisci una tabella: nella prima colonna riporta le parti dell'encefalo, nella seconda colonna scrivi da quali strutture sono composte e nella terza colonna riporta le loro funzioni.

### NELLE RISORSE DIGITALI

- Esercizi interattivi
- Mappa del paragrafo

## Il midollo spinale

Osservando una sezione trasversale del midollo spinale si può notare che è formato da due parti distinte:
- la **sostanza grigia**, situata internamente e composta principalmente dai corpi cellulari dei neuroni motori e degli interneuroni;
- la **sostanza bianca**, collocata all'esterno della sostanza grigia e formata da assoni e dendriti, fasci di fibre nervose che collegano tra loro i vari livelli del midollo spinale e quest'ultimo con l'encefalo.

Al midollo spinale sono connesse le strutture del sistema nervoso periferico, come i nervi spinali e i gangli.

### CHE COSA VEDE IL BIOLOGO

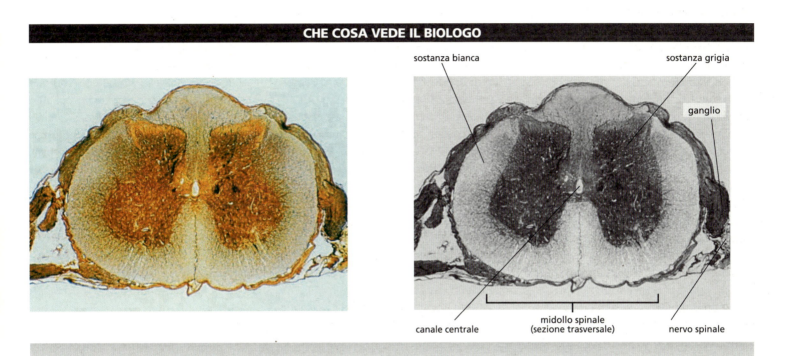

## L'arco riflesso semplice

Il midollo spinale non si limita a trasportare informazioni ma, quando è sottoposto a stimoli intensi, può produrre risposte semplici e immediate senza l'elaborazione da parte del cervello; queste risposte sono chiamate **riflessi**.

Per esempio, se si tocca inavvertitamente con la mano un oggetto rovente, si verifica un allontanamento involontario ed estremamente rapido del braccio. Questo meccanismo di difesa è detto **arco riflesso semplice** ed è fondamentale per limitare i danni in caso di pericolo.

Nel momento in cui la terminazione di un neurone sensoriale riceve uno stimolo di dolore acuto, questo si propaga lungo l'assone del neurone fino alla sostanza grigia del midollo spinale. Lo stimolo è intenso, pertanto il midollo spinale non lo conduce immediatamente al cervello per un'ulteriore elaborazione, ma lo trasferisce a un neurone motorio presente nella sostanza grigia.

Il neurone motorio aziona una risposta facendo ritrarre il braccio ed evitando l'esposizione prolungata a un potenziale pericolo.

Nel frattempo altre ramificazioni assoniche del neurone sensoriale trasmettono gli impulsi nervosi al cervello, e si ha così consapevolezza del dolore.

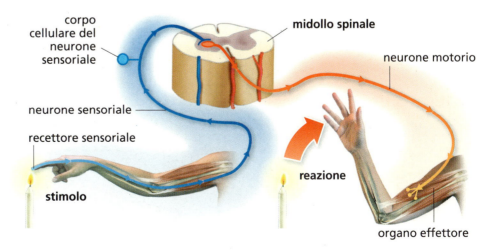

# 12. IL SISTEMA NERVOSO PERIFERICO UMANO

Il sistema nervoso periferico è formato dai nervi, fasci di assoni che collegano il sistema nervoso centrale a tutte le regioni del corpo. I nervi trasportano le informazioni provenienti dagli organi di senso verso l'encefalo e gli impulsi elaborati dall'encefalo verso i muscoli.

Il **sistema nervoso periferico** è costituito da numerosi nervi che formano una rete estesa in tutto il corpo. Ciascun **nervo** è formato da un gran numero di fibre nervose, in genere assoni, uniti in fasci. Gli assoni sono avvolti da tessuti protettivi di tipo connettivo. Tra questi si distinguono l'*endonevrio*, che avvolge un singolo assone, il *perinevrio*, che avvolge un fascio di assoni e l'*epinevrio*, che avvolge l'interno nervo. All'interno del fascio nervoso sono presenti anche alcuni piccoli vasi sanguigni che trasportano le sostanze nutritive e i gas respiratori, ossigeno e anidride carbonica.

All'interno dei fasci nervosi sono presenti assoni appartenenti a diversi tipi di neuroni. I *neuroni sensoriali* trasportano le informazioni acquisite dall'ambiente esterno (con gli organi di senso) e dall'interno del corpo (tramite i recettori situati negli organi interni) al sistema nervoso centrale. I *neuroni motòri* trasportano ai muscoli e agli organi interni la risposta elaborata dall'encefalo.

La maggior parte dei nervi del nostro corpo sono nervi misti, cioè sono formati sia da neuroni sensoriali sia da neuroni motòri. Esistono però alcuni nervi formati esclusivamente da neuroni sensoriali.

Il sistema nervoso periferico è composto da un **sistema nervoso somatico**, anche detto *volontario*, che governa le azioni che rispondono alla nostra volontà (per esempio alzare un braccio o muovere una gamba), e da un **sistema nervoso autonomo**, o *involontario*, che controlla le attività svolte dal corpo in modo automatico.

Il **sistema nervoso somatico** è formato da un gran numero di nervi che vengono distinti in base alla loro posizione.

**1.** I **nervi cranici** trasportano gli impulsi da o verso l'encefalo; sono 12 paia e connettono gli organi di senso e alcune parti del capo e del viso con l'encefalo. Sono tutti nervi misti, ad eccezione del nervo olfattivo, del nervo ottico e del nervo acustico che sono nervi sensoriali.

**2.** I **nervi spinali** trasportano gli impulsi nervosi da o verso il midollo spinale; sono 31 paia e sono tutti nervi misti. I nervi spinali prendono il nome dalla regione del midollo spinale dalla quale si originano e innervano tutti i muscoli e la pelle degli arti e del tronco.

Il **sistema nervoso autonomo** controlla le attività involontarie del nostro corpo, quali per esempio il ritmo della respirazione, la contrazione del muscolo cardiaco, i movimenti dei visceri (attraverso la contrazione della muscolatura liscia) e l'attività delle ghiandole. Queste attività involontarie, che vengono svolte dal corpo in modo automatico, sono molto importanti per il mantenimento dell'omeostasi.

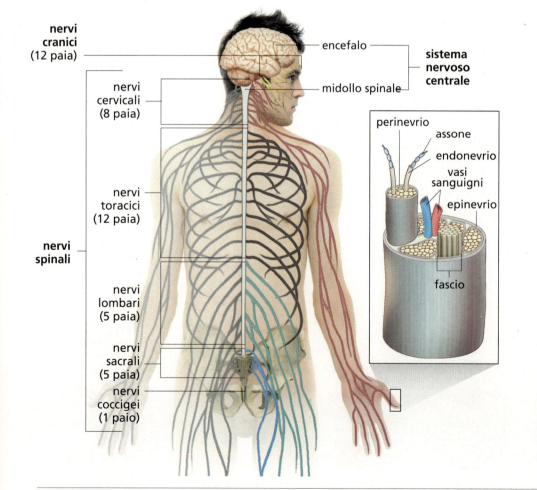

### IMPARA A IMPARARE
Costruisci una glossario in cui vengano riportate le definizioni di sistema nervoso somatico, sistema nervoso autonomo, nervo misto, nervo cranico e nervo spinale.

### NELLE RISORSE DIGITALI
- Esercizi interattivi
- Mappa del paragrafo

## Il sistema nervoso autonomo: simpatico e parasimpatico

Il sistema nervoso autonomo è composto da due sistemi differenziati, che esercitano effetti contrapposti sugli organi che innervano.

**1.** Il **sistema nervoso autonomo simpatico** interviene quando l'organismo si trova in situazioni di stress, sotto sforzo e impegnato in attività intense che richiedono una produzione rapida di ATP da parte delle cellule. La sua attività causa l'accelerazione del battito cardiaco, aumenta la pressione sanguigna e la quantità di glucosio nel sangue. Anche i sintomi tipici della situazione di spavento, come la pelle fredda e sudata, le pupille dilatate e il ritmo della respirazione accelerato, sono dovute all'attività del sistema autonomo simpatico.

**2.** Il **sistema nervoso autonomo parasimpatico** esercita invece un controllo esattamente opposto. La sua attività rilassa il corpo, favorisce la digestione, partecipa all'eliminazione delle feci e dell'urina e prevale nelle situazioni di tranquillità, per esempio durante il rilassamento che si ha successivamente a un pasto. L'acronimo SLUDD può aiutare a ricordare le cinque risposte del parasimpatico: salivazione (S), lacrimazione (L), urinazione (U), digestione (D), defecazione (D). Oltre a queste risposte del parasimpatico che aumentano gli stimoli, ne esistono altre tre che li diminuiscono: rallentamento del ritmo cardiaco, riduzione del diametro delle vie aeree (per esempio i bronchi), riduzione del diametro delle pupille.

Il sistema simpatico e il sistema parasimpatico agiscono quindi sugli stessi organi in maniera antagonista, cioè provocando su questi una reazione opposta.

Per esempio, il sistema parasimpatico provoca una costrizione delle pupille, mentre il sistema simpatico ne causa la dilatazione. L'azione combinata dei due sistemi tende a mantenere le pupille in condizioni normali.

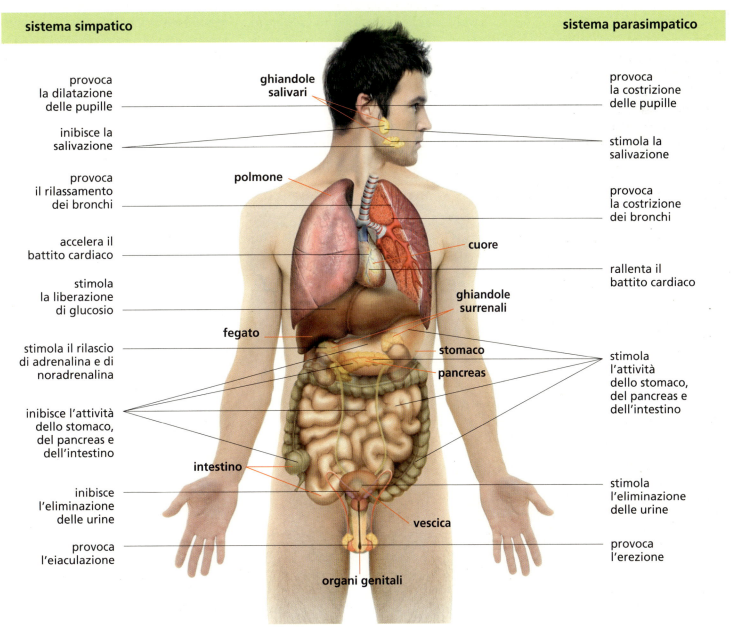

# 13. I MESSAGGERI CHIMICI E IL SISTEMA ENDOCRINO

Il sistema endocrino è costituito da numerose ghiandole che producono ormoni, messaggeri chimici che agiscono su cellule di organi bersaglio.

Gli animali regolano molti dei loro processi vitali attraverso la produzione di alcune molecole che funzionano da **messaggeri chimici**. Si distinguono tre tipi di messaggeri chimici a seconda della loro natura e del bersaglio su cui agiscono.

**1.** I **feromoni** sono sostanze prodotte da un individuo per influenzare il comportamento e la fisiologia di un altro organismo della stessa specie.

**2.** Gli **ormoni** sono sostanze che, una volta prodotte in organi specifici, si spostano attraverso la circolazione del sangue e agiscono su cellule bersaglio situate in altri organi dello stesso individuo. Esistono due tipi di ormoni: gli *ormoni steroidei*, derivati dalle molecole di colesterolo e solubili nei grassi; gli *ormoni proteici*, solubili in acqua.

**3.** I **messaggeri paracrini** sono messaggeri chimici che agiscono esclusivamente su cellule bersaglio poste nelle immediate vicinanze delle cellule da cui sono stati prodotti, senza entrare nella circolazione sanguigna. Sono messaggeri di questo tipo i *neurotrasmettitori*.

Negli esseri umani l'insieme delle cellule e delle **ghiandole endocrine**, gli organi specifici che producono ormoni, costituiscono il **sistema endocrino**. Il sistema endocrino regola il metabolismo, la crescita, la maturazione sessuale e numerose altre attività.

Il centro di controllo del sistema endocrino è situato nella parte più interna dell'encefalo umano, ovvero nell'**ipotalamo**.

L'azione di controllo dell'ipotalamo viene esercitata attraverso la produzione di *ormoni di rilascio* oppure di *ormoni di inibizione*, i quali stimolano o bloccano l'azione di un'altra ghiandola: l'**ipofisi**.

A sua volta, l'ipofisi produce ormoni che hanno come bersaglio le altre ghiandole endocrine del corpo.

L'ipofisi è costituita da due parti:
- il lobo posteriore, detto **neuroipofisi**, è un prolungamento dell'ipotalamo e pertanto è costituita da tessuto nervoso;
- il lobo anteriore, detto **adenoipofisi**, è invece formato da tessuto non nervoso, sebbene dipenda comunque dall'ipotalamo.

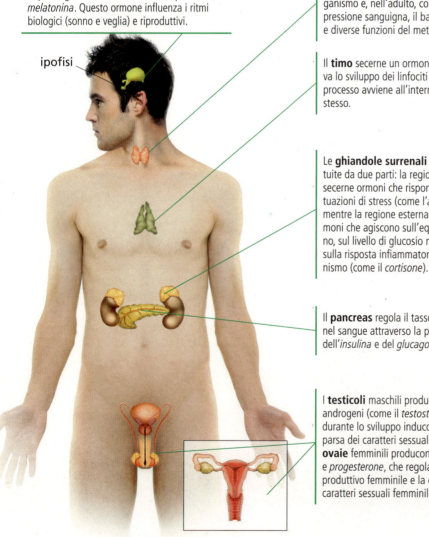

La **ghiandola pineale** (o *epifisi*) è un piccolo prolungamento dell'encefalo che produce la *melatonina*. Questo ormone influenza i ritmi biologici (sonno e veglia) e riproduttivi.

ipofisi

La **tiroide** produce degli ormoni che regolano i processi di sviluppo dell'organismo e, nell'adulto, controllano la pressione sanguigna, il battito cardiaco e diverse funzioni del metabolismo.

Il **timo** secerne un ormone che attiva lo sviluppo dei linfociti T. Questo processo avviene all'interno del timo stesso.

Le **ghiandole surrenali** sono costituite da due parti: la regione interna secerne ormoni che rispondono a situazioni di stress (come l'*adrenalina*), mentre la regione esterna produce ormoni che agiscono sull'equilibrio salino, sul livello di glucosio nel sangue e sulla risposta infiammatoria dell'organismo (come il *cortisone*).

Il **pancreas** regola il tasso di glucosio nel sangue attraverso la produzione dell'*insulina* e del *glucagone*.

I **testicoli** maschili producono ormoni androgeni (come il *testosterone*) che durante lo sviluppo inducono la comparsa dei caratteri sessuali maschili. Le **ovaie** femminili producono *estrogeni* e *progesterone*, che regolano il ciclo riproduttivo femminile e la comparsa dei caratteri sessuali femminili.

### IMPARA A IMPARARE

Costruisci una tabella degli organi che fanno parte del sistema endocrino, che trovi illustrati nella figura. Dopo aver riportato i loro nomi nella prima colonna, rintraccia nel testo le informazioni necessarie per scrivere, in altre due colonne, i nomi degli ormoni prodotti da ciascun organo e la loro funzione.

### NELLE RISORSE DIGITALI

- Esercizi interattivi
- Mappa del paragrafo

## La regolazione del tasso di glucosio nel sangue

Il **pancreas** regola la concentrazione di glucosio nel sangue, e quindi il rifornimento energetico delle cellule del corpo, attraverso la produzione di due ormoni proteici: l'*insulina* e il *glucagone*.

Essi svolgono un'azione antagonista che permette di mantenere i livelli di glucosio nel sangue entro un certo intervallo di valori (circa 800-1200 mg/L). Insulina e glucagone sono prodotti dalle **isole di Langerhans**, degli ammassi cellulari che rappresentano la parte endocrina del pancreas e sono fisicamente separati dalle cellule esocrine dello stesso organo.

Alcune forme di **diabete** sono dovute a un cattivo funzionamento del pancreas, che non riesce a produrre una quantità adeguata di insulina. Il glucosio non viene assorbito dalle cellule e resta in circolazione in quantità eccessiva.

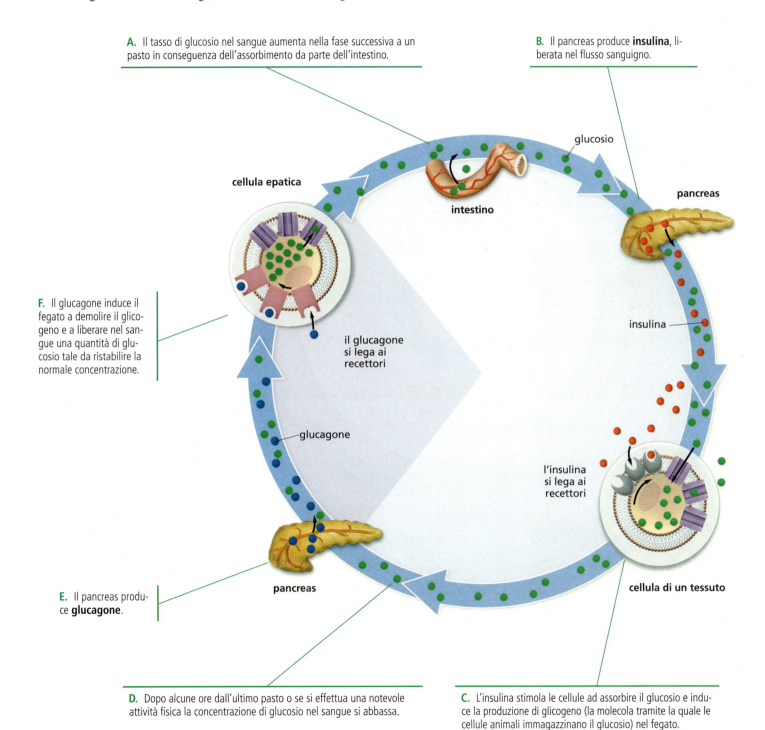

A. Il tasso di glucosio nel sangue aumenta nella fase successiva a un pasto in conseguenza dell'assorbimento da parte dell'intestino.

B. Il pancreas produce **insulina**, liberata nel flusso sanguigno.

C. L'insulina stimola le cellule ad assorbire il glucosio e induce la produzione di glicogeno (la molecola tramite la quale le cellule animali immagazzinano il glucosio) nel fegato.

D. Dopo alcune ore dall'ultimo pasto o se si effettua una notevole attività fisica la concentrazione di glucosio nel sangue si abbassa.

E. Il pancreas produce **glucagone**.

F. Il glucagone induce il fegato a demolire il glicogeno e a liberare nel sangue una quantità di glucosio tale da ristabilire la normale concentrazione.

## 14. GLI ORMONI VEGETALI

Anche le piante producono messaggeri chimici in risposta a determinati stimoli ambientali. Gli ormoni sono prodotti da una determinata regione della pianta e agiscono su organi bersaglio.

Le piante rispondono a numerosi stimoli ambientali, come per esempio la presenza di luce, la gravità, la temperatura e l'umidità. Le piante non sono in grado di spostarsi; quindi, in risposta agli stimoli esterni, possono solo modificare la propria forma tramite la crescita oppure grazie a piccoli movimenti dei fiori o delle foglie. Le risposte delle piante agli stimoli ambientali sono mediate da messaggeri chimici, gli **ormoni vegetali**, e sono pertanto piuttosto lente. Gli ormoni sono prodotti da determinati tessuti o organi della pianta, vengono trasportati dal sistema vascolare ad altri tessuti o organi, su cui agiscono con effetti specifici.

Si distinguono cinque classi di ormoni vegetali:

- **auxine**;
- **citochinine**;
- **gibberelline**;
- **acido abscissico**;
- **etilene**.

Gli ormoni spesso agiscono in combinazione tra loro e sono sufficienti minime variazioni nella concentrazione di un ormone perché si inneschino alcuni importanti processi.

La maturazione dei frutti, per esempio, viene indotta dal continuo accumulo di etilene prodotto nei frutti stessi. Poiché l'etilene si diffonde nell'aria, il processo di maturazione può essere indotto da un frutto nei frutti vicini. Per questa ragione, se in una cassetta di mele ne marcisce una, in breve tempo marciscono anche le altre.

L'effetto antagonista delle auxine e dell'etilene è alla base del *distacco delle foglie*. Alla fine dell'estate tra il fusto e il picciolo della foglia si forma uno strato di cellule con pareti deboli e sottili – detto *strato di abscissione* – la cui formazione è promossa dall'etilene ma inibita dall'auxina. In condizioni normali questi due ormoni si bilanciano; con l'invecchiamento delle foglie la produzione di auxina diminuisce e quindi l'effetto dell'etilene prevale. La foglia cade quando il vento o il peso causano il cedimento dello strato di abscissione e il distacco del picciolo.

Le citochinine e le gibberelline sono ormoni vegetali che stimolano la crescita del fusto e delle foglie. Esse vengono prodotte rispettivamente nelle radici e nelle gemme.

Le **auxine** e le **citochinine** sono ormoni vegetali che svolgono la funzione di stimolare e regolare la crescita delle foglie e del fusto. Le auxine sono prodotte nell'apice del fusto e nelle foglie giovani, mentre le citochinine sono prodotte nelle radici e poi trasportate verso l'alto dalla linfa grezza.

Le **gibberelline** sono ormoni che vengono sintetizzati nelle gemme e nei semi. Essi stimolano l'allungamento dei fusti, la formazione delle foglie e la germinazione dei semi.

L'**acido abscissico** è un ormone prodotto nelle foglie e trasportato in varie parti della pianta. Esso inibisce la divisione cellulare nelle gemme e nel cambio. La sua azione pertanto interrompe la crescita e induce il passaggio allo stadio di quiescenza, dopo una siccità o all'inizio dell'inverno.

L'**etilene** è un composto chimico, che agisce come un ormone, inducendo la maturazione dei frutti e provocando il distacco delle foglie.

### IMPARA A IMPARARE

Riguarda con attenzione la figura quindi costruisci una tabella in cui nella prima colonna scrivi i nomi degli ormoni vegetali, nella seconda riporta la loro funzione e in particolare gli organi bersaglio su cui essi agiscono.

### NELLE RISORSE DIGITALI

- **Approfondimento** Le piante rispondono agli stimoli ambientali
- **Esercizi interattivi**
- **Mappa del paragrafo**

# DOMANDE PER IL RIPASSO

ALTRI ESERCIZI SU ZTE ONLINE

### PARAGRAFO 1
1. Che cosa sono i recettori sensoriali?
2. Quale funzione svolgono i recettori?
3. I nocicettori sono i recettori sensoriali sensibili alle variazioni di pressione. V F

### PARAGRAFO 2
4. Quali sono le fasi di trasmissione dell'impulso all'interno del sistema nervoso?
5. I neuroni di associazione si trovano esclusivamente all'interno del sistema nervoso centrale. V F

### PARAGRAFO 3
6. Che cos'è il potenziale di riposo?
7. Come viene mantenuto dalla cellula il potenziale di riposo?

### PARAGRAFO 4
8. Che cos'è il potenziale d'azione?
9. Come viene generato il potenziale d'azione?

### PARAGRAFO 5
10. In che modo si propaga l'impulso nervoso?
11. Completa.
    Nei vertebrati gli ............ dei neuroni del sistema nervoso periferico sono avvolti dalla ............ che permette all'impulso di viaggiare più velocemente.

### PARAGRAFO 6
12. Che cosa sono le sinapsi?
13. Quali sinapsi possono trasmettere l'impulso nervoso in un solo senso?
    A Le sinapsi chimiche.
    B Le sinapsi elettriche.
    C Sia quelle chimiche sia quelle elettriche.

### PARAGRAFO 7
14. Che cos'è la macchia oculare e quali animali la possiedono?
15. L'unità funzionale dell'occhio degli insetti è il cristallino. V F
16. Com'è fatto l'occhio dei vertebrati?

### PARAGRAFO 8
17. Da quali parti è composto l'orecchio umano?
18. Completa.
    La membrana che trasforma il suono in un vibrazioni meccaniche si chiama ............ e si trova alla fine dell'orecchio ............ .

### PARAGRAFO 9
19. Quali sensi dipendono dai chemiocettori e perché?

20. I recettori del gusto salato vengono stimolati da:
    A ioni metallici.   B ioni $H^+$.   C alcaloidi.
21. Come funzionano i recettori olfattivi?

### PARAGRAFO 10
22. Che cos'è una rete nervosa e quali animali la possiedono?
23. Quali funzioni svolgono e da quali parti sono composti il sistema nervoso centrale e quello periferico?

### PARAGRAFO 11
24. Dove si trovano e da che cosa sono costituite la sostanza grigia e quella bianca?
25. Qual è la funzione del cervelletto?

### PARAGRAFO 12
26. Come è fatto un nervo?
27. Qual è la funzione dei nervi spinali?

### PARAGRAFO 13
28. Che differenza c'è tra feromoni, ormoni e messaggeri paracrini?
29. Il centro di controllo del sistema endocrino è l'ipotalamo che si trova al centro dell'encefalo. V F

### PARAGRAFO 14
30. Come avviene il distacco delle foglie? Quali ormoni ne sono responsabili?
31. Quale ormone vegetale stimola la crescita del fusto e dei germogli? Quale invece ha un effetto contrario?

## APPLICA LE TUE CONOSCENZE
Inserisci nella figura dell'occhio umano i nomi mancanti.

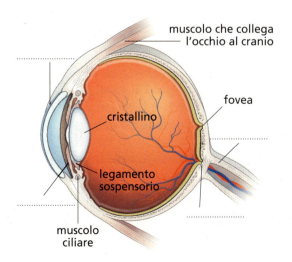

# 12 LABORATORIO DELLE COMPETENZE

## 1 Sintesi: dal testo alla mappa

- Gli animali possiedono **recettori sensoriali**, cellule situate negli organi di senso in grado di ricevere messaggi dall'esterno. Esistono cinque tipi di recettori: i **termocettori**, sensibili alla temperatura; i **nocicettori**, sensibili al dolore; i **meccanocettori**, sensibili a diversi tipi di pressione; i **chemiocettori**, che si attivano in presenza di determinate sostanze chimiche; i **recettori elettromagnetici**, sensibili alla luce e all'elettricità.

- La **trasmissione degli stimoli nervosi** acquisiti dai recettori avviene tramite le cellule nervose o *neuroni*. Questi possono essere di tre tipi: i **neuroni sensoriali**, che trasportano l'impulso nervoso dai recettori al sistema nervoso centrale; i **neuroni di associazione**, che si trovano all'interno del sistema nervoso centrale e si occupano dell'elaborazione delle informazioni; i **neuroni motori**, che trasmettono la risposta elaborata dal sistema nervoso centrale ai muscoli (o alle altre cellule interessate).

- I **neuroni** trasportano un impulso di natura elettrochimica generato dalla differenza di carica tra l'esterno e l'interno della membrana. Questa differenza di carica è detta **potenziale di riposo**. Nel momento della stimolazione nervosa, nella membrana della cellula avvengono dei cambiamenti che portano alla *depolarizzazione* di un tratto della membrana stessa. Questo cambiamento rappresenta il **potenziale d'azione**. Successivamente la carica torna come quella di riposo e l'impulso si trasmette al tratto di neurone immediatamente adiacente.

- L'impulso passa da una cellula ad un'altra attraverso le **sinapsi**. Esse possono essere **sinapsi elettriche**, se la trasmissione da una cellula all'altra avviene nello stesso modo con cui si propaga all'interno della cellula, o **sinapsi chimiche**, se invece tra le cellule vengono liberate delle sostanze chimiche, i *neurotrasmettitori*.

- La maggior parte degli animali che vivono sulla superficie terrestre sono dotati di **occhi**, organi in grado di recepire la luce. L'organo fotorecettore più semplice è la **macchia oculare** presente in alcune meduse e nei vermi piatti. Gli insetti possiedono un **occhio composto** formato da migliaia di *ommatidi*. I vertebrati e alcuni invertebrati possiedono l'**occhio a lente singola**.

- L'**orecchio** è l'organo che permette il senso dell'udito: esso è formato da un **orecchio esterno**, che raccoglie le onde sonore; un **orecchio medio** che amplifica le vibrazioni di una membrana, detta *timpano*, e l'**orecchio interno**, in cui si trova la *coclea*, organo in grado di ricevere le informazioni e trasmetterle al cervello. Nell'orecchio interno si trova anche il **labirinto membranoso**, che rappresenta l'**organo dell'equilibrio**.

- Gli esseri umani sono anche dotati dei **sensi dell'olfatto, del gusto e del tatto**. I primi due sono dovuti alla presenza di **chemiocettori** nella cavità nasale e sulla lingua, mentre il tatto è dovuto alla presenza in tutto il corpo di **meccanocettori** sensibili alla pressione e alle sue variazioni.

- Il **sistema nervoso degli animali** si compone di un **sistema nervoso centrale**, a sua volta formato da *midollo spinale* ed *encefalo*, e da un **sistema nervoso periferico**, costituito invece da una rete di *nervi* che si dirama in tutto il corpo. Il sistema nervoso periferico è composto da un **sistema nervoso somatico**, che regola le azioni volontarie (come i movimenti), e da un **sistema nervoso autonomo**, che controlla le attività involontarie svolte dal corpo automaticamente. Molti processi sono regolati attraverso la produzione di molecole che funzionano da **messaggeri chimici**, come per esempio gli ormoni. Gli ormoni vengono prodotti dalle ghiandole endocrine che nel loro insieme formano il **sistema endocrino**. Il sistema endocrino regola il metabolismo, la crescita, la maturazione sessuale ecc.

- Le piante rispondono a numerosi stimoli ambientali ed elaborano delle risposte piuttosto lente che sono mediate da messaggeri chimici, gli **ormoni vegetali**. Esistono diversi composti che funzionano come ormoni nelle piante: per esempio l'etilene induce la maturazione dei frutti, mentre le auxine e le citochinine promuovono la crescita. Questi ormoni spesso agiscono in combinazione e variazioni minime delle loro concentrazioni promuovono processi importanti.

Le rane e i rospi hanno occhi quasi sferici. La palpebra superiore è fissa mentre quella inferiore si muove e mantiene pulita la superficie della cornea.

Laboratorio delle competenze **UNITÀ 12**

**Riorganizza i concetti completando la mappa**

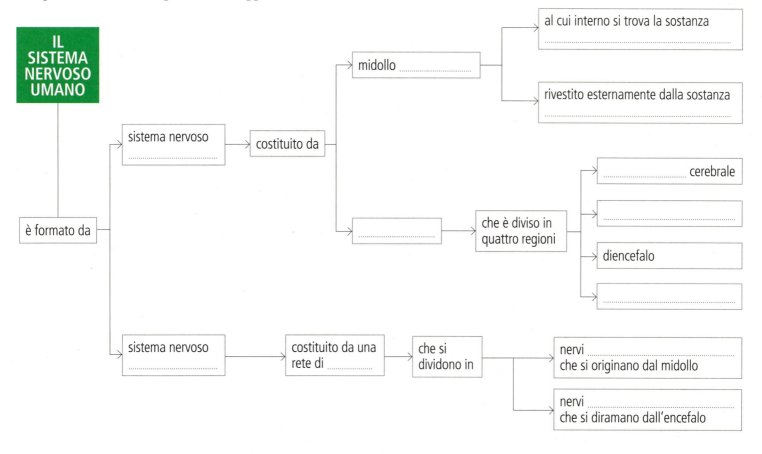

## 2 Collegare i concetti

1. Quali sensi sono legati alla presenza di meccanocettori?
   (2 risposte corrette)
   - [A] Vista.
   - [B] Udito.
   - [C] Gusto.
   - [D] Olfatto.
   - [E] Tatto.

2. Attribuisci a ciascun organo riportato nella colonna di sinistra i recettori sensoriali che contiene tra quelli indicati nella colonna di destra

   **Organo**            **Recettori**
   - [A] Occhio          ☐ meccanocettori, termocettori, nocicettori
   - [B] Orecchio        ☐ fotocettori
   - [C] Pelle           ☐ chemiocettori, meccanocettori, termocettori
   - [D] Lingua e naso   ☐ meccanocettori

3. Completa con i termini mancanti.
   L'arco ............ semplice è un meccanismo che si attua quando un neurone ............ riceve uno stimolo acuto e senza trasportarlo all'encefalo lo trasferisce ad un neurone ............ per azionare immediatamente una risposta di difesa.

4. Completa con i termini mancanti.
   Il sistema nervoso dei vertebrati è costituito da un sistema nervoso centrale e da un sistema nervoso ............ . Il secondo è costituito da una rete di ............ che sono dei fasci di ............ e dendriti avvolti da tessuto connettivo. Queste fibre nervose appartengono sia a neuroni ............ che trasportano l'impulso verso il sistema nervoso centrale, sia a neuroni ............ che trasportano la risposta elaborata dall' ............ ai muscoli o ad altre cellule.

5. Quali tra le seguenti affermazioni sull'ipotalamo sono false?
   (2 risposte corrette)
   - [A] Rappresenta il centro di controllo del sistema endocrino.
   - [B] Produce ormoni di rilascio e di inibizione che agiscono direttamente su vari organi del corpo umano.
   - [C] Controlla la temperatura corporea, il bilancio idrico e i ritmi giornalieri.
   - [D] È sede delle emozioni e del centro del piacere.
   - [E] È costituito da una parte ghiandolare non nervosa.
   - [F] Si trova nel diencefalo.

## 3 Comprendere un testo

### La risposta dell'occhio agli stimoli

*L'iride, la parte colorata del bulbo oculare, comprende fibre del muscolo liscio, sia circolari sia radiali. L'orifizio al centro dell'iride, attraverso il quale entra la luce nel bulbo, è la pupilla. Il muscolo liscio dell'iride regola la quantità di luce che passa attraverso il cristallino. Quando l'occhio viene stimolato da una luce intensa, il parasimpatico del sistema nervoso autonomo fa contrarre i muscoli circolari dell'iride, il che fa diminuire le dimensioni della pupilla (costrizione). Quando l'occhio si deve adattare ad una luce debole, il simpatico del sistema nervoso autonomo fa contrarre i muscoli radiali, il che fa aumentare le dimensioni della pupilla (dilatazione).*

(Da G.J. Tortora, B. Derrickson, *Conosciamo il corpo umano*, Zanichelli, 2009)

**Rispondi alle seguenti domande.**
a. Da quale tipo di tessuto è formata l'iride?
b. Che cos'è la pupilla e a cosa serve?
c. Che cosa succede quando l'occhio viene stimolato da una luce intensa?
d. Che cosa succede se si contraggono i muscoli dell'iride?

## 4 Spiegare un fenomeno

### La differenza tra sensazione e percezione

Disegna, utilizzando una riga e una squadra, due segmenti paralleli, della stessa lunghezza. Poi ad ogni estremo aggiungi due trattini ad angolo, come indicato nella figura seguente.

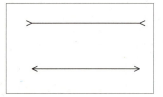

Osserva la figura ottenuta.
I due segmenti ti sembrano ancora della stessa lunghezza?
Come puoi spiegare questo fenomeno?

## 5 Fare una presentazione al computer

### La trasmissione dell'impulso nervoso

Con un programma di presentazione, prepara 6 diapositive, una per ciascuno dei primi 6 paragrafi di questa unità. Assegna un titolo a ogni diapositiva e sviluppa l'argomento in tre o quattro punti. Fai attenzione a non scrivere troppo: le diapositive con un'eccessiva quantità di testo non sono chiaramente leggibili. Esercitati a illustrare l'argomento di ciascuna diapositiva in un tempo massimo di 1 minuto.

## 6 Argomentare

### L'apprendimento e il numero delle sinapsi

Quando impariamo qualcosa il numero di sinapsi presenti nel nostro cervello aumenta.
▸ Pensi che questa affermazione sia corretta?
▸ Motiva la tua risposta alla luce di quanto hai studiato nel paragrafo 6 di questa unità e cerca ulteriori argomentazioni in proposito su Internet.

## 7 Fare una ricerca

### I neuroni specchio

I neuroni specchio costituiscono una particolare classe di cellule nervose che si attivano quando un animale (per esempio una scimmia) compie un determinato movimento (come afferrare un oggetto) oppure osserva un altro individuo fare la stessa azione. I neuroni specchio esistono anche negli esseri umani.
Cerca informazioni sui neuroni specchio e scrivi un breve testo sulla loro scoperta e sulla loro funzione, immaginando di doverlo pubblicare nella rubrica scientifica di un giornalino scolastico.

## 8 Spiegare un fenomeno

### Il test del punto cieco

Osserva il disegno da circa 45 cm di distanza.
Chiudi l'occhio sinistro con la mano e fissa la X con l'occhio destro, avvicina lentamente il viso alla figura mantenendo l'occhio destro fisso sulla X. Se fai attenzione, a una certa distanza il pallino scompare alla vista.
▸ Sai ipotizzare per quale ragione?
▸ Se non trovi una spiegazione plausibile riguarda la figura dell'occhio o fai una ricerca su Internet.

## 9 Fare una ricerca

### Il ciclo circadiano

Misura la tua temperatura corporea per 4 giorni, all'ora in cui ti svegli, a un'ora scelta da te e all'ora in cui vai a letto. Inserisci i dati in un grafico in cui sulle ascisse metti i tre diversi orari e sulle ordinate le temperature. Unisci i punti con un tratto: che aspetto ha il grafico?
Fai ora una ricerca sul ciclo sonno-veglia, detto anche ciclo circadiano. Da quali ormoni è controllato? Oltre alla temperatura quali altri parametri vitali sono interessati da tale ciclo?

# Biologia per il cittadino

## Le sostanze psicoattive

Le sostanze psicoattive (o *psicotrope*) sono i composti chimici che nel linguaggio comune vengono chiamate sostanze stupefacenti o droghe. L'assunzione di tali sostanze altera il funzionamento del sistema nervoso centrale e l'attività cerebrale, provocando cambiamenti della percezione, dell'umore, dello stato di coscienza e del comportamento. Le sostanze psicotrope vengono classificate secondo i loro effetti farmacologici. È possibile riconoscere tre gruppi principali:

- gli **stimolanti**, che hanno un effetto eccitante sul sistema nervoso, acuiscono la percezione sensoriale e provocano una lieve euforia. Tra gli stimolanti più noti vi sono il caffè, il tabacco e il tè, nonché sostanze dall'effetto più marcato e nocivo quali le anfetamine, l'efedrina e la cocaina.
- i **narcotici** e i **sedativi**, che hanno un'azione depressiva sulle attività del sistema nervoso. Questo gruppo comprende le sostanze che hanno effetto calmante, analgesico, sonnifero e ansiolitico quali gli oppiacei (per esempio la morfina e l'eroina), i barbiturici, la marijuana e l'alcol (anche se quest'ultimo agisce in modo più complesso e può presentare anche un effetto euforizzante).
- gli **allucinogeni**, che provocano alterazioni della percezione sensoriale. In questa categoria vanno incluse tutte le sostanze psichedeliche come l'LSD, la psilocibina e la mescalina.

Tra le sostanze psicoattive ve ne sono alcune molto comuni (quali il tè e il caffè), altre che vengono utilizzate in campo medico (come i barbiturici) e altre ancora il cui consumo nella nostra società è illegale (cocaina, eroina ecc.).

Anche se esistono diversi modi in cui le sostanze psicoattive possono interferire con l'attività del sistema nervoso e del cervello, nella maggior parte dei casi le droghe agiscono a livello delle sinapsi, cioè delle giunzioni tra le cellule nervose.

Alcune sostanze hanno un effetto *eccitatorio* sulle sinapsi, per esempio aumentando la produzione dei neurotrasmettitori. In altri casi lo stesso effetto eccitatorio viene ottenuto dalla sostanza psicotropa provocando la riduzione del tasso di degradazione di un neurotrasmettitore, dopo che questo è stato liberato nello spazio tra le sinapsi e ha svolto la sua normale funzione di trasmissione dell'impulso nervoso. Questo modo di agire è tipico degli stimolanti: è il caso dell'**anfetamina**, uno stupefacente molto pericoloso poiché provoca forte dipendenza e porta all'esaurimento fisico e alla denutrizione.

Alcune sostanze psicotrope hanno invece effetto *antagonista*: per esempio possono bloccare la sintesi dei neurotrasmettitori o la loro liberazione nello spazio sinaptico. Agiscono in questo modo i narcotici e le sostanze psicoattive come la morfina e i suoi derivati (la codeina e l'eroina).

L'alterazione delle funzionalità sinaptiche può causare cambiamenti, anche permanenti, alla struttura dei neuroni. La sovrastimolazione delle cellule nervose da parte delle sostanze stupefacenti genera un effetto di desensibilizzazione dei neuroni stessi che, una volta terminato l'effetto della droga, non funzionano più nella maniera corretta. Un nuovo ricorso alla sostanza psicoattiva stimola nuovamente l'attività del sistema nervoso. Per questa ragione, l'uso delle sostanze stupefacenti provoca, in genere, una dipendenza di tipo fisico.

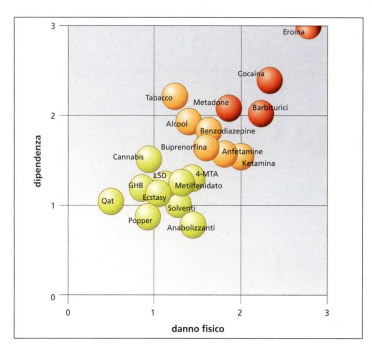

I danni e la dipendenza provocati da diversi tipi di droghe. Nel grafico, pubblicato dalla rivista medica *Lancet*, si mettono in relazione i danni provocati alla salute umana e la dipendenza indotta da alcune sostanze psicoattive, in modo da valutare graficamente la pericolosità generale che l'uso di tali sostanze comporta. In rosso sono indicate le sostanze da ritenersi più pericolose in quanto comportano elevati danni all'organismo e inducono forte dipendenza; in giallo invece le sostanze che provocano una dipendenza più lieve e meno danni. Si noti come sostanze comunemente utilizzate, come il tabacco e l'alcol, comportino un notevole rischio per l'organismo sia in termini di danni che in termini di dipendenza.

## DISCUTIAMONE INSIEME

In classe dividetevi in gruppi. Ciascun gruppo svolga a casa un lavoro di ricerca cercando informazioni sui diversi tipi di sostanze stupefacenti, sulla loro provenienza e sul meccanismo di azione sul nostro organismo.

Dopo esservi scambiate le informazioni discutetene insieme.

Quali sostanze psicotrope ritenete più pericolose e perché?
Quali ti erano già note e di quali invece non eri mai venuto a conoscenza?

# 13 IL SOSTEGNO E IL MOVIMENTO

La maggior parte degli animali è in grado di spostarsi nell'ambiente dove vive: la **locomozione** è indispensabile per reperire il cibo e l'acqua, per sfuggire ai predatori o ai pericoli, per cercare un partner con cui accoppiarsi e per molte altre funzioni vitali.

Gli animali possiedono un **sistema di sostegno**, le cui caratteristiche dipendono dalla struttura generale del corpo e dall'ambiente dove essi vivono: alcuni possiedono l'**idroscheletro**, una cavità interna piena di liquido sotto pressione, altri hanno uno **scheletro rigido**, interno o esterno. I vertebrati possiedono uno scheletro interno che sostiene il corpo, ne permette il movimento, protegge gli organi interni.

Lo scheletro è formato dalle **ossa** ed è azionato dai **muscoli**, che contribuiscono anche al mantenimento della postura.

TEST D'INGRESSO

Laboratorio delle competenze
pagine 240-243

# PRIMA DELLA LEZIONE

 **Guarda il video *Il sostegno e il movimento*, che presenta gli argomenti dell'unità.**

Perché per gli animali è così importante muoversi?
....................................................................................................................................................................................
....................................................................................................................................................................................

Per potersi muovere efficacemente, gli animali hanno sviluppato forme differenti a seconda del tipo di ambiente in cui vivono. Prova a immaginare perché un pesce oceanico ha una forma più allungata e idrodinamica di un pesce che vive sulla barriera corallina.

..........................................................................
..........................................................................
..........................................................................
..........................................................................
..........................................................................
..........................................................................
..........................................................................
..........................................................................

**Guarda le fotografie scattate durante la realizzazione di un esperimento sulla struttura delle ossa.**

L'osso è composto da cellule vive immerse in un tessuto connettivo formato da due componenti: le proteine fibrose, che gli conferiscono una certa elasticità, e i sali minerali, come il fosfato di calcio, che lo rendono duro e resistente. Per capire meglio la struttura delle ossa dei vertebrati puoi fare questo esperimento.

**1** Procurati un pezzo di pollo contenente un osso, per esempio una coscia, ed elimina tutti i tessuti non ossei. Puoi usare anche un osso di un pollo cotto.

**2** Immergi l'osso ben pulito in un recipiente pieno di aceto, facendo attenzione che sia immerso completamente nel liquido. Lascialo nell'aceto per 4 o 5 giorni.

**3** Togli l'osso dall'aceto, lavalo sotto acqua corrente e prova a piegarlo. Che cosa succede? Per quale ragione secondo te?

Troverai maggiori informazioni sulla struttura delle ossa nel paragrafo 6 di questa unità.

# 1. COME SI MUOVONO GLI ANIMALI

Le modalità di locomozione degli organismi dipendono dalla loro complessità strutturale e dal mezzo in cui si spostano.

La capacità di movimento è una delle caratteristiche che distinguono gli animali dalle piante. Anche se esistono alcune specie (per esempio i coralli) che hanno una capacità di movimento limitata ad alcune parti del corpo, la maggior parte degli animali è in grado di spostarsi attivamente da un luogo all'altro, cioè è dotata di **locomozione**. La locomozione è necessaria per reperire il cibo e l'acqua, per sfuggire a un predatore o a un altro pericolo, per cercare un partner con cui accoppiarsi e per molte altre funzioni vitali.

Le modalità con cui gli organismi si spostano nell'ambiente dipendono dalla loro struttura corporea e dall'ambiente in cui si spostano.

Per gli animali acquatici la forza di gravità non rappresenta un problema. L'acqua ha una densità molto maggiore dell'aria e fornisce una *spinta idrostatica* che sostiene il corpo dell'animale. Proprio a causa della sua elevata densità, tuttavia, l'acqua oppone una notevole resistenza al movimento. La forma affusolata ed estremamente idrodinamica dei pesci, e in generale degli animali acquatici, è una caratteristica utile a diminuire l'attrito con l'acqua durante il moto.

Il **nuoto** viene messo in atto con soluzioni diverse: alcuni insetti nuotano utilizzando le zampe come remi; la stessa cosa fanno le tartarughe marine. Nei calamari e in alcune meduse la propulsione è generata risucchiando l'acqua ed espellendola con forza dal corpo. I pesci piegano alternativamente la colonna vertebrale verso destra e verso sinistra (in modo simile ai serpenti sulla terraferma). I mammiferi acquatici, come le balene e i delfini, muovono la colonna vertebrale in modo analogo ai pesci, piegandola però verso l'alto e verso il basso.

Gli animali che si muovono sulla terraferma hanno problemi opposti a quelli determinati dallo spostamento in acqua. L'aria ha una bassa densità e oppone scarsa resistenza allo spostamento, ma offre un sostegno limitato al corpo. Per questa ragione gli animali che vivono sulla terraferma possiedono un **sistema di sostegno** in grado di resistere alla forza di gravità che tende a schiacciarli al suolo. La locomozione è poi assicurata dall'azione dell'apparato muscolare.

Infine, gli animali in grado di volare (tra i quali molti insetti, la maggior parte degli uccelli e i pipistrelli) – oltre a dover risolvere il problema del sostegno – hanno la ne-

Le tartarughe marine riescono a muoversi nell'acqua utilizzando, come remi, le zampe trasformate in palette. Le dita sono coperte di pelle per aumentare la superficie di tale paletta.

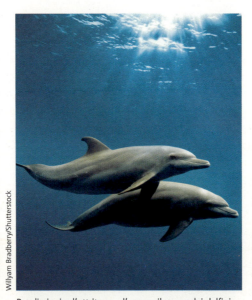

Per diminuire l'attrito con l'acqua, il corpo dei delfini ha una forma affusolata. La propulsione si realizza mediante il movimento verso l'alto e verso il basso della colonna vertebrale. Le pinne pettorali hanno la funzione di stabilizzare il nuoto.

Durante la locomozione, gli animali terrestri dotati di zampe devono affrontare anche il problema dell'equilibrio che, in genere, è mantenuto appoggiando tre punti del corpo a terra. Nei quadrupedi, tre zampe toccano sempre il suolo durante la locomozione, mentre i bipedi (come i canguri) si aiutano appoggiando la coda a terra.

cessità di mantenersi sospesi nell'aria. L'organo atto al **volo** è l'*ala*, la cui forma è simile in tutti gli animali che ne sono dotati (ed è stata progettata in modo simile per le ali degli aeroplani): la porzione anteriore è più spessa di quella posteriore; inoltre la superficie superiore è convessa, mentre quella inferiore è piatta o concava. L'estensione delle ali è tale da garantire la generazione di una spinta verso l'alto sufficiente a sollevare il corpo dell'animale.

### IMPARA A IMPARARE
Rintraccia nel testo ed elenca i problemi che un animale deve risolvere per potersi muovere nell'acqua. Poi fai la stessa operazione per gli animali che si spostano sulla terraferma e per quelli che volano.

### NELLE RISORSE DIGITALI
- Esercizi interattivi
- Mappa del paragrafo

### CHE COSA VEDE IL BIOLOGO

Il particolare profilo dell'ala fa sì che il flusso d'aria che scorre al di sotto dell'ala stessa compia una distanza minore rispetto alla corrente che passa al di sopra. Ne risulta che il flusso superiore tende a divergere e a creare una depressione. La pressione sotto all'ala è maggiore e genera pertanto una forza diretta verso l'alto.

## ■ Il movimento degli unicellulari

La maggior parte degli organismi unicellulari non è dotata di un sistema di movimento e si limita a fluttuare nel fluido in cui vive, principalmente acqua o aria. I batteri, la maggior parte delle alghe e i protozoi si spostano quindi solo passivamente. Alcune specie però possiedono sistemi di movimento semplici ma efficienti: le amebe, pur non avendo strutture permanenti per la locomozione, sono in grado di effettuare spostamenti grazie all'emissione di **pseudopodi**, estensioni temporanee della cellula ottenute grazie al movimento del citoscheletro e alla flessibilità della membrana plasmatica.

I protozoi ciliati si muovono grazie alla presenza di **ciglia**, mentre i protozoi flagellati e alcune specie di alghe possiedono i **flagelli**.

I parameci si spostano muovendo le **ciglia** che li ricoprono, come un'onda che si propaga da un capo all'altro della cellula.

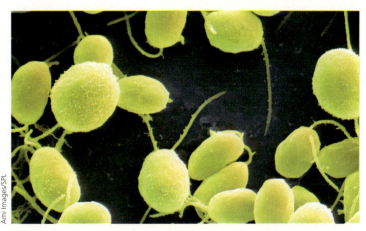

*Chlamydomonas*, un'alga unicellulare assai comune nelle acque di laghi e stagni, è dotata di due **flagelli** che usa come frusta per spostarsi.

## 2. LO SCHELETRO IDROSTATICO

L'idroscheletro è una cavità – presente all'interno del corpo di molti invertebrati – piena di liquido sotto pressione; ha la funzione di mantenere la forma del corpo e supportare i muscoli.

Molti animali dotati di corpo molle e flessibile non hanno una struttura scheletrica rigida, ma possiedono uno **scheletro idrostatico** o **idroscheletro**. Esso è costituito da una cavità piena di liquido sotto pressione che conferisce forma al corpo, supporta i muscoli e ammortizza gli urti. Pur non essendo rigido, l'idroscheletro offre un buon supporto e una certa resistenza alla contrazione dei muscoli, sufficiente a cambiare la forma del corpo e a permettere, quindi, diversi movimenti. Possiamo paragonare lo scheletro idrostatico all'acqua che riempie un palloncino di gomma: grazie alla pressione esercitata dal liquido, il palloncino mantiene una determinata forma e possiede una certa consistenza.

Lo scheletro idrostatico è tipico degli animali acquatici (come le idre e le planarie) o di animali terrestri che strisciano o scavano gallerie nel terreno (come i lombrichi); non è invece utile per gli organismi che hanno necessità di tenere sollevato il corpo da terra.

Un gruppo di organismi dotati di un efficiente scheletro idrostatico è quello degli anellidi, un *phylum* di invertebrati, caratterizzato dalla segmentazione del corpo, del quale fanno parte lombrichi e sanguisughe. Nel corpo degli anellidi è possibile riconoscere numerosi segmenti simili tra loro, ciascuno dei quali possiede una cavità interna, il **celoma**. Il celoma di ogni segmento è riempito da un liquido che esercita una certa pressione idrostatica e fornisce al corpo dell'animale consistenza e rigidità.

I lombrichi possono muoversi grazie a un meccanismo di *peristalsi*, cioè contrazioni dei muscoli circolari e longitudinali che circondano il celoma.

Anche alcuni animali che possiedono uno scheletro rigido muovono alcune parti del corpo grazie al sostegno di un liquido contenuto all'interno di strutture muscolari. Per esempio alcuni molluschi muovono il loro piede muscolare grazie allo scheletro idrostatico; certi ragni e farfalle usano l'idroscheletro per il movimento delle zampe e dell'apparato boccale; tra i vertebrati, gli elefanti muovono la proboscide grazie a muscoli idrostatici.

> **IMPARA A IMPARARE**
>
> Sottolinea la definizione di idroscheletro. Rintraccia nel testo ed elenca le funzioni svolte dall'idroscheletro.

**NELLE RISORSE DIGITALI**
- Esercizi interattivi
- Mappa del paragrafo

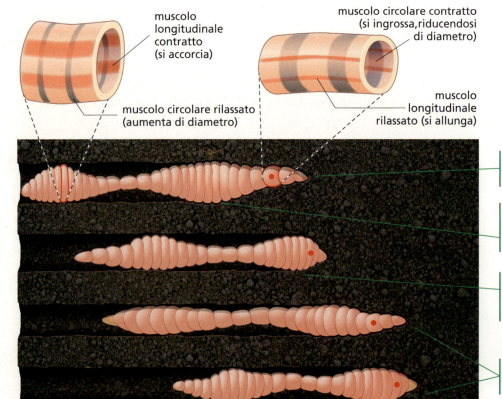

muscolo longitudinale contratto (si accorcia)
muscolo circolare rilassato (aumenta di diametro)
muscolo circolare contratto (si ingrossa, riducendosi di diametro)
muscolo longitudinale rilassato (si allunga)

La contrazione dei muscoli circolari allunga i segmenti spingendoli in avanti.

Nel frattempo, delle setole ancorano i segmenti che non si allungano al substrato per impedire che scivolino all'indietro.

La contrazione dei muscoli longitudinali accorcia i segmenti che si erano allungati trascinando in avanti quelli che seguono.

Il ciclo di allungamenti e accorciamenti prosegue e determina l'avanzamento del lombrico.

# 3. L'ESOSCHELETRO E L'ENDOSCHELETRO

Molti animali possiedono uno scheletro rigido. Lo scheletro può essere esterno (esoscheletro), come negli artropodi, o interno (endoscheletro), come negli echinodermi e nei vertebrati.

Moltissimi animali, sia acquatici sia di terraferma, possiedono uno scheletro rigido.

In tutti gli artropodi – il gruppo che comprende insetti, crostacei, miriapodi e aracnidi – lo scheletro è un involucro rigido che racchiude il corpo; poiché si tratta di uno scheletro esterno, esso è chiamato **esoscheletro**. Per permettere il movimento degli animali che lo possiedono, l'esoscheletro ha uno spessore variabile: a livello delle articolazioni e nel punto in cui le zampe si inseriscono sul corpo, lo scheletro è più sottile e flessibile.

L'esoscheletro degli artropodi costituisce una buona difesa dai predatori e una protezione contro la disidratazione. Esso è costituito principalmente da *chitina*, un polisaccaride con struttura chimica complessa. Come una corazza modellata sul corpo, l'esoscheletro non si accresce con l'animale; per questa ragione è periodicamente sostituito con il processo di *muta*, durante il quale l'animale resta più esposto ai predatori.

Anche la maggior parte dei molluschi possiede uno scheletro esterno, la **conchiglia**, formato da carbonato di calcio ($CaCO_3$). La conchiglia è molto rigida e non consente movimenti, ma ha il vantaggio di assecondare la crescita dell'animale: la conchiglia aumenta di dimensioni grazie alla continua deposizione di materiale sul suo margine esterno.

Gli animali che appartengono al *phylum* degli echinodermi (come i ricci di mare e le stelle marine) e i vertebrati possiedono uno scheletro interno, o **endoscheletro**: una struttura formata da elementi rigidi di supporto, collocata all'interno dei tessuti molli dell'animale. L'endoscheletro ha caratteristiche diverse nei vari gruppi animali. Gli echinodermi possiedono un guscio sottocutaneo rigido, il **dermascheletro**, che contiene e protegge gli organi più importanti dell'organismo. Nei vertebrati l'endoscheletro è costituito da parti ossee e da altre, più flessibili ed elastiche, di tessuto cartilagineo. Ne parleremo ancora nel prossimo paragrafo.

Infine, alcuni tipi di spugne hanno un corpo molle rinforzato da fibre rigide che formano una sorta di impalcatura. Queste fibre possono essere di origine organica, per esempio proteine, oppure di natura inorganica, come sali di calcio o silice, che formano strutture microscopiche appuntite dette **spicole**.

> **IMPARA A IMPARARE**
>
> Costruisci una tabella. Nella prima colonna riporta i diversi tipi di scheletro presentati in questo paragrafo; nella seconda colonna scrivi se si tratta di un endoscheletro o di un esoscheletro; nella terza colonna elenca i gruppi animali che lo possiedono.

### NELLE RISORSE DIGITALI

- Esercizi interattivi
- Mappa del paragrafo

L'**esoscheletro** degli insetti è una corazza rigida e impermeabile, anche ai gas. Lo scambio di ossigeno e anidride carbonica per la respirazione avviene tramite piccoli fori sulla sua superficie.

I ricci di mare presentano un **endoscheletro** su cui sono inseriti gli aculei. Alla base di ogni aculeo sono presenti alcuni muscoli che ne consentono una certa mobilità.

Il **dermascheletro** della stella marina è formato da placche calcaree articolate e mobili. In altri echinodermi, come i ricci di mare, le placche sono saldate tra loro.

# 4. LO SCHELETRO DEI VERTEBRATI E DEGLI ESSERI UMANI

I vertebrati possiedono uno scheletro assile formato da cranio, colonna vertebrale e cassa toracica e uno scheletro appendicolare, costituito dagli arti, dal cinto scapolare e dal cinto pelvico.

L'**endoscheletro** dei vertebrati svolge svariate funzioni: sostiene il corpo, permette il movimento e protegge gli organi interni. Inoltre, le ossa svolgono un'importante funzione di riserva per alcuni sali inorganici (come il fosfato di calcio).

Il gruppo dei vertebrati comprende organismi con sistemi di locomozione diversi. Nonostante ciò, lo scheletro di questi animali presenta lo stesso tipo di organizzazione, perché deriva dallo scheletro di un antenato comune.

Tutti i vertebrati hanno uno **scheletro assile**, che sostiene il tronco, formato da tre parti ossee.

1. Il **cranio** è costituito dalla *scatola cranica* e dalle ossa della *faccia*.
2. La **colonna vertebrale** rappresenta l'asse portante del corpo.
3. La **cassa toracica** forma una gabbia a protezione del cuore e dei polmoni. È formata dallo *sterno* e dalle *costole*, collegate (nella parte posteriore) alle *vertebre toraciche*.

A parte qualche eccezione (come i serpenti), i vertebrati possiedono degli arti che si dipartono dal tronco. Gli arti e le ossa della spalla (*cinto scapolare*) e del bacino (*cinto pelvico*) formano lo **scheletro appendicolare**, di cui parleremo nel prossimo paragrafo.

Nell'essere umano adulto l'apparato scheletrico è costituito in totale da 206 ossa: 80 per lo scheletro assile e 126 per quello appendicolare.

Le dimensioni delle ossa variano notevolmente e ciascun osso possiede una forma peculiare, perfettamente adattata alle funzioni che deve svolgere.

Si distinguono tre tipi di ossa:
- le **ossa lunghe** (tutte le ossa degli arti, tranne quelle del polso e della caviglia);
- le **ossa brevi** (quelle del polso e della caviglia);
- le **ossa piatte**, a forma di lamina (come le ossa del cranio, la scapola della spalla e lo sterno).

Le ossa che non possono venire inserite in una di queste tre categorie, non avendo alcun elemento morfologico dominante, sono definite **ossa irregolari**: sono ossa irregolari le vertebre e quelle del bacino.

### NELLE RISORSE DIGITALI
- Esercizi interattivi
- Mappa del paragrafo

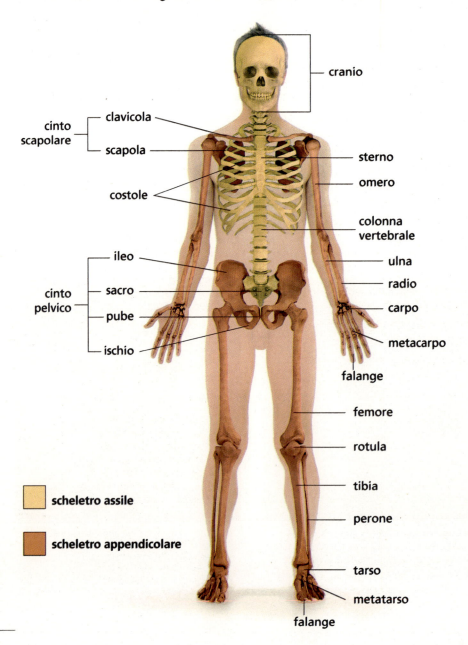

## La scatola cranica

La **scatola cranica** contiene e protegge il cervello e gli organi di senso della vista, dell'udito e dell'olfatto, ed è composta da ossa piatte, molto robuste, saldate tra loro. Le principali sono l'osso frontale, l'osso parietale, quello temporale e quello occipitale. Sulla superficie interna delle ossa craniche si legano le meningi, le membrane che stabilizzano e ancorano il cervello.

Lo scheletro della **faccia** è costituito dalle ossa che formano il naso, gli zigomi, la mascella e la mandibola. La mandibola è l'unico osso del cranio in grado di muoversi. Essa forma il mento e porta l'arcata dentaria inferiore.

### CHE COSA VEDE IL BIOLOGO

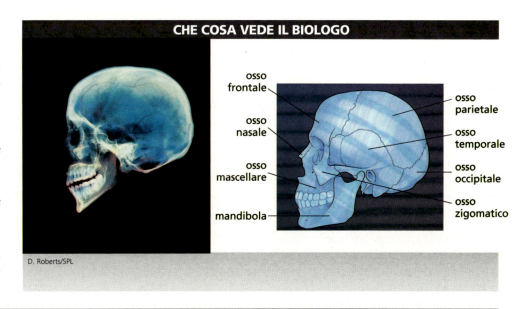

D. Roberts/SPL

## La colonna vertebrale

La colonna vertebrale è formata dalle **vertebre**, ciascuna delle quali è costituita da un *corpo vertebrale* e da una parte sporgente, detta *arco vertebrale*. Tra il corpo e l'arco è presente un canale, il *foro vertebrale*, attraversato dal midollo spinale. Le vertebre variano di forma e di dimensione secondo la loro posizione nella colonna vertebrale.

Nei diversi gruppi di vertebrati il numero di vertebre è molto variabile: negli esseri umani le vertebre sono 33 o 34, nei serpenti sono sempre più di 100 (in alcune specie il loro numero arriva a 500).

Le vertebre delle diverse specie di vertebrati hanno dimensioni differenti, che dipendono dalla taglia dell'animale: il collo della giraffa contiene 7 vertebre cervicali come quello degli esseri umani, ma con una lunghezza complessiva che può superare i due metri.

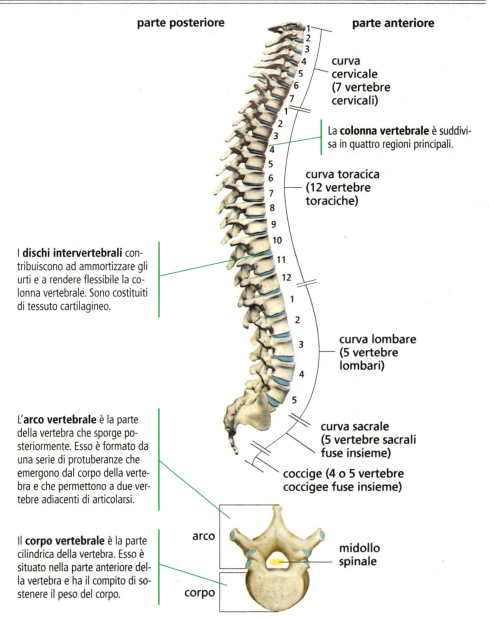

### IMPARA A IMPARARE
- Elenca le parti che compongono lo scheletro assile e lo scheletro appendicolare dei vertebrati.
- Rintraccia nella figura della colonna vertebrale le informazioni relative alle vertebre e fanne un breve riassunto per punti.

233

# 5. GLI ARTI E LE ARTICOLAZIONI

Gli arti sono collegati allo scheletro assile attraverso il cinto scapolare e il cinto pelvico. Il movimento reciproco delle ossa è garantito dalla presenza di diversi tipi di articolazioni.

Gli **arti** sono le appendici mobili che servono per la locomozione. Nei vertebrati tetrapodi si parla di arti anteriori e arti posteriori; negli esseri umani, gli arti vengono indicati come superiori e inferiori. Nonostante nella nostra specie gli arti inferiori siano molto più robusti di quelli superiori, la loro struttura anatomica è la stessa.

- Il primo tratto è formato da un osso singolo: l'*omero* nell'arto superiore, il *femore* nell'arto inferiore;
- il secondo tratto da due ossa: *radio* e *ulna* nell'arto superiore, *perone* e *tibia* nell'arto inferiore;
- l'ultimo tratto è invece formato da diverse ossa: *carpo* e *metacarpo* nella mano, *tarso* e *metatarso* nel piede. Le dita sono formate dalle *falangi* che corrispondono come numero e come disposizione sia nella mano che nel piede.

Gli arti si collegano alla colonna vertebrale attraverso due cinti.

Il **cinto scapolare** è costituito dalle ossa che formano le spalle e congiunge gli arti superiori allo scheletro assile. Esso è composto da due sole ossa: la *clavicola*, un osso allungato e incurvato a S, e la *scapola*, un osso piatto di forma triangolare.

Il **cinto pelvico** o *bacino* raccorda gli arti inferiori con la colonna vertebrale ed è formato dalle due ossa delle anche. Ciascuna anca si compone di tre ossa - *ileo*, *ischio* e *pube* - saldate fra loro. Le ossa del cinto pelvico sono grandi e robuste poiché su di loro grava tutto il peso della parte superiore del corpo. Il cinto pelvico inoltre ha la funzione di proteggere l'intestino crasso e l'apparato urogenitale.

Tutte le ossa dei vertebrati (tranne l'*osso ioide* nel collo) sono in contatto con almeno un altro osso dello scheletro. I punti di contatto tra le ossa sono detti **articolazioni** e sono estremamente importanti perché, a seconda del tipo, permettono o meno il movimento reciproco delle ossa.

1. Le **articolazioni mobili** consentono il massimo grado di movimento; esse sono di vario tipo e si trovano soprattutto nello scheletro appendicolare. Il gomito e il ginocchio sono articolazioni mobili.
2. Le **articolazioni semimobili** consentono movimenti molto ridotti; si trovano per esempio nella colonna vertebrale e in generale nello scheletro assile.
3. Le **articolazioni immobili** sono presenti tra le ossa del cranio che sono saldate tra loro e non possono compiere alcun movimento.

### IMPARA A IMPARARE

Osservando la figura elenca, a partire dalla clavicola scendendo verso la mano, tutte le ossa dell'arto superiore umano. A fianco di ogni nome scrivi quello dell'osso dell'arto inferiore corrispondente.

### NELLE RISORSE DIGITALI

- Esercizi interattivi
- Mappa del paragrafo

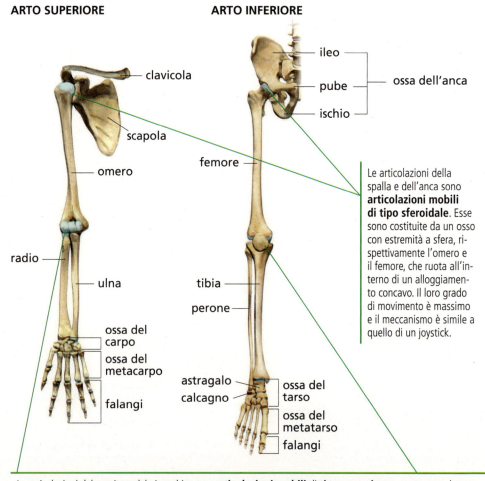

Le articolazioni della spalla e dell'anca sono **articolazioni mobili di tipo sferoidale**. Esse sono costituite da un osso con estremità a sfera, rispettivamente l'omero e il femore, che ruota all'interno di un alloggiamento concavo. Il loro grado di movimento è massimo e il meccanismo è simile a quello di un joystick.

Le articolazioni del gomito e del ginocchio sono **articolazioni mobili** di **tipo a cerniera** e consentono la rotazione rispetto a un solo asse. Il loro grado di movimento è inferiore rispetto alle articolazioni sferoidali e il meccanismo è simile a quello dei cardini di una finestra.

# 6. COME SONO FATTE LE OSSA

Le ossa dello scheletro sono formate da tessuto connettivo osseo costituito da cellule dette osteociti e da una matrice rigida e compatta.

A una prima osservazione potrebbe sembrare che le ossa siano costituite esclusivamente da sali minerali. In realtà le ossa sono composte da **tessuto osseo** – un tessuto connettivo formato da cellule vive sparse all'interno di una matrice extracellulare solida – e sono attraversate da *fibre nervose* e *vasi sanguigni*.

Le ossa possono avere diverse strutture a seconda della loro forma.

Nelle ossa lunghe la parte centrale, la **diafisi**, è cava ed è costituita da un tessuto osseo molto denso e compatto. Nel canale che percorre la diafisi si trova il **midollo osseo giallo**, formato da tessuto adiposo.

Le due protuberanze all'estremità dell'osso sono chiamate **epifisi** e sono costituite da un tessuto osseo spugnoso, meno denso di quello compatto, attraversato da numerose piccole cavità. Queste cavità contengono il tessuto che produce le cellule del sangue, cioè il **midollo osseo rosso**.

Il tessuto osseo è un tessuto connettivo prodotto dagli **osteoblasti**, cellule ramificate disposte intorno a microscopici canali, detti **canali di Havers**. Gli osteoblasti sono le cellule «costruttrici» dell'osso, perché secernono la *matrice extracellulare*. Rimanendo intrappolati in essa, gli osteoblasti diventano **osteociti** (cellule ossee mature). La matrice extracellulare dell'osso è composta da fibre di collagene e altre sostanze organiche, impregnate di sali di calcio, che formano delle lamelle concentriche. Queste lamelle, che circondano i canali di Havers, rendono robusto e resistente l'osso. I tessuti ossei si mantengono vitali per tutta la vita; questa caratteristica consente la riparazione delle **fratture ossee** che possono essere causate da traumi violenti.

Le articolazioni sono rivestite da **cartilagini**, formate da un tessuto connettivo costituito da cellule (*condrociti*) sparse tra le fibre di collagene, che rendono il tessuto resistente ed elastico. Oltre che nelle articolazioni, la cartilagine si trova ovunque sia necessaria una certa flessibilità, per esempio nel naso e nelle orecchie.

### IMPARA A IMPARARE

Rintraccia nel testo le parole scritte in grassetto e costruisci un glossario fornendo per ciascuna di esse una definizione.

### NELLE RISORSE DIGITALI

- **Approfondimento** La crescita delle ossa e dello scheletro
- **Video** La crescita delle ossa
- **Esercizi interattivi**
- **Mappa del paragrafo**

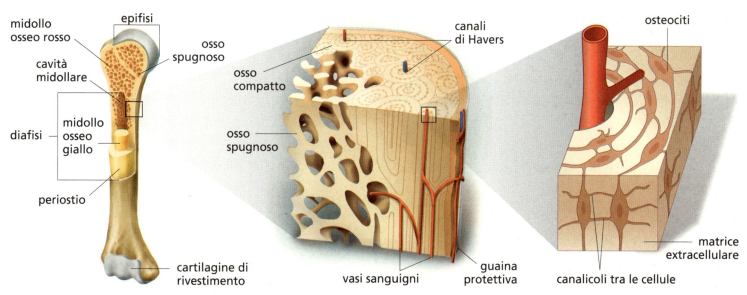

La superficie esterna delle ossa è rivestita da un tessuto connettivo detto **periostio**. In corrispondenza delle estremità, esso lascia spazio a sottili strati di cartilagine che permettono di ridurre l'attrito provocato dallo sfregamento delle ossa nell'articolazione.

La struttura formata da un **canale di Havers**, dagli osteociti e dalle lamelle concentriche è l'unità funzionale del tessuto osseo e viene chiamata **osteone**. Ciascun canale di Havers è percorso da fibre nervose e da vasi sanguigni che portano alle cellule dell'osso le sostanze nutritive necessarie alla loro sopravvivenza.

La matrice del tessuto osseo è costituita da fibre proteiche e per circa il 65% da una componente inorganica che conferisce durezza e compattezza alle ossa. Il minerale presente, l'**idrossiapatite**, ha una formula complessa ed è formato da ioni calcio, gruppi fosfato e gruppi idrossido.

# 7. COME SONO FATTI I MUSCOLI

I muscoli scheletrici realizzano, attraverso la loro contrazione, il movimento delle diverse parti del corpo. Essi sono attaccati alle ossa tramite i tendini.

Sebbene nel corpo dei vertebrati esistano anche la muscolatura liscia e quella cardiaca, per **apparato muscolare** si intende l'insieme dei *muscoli scheletrici*, cioè i muscoli collegati allo scheletro osseo.

I muscoli scheletrici si inseriscono sulle ossa in punti specifici, per mezzo dei **tendini**, fasci di tessuto connettivo fibroso. Essi costituiscono un prolungamento del rivestimento delle masse muscolari.

I **legamenti** invece sono lembi di tessuto connettivo che collegano le ossa tra loro, regolando il movimento delle ossa stesse nell'articolazione.

Nel corpo umano sono presenti oltre 300 muscoli scheletrici diversi, che nel complesso costituiscono circa il 40% del peso corporeo. La loro funzione è quella di generare il movimento e di mantenere la postura del corpo. Tale funzione è assolta grazie alla capacità che i muscoli hanno di compiere la *contrazione*, cioè di accorciarsi. Questa proprietà permette ai vertebrati di muovere le diverse parti del corpo e, grazie all'interazione con l'apparato scheletrico, consente di camminare, sorridere, parlare ecc.

Gli animali muovono i propri arti – e più in generale le parti del loro corpo – tramite l'azione di coppie di muscoli che sono detti **muscoli antagonisti**. Il meccanismo alla base di questa azione è la capacità di accorciarsi del tessuto muscolare, che viene stimolato dai neuroni motori.

Nell'atto di piegare il braccio all'altezza del gomito, per esempio, la coppia di muscoli antagonisti è costituita dal bicipite (il muscolo anteriore), che si accorcia, e dal tricipite (posteriore), che contemporaneamente si allunga.

L'azione che un muscolo esercita sullo scheletro, sia nella trazione sia nella spinta – per esempio durante i salti – si basa sul *principio della leva*. Esso dice che, più lunga è la leva, minore è la forza che dobbiamo applicare per vincere una certa resistenza.

Una funzione accessoria dei muscoli scheletrici, ma ugualmente importante, è la **produzione di calore**, che negli animali omeotermi permette di mantenere costante la temperatura del corpo. Circa tre quarti dell'energia spesa a livello dei muscoli è infatti dispersa in forma di calore.

> **IMPARA A IMPARARE**
>
> Disegna, in modo schematico, una figura che illustri il movimento che la gamba esegue quando si calcia un pallone. Indica quali sono i muscoli antagonisti, quale muscolo è contratto e quale è rilassato quando la gamba si carica, infine quale muscolo è contratto e quale è rilassato quando la gamba calcia.

### NELLE RISORSE DIGITALI

- **Video** La contrazione muscolare
- **Esercizi interattivi**
- **Mappa del paragrafo**

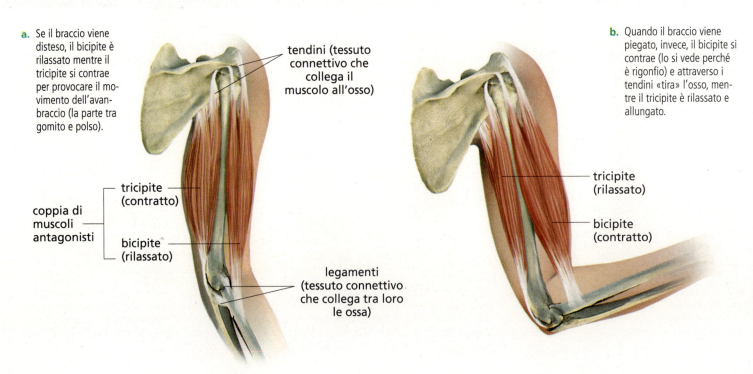

a. Se il braccio viene disteso, il bicipite è rilassato mentre il tricipite si contrae per provocare il movimento dell'avanbraccio (la parte tra gomito e polso).

- coppia di muscoli antagonisti
  - tricipite (contratto)
  - bicipite (rilassato)

tendini (tessuto connettivo che collega il muscolo all'osso)

legamenti (tessuto connettivo che collega tra loro le ossa)

b. Quando il braccio viene piegato, invece, il bicipite si contrae (lo si vede perché è rigonfio) e attraverso i tendini «tira» l'osso, mentre il tricipite è rilassato e allungato.

- tricipite (rilassato)
- bicipite (contratto)

## La struttura del muscolo scheletrico e la contrazione

I muscoli scheletrici sono costituiti da **fasci di fibre muscolari**. Al microscopio ottico si osserva che una fibra è costituita da una singola cellula, dotata di più nuclei.

A sua volta la cellula contiene un fascio di **miofibrille**, caratterizzate da bande alternate di colore chiaro e scuro. Questa alternanza fa sì che al microscopio i muscoli scheletrici appaiano a strisce, da cui il nome di *muscolatura striata*.

A metà delle bande chiare si individua una sottile linea scura detta **linea Z**. La zona compresa tra due linee Z, che include mezza banda chiara, un'intera banda scura e un'altra mezza banda chiara, è l'unità funzionale del muscolo: il **sarcomero**.

Il microscopio elettronico rivela che una miofibrilla è costituita da un'alternanza regolare di *filamenti proteici sottili* (**actina**) e di *filamenti proteici spessi* (**miosina**) legati tra loro. La banda scura del sarcomero contiene entrambi i tipi di filamento, mentre la banda chiara contiene solo i filamenti sottili di actina.

A livello microscopico, la contrazione e il conseguente accorciamento dei muscoli striati è spiegabile grazie alla teoria dello **scorrimento dei filamenti**. L'accorciamento muscolare avviene quando i filamenti sottili scorrono lungo i filamenti spessi. Al massimo della contrazione, le linee Z risultano più vicine tra loro, senza che nessuno dei filamenti abbia cambiato la propria lunghezza. Ciò avviene perché le molecole di miosina si agganciano a quelle di actina, formando dei «ponti» temporanei. Quando tutti i sarcomeri si accorciano, la lunghezza del muscolo può arrivare a 2/3 di quella iniziale.

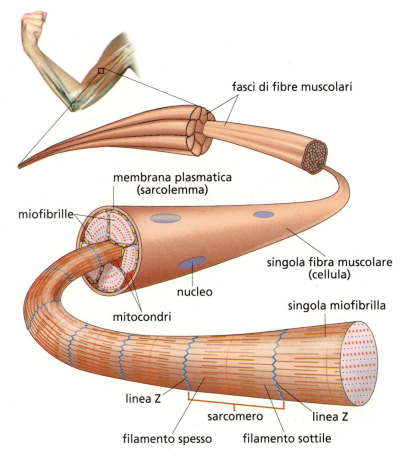

### CHE COSA VEDE IL BIOLOGO

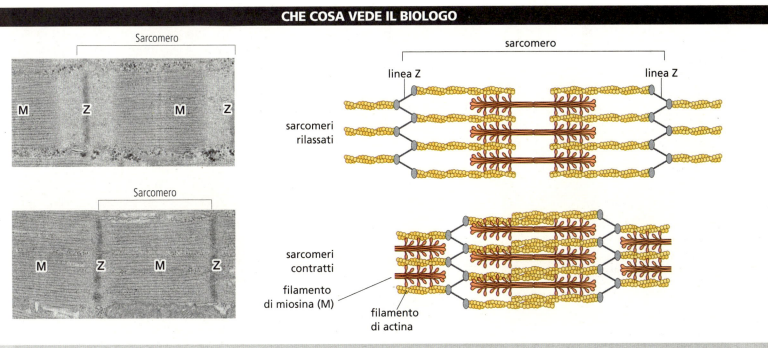

# 8. IL SOSTEGNO NELLE PIANTE

Nelle piante il sostegno è garantito dal fusto che porta le foglie verso l'alto. La radice è l'organo che permette alle piante di ancorarsi al suolo.

Le piante terrestri hanno bisogno di portare le foglie più in alto possibile in modo da poter catturare la luce solare necessaria alla fotosintesi. Nelle piante la funzione di sostegno è assolta dal **fusto** che, grazie alla sua lunghezza, permette di innalzare la chioma in direzione verticale.

Le piante erbacee hanno un fusto esile dato che esso deve sostenere il peso di poche foglie. In molte specie erbacee il fusto è verde ed è pertanto in grado di effettuare la fotosintesi.

Gli alberi e gli arbusti presentano invece un fusto grande e robusto che porta migliaia di foglie. Il fusto di queste specie è irrobustito dalla presenza del **legno**, un tessuto rigido, resistente e durevole formato principalmente da due polisaccaridi (la *cellulosa* e la *lignina*) che costituiscono la parete cellulare di alcune cellule vegetali adulte.

Oltre al necessario sostegno per i rami e per le foglie, le piante necessitano di rimanere saldamente ancorate al suolo. L'organo che fissa la pianta a terra è la **radice**, una struttura che ha anche la funzione di assorbire dal terreno l'acqua e i sali minerali in essa disciolti. La radice è la prima struttura che si forma dopo la germinazione del seme.

Esistono due tipi fondamentali di radice: la radice a *fittone*, che è formata da un asse principale dal quale si dipartono i peli radicali, e la radice *fascicolata*, che è invece composta da una serie di radici molto ramificate che si inseriscono nel terreno alla base del fusto.

In alcune piante si possono sviluppare delle radici in punti in cui normalmente non si trovano: per esempio in corrispondenza delle foglie. In questo caso si parla di *radici avventizie*. Un particolare tipo di radici avventizie sono le *radici aeree*, che permettono alle piante rampicanti di crescere sulle superfici verticali. Un altro esempio di radici aeree sono quelle degli alberi che crescono nelle zone paludose, come le mangrovie. Essi presentano due tipi di radici che emergono in parte dall'acqua: quelle «a trampolo», che servono per l'ancoraggio, e quelle «respiratorie», che servono per catturare l'ossigeno necessario alla respirazione cellulare delle parti sommerse della pianta.

> **IMPARA A IMPARARE**
> Individua nel testo i diversi tipi di radice. Per ciascuno di essi fornisci una breve descrizione e indicane la funzione.

### NELLE RISORSE DIGITALI

- **Approfondimento** Il fusto degli alberi e delle piante legnose
- **Approfondimento** La parete cellulare delle cellule vegetali
- Esercizi interattivi
- Mappa del paragrafo

Il **fusto** ha la funzione di innalzare le foglie per fare in modo che ricevano la luce solare necessaria per la fotosintesi.

Le mangrovie possiedono intricati ammassi di **radici «a trampolo»**, robuste e fortemente arcuate, che rimangono esposte all'aria quando il livello dell'acqua scende a causa della bassa marea.

Le **radici respiratorie** appaiono come sottili formazioni legnose che emergono verticalmente dal terreno e assorbono l'ossigeno direttamente dall'aria.

# DOMANDE PER IL RIPASSO

### PARAGRAFO 1
1. Quali caratteristiche possiede il corpo dei pesci per diminuire l'attrito con l'acqua?
2. Gli animali che si spostano sulla terraferma ricevono un notevole sostegno al corpo da parte dell'aria. [V] [F]
3. Come funzionano le ali?
4. Come si muovono gli organismi unicellulari?

### PARAGRAFO 2
5. Che cos'è lo scheletro idrostatico?
6. Quali organismi possiedono un idroscheletro?
7. Quali funzioni svolge l'idroscheletro?
8. Che cos'è il celoma?
9. Il lombrico si muove grazie a un meccanismo di peristalsi, generato dallo scheletro idrostatico. [V] [F]

### PARAGRAFO 3
10. Quali animali possiedono un esoscheletro?
11. Quali sono le funzioni svolte dall'esoscheletro degli insetti?
12. Quali gruppi animali possiedono l'endoscheletro?
    - [A] Gli insetti.
    - [B] Gli echinodermi.
    - [C] Gli artropodi.

### PARAGRAFO 4
13. Quali funzioni svolge lo scheletro dei vertebrati?
14. Da quali parti è composto lo scheletro dei vertebrati?
15. Quali parti compongono lo scheletro assile?
16. Come sono fatte le vertebre?
17. Completa.
    La ................ cranica ha il compito di contenere e proteggere il ................. Essa è costituita da ossa ................ piuttosto robuste e saldate tra loro.

### PARAGRAFO 5
18. Le articolazioni del gomito e del ginocchio sono chiamate articolazioni:
    - [A] mobili di tipo sferoidale.
    - [B] mobili di tipo a cerniera.
    - [C] semimobili.
    - [D] immobili.
19. Quali ossa formano il braccio e quali invece la gamba?
20. Da quali ossa è formato il cinto scapolare?
    - [A] Clavicola e scapola.
    - [B] Perone e tibia.
    - [C] Ileo, ischio e pube.
21. Da quali ossa è formato il cinto pelvico?
22. Quali tipi di articolazioni esistono nel nostro corpo?

### PARAGRAFO 6
23. Come è fatto il tessuto osseo?
24. Che cos'è il periostio e qual è la sua funzione?
25. Che cosa sono e come sono fatte le epifisi?
26. L'osteone è formato dal canale di Havers e dalle lamelle concentriche che lo circondano. [V] [F]

### PARAGRAFO 7
27. Che cosa sono i legamenti e qual è la loro funzione?
28. Due muscoli antagonisti sono due muscoli collegati tra loro. [V] [F]
29. Qual è e come è fatta l'unità funzionale del muscolo?
30. Quali filamenti proteici sono presenti nelle cellule muscolari e come si realizza la contrazione a livello miscroscopico?

### PARAGRAFO 8
31. Che differenza c'è tra radice a fittone e radice fascicolata?
32. Completa.
    Le radici ................ sono quelle che si trovano in punti della pianta dove normalmente non esistono radici, come le radici ................, presenti nelle piante che crescono in zone paludose.
33. Che differenza c'è tra il fusto di una pianta erbacea e quello di un albero?

## APPLICA LE TUE CONOSCENZE
Inserisci nella figura i nomi mancanti delle ossa dell'arto inferiore.

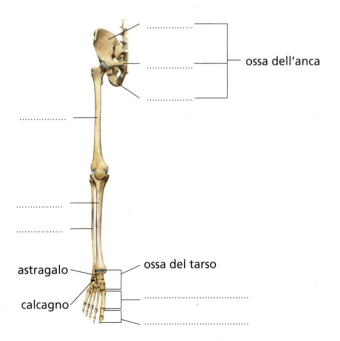

# 13 LABORATORIO DELLE COMPETENZE

## 1 Sintesi: dal testo alla mappa

- La **locomozione** è necessaria agli animali per procacciarsi il cibo, l'acqua, per sfuggire ai predatori e per cercare un partner per riprodursi. Gli animali che vivono in acqua nuotano: l'acqua fornisce la spinta idrostatica che sostiene il corpo dell'animale, ma è molto più densa dell'aria e, per vincerne la resistenza, i pesci e gli altri animali acquatici hanno in genere una forma affusolata. Gli animali che vivono sulla terraferma si muovono strisciando sul terreno o camminando grazie agli arti. Alcuni insetti, la maggior parte degli uccelli e i pipistrelli sono in grado di volare. Per fare ciò possiedono le ali e altri adattamenti particolari.

- Lo **scheletro idrostatico** è una cavità interna del corpo dell'animale piena di liquido. Essa fornisce il necessario sostegno ad alcuni invertebrati, come per esempio gli anellidi, e permette il movimento grazie al meccanismo di **peristalsi**. Altri invertebrati, come gli artropodi, possiedono un **esoscheletro** di chitina, cioè uno scheletro esterno che permette l'inserzione dei muscoli. Questo scheletro è rigido e impermeabile. Gli echinodermi invece possiedono un **endoscheletro**, cioè uno scheletro interno detto **dermascheletro**, che permette anche l'inserzione di aculei mobili.

- Lo **scheletro dei vertebrati e degli esseri umani** è costituito da uno **scheletro assile**, che sostiene il corpo e comprende il cranio, la colonna vertebrale e la cassa toracica, e da uno **scheletro appendicolare**, costituito dagli arti e dai cinti che li sostengono. Il *cranio* è costituito da ossa piatte e dalle ossa della faccia ed è articolato sulla *colonna vertebrale*, che costituisce l'asse portante del corpo ed è formata dalle vertebre. Gli *arti* sono le appendici mobili del corpo che servono alla locomozione. La presenza delle **articolazioni** tra le ossa permette il movimento reciproco delle ossa stesse.

- Le **ossa** sono costituite da tessuti vivi. L'unità funzionale del tessuto connettivo è l'**osteone**, formato da cellule dette **osteoblasti**, che producono una matrice extracellulare solida. Gli osteoblasti, restando intrappolati nella matrice, si trasformano in cellule ossee mature dette **osteociti**. Al centro di ciascun osteone vi è un canale (detto *canale di Havers*) in cui passano fibre nervose e vasi sanguigni. Il tessuto osseo mantiene la capacità di riformarsi per tutta la vita di un individuo e permette la **riparazione delle fratture**.

- I **muscoli scheletrici** permettono, in collaborazione con lo scheletro, il movimento delle diverse parti del corpo. I muscoli sono collegati allo scheletro tramite i **tendini** e realizzano il movimento grazie ad un meccanismo che prevede la presenza di due *muscoli antagonisti*. Il movimento si realizza grazie alla capacità dei muscoli di contrarsi, cioè di accorciarsi. A livello microscopico la contrazione è determinata dall'azione di due proteine: l'**actina** e la **miosina**. Inoltre i muscoli producono la maggior parte del calore corporeo.

- Il **sostegno nelle piante** è garantito dal **fusto**, che innalza le foglie verso l'alto, e dalle **radici**, che ancorano la pianta al suolo. Il fusto è reso rigido dal **legno**, un tessuto resistente e rigido formato da due polisaccaridi, la *cellulosa* e la *lignina*. La radice svolge anche la funzione di assorbire l'acqua dal terreno: esistono diversi tipi di radice; alcune si sviluppano anche in parti della pianta dove normalmente non si trovano e sono dette *radici avventizie*.

**Riorganizza i concetti completando le mappe**

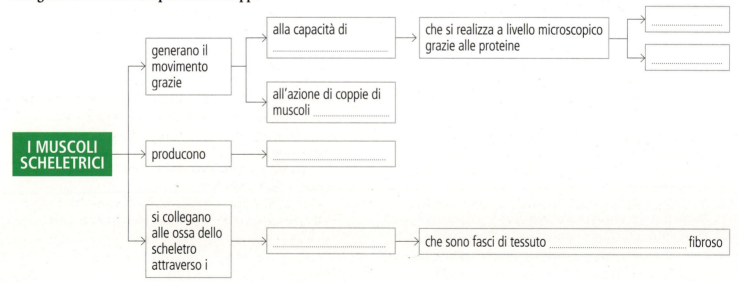

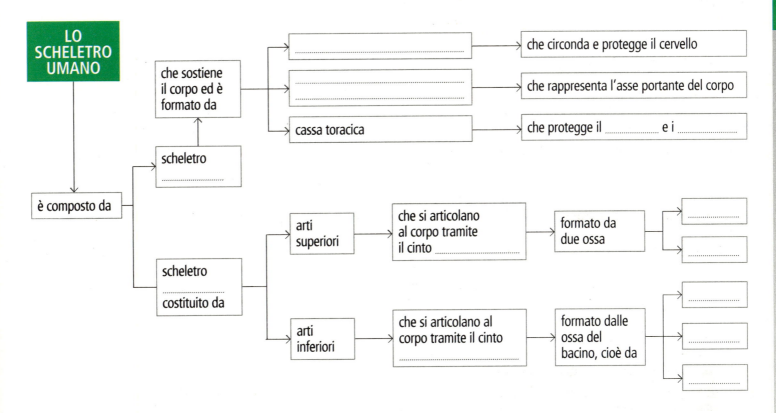

## 2 Collegare i concetti

1. Quali tra i seguenti gruppi di animali possiedono un endoscheletro? (2 risposte corrette)
   - A Insetti.
   - B Anellidi.
   - C Echinodermi.
   - D Vertebrati.
   - E Crostacei.
   - F Organismi unicellulari.

2. Completa con i termini mancanti.
   Gli animali che si muovono sulla terraferma devono resistere alla forza di .................. che tende a schiacciarli al suolo, quindi alcuni strisciano sul terreno. È il caso degli animali con scheletro .................., costituito da un cavità del corpo, il .................., ripiena di liquido. Essi si muovono grazie al meccanismo di ...................

3. Quali tra le seguenti affermazioni sullo scheletro umano sono vere? (3 risposte corrette)
   - A Gli esseri umani e tutti i vertebrati sono dotati di un esoscheletro.
   - B È formato da uno scheletro assile e uno appendicolare.
   - C Gli arti sono collegati allo scheletro assile tramite i cinti.
   - D Lo scheletro umano è formato da meno di cento ossa.
   - E Tutte le ossa umane, tranne una, sono articolate, cioè collegate una con l'altra.

4. Quale tipo di articolazione è presente nei dischi intervertebrali?
   - A Mobile.
   - B Semimobile.
   - C Immobile.
   - D Nessuna delle risposte precedenti.

5. Completa con i termini mancanti.
   Lo scheletro degli esseri umani è formato in totale da .................. ossa e si divide in due parti: lo scheletro .................., che sostiene il tronco ed è composto da cranio, colonna vertebrale e .................., e lo scheletro .................., che è composto dagli arti. Questi ultimi si collegano allo scheletro assile attraverso due .................., quello superiore detto .................. e quello inferiore detto ...................

6. Quali tra le seguenti affermazioni sono vere? (3 risposte corrette)
   - A Le vertebre sono costituite da corpo, arco e foro vertebrale.
   - B Le ossa dell'arto superiore sono l'omero e il femore.
   - C Le protuberanze presenti all'estremità delle ossa lunghe sono dette diafisi.
   - D La superficie esterna delle ossa è rivestita da un tessuto connettivo detto periostio.
   - E La scatola cranica è formata da ossa piatte saldate tra loro.
   - F Il cinto scapolare è formato dalle ossa del carpo e del metacarpo.

## 3 Comprendere un testo

### Le contrazioni muscolari

*Le contrazioni muscolari possono essere di tipo isotonico oppure isometrico. Nella contrazione isotonica la tensione (forza della contrazione) sviluppata dal muscolo rimane pressoché costante, mentre il muscolo cambia di lunghezza. Le contrazioni isotoniche sono utilizzate per i movimenti del corpo e per spostare oggetti. Per esempio, prendere un libro dal tavolo comporta delle contrazioni isotoniche del muscolo bicipite del braccio.*
*Nella contrazione isometrica la tensione generata non basta a superare la resistenza dell'oggetto da muovere e la lunghezza del muscolo non cambia.*
*Per esempio, si producono contrazioni isometriche quando si cerca di sollevare uno scatolone, ma questo non si muove perché è troppo pesante. Le contrazioni isometriche sono importanti per mantenere la postura e sostenere oggetti in posizione fissa.*
(Da G.J. Tortora, B. Derrickson, *Conosciamo il corpo umano*, Zanichelli, 2009)

**Rispondi alle seguenti domande.**
a. Che tipi di contrazioni muscolari esistono?
b. Che cosa succede durante una contrazione isotonica?
c. Che cosa succede durante una contrazione isometrica?
d. Quando si verifica una contrazione isometrica?
e. A che cosa serve?

## 4 Completare un'immagine

### I nomi delle ossa

Inserisci nella figura i nomi delle ossa indicate.

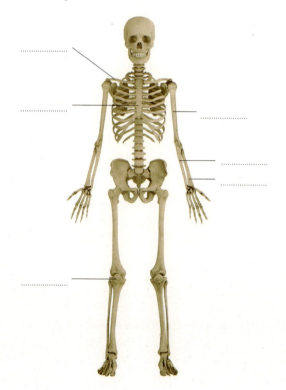

## 5 Fare una ricerca

### Lo scheletro della seppia

Inserisci in un motore di ricerca le parole "seppia scheletro" e trova informazioni sull'anatomia di questo mollusco. In particolare rispondi a queste domande:
▸ Quali sono le caratteristiche dello scheletro della seppia?
▸ Si tratta di un endoscheletro o di un esoscheletro?
▸ Quali funzioni svolge lo scheletro della seppia?
▸ Come avviene il suo accrescimento?

## 6 Interpretare una fotografia

### Confronto tra arti

Cerca su Internet la fotografia di una gamba umana e indica su di essa le ossa e le articolazioni principali. Poi prendi una foto dell'arto posteriore di un cane o di un gatto e indica le stesse ossa che hai individuato nell'immagine dell'arto umano.
Quali sono le principali differenze?

## 7 Osservare le differenze

### Le particolarità dello scheletro umano

Gli esseri umani presentano una caratteristica che li rende diversi dagli altri vertebrati: la stazione eretta. La postura su due gambe, anziché su quattro, ha portato diversi cambiamenti nell'anatomia, come puoi osservare nel disegno sottostante che mette a confronto lo scheletro umano e quello di un gorilla.
Elenca e descrivi le differenze più evidenti concentrandoti soprattutto su quelle che interessano il cranio e la colonna vertebrale. Quindi fai una ricerca su Internet sulle differenze anatomiche nello scheletro degli esseri umani e degli altri primati.

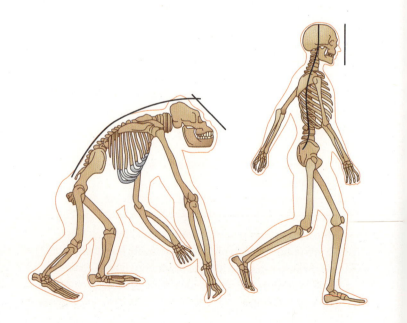

Laboratorio delle competenze **UNITÀ 13**

# Biologia per il cittadino

### Il sistema di riparazione delle fratture

Nonostante la loro resistenza, può capitare che le ossa dello scheletro si rompano e si produca una frattura.

Perché una frattura si risani è necessario, per prima cosa, che i frammenti spezzati vengano riallineati nella loro posizione originaria: questo processo viene chiamato **riduzione** della frattura e può avvenire con manovre manuali o a seguito di un intervento chirurgico. L'organismo avvia subito il processo di riparazione, che dura da sei a otto settimane. Nel processo di riparazione è possibile individuare quattro fasi principali.

**1.** Quando un osso si frattura, si assiste alla rottura di alcuni capillari che causano un accumulo di sangue e provocano la formazione di un **ematoma**; subito dopo inizia la riparazione dei tessuti danneggiati tramite la formazione di nuovi capillari sanguigni.

**2.** Intorno alla frattura si crea un **callo fibrocartilagineo** che immobilizza i due frammenti di osso spezzati; il callo è costituito da tessuti cartilaginei e da abbozzi di matrice ossea.

**3.** Nella stessa zona migrano e proliferano degli osteoblasti, che danno origine al **callo osseo**: una struttura di tessuto osseo, spugnoso, che salda i due monconi.

**4.** Con la ripresa della normale attività, l'osso - ora nella fase di **rimodellamento** - continua a rinforzarsi, fino alla formazione di un tessuto osseo stabile e robusto.

Nelle persone giovani e in salute, le fratture sono determinate generalmente da traumi violenti; nelle persone anziane invece le fratture si producono più frequentemente a causa dell'indebolimento a cui le ossa vanno incontro con l'avanzare dell'età. Tale indebolimento è dovuto anche al fatto che, con il passare degli anni, il corpo perde la capacità di produrre la **vitamina D**. Questa sostanza è fondamentale per l'assorbimento del calcio dagli alimenti e per la sua corretta deposizione nelle ossa. La vitamina D viene prodotta a partire dal colesterolo nelle cellule della pelle grazie all'azione dei raggi ultravioletti; nelle persone anziane questo processo diventa meno efficiente e le loro ossa sono dunque più soggette a fratture. La carenza di vitamina D può anche determinare una diminuzione della densità delle ossa, nota come **osteoporosi**. Alcuni cibi come il pesce, il latte intero, il tuorlo d'uovo, le verdure a foglia larga (come il cavolo) e l'olio di fegato di merluzzo sono particolarmente ricchi di vitamina D e ne costituiscono una fonte d'approvvigionamento per il nostro organismo.

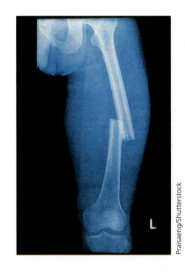

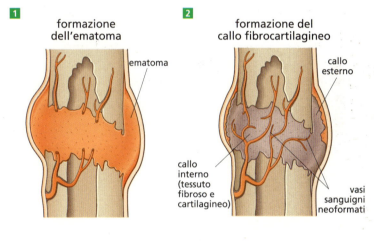

**1** formazione dell'ematoma

**2** formazione del callo fibrocartilagineo

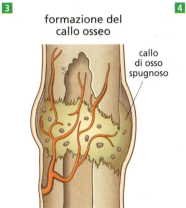

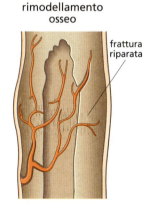

**3** formazione del callo osseo

**4** rimodellamento osseo

### DISCUTIAMONE INSIEME

Ricerca su Internet informazioni sui cibi contenenti vitamina D, inserendo in un motore di ricerca le parole chiave «alimenti vitamina D». Fanne un elenco e riporta accanto a ciascun alimento la quantità di vitamina D che contiene.
Cerca altre informazioni sui comportamenti che prevengono l'insorgenza dell'osteoporosi.
In classe confronta i dati e le informazioni che hai trovato con quelle dei tuoi compagni.

# 14 LA RIPRODUZIONE

La **riproduzione** è il processo attraverso il quale gli organismi generano la prole (ossia i figli). Le modalità con cui gli esseri viventi si riproducono dipendono dalla loro complessità strutturale, dalle abitudini di vita e dall'ambiente dove vivono. Talvolta, un individuo è in grado di riprodursi senza l'intervento di un partner: è il caso delle specie che si riproducono per via **asessuata** e che generano figli geneticamente identici al genitore. In altre specie, invece, la riproduzione richiede l'incontro di due individui di sesso opposto: questa modalità riproduttiva, chiamata **riproduzione sessuata**, garantisce una maggiore variabilità genetica della prole.

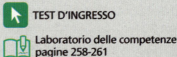

TEST D'INGRESSO

Laboratorio delle competenze
pagine 258-261

# PRIMA DELLA LEZIONE

 **Guarda il video *La riproduzione*, che presenta gli argomenti dell'unità.**

La riproduzione asessuata è tipica degli animali che vivono fissati a un substrato, come gli anemoni di mare, o di quelli che vivono isolati, come le stelle marine. Giustifica questa affermazione in base a quanto hai appreso nel video.

........................................................................................................................................................................................................................
........................................................................................................................................................................................................................
........................................................................................................................................................................................................................

**Guarda le fotografie scattate durante la realizzazione di un esperimento sulla funzione dei semi.**

La maggior parte delle piante si riproduce tramite i semi. In questo esperimento analizziamo nei fagioli il seme e il processo di germinazione che porta alla nascita di una nuova piantina.

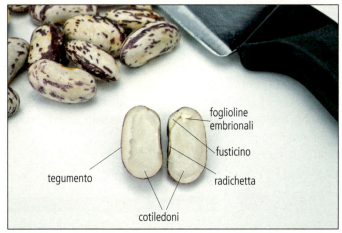

**1** Osserviamo la germinazione nei fagioli. Procurati una manciata di fagioli di qualsiasi tipo (borlotti, rossi ecc.). Per prima cosa prendi un fagiolo, taglialo accuratamente a metà e osservane le strutture interne.

**2** Ora prendi alcuni fagioli e mettili a bagno in un bicchiere, dove li lascerai per un paio di giorni. Passato questo periodo osservali di nuovo tagliandoli a metà. Che cosa noti?

**3** Ora dividi la manciata di fagioli in due gruppi. Procurati due bicchieri di plastica trasparenti; in ciascun bicchiere metti del cotone idrofilo e bagnalo fino a che risulti ben umido. A questo punto posiziona i fagioli sopra al cotone, almeno 6-7 fagioli per ciascun bicchiere. Lascia un bicchiere alla luce del Sole (per esempio su un davanzale), mentre metti l'altro bicchiere al buio (per esempio in un armadio). Ora non resta che aspettare.

**4** Effettua osservazioni regolari, almeno una volta al giorno, del bicchiere lasciato alla luce del Sole (a sinistra) e di quello lasciato al buio (a destra). Che cosa noti dopo circa una settimana? Come pensi che il germoglio sia stato nutrito?

Troverai altre informazioni sulla funzione del seme nel paragrafo 9 di questa unità.

# 1. LA RIPRODUZIONE ASESSUATA

La riproduzione asessuata è un processo riproduttivo nel quale un individuo è in grado di originare prole senza bisogno di un partner, grazie al distacco di una parte del proprio corpo.

La **riproduzione asessuata** si verifica quando una parte del corpo dell'individuo genitore si distacca per dare origine a un nuovo individuo. Essendo una modalità riproduttiva molto frequente nelle piante, la riproduzione asessuata è chiamata anche **riproduzione vegetativa**.

La riproduzione asessuata può avvenire in tre modi differenti.

1. La riproduzione per **scissione** si ha quando un organismo si divide e origina due o più parti di dimensioni simili. La scissione è tipica di molti organismi unicellulari e di diversi invertebrati acquatici come i celenterati (per esempio gli anemoni di mare).

2. Nella **gemmazione**, invece, il nuovo individuo si sviluppa sul corpo del genitore e si stacca solo dopo essersi completamente formato. La gemmazione è tipica degli organismi unicellulari eucarioti quali alghe, protozoi, lieviti.

3. La **frammentazione** avviene quando un individuo si divide in numerose parti ciascuna delle quali dà origine a un nuovo organismo. Questo tipo di riproduzione è caratteristico di alcuni gruppi animali dotati di notevoli capacità rigenerative, come i poriferi e gli echinodermi (per esempio le stelle di mare).

La riproduzione asessuata permette agli organismi isolati o che vivono fissati a un substrato di riprodursi senza essere costretti alla ricerca di un organismo della loro stessa specie di sesso opposto.

Un altro vantaggio della riproduzione asessuata è rappresentato dal fatto che è basata sulla **mitosi** delle cellule del genitore, un processo rapido e preciso. Ciò permette di generare un gran numero di nuovi individui con un notevole risparmio di tempo ed energia rispetto alla riproduzione sessuata. Il principale svantaggio della riproduzione asessuata è rappresentato dal fatto che essa origina **cloni**, individui geneticamente uguali ai genitori. Una popolazione con scarsa variabilità genetica potrebbe, in caso di cambiamenti ambientali sfavorevoli, avere delle difficoltà a sopravvivere e a riprodursi e, quindi, rischiare l'estinzione. Al contrario, l'esistenza di genotipi differenti, espressi da altrettanti fenotipi, fa sì che alcuni individui possiedano caratteristiche che li rendono adatti alle nuove condizioni ambientali.

> **IMPARA A IMPARARE**
> - Elenca le diverse modalità di riproduzione asessuata e per ciascuna fai un esempio.
> - Elenca i vantaggi e gli svantaggi della riproduzione asessuata.

> **NELLE RISORSE DIGITALI**
> - Approfondimento La partenogenesi
> - Esercizi interattivi
> - Mappa del paragrafo

Questo anemone di mare si sta riproducendo per **scissione** e i due individui che si originano sono identici: non è possibile riconoscere figlio e genitore.

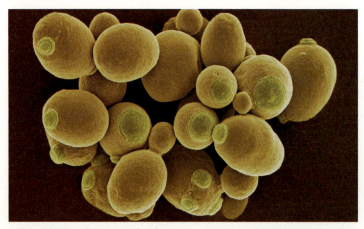

Cellule di lievito sulla cui superficie stanno crescendo per **gemmazione** delle cellule figlie.

Questa stella marina si riproduce per **frammentazione**: da un braccio distaccatosi da un individuo si genera un nuovo esemplare.

## 2. LA RIPRODUZIONE SESSUATA

La riproduzione sessuata consiste nella generazione di prole attraverso la fecondazione, cioè l'unione di due gameti.

La riproduzione sessuata si basa sulla **fecondazione**, cioè sull'unione di due cellule sessuali, i *gameti*. I gameti sono aploidi ($n$), cioè possiedono metà del patrimonio genetico caratteristico della specie e sono prodotti tramite il processo di meiosi. Il gamete maschile è lo **spermatozoo**, una cellula piccola e molto mobile. Il gamete femminile è la **cellula uovo** (o *oocita*), una cellula di solito grande e incapace di muoversi. Con la fecondazione si genera la prima cellula del nuovo individuo, detta **zigote**, che ha patrimonio genetico diploide ($2n$).

La fecondazione può avvenire sia internamente che esternamente al corpo della femmina. In molti invertebrati acquatici e nella maggior parte dei pesci e degli anfibi la fecondazione avviene all'esterno dell'organismo e pertanto si chiama **fecondazione esterna**. Il maschio e la femmina liberano i loro gameti nell'acqua e la fecondazione avviene senza che vi sia contatto fisico tra loro.

In alcune specie, il rilascio contemporaneo dei gameti maschili e femminili è regolato da *stimoli ambientali* (per esempio dalla temperatura dell'acqua); in molti vertebrati l'emissione dei gameti è stimolata invece da *rituali di corteggiamento*.

Nei vertebrati con fecondazione esterna, lo sviluppo dell'**embrione** avviene lontano dal corpo della femmina. Gli organismi in cui lo sviluppo avviene all'esterno del corpo della madre sono detti **ovipari**.

Gli animali terrestri non possono rilasciare i gameti nell'ambiente perché in breve tempo si disidraterebbero. Pertanto, la deposizione degli spermatozoi da parte del maschio avviene a stretto contatto con l'apparato riproduttore femminile, generalmente all'interno del corpo della femmina. La **fecondazione interna** richiede quindi una fase di *accoppiamento* tra i due individui (maschio e femmina) e l'esistenza di organi riproduttori complessi e dotati di strutture per la conservazione dello sperma e per il trasporto delle uova. Nel caso di animali con fecondazione interna lo sviluppo dell'embrione può avvenire in modi diversi.

**1.** Gli uccelli e alcune specie di rettili sono **ovipari**: dopo la fecondazione la femmina depone uova dotate di guscio e lo sviluppo embrionale prosegue utilizzando le sostanze nutritive presenti nell'uovo stesso.

**2.** Alcune specie di anfibi, rettili e pesci (come alcuni squali) sono **ovovivipari**: dopo la fecondazione le uova si sviluppano all'interno del corpo della femmina. Anche in questo caso gli embrioni si sviluppano utilizzando le sostanze di riserva dell'uovo, senza scambio di nutrienti con la madre.

**3.** Quasi tutti i mammiferi sono **vivipari**: l'embrione riceve dalla madre l'ossigeno e le sostanze nutritive necessarie al suo accrescimento. Sono vivipare anche alcune specie di rettili, anfibi, pesci e scorpioni.

Nelle rane la **fecondazione è esterna**. Per evitare che i gameti si disperdano nell'acqua, la femmina depone le uova solamente quando viene afferrata dal maschio.

Negli uccelli la fecondazione è interna, ma lo sviluppo dell'embrione avviene all'esterno del corpo della madre. Si tratta quindi di animali **ovipari**.

Alcuni rettili, come questo serpente testa di rame (*Agkistrodon contortrix*), sono **ovovivipari**: gli embrioni si sviluppano all'interno del corpo della madre utilizzando le risorse nutritive dell'uovo.

Nei mammiferi **vivipari** l'embrione si sviluppa nel corpo della madre da cui riceve le sostanze nutritive. Dopo la nascita i piccoli sono nutriti con il latte, la secrezione delle ghiandole mammarie.

### IMPARA A IMPARARE

Elenca le modalità di sviluppo dell'embrione negli animali con fecondazione esterna e in quelli con fecondazione interna e per ciascuna fai almeno due esempi.

### NELLE RISORSE DIGITALI

- Approfondimento L'ermafroditismo
- Esercizi interattivi
- Mappa del paragrafo

# 3. L'APPARATO RIPRODUTTORE MASCHILE

L'apparato riproduttore maschile è costituito da vari organi: i testicoli, il pene, le ghiandole sessuali e un sistema di tubuli e vasi.

Come in molti altri mammiferi, l'apparato riproduttore maschile degli esseri umani è costituito da diversi organi.

I **testicoli** sono contenuti in una sacca, lo **scroto**, situato all'esterno della cavità addominale. Ciascun testicolo contiene circa 800 tubi sottili, chiamati **tubuli seminiferi**, ripiegati e addossati tra loro; ogni tubulo è lungo circa 80 cm.

I tubuli seminiferi sono la sede della **spermatogenesi**, cioè del processo di produzione degli spermatozoi. Nelle pareti esterne dei tubuli sono presenti gli **spermatogoni**, cellule diploidi che si dividono rapidamente per mitosi. Alcune delle cellule prodotte (circa 3 milioni al giorno) vanno incontro a meiosi e a una serie di cambiamenti trasformandosi in **spermatozoi** (cellule aploidi).

Al termine del processo di spermatogenesi gli spermatozoi si trovano al centro del tubulo seminifero. La spermatogenesi avviene in 8-9 settimane durante le quali i futuri gameti sono nutriti dalle cellule che si trovano intorno ai tubuli seminiferi, dette **cellule del Sertoli**. La spermatogenesi comincia con la pubertà e prosegue per tutta la vita.

### IMPARA A IMPARARE

Sul quaderno elenca gli organi che costituiscono l'apparato riproduttore maschile e descrivi in poche righe la funzione svolta da ciascuno.

### NELLE RISORSE DIGITALI

- **Video** Testicoli e spermatozoi
- **Esercizi interattivi**
- **Mappa del paragrafo**

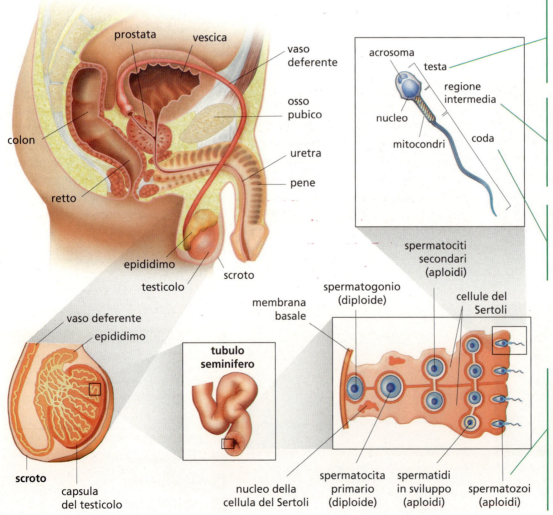

La «testa» di uno spermatozoo contiene il nucleo della cellula, sopra il quale si trova l'**acrosoma**, un lisosoma a forma di casco, pieno di enzimi, che svolge un ruolo fondamentale al momento della fecondazione.

Alla base della testa vi è la **regione intermedia**, costituita da una guaina ricca di mitocondri. Questi sono necessari per rifornire lo spermatozoo dell'energia necessaria nel suo percorso verso il gamete femminile.

La «coda», grazie a movimenti ondulatori, permette lo spostamento dello spermatozoo. La sua struttura è molto simile a quella del flagello degli unicellulari.

Nella **spermatogenesi**, alcuni *spermatogoni* si trasformano in *spermatociti primari*, i quali vanno incontro a meiosi: dopo la prima divisione si trasformano in *spermatociti secondari* e, dopo la seconda divisione, in *spermatidi*. Al termine della spermatogenesi gli spermatidi si differenziano in spermatozoi.

## ■ Il percorso degli spermatozoi e il pene

Al termine della spermatogenesi gli spermatozoi non sono mobili; lo diventano solo dopo un periodo di maturazione di 12 giorni che si realizza all'interno dell'**epididimo**, un lungo tubulo ripiegato posto al di sopra del testicolo. Dall'epididimo gli spermatozoi passano ai **vasi deferenti**. Questi ultimi ricevono i dotti delle **vescicole seminali**, entrano nella **prostata** (una ghiandola sessuale) e confluiscono nell'**uretra**, il condotto che percorre tutto il pene. Gli spermatozoi e il liquido prodotto dalle vescicole seminali, dalla prostata e dalle **ghiandole bulbouretrali** (che aggiungono del muco lubrificante) formano lo sperma. Lo **sperma** viene depositato nel corpo della femmina grazie al **pene**, un organo erettile.

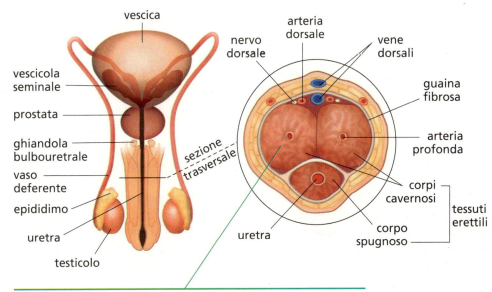

Il pene è formato da tre cilindri di **tessuto erettile** (due *corpi cavernosi* e il *corpo spugnoso*, dove passa l'uretra), circondati da una guaina fibrosa, da tessuto connettivo in cui passano dei vasi sanguigni e dall'epidermide.

## ■ L'erezione del pene e l'emissione dello sperma

I tessuti erettili del pene terminano nel **glande**: un'estremità molto ricca di terminazioni nervose e sensibile alla stimolazione, che ha un ruolo determinante nell'eccitazione sessuale.

Durante l'eccitazione sessuale si verifica un aumento del flusso sanguigno che raggiunge il pene. Il sangue riempie i *corpi cavernosi* e il *corpo spugnoso*, che sono tessuti ricchi di lacune, in grado di aumentare di volume con l'afflusso del sangue e di produrre di conseguenza l'**erezione**.

L'erezione è indispensabile per l'inserimento del pene nella vagina. Al massimo dell'eccitazione sessuale avviene l'orgasmo al quale segue immediatamente l'**eiaculazione**, cioè l'emissione dello sperma.

Al momento dell'eiaculazione, l'uomo emette circa 5 mL di sperma: il 5% di esso è formato da 200-500 milioni di spermatozoi mentre il restante 95% è costituito dalle secrezioni delle ghiandole associate all'apparato riproduttore.

Durante l'**erezione** e l'eccitazione sessuale, le fibre muscolari che rivestono l'epididimo, i vasi deferenti e la prostata si contraggono costringendo gli spermatozoi a passare nell'uretra. Alla base dell'uretra vi è uno sfintere che in questa fase resta chiuso provocando l'accumulo dello sperma nella parte dell'uretra adiacente alla prostata.

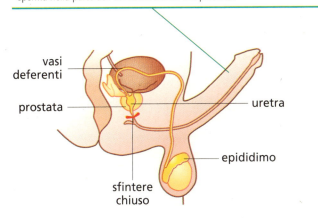

Nel momento dell'**eiaculazione** lo sfintere alla base dell'uretra si rilassa e i muscoli del pene, tramite una serie di violente contrazioni, spingono lo sperma verso l'esterno.

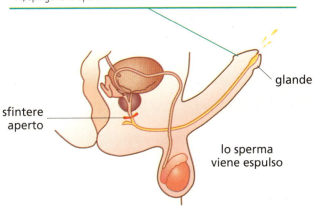

# 4. L'APPARATO RIPRODUTTORE FEMMINILE

L'apparato riproduttore femminile è costituito da quattro parti: la vulva, la vagina, l'utero e le ovaie. Durante il periodo di fertilità, le ovaie e l'utero sono interessati dal ciclo ovarico e dal ciclo mestruale.

Negli esseri umani, e più in generale in tutti i mammiferi, il ruolo della femmina nella riproduzione è più complesso di quello del maschio, dal momento che lo sviluppo dell'embrione avviene nel corpo della madre.

L'apparato riproduttore della donna è costituito da quattro parti.
1. I **genitali esterni** (detti nel loro complesso **vulva**) sono costituiti dal **clitoride**, una piccola struttura erettile, e dalle **labbra della vagina**, pieghe cutanee che proteggono l'apparato riproduttore. Tutte queste strutture sono sensibili alla stimolazione, perché ricche di terminazioni nervose, e svolgono la funzione di produrre l'eccitamento sessuale.
2. La **vagina** è un canale muscolare lungo circa 8-10 cm, che durante l'accoppiamento accoglie il pene.
3. Al fondo della vagina si trova l'**utero**, un organo cavo costituito da tessuto muscolare, lungo circa 7,5 cm e largo circa 5 cm. L'utero è interamente rivestito dall'**endometrio**, un tessuto ricco di vasi sanguigni, il cui strato superficiale viene rigenerato a ogni ciclo mestruale.
4. Le **ovaie** producono i gameti femminili, gli **oociti**. Esse sono collocate ai due lati dell'utero e sono organi lunghi circa 2,5 cm. Le ovaie sono collegate all'utero tramite gli **ovidotti**, chiamati anche *tube di Falloppio*. Durante il periodo compreso tra la pubertà e la menopausa (il termine dell'età fertile nella femmina), generalmente, le donne vanno incontro a cambiamenti ciclici delle ovaie e dell'utero. Ogni ciclo dura all'incirca un mese e comprende sia la produzione di oociti maturi sia la preparazione dell'utero ad accogliere l'ovulo fecondato.

Collegate alla funzione riproduttiva ci sono anche le **ghiandole mammarie** o *mammelle*. Esse producono il latte, la sostanza che in tutte le specie di mammiferi serve a nutrire i neonati.

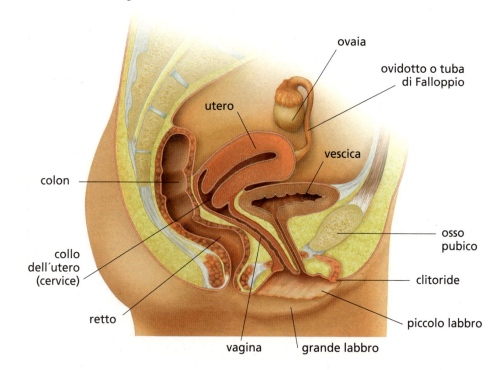

### ■ Il ciclo ovarico

I processi che si svolgono nelle ovaie durante e dopo la maturazione di un oocita rappresentano il **ciclo ovarico**. Nella donna l'oogenesi (cioè la produzione e la maturazione delle cellule uovo) avviene all'interno dei **follicoli ovarici**, piccole vescicole presenti sulla superficie delle ovaie. I follicoli sono numerosissimi, ma solo poche centinaia producono effettivamente gameti durante il periodo di fertilità. L'oogenesi comincia ancora prima della nascita, quando all'interno dei follicoli alcune cellule si dividono e iniziano la meiosi. Alla nascita ciascun follicolo contiene un **oocita primario** quiescente: una cellula diploide (2n) che si trova bloccata nella profase della prima divisione meiotica. A partire dalla pubertà, circa una volta al mese, un oocita primario (di una qualsiasi delle due ovaie) porta avanti le fasi successive della meiosi. Al termine della prima divisione si producono due **oociti secondari aploidi** (n), uno dei quali contiene quasi tutto il citoplasma mentre l'altro degenera. A questo punto avviene l'**ovulazione**, cioè il follicolo maturo, grande e pieno di liquido, scoppia e libera l'oocita secondario nell'ovidotto. Il follicolo si trasforma in una massa di cellule chiamata **corpo luteo** che produce gli ormoni progesterone ed estrogeni. Il corpo luteo, a sua volta, è destinato a degenerare. Intanto le ciglia che rivestono l'ovidotto creano una corrente che spinge l'oocita verso l'utero. L'oocita secondario completa la seconda divisione meiotica solo nel momento in cui il nucleo di uno spermatozoo penetra al suo interno (fecondazione).

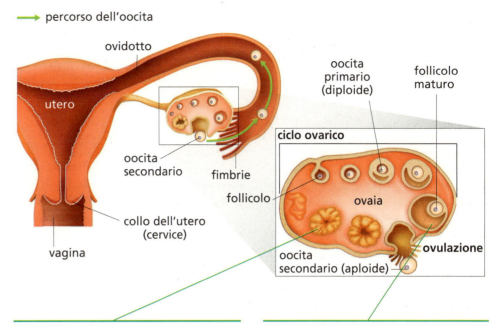

Dopo l'ovulazione il tessuto del follicolo rimasto nell'ovaia cresce e forma una massa detta **corpo luteo**. Nel caso in cui la fecondazione non avvenga, il corpo luteo degenera dando la possibilità a una nuova maturazione follicolare di incominciare.

Ciascun **follicolo** è formato da un oocita e da un numero variabile di cellule follicolari che lo circondano, gli forniscono nutrimento e secernono estrogeni.

### IMPARA A IMPARARE
Costruisci una tabella a due colonne. Nella prima colonna elenca le fasi del ciclo ovarico, nella seconda colonna descrivile brevemente.

### NELLE RISORSE DIGITALI
- **Video** Ciclo ovarico e ciclo mestruale
- **Esercizi interattivi**
- **Mappa del paragrafo**

## ■ Il ciclo mestruale

In sincronia con il ciclo ovarico si verificano dei cambiamenti a livello dell'utero chiamati nel loro insieme **ciclo mestruale**. Il ciclo dura circa 28 giorni ed è regolato da diversi ormoni. Si compone di tre fasi.

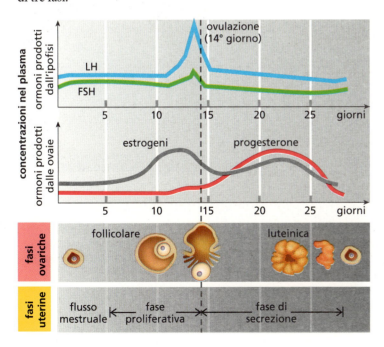

**1.** La **mestruazione** dura i primi 3-5 giorni del ciclo e comporta l'emissione di sangue, muco e cellule provenienti dallo sfaldamento e dall'espulsione dell'endometrio. I livelli di ormoni prodotti dalle ovaie sono piuttosto bassi.

**2.** Nella **fase proliferativa**, l'endometrio si rigenera, mentre nelle ovaie matura un nuovo follicolo, che secerne estrogeni in quantità crescente; nei giorni immediatamente precedenti all'ovulazione si verifica un picco nella concentrazione di estrogeni nel sangue che induce l'ipofisi (una ghiandola localizzata nel cervello) a produrre una notevole quantità di ormone *follicolostimolante* (**FSH**) e di ormone *luteinizzante* (**LH**). Questi ormoni inducono l'ovulazione (intorno al 14° giorno del ciclo) e la formazione del corpo luteo.

**3.** Nella fase di **secrezione** l'endometrio continua a crescere e raggiunge, tra il 20° e il 25° giorno, il massimo spessore.

Se è avvenuta la fecondazione, il corpo luteo produce estrogeni e soprattutto progesterone, riportando la loro concentrazione nel sangue a livelli piuttosto elevati; questi ormoni inibiscono la produzione di FSH e LH e impediscono così la maturazione di un nuovo follicolo. Se non c'è stata fecondazione, il corpo luteo regredisce, smette di produrre estrogeni e progesterone inducendo la distruzione dell'endometrio e dando inizio a un nuovo ciclo.

251

# 5. LA FECONDAZIONE

La fecondazione consiste nell'unione del gamete maschile e del gamete femminile. Con la fecondazione si forma lo zigote, la cellula diploide da cui si origina un nuovo individuo.

La **fecondazione** è il processo in cui il patrimonio genetico del padre, contenuto nel nucleo dello spermatozoo, si fonde con il patrimonio genetico della madre, portato dal nucleo della cellula uovo.

Con la fecondazione quindi, a partire dall'unione di due **gameti** aplodi ($n$), si forma una cellula diploide ($2n$), lo **zigote**.

Dato che l'oocita secondario non fecondato sopravvive tre giorni e che questo è anche il tempo necessario all'oocita per percorrere il tragitto dall'ovaia all'utero, la fecondazione può avvenire solo nell'ovidotto. Gli spermatozoi deposti nella vagina risalgono, grazie alla loro mobilità, l'utero in tutta la sua lunghezza e parte dell'ovidotto, arrivando a circondare l'oocita secondario. Quando uno spermatozoo giunge a contatto con l'oocita, gli enzimi contenuti nell'acrosoma vengono liberati. Questi enzimi sono necessari perché demoliscono lo strato gelatinoso che circonda l'oocita e portano lo spermatozoo a contatto con la membrana cellulare: a questo punto le proteine di membrana presenti sulla testa dello spermatozoo si legano con i recettori dell'oocita. Dopo la formazione di questo legame, lo spermatozoo fonde la propria membrana con quella dell'oocita secondario liberando il nucleo all'interno di quest'ultima.

La fusione delle membrane dei gameti comporta due cambiamenti fondamentali.

1. In meno di un secondo si forma la *membrana di fecondazione* che, essendo impermeabile, impedisce l'ingresso di altri spermatozoi.

2. L'oocita secondario va incontro alla seconda divisione meiotica, fonde il proprio nucleo con quello dello spermatozoo e origina il nucleo diploide dello zigote.

> **IMPARA A IMPARARE**
>
> Rileggi il testo e osserva attentamente la figura. Fai un elenco degli avvenimenti che si susseguono nel processo di fecondazione mettendoli in ordine cronologico.

**NELLE RISORSE DIGITALI**

- Video Dalla fecondazione all'impianto dell'embrione
- Esercizi interattivi
- Mappa del paragrafo

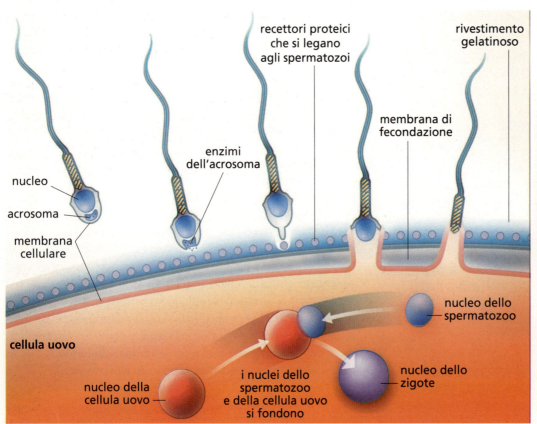

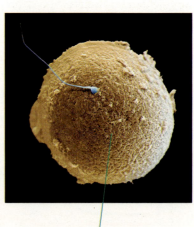

Il legame tra le proteine dello spermatozoo e i recettori dell'oocita è molto specifico e garantisce che la fecondazione avvenga solo tra gameti di una stessa specie. Questo fatto è particolarmente importante per le specie a fecondazione esterna.

# 6. LO SVILUPPO EMBRIONALE

Dopo la sua formazione, lo zigote va incontro a una fase di intensa divisione cellulare, detta segmentazione, a cui segue la gastrulazione.

Lo sviluppo dell'embrione inizia dopo la fecondazione e si basa su due processi biologici fondamentali: la **duplicazione** – che consiste nella produzione di nuove cellule per mitosi a partire dallo zigote – e il **differenziamento**, il processo che permette a queste cellule di assumere forme e funzioni diverse.

Le divisioni cellulari cominciano subito dopo la fecondazione nell'ovidotto. Lo zigote si trasforma in una piccola massa sferica di cellule tutte uguali, detta **morula**. In questa fase, chiamata **segmentazione**, la duplicazione del DNA e la mitosi avvengono rapidamente, mentre la sintesi proteica è bloccata: perciò le cellule dimezzano il proprio volume a ogni divisione e la morula non aumenta di dimensioni.

Allo stadio di morula tutte le cellule sono ancora indifferenziate e sono chiamate *cellule staminali embrionali*. Sono le più «potenti» tra tutte le cellule staminali (ne esistono infatti diversi tipi) perché possono originare qualunque tipo di tessuto. Le cellule staminali della morula sono dette *totipotenti*.

Con il procedere della segmentazione, si crea una cavità – il **blastocele** – circondata da alcune decine di cellule. Questa struttura, nel suo complesso, è chiamata **blastocisti**.

Nello stadio di blastocisti le cellule della massa interna sono in una fase di differenziazione leggermente più avanzata e sono quindi in grado di originare ogni tipo di tessuto dell'embrione, ma non quelli che lo circondano. Sono perciò considerate *cellule staminali pluripotenti*.

La blastocisti va poi incontro ad una profonda trasformazione, la **gastrulazione**. Questo processo inizia con la formazione del *blastoporo*, un piccolo solco visibile su un lato della blastocisti in corrispondenza del quale avviene uno scivolamento verso l'interno delle cellule della superficie dell'embrione. Questo movimento delle cellule porta alla riduzione della cavità interna del blastocele e alla formazione di una nuova cavità, l'*archenteron*.

Al termine della gastrulazione, l'embrione si trova nello stadio di **gastrula**. Le cellule che costituiscono la gastrula sono organizzate in tre strati, detti **foglietti embrionali**: uno strato esterno, l'*ectoderma*, uno strato intermedio, il *mesoderma* e uno strato interno, l'*endoderma*.

Le cellule del mesoderma poste tra il blastoporo e il polo opposto dell'embrione danno origine alla **notocorda**, la struttura di sostegno dell'embrione.

Al termine della gastrulazione, i tre foglietti embrionali sono ormai nettamente differenziati.

**1.** L'**ectoderma** dà origine al rivestimento esterno, alla pelle e a tutte le strutture da essa derivate; l'encefalo e tutto il sistema nervoso derivano dalla parte di ectoderma che costituisce il **tubo neurale**, una struttura posizionata sopra la notocorda.

**2.** Il **mesoderma** dà origine ai *somiti*, cioè strutture segmentate che appaiono poco dopo la costituzione del tubo neurale e che originano lo scheletro e la muscolatura; a partire dal mesoderma si formano anche l'apparato escretore, l'apparato riproduttore e il sistema circolatorio.

**3.** L'**endoderma** dà origine al rivestimento interno dell'apparato digerente, a quello dell'apparato respiratorio, al fegato, al pancreas e alle altre ghiandole.

Infine, l'*archenteron* costituisce la futura cavità digerente e dal blastoporo si origina l'ano.

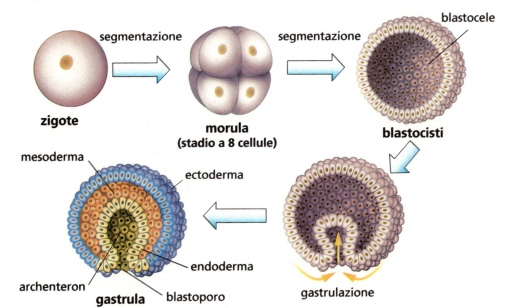

### IMPARA A IMPARARE

Rintraccia nel testo le varie tappe dello sviluppo dell'embrione. Per ciascuna riporta il nome sul quaderno e fornisci una breve descrizione degli avvenimenti più importanti che la caratterizzano.

### NELLE RISORSE DIGITALI

- Esercizi interattivi
- Mappa del paragrafo

# 7. L'IMPIANTO DELL'EMBRIONE

Alcuni giorni dopo la fecondazione, l'embrione si impianta nell'utero materno grazie ad una struttura detta trofoblasto. Dal trofoblasto si formano le quattro membrane che circondano, proteggono e nutrono l'embrione.

Subito dopo la fecondazione, mentre si compiono le divisioni cellulari che caratterizzano la fase di segmentazione, lo zigote percorre l'ovidotto in direzione dell'utero. Circa 6 giorni dopo la fecondazione la blastocisti si impianta nell'utero materno. Essa è rivestita da uno strato di cellule, il **trofoblasto**, che secerne alcuni enzimi che permettono l'impianto dell'embrione nell'endometrio, il rivestimento interno della parete dell'utero.

Quando le cellule del trofoblasto entrano in contatto con la parete dell'utero iniziano a duplicarsi e a formare i **villi coriali**, strutture a forma di dita che invadono il tessuto dell'endometrio. Il trofoblasto è circondato da vasi sanguigni aperti ed è rifornito di sangue, che trasporta le sostanze nutritive.

A partire dal trofoblasto e dai villi coriali si formano quattro membrane, esterne all'embrione e perciò dette membrane *extra-embrionali*, che circondano, proteggono e nutrono l'embrione.

1. L'**amnios** è la membrana più interna; racchiude uno spazio, la **cavità amniotica**, piena di un liquido che protegge l'embrione e ne impedisce la disidratazione.
2. Il **sacco vitellino** è importante soprattutto negli uccelli e nei rettili: contiene il tuorlo e le sostanze nutritive necessarie allo sviluppo.
3. L'**allantoide** nei mammiferi partecipa alla costituzione del cordone ombelicale (e della placenta).
4. Il **corion** è la membrana più esterna e costituisce la parte embrionale della placenta. La **placenta** è una massa discoidale di tessuto spugnoso che si forma a partire oltre che dal corion anche dall'endometrio materno e che permette lo scambio di sostanze tra embrione e il corpo materno. Alla fine della terza settimana di gravidanza, la placenta copre circa il 20% della superficie dell'utero e attraverso di essa l'embrione si rifornisce di ossigeno e sostanze nutritive ed elimina quelle di rifiuto.

### IMPARA A IMPARARE

Fai un elenco delle membrane extra-embrionali. Per ciascuna di esse cerca le informazioni nel testo e nelle figure, fornisci una descrizione e indicane la funzione.

### NELLE RISORSE DIGITALI

- Esercizi interattivi
- Mappa del paragrafo

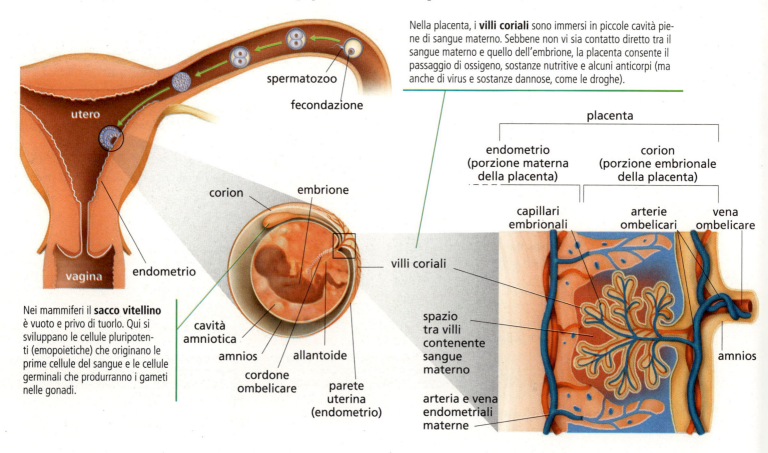

Nella placenta, i **villi coriali** sono immersi in piccole cavità piene di sangue materno. Sebbene non vi sia contatto diretto tra il sangue materno e quello dell'embrione, la placenta consente il passaggio di ossigeno, sostanze nutritive e alcuni anticorpi (ma anche di virus e sostanze dannose, come le droghe).

Nei mammiferi il **sacco vitellino** è vuoto e privo di tuorlo. Qui si sviluppano le cellule pluripotenti (emopoietiche) che originano le prime cellule del sangue e le cellule germinali che produrranno i gameti nelle gonadi.

# 8. LA GESTAZIONE E LA NASCITA

La gestazione è il periodo durante il quale il feto si sviluppa all'interno del corpo della madre: inizia nel momento in cui l'embrione si impianta nell'utero e prosegue fino al parto. Negli esseri umani dura circa 9 mesi.

Il periodo durante il quale un nuovo individuo si sviluppa all'interno dell'apparato riproduttore della madre è chiamato **gestazione** (o gravidanza). La gestazione inizia con l'impianto dell'embrione nell'utero e prosegue fino al **parto**, il momento in cui il neonato esce dal corpo della madre.

La gestazione è una fase comune a tutti gli animali vivipari. Nella specie umana dura mediamente 38 settimane, ciò significa che il parto avviene circa 266 giorni dopo la fecondazione. Rispetto a quello di altri mammiferi è un periodo piuttosto lungo, anche se non il più lungo: la gestazione del topo dura soltanto un mese, mentre quella dell'elefante richiede ben 22 mesi.

Nella gravidanza si verificano numerosi eventi. Al termine del primo mese, l'embrione umano è lungo circa 7 mm e il cuore, sebbene sia ancora piuttosto rudimentale, ha già cominciato a battere. Lo scheletro cartilagineo comincia a formarsi circa un mese dopo il concepimento e, a partire dalla sesta settimana di gravidanza, la cartilagine viene gradualmente sostituita dal tessuto osseo. Dalla nona settimana, l'embrione viene chiamato **feto**. Esso raggiunge una lunghezza di circa 40 mm e il suo peso è di circa 1 g. La testa è molto grande rispetto al resto del corpo, ma durante la gravidanza la grandezza del capo si ridurrà proporzionalmente.

Già nel terzo mese si sviluppano i principali apparati e, con lo sviluppo della muscolatura, il feto inizia a muoversi.

Durante la gravidanza il corpo della madre subisce alcune trasformazioni. La più evidente riguarda l'addome, che a partire dal quarto mese diventa più prominente, come conseguenza dello sviluppo del feto; anche il seno, dove sono presenti le ghiandole mammarie, aumenta di dimensioni in preparazione all'allattamento.

Durante gli ultimi tre mesi di gravidanza il feto aumenta notevolmente il suo peso e le sue dimensioni. Nelle settimane precedenti il parto, il feto si posiziona in genere con la testa rivolta verso il basso. L'evento della nascita detto **travaglio** avviene in tre fasi.

**1.** La **fase di dilatazione** è stimolata dall'ossitocina (un ormone prodotto dalla neuroipofisi). Durante questa fase, che può durare 2-16 ore, l'utero si contrae, mentre il suo collo si allarga, raggiungendo un'apertura di 10 cm circa. In questa fase si assiste anche alla rottura dell'amnios che provoca la fuoriuscita del liquido amniotico nota come «rottura delle acque».

**2.** Durante la **fase espulsiva**, o **parto**, l'apertura dell'utero si dilata completamente e il corpo del bambino inizia a uscire, a partire dalla testa. Al termine di questa fase, il neonato abbandona il corpo della madre e viene reciso il cordone ombelicale.

**3.** Nella **fase di secondamento** la placenta e i residui di liquido e di sangue vengono espulsi dal corpo della madre attraverso una serie di contrazioni.

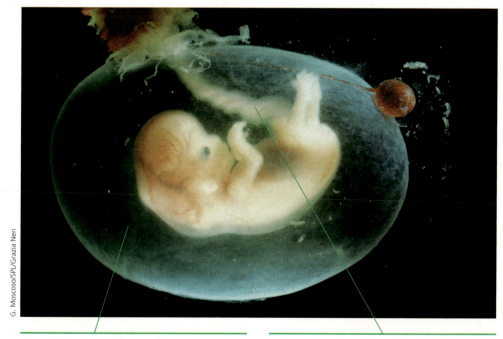

**Feto** di 9 settimane all'interno del sacco amniotico. A questo stadio la sua lunghezza è di circa 40 mm e sono già visibili le principali strutture, tra cui il cuore (la macchia scura che occupa buona parte del torace). Inoltre, le dita di mani e piedi appaiono già separate.

Il feto è unito alla placenta attraverso il **cordone ombelicale**. Esso contiene cellule staminali di tipo pluripotente, cioè che possono trasformarsi solo in certi tipi di cellule specializzate (cellule del sangue ecc.). Queste cellule possono essere utili per la ricerca e per la cura di gravi malattie come le leucemie.

### IMPARA A IMPARARE

Individua nel testo gli eventi che si verificano durante la gravidanza e il travaglio, elencali in ordine cronologico e descrivili brevemente.

### NELLE RISORSE DIGITALI

- Esercizi interattivi
- Mappa del paragrafo

**UNITÀ 14** La riproduzione

# 9. LA RIPRODUZIONE NELLE PIANTE

Le piante si riproducono sia per via asessuata sia per via sessuata.
La riproduzione sessuata avviene attraverso un'alternanza di generazioni
aploidi e diploidi.

Le piante possono riprodursi tramite diversi sistemi di **riproduzione asessuata** (o *vegetativa*) – per esempio producendo dei rami orizzontali lungo i quali si sviluppano delle radici che originano piante indipendenti - oppure attraverso la **riproduzione sessuata**. In quest'ultimo caso il ciclo vitale dell'organismo vegetale presenta un'alternanza di generazioni: a una generazione diploide segue una generazione aploide, che si forma attraverso il processo di meiosi. Successivamente attraverso la fecondazione si torna alla generazione diploide, completando il ciclo vitale.

In alcune specie vegetali, come per esempio nei muschi, la generazione dominante è quella aploide, detta **gametofito**; nelle felci, nelle gimnosperme e nelle angiosperme, al contrario, è la generazione diploide,

detta **sporofito**, a costituire la pianta vera e propria.

Esaminiamo il ciclo vitale delle angiosperme, il gruppo di piante più comuni e che comprende il maggior numero di specie. L'organo riproduttore delle angiosperme è il **fiore**, che è formato da alcune strutture particolari:

- i **sepali** sono esterni, verdi, simili a foglie; essi formano il **calice**, una struttura a coppa che ha la funzione di proteggere la gemma durante lo sviluppo;
- i **petali** sono interni, spesso colorati con colori vivaci, formano la **corolla**, la cui funzione è di attirare gli animali impollinatori.

All'interno della corolla sono collocate le strutture riproduttive vere e proprie, gli **stami** maschili (formati ciascuno da un fi-

lamento e un'antera) e il **carpello** femminile (formato da stigma, stilo e ovario, che contiene gli ovuli). Nelle antere si producono per meiosi i granuli di **polline** che rappresentano i gametofiti maschili o *microspore*. Nel carpello sono presenti gli **ovuli**, da cui per meiosi si forma il sacco embrionale, che costituisce il gametofito femminile o *macrospora*, in cui si sviluppa la cellula uovo. La fecondazione si compie quando il polline viene trasportato al carpello e un nucleo di una cellula del polline (la cellula spermatica) si fonde con la cellula uovo. La fusione dei due gameti porta, attraverso una serie di passaggi, alla formazione del **seme**, che darà poi origine alla generazione successiva. Nelle angiosperme i semi sono contenuti all'interno del frutto, un organo che, oltre a fornire protezione, serve alla loro disseminazione.

Alcuni fiori contengono sia l'apparato riproduttore maschile che quello femminile e vengono pertanto detti *ermafroditi* o *perfetti*. In alcune specie i fiori contengono solo gli apparati maschili o solo quelli femminili: se i fiori di entrambi i sessi sono portati dalla stessa pianta, la specie viene detta **monoica**; se invece i fiori maschili e i fiori femminili sono portati da individui diversi, la specie è detta **dioica**.

**ciclo vitale delle angiosperme**

La fecondazione, che negli organismi vegetali è detta **impollinazione**, avviene grazie al trasporto dei granuli pollinici allo stigma operato dall'aria, dall'acqua o da alcuni animali, soprattutto insetti.

**IMPARA A IMPARARE**

Leggi il testo e osserva attentamente la figura.
Ora riporta sul quaderno le varie tappe del ciclo vitale di una pianta con fiori, descrivendo brevemente ciascuna fase.

**NELLE RISORSE DIGITALI**

- **Approfondimento** La riproduzione vegetativa nelle piante
- **Approfondimento** Il seme e il frutto
- **Esercizi interattivi**
- **Mappa del paragrafo**

# DOMANDE PER IL RIPASSO

## PARAGRAFO 1
1. In che cosa consiste la riproduzione asessuata?
2. Su quale processo si basa la riproduzione asessuata?
   A Meiosi.  B Mitosi.  C Fecondazione.
3. Quali sono i vantaggi della riproduzione asessuata?

## PARAGRAFO 2
4. In che cosa consiste la riproduzione sessuata?
5. Perché gli animali terrestri ricorrono alla fecondazione interna?
6. Gli animali nei quali l'embrione si sviluppa all'interno del corpo della femmina senza che questa fornisca nutrimento al nascituro sono detti:
   A ovovivipari.  B vivipari.  C ovipari.

## PARAGRAFO 3
7. Quale organo dell'apparato riproduttore maschile produce gli spermatozoi?
   A Il pene.
   B Le ghiandole bulbouretrali.
   C I testicoli.
8. Come sono fatti gli spermatozoi? Perché hanno questa forma?
9. Da che cosa è costituito lo sperma?

## PARAGRAFO 4
10. Quali organi compongono l'apparato riproduttore femminile?
11. Che cos'è l'ovulazione?
12. La massa di cellule in cui si trasforma il follicolo dopo l'ovulazione si chiama:
    A endometrio.  B corpo luteo.  C vulva.
13. Quali fasi costituiscono il ciclo mestruale?

## PARAGRAFO 5
14. L'acrosoma è la cellula che si forma nel momento della fusione dei nuclei dei gameti.  V  F
15. Quale funzione svolgono gli enzimi contenuti nell'acrosoma degli spermatozoi?
16. Perché la fecondazione è possibile solo tra gameti di individui appartenenti alla stessa specie?

## PARAGRAFO 6
17. Quali sono i processi fondamentali da cui dipende lo sviluppo dell'embrione?
18. Completa.
    La ............... è la fase dello sviluppo dell'embrione in cui il blastocele si riduce permettendo la formazione di una nuova cavità, detta ............... .
19. Da quale parte dell'embrione deriva il sistema nervoso?

## PARAGRAFO 7
20. Quale parte dell'embrione permette che questo si impianti nell'utero e perché?
21. L'amnios partecipa alla costituzione del cordone ombelicale.  V  F
22. Qual è la funzione della placenta?

## PARAGRAFO 8
23. Che cosa si intende con il termine feto?
24. La fase in cui vengono espulsi dal corpo della madre i residui della placenta e del liquido amniotico è
    A la fase di dilatazione.
    B la fase espulsiva.
    C la fase di secondamento.

## PARAGRAFO 9
25. Che cos'è la corolla e qual è la sua funzione nel fiore?
26. Qual è la funzione del polline e dove viene prodotto?
27. Una specie vegetale che possiede fiori maschili e femminili portati da individui diversi si dice:
    A sporofito.  B monoica.  C dioica.

## APPLICA LE TUE CONOSCENZE
Completa l'immagine inserendo i termini mancanti.

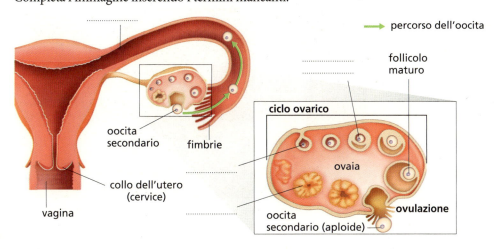

# 14 LABORATORIO DELLE COMPETENZE

## 1 Sintesi: dal testo alla mappa

- La **riproduzione asessuata** o *vegetativa* avviene per mitosi e produce dei **cloni**, cioè degli individui geneticamente identici ai genitori. Negli organismi unicellulari e in alcuni gruppi animali può avvenire per *gemmazione*, per *scissione* o per *frammentazione*. La riproduzione asessuata può produrre in modo rapido un gran numero di discendenti; inoltre è vantaggiosa per le specie che vivono su un substrato e non possono muoversi per cercare un partner.

- La **riproduzione sessuata** è basata sulla **fecondazione**, cioè l'unione dei *gameti*, cellule sessuali aploidi prodotte dalla meiosi: lo **spermatozoo**, piccolo e mobile, e la **cellula uovo**, più grande. La fecondazione produce una cellula diploide, lo **zigote**, che rappresenta la prima cellula del nuovo individuo. In alcuni animali acquatici la fecondazione è esterna mentre negli animali terrestri è interna. Gli organismi in cui lo sviluppo dell'embrione avviene lontano dal corpo della madre sono chiamati **ovipari**; gli animali in cui lo sviluppo avviene all'interno del corpo della madre sfruttando le sostanze nutrienti contenute nell'uovo sono **ovovivipari**; infine, gli animali in cui la madre nutre l'embrione all'interno del proprio corpo sono detti **vivipari**.

- L'**apparato riproduttore maschile** è costituito dai **testicoli**, che producono i gameti maschili, gli *spermatozoi*, e dal **pene**, l'organo erettile che deposita gli spermatozoi nei pressi del gamete femminile, all'interno dell'apparato riproduttore femminile. Lo **sperma**, il liquido emesso al momento dell'eiaculazione, contiene milioni di spermatozoi e alcune sostanze nutrienti e lubrificanti.

- L'**apparato riproduttore femminile** è costituito dalla **vulva**, la parte esterna sensibile alla stimolazione, dalla **vagina**, che accoglie il pene durante l'accoppiamento, dall'**utero**, all'interno del quale si sviluppa l'embrione, e dalle **ovaie**, che producono il gamete femminile, la cellula uovo. L'ovulazione, cioè la maturazione della cellula uovo, avviene ogni 28 giorni circa ed è accompagnata da una serie di eventi che costituiscono il **ciclo ovarico**. In sincronia, nell'utero, avviene una serie di cambiamenti, che interessano soprattutto l'*endometrio*, il tessuto ricco di vasi sanguigni che riveste l'utero, e che costituiscono il **ciclo mestruale**.

- Al momento della **fecondazione** il nucleo del gamete maschile, lo **spermatozoo**, si fonde con il nucleo del gamete femminile, la **cellula uovo**, e si forma lo **zigote**, la cellula diploide che dà origine al nuovo individuo. Questo processo avviene negli ovidotti dell'apparato riproduttore femminile dopo che i due gameti hanno fuso le reciproche membrane.

- Lo **sviluppo embrionale** avviene in diverse fasi. La segmentazione segue la fecondazione e, attraverso una serie di mitosi successive, porta alla formazione della **morula**. La morula è formata da *cellule staminali totipotenti* indifferenziate. La seconda fase porta alla formazione della **blastocisti** ed è seguita dalla **gastrulazione**, una riorganizzazione delle cellule dell'embrione che produce tre *foglietti embrionali* differenziati, dai quali si origineranno i diversi organi dell'individuo.

- L'**impianto dell'embrione** avviene nell'endometrio, il rivestimento interno dell'utero, circa 6 giorni dopo la fecondazione. Esso è circondato dal **trofoblasto**, un tessuto che forma i **villi coriali**. Queste strutture danno origine alle quattro membrane extra-embrionali, che circondano e proteggono l'embrione: l'*amnios*, ripieno di un liquido che impedisce la disidratazione dell'embrione; il *sacco vitellino*; l'*allantoide*; il *corion*, che dà origine alla **placenta**, l'organo che permette lo scambio dell'ossigeno e delle sostanze nutritive tra l'embrione e il corpo della madre.

- La **gestazione** è il periodo durante il quale l'embrione si sviluppa all'interno del corpo della madre, al quale è unito tramite il cordone ombelicale e la placenta. Negli esseri umani la gestazione dura circa 9 mesi e termina con il **parto**, cioè con l'uscita del neonato dal corpo della madre. A partire dalla nona settimana di gestazione, l'embrione è detto **feto**.

- La **riproduzione nelle piante** può avvenire per via asessuata, o tramite la **riproduzione sessuata**. In quest'ultimo caso, il loro ciclo vitale presenta un'alternanza tra una generazione aploide, detta *gametofito*, e una diploide, lo *sporofito*. Le angiosperme presentano una serie di organi specializzati per la riproduzione: il **fiore**, che racchiude e protegge gli organi riproduttivi; il **seme**, che contiene l'embrione che darà origine alla generazione successiva; il **frutto**, l'organo che contiene e trasporta i semi.

Nei mammiferi l'alimentazione dei piccoli è garantita dal latte, prodotto dalle ghiandole mammarie della madre.

**Riorganizza i concetti completando la mappa**

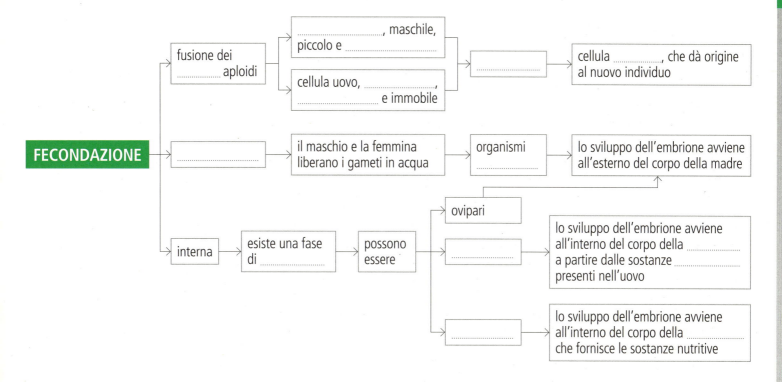

## 2 Collegare i concetti

1. Completa con i termini mancanti.
Gli esseri umani sono dotati della ........................, organo che mette in comunicazione l'embrione con il corpo della madre e per questa ragione sono ........................ come anche alcune specie di anfibi e rettili. La placenta si sviluppa a partire dai villi ........................ che invadono l'endometrio, il tessuto che riveste l' ........................ . Questi organi vengono espulsi dal corpo della madre nella fase di ........................, subito dopo il parto.

2. Quali tra le seguenti affermazioni sulla riproduzione sessuata sono vere? (2 risposte corrette)
   A È svantaggiosa perché produce cloni, cioè individui geneticamente uguali al genitore.
   B Risulta difficile per gli animali che vivono attaccati ad un substrato.
   C Negli organismi vegetali viene anche detta riproduzione vegetativa.
   D Avviene per scissione, gemmazione o frammentazione.
   E Avviene tramite la fecondazione, cioè con la fusione del gamete maschile e di quello femminile.

3. Quali tra le seguenti affermazioni sull'apparato riproduttore umano sono vere? (2 risposte corrette)
   A La fase di emissione dello sperma viene detta eiaculazione.
   B La vagina è la parte dell'apparato femminile in cui si impianta l'embrione.
   C La mestruazione avviene attorno al 14° giorno del ciclo ovarico.
   D L'ovulazione avviene quando il follicolo espelle l'oocita secondario nell'ovidotto.
   E Lo sperma è formato esclusivamente da milioni di spermatozoi.

4. Metti in ordine i seguenti eventi che si succedono nella riproduzione degli esseri umani.
   ☐ Impianto della blastocisti nell'utero
   ☐ Fecondazione
   ☐ Gastrulazione e formazione dei foglietti embrionali
   ☐ Fase di dilatazione del travaglio
   ☐ Produzione dei gameti
   ☐ Segmentazione
   ☐ Trasformazione dell'embrione in feto
   ☐ Parto

5. Completa con i termini mancanti.
I gameti ........................ sono gli spermatozoi e sono prodotti all'interno dei ........................ seminiferi, presenti nei ........................ . La testa degli spermatozoi possiede una vescicola contenente enzimi, l' ........................, che al momento della fecondazione si svuota verso l'esterno e distrugge lo strato gelatinoso che circonda la ........................ . Immediatamente dopo la fusione delle membrane dei due gameti si forma la ........................ di ........................ che impedisce l'ingresso di altri spermatozoi.

UNITÀ 14 La riproduzione

## 3 Comprendere un testo

### I gemelli

*I gemelli dizigotici (fraterni) derivano dal rilascio indipendente di due oociti secondari e dalla fecondazione con due spermatozoi paterni diversi. Hanno la stessa età, tuttavia geneticamente sono esattamente come due fratelli (dello stesso sesso o di sessi diversi). Al contrario, i gemelli monozigotici (identici) si sviluppano a partire da un singolo ovocita fecondato da uno spermatozoo e perciò contengono esattamente lo stesso materiale genetico (sono sempre dello stesso sesso). Questo tipo di gemelli deriva dalla suddivisione in due dello zigote che nel 99% dei casi avviene entro otto giorni dalla fecondazione. Se questa separazione avviene dopo questo periodo si verifica una situazione in cui i gemelli restano uniti e condividono alcune strutture corporee. In questo caso si parla di gemelli congiunti (o siamesi).*

[Da G.J. Tortora, B. Derrickson, *Conosciamo il corpo umano*, 2009, Zanichelli]

**Rispondi alle seguenti domande.**

a. Che cosa può succedere se vengono rilasciate contemporaneamente due oociti secondari?

b. Come sono dal punto di vista genetico i gemelli dizigotici?

c. Come si formano i gemelli monozigotici? Per quale ragione hanno sempre lo stesso sesso?

d. Come si formano i gemelli siamesi?

## 4 Fare una ricerca

### Le modalità riproduttive degli animali

Scegli un animale per ciascuna classe di vertebrati (pesci, anfibi, rettili, uccelli, mammiferi) e ricerca su Internet informazioni sulle loro modalità riproduttive. Riporta le informazioni in una tabella. Per ogni animale indica: la classe di appartenenza, il suo nome scientifico, il tipo di fecondazione (interna o esterna), il tipo di sviluppo embrionale (oviparo, viviparo ecc.).

## 5 Formulare un'ipotesi

### L'anatomia delle gonadi maschili

Nei maschi di alcune specie di mammiferi (compresa la nostra) i testicoli sono contenuti nello scroto, una sacca cutanea posta all'esterno del corpo. In altre specie, come per esempio nei topi, i testicoli discendono nello scroto solo durante la stagione riproduttiva; per il resto del tempo le gonadi non sono visibili perché si trovano all'interno della cavità addominale.
Prova a fare un'ipotesi che spieghi perché i testicoli, per poter produrre gli spermatozoi, devono trovarsi all'esterno del corpo. Verifica la tua ipotesi facendo una ricerca su Internet.

## 6 Rappresentare graficamente dei dati

### La durata della gravidanza e il peso del neonato

In questa tabella sono riportati i dati relativi alla durata media della gravidanza e il peso medio della femmina adulta per alcuni mammiferi terrestri.

| N° | Animale | Durata della gravidanza (in giorni) | Peso medio della femmina adulta (in kg) |
|----|---------|------------------------------------|----------------------------------------|
| 1 | Coniglio | 33 | 1 |
| 2 | Macaco | 164 | 5 |
| 3 | Capra | 150 | 15 |
| 4 | Babbuino | 187 | 20 |
| 5 | Pecora | 148 | 35 |
| 6 | Scimpanzé | 227 | 40 |
| 7 | Orango | 260 | 45 |
| 8 | Leopardo | 94 | 50 |
| 9 | Essere umano | 266 | 60 |
| 10 | Gorilla | 257 | 70 |
| 11 | Maiale | 114 | 80 |
| 12 | Leone | 108 | 150 |
| 13 | Orso bruno | 210 | 295 |

Utilizza i dati per costruire un grafico su carta a quadretti. Costruisci l'asse delle x facendo in modo che un quadretto corrisponda a 10 giorni (dato che il valore massimo è inferiore a 300 giorni puoi costruire un asse lungo 30 quadretti); scrivi le etichette corrispondenti ogni 5 quadretti. Per l'asse delle y attribuisci un valore di 10 kg a ogni quadretto, in questo modo anche quest'asse sarà lungo 30 quadretti; anche in questo caso scrivi le etichette ogni 5 quadretti. Ora trova nel grafico i punti corrispondenti a ogni coppia di valori e sopra ogni punto scrivi il numero dell'animale a cui appartiene la coppia di valori inseriti. Osserva il grafico ottenuto e rispondi alle seguenti domande.

▸ Che cosa noti nella distribuzione dei punti?

▸ A tuo parere è possibile affermare che la durata della gravidanza dipende dalla grandezza dell'animale?

▸ In quale parte del grafico si trova il punto corrispondente agli esseri umani?

▸ Quali sono gli animali che hanno valori più simili al nostro e che cosa puoi dedurne?

## 7 Fare una ricerca

### La dimensione dei neonati

Cerca su Internet informazioni sul peso e la lunghezza medi di un neonato (distinguendo tra femmine e maschi).
Cerca di recuperare i dati di quando sei nata/o e confrontali con quelli medi.

# Biologia per il cittadino

## I metodi di contraccezione

Talvolta le persone non si sentono pronte ad affrontare le conseguenze di una gravidanza e in tal caso è opportuno che ricorrano a metodi di contraccezione (**anticoncezionali**) che consentono di prevenirla. Attualmente esistono molti metodi di contraccezione e nuove tecniche sono in fase di sperimentazione. I diversi contraccettivi si basano su differenti principi e hanno un grado diverso di efficacia.

**1.** I **contraccettivi ormonali** sono i più affidabili (hanno una percentuale di efficacia superiore al 97%), ma essendo dei veri e propri farmaci presentano alcune controindicazioni (per esempio aumentano il rischio di malattie cardiovascolari) e devono essere assunti sotto il controllo di un medico. Questi contraccettivi agiscono alterando i normali livelli ormonali. La **pillola anticoncezionale** contiene una combinazione di estrogeni e progesterone, che deve essere assunta giornalmente dalla donna nei primi 21 giorni del ciclo. L'ingestione degli ormoni mantiene alta la loro concentrazione nel sangue, inibisce la produzione di FSH e di LH e impedisce l'ovulazione: in pratica l'assunzione regolare della pillola «inganna» l'ipofisi facendo credere all'organismo della donna di essere già in gravidanza. Sullo stesso principio si basa anche il **cerotto transdermico**, un sottile cerotto che rilascia progressivamente gli ormoni che vengono assorbiti attraverso la pelle. La **pillola del giorno dopo** è un farmaco di emergenza contenente un dosaggio di ormoni molto più alto di quello dei metodi contraccettivi ormonali di cui si è parlato. L'assunzione di questa pillola ritarda o impedisce l'ovulazione, ostacola il passaggio dell'ovulo nell'ovidotto e modifica l'endometrio. Dato che provoca un forte disordine ormonale, la pillola del giorno dopo è prescritta dal medico solo in caso di necessità.

**2.** I **contraccettivi meccanici** impediscono fisicamente il contatto tra lo sperma e la cellula uovo. I principali metodi contraccettivi di questo tipo sono tre. Il **profilattico**, una sottile guaina di lattice che viene posta sul pene e serve a contenere lo sperma durante l'eiaculazione. Perché sia efficace, il profilattico deve essere usato correttamente. I profilattici possono evitare il contagio di malattie a trasmissione sessuale (come l'AIDS). Il **dispositivo intrauterino** (IUD), noto anche con il nome di «spirale», è un oggetto lungo circa 3 cm che viene inserito dal medico all'interno dell'utero. La sua efficacia è dovuta al rivestimento di rame che causa modificazioni agli spermatozoi e all'utero. L'uso della IUD, come l'assunzione della pillola del giorno dopo, non garantisce che non si verifichi la fecondazione. Nel caso in cui essa avvenga, i due sistemi impediscono l'impianto della blastocisti. Il **diaframma** è un disco di gomma morbida che viene applicato alla base dell'utero prima di un rapporto e vi viene lasciato nelle 6 ore successive. Per aumentarne l'efficacia, sul diaframma viene spalmata una crema spermicida.

**3.** Le **tecniche contraccettive naturali** non prevedono l'utilizzo né di farmaci né di barriere meccaniche. Pur non presentando rischi per la salute o controindicazioni, sono i metodi meno efficaci di tutti. L'**interruzione del coito** consiste nell'estrazione del pene prima dell'eiaculazione. Questo metodo ha una percentuale di fallimento intorno al 20-30%, in quanto è possibile che alcuni spermatozoi fuoriescano dal pene prima dell'eiaculazione. Il **metodo Ogino-Knaus** si basa sul presupposto che la donna sia fertile dal 7° al 18° giorno del ciclo mestruale; astenendosi dal rapporto durante questo periodo una coppia potrebbe evitare gravidanze. Dato che l'ovulazione non è sempre regolare, il metodo non è sicuro. Esistono poi alcune tecniche che hanno lo scopo di individuare il giorno dell'ovulazione, come il rilevamento della temperatura corporea al risveglio mattutino o la misurazione dei livelli ormonali nelle urine tramite un piccolo apparecchio portatile.

| Metodo contraccettivo ormonale | Meccanismo d'azione | Probabilità di gravidanza indesiderata | Controindicazioni |
|---|---|---|---|
| pillola anticoncezionale/cerotto transdermico | farmacologico (ormonale) | 0-3% | maggiori probabilità di patologie cardiovascolari (nei soggetti predisposti e nelle fumatrici) |
| profilattico | impedisce l'accesso agli spermatozoi nelle vie genitali | 3-20% | possibili allergie al lattice |
| dispositivo intrauterino (IUD) | riduce la vitalità degli spermatozoi | 1-6% | possibile impianto della blastocisti nelle tube |
| diaframma | impedisce agli spermatozoi l'accesso nell'utero | 5-25% | possibili allergie al lattice e agli spermicidi |
| tecniche contraccettive naturali | astinenza periodica | 20-30% | nessuna |

# 15 LA VARIETÀ DELLE SPECIE

Per fare ordine nella grande varietà di organismi, i biologi li classificano, cioè li ordinano, in base alle loro similitudini: oltre all'aspetto fisico, la **classificazione** tiene conto delle parentele evolutive che esistono tra gli esseri viventi.

La classificazione si basa sulle **specie**, gruppi di individui simili in grado di riprodursi tra loro generando una prole a sua volta fertile. A ogni specie è attribuito un **nome scientifico** composto da due termini in latino, che viene utilizzato in tutto il mondo.

La classificazione è gerarchica: le specie simili sono raggruppate in un unico genere, generi imparentati tra loro fanno parte della stessa famiglia, famiglie affini sono raggruppate nel medesimo ordine, e così via, di gradino in gradino, fino ad arrivare ai tre **domini** che comprendono tutti gli organismi conosciuti, anche quelli estinti.

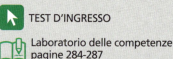

TEST D'INGRESSO

Laboratorio delle competenze
pagine 284-287

# PRIMA DELLA LEZIONE

 **Guarda il video *La varietà delle specie*, che presenta gli argomenti dell'unità.**

Prova a definire che cos'è una specie sulla base delle informazioni contenute nel video.
...................................................................................................................................................................................................................
...................................................................................................................................................................................................................
...................................................................................................................................................................................................................

Partendo dalla prima suddivisione in eubatteri, archeobatteri ed eucarioti, completa l'albero filogenetico che comprende i gruppi tassonomici nominati nel video.

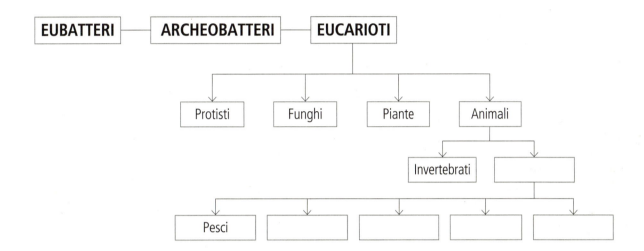

**Guarda le fotografie e osserva la varietà dei frutti delle piante angiosperme.**

Le specie che appartengono al gruppo delle angiosperme sono accomunate dal fatto di produrre i semi all'interno di una struttura particolare, il frutto. Il frutto serve a proteggere, nutrire i semi e a favorire la loro disseminazione. Esistono oltre 200 000 specie di angiosperme che presentano una grande varietà di frutti.

mayakova/Shutterstock

Gl0ck/Shutterstock

DenisNata/Shutterstock

**1** Procurati una mela e, dopo averla tagliata a metà, osserva la disposizione dei semi al suo interno. Sezionala ulteriormente e conta il numero di semi presenti. Quale ritieni che sia la funzione della polpa del frutto?

**2** Ora procurati un limone e taglialo a metà. Anche in questo caso conta il numero di semi al suo interno e osserva la loro disposizione. Quale ritieni che sia la funzione del liquido presente all'interno del frutto?

**3** Ripeti le operazioni precedenti con un kiwi o con altri frutti a tua scelta anche molto diversi tra loro (noci, arachidi, pesche ecc.), cercando di valutare le somiglianze e le differenze tra i vari tipi di frutto.

---

Scoprirai ulteriori informazioni sulla biodiversità delle piante nel paragrafo 7 di questa unità.

# 1. CHE COS'È UNA SPECIE?

Una specie è un insieme di popolazioni naturali in grado di incrociarsi tra loro e di produrre prole fertile. Per indicare una specie in modo univoco si usa la nomenclatura binomia: un nome composto da due parti.

Il riconoscimento di piante e animali avviene a partire dalla descrizione del loro aspetto. Questo metodo è comodo ed efficace ma può portare a errori: talvolta, infatti, gli organismi di una stessa specie possono apparire alquanto diversi.

Una definizione scientifica di specie deve tenere conto dell'ampia variabilità all'interno di uno stesso gruppo e anche della possibilità che individui molto simili nell'aspetto possano appartenere a due specie differenti.

Il concetto di specie è stato, ed è tuttora, oggetto di discussione nella comunità scientifica. La definizione maggiormente accettata di **specie biologica** venne proposta dal biologo Ernst Mayr nel 1942; essa afferma che *le specie sono gruppi di popolazioni naturali che, concretamente o potenzialmente, sono in grado di incrociarsi tra loro e di produrre una prole a sua volta fertile.*

Due individui appartenenti a specie differenti non sono quindi in grado di produrre una prole fertile. Tra due specie esiste cioè un **isolamento riproduttivo**, ossia una serie di barriere che impediscono la formazione o lo sviluppo dello zigote. In alcuni casi, l'incrocio tra individui di specie molto simili è possibile, ma porta allo sviluppo di *ibridi sterili*. È il caso, per esempio, del mulo, frutto dell'incrocio tra una cavalla e un asino: il mulo infatti è sterile.

Una specie è identificata univocamente per mezzo della **nomenclatura binomia**, un sistema di denominazione delle specie introdotto nel 1752 dal naturalista svedese Carl von Linné (in italiano **Linneo**).

Ciascuna specie animale e vegetale viene identificata, analogamente a quanto avviene per gli esseri umani, con un «cognome» e un «nome». Il **genere** – per esempio, *Canis* – è analogo a un cognome, in quanto identifica un gruppo di organismi simili che si presume siano strettamente imparentati. Al genere *Canis* appartengono lupi, sciacalli e cani domestici.

Il **nome specifico** – per esempio, *lupus* – è analogo al nome di battesimo ed è spesso un aggettivo o un termine qualificante che descrive un organismo. A differenza degli esseri umani, per i quali può esistere l'omonimia, la combinazione di genere e specie identifica in maniera univoca ciascuna specie. *Canis lupus* è il nome della specie a cui appartiene il lupo. *Canis mesomelas* è il nome scientifico dello sciacallo.

Il nome della specie è per convenzione assegnato in *latino*, la lingua usata da Linneo per la prima classificazione dei viventi. Il nome del genere è sempre scritto con l'iniziale maiuscola, quello specifico con la minuscola.

> **IMPARA A IMPARARE**
> - Riporta sul quaderno la definizione di specie biologica e spiega che cosa si intende con isolamento riproduttivo.
> - Spiega con parole tue come funziona il sistema di nomenclatura binomia ideato da Linneo.

### NELLE RISORSE DIGITALI
- Esercizi interattivi
- Mappa del paragrafo

Le due specie di rana mostrate nelle fotografie appartengono allo stesso **genere**, come suggerisce il primo nome, *Hyla*, uguale per tutte.

Queste due rane appartengono a specie differenti: a sinistra *Hyla chrysoscelis*, al centro *Hyla versicolor*. Esse sono considerate specie «sorelle», perché – pur avendo un aspetto fisico simile e la stessa distribuzione geografica – non si incrociano mai. La ragione di ciò si trova nelle differenze genetiche tra le due specie.

Nonostante l'aspetto differente, queste due rane appartengono alla stessa specie: *Hyla versicolor*. I maschi infatti possiedono una notevole variabilità nel colore della pelle.

## 2. LA CLASSIFICAZIONE BIOLOGICA DI LINNEO

La classificazione biologica ideata da Linneo è un ordinamento basato su categorie gerarchiche. Alla base ci sono gli oggetti da ordinare, cioè le specie, mentre il livello più alto è costituito da tre domini.

Dopo aver stabilito un sistema univoco per denominare le specie, Linneo propose un metodo per classificarle. L'azione di classificare è quella che si effettua quando si ordinano degli oggetti secondo un criterio, scelto dalla persona che compie la classificazione.

La classificazione non è un procedimento usato solo dai biologi: i libri di una biblioteca possono essere ordinati per genere o per autore, gli oggetti di una cucina sono riposti nei cassetti e negli armadi secondo la loro funzione.

A che cosa serve classificare? La classificazione è utile per ritrovare rapidamente gli oggetti, come nel caso della biblioteca e della cucina. Può però essere importante anche per valutare somiglianze e differenze e analizzare i rapporti tra gli oggetti classificati. La scienza che si occupa dei sistemi di classificazione è chiamata **tassonomia**.

Nella **classificazione biologica**, gli «oggetti» da ordinare sono le specie. Il criterio utilizzato da Linneo e dai primi classificatori per ordinare le specie era basato sulle loro caratteristiche e sulle somiglianze anatomiche. Oggi la classificazione viene effettuata in base a criteri più sofisticati, che analizzeremo nel paragrafo seguente.

La classificazione biologica di Linneo è basata su livelli gerarchici detti **categorie**. La *specie* è la categoria posta alla base della classificazione; il *genere* è la categoria situata al livello immediatamente superiore e può (non necessariamente deve) includere più specie diverse; la *famiglia* è una categoria che comprende più generi e così via fino al *dominio*, la categoria che si trova al vertice del sistema di classificazione.

Le categorie sono i livelli gerarchici della classificazione in cui sono collocate le **unità tassonomiche**. Ogni unità è denominata con un nome latino, anche se spesso per semplicità si preferisce usare la traduzione. Per esempio, la categoria «famiglia» che comprende i cani, le volpi, gli sciacalli è l'unità tassonomica Canidi (in latino *Canidae*).

Al vertice della classificazione si trovano tre domini che, nel loro complesso, comprendono tutte le specie conosciute:
**1.** il dominio *Eubacteria* (degli **eubatteri** o «batteri veri»);
**2.** il dominio *Archaea* (degli **archeobatteri** o «batteri antichi»);
**3.** il dominio *Eukarya* (degli **eucarioti**, organismi dotati di cellula eucariotica), a sua volta diviso in quattro regni: *Protista* (o dei **protisti**), *Fungi* (o dei **funghi**), *Planta* (o delle **piante**) e *Animalia* (o degli **animali**).

> **IMPARA A IMPARARE**
> Spiega con parole tue come funziona la classificazione biologica specificando quali oggetti vengono classificati e come.

### NELLE RISORSE DIGITALI
- Esercizi interattivi
- Mappa del paragrafo

Il nome latino *Parus major* identifica in modo univoco l'uccello noto in italiano come cinciallegra.

La cinciarella, *Parus caeruleus*, appartiene allo stesso genere della cinciallegra (*Parus major*) da cui differisce per la colorazione, per le minori dimensioni e per il canto.

| Categoria | Unità tassonomica | Qualche dato |
|---|---|---|
| dominio | Eukarya | comprende tutte le specie composte da cellule eucariotiche |
| regno | Animali | più di 1 000 000 di specie suddivise in 35 *phyla* |
| *phylum* | Cordati | circa 48 000 specie |
| *subphylum* | Vertebrati | 45 000 specie suddivise in 7 classi |
| classe | Uccelli | 8600 specie suddivise in 28 ordini |
| ordine | Passeriformi | 5400 specie suddivise in 72 famiglie |
| famiglia | Paridi | 65 specie suddivise in 7 generi |
| genere | *Parus* | 51 specie, di cui 9 europee |
| specie | *Parus major, Parus caeruleus* | |

# 3. LA CLASSIFICAZIONE E LA FILOGENESI

La moderna classificazione delle specie viventi è basata sul confronto delle sequenze di basi del DNA e su altri metodi molecolari. In base alla somiglianza tra le specie si costruiscono gli alberi filogenetici.

Linneo e i primi classificatori ordinavano le piante e gli animali esclusivamente in base al loro aspetto e alle somiglianze anatomiche. Lo scopo di questi scienziati era semplicemente di mettere in ordine le conoscenze naturali.

Oggi i biologi confrontano le specie non solo sulla base dei caratteri morfologici, ma anche analizzando la somiglianza nelle sequenze del DNA e delle proteine. Le moderne tecniche di sequenziamento delle basi hanno permesso di quantificare percentualmente le differenze tra i genomi degli organismi. Per esempio è stato calcolato che gli esseri umani e gli scimpanzé hanno in comune il 99,7% delle sequenze di basi del DNA.

Lo scopo di questo tipo di tassonomia è

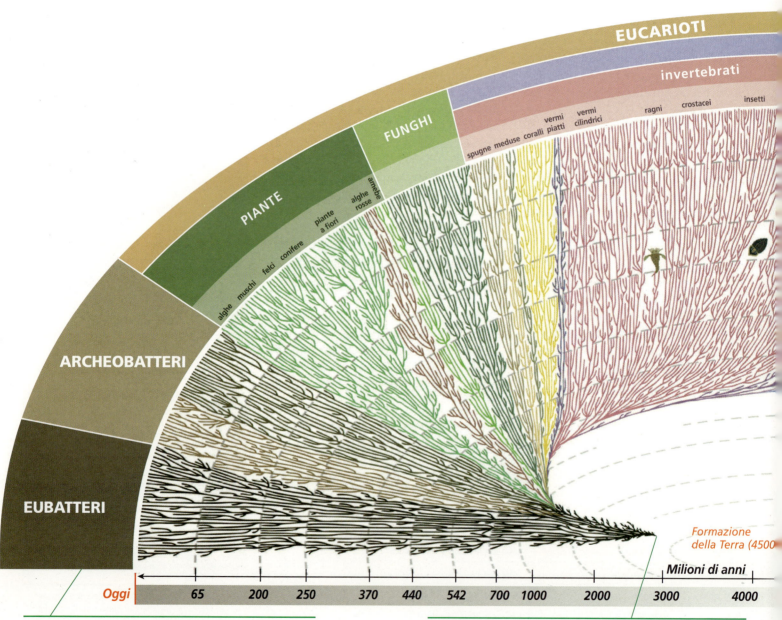

L'«albero» risulta asimmetrico perché nella figura sono state rappresentate soprattutto le specie appartenenti al dominio degli eucarioti.

**Origine della vita**: alla base dell'albero è situato **LUCA**, acronimo per *Last Universal Common Ancestor*, ovvero l'ultimo antenato comune a tutti gli esseri viventi.

di ottenere informazioni sulla storia evolutiva delle diverse specie o, più in generale, sulla storia della vita sulla Terra. La storia evolutiva di una specie o di un gruppo di specie è detta **filogenesi**. L'analisi delle parentele tra le varie specie porta alla produzione degli *alberi filogenetici*. Gli alberi filogenetici sono diagrammi, simili ad alberi genealogici, in cui sono rappresentate le relazioni e le parentele tra specie, generi o unità tassonomiche diverse. Gli alberi filogenetici talvolta possono presentare differenze rispetto ad alberi creati sulla base della classificazione tradizionale: per esempio secondo la tassonomia tradizionale i coccodrilli fanno parte della classe dei rettili, mentre dal punto di vista della filogenesi essi sono più strettamente imparentati con gli uccelli che non con gli altri rettili.

Nella figura è disegnato il cosiddetto *«albero» della vita* ovvero una rappresentazione grafica dei rapporti filogenetici tra i principali gruppi di esseri viventi. Le specie attualmente viventi sono collocate sul bordo esterno della figura (le «foglie» dell'albero), mentre i «rami» che non arrivano al bordo rappresentano le specie e i gruppi estinti. Procedendo all'indietro nella scala temporale, i diversi rami convergono fino ad unirsi nel punto che idealmente rappresenta l'antenato comune a tutte le specie viventi.

> **IMPARA A IMPARARE**
> Osserva la figura con attenzione e spiega che cosa rappresenta e quali informazioni contiene.

**NELLE RISORSE DIGITALI**
- Esercizi interattivi
- Mappa del paragrafo

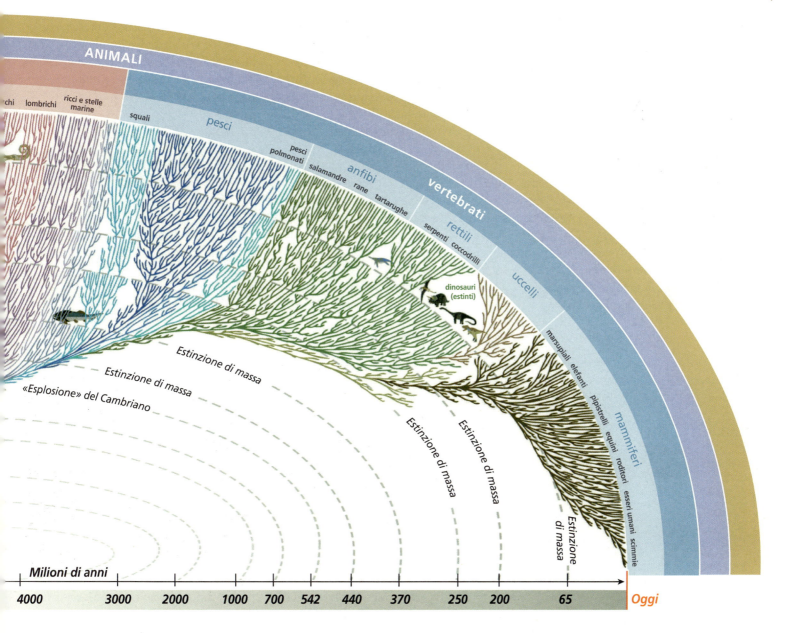

# 4. GLI ORGANISMI UNICELLULARI PROCARIOTI

I domini degli *Eubacteria* e degli *Archaea* comprendono tutti i batteri, cioè gli organismi costituiti da una sola cellula procariotica. I batteri sono presenti in tutti gli ambienti del nostro pianeta.

Tutte le specie di batteri sono organismi unicellulari procarioti dotati di una parete cellulare che circonda la membrana plasmatica e fanno parte dei domini *Eubacteria* e *Archaea*.

Sebbene non siano visibili a occhio nudo, i batteri sono praticamente ovunque: nei fondali marini, nei crateri vulcanici, a profondità di molti chilometri all'interno della crosta terrestre, nelle nuvole e all'interno di altri organismi, inclusi gli esseri umani.

La maggioranza dei batteri è **eterotrofa**, cioè si nutre di sostanza organica. Esistono però numerosi batteri **autotrofi**: i più comuni, i *cianobatteri*, sintetizzano molecole organiche attraverso la fotosintesi; altri, i batteri *chemioautotrofi*, ricavano energia da alcuni composti inorganici. Per esempio, alcuni batteri azotofissatori che vivono nel suolo sono chemioautotrofi in quanto ricavano energia trasformando l'azoto atmosferico ($N_2$) in ioni ammonio ($NH_4^+$).

A seconda del dominio a cui appartengono, i batteri hanno caratteri differenti.

**1.** Il dominio *Eubacteria* (degli **eubatteri**) è il gruppo più numeroso e comprende i batteri più comuni. Numerosi eubatteri sono *patogeni*, cioè responsabili di malattie. La maggior parte dei batteri patogeni risulta tale in quanto produce sostanze tossiche. Tra le malattie di origine batterica che colpiscono gli esseri umani vi sono il colera e la tubercolosi. Alcuni eubatteri possono resistere a lungo in ambienti con condizioni sfavorevoli grazie alla formazione di *spore*: le cellule batteriche si circondano di un rivestimento in grado di proteggerle dalle alte temperature, dalla disidratazione e dalle sostanze chimiche aggressive.

**2.** Il dominio *Archaea* (degli **archeobatteri**) comprende specie capaci di colonizzare ambienti in cui nessun'altra forma di vita riesce a vivere. Alcune specie di archeobatteri sono *alofile*, cioè possono vivere in ambienti la cui salinità raggiunge valori molto elevati. È il caso di *Halobacterium halobium*, un archeobatterio che vive nelle vasche per l'evaporazione dell'acqua marina nelle saline. Il gruppo dei *solfobatteri* resiste alle altissime temperature presenti nelle vicinanze delle sorgenti idrotermali sottomarine. Questi procarioti utilizzano lo zolfo che sgorga dall'interno della Terra per ricavare energia e per trasformare l'anidride carbonica in sostanza organica. Dato che gli organismi eucarioti presentano alcune somiglianze a livello chimico con gli archeobatteri, si ipotizza che si siano evoluti proprio a partire da questi ultimi.

> **IMPARA A IMPARARE**
> Costruisci un glossario fornendo una definizione per ciascuna parola scritta in neretto nel testo.

### NELLE RISORSE DIGITALI
- **Approfondimento** L'origine della vita
- **Esercizi interattivi**
- **Mappa del paragrafo**

Tutti gli **eubatteri** sono caratterizzati dal fatto di possedere una parete cellulare rigida che protegge la cellula e ne determina la forma.

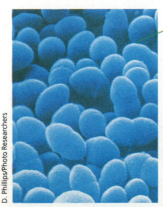
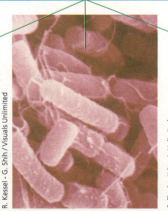
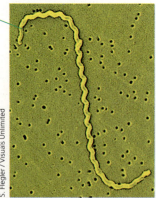
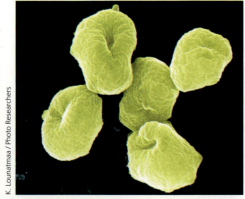

I **cocchi** hanno forma sferica e possono presentarsi isolati o come associazioni di due o più cellule. Alcune specie causano gravi malattie, come la polmonite (provocata da *Streptococcus pneumoniae*).

I **bacilli** hanno una forma allungata, a bastoncello. Il genere *Lactobacillus* comprende alcune specie che effettuano la fermentazione lattica sfruttata nella preparazione dello yogurt.

Gli **spirilli** hanno una forma a elica. La specie *Treponema denticola* produce la placca dentaria negli esseri umani.

I *Solfolobus* sono un genere di batteri appartenenti al dominio degli **archeobatteri**. Vivono in prossimità delle sorgenti idrotermali, in ambienti acidi e ricchi di solfuri (composti dello zolfo). La temperatura ottimale per la crescita di questi archeobatteri è di circa 80 °C.

# 5. GLI ORGANISMI UNICELLULARI EUCARIOTI

All'interno del dominio degli eucarioti, il regno dei protisti comprende tutte le specie costituite da una sola cellula. Esso include le alghe, autotrofe fotosintetizzanti, e i protozoi, eterotrofi.

All'interno del dominio **Eukarya**, che comprende tutti gli esseri viventi formati da cellule eucariotiche, gli organismi unicellulari costituiscono il regno *Protista*, cioè i **protisti**.

Il regno dei protisti è diviso in numerosi *phyla* e comprende sia organismi autotrofi, le alghe, sia organismi eterotrofi, i protozoi.

Le **alghe** ricavano sostanze organiche dalla fotosintesi e vivono in acqua o in ambienti molto umidi. La maggior parte delle alghe è unicellulare; esistono però alcune specie di alghe coloniali e anche alcune alghe pluricellulari. Queste ultime sono comunque inserite nel regno dei protisti perché non presentano tessuti differenziati (come invece accade nelle piante).

Le alghe rivestono un importantissimo ruolo ecologico dato che rappresentano la fonte di nutrimento principale per gli animali acquatici; esse svolgono, quindi, la stessa funzione delle piante negli ambienti terrestri.

I **protozoi** si nutrono invece di sostanza organica. Alcuni sono predatori e possono cibarsi di batteri o di altri protozoi, mentre altre specie si limitano ad assorbire le sostanze organiche disciolte nell'acqua. Alcuni protozoi sono parassiti degli animali (compresi gli esseri umani) e causano malattie gravi. Tutti i protozoi vivono in ambienti acquatici: è possibile trovarne anche nelle raccolte d'acqua più piccole. Sono protozoi le amebe, i radiolari, i parameci e i plasmodi.

> **IMPARA A IMPARARE**
>
> Descrivi gli ambienti in cui vivono alghe e protozoi e le caratteristiche principali di questi organismi.

### NELLE RISORSE DIGITALI

- **Approfondimento** L'origine degli organismi pluricellulari
- **Esercizi interattivi**
- **Mappa del paragrafo**

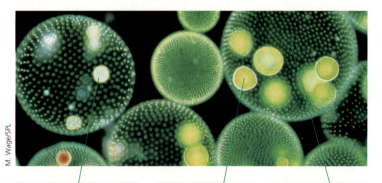

Alcune alghe sono coloniali, cioè vivono in gruppi composti da un gran numero di individui. *Volvox* è un'**alga coloniale** formata da più di 500 individui.

Le nuove colonie si formano all'interno della colonia madre.

Ciascuno di questi puntini verdi è una singola alga unicellulare.

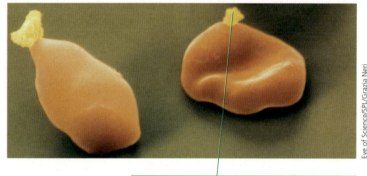

I protozoi del genere *Plasmodium* (in giallo nella fotografia) sono responsabili della malaria. Il **plasmodio** è un parassita che cresce all'interno dei globuli rossi umani e passa da un individuo all'altro trasportato dalle zanzare del genere *Anopheles*.

Le **alghe rosse** appartenenti al *phylum Rhodophyta*, in genere pluricellulari, possiedono dei pigmenti colorati. In condizioni ambientali favorevoli esse possono moltiplicarsi al punto da conferire la colorazione rossa a interi laghi.

I **radiolari** sono un ordine di protozoi caratterizzato dal possedere un guscio siliceo. Dopo la morte degli organismi, i gusci si depositano sul fondo oceanico e, in tempi geologici, possono dare origine a rocce sedimentarie.

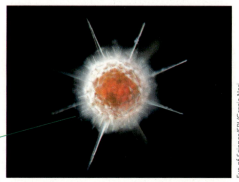

## 6. I FUNGHI

Il regno dei funghi appartiene al dominio degli eucarioti e comprende specie eterotrofe, con cellule provviste di parete cellulare. Il corpo dei funghi si chiama micelio ed è composto da filamenti detti ife.

Il regno dei **funghi** (*Fungi*) comprende più di 100 000 specie: esistono diverse forme unicellulari, come i *lieviti*, e numerose specie pluricellulari, come per esempio le muffe, i funghi commestibili e quelli velenosi. Alcune specie di funghi vivono in simbiosi con alghe o altri organismi fotosintetizzanti e costituiscono i *licheni*.

I funghi possiedono alcune caratteristiche in comune con gli animali: per esempio sono eterotrofi, cioè ricavano energia cibandosi di sostanza organica e sono incapaci di effettuare la fotosintesi. Altre particolarità invece li avvicinano alle piante: per esempio le cellule che costituiscono il corpo dei funghi possiedono una parete cellulare rigida. La parete dei funghi non è però costituita da cellulosa, come nei vegetali, ma da chitina, un polisaccaride che forma anche lo scheletro di insetti e crostacei.

I funghi possono essere:
- *saprofiti*, cioè si nutrono dei resti di organismi morti;
- *parassiti*, cioè vivono a spese di organismi vivi;
- *mutualisti*, cioè vivono in simbiosi con altri organismi;
- *predatori*, quindi catturano piccoli organismi di cui si nutrono.

I funghi saprofiti svolgono un ruolo ecologico fondamentale perché decompongono buona parte della materia organica morta. In questo processo le molecole organiche vengono trasformate in sostanze inorganiche, che restano nel suolo a disposizione delle piante.

I funghi producono enzimi digestivi che demoliscono le sostanze organiche presenti nell'ambiente e assorbono le sostanze semplici così ottenute.

Il corpo dei funghi è composto da **ife**, filamenti cellulari con molti nuclei o con citoplasma separato da setti divisori. Le ife crescono e si ramificano formando una massa chiamata **micelio**, che può svilupparsi molto velocemente. Questa rapida crescita dei funghi compensa la mancanza di mobilità dell'organismo e delle sue cellule.

I funghi possono riprodursi sia in modo asessuato sia sessuato.

La **riproduzione asessuata** può avvenire sia per semplice divisione cellulare (qualsiasi cellula, ifa o nucleo del micelio può staccarsi e originare un nuovo micelio) sia attraverso la produzione di **spore**, piccole strutture che, disperse tramite il vento, l'acqua o gli animali, possono germinare dando origine a un nuovo micelio.

La **riproduzione sessuata** avviene con varie modalità a seconda del tipo di fungo. Talvolta due ife aploidi (cioè con un numero di cromosomi dimezzato) di funghi di ceppi diversi vengono a contatto e fondono i loro nuclei. In altri casi si assiste alla fusione di gameti. La fecondazione dà origine a cellule diploidi, che producono a loro volta per meiosi delle spore aploidi, dalle quali riparte il ciclo vitale. Le spore ottenute con la riproduzione sessuata sono resistenti e consentono ai funghi di sopravvivere in condizioni climatiche avverse.

> **IMPARA A IMPARARE**
> Costruisci un glossario fornendo una definizione per ciascuna parola riportata in neretto nel testo.

**NELLE RISORSE DIGITALI**
- Esercizi interattivi
- Mappa del paragrafo

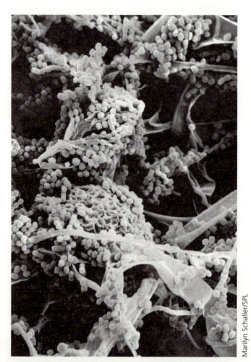

Immagine al microscopio elettronico a scansione del fungo *Rhizopus stolonifer*, la comune muffa del pane. Nell'immagine è ben visibile il micelio ricoperto di spore. I funghi del genere *Rhizopus* sono saprofiti.

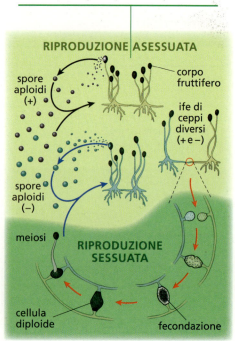

Nel linguaggio comune è chiamato «fungo» il **corpo fruttifero**, una struttura che in alcune specie si forma dal micelio e sorge dal terreno per meglio disperdere le spore.

## I diversi tipi di funghi

I funghi sono classificati in quattro gruppi principali.

**1.** Il *phylum* più antico è quello dei **chitridi**, microrganismi acquatici, per la maggior parte unicellulari. Il loro nome significa in greco «piccola pentola» e deriva dalla forma che presenta la struttura, detta appunto *chitridio*, che contiene le spore prima che queste vengano rilasciate.

**2.** Gli **zigomiceti** sono importanti perché entrano in simbiosi con le radici delle piante (formando strutture dette *micorrize*). Appartiene agli zigomiceti l'unica specie fungina predatrice, *Zoophagus tentaclum*, che cattura piccoli vermi formando dei cappi con le proprie ife.

**3.** Gli **ascomiceti** comprendono circa 30 000 specie, caratterizzate da strutture riproduttive a forma di sacco, dette *aschi*. Vi appartengono i lieviti, responsabili della fermentazione alcolica e utilizzati quindi per la lievitazione del pane (che rendono soffice producendo bollicine di anidride carbonica) o per la produzione di birra e vino (perché convertono il glucosio in alcol).

**4.** I **basidiomiceti** comprendono circa 25 000 specie caratterizzate dalla presenza del *basidio*, una struttura rigonfia che si forma all'apice delle ife e serve per la riproduzione sessuata. Vi appartengono i funghi commestibili (come il porcino) e quelli velenosi.

I funghi che non sono ancora stati attribuiti a questi *phyla* sono indicati nel complesso come *deuteromiceti*.

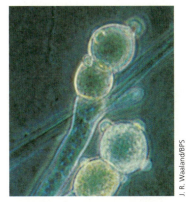
I **chitridi** presentano numerose affinità con i protisti dai quali si ritiene che derivino.

Appartengono al *phylum* degli **zigomiceti** alcune muffe; per esempio *Rhizopus stolonifer*, la muffa nera del pane.

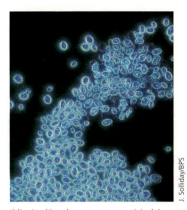
Il lievito (*Saccharomyces cerevisiae*) è un fungo unicellulare del gruppo degli **ascomiceti** usato nella preparazione della birra e del pane.

L'*Amanita muscaria* è un fungo velenoso, che fa parte del *phylum* dei **basidiomiceti**.

## I licheni

I funghi possono formare delle associazioni con altri organismi, in cui entrambe le specie traggono un reciproco beneficio.

Un'associazione di questo tipo è detta **simbiosi mutualistica**.

I **licheni** – che crescono attaccati ai tronchi o alle rocce – sono un esempio di simbiosi. Essi sono, infatti, delle associazioni tra un fungo e un organismo capace di effettuare la fotosintesi: può trattarsi di un'alga verde (organismo unicellulare eucariote) o di un cianobatterio (organismo unicellulare procariote).

La simbiosi porta vantaggi ad entrambi gli organismi: i funghi assorbono l'acqua e catturano l'umidità atmosferica e la mettono a disposizione degli organismi fotosintetizzanti; le alghe o i cianobatteri in cambio forniscono gli zuccheri prodotti dalla fotosintesi di cui i funghi hanno bisogno per ricavare energia.

I licheni possono assumere aspetto crostoso, frondoso o cespuglioso. Nella grande varietà di licheni conosciuti, gli organismi fotosintetici sono quasi sempre gli stessi, mentre i funghi possono variare. I licheni sono considerati ottimi indicatori della qualità dell'aria perché sono estremamente sensibili agli inquinanti atmosferici.

I licheni crostosi crescono sulle rocce o sui tronchi d'albero e aumentano di diametro con il passare del tempo.

## 7. LE PIANTE

Le piante sono organismi pluricellulari fotosintetizzanti. Esse si dividono in due gruppi: le briofite, prive di sistema conduttore, e le tracheofite, piante dotate di tessuti per il trasporto dell'acqua e dei nutrienti.

Il regno delle **piante** (*Planta*) comprende tutti gli organismi pluricellulari dotati di tessuti che compiono la fotosintesi. Appartengono a questo regno i muschi, le erbe, gli alberi e tutti i vegetali che formano prati, boschi e foreste. Sebbene esistano piante acquatiche, la maggior parte delle specie vegetali vive sulla terraferma.

La distinzione fondamentale all'interno del regno delle piante è basata sulla presenza o meno di un *sistema conduttore* per il trasporto dell'acqua e dei sali minerali:

- le piante non vascolari, o **briofite** (*Bryophyta*), sono prive di un sistema conduttore;
- le piante vascolari, o **tracheofite** (*Tracheophyta*), sono dotate di tessuti specifici per il trasporto dell'acqua e della linfa.

Le briofite comprendono specie vegetali dalla struttura molto semplice e di piccole dimensioni, come i **muschi** e le **epatiche**.

Le tracheofite invece comprendono tutte le piante di grandi dimensioni e vengono distinte in tre unità tassonomiche, a seconda delle loro modalità riproduttive:

**1.** Le **pteridofite**, come le felci, sono piante prive di semi che si riproducono grazie a spore aploidi. Le felci includono circa 12 000 specie, quasi tutte caratteristiche di ambienti umidi; la maggior parte è alta solo qualche decina di centimetri, anche se nelle regioni tropicali esistono felci arboree alte qualche metro.

**2.** Le **gimnosperme** sono piante a seme nudo e comprendono meno di 750 specie. Il gruppo più importante delle gimnosperme è quello delle **conifere**, che include pini, abeti e larici, e molti degli alberi che formano la vegetazione tipica delle regioni a clima temperato-freddo e delle zone di montagna.

**3.** Le **angiosperme** sono piante che producono i semi all'interno di una struttura particolare, il **frutto**, derivante dal fiore. Le angiosperme comprendono circa 235 000 specie differenti, che dominano le regioni temperate e quelle tropicali. Esse comprendono tutte le *latifoglie*, cioè gli alberi con foglie larghe, le erbe dei prati e la maggior parte delle piante coltivate.

> **IMPARA A IMPARARE**
>
> Costruisci uno schema che rappresenti le diverse unità tassonomiche all'interno del regno delle piante e descrivi le caratteristiche di ciascun gruppo.

**NELLE RISORSE DIGITALI**

- Esercizi interattivi
- Mappa del paragrafo

Le foglie delle **felci** si chiamano *fronde*. Sulla loro pagina inferiore si trovano gli sporangi che contengono le spore.

Le conifere appartengono al gruppo delle **gimnosperme**. Presentano infiorescenze (dette *coni*) di due tipi: maschili e femminili. Il cono femminile maturo, o *pigna*, contiene i semi.

I coni maschili sono più piccoli e sono raggruppati in numero variabile.

Il pesco appartiene alle **angiosperme**. Il suo frutto è una struttura carnosa e commestibile che contiene il seme. Esso deriva dall'ovario, la parte più interna del fiore, che costituisce l'apparato riproduttore femminile.

## Le briofite

Le briofite sono piante di piccole dimensioni nelle quali il passaggio dei liquidi avviene esclusivamente per diffusione tra cellule adiacenti. Il gruppo delle briofite comprende i **muschi**, organismi vegetali in grado di crescere sul terreno, su altre piante o sulla roccia nuda.

I muschi non possono svilupparsi in altezza in quanto le modalità di trasporto dei liquidi tra le cellule adiacenti è efficiente solo per coprire distanze brevi. Per questa ragione i muschi si espandono orizzontalmente formando i caratteristici «tappeti» verdi alti pochi centimetri.

Le briofite non possiedono vere e proprie radici ma si ancorano al terreno grazie ad alcune cellule allungate, dette **rizoidi**.

La fotosintesi ha luogo nelle **foglioline**, strutture verdi simili alle foglie. Dato che l'assorbimento dell'acqua avviene attraverso le parti aeree della pianta, i muschi crescono soprattutto in luoghi umidi e ombrosi.

I muschi possono riprodursi sia per via asessuata sia per via sessuata. Le piante dotate di foglioline, e quindi in grado di fare la fotosintesi, costituiscono la *generazione aploide* del ciclo vitale dei muschi. Dopo la fecondazione si formano dei filamenti che sorreggono le capsule in cui avviene la meiosi. Il filamento e la capsula costituiscono la *generazione diploide* del muschio che ha vita molto breve e non è in grado di svolgere la fotosintesi.

I muschi comprendono oltre 10 000 specie e sono le briofite più numerose. Alcune specie di muschi, i cosiddetti **sfagni**, accumulano grandi quantità d'acqua nei loro tessuti e sono molto abbondanti in alcuni ambienti acquitrinosi, le torbiere.

Un altro gruppo di briofite è quello delle **piante epatiche**, che vivono anch'esse in ambienti umidi. Se ne conoscono circa 7000 specie.

**Muschi** ed **epatiche** sono esempi di piante non vascolari, cioè prive di tessuti per la conduzione dell'acqua e delle sostanze nutritive. Gli scambi di queste sostanze avvengono quindi per osmosi e diffusione da una cellula all'altra della pianta.

### CHE COSA VEDE IL BIOLOGO

Nella capsula avviene la meiosi; da qui si diffondono le spore aploidi che, germinando, danno origine a nuove piantine aploidi (corpo verde del muschio).

- capsula
- filamento che sorregge la capsula
- corpo verde del muschio
- fogliolina

UNITÀ 15  La varietà delle specie

# 8. GLI INVERTEBRATI: PORIFERI, CELENTERATI, ANELLIDI, MOLLUSCHI

Il regno degli animali comprende organismi pluricellulari eterotrofi: gli invertebrati (privi di colonna vertebrale) e i vertebrati che, al contrario, possiedono uno scheletro interno.

### IMPARA A IMPARARE
Riporta in un elenco i diversi *phyla* di invertebrati presentati in questo paragrafo. Per ciascuno fornisci una descrizione indicando, oltre alle caratteristiche principali, anche gli animali che ne fanno parte e gli ambienti in cui vivono.

### NELLE RISORSE DIGITALI
- Esercizi interattivi
- Mappa del paragrafo

Del regno degli **animali** (*Animalia*) fanno parte gli invertebrati e i vertebrati. Mentre i vertebrati costituiscono una categoria sistematica unitaria (un *subphylum*), con il termine generico di **invertebrati** ci si riferisce ad un gruppo zoologico molto ampio e diversificato che comprende più del 95% delle specie animali conosciute.

Sono invertebrati tutti gli animali privi di colonna vertebrale. Essi si dividono in numerosi *phyla* che verranno trattati in questo e nel prossimo paragrafo.

### ■ I poriferi

Questo *phylum* comprende le **spugne**, organismi acquatici, in prevalenza marini, che vivono attaccati ai fondali generalmente lungo le coste.

La struttura di base delle spugne è a forma di sacco, con dimensioni variabili da pochi centimetri fino a due metri, provvisto di numerose aperture (*pori*). Questi organismi sono costituiti da cellule con differenti funzioni, ma non organizzate in tessuti e organi. Le singole cellule, che hanno un metabolismo indipendente una dall'altra, sono tenute insieme da un meccanismo di riconoscimento reciproco.

Un primo tipo di cellule specializzate sono i *coanociti*: essi possiedono un flagello circondato da numerosi filamenti e svolgono un ruolo fondamentale per l'alimentazione. Grazie al movimento dei flagelli, infatti, l'acqua viene convogliata dall'esterno verso la cavità centrale della spugna attraverso i pori. I filamenti attorno ai flagelli filtrano l'acqua trattenendo le particelle alimentari, che sono poi distribuite in tutto l'organismo attraverso cellule specializzate (*amebociti*).

Quasi tutte le spugne hanno una struttura di sostegno, di natura inorganica (carbonato di calcio, silice) o organica (fibre proteiche).

Le spugne sono nella dieta di molti organismi marini, come pesci e molluschi.

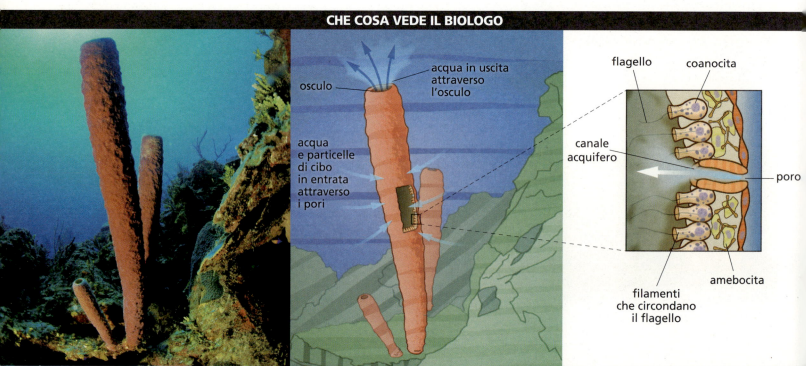

CHE COSA VEDE IL BIOLOGO

## ■ I celenterati

I celenterati (o *cnidari*) comprendono meduse, coralli, idre, anemoni di mare; hanno un corpo con simmetria raggiata costituito da cellule che si organizzano in tessuti.

Sono possibili due diverse forme del corpo: a imbuto o a ombrello. I celenterati a forma di imbuto, come i polipi (le idre e gli anemoni di mare), vivono generalmente attaccati al fondo; quelli a forma di ombrello, come le meduse, galleggiano e si spostano nell'acqua. Questi animali sono provvisti di tentacoli per afferrare la preda, che viene immobilizzata grazie a cellule specializzate urticanti, gli *cnidoblasti*. Queste cellule presentano una cavità in cui è avvolto un filamento. Quando viene estroflesso, come il dito di un guanto, il filamento sporge all'esterno forando la pelle dell'animale che colpisce e iniettando una sostanza urticante.

Gli anemoni, come *Urticina crassicornis*, devono il loro nome ai tentacoli urticanti che circondano la bocca.

## ■ Platelminti, nematodi e anellidi

Questi tre *phyla* presentano un tipo di simmetria bilaterale, con un'estremità anteriore (capo) e una posteriore (coda).

I **platelminti** sono il tipo più semplice di animali con simmetria bilaterale. Hanno un corpo appiattito e una cavità digerente collegata all'esterno da una singola apertura. Alcuni di essi (come la planaria) hanno vita «libera», cioè si procurano da soli il cibo; altri (come la tenia) sono parassiti, cioè vivono all'interno di ospiti, come gli esseri umani o altri animali.

I **nematodi** sono vermi con forma cilindrica e presentano un tubo digerente con due aperture (la bocca e l'ano). La maggior parte di essi conduce vita libera nel terreno o nell'acqua, ma esistono anche alcune specie parassite.

Gli **anellidi** presentano il corpo diviso in segmenti, detti *metameri*, riconoscibili all'esterno come anelli. Alcuni organi si ripetono in ciascun segmento: per esempio ogni tratto possiede una cavità interna e un organo escretore. Altri apparati come il sistema circolatorio e quello nervoso attraversano il corpo, ma in ogni segmento ci sono dei vasi sanguigni e un aggregato di cellule nervose. Il tubo digerente, invece, attraversa tutto il corpo senza presentare alcun tipo di segmentazione.

Gli anellidi includono circa 15 000 specie di vermi marini, d'acqua dolce o terrestri. Appartengono al *phylum* degli anellidi i lombrichi e le sanguisughe (nella foto *Hirudo medicinalis*).

## ■ I molluschi

Il *phylum* dei molluschi deve il nome al fatto che questi organismi possiedono un corpo molle, che in molte specie è protetto da un guscio esterno, rigido e resistente: la **conchiglia**.

Esistono più di 100 000 specie di molluschi, diffuse sia in ambienti acquatici sia terrestri e divise in tre gruppi diversi.

**1.** I **bivalvi** possiedono una conchiglia costituita da due parti, tenute insieme da un legamento a cerniera; comprendono specie come le ostriche e le vongole.

**2.** I **gasteropodi** sono il gruppo più numeroso; appartengono a questo gruppo specie come le chiocciole, dotate di una conchiglia unica.

**3.** I **cefalopodi** comprendono alcune specie con conchiglia interna, come le seppie e i calamari, e altre prive di conchiglia, come i polpi.

Ciascuna parte della conchiglia dei molluschi **bivalvi** si chiama valva (da cui il nome di questi molluschi).

La conchiglia dei **gasteropodi** è secreta dal tessuto sottostante (il mantello) ed è formata da calcare (carbonato di calcio).

Nelle seppie (come quella nella foto) e in altri **cefalopodi** la conchiglia si trova all'interno del corpo, dove svolge funzione di sostegno.

# 9. GLI INVERTEBRATI: ARTROPODI, ECHINODERMI, CEFALOCORDATI, TUNICATI

Tra gli invertebrati vi sono anche i *phyla* degli artropodi (che comprende miriapodi, aracnidi, crostacei e insetti), degli echinodermi e i *subphyla* dei cefalocordati e dei tunicati.

### Gli artropodi

Gli artropodi sono il *phylum* di gran lunga più numeroso sulla Terra. Solo per quanto riguarda gli insetti sono state classificate circa un milione di specie, ma nelle foreste tropicali si stima che ne esistano almeno il doppio che attendono di essere scoperte. La grande varietà di forme degli artropodi ha permesso loro di adattarsi a tutti gli ambienti, sia terrestri sia marini.

Essi comprendono quattro classi: i **miriapodi**, gli **aracnidi** (cioè ragni e scorpioni), i **crostacei** e gli **insetti**.

Il corpo degli artropodi è rivestito di uno scheletro esterno rigido, l'**esoscheletro** (costituito da una sostanza organica detta *chitina*); esso assolve le funzioni di sostegno, di protezione e fornisce i punti d'inserzione ai muscoli.

Una caratteristica fondamentale degli artropodi è la presenza di numerose appendici aventi principalmente funzione di locomozione (come le zampe) o sensoriale (come le antenne). Talvolta le appendici possiedono forme particolari e possono servire per nuotare, per catturare le prede, per afferrare il cibo o per difendersi.

Un processo caratteristico di alcuni insetti, come le farfalle o le api, è la *metamorfosi*: questo processo consiste in un cambiamento notevole della struttura del corpo nel passaggio dalle fasi giovanili (larva) alla fase adulta.

I segmenti che costituiscono il corpo dei **miriapodi** e portano gli arti sono tutti simili tra loro (nella fotografia, un millepiedi).

Gli **aracnidi** non hanno antenne e possiedono, sul capo, uno speciale paio di appendici, ciascuna munita di una chela all'estremità, che serve per portare il cibo alla bocca (nella fotografia, uno scorpione).

La maggior parte dei **crostacei** vive in acqua. Sono crostacei i granchi, come quello della fotografia, le aragoste e i gamberi.

## CHE COSA VEDE IL BIOLOGO

Il corpo degli **insetti** è composto da segmenti fusi tra loro. È possibile distinguere tre regioni: il capo, il torace e l'addome.

- torace
- antenne
- ali
- addome
- capo
- zampe articolate

### IMPARA A IMPARARE

Rintraccia i diversi *phyla* di invertebrati trattati in questo paragrafo. Indica le principali caratteristiche di ciascuno e fai qualche esempio di animali che ne fanno parte e degli ambienti in cui si trovano.

### NELLE RISORSE DIGITALI

- Esercizi interattivi
- Mappa del paragrafo

## ■ Gli echinodermi

Il *phylum* degli echinodermi (termine che significa «pelle spinosa») comprende i ricci di mare e le stelle marine. Questi animali sono caratterizzati da un corpo a simmetria raggiata, con uno scheletro rivestito di spine protettive. Nella maggioranza delle specie lo scheletro è formato da piccole placche calcaree, tenute assieme da tessuti epidermici e da muscoli, e prende il nome di *dermascheletro*. Inoltre gli echinodermi possiedono un sistema di canali interni per il passaggio dell'acqua, collegati a dei tubicini esterni (i *pedicelli ambulacrali*), terminanti con una ventosa, che permettono il movimento. Quando l'organismo si sposta su un fondo sabbioso, i pedicelli non funzionano; perché le ventose possano entrare in azione, l'animale deve infatti muoversi su un substrato compatto. Le stelle di mare si servono delle ventose anche per aprire le conchiglie dei molluschi di cui si nutrono.

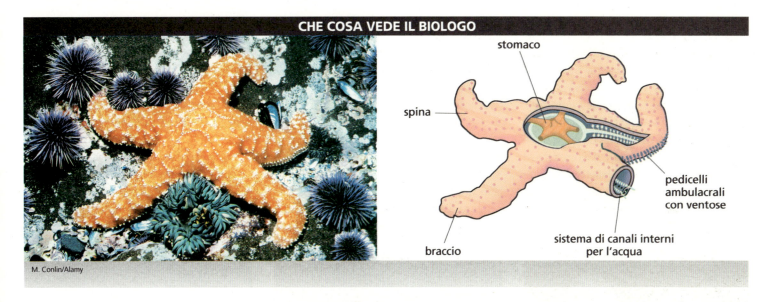

CHE COSA VEDE IL BIOLOGO

## ■ Cefalocordati e tunicati

Tutte le specie che, almeno in una fase della loro vita, presentano un organo di sostegno interno (detto *corda*) appartengono al *phylum* dei **cordati**. Ne fanno parte, con i vertebrati, i *cefalocordati* e i *tunicati*, due *subphyla* di specie marine che non presentano vertebre e quindi sono invertebrati.

Esistono circa trenta specie di **cefalocordati**, tra cui gli *anfiossi*, animali con un corpo semi-trasparente e di dimensioni di pochi centimetri, diffusi nei mari caldi. L'anfiosso presenta le caratteristiche tipiche dei cordati, che si ritrovano, seppure con delle modifiche, anche nei vertebrati: una corda dorsale (*notocorda*), che si estende per tutto il corpo e serve come organo di sostegno robusto ma flessibile; un cordone nervoso dorsale; una faringe con fessure branchiali (simili a quelle dei pesci) che hanno soprattutto funzione di raccolta del cibo, e una coda formata da muscoli.

I **tunicati** comprendono invece più di 2000 specie che vivono in genere ancorate sulle rocce dei fondali marini. Tra di essi troviamo le *ascidie*, che sono rivestite da una sorta di tunica formata da un polisaccaride simile alla cellulosa. Nei tunicati le caratteristiche tipiche dei cordati sono presenti solo allo stadio di larva, mentre negli adulti scompaiono la notocorda, il cordone nervoso e la coda.

L'anfiosso *Branchiostoma* è un **cefalocordato** che vive sul fondo marino.

Nella foto è visibile un gruppo di ascidie, **tunicati** che allo stadio di adulti vivono fissati alle rocce dei fondali.

# 10. I PESCI

La categoria dei vertebrati include tutti gli animali dotati di colonna vertebrale. I pesci sono il gruppo di vertebrati che conta più specie e popola quasi tutti gli ambienti acquatici.

I **vertebrati** (*Vertebrata*) sono un *subphylum* dei cordati che, pur presentando una grande varietà di forme, comprende animali che mostrano un'organizzazione corporea con alcune caratteristiche fondamentali comuni.

La più importante di queste caratteristiche è la **colonna vertebrale**. Essa rappresenta un supporto flessibile, ma resistente, che costituisce l'asse strutturale dello scheletro osseo dell'animale. Tale scheletro è interno e viene pertanto chiamato *endoscheletro*. La colonna vertebrale si sviluppa intorno alla *corda dorsale*, che è presente nell'embrione ma viene compressa fino a quasi scomparire nell'adulto. Nei vertebrati sono presenti anche il **cranio**, che contiene il cervello, e gli **arti**, appendici corporee che permettono il movimento (e che in alcune specie possono mancare).

I vertebrati vengono distinti in sette **classi**.

I **pesci** vivono in quasi tutti i mari, i laghi o i fiumi della Terra e comprendono circa 30 000 delle 45 000 specie di vertebrati conosciuti. Essendo adattati alla vita acquatica, i pesci possiedono un corpo idrodinamico con una temperatura simile a quella dell'ambiente circostante.

Tutti i pesci sono dotati di *branchie*, l'organo respiratorio che consente di prelevare l'ossigeno disciolto in acqua. Alcuni possiedono uno speciale organo di senso (il sistema della *linea laterale*) per orientarsi, percependo la presenza di altri organismi o di ostacoli.

Tutte le specie di pesci viventi vengono classificate all'interno di tre classi.

**1.** Gli **agnati** presentano una bocca circolare provvista di ventose, sostenuta da elementi cartilaginei non articolati. Per questa ragione, gli agnati non possono aprire e chiudere la bocca.

**2.** I *pesci cartilaginei* costituiscono la classe dei **condroitti**, che comprende gli squali, le razze e le mante. Queste specie possiedono uno scheletro flessibile composto da cartilagine. La bocca in posizione ventrale consente di distinguere i condroitti da tutti gli altri pesci.

**3.** I *pesci ossei* costituiscono la classe degli **osteitti**. Questo è il gruppo di pesci più numeroso e comprende circa 29 000 specie, tra cui rientrano le specie comunemente usate nell'alimentazione umana. Una caratteristica specifica degli osteitti è quella di possedere la *vescica natatoria*, un sacco pieno di gas il cui volume interno può essere aumentato o diminuito per regolare il galleggiamento.

La lampreda di mare (*Petromyzon marinus*) è un pesce della classe degli **agnati** che vive come parassita. Si attacca, grazie a denti uncinati, ad altri pesci e ne succhia il sangue.

Le razze appartengono alla classe dei **condroitti**; vivono e si nutrono sui fondali oceanici. Possiedono delle pinne pettorali modificate che fungono da organi di propulsione.

Le uniche parti del corpo non trasparenti sono la testa e il sacco argenteo che contiene i visceri dell'animale.

Il siluro di vetro (*Kryptopterus bicirrhis*) è un piccolo pesce tropicale, appartenente alla classe degli **osteitti**, che ha la particolarità di essere privo di scaglie e quindi di possedere il corpo trasparente.

> **IMPARA A IMPARARE**
>
> Descrivi le caratteristiche generali dei pesci e di ciascuna delle tre classi di pesci che ne fanno parte.

**NELLE RISORSE DIGITALI**

- Approfondimento Gli agnati
- Esercizi interattivi
- Mappa del paragrafo

UNITÀ 15 La varietà delle specie

# 11. GLI ANFIBI

Alla classe degli anfibi appartengono specie che sono in grado di vivere sulla terraferma ma che sono ancora legate all'acqua per la fase riproduttiva. Sono anfibi, per esempio, le rane, i rospi e le salamandre.

Gli **anfibi** sono una classe di vertebrati con caratteristiche particolari.

Il nome anfibi (dal greco *amphi* = doppio e *bios* = vita) deriva dal fatto che questi animali trascorrono una fase della loro vita in acqua e una sulla terraferma. La classe comprende più di 3000 specie, raggruppate in tre ordini:

1. **anuri**, privi di coda e con arti posteriori allungati, adatti per nuotare o saltare;
2. **urodeli**, dotati di coda e con quattro arti;
3. **apodi**, privi di arti e quasi ciechi, che vivono sotto terra.

Gli anfibi hanno pelle nuda priva di scaglie, sottile e sempre umida, che costituisce una superficie adatta per gli scambi respiratori. I loro polmoni sono infatti poco sviluppati e non possono assorbire da soli tutto l'ossigeno necessario.

Pur essendo in genere dotata di arti per muoversi sulla terraferma, la maggior parte degli anfibi è legata all'acqua per la fase di riproduzione. Le uova degli anfibi, infatti, sono prive di strutture protettive e devono essere deposte nell'acqua altrimenti si disidraterebbero rapidamente.

Nella maggior parte delle specie, dopo la fecondazione si sviluppa un *girino*, una larva acquatica priva di zampe che respira tramite branchie e nuota grazie alla coda. Il girino si trasforma in un anfibio adulto a seguito di una profonda **metamorfosi**, durante la quale si sviluppano le zampe e si formano i polmoni. Al termine della metamorfosi l'adulto è adattato alla vita in ambiente terrestre.

> **IMPARA A IMPARARE**
> Descrivi le caratteristiche generali degli anfibi e quelle di ciascuno dei tre ordini.

**NELLE RISORSE DIGITALI**
- Esercizi interattivi
- Mappa del paragrafo

Gli **anuri** comprendono rane e rospi. La rana sudamericana *Oofaga pumilio* è velenosa.

Le salamandre (come quella nella fotografia, *Salamandra salamandra*) e i tritoni sono **urodeli**, anfibi che da adulti sono dotati di coda.

Gli anfibi **apodi**, come questo individuo del genere *Caecilia*, sono diffusi nei climi tropicali.

**CHE COSA VEDE IL BIOLOGO**

279

UNITÀ 15 La varietà delle specie

## 12. I RETTILI

I rettili sono la classe di vertebrati che per prima è riuscita a colonizzare le terre emerse, grazie allo sviluppo delle squame e dell'uovo amniotico. Fanno parte dei rettili le tartarughe, i serpenti, le lucertole, i coccodrilli.

La classe dei **rettili** comprende circa 6000 specie viventi oltre a un gran numero di specie estinte, di cui conosciamo l'esistenza grazie al ritrovamento di fossili. Tra le specie scomparse vi sono anche i *dinosauri*: questi rettili potevano raggiungere dimensioni enormi e hanno dominato il nostro pianeta fino a 65 milioni di anni fa.

I rettili sono i primi vertebrati che, nel corso dell'evoluzione della vita sulla Terra, sono stati in grado di staccarsi dalla vita acquatica. Ciò è avvenuto grazie ad alcuni adattamenti che hanno consentito loro di ridurre la perdita d'acqua dal corpo. L'epidermide dei rettili, per esempio, è ricoperta di *squame*, strutture cornee che riducono la disidratazione. La conquista delle terre emerse è stata possibile in seguito allo sviluppo di un uovo dotato di un guscio resistente. Questo tipo di uovo – detto *uovo amniotico* – ha permesso ai rettili di deporre le uova al di fuori dell'ambiente acquatico. La presenza del guscio impedisce la disidratazione dell'embrione; inoltre, essendo poroso, garantisce gli scambi di ossigeno e di anidride carbonica con l'atmosfera.

I rettili, come i pesci e gli anfibi, sono *eterotermi*, cioè non riescono a regolare la temperatura corporea mediante il metabolismo; per questo non sono in grado di colonizzare le regioni più fredde del pianeta.

La classificazione dei rettili è piuttosto complessa ed è stata recentemente rivista a seguito delle scoperte effettuate tramite l'analisi delle sequenze del DNA. Gli ordini di rettili viventi sono:

1. i **cheloni**, che comprendono testuggini e tartarughe;
2. gli **squamati**, che sono lucertole e serpenti;
3. i **loricati**, che sono i coccodrilli, i caimani e gli alligatori;
4. i **rincocefali**, che comprendono una sola specie vivente, il tuatara.

Le tartarughe marine appartengono all'ordine dei **cheloni**. Esse sono adattate alla vita acquatica e quindi presentano gli arti trasformati in pinne, respirano però come tutti i rettili tramite i polmoni.

L'ordine degli **squamati** comprende le lucertole e i serpenti; questi ultimi sono gli unici rettili privi di arti. Nella fotografia un serpente a sonagli, una specie che emette suoni agitando gli anelli cornei della coda.

Alligatori, caimani e coccodrilli (come quello della fotografia) appartengono all'ordine dei **loricati** (dal latino *lorica*, che significa corazza).

### IMPARA A IMPARARE

Descrivi le caratteristiche generali dei rettili e in particolare gli adattamenti che permettono loro la vita sulla terraferma.

### NELLE RISORSE DIGITALI

- Esercizi interattivi
- Mappa del paragrafo

L'unica specie vivente appartente all'ordine dei **rincocefali** è il tuatara (*Sphenodon punctatus*), che popola alcune isole della Nuova Zelanda. È il più antico rettile esistente: è comparso 220 milioni di anni fa.

# 13. GLI UCCELLI

Gli uccelli sono specializzati nel volo e, a tale scopo, possiedono diversi adattamenti come le ali, le penne e ossa particolarmente leggere. Insieme ai mammiferi sono gli unici vertebrati omeotermi.

La classe degli **uccelli** comprende circa 9600 specie viventi, con dimensioni che variano dai pochi grammi di un colibrì fino agli oltre 100 kg di uno struzzo. A parte le poche specie che hanno perduto la capacità di volare, come le galline, i pinguini e gli struzzi, gli uccelli sono specializzati nel **volo**. L'organo che permette a questi animali di volare è l'**ala**. La forma dell'ala è modellata dalle **penne**, strutture che derivano dall'epidermide. Ogni penna presenta un asse centrale detto *rachide* su cui si inseriscono prolungamenti laterali detti *barbe*.

Molte ossa dello scheletro degli uccelli sono cave e contengono al loro interno sacche piene d'aria per alleggerire il peso complessivo dell'animale. Un altro adattamento che consente agli uccelli voli prolungati è rappresentato dal metabolismo rapido che consente loro di ottenere energia velocemente.

Gli uccelli non hanno i denti, ma afferrano il cibo con il **becco**, una struttura cornea la cui forma e dimensione varia a seconda del tipo di dieta.

Gli uccelli hanno abitudini alimentari molto varie e si nutrono di organismi vegetali e animali di ogni tipo. Alcune specie acquatiche si nutrono filtrando l'acqua grazie a un becco modificato, altre – come i fenicotteri – smuovono i sedimenti del fondo con il becco robusto e uncinato. Gli uccelli che si nutrono di semi hanno, in genere, un becco corto e tozzo, assai robusto e adatto a rompere i gusci coriacei, molto diverso da quello lungo e sottile delle specie che si alimentano di polline e nettare, come i colibrì. La maggior parte degli uccelli non acquatici si nutre di insetti.

Gli uccelli sono animali **omeotermi**, come i mammiferi; essi generano calore mediante i processi metabolici e hanno una temperatura corporea costante piuttosto elevata (circa 41 °C). Le penne di contorno, cioè quelle che coprono l'intera superficie del corpo e che non sono coinvolte direttamente nel volo, e le piume, più piccole, servono a trattenere il calore.

Gli uccelli depongono **uova** simili a quelle che abbiamo descritto per i rettili. Alla nascita i piccoli sono molto immaturi e richiedono un lungo periodo di cure da parte di uno o di entrambi i genitori, a seconda delle specie. Le uova sono generalmente deposte in un **nido**. La struttura, le dimensioni e i materiali scelti per la costruzione del nido variano molto da specie a specie.

> **IMPARA A IMPARARE**
> Descrivi con parole tue gli adattamenti al volo degli uccelli.

**NELLE RISORSE DIGITALI**
- Esercizi interattivi
- Mappa del paragrafo

Il **falco di prateria** (*Falco mexicanus*) è un ottimo volatore e vola a una velocità di crociera di circa 70 km/h.

I **colibrì** sono uccelli di piccole dimensioni, il cui peso varia tra i 5 g e i 20 g. Alcune specie sono in grado di battere le ali 25 volte al secondo.

I **pinguini** non sono in grado di volare, ma sono ottimi nuotatori. Le ali dei pinguini si sono trasformate in «palette»: un adattamento alla vita acquatica.

## 14. I MAMMIFERI

La classe dei mammiferi comprende le specie che producono latte per alimentare i piccoli. Essi si dividono in tre sottoclassi: monotremi, marsupiali e placentati. Della sottoclasse dei placentati fanno parte gli esseri umani e numerose altre specie adattatesi a tutti gli ambienti.

La classe dei **mammiferi** comprende circa 5400 specie viventi (inclusi gli esseri umani), adattatesi a vivere in tutti gli ambienti, sia terrestri sia marini. Infatti, sebbene la maggior parte dei mammiferi viva sulla terraferma, esistono specie completamente acquatiche, come i delfini, le orche e le balene, e mammiferi in grado di volare, come i pipistrelli. In questa classe sono raggruppate tutte le specie nelle quali le femmine possiedono le **ghiandole mammarie** per l'allattamento dei piccoli. Queste ghiandole secernono il **latte**, un liquido ricco di zuccheri e proteine che serve per il nutrimento dei cuccioli nelle prime fasi di vita. Una caratteristica peculiare dei mammiferi è la presenza dei **peli**, che sono costituiti da una proteina, la cheratina. In molti casi i peli formano folte pellicce la cui funzione è isolare il corpo per mantenerne costante la temperatura; in altri casi, come nei cetacei, i peli non sono presenti e la stessa funzione è invece svolta da uno spesso strato di grasso sottocutaneo.

Tutti i mammiferi, anche quelli acquatici, respirano tramite i polmoni.

I mammiferi hanno un sistema nervoso e degli organi di senso molto sviluppati, che permettono alla maggior parte delle specie di avere una vita sociale complessa.

I mammiferi sono divisi in tre sottoclassi a seconda delle loro modalità riproduttive.

**1.** I **monotremi** comprendono solo due specie, l'echidna e l'ornitorinco, che depongono uova con guscio elastico e allattano i piccoli dopo la schiusa.

**2.** I **marsupiali** includono circa 250 specie, distribuite principalmente in Australia e nelle isole vicine, tra cui i canguri e i koala. I marsupiali alla nascita sono estremamente piccoli e immaturi; il loro sviluppo prosegue in una tasca del corpo della madre: il *marsupio*.

**3.** I **placentati** rappresentano il 96% delle specie di mammiferi. Essi sono caratterizzati dalla *placenta*, un organo che mette in collegamento l'embrione con il corpo della madre, fornisce nutrimento al nascituro e gli consente di raggiungere uno stadio di sviluppo avanzato già prima della nascita. Gli esseri umani appartengono ai placentati.

> **IMPARA A IMPARARE**
> Descrivi le caratteristiche generali dei mammiferi e le caratteristiche di ciascuna delle tre sottoclassi in cui sono divisi.

**NELLE RISORSE DIGITALI**
- Esercizi interattivi
- Mappa del paragrafo

L'ornitorinco è un mammifero del gruppo dei **monotremi**. È un ottimo nuotatore e passa molto tempo in acqua. Quando nuota tiene gli occhi completamente chiusi, affidandosi al suo becco molto sensibile per individuare le prede.

I koala sono mammiferi **marsupiali**, che passano la maggior parte del tempo sugli alberi. Di notte, si cibano delle foglie di eucalipto, da cui ricavano anche l'acqua necessaria alla loro sopravvivenza.

I lemuri sono mammiferi **placentati** che fanno parte, come gli esseri umani, dell'ordine dei *Primati*. I lemuri possiedono il pollice opponibile e presentano occhi grandi e frontali, adattati alla visione notturna.

# DOMANDE PER IL RIPASSO

ALTRI ESERCIZI SU **ZTE** ONLINE

## PARAGRAFO 1

1. Qual è la definizione di specie biologica?
2. Che cosa si intende per isolamento riproduttivo?
3. L'abete bianco (*Abies alba*) e l'abete rosso (*Picea excelsa*) appartengono allo stesso genere? Motiva la risposta.
4. Quale lingua si usa per dare il nome alle specie?
   - A Italiano.
   - B Latino.
   - C Inglese.

## PARAGRAFO 2

5. Qual è lo scopo della classificazione biologica?
6. Che cos'è un'unità tassonomica?
7. Al vertice della classificazione si trovano tre domini. V F
8. In quali regni viene diviso il dominio degli eucarioti?

## PARAGRAFO 3

9. Quale criterio utilizzò Linneo per la sua classificazione?
10. Che cos'è un albero filogenetico?
11. Completa.
    Con l'acronimo LUCA si intende L............ U...................... C ...................... A......................, cioè l'ultimo antenato comune a tutte le specie viventi.

## PARAGRAFO 4

12. Quali forme di vita appartengono ai domini *Archaea* e *Eubacteria*?
13. Quale tra le seguenti affermazioni non si riferisce agli eubatteri?
    - A Numerosi batteri sono patogeni ovvero portano malattie.
    - B La maggioranza è eterotrofa ma alcuni sono autotrofi.
    - C Si distinguono in base alla loro forma.

## PARAGRAFO 5

14. Quali tipi di organismi unicellulari eucarioti sono autotrofi? Quali invece eterotrofi?
15. Per quale ragione le alghe pluricellulari vengono inserite nello stesso regno delle alghe unicellulari?
16. Quale caratteristica presentano i protozoi dell'ordine dei radiolari?

## PARAGRAFO 6

17. Quali caratteristiche dei funghi li accomunano agli animali? Quali invece alle piante?
18. Una simbiosi tra un organismo fotosintetizzante e un fungo è detta:
    - A lichene.
    - B ifa.
    - C spora.
19. In seguito a quale processo, durante il ciclo riproduttivo dei funghi, si forma una cellula diploide?

## PARAGRAFO 7

20. I muschi fanno parte del gruppo delle:
    - A briofite.
    - B tracheofite.
    - C angiosperme.

21. Quale caratteristica contraddistingue le angiosperme?
22. Quali piante appartengono alle gimnosperme?

## PARAGRAFO 8

23. Quali organismi sono compresi nel *phylum* dei celenterati?
24. Qual è la funzione dei pori sul corpo dei poriferi?
25. Qual è la caratteristica peculiare del corpo degli anellidi?
26. Quali gruppi appartengono al *phylum* dei molluschi?

## PARAGRAFO 9

27. Quali gruppi di animali fanno parte del *phylum* degli artropodi?
28. Quale caratteristica accomuna il gruppo degli artropodi?
    - A Il dermascheletro.
    - B La corda dorsale.
    - C La presenza di un esoscheletro.
29. Quale caratteristica distingue il *phylum* dei cordati?

## PARAGRAFO 10

30. Quali caratteristiche presenta la classe degli osteitti?
31. Gli osteitti sono pesci con scheletro cartilagineo. V F
32. Quali animali comprende la classe degli agnati?

## PARAGRAFO 11

33. Quali sono le fasi della vita degli anfibi legate all'acqua e quali all'ambiente terrestre?
34. Che cos'è la metamorfosi?
35. In quali ordini si divide la classe degli anfibi?

## PARAGRAFO 12

36. In quali ordini si divide la classe dei rettili?
37. Completa.
    I rettili sono ...................... cioè non sono in grado di mantenere il calore corporeo attraverso il ...................... .
38. Quali caratteristiche hanno permesso ai rettili di vivere sulla terraferma?

## PARAGRAFO 13

39. Quali adattamenti permettono agli uccelli di volare?
40. Che cosa significa che gli uccelli sono omeotermi?
41. A che cosa servono le penne?

## PARAGRAFO 14

42. Quale caratteristica accomuna tutti i mammiferi?
    - A La presenza di pelo e delle ghiandole mammarie.
    - B La presenza della placenta.
    - C Il marsupio.
43. Gli esseri umani appartengono all'ordine dei *Primati* all'interno della sottoclasse dei monotremi. V F

# 15 LABORATORIO DELLE COMPETENZE

## 1 Sintesi: dal testo alla mappa

■ Una **specie biologica** è costituita da gruppi di popolazioni naturali che, concretamente o potenzialmente, sono in grado di incrociarsi tra loro e di dare prole fertile. Tra due specie diverse esiste l'**isolamento riproduttivo**. Le specie sono denominate usando la **nomenclatura binomia**, cioè con il *genere* seguito dal *nome specifico*. Questo sistema è stato ideato dal naturalista Linneo a metà del Settecento.

■ La **classificazione biologica** consiste nell'ordinamento delle specie biologiche in livelli gerarchici. Ciascun livello rappresenta una **categoria** e può includere più gruppi di un livello inferiore. Le diverse categorie sono dette **unità tassonomiche**. Al vertice della classificazione ci sono tre **domini** che nel loro insieme comprendono tutte le specie conosciute: *Eubacteria, Archaea, Eukarya*. Quest'ultimo dominio comprende tutti gli organismi provvisti di cellula eucariotica e si divide a sua volta in quattro **regni** (dei *protisti*, dei *funghi*, delle *piante* e degli *animali*).

■ La **moderna classificazione** degli esseri viventi è effettuata per individuare le relazioni di «parentela» tra le specie o tra diversi gruppi di specie. A tale scopo si confronta la somiglianza tra le sequenze di basi del DNA. Il risultato sono gli **alberi filogenetici** che illustrano le relazioni tra le specie e la storia evolutiva degli esseri viventi.

■ I batteri sono **organismi unicellulari procarioti**, classificati in due domini: quello degli **eubatteri**, che comprende i batteri più comuni, e quello degli **archeobatteri**, di cui fanno parte specie in grado di colonizzare ambienti estremi. Gli **organismi unicellulari eucarioti** formano il regno dei **protisti**, all'interno del dominio degli **eucarioti**. Appartengono a questo regno le **alghe**, organismi autotrofi fotosintetizzanti, e i **protozoi**, organismi eterotrofi che si nutrono di sostanza organica.

■ Il **regno dei funghi** comprende specie **eterotrofe**, per la maggior parte saprofite; esistono anche alcune specie parassite, mutualiste e anche alcuni funghi predatori. Il corpo dei funghi è detto **micelio** ed è costituito da **ife**, filamenti di cellule che crescono e si ramificano. I funghi si riproducono sia in modo asessuato, cioè per divisione cellulare, sia in modo sessuato.

■ Il **regno delle piante** include tutti gli organismi pluricellulari che compiono la fotosintesi. La distinzione fondamentale all'interno delle piante è tra le **briofite**, come i *muschi*, privi di tessuti conduttori, e le **tracheofite**, dotate di tessuti specifici per il trasporto dell'acqua e della linfa. Le tracheofite si dividono in base alle modalità di riproduzione in tre gruppi: le **felci**, che non producono semi e si riproducono tramite spore; le **gimnosperme**, che includono le conifere e producono semi nudi; le **angiosperme**, che producono semi all'interno dei frutti e comprendono tutte gli alberi a foglia larga, le erbe dei prati e la maggior parte delle piante coltivate.

■ Il **regno degli animali** comprende gli invertebrati e i vertebrati. Gli **invertebrati** sono un gruppo zoologico molto ampio di cui fanno parte tutti gli animali privi di colonna vertebrale e si divide in diversi *phyla*. I **poriferi** sono organismi acquatici, per lo più marini, come le spugne, che si nutrono filtrando l'acqua. I **celenterati** sono organismi a simmetria raggiata dotati di tessuti; comprendono le meduse, i coralli e gli anemoni di mare. Gli **anellidi** sono vermi marini, d'acqua dolce e terrestri che presentano il corpo diviso in *metameri*. I **molluschi** comprendono numerose specie a corpo molle, alcune protette da una conchiglia dura. Gli **artropodi** sono il *phylum* più numeroso e comprendono i miriapodi (i millepiedi e centopiedi), gli aracnidi (i ragni e gli scorpioni), i crostacei e gli insetti. Tutti gli artropodi sono caratterizzati dalla presenza di un *esoscheletro* esterno rigido. Gli **echinodermi** comprendono le stelle marine e i ricci di mare, animali caratterizzati da una simmetria raggiata e da uno scheletro esterno duro rivestito di spine protettive. I **cefalocordati** e i **tunicati** fanno parte del *phylum* dei cordati perché, almeno in una fase della loro vita, sono dotati di un organo di sostegno dorsale, detto *corda*.

■ I **vertebrati** sono gli animali dotati di una colonna vertebrale e di uno scheletro interno. I **pesci** includono circa 30 000 specie tutte acquatiche che colonizzano i mari, i laghi e i fiumi della Terra. Essi si dividono in tre classi: gli *agnati*, privi di mandibola; i *condroitti*, aventi scheletro cartilagineo; gli *osteitti*, con scheletro osseo.

■ Gli **anfibi** comprendono circa 3000 specie che trascorrono la vita adulta sulla terraferma ma sono legate all'acqua per la fase riproduttiva. Gli anfibi sono divisi in tre classi: *anuri*, privi di coda, come rane e rospi; *urodeli*, dotati di coda, come le salamandre; *apodi*, privi di arti.

■ I **rettili** comprendono circa 6000 specie viventi e molte altre estinte; sono stati i primi vertebrati a staccarsi completamente dalla vita acquatica grazie ad alcuni adattamenti che impediscono la disidratazione. Tutti i rettili sono *eterotermi*, cioè non sono in grado di regolare la loro temperatura corporea attraverso il metabolismo. Essi si dividono in quattro ordini: i *cheloni*, che comprende le testuggini e le tartarughe; gli *squamati*, che include le lucertole e i serpenti; i *loricati*, a cui appartengono i coccodrilli, i caimani e gli alligatori; i *rincocefali*, con una sola specie vivente.

- Gli **uccelli** includono circa 9600 specie. Ad eccezione di poche specie, gli uccelli sono in grado di volare e possiedono degli adattamenti a tale scopo. Inoltre essi sono *omeotermi*, cioè sono in grado di generare calore attraverso il metabolismo. Tutti gli uccelli possiedono un *becco*, una struttura cornea che assume forma e dimensioni differenti a seconda della dieta dell'animale.

- I **mammiferi** sono un gruppo che comprende circa 5400 specie viventi, inclusa la nostra. La caratteristica comune a tutti i mammiferi è il fatto che le femmine possiedono ghiandole mammarie che producono il *latte*, un liquido ricco di zuccheri e proteine per l'alimentazione dei piccoli. I mammiferi si dividono in tre gruppi: i *monotremi*, i *marsupiali* e i *placentati*.

**Riorganizza i concetti completando la mappa**

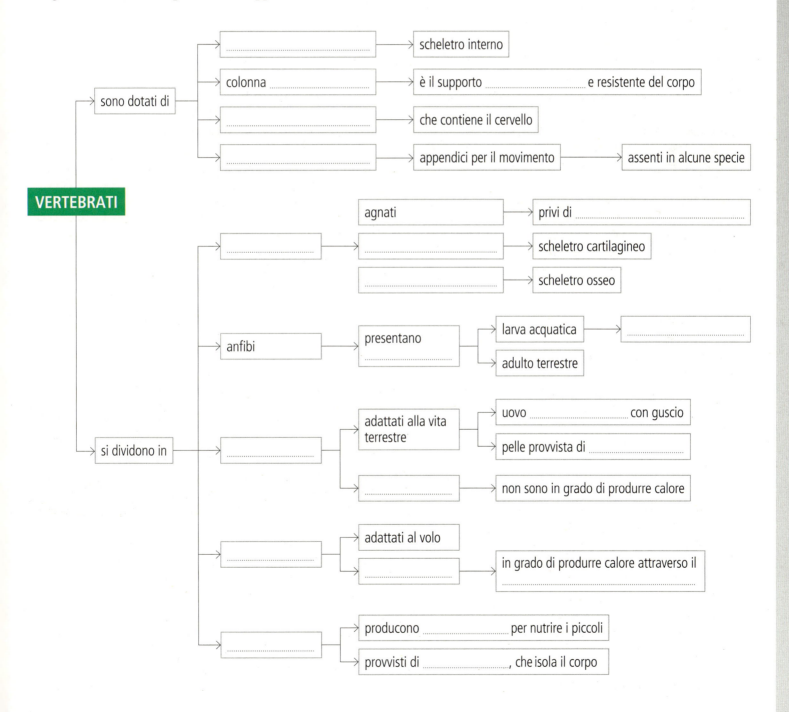

## 2 Collegare i concetti

1. Indica con una crocetta quali tra i seguenti gruppi di animali sono invertebrati, quali sono vertebrati e quali sono cordati.

| GRUPPI ZOOLOGICI | INVERTEBRATI | CORDATI | VERTEBRATI |
|---|---|---|---|
| Artropodi | | | |
| Pesci | | | |
| Echinodermi | | | |
| Tunicati | | | |
| Anfibi | | | |
| Cefalocordati | | | |

2. Completa con i termini mancanti.
Per distinguere le salamandre, che appartengono agli ................, dalle lucertole, che sono ................, è sufficiente osservare la pelle. Le prime presentano pelle ................ mentre le seconde sono ricoperte da ................ .

3. Attribuisci a ciascun gruppo di invertebrati della prima colonna la sua caratteristica fondamentale, tra quelle riportate nella seconda colonna.

   A Anellidi         ☐ Cellule non organizzate in tessuti
   B Bivalvi          ☐ Conchiglia in due parti
   C Poriferi         ☐ Corda dorsale nell'adulto
   D Crostacei        ☐ Metameria
   E Echinodermi      ☐ Corda dorsale solo nella larva
   F Tunicati         ☐ Dermascheletro
   G Cefalocordati    ☐ Esoscheletro di chitina

## 3 Comprendere un testo

### Il nome delle specie

*Il nome del genere è sempre scritto per primo, come in* Drosophila melanogaster, *e può essere usato da solo quando ci si riferisce ai membri dell'intero gruppo di specie che lo costituiscono, come* Drosophila *o* Paramecium. *Il termine che denota la specie non ha invece significato se scritto da solo, dal momento che specie di differenti generi possono avere lo stesso nome specifico. Per esempio,* Drosophila melanogaster *è il moscerino della frutta che è stato così importante negli studi di genetica;* Thamnophis melanogaster, *invece, è un innocuo serpente semiacquatico americano. Quindi preso da solo, il termine* melanogaster *(«stomaco nero») non potrebbe specificare di quale dei due organismi si tratta. […]
Il privilegio di dare il nome ad una specie spetta a chiunque la descriva per primo; spesso lo scienziato che scopre una nuova specie o un nuovo genere gli dà il proprio nome, oppure quello di un amico o di un collega.* Escherichia, *per esempio deriva da Theodor Escherich.*

(Da H. Curtis, N.S. Barnes, *Invito alla biologia*, Zanichelli, 2009)

Rispondi alle seguenti domande.
a. A quali organismi ci si riferisce usando il nome di un genere da solo?
b. È possibile usare anche il nome specifico da solo? Perché?
c. Che cosa hanno in comune il moscerino della frutta e un serpente semiacquatico americano?
d. Chi decide il nome di una nuova specie?

## 4 Fare un esperimento

### Colture di batteri differenti

Coltiva dei batteri prelevandoli da ambienti diversi (procurati una chiave, una moneta, frutta andata a male, un po' di terra) e osserva se colonie batteriche di differente origine hanno aspetti differenti. Fai bollire una volta al giorno per tre giorni del brodo di carne, chiudendolo ogni volta ermeticamente dopo la bollitura e aggiungendo alla fine della colla di pesce.
Metti nel forno per un'ora a 160 °C sei coperchi di vasetti per marmellata. Una volta raffreddati riempine tre col brodo tiepido (liquido di coltura) e lascialo raffreddare. Immergi per almeno 30 minuti nel liquido rappreso di ciascun coperchio l'oggetto su cui pensi ci siano dei batteri (la chiave, la moneta ecc.). Ricopri ciascun coperchio con un coperchio vuoto e riponilo in un luogo tiepido. Osserva i tre coperchi dopo una settimana.
▶ Che aspetto hanno le tre colture batteriche?

## 5 Classificare un organismo

### La salamandra

Osserva la fotografia di questa salamandra e stabilisci il *phylum*, il *subphylum*, la classe e l'ordine a cui appartiene l'animale.

## 6 Ricercare sul campo

### Osserva un muschio

Procurati una piantina di muschio. La potrai trovare in qualche luogo umido nei pressi di casa tua, come il muro in ombra di un balcone o del basamento dell'edificio, o sui vasi di altre piante. Osserva attentamente il tuo campione, aiutandoti con una lente di ingrandimento.
▶ Quali strutture individui tra quelle descritte nel paragrafo 7?

# Laboratorio delle competenze UNITÀ 15

# Biologia per il cittadino

## Sostanze utili da microrganismi e piante

Batteri e lieviti sono da sempre utilizzati per la produzione di alimenti di uso comune come il pane, il vino, la birra, lo yogurt. Queste produzioni alimentari, che sfruttano il processo di fermentazione, sono oggi realizzate su scala industriale.

Inoltre, in anni recenti, lo sviluppo della biologia molecolare e della genetica hanno permesso di conferire ai microrganismi caratteristiche vantaggiose per il loro impiego in agricoltura e nel settore farmaceutico.

Tutte le tecnologie applicate ai sistemi viventi al fine di ottenere sostanze utili per gli esseri umani sono indicate con il termine di **biotecnologie**. Per esempio, gli scienziati sono riusciti a ottenere organismi con nuove capacità inserendo nel loro DNA geni che normalmente non sono presenti in quel tipo di organismo. Questa tecnica è ampiamente utilizzata su batteri della specie *Escherichia coli*, nei quali viene inserito il gene per produrre insulina umana, un ormone coinvolto nel metabolismo degli zuccheri. Quest'applicazione (che risale alla fine degli anni Settanta del secolo scorso) permette di ottenere l'insulina su scala industriale tramite l'uso di fermentatori, grandi contenitori appositamente ideati per ottenere la crescita rapida dei batteri. Questa nuova tecnologia produttiva ha permesso di rendere l'insulina più sicura per i pazienti diabetici che ne fanno uso: un tempo l'insulina era infatti ricavata a partire dal pancreas di maiale ed era meno tollerata dall'organismo umano. Analoghe tecniche hanno permesso di ricavare su scala industriale anche antibiotici, vaccini, biopolimeri, aromi e additivi per uso alimentare.

Oltre ai microrganismi, anche le piante possono essere modificate geneticamente, sia per migliorare la loro capacità di crescita e produttività, sia per poterle utilizzare come «bio-fabbriche» per l'ottenimento di nuovi farmaci e sostanze attive.

Infine, alcune alghe microscopiche vengono sfruttate per la produzione di fonti energetiche alternative, grazie alla loro capacità di accumulare grandi quantità di lipidi da cui si ricava il biodiesel, che trova impiego come carburante miscelato al normale diesel.

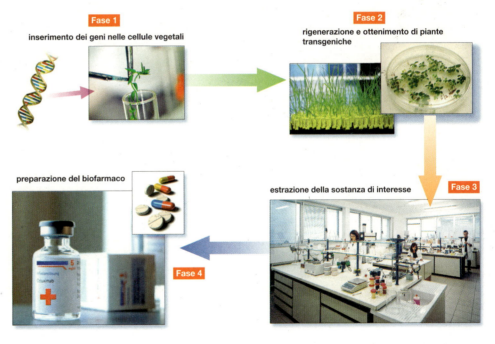

Rappresentazione schematica del processo di introduzione di nuovi geni nelle piante. In genere si utilizzano singole cellule vegetali a cui viene tolta la parete cellulare e in cui vengono inseriti i geni di interesse. Da tali cellule (protoplasti) vengono poi rigenerate piante intere, che saranno dette «transgeniche» poiché contengono del DNA proveniente da un altro organismo. Da queste piante è possibile ricavare la sostanza di interesse, purificarla e sottoporla a sperimentazione.

## DISCUTIAMONE INSIEME

Ora approfondite il tema proposto da questa scheda, svolgendo una ricerca sul ruolo dei microrganismi nell'ottenimento di prodotti per l'alimentazione. Cercate più informazioni su Internet su siti come:

http://www.eufic.org
(sito dell'*European Food Information Council* con informazioni sull'utilizzo dei microrganismi per la produzione alimentare e sui batteri lattici).

http://www.salute.gov.it
(sito del Ministero della Salute; al suo interno potete effettuare una ricerca usando il termine «probiotici»).

Poi discutete in classe dei risultati ottenuti con la vostra ricerca personale.

Aprite il confronto tra tutti, partendo da queste domande:

Quali sono i prodotti di cui vi cibate abitualmente che sono ottenuti utilizzando dei microrganismi? Eliminando tali prodotti come risulterebbe la vostra dieta?

Che cosa sono e perché sono così importanti gli organismi detti «probiotici»?

Al tempo stesso, esistono anche rischi ed effetti nocivi associati ai microrganismi più impiegati? Di che tipo?

# 16 L'EVOLUZIONE MODELLA LA BIODIVERSITÀ

La **biodiversità** che caratterizza la vita sulla Terra è frutto dell'**evoluzione** delle specie, cioè della loro comparsa e del loro cambiamento nel tempo. L'evoluzione è il risultato dell'azione della **selezione naturale** sulle popolazioni: gli individui più adatti alla vita in un certo ambiente trasmettono il proprio patrimonio genetico alla prole in misura maggiore rispetto agli individui meno idonei, dato che producono un numero superiore di discendenti. Nel giro di alcune generazioni, le differenze genetiche ereditabili possono condurre all'**isolamento riproduttivo** tra due gruppi di individui di una popolazione, che da quel momento apparterranno a due specie differenti.

 TEST D'INGRESSO

 Laboratorio delle competenze
pagine 302-305

# PRIMA DELLA LEZIONE

**CIAK si impara!**

**Guarda il video *L'evoluzione modella la biodiversità*, che presenta gli argomenti dell'unità.**

Che cosa significa che le specie si evolvono?

..................................................................................................................................................................................
..................................................................................................................................................................................
..................................................................................................................................................................................

Secondo Darwin ogni popolazione è composta da individui che presentano caratteri differenti, alcuni dei quali appaiono migliori di altri per vivere in un determinato ambiente. Pensando alla capacità di cacciare, di scappare dai predatori, di riprodursi o di difendersi dalle condizioni ambientali avverse, fai un esempio di adattamento all'ambiente di un animale a tua scelta.

..................................................................................................................................................................................
..................................................................................................................................................................................

Nel suo viaggio alle Galápagos, Darwin notò che fringuelli molto simili presentavano becchi diversi, la cui forma variava a seconda del tipo di alimentazione. Che cosa dedusse Darwin sull'adattamento e sulla selezione naturale partendo da queste osservazioni?

..................................................................................................................................................................................
..................................................................................................................................................................................

## 📷 Osserva le seguenti immagini

In questa pagina sono riportate le foto di alcuni animali che presentano delle caratteristiche particolari che si sono sviluppate nel corso della loro storia evolutiva. Per ciascun animale indica quali vantaggi possono derivare dal possedere questi adattamenti.

**1** Rombo chiodato
(*Psetta maxima*)

**2** Clamidosauro
(*Chlamydosaurus kingii*)

**3** Fenicottero rosa
(*Phoenicopterus roseus*)

**4** Falena
(*Donuca orbigera*)

Scoprirai come funzionano l'evoluzione delle specie e lo sviluppo degli adattamenti nei paragrafi 3 e 4 di questa unità.

UNITÀ 16 L'evoluzione modella la biodiversità

# 1. LE PROVE SCIENTIFICHE DELL'EVOLUZIONE

L'evoluzione dei viventi è un fatto scientificamente provato. A supporto di questa teoria esistono infatti numerose prove e osservazioni provenienti da diversi campi delle scienze naturali.

Le specie che attualmente vivono sulla Terra sono il risultato di un percorso evolutivo cominciato miliardi di anni fa: generazione dopo generazione le specie sono cambiate diventando quelle che oggi conosciamo.

Le prove a favore della teoria dell'evoluzione sono numerose e provengono da diversi campi di studio.

Alcune evidenze sono di natura geologica: per esempio la **documentazione fossile** mostra come i progenitori di alcune specie siano molto antichi. Se si analizza la documentazione fossile nel suo complesso si nota che gli organismi sono comparsi in una sequenza cronologica e che la loro complessità aumenta progressivamente: i più antichi fossili conosciuti sono organismi procarioti risalenti a circa 3,5 miliardi di anni fa, i primi fossili di eucarioti risalgono a circa 2 miliardi di anni fa, mentre gli organismi pluricellulari si sono evoluti solo 800 milioni di anni fa. Anche le differenti classi di vertebrati compaiono in successione temporale: i più antichi sono i pesci seguiti da anfibi, rettili e infine uccelli e mammiferi.

Inoltre, nei fossili si osservano spesso alcune caratteristiche intermedie tra diverse specie attualmente viventi o tra specie viventi e organismi del passato. Questi fossili sono quindi un possibile «anello di congiunzione» tra presente e passato.

Altre prove a sostegno dell'evoluzione derivano dall'**anatomia comparata**, la scienza che studia e confronta l'anatomia dei differenti gruppi di animali e delle diverse specie.

Questa disciplina fornisce molte informazioni dato che le somiglianze anatomiche che accomunano specie differenti indicano una discendenza comune.

Per esempio, l'arto dei vertebrati, pur mostrando grandi differenze nella forma e nella funzione, è caratterizzato da un modello anatomico comune a tutti i gruppi. Gli arti anteriori di alcuni rettili, degli uccelli e dei mammiferi (terrestri e acquatici) sono costituiti dagli stessi elementi scheletrici.

La somiglianza dimostra la derivazione di alcuni rettili e di uccelli e mammiferi da un unico progenitore ancestrale. Le pinne dei cetacei, la zampa dei mammiferi terrestri o del coccodrillo e l'ala degli uccelli costituiscono una variazione di un modello comune. Queste strutture caratteristiche che condividono la stessa origine sono dette **strutture omologhe**.

Ulteriori conferme della teoria dell'evoluzione vengono dall'**embriologia comparata**, cioè dal confronto tra gli embrioni dei vertebrati nei primi stadi del loro sviluppo: specie molto diverse mostrano fasi iniziali di sviluppo simili, come retaggio della loro storia evolutiva.

Infine anche la moderna **biologia molecolare**, che compara il grado di similitudine del patrimonio genetico di specie diverse, ha fornito conferma al fatto che gli esseri viventi cambiano nel tempo.

> **IMPARA A IMPARARE**
>
> Elenca le prove a favore della teoria dell'evoluzione e per ciascuna fornisci una breve descrizione.

> **NELLE RISORSE DIGITALI**
>
> ▸ Video L'anatomia comparata
> ▸ Esercizi interattivi
> ▸ Mappa del paragrafo

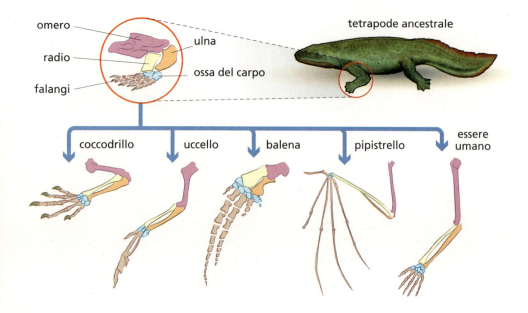

I **fossili** sono resti di organismi vissuti nel passato. Le parti molli degli organismi morti vanno in genere incontro a decomposizione, mentre le parti dure, come ossa o denti dei vertebrati e le conchiglie dei molluschi, possono conservarsi e fossilizzare. In questa foto il resto fossile di *Ichthyostega*, uno dei primi vertebrati a sviluppare le zampe, vissuto circa 365 milioni di anni fa.

## L'embriologia comparata

L'embriologia comparata è la scienza che analizza e confronta gli stadi dello sviluppo embrionale delle diverse specie. Essa fornisce un'ulteriore prova a favore dell'origine comune dei viventi.

Le specie strettamente imparentate, infatti, hanno stadi simili dell'**ontogenesi**, cioè dello sviluppo embrionale: per esempio, l'embrione dei vertebrati nelle prime settimane di vita è praticamente identico in tutte le specie, mentre assume caratteristiche via via differenti con il procedere dello sviluppo. Nell'embrione di un pesce e in quello di un essere umano sono visibili la coda e le *fessure branchiali*, quattro aperture parallele poste nella regione del collo. Queste fessure nei pesci danno origine alle branchie; nell'essere umano una fessura branchiale genera la cavità auricolare, mentre le altre tre si richiudono.

Per riassumere questo concetto i biologi affermano che «l'ontogenesi ripercorre la filogenesi»; in altre parole, durante lo sviluppo embrionale, ogni organismo ripercorre alcune «tappe» della sua storia evolutiva.

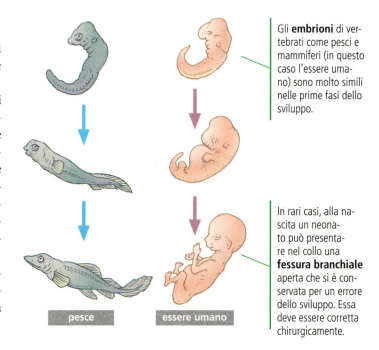

Gli **embrioni** di vertebrati come pesci e mammiferi (in questo caso l'essere umano) sono molto simili nelle prime fasi dello sviluppo.

In rari casi, alla nascita un neonato può presentare nel collo una **fessura branchiale** aperta che si è conservata per un errore dello sviluppo. Essa deve essere corretta chirurgicamente.

## La biologia molecolare

La biologia molecolare, cioè lo studio delle basi chimiche e molecolari del funzionamento dei geni, ha fornito un'ulteriore prova a sostegno della teoria dell'evoluzione.

I biologi molecolari hanno recentemente dimostrato che in due specie strettamente imparentate le sequenze di basi nel DNA e le sequenze di amminoacidi nelle proteine presentano una somiglianza maggiore rispetto a quelle di specie più lontane dal punto di vista filogenetico.

Mettendo in relazione il grado di somiglianza a livello molecolare tra due specie per le quali si conosce la data della separazione da un antenato comune, è possibile utilizzare alcune proteine come veri e propri **orologi molecolari**.

L'emoglobina (la proteina che trasporta l'ossigeno nel sangue) è stata utilizzata per verificare il grado di parentela tra numerose specie di vertebrati.

Nel grafico, ogni colonna rappresenta il numero di amminoacidi diversi nell'emoglobina di ciascuna specie rispetto a quella umana. Per esempio, l'emoglobina del macaco e quella umana differiscono per 8 amminoacidi. Le prove fossili mostrano che la separazione evolutiva tra le due specie è avvenuta circa 26 milioni di anni fa. In base a questa relazione e conoscendo il numero di amminoacidi per cui differiscono le molecole di emoglobina è possibile risalire alla data di separazione tra i vari gruppi di vertebrati.

Per gli studi relativi agli **orologi molecolari** si usano le proteine presenti in più specie come l'emoglobina, che trasporta l'ossigeno nel sangue di tutti i vertebrati, o il citocromo C, una proteina che si trova nella parete dei mitocondri e quindi è presente in tutte le cellule eucariotiche.

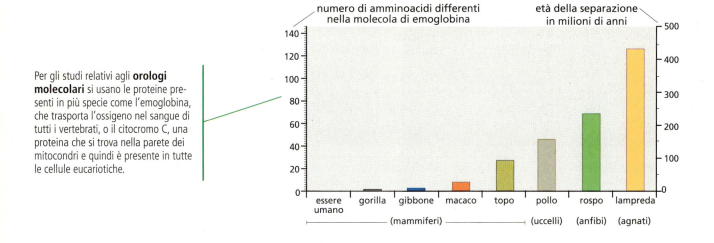

## 2. LE PRIME IPOTESI EVOLUTIVE

L'idea che le specie si evolvano si afferma definitivamente con l'Illuminismo, verso la fine del '700. Sino ad allora, alle ipotesi evoluzionistiche si contrapponeva l'idea creazionista, secondo la quale le specie, create da Dio, erano fisse e immutabili.

Già dall'antichità, l'origine della vita sulla Terra e la sua varietà sono state oggetto di studio da parte di filosofi e scienziati. Tra i filosofi greci alcuni, come Aristotele, ritenevano che le specie fossero immutabili nel tempo. Successivamente la cultura ebraico-cristiano accolse e rielaborò questa idea, affermando che tutte le specie sono state create da Dio e pertanto sono perfette e immutabili (**creazionismo**). Questa visione si rafforzò attraverso l'interpretazione letterale della Bibbia e resistette fino alla fine del XVIII secolo, quando venne messa in discussione dalla cultura illuminista e da alcune scoperte scientifiche. Tra gli studi più importanti ricordiamo quelli di James Hutton, uno dei fondatori della geologia. Hutton - studiando le rocce e osservando i fossili, cioè i resti di organismi vissuti nel passato contenuti all'interno delle rocce sedimentarie - capì che il nostro pianeta era stato soggetto a cambiamenti lenti e graduali generati da processi geologici ancora in azione. Questa teoria, detta **attualismo**, implicava che la Terra fosse molto antica, un'idea in contrasto con l'interpretazione letterale della Bibbia che prevedeva un'età massima della Terra di soli 6000 anni.

La scoperta di specie animali e vegetali sino ad allora sconosciute e non citate nella Genesi, cominciò a indebolire l'idea creazionista. Intorno alla metà del XVIII secolo, il naturalista francese George Louis Buffon ipotizzò che gli esseri viventi fossero stati creati come modelli ideali a partire dai quali – attraverso un processo evolutivo – si sarebbe poi generata la varietà di specie che osserviamo. Per esempio, secondo Buffon, i leoni, i leopardi, i giaguari e i gatti domestici si sarebbero evoluti tutti a partire da un felino «ideale» originato dalla creazione.

Alla fine del Settecento all'attualismo si contrappose la teoria del **catastrofismo**, elaborata dal paleontologo francese George Cuvier. Secondo Cuvier, le numerose specie estinte – che si conoscevano solo in forma fossile – esistevano già al momento della creazione e la loro scomparsa sarebbe stata causata da periodici eventi catastrofici. Il diluvio universale descritto nella Bibbia ne rappresenterebbe un esempio.

Ai primi dell'Ottocento, il naturalista francese Jean Baptiste de Lamarck ipotizzò che la spiegazione più plausibile dell'esistenza dei fossili e della varietà di forme viventi fosse l'**evoluzione**. Egli era convinto che le specie cambiassero nel tempo e aveva intuito che i cambiamenti fossero *adattativi*, cioè aumentassero le probabilità di sopravvivenza degli individui nell'ambiente. Lamarck fu il primo scienziato che tentò di spiegare come le specie cambino da una generazione all'altra: secondo Lamarck, gli esseri viventi hanno una tendenza innata a evolvere verso una complessità maggiore. Egli riteneva inoltre che gli organi degli animali potessero svilupparsi di più o di meno a seconda dell'uso. I cambiamenti avvenuti durante la vita di un organismo venivano quindi trasmessi alle generazioni successive.

Questo meccanismo evolutivo suggerito da Lamarck, noto come **ereditarietà dei caratteri acquisiti**, si rivelò inesatto e fu soppiantato dalle tesi proposte da Darwin.

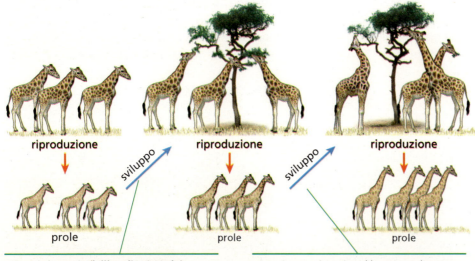

Secondo la **teoria dell'ereditarietà dei caratteri acquisiti** gli antenati delle giraffe, che possedevano un collo corto, avrebbero cominciato a stirare il collo per brucare le foglie degli alberi. Questo sforzo continuo avrebbe portato alla nascita di una prole con il collo più lungo rispetto a quello dei genitori.

A ogni generazione ci sarebbe stato un leggero allungamento del collo che avrebbe portato all'evoluzione delle attuali giraffe.

### IMPARA A IMPARARE
Riporta sul quaderno, in ordine cronologico, le varie tappe del pensiero evoluzionista.

### NELLE RISORSE DIGITALI
- Video I caratteri acquisiti non si trasmettono
- Esercizi interattivi
- Mappa del paragrafo

# 3. L'EVOLUZIONE PER SELEZIONE NATURALE

La teoria dell'evoluzione di Darwin afferma che le specie cambiano nel tempo per opera della selezione naturale: all'interno di una popolazione hanno maggior successo riproduttivo gli individui che presentano i caratteri più favorevoli alla vita in un determinato ambiente.

La teoria dell'**evoluzione delle specie** è indissolubilmente legata al nome di Charles Darwin (1809-1882). Il naturalista inglese, infatti, fornì molte prove a sostegno dell'idea che gli organismi mutano nel tempo e propose la spiegazione del meccanismo con cui il cambiamento avviene.

Darwin sviluppò la sua teoria grazie alle osservazioni compiute durante un viaggio intorno al mondo a bordo del brigantino *Beagle*. In questo lungo viaggio Darwin raccolse migliaia di campioni di fossili e di esemplari animali e vegetali, e studiandoli sviluppò la convinzione che essi siano testimonianza del cambiamento delle specie nel tempo.

Fu soprattutto la fauna dell'arcipelago delle Galápagos – dove vivono molti organismi che non si trovano in nessun altro luogo della Terra – a suggerire a Darwin le basi per la sua teoria evolutiva.

Nel libro *On the Origin of Species by means of Natural Selection*, del 1859, Darwin propose il meccanismo della **selezione naturale** la cui validità è tuttora riconosciuta. Secondo Darwin l'evoluzione delle specie procede con un meccanismo che può essere riassunto in quattro punti.

**1.** Ogni popolazione tende a produrre prole in eccesso, cioè un numero di discendenti superiore a quello che le risorse dell'ambiente in cui vive possono sostenere. La **sovrapproduzione di prole** ha come conseguenza la lotta per la sopravvivenza tra i componenti di una stessa popolazione. Quindi, per ogni generazione sopravvive solo una parte dei discendenti.

**2.** Ogni popolazione mostra al proprio interno una notevole **variabilità dei caratteri**. Alcune caratteristiche si rivelano più favorevoli di altre, in quanto permettono all'individuo che le possiede di adattarsi all'ambiente e di sfruttare meglio le risorse naturali che ha a disposizione.

**3.** Il diverso adattamento all'ambiente naturale dei membri di una popolazione si traduce in un **successo riproduttivo differenziato**. In altre parole, gli individui che riescono ad adattarsi all'ambiente e a sfruttarne meglio le risorse producono un numero di discendenti superiore a quelli che hanno un grado di adattamento inferiore.

**4.** Le caratteristiche favorevoli che hanno permesso agli individui di una popolazione un migliore adattamento all'ambiente sono **caratteri ereditabili**, cioè vengono trasmessi alla prole. Ciò fa sì che la popolazione nella generazione successiva sia composta da un numero maggiore di individui con caratteristiche favorevoli. I cambiamenti ereditabili si accumulano gradualmente nelle popolazioni e nel corso di molte generazioni la selezione naturale permette l'evoluzione di nuove specie.

> **IMPARA A IMPARARE**
>
> Prova a ipotizzare l'azione della selezione naturale su una popolazione di coleotteri, simile a quella descritta nella figura, che vive però in un prato.

### NELLE RISORSE DIGITALI

- **Approfondimento** La selezione naturale in azione
- **Approfondimento** La selezione artificiale
- **Video** L'evoluzione per selezione naturale
- **Esercizi interattivi**
- **Mappa del paragrafo**

**A** Per illustrare come agisce la **selezione naturale** consideriamo una popolazione di coleotteri che vive in un bosco di querce. Gli individui della popolazione di coleotteri mostrano una notevole **variabilità dei caratteri**. Nel nostro caso consideriamo solo il colore del corpo: nella popolazione sono presenti coleotteri verdi, marroni e neri.

**B** La popolazione di coleotteri viene predata dagli uccelli insettivori. Gli uccelli catturano più facilmente i coleotteri verdi e neri dato che sono più visibili di quelli marroni sulla corteccia delle querce. I coleotteri marroni sono quindi meglio adattati all'ambiente in cui vivono, hanno maggiori possibilità di sopravvivere e di lasciare discendenti rispetto ai coleotteri di un altro colore.

**C** La selezione naturale plasma la popolazione di coleotteri. I coleotteri di colore marrone, che hanno avuto il **maggior successo riproduttivo**, dopo una o più generazioni, aumentano percentualmente nella popolazione rispetto a quelli verdi e neri. Ciò avviene perché il colore del corpo è un **carattere ereditabile** che si trasmette alla prole.

# 4. L'ADATTAMENTO ALL'AMBIENTE

La selezione naturale ha come risultato l'adattamento delle popolazioni al proprio ambiente, cioè lo sviluppo di caratteristiche anatomiche e comportamentali che le rendono idonee alla vita in quell'ambiente.

La capacità di una specie di vivere in un certo ambiente è legata al fatto che essa presenti particolari adattamenti. I biologi definiscono **adattamenti** le strutture del corpo o i comportamenti che rendono gli organismi «idonei» all'ambiente in cui vivono.

Gli adattamenti sono il risultato della selezione naturale a cui sono sottoposte le specie: secondo questo meccanismo l'ambiente (la natura) seleziona gli organismi che sono più adatti a lasciare discendenti e, a ogni generazione, un numero proporzionalmente maggiore di individui possiede le caratteristiche adattative vantaggiose.

Alcuni adattamenti riguardano l'architettura generale del corpo. Per esempio, la forma affusolata dei pesci e di molti altri animali acquatici – che riduce l'attrito e rende più facile il movimento in acqua – è un adattamento al nuoto.

Spesso una specie, per essere più idonea alla vita nel proprio ambiente naturale, presenta più di un adattamento. Un esempio di ciò è dato dai diversi adattamenti sviluppati da alcune specie di foche per poter vivere in acque gelide.

Alcuni adattamenti hanno lo scopo di rendere un animale meno visibile nell'ambiente in cui vive (**mimetismo**) permettendogli di sfuggire ai predatori o di agire più efficacemente se si tratta, al contrario, di un predatore.

Anche nel mondo vegetale esistono diversi meccanismi per sopravvivere e difendersi nell'ambiente. Tra questi, i più evidenti sono la colorazione dei petali e il profumo dei fiori che attraggono gli insetti impollinatori per favorire la diffusione del polline e quindi la riproduzione della specie. Allo stesso tempo, le piante possono anche difendersi tramite l'accumulo di sostanze di sapore sgradevole o tossiche per gli animali che le mangiano; esistono anche tra i vegetali rari casi di mimetismo.

L'insetto stecco (*Diapheromera femorata*), grazie alla sua forma e al suo colore, si mimetizza alla perfezione nella vegetazione per sfuggire ai predatori.

La *Lithops* (dal greco *lithos* = pietra e *opsis* = aspetto), detta anche pianta sasso, è una pianta grassa che si mimetizza con il pietrisco del terreno su cui cresce. Si «difende» in questo modo dagli erbivori che potrebbero cibarsene.

> **IMPARA A IMPARARE**
> - Sottolinea nel testo la definizione di adattamento.
> - Scegli un animale selvatico ed elenca i suoi adattamenti all'ambiente in cui vive.

## NELLE RISORSE DIGITALI

- **Approfondimento** Gli adattamenti all'alta quota
- **Esercizi interattivi**
- **Mappa del paragrafo**

Per sopravvivere in ambienti marini polari, le foche (*Phoca vitulina*) possiedono uno spesso strato di grasso che le isola dall'ambiente esterno.

Le orecchie sono prive di padiglioni auricolari, un adattamento che consente una maggiore idrodinamicità e una minore dispersione del calore corporeo.

Per migliorare l'ossigenazione del sangue e sopportare lunghi periodi in immersione, le foche hanno polmoni molto allungati e un maggior contenuto di emoglobina nel sangue (la proteina che trasporta l'ossigeno) e di mioglobina nei muscoli (la proteina che accumula l'ossigeno nei tessuti).

Gli arti trasformati in pinne sono un adattamento al nuoto, come pure la forma idrodinamica del corpo.

UNITÀ 16 L'evoluzione modella la biodiversità

# 5. EVOLUZIONE E GENETICA

Il cambiamento della frequenza di alcuni alleli presenti in una popolazione (detto microevoluzione) è una condizione necessaria per l'evoluzione della specie.

Nonostante gli studi di Mendel non fossero ancora noti, Darwin aveva compreso che la trasmissione dei caratteri da una generazione all'altra era una condizione indispensabile per spiegare il meccanismo con cui procede l'evoluzione. In tempi più recenti, gli scienziati hanno cercato di conciliare gli studi sull'evoluzione con quelli sulla genetica creando una disciplina, la **genetica di popolazione**, che spiega i processi con cui si genera la variabilità dei caratteri e come tale variabilità si trasmette all'interno delle popolazioni. La genetica di popolazione studia principalmente il **pool genico**, cioè l'insieme di tutti gli alleli appartenenti a tutti gli individui che formano una popolazione.

Una legge fondamentale della genetica di popolazione – nota come **equilibrio di Hardy-Weinberg** dal nome degli scienziati che l'hanno formalizzata – afferma che la composizione genica (cioè la frequenza dei vari alleli) di una popolazione che si riproduce sessualmente resta costante nel tempo, a patto che si verifichino contemporaneamente alcune condizioni.

**1.** *La popolazione deve essere molto grande*; in questo caso, infatti, i cambiamenti nella frequenza allelica dovuti al caso (detti **deriva genetica**) non sono molto significativi.
**2.** *Non devono avvenire mutazioni*. Una mutazione è un cambiamento del DNA che può portare alla formazione di un nuovo allele non presente nella composizione originale.
**3.** *L'accoppiamento deve essere casuale*, cioè senza alcuna forma di selezione del partner da parte dei membri della popolazione.
**4.** *La popolazione deve essere isolata*: non devono verificarsi fenomeni di immigrazione ed emigrazione che possano alterare la composizione allelica della popolazione.
**5.** *Tutti gli individui della popolazione devono avere lo stesso successo riproduttivo*, cioè non deve esserci selezione naturale.

Nelle popolazioni in ambienti naturali queste condizioni non si verificano mai contemporaneamente e, quindi, il pool genico di una popolazione cambia nel corso delle generazioni. Il cambiamento della frequenza allelica in una popolazione è detto **microevoluzione**.

Come agisce la selezione naturale nel determinare la microevoluzione? La selezione naturale, favorendo la riproduzione di individui dotati di un certo *fenotipo*, agisce indirettamente sul *genotipo* corrispondente, facendo aumentare la frequenza di certi alleli nel pool genico della popolazione.

> **IMPARA A IMPARARE**
> Elenca le condizioni che devono verificarsi contemporaneamente affinché in una popolazione non avvenga una microevoluzione.

**NELLE RISORSE DIGITALI**
- Approfondimento La deriva genetica
- Esercizi interattivi
- Mappa del paragrafo

## Le cause della microevoluzione

mutazioni

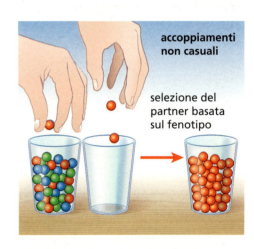
accoppiamenti non casuali — selezione del partner basata sul fenotipo

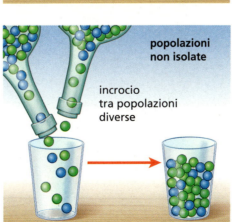
popolazioni non isolate — incrocio tra popolazioni diverse

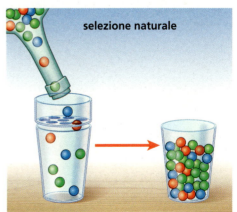
selezione naturale

## 6. LA COMPARSA DI NUOVE SPECIE

La formazione di una nuova specie si chiama speciazione e si verifica attraverso la comparsa di una barriera riproduttiva tra due popolazioni inizialmente appartenenti alla stessa specie. L'evoluzione a livello di specie è detta macroevoluzione.

La biodiversità degli esseri viventi è il risultato di processi di speciazione. La **speciazione** è la divergenza (cioè la progressiva separazione) di una specie in più specie o la trasformazione di una specie in una nuova nel corso del tempo. I cambiamenti evolutivi che portano alla formazione di nuove specie sono detti **macroevoluzione**.

La speciazione può avvenire sia quando due popolazioni sono separate geograficamente, sia quando esse vivono nella medesima area geografica. Vediamo i due casi.

1. La **speciazione geografica** (o *speciazione allopatrica*) si verifica quando una popolazione viene divisa da una **barriera geografica** che impedisce fisicamente l'incrocio tra gli individui, che formano quindi due popolazioni distinte. Esistono molti tipi di barriere geografiche che possono portare a una speciazione, come una catena montuosa o un braccio di mare, ma per specie di piccole dimensioni o dotate di scarsa mobilità possono essere sufficienti barriere fisiche ridotte (per esempio una cascata può essere una barriera per i pesci di un fiume). L'isolamento geografico non porta necessariamente alla nascita di nuove specie. La speciazione avviene solo nel caso in cui l'evoluzione indipendente dei due gruppi porti alla comparsa di una **barriera riproduttiva**, cioè di un «impedimento» di tipo anatomico, comportamentale o ecologico che impedisce la formazione o lo sviluppo dello zigote.

2. La **speciazione simpatrica** si verifica quando tra due popolazioni si genera una barriera riproduttiva senza che queste siano fisicamente separate. Questo tipo di speciazione è relativamente comune nelle piante, mentre è più rara tra gli animali. La modalità più frequente di speciazione simpatrica è legata alla **poliploidia**, cioè all'aumento del numero di cromosomi rispetto al normale assetto diploide ($2n$) causato da errori nelle meiosi (il processo di formazione dei gameti). Si ritiene che circa il 40% delle 235 000 specie di piante angiosperme abbiano avuto origine per poliploidia.

In generale, la speciazione è il risultato ultimo della **microevoluzione**, cioè dei cambiamenti delle frequenze alleliche nel pool genico di una popolazione fino alla comparsa di una *barriera riproduttiva* che la mantiene separata da altre popolazioni.

Un particolare tipo di speciazione si verifica quando numerose specie, ciascuna adatta a un ambiente specifico, si originano da un antenato comune. Questa modalità di speciazione si chiama **radiazione adattativa**.

La fragola attualmente coltivata è un **ibrido poliploide $8n$** originato da un incrocio avvenuto casualmente secoli fa tra diverse specie di fragola. Nelle specie vegetali poliploidi le cellule sono più grandi delle cellule di specie diploidi.

La formazione di due specie di scoiattolo del genere *Ammospermophilus* è un esempio di **speciazione geografica**. Il Grand Canyon è la barriera geografica che ha determinato l'isolamento riproduttivo tra *A. harrisi* (a sinistra), una specie leggermente più grande, con coda più scura che vive a sud del Grand Canyon e *A. leucurus* (a destra), uno scoiattolo con la coda corta e bianca che vive a nord del Grand Canyon.

### IMPARA A IMPARARE

- Sottolinea nel testo la definizione di speciazione.
- Individua le due modalità possibili di speciazione e descrivile con parole tue.

### NELLE RISORSE DIGITALI

- **Approfondimento** Le barriere riproduttive
- **Video** L'isolamento riproduttivo
- **Esercizi interattivi**
- **Mappa del paragrafo**

### ■ Un esempio di radiazione adattativa

Il caso più famoso di radiazione adattativa venne descritto da Darwin osservando i fringuelli delle isole Galápagos. Charles Darwin appena ventiduenne era salito a bordo della nave britannica *Beagle* come naturalista. Il viaggio, che durò ben cinque anni, permise al giovane Darwin di raccogliere osservazioni su piante e animali di regioni geografiche diverse. Quando Darwin visitò l'arcipelago delle Galápagos, situato nell'Oceano Pacifico a circa 1000 km dalle coste dell'Ecuador, scoprì che esso era popolato da 13 specie di fringuello, ognuna delle quali presentava un becco con una morfologia diversa. Per esempio, i fringuelli mangiatori di gemme possiedono un becco robusto e di forma tozza con cui afferrano le gemme fogliari presenti sui rami. I fringuelli insettivori, invece, hanno un becco più lungo e sottile il cui aspetto dipende dal tipo di insetti di cui si cibano. La varietà di forme e dimensioni dei becchi dei fringuelli è il risultato della selezione naturale e rappresenta un adattamento ai diversi tipi di alimentazione. Da queste osservazioni Darwin dedusse che i fringuelli delle Galápagos derivavano da un progenitore comune giunto sulle isole dal Sud America. I discendenti di questo fringuello ancestrale si diffusero e andarono a occupare vari habitat su diverse isole. L'isolamento geografico delle sottopopolazioni portò all'isolamento dei loro pool genici e alla comparsa di barriere riproduttive: oggi, anche se alcune specie risiedono sulla stessa isola, non sono più in grado di incrociarsi. L'isolamento e le diverse abitudini alimentari hanno portato alla formazione di 13 specie differenti.

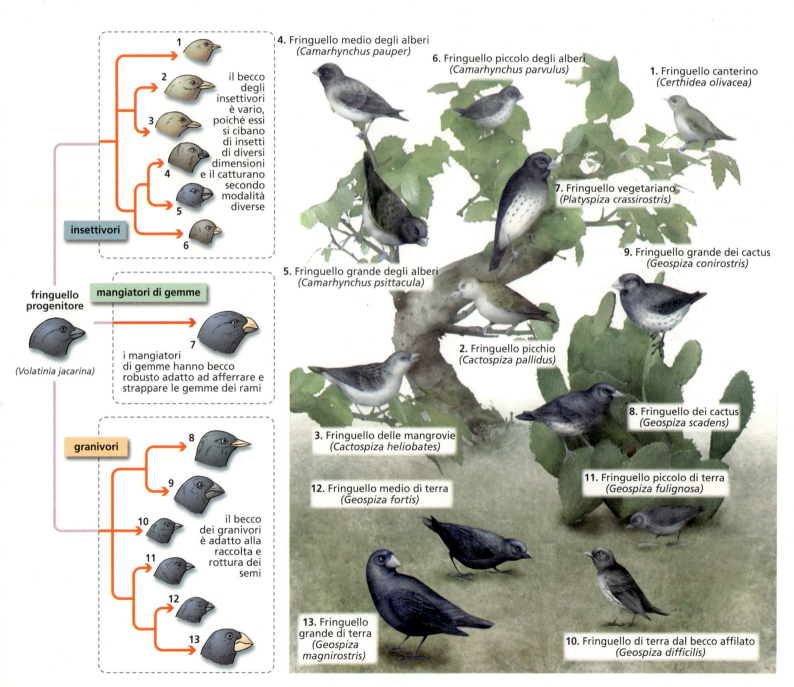

## 7. IL RITMO DELL'EVOLUZIONE

Secondo i sostenitori della teoria del gradualismo filetico, la speciazione avviene in modo lento e graduale. Altri evoluzionisti supportano la teoria degli equilibri punteggiati, secondo la quale le specie comparirebbero in modo repentino e rimarrebbero immutate fino all'estinzione.

Darwin riteneva che i cambiamenti evolutivi avvenissero in modo lento e graduale: le nuove specie si generano a partire da popolazioni rimaste isolate geograficamente attraverso l'accumulo e la somma di minimi e impercettibili cambiamenti. La teoria del **gradualismo filetico** (com'è stata definita questa visione del meccanismo evolutivo) è stata sostenuta da molti biologi evoluzionisti del Novecento. Tuttavia il modello graduale non è in grado di spiegare come mai la documentazione fossile registri poche forme intermedie tra una specie e l'altra. La maggior parte delle specie fossili infatti non mostra alcuna variazione nel fenotipo per periodi lunghissimi (in alcuni casi per milioni di anni) fino all'estinzione, mentre le nuove specie «compaiono» piuttosto all'improvviso (risultano quindi scarsi i fossili con caratteristiche intermedie che documentino il cambiamento).

Inoltre, la teoria gradualista spiega con difficoltà la formazione di strutture molto complesse che per funzionare necessitano della contemporanea esistenza di tutte le loro parti e che difficilmente potrebbero rappresentare un vantaggio in forma incompleta o in uno stadio intermedio. Per esempio, l'occhio di un vertebrato non potrebbe funzionare se non con la contemporanea evoluzione della retina, della cornea e del cristallino. Risulta difficile immaginare il vantaggio evolutivo fornito da un occhio non completo di tutte le sue parti.

Basandosi sulla documentazione fossile che, in alcuni casi, testimonia l'improvvisa comparsa di nuove specie, i paleontologi americani Niles Eldredge e Stephen J. Gould, nel 1972, hanno proposto un'ipotesi alternativa al gradualismo, chiamata teoria degli **equilibri punteggiati**. Secondo questa teoria, le specie evolverebbero rapidamente, cioè nell'arco di una o poche generazioni (da qui la scarsità o l'assenza di fossili intermedi). Dopo questa fase di improvvisa e rapida evoluzione, seguirebbe un lungo periodo di *stasi* (equilibrio) durante il quale la nuova specie rimarrebbe immutata fino all'estinzione. Secondo questo modello il genotipo più favorevole (la specie finale) può diffondersi più rapidamente e lasciare più fossili delle forme intermedie.

Entrambi i modelli sono oggi ritenuti validi e aiutano a spiegare la documentazione fossile: a seguito di lenti cambiamenti ambientali una specie può adattarsi altrettanto lentamente, mentre un cambiamento ambientale repentino può forzare la comparsa improvvisa di una nuova specie, prima che la specie originaria si sia estinta.

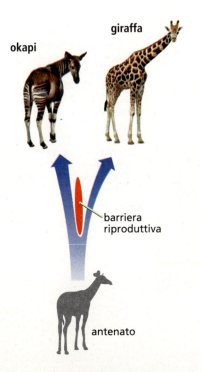

Secondo la teoria del **gradualismo filetico**, la popolazione di un antenato comune di okapi (*Okapia johnstoni*) e giraffa (*Giraffa camelopardalis*) si evolve lentamente fino a quando la comparsa di una barriera riproduttiva la suddivide in due specie distinte che evolvono indipendentemente.

Nella teoria degli **equilibri punteggiati** un cambiamento genetico piuttosto rapido dà origine alle due specie (okapi e giraffa) con caratteristiche diverse da quelle dell'antenato comune.

### IMPARA A IMPARARE
Sul quaderno sintetizza in poche righe la teoria del gradualismo filetico e quella degli equilibri punteggiati e riporta un argomento a favore e uno a sfavore di ciascuna teoria.

### NELLE RISORSE DIGITALI
- Esercizi interattivi
- Mappa del paragrafo

## ■ L'evoluzione non ha un obiettivo preciso

L'analisi dei reperti fossili di alcune specie sembrerebbe suggerire una tendenza ben definita, come l'acquisizione di una taglia maggiore o lo sviluppo di un certo organo.

Consideriamo come esempio il genere *Equus* – che comprende cavalli e zebre – evolutosi a partire da un progenitore vissuto circa 50 milioni di anni, l'*Hyracotherium*. Quest'ultimo era un mammifero erbivoro con dimensioni simili a quelle di un cane, con 4 dita sugli arti anteriori e 3 su quelli posteriori e con una dentatura adatta a brucare arbusti e alberi. L'evoluzione del cavallo è stata spesso interpretata come una tendenza lineare e progressiva verso l'aumento di taglia, la riduzione del numero di dita (zebre e cavalli ne hanno uno solo) e l'adattamento della dentatura per il pascolo.

Se si esaminano i reperti fossili si scopre però che esistono molti altri generi che non si trovano sulla linea evolutiva diretta che congiunge l'*Hyracotherium* al cavallo. Queste specie non mostrano la tendenza all'aumento delle dimensioni corporee o alla riduzione delle dita e sono state interpretate come «rami laterali» estinti della via filogenetica che ha portato al cavallo.

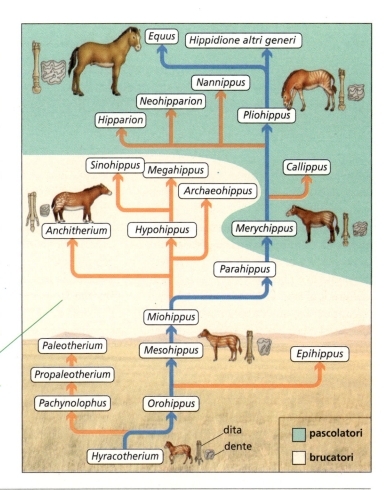

Il genere *Equus* è l'unico genere sopravvissuto di una storia evolutiva che può venire più correttamente rappresentata da un cespuglio piuttosto che da una linea retta. Soltanto il ramo che comprende cavalli e zebre è giunto sino a noi.

## ■ L'evoluzione agisce su ciò che ha a disposizione

Un'importante critica rivolta alla teoria dell'evoluzione per selezione naturale riguarda le fasi iniziali di formazione delle strutture complesse, come l'occhio di un vertebrato o l'ala di un uccello. Come può evolversi una struttura complicata se essa, quando è ancora incompleta, non fornisce alcun vantaggio all'organismo che la possiede? Il biologo Stephen J. Gould propose una visione del problema partendo dall'analisi dell'*Archeopterix*, una specie vissuta 150 milioni di anni fa e dotata di penne come gli uccelli, ma con caratteristiche anatomiche ancora tipiche dei rettili. Le penne dell'*Archeopterix* sono un adattamento al volo e quindi del tutto inutili in un organismo incapace di volare. Gould però suggerisce che le penne si siano evolute inizialmente per mantenere il calore corporeo dell'organismo e solo successivamente si siano trasformate in uno strumento fondamentale per il volo.

In natura esistono numerose strutture che si ritiene si siano evolute come adattamenti a una certa funzione e siano poi state utilizzate per svolgere una funzione diversa. Per distinguerle dai semplici adattamenti di un organo ad una funzione (come descritto da Darwin) per queste strutture si è proposto il neologismo inglese **exaptation**, tradotto in italiano con il termine **preadattamento**.

Gould fornisce anche altri esempi di come l'evoluzione agisca sugli organi e sulle strutture biologiche che ha a disposizione. L'esempio più celebre riguarda il cosiddetto «pollice» del panda.

Il panda gigante (*Ailuropoda melanoleuca*) si nutre quasi esclusivamente di germogli di bambù che maneggia grazie alla presenza di un sesto «dito» della mano, una sorta di pollice opponibile. Dal punto di vista anatomico, questo non è un vero e proprio dito, ma deriva dall'allungamento dell'osso sesamoide radiale. Quest'osso è presente nel polso di tutti i mammiferi, ma è di dimensioni ridotte e non svolge una funzione così specializzata.

Il «pollice opponibile» ricavato dal sesamoide è dovuto a poche e semplici mutazioni genetiche responsabili dell'allungamento di un osso già presente nella struttura anatomica del polso.

# 8. L'EVOLUZIONE DELLA SPECIE UMANA

Gli esseri umani appartengono al gruppo zoologico dei primati, come le scimmie. La specie più simile a noi è lo scimpanzé, con cui condividiamo un antenato comune vissuto circa 6 milioni di anni fa.

Gli esseri umani (*Homo sapiens*) fanno parte dell'ordine zoologico dei **primati** che comprende tutte le specie di scimmie viventi. Le analisi delle sequenze genetiche del DNA hanno chiarito che i nostri parenti più stretti sono gli scimpanzé (*Pan troglodytes*) e i bonobo (*Pan paniscus*). Lo studio dei fossili suggerisce che l'antenato comune tra gli esseri umani e queste specie sarebbe vissuto tra 5 e 7 milioni di anni fa. La separazione tra noi e i gorilla (*Gorilla gorilla*) sarebbe invece leggermente più antica.

Gli esseri umani condividono con gli altri primati molte caratteristiche:
- la presenza di arti prensili, in grado di afferrare oggetti;
- gli occhi frontali che permettono la visione tridimensionale;
- la presenza di un cervello voluminoso in grado di gestire informazioni complesse;
- un tasso ridotto di riproduzione che determina un aumento della durata delle cure parentali, ovvero dell'attenzione e dell'impegno che i genitori investono nella crescita e nel mantenimento della prole. Quest'ultimo fatto porta anche allo sviluppo di una vita sociale complessa.

Rispetto agli altri primati, gli esseri umani possiedono però alcune caratteristiche peculiari, la più importanti delle quali è la **stazione eretta**, ovvero la capacità di camminare e correre su due gambe. Questa capacità comporta una serie di mutamenti anatomici come la colonna vertebrale a forma di «S», la forma del bacino e l'articolazione tra il cranio e la colonna vertebrale. Inoltre la caratteristica più notevole che ci differenzia dagli scimpanzé e dalle altre scimmie è la capacità di comunicare attraverso un **linguaggio** articolato e simbolico.

I passaggi evolutivi che a partire dall'antenato comune tra noi e gli scimpanzé hanno portato al moderno *Homo sapiens* ci sono noti grazie ai fossili, ritrovati per la maggior parte in Africa. Esistono diversi fossili che appartengono ai progenitori più antichi (tra i quali alcuni del genere *Ardipithecus* vissuti circa 4,5 milioni di anni fa), ma i paleoantropologi non sono ancora concordi su quale di essi rappresenti il nostro diretto progenitore. Gli scienziati concordano invece sul fatto che i membri del genere *Australopithecus* abbiano dato origine al genere *Homo*. Il loro rappresentante più famoso è «Lucy», un ritrovamento quasi completo di *A. afarensis*, una specie dotata di andatura bipede vissuta oltre 3 milioni di anni fa. Il genere *Homo* si sarebbe sviluppato successivamente, circa 2 milioni di anni fa, ed è caratterizzato da un aumento del volume del cervello, dalla riduzione delle dimensioni della mandibola e del prognatismo. Intorno a 2 milioni di anni fa diverse specie del genere *Homo* hanno convissuto con più specie di australopitecine. A partire da 2,5 milioni di anni fa gli ominidi hanno anche imparato a fabbricare e a utilizzare utensili di pietra. Il primo ominide a uscire dall'Africa si ritiene sia stato *Homo erectus* circa 1,8 milioni di anni fa.

Il tempo necessario per arrivare agli esseri umani moderni sarebbe stato ancora lungo: i ritrovamenti più antichi attribuibili con certezza al moderno *Homo sapiens* sono infatti datati a circa 200 000 anni fa e provengono dall'Etiopia.

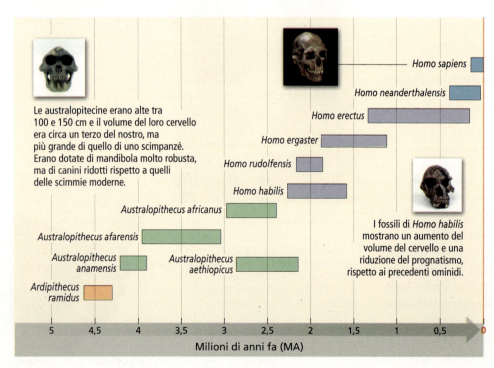

Le australopitecine erano alte tra 100 e 150 cm e il volume del loro cervello era circa un terzo del nostro, ma più grande di quello di uno scimpanzé. Erano dotate di mandibola molto robusta, ma di canini ridotti rispetto a quelli delle scimmie moderne.

I fossili di *Homo habilis* mostrano un aumento del volume del cervello e una riduzione del prognatismo, rispetto ai precedenti ominidi.

### IMPARA A IMPARARE
Elenca le principali caratteristiche che gli esseri umani condividono con gli altri primati. Elenca poi quelle che li distinguono.

### NELLE RISORSE DIGITALI
 Esercizi interattivi

 Mappa del paragrafo

# DOMANDE PER IL RIPASSO

### PARAGRAFO 1

1. Per quale ragione i fossili rappresentano una prova a favore della teoria dell'evoluzione?
2. A quando risalgono i più antichi fossili conosciuti?
   - A 15 miliardi di anni fa.
   - B 3,5 miliardi di anni fa.
   - C 2 miliardi di anni fa.
3. Che cosa si intende per struttura omologa?
4. Elenca almeno quattro prove a favore dell'evoluzione.

### PARAGRAFO 2

5. In quale epoca si è affermata definitivamente la teoria dell'evoluzione?
6. Il creazionismo è l'idea che la Terra sia stata soggetta a periodici eventi catastrofici che causavano la scomparsa di molte specie. V F
7. Che cosa dice la teoria dell'attualismo?
8. Spiega la teoria dell'ereditarietà dei caratteri acquisiti di Lamarck.

### PARAGRAFO 3

9. In quale anno e da parte di chi venne enunciata la teoria dell'evoluzione per selezione naturale?
10. Completa.
    In ogni .................... è riscontrabile una variabilità di caratteri. Alcune caratteristiche si rivelano più .................... rispetto ad altre e conferiscono un vantaggio adattativo agli individui che le possiedono.
11. Che cosa si intende per selezione naturale?
12. Che cos'è la selezione artificiale?

### PARAGRAFO 4

13. Che cos'è un adattamento?
14. Quali adattamenti possiedono le foche che vivono in ambienti polari?
15. Il fenomeno per cui un animale è poco visibile nell'ambiente in cui vive è detto
    - A mimetismo.
    - B adattamento.
    - C deriva genetica.
16. Quali adattamenti possiedono alcune piante per non essere mangiate dagli animali erbivori?

### PARAGRAFO 5

17. Che cos'è il pool genico?
18. Elenca le condizioni necessarie perché all'interno di una popolazione non cambino le frequenze alleliche.
19. Che cos'è la deriva genetica?
20. Quale condizione dell'equilibrio di Hardy-Weinberg viene violata se una popolazione di uccelli di un'isola si unisce alla popolazione della stessa specie di un'isola vicina?
    - A La popolazione deve essere molto grande.
    - B L'accoppiamento deve essere casuale.
    - C La popolazione deve essere isolata.

### PARAGRAFO 6

21. Quali tipi di speciazione esistono?
22. In che modo e per quale tipo di animali una strada potrebbe rappresentare una barriera geografica?
23. La speciazione allopatrica avviene quando tra due popolazioni si genera una barriera riproduttiva senza che vi sia una separazione spaziale. V F
24. Che cos'è la radiazione adattativa?

### PARAGRAFO 7

25. Che cosa spiega la teoria degli equilibri punteggiati?
26. Qual è la differenza tra il gradualismo filetico e gli equilibri punteggiati?
27. Completa.
    Secondo la teoria degli equilibri ...................., una specie dopo la comparsa rimarrebbe in un lungo periodo di ...................., cioè immutata, fino all'estinzione.

### PARAGRAFO 8

28. Quali sono le caratteristiche che gli esseri umani condividono con gli altri primati?
29. Quali sono i principali mutamenti anatomici dovuti alla stazione eretta?
30. Quali caratteristiche possedevano i membri del genere *Australopithecus*?
31. Il più antico reperto fossile attribuibile all'*Homo sapiens* moderno è stato trovato:
    - A in Asia e risale a 1,8 milioni di anni fa.
    - B in Africa e risale a 200 000 anni fa.
    - C in Europa e risale a 20 000 anni fa.

## APPLICA LE TUE CONOSCENZE

Osserva la figura degli arti dei diversi vertebrati. Quali funzioni svolgono gli arti rappresentati in figura? Per quale ragione sono strutture omologhe?

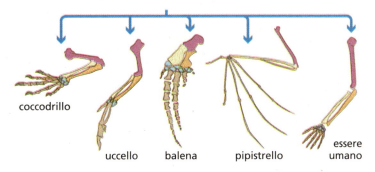

coccodrillo — uccello — balena — pipistrello — essere umano

# 16 LABORATORIO DELLE COMPETENZE

## 1 Sintesi: dal testo alla mappa

■ Le **prove scientifiche dell'evoluzione** sono numerose e provenienti da diversi campi di studio. Alcune sono di natura geologica: la **documentazione fossile** mostra come gli organismi siano cambiati nel tempo, siano comparsi in una sequenza cronologica e come la loro complessità sia aumentata progressivamente. Altre prove derivano dall'**anatomia comparata**, cioè dal confronto dell'anatomia dei diversi gruppi di animali e delle diverse specie. La somiglianza anatomica dimostra la derivazione da un progenitore comune. Altre prove provengono dallo studio dello **sviluppo embrionale** e dalla **biologia molecolare**.

■ Già dall'antichità, l'origine della vita sulla Terra e la sua varietà sono state oggetto di studio da parte di filosofi e scienziati. Fino alla metà del XVIII secolo si riteneva che le specie fossero state create da Dio e perciò fossero fisse e immutabili: questa idea è nota come **creazionismo**. Più tardi, gli studi compiuti in campo biologico e geologico portarono all'affermazione dell'idea che le specie si evolvono, cioè cambiano nel tempo. Il primo tentativo di spiegare il modo in cui le specie si evolvono si deve a Lamarck, nei primi anni dell'Ottocento. Il meccanismo proposto da Lamark, noto come **ereditarietà dei caratteri acquisiti**, si rivelò errato e fu soppiantato dalla teoria di Darwin.

■ La **teoria dell'evoluzione per selezione naturale** venne formulata da Charles Darwin nel 1859; egli fornì anche numerose prove a sostegno della propria teoria. Il meccanismo della selezione naturale può essere riassunto in quattro punti: ogni popolazione produce un numero di discendenti superiore a quello che le risorse dell'ambiente possono sostenere, cioè si ha una **sovrapproduzione di prole** che determina una lotta per la sopravvivenza tra i componenti di una stessa popolazione; ogni popolazione mostra una **variabilità di caratteri** e alcune caratteristiche si rivelano più favorevoli di altre dato che permettono all'individuo che le possiede di adattarsi all'ambiente; il diverso adattamento all'ambiente si traduce in un **successo riproduttivo differenziato** che porta alcuni individui a lasciare più discendenti di altri; infine le **caratteristiche ereditabili** che hanno permesso l'adattamento vengono trasferite alla prole e alle generazioni successive.

■ Gli **adattamenti** sono strutture del corpo o comportamenti che rendono una specie idonea all'ambiente in cui essa vive. Alcuni adattamenti riguardano la morfologia del corpo o di sue parti, come per esempio la forma idrodinamica dei pesci e dei mammiferi marini. Altri adattamenti portano al **mimetismo**, il fenomeno per cui le prede e i predatori tendono ad essere poco visibili nell'ambiente circostante.

■ La **genetica di popolazione** spiega i processi con cui si generano le variazioni dei caratteri e come queste si trasmettono all'interno delle popolazioni. I genetisti Hardy e Weinberg dimostrarono che la composizione genica di una popolazione (cioè la frequenza degli alleli che costituiscono il pool genico) non cambia se la popolazione è molto grande, se non avvengono mutazioni, se l'accoppiamento è casuale, se la popolazione è isolata e se tutti gli individui della popolazione hanno lo stesso successo riproduttivo ovvero non vi è selezione naturale. Queste condizioni non si verificano mai in natura e per questa ragione le popolazioni sono soggette a **microevoluzione**, cioè a cambiamenti delle frequenze alleliche.

■ La **comparsa di nuove specie** è all'origine della biodiversità ed è detta **macroevoluzione**. La **speciazione** si realizza quando si forma una barriera riproduttiva tra due popolazioni che inizialmente appartenevano alla stessa specie. La *speciazione geografica* si verifica quando una popolazione viene divisa da una barriera geografica (una catena montuosa, un braccio di mare, un fiume ecc.) che impedisce fisicamente l'incrocio tra gli individui. La *speciazione simpatrica* si ha invece quando tra due popolazioni si genera una barriera riproduttiva senza che sia intervenuta una separazione geografica.

■ La teoria del **gradualismo filetico** prevede che l'evoluzione proceda in modo lento e graduale; le nuove specie si formerebbero quindi per accumulo di minimi cambiamenti. Ad essa si contrappone la teoria degli **equilibri punteggiati** secondo la quale le specie si evolverebbero rapidamente, nell'arco di poche generazioni, e sarebbero seguite da un lungo periodo di stasi, durante il quale la specie non cambia.

■ L'**evoluzione della specie umana** viene studiata a partire dai ritrovamenti fossili e attraverso il confronto delle sequenze del DNA all'interno del gruppo dei primati. Queste ultime ci suggeriscono che i nostri parenti più stretti sono gli scimpanzé e i bonobo, con i quali condividiamo un antenato comune vissuto tra 5 e 7 milioni di anni fa. Le caratteristiche principali che ci differenziano dagli altri primati sono la **stazione eretta** e la capacità di comunicare attraverso il **linguaggio**. I passaggi evolutivi avrebbero portato alla formazione del genere *Australopithecus* e quindi del genere *Homo*, circa 2 milioni di anni fa. Il genere *Homo* è caratterizzato da un aumento del volume del cervello, dalla riduzione delle dimensioni della mandibola e del prognatismo. Circa 1,8 milioni di anni fa *Homo erectus* colonizza, a partire dall'Africa, altre regioni del Pianeta. L'uomo moderno (*Homo sapiens*) sarebbe comparso solamente 200 000 anni fa.

**Riorganizza i concetti completando la mappa**

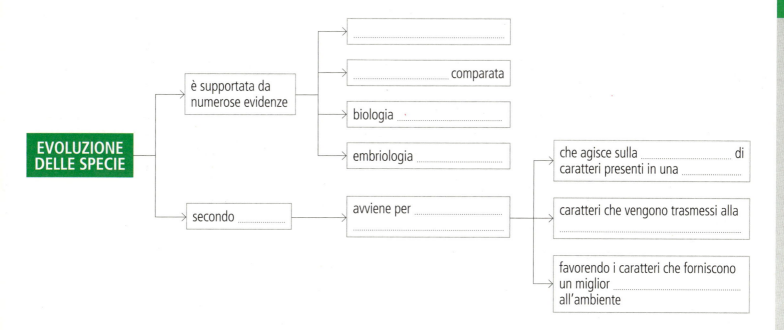

## 2 Collegare i concetti

1. Completa con i termini mancanti.
   I ............ rappresentano una prova a favore dell'evoluzione dato che talvolta essi rappresentano gli «anelli di congiunzione» tra specie viventi o tra specie viventi e specie ............ Tuttavia, questi «anelli» sono molto rari e per questa ragione è stata proposta la teoria degli ............ Questa teoria spiega la mancanza di forme intermedie perché prevede che le specie evolvano nel giro di poche generazioni per poi mantenersi in ............ per lungo tempo fino all'estinzione.

2. Quali tra le seguenti affermazioni sulla selezione naturale sono vere? (2 risposte corrette)
   A Agisce sulla variabilità dei caratteri presenti all'interno di una popolazione.
   B La selezione favorisce gli organi che vengono maggiormente usati da un individuo.
   C L'equilibrio di Hardy-Weinberg si mantiene solamente se è presente la selezione naturale.
   D Si traduce in un successo riproduttivo differenziato, cioè gli individui più adatti all'ambiente lasciano più prole.
   E Agisce con gli stessi modi e negli stessi tempi della selezione artificiale.

3. Completa con i termini mancanti.
   Qualora un piccolo gruppo di individui in una popolazione di uccelli si distacchi da una popolazione più grande ed ............ , per esempio passando da un'isola ad un'altra, può verificarsi un cambiamento delle frequenze alleliche all'interno del ............ della nuova popolazione. Questo è un tipico esempio di ............ genetica e di microevoluzione: se l'isolamento si mantiene e intervengono delle ............ genetiche in una delle due popolazioni potrebbe verificarsi la formazione di una nuova specie, attraverso un processo di speciazione ............ .

4. Quali tra le seguenti affermazioni sono vere? (3 risposte corrette)
   A La speciazione simpatrica è dovuta ad una variazione delle frequenze alleliche per effetto della deriva genetica.
   B La scelta del partner al momento della riproduzione può far variare le frequenze alleliche all'interno di una popolazione.
   C Se tutti gli individui hanno lo stesso successo riproduttivo non esiste selezione naturale.
   D La radiazione adattativa porta gli organismi ad essere meno visibili nell'ambiente in cui vivono.
   E Gli adattamenti si formano grazie al fatto che gli organismi usano maggiormente certi organi piuttosto che altri.
   F La selezione naturale agisce soltanto sui caratteri ereditabili.

5. Attribuisci a ciascun evento evolutivo riportato nella colonna di sinistra la sua data approssimativa nella colonna di destra.

   *Comparsa di ...*                          *Avvenuta ... di anni fa*
   A membri del genere *Autralopithecus*      ☐ 3,5 miliardi
   B organismi eucarioti                      ☐ 2 miliardi
   C primi organismi viventi                  ☐ 800 milioni
   D *Homo sapiens* moderno                   ☐ 4,5 miliardi
   E organismi pluricellulari                 ☐ 2 milioni
   F membri del genere *Homo*                 ☐ 200 000

303

**UNITÀ 16** L'evoluzione modella la biodiversità

## 3 Comprendere un testo

### Le selezione naturale stabilizzante

*La selezione stabilizzante, un processo sempre operante in tutte le popolazioni, comporta l'eliminazione degli individui con caratteri estremi. In questo modo molte forme mutanti sono probabilmente eliminate subito, spesso nello zigote o nell'embrione.*

*Il numero di uova deposte dagli uccelli è un caso di selezione stabilizzante; il numero è determinato geneticamente, sebbene sembri essere influenzato anche da fattori ambientali. Negli storni, la percentuale di uccelli che sopravvivono aumenta via via che aumenta il numero di uova deposte, fino ad arrivare a cinque. Con un numero di uova maggiore di cinque sopravvive una percentuale minore, probabilmente a causa di una insufficiente nutrizione. Gli uccelli geneticamente condizionati a deporre quattro o cinque uova hanno in media un maggior numero di nati che sopravvivono rispetto a membri della stessa specie che depongono un numero superiore o inferiore di uova.*

*Il numero di uova di ogni covata non è una semplice caratteristica genetica, ma coinvolge un certo numero di fattori, tra i quali la sintesi delle proteine per il tuorlo e per l'albume, la disponibilità di calcio per la costruzione del guscio e il tempo necessario alla femmina per potersi accoppiare.*

[Da H. Curtis, N.S. Barnes, *Invito alla biologia*, sesta edizione, Zanichelli]

**Rispondi alle seguenti domande.**

a. Che cosa provoca la selezione stabilizzante?

b. Da che cosa è determinato il numero di uova deposte da un uccello?

c. Per quali uccelli si ha una maggiore probabilità di sopravvivenza della prole? Perché?

d. Per quale ragione la selezione di questo tipo è detta stabilizzante?

## 4 Calcolare le frequenze alleliche e genotipiche per valutare la microevoluzione

### L'equilibrio di Hardy-Weinberg

Gli scienziati Hardy e Weinberg hanno dimostrato matematicamente che - se non intervengono fattori come la selezione naturale, la deriva genetica, le migrazioni - da una generazione all'altra la frequenza di un allele nel pool genico di una popolazione resta invariata. Come conseguenza, la variazione della frequenza allelica da una generazione all'altra è un metodo per capire se si sta verificando un evento evolutivo. Supponiamo che in una popolazione, per un determinato gene, esistano due alleli $A$ e $a$; tali alleli si presentano nella popolazione con frequenze $p$ e $q$. La somma delle due frequenze $p + q$ è sempre pari a 1.

Da cui $(p + q)^2 = 1$ e $\quad p^2 + 2pq + q^2 = 1$

$p^2$ è la frequenza degli omozigoti dominanti ($AA$)

$2pq$ è la frequenza degli eterozigoti ($Aa$)

$q^2$ è la frequenza degli omozigoti recessivi ($aa$)

Questa equazione, chiamata equazione di Hardy-Weinberg, rappresenta la somma delle frequenze di tutti i possibili genotipi.

Usiamo queste informazioni per calcolare le frequenze alleliche e genotipiche in una popolazione di *Biston bitularia*, una farfalla che esiste in due varianti di colore (marrone scuro e bianco) dovute a due soli alleli $B$ e $b$. Gli individui omozigoti $BB$ e eterozigoti $Bb$ sono marroni; gli individui $bb$ sono bianchi.

Facciamo un esempio. Vogliamo calcolare le frequenze genotipiche in una popolazione di 500 individui di *Biston bitularia* costituita da 480 individui marroni (con genotipo $BB$ o $Bb$) e 20 individui bianchi ($bb$).

Cominciamo con il calcolare la frequenza genotipica $bb$ ($q^2$)

$q^2 = 20/500 = 0,04$ quindi $q = \sqrt{q^2} = \sqrt{0,04} = 0,2$

Ricorda che $p = 1 - q$

allora $p = 1 - 0,2 = 0,8$

Calcoliamo la frequenza genotipica di $BB$

$p^2 = 0,8 \times 0,8 = 0,64$

Calcoliamo la frequenza genotipica di $Bb$

$2pq = 2 \times 0,2 \times 0,8 = 0,32$

Ricorda che puoi trasformare le frequenze genotipiche in valori percentuali, moltiplicando i valori per 100. Nel nostro esempio il 64% degli individui della popolazione ha genotipo omozigote BB; il 32 % è eterozigote Bb e il 4% è omozigote *bb*.

### Ora prova tu

Dopo alcune generazioni la popolazione di farfalle risulta costituita da 600 individui, di cui 96 bianchi. Calcola le frequenze genotipiche. Ammettendo che non si siano verificate mutazioni o eventi esterni (come selezione naturale o flussi migratori) ritieni che possa essere in corso un fenomeno di microevoluzione?

## 5 Calcolare le frequenze genotipiche in una popolazione umana

### L'albinismo

L'albinismo è una malattia dovuta a un allele recessivo ($aa$) che impedisce la sintesi della melanina, il pigmento che determina la colorazione della pelle, degli occhi e dei capelli. Gli omozigoti dominanti ($AA$) e gli eterozigoti ($Aa$) producono una quantità di melanina sufficiente e pertanto presentano la pelle pigmentata. Nella popolazione umana circa 1 individuo su 22 000 nati è albino. Calcola la frequenza dei tre genotipi nella popolazione umana.

## 6 Costruire un grafico

### Peso corporeo e dimensioni cerebrali

In questa tabella vengono riportati i dati relativi al peso corporeo medio e al corrispondente volume del cervello in alcuni ominidi e in alcune scimmie.

304

| SPECIE | PESO CORPOREO (kg) | VOLUME DEL CERVELLO (cm³) |
|---|---|---|
| *Homo sapiens* moderno | 58 | 1349 |
| *Homo sapiens* ancestrale | 65 | 1492 |
| *Homo neanderthalensis* | 76 | 1498 |
| *Homo erectus* recente | 68 | 1090 |
| *Homo erectus* ancestrale | 42 | 631 |
| *Australopithecus africanus* | 36 | 470 |
| *Australopithecus afarensis* | 37 | 420 |
| *Pan troglodytes* (scimpanzé) | 45 | 395 |
| *Gorilla gorilla* (gorilla) | 105 | 505 |

Utilizza i dati per costruire un grafico cartesiano su carta a quadretti (o millimetrata). Disegna l'asse delle *x* facendo in modo che un quadretto corrisponda a 5 kg di peso corporeo; dato che il valore massimo è 105 kg devi disegnare un asse lungo almeno 21 quadretti. Scrivi le etichette corrispondenti ogni 2 quadretti. Per l'asse delle *y* attribuisci un valore di 100 cm³ ad ogni quadretto, in questo modo quest'asse sarà lungo 15 quadretti; anche in questo caso scrivi le etichette ogni 2 quadretti. Ora trova nel grafico i punti corrispondenti ad ogni coppia di coordinate.
- Che cosa noti nella distribuzione dei punti?
- Esistono dei punti che appaiono «isolati» rispetto agli altri?
- A quali specie appartengono?

## 7 Scrivere una didascalia

### La volpe del deserto

Il fennec (*Vulpes zerda*) è una piccola volpe che abita nei deserti del Nord Africa. Osserva la foto e, sapendo che l'animale pesa solo 1,5 kg, che vive in gallerie sotterranee e che ha abitudini soprattutto notturne, scrivi una didascalia che spieghi gli adattamenti di questa specie al suo ambiente.

## 8 Biology in English

### Glossary

adaptative radiation
allopatric speciation
evolution
founder effect
gene pool
genetic drift
Hardy-Weinberg principle

natural selection
macroevolution
microevolution
polyploidy
speciation
species
sympatric speciation

### Complete the following sentences with these terms: species, evolved, evolution

Fossils provide lots of evidence for ................... . They show how today's ................... have changed and ................... over millions of years.

### Select the correct answer

1. Charles Darwin concluded that the 13 species of finches on the Galápagos Islands
   - A probably evolved from one ancestral South American species.
   - B were identical to other finch species in South America.
   - C had all adapted to the same food sources.

2. The evolution of one species into two or more species as a result of the reproductive isolation in different populations is an example of
   - A creationism.
   - B adaptative radiation.
   - C microevolution.
   - D polyploidy.

### Read the text and underline the key terms

The history of life on Earth began about 3.8 billion years ago, initially with single-celled prokaryotic cells, such as bacteria. Multicellular life evolved over a billion years later and it's only in the last 570 million years that the forms of life we know began to evolve, starting with arthropods, followed by fish 530 million years ago. Mammals started to evolve about 200 milion years ago. Genetic studies show that primates diverged from other mammals about 85 million years ago. The family Hominidae diverged from the Gibbons family 15-20 million years ago, and around 14 million years ago the Orangutans family diverged from the Hominidae family. Bipedalism is the basic adaption of the Hominin line. *Ardipithecus*, a human ancestor lived 4.5 milion years ago, was a full bipedal. The early bipedals eventually evolved into the *australopithecines*, and later into the genus *Homo*.

# 17 LA BIOSFERA

Una delle componenti fondamentali del nostro pianeta è la **biosfera**, cioè l'insieme di tutti gli ecosistemi della Terra.
Un **ecosistema** è formato da fattori fisici (come la disponibilità d'acqua, il tipo di terreno, la quantità di luce) e dalle forme di vita presenti in un'area geografica. Per poter funzionare, gli ecosistemi hanno bisogno del continuo apporto di **energia** da parte del Sole. La **materia**, al contrario, è continuamente riciclata negli ecosistemi attraverso processi chimici e fisici.
Gli organismi che vivono in un ecosistema interagiscono tra loro in vario modo, per esempio attraverso le **reti alimentari** o entrando in **competizione** per le risorse.

TEST D'INGRESSO

Laboratorio delle competenze
pagine 320-324

# PRIMA DELLA LEZIONE

 **Guarda il video *La biosfera* che presenta gli argomenti dell'unità.**

Inserisci negli spazi vuoti i termini corretti riportati qui di seguito: ecosistema, biosfera, fattori biotici, fattori abiotici.
Un ........................... è l'insieme di tutte le forme di vita, i ........................... , e tutti i fattori non viventi, ........................... , di una determinata zona.
L'insieme di tutti gli ecosistemi della Terra si chiama ...........................

Qui di seguito trovi un brano che descrive il bioma della prateria. Sottolinea con colori diversi i fattori biotici e quelli abiotici.
La prateria è un bioma terrestre caratterizzato da modesti rilievi topografici ricoperti da vegetazione bassa, in particolare dalle graminacee. Le dimensioni delle erbe possono variare a seconda delle precipitazioni annue sul territorio. Si parla infatti di *prateria alta* quando le precipitazioni raggiungono i 1000 mm/anno e la vegetazione erbacea i 2 m di altezza, e di *prateria bassa* quando le piogge si limitano a 500 mm/anno e le erbe non superano i 30 cm.
Generalmente vi sono pochi alberi che emergono qua e là dal paesaggio, la loro crescita è infatti limitata a causa delle precipitazioni concentrate solo in alcuni periodi dell'anno.

**Guarda le fotografie realizzate durante un esperimento sull'inquinamento degli ecosistemi acquatici.**

**1** Riempi tre barattoli con l'acqua di uno stagno o proveniente da una raccolta d'acqua in cui siano presenti delle alghe. Assicurati che all'interno di ogni barattolo vi siano effettivamente delle alghe.

**2** Lascia i barattoli in un luogo esposto al sole (per esempio sul davanzale di una finestra) per una settimana circa.

**3** Il primo barattolo ti servirà come campione di controllo; nel secondo barattolo metti due cucchiai di aceto; nel terzo barattolo aggiungi un detersivo contenente fosfati (leggi sull'etichetta la composizione del detersivo). Prepara un'etichetta per ciascun barattolo con l'indicazione della sostanza che hai aggiunto. Lascia i barattoli alla luce solare ancora per almeno una o due settimane.

**4** Confronta i barattoli. Che cosa noti nella crescita delle alghe nel barattolo con l'aceto? L'aggiunta di aceto simula le piogge acide, un fenomeno causato dalla reazione tra alcuni ossidi di zolfo e l'umidità presenti nell'aria. Le piogge acide hanno effetti negativi sulla vegetazione terrestre e acquatica. Quale tipo di inquinamento è simulato nel barattolo con il detersivo contenente fosfati?

Troverai ulteriori informazioni sugli ecosistemi acquatici e sul loro inquinamento nei paragrafi 3 e 8 di questa unità.

# 1. LE CARATTERISTICHE DEGLI ECOSISTEMI

Un ecosistema è l'insieme dei fattori biotici e di quelli abiotici presenti in una determinata area geografica. L'insieme di tutti gli ecosistemi del nostro pianeta si chiama biosfera.

La scienza che studia le interazioni tra gli organismi e il loro ambiente è l'**ecologia**. Le interazioni tra gli organismi e l'ambiente sono processi complessi che si svolgono in «due sensi»: gli organismi sono condizionati dall'ambiente dove vivono, ma allo stesso tempo lo modificano con le loro attività e con la loro presenza. Le piante, per esempio, devono la loro sopravvivenza alla luce del Sole, al suolo e all'acqua presente in un certo ambiente; a loro volta, però, influenzano la composizione dell'aria liberando ossigeno con la fotosintesi clorofilliana e assorbendo anidride carbonica. Inoltre, i vegetali contribuiscono a modificare la composizione del suolo, per esempio perdendo le foglie che sono poi decomposte.

Le **interazioni ecologiche** possono essere indagate a vari livelli di organizzazione biologica (organismo, popolazione ecc.) con metodi che dipendono dallo scopo della ricerca.

Il livello ecologico più complesso è la **biosfera**, cioè l'insieme di tutti gli organismi del pianeta e dei luoghi in cui vivono. La biosfera è l'insieme delle regioni della Terra dove è presente la vita, cioè di tutti gli **ecosistemi**: perciò per indicare la sua complessità, è chiamata anche «ecosistema globale». A qualunque scala osserviamo la biosfera, ci rendiamo conto che essa non è omogenea: la distribuzione delle terre emerse e dei mari non è uniforme; gli ambienti che caratterizzano i continenti formano un mosaico complesso.

Tutti gli ecosistemi sono determinati e caratterizzati da due tipi di fattori: i **fattori biotici**, che comprendono tutte le forme di vita e i **fattori abiotici**, che comprendono tutte le caratteristiche non viventi di una determinata zona, come, per esempio, la disponibilità di acqua, la quantità di luce solare, il tipo di terreno, la trasparenza dell'acqua, la temperatura. Studiando gli ecosistemi, ci accorgiamo che essi presentano grandi diversità al loro interno: in un bosco, per esempio, è possibile individuare diversi **habitat** (cioè luoghi in cui vivono gli organismi), ognuno popolato da una propria comunità. In ogni habitat gli individui di una popolazione occupano una **nicchia ecologica**. La nicchia ecologica indica il ruolo che gli organismi svolgono in un determinato habitat: essa rappresenta il «mestiere» di un organismo, cioè il complesso delle attività che svolge nell'ambiente dove vive, per esempio il modo con cui si procura il cibo, le sue strategie di riproduzione, le relazioni con le altre specie ecc.

In un **ecosistema** di alta montagna sono presenti vari **habitat**, ciascuno popolato da particolari specie vegetali e animali: ne sono esempi il bosco di conifere, le zone al margine del bosco, la zona di roccia nuda. All'interno di ciascun habitat, inoltre, esistono condizioni ambientali che possono apparire uniformi per organismi delle dimensioni di un essere umano, ma non lo sono per organismi molto piccoli (per esempio delle dimensioni di un insetto).

### IMPARA A IMPARARE

- Compila un glossario con i termini in neretto di questa pagina.
- Rileggi il paragrafo 3 dell'unità 1 e aggiungi al glossario le definizioni dei termini *popolazione* e *comunità*.

### NELLE RISORSE DIGITALI

- Esercizi interattivi
- Mappa del paragrafo

# 2. IL FLUSSO DI ENERGIA NEGLI ECOSISTEMI

L'energia entra negli ecosistemi sotto forma di luce solare e si trasferisce al loro interno come energia chimica contenuta nelle sostanze alimentari.

Il funzionamento di tutti gli ecosistemi è garantito da due processi che avvengono al loro interno: il **flusso di energia** e il **riciclaggio chimico** delle sostanze (di cui parleremo nel prossimo paragrafo). Negli ecosistemi, l'energia entra sotto forma di luce solare e passa da un organismo all'altro attraverso le **catene alimentari**, una sequenza di *livelli trofici*.

Il primo livello trofico di un ecosistema è occupato dai **produttori primari**, cioè gli organismi autotrofi in grado di impiegare l'energia solare nella fotosintesi clorofilliana per produrre composti organici che diventano fonti di energia chimica. In ambiente terrestre, i produttori primari sono rappresentati dalle piante; negli ecosistemi acquatici principalmente dalle alghe.

Dai produttori, l'energia è trasferita agli erbivori, animali che si nutrono di piante o alghe, chiamati **consumatori primari**.

Il livello trofico successivo è rappresentato dai **consumatori secondari**, animali che si nutrono di altri animali. I produttori primari sono molto più abbondanti dei consumatori: il 99% del peso di tutta la materia organica della Terra è costituita da piante e alghe.

Vi sono catene alimentari che possiedono un terzo e un quarto livello di consumatori, ma in genere non si superano i cinque livelli.

Nel passaggio da un livello trofico al successivo, infatti, circa il 90% dell'energia chimica immagazzinata nelle sostanze organiche viene dispersa nell'ambiente sotto forma di calore in accordo con il secondo principio della termodinamica. In altre parole, gli organismi riescono a utilizzare per il proprio metabolismo solo una piccola parte dell'energia che ottengono attraverso i processi nutritivi. Pertanto, se non fossero continuamente alimentati dal Sole, gli ecosistemi esaurirebbero in breve tempo la loro energia.

La maggior parte degli animali è contemporaneamente preda e predatore di molte specie diverse; di conseguenza le catene alimentari sono spesso collegate tra loro a formare una **rete alimentare**. Quest'ultima, pur essendo più realistica di una catena alimentare, è comunque un modello semplificato delle relazioni alimentari presenti in un ecosistema.

In tutti gli ecosistemi è presente il livello dei **detritivori**, formato da organismi che traggono energia da materiali morti prodotti da tutti gli altri livelli. I detritivori comprendono i **saprofagi** (animali, come avvoltoi e lombrichi) che si nutrono di organismi morti e i **decompositori**, principalmente funghi e batteri, che trasformano le sostanze organiche in composti inorganici come sali minerali, anidride carbonica e acqua.

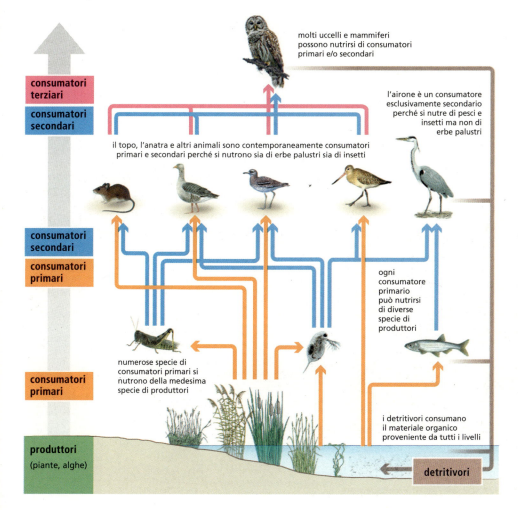

### IMPARA A IMPARARE

Fai uno schema, simile a quello che trovi in questa pagina, che rappresenti una rete alimentare di un ecosistema a tua scelta (per esempio la savana o un bosco di latifoglie). Puoi documentarti su internet per conoscere gli organismi che caratterizzano l'ecosistema che hai scelto.

### NELLE RISORSE DIGITALI

- Esercizi interattivi
- Mappa del paragrafo

# 3. I CICLI DELLA MATERIA NEGLI ECOSISTEMI

Gli elementi chimici – come il carbonio, l'azoto e il fosforo – subiscono dei trasferimenti ciclici che coinvolgono sia le componenti abiotiche (l'aria, l'acqua, il suolo e le rocce) sia quelle biotiche degli ecosistemi.

Gli ecosistemi sono attraversati da un **flusso ciclico di materia**: le sostanze chimiche circolano al loro interno senza apporti dall'esterno del pianeta. Per esempio, l'acqua compie un ciclo che coinvolge tutta la biosfera. Il **ciclo dell'acqua** è azionato dal calore del Sole e consiste in un continuo scambio tra i diversi «serbatoi» (oceani, laghi, fiumi, falde idriche, atmosfera, organismi). Il ciclo dell'acqua si compie attraverso i passaggi di stato: l'evaporazione dagli oceani e dalle raccolte di acqua dolce o dalle foglie delle piante (tramite evapotraspirazione), la condensazione nelle nuvole seguita dalle precipitazioni. Nonostante questi passaggi, la quantità complessiva di acqua presente sul pianeta non varia.

Un altro processo di grande importanza è il **ciclo del carbonio**. Tra gli organismi e le componenti abiotiche degli ecosistemi avviene un continuo scambio di carbonio. La maggior parte del carbonio si trova disciolta negli oceani e contenuta nei minerali che formano le rocce. Le rocce sedimentarie (compresi i combustibili fossili) e i sedimenti marini, infatti, rappresentano le maggiori riserve di carbonio, ma il suo trasferimento da queste fonti alle altre componenti dell'ecosistema è lento. Il trasferimento di carbonio è molto più rapido tra gli organismi e l'atmosfera. Gli organismi vegetali prelevano l'anidride carbonica ($CO_2$) dall'aria e la trasformano in materia organica. Su scala mondiale la quantità di $CO_2$ che ritorna nell'atmosfera tramite la respirazione cellulare è bilanciata da quella rimossa dalla fotosintesi. Tuttavia l'uso dei combustibili fossili per le attività antropiche e la deforestazione stanno alterando questo equilibrio con un conseguente aumento della $CO_2$ dell'atmosfera.

> **IMPARA A IMPARARE**
> Individua i processi che alterano i normali cicli degli elementi chimici presentati in queste pagine. Riportane una breve descrizione sul quaderno.

**NELLE RISORSE DIGITALI**
- Esercizi interattivi
- Mappa del paragrafo

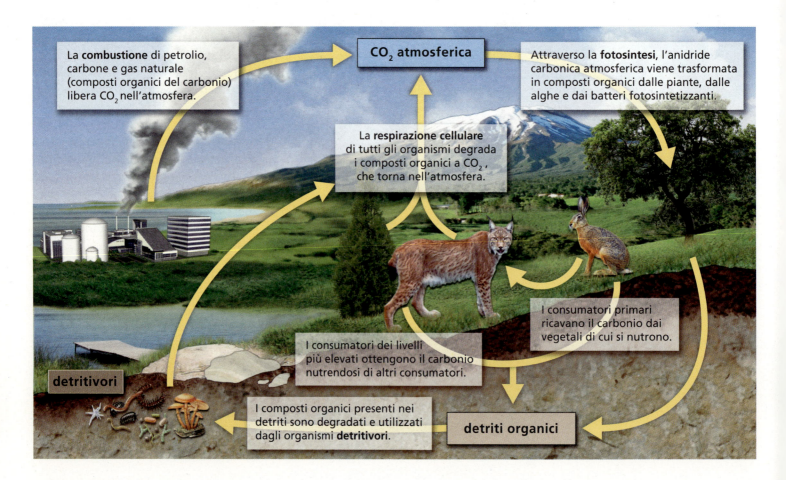

### ■ Il ciclo dell'azoto

Il principale serbatoio di azoto è l'atmosfera, di cui l'azoto costituisce circa il 78%. Il movimento ciclico dell'azoto da un «serbatoio» all'altro è garantito soprattutto dall'attività di vari tipi di batteri. I **batteri azotofissatori** trasformano l'azoto atmosferico in ioni ammonio ($NH_4^+$). I **batteri nitrificanti** trasformano gli ioni ammonio in ioni nitrato ($NO_3^-$). I **batteri denitrificanti** convertono gli ioni nitrato in azoto gassoso ($N_2$) rilasciandolo nell'atmosfera.

Di recente le attività umane hanno modificato in molte aree l'equilibrio del ciclo dell'azoto; per esempio, i composti azotati usati come **fertilizzanti** in agricoltura rappresentano una fonte aggiuntiva di azoto che molti ecosistemi non riescono a «riciclare». L'eccesso di composti azotati finisce nei corsi d'acqua e nei laghi dove essi continuano a svolgere la funzione di fertilizzanti causando un notevole sviluppo delle alghe.

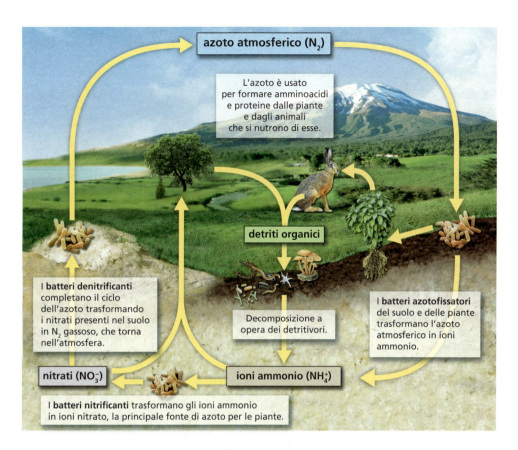

### ■ Il ciclo del fosforo

A differenza dell'azoto, il principale serbatoio abiotico del fosforo non è l'atmosfera ma sono le rocce.

Attraverso il processo di erosione delle rocce, infatti, il fosforo passa nel suolo sotto forma di composti detti **fosfati**, che possono essere assorbiti dalle piante. Il fosforo è molto importante per le cellule dato che è presente nelle molecole di DNA, di RNA, di ATP e nei fosfolipidi che costituiscono la membrana plasmatica. Inoltre il fosforo è necessario per i processi di formazione delle ossa e dei denti dei vertebrati e dell'esoscheletro degli insetti.

Dato che l'erosione è un processo lento, negli ecosistemi la quantità di fosfati disponibile per le piante è piuttosto bassa. Tuttavia, come per l'azoto, alcune attività umane (per esempio l'uso dei detergenti o dei fertilizzanti) alterano il ciclo di questo elemento, aumentandone la quantità.

Le ripercussioni sugli ecosistemi sono gravi, in particolare in quelli acquatici dove l'eccessiva quantità di fosforo provoca il proliferare delle alghe.

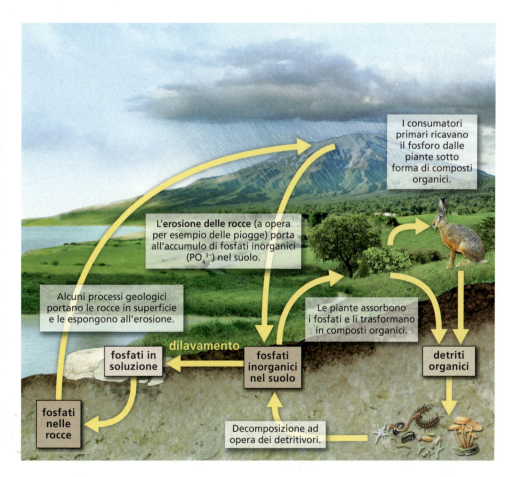

# 4. L'ECOLOGIA DELLE POPOLAZIONI

La dinamica delle popolazioni studia la densità di una popolazione, le sue fluttuazioni e i fattori che determinano tali variazioni.

La componente biotica degli ecosistemi è costituita da popolazioni che interagiscono tra loro. Una **popolazione** è un gruppo di organismi della stessa specie che vive in una determinata area geografica.

Uno dei parametri più importanti che caratterizzano una popolazione è la **densità**, ovvero il numero di individui per unità di superficie. La densità si calcola contando gli individui presenti nell'area scelta e dividendo il loro numero per la superficie in esame. Per esempio, potremmo contare tutti gli abeti (supponiamo che siano 300) di un bosco di 50 km$^2$; la densità della popolazione di abeti in quel bosco vale 300 abeti/50 km$^2$ = 6 abeti per km$^2$. In genere, però, contare tutti gli individui di una popolazione non è facile, soprattutto quando si tratta di animali, che durante i conteggi possono spostarsi o nascondersi, oppure di organismi di piccole dimensioni. In tal caso si ricorre al *campionamento*, cioè si contano gli individui presenti su *aree campione*, piccole superfici scelte all'interno dell'area occupata dalla popolazione.

Gli ecologi si interessano particolarmente alla densità delle popolazioni perché questo fattore ha una forte influenza sui singoli membri della popolazione, oltre che sulle popolazioni di altre specie della stessa comunità.

Le dimensioni di una popolazione possono variare considerevolmente nel tempo. Queste variazioni e i fattori che le regolano rappresentano la **dinamica delle popolazioni**.

Il numero di individui di una popolazione, e di conseguenza la sua densità, dipende da quattro fattori: due di essi, la **natalità** e l'**immigrazione**, tendono a far aumentare il valore della densità; gli altri due, la **mortalità** e l'**emigrazione**, tendono a diminuirlo.

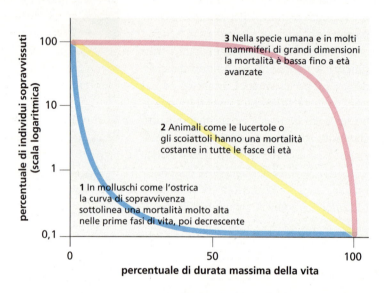

La struttura delle popolazioni è rappresentata tramite le **curve di sopravvivenza**, grafici in cui sono riportate le percentuali di individui vivi ad ogni età. Le curve di sopravvivenza permettono di confrontare le dinamiche di specie diverse.

## I modelli di crescita delle popolazioni

Una popolazione in condizioni tali da permettere agli individui un tasso di riproduzione costante cresce secondo un **modello di crescita esponenziale**: a intervalli regolari di tempo si avrà una moltiplicazione (per esempio un raddoppio) della popolazione.

Un caso tipico è la crescita batterica, che può essere rappresentata tramite una curva (detta a «J») in cui il numero di batteri è espresso in funzione del tempo. Una crescita di questo tipo non può mantenersi all'infinito. A un certo punto, infatti, vari fattori ambientali possono diventare limitanti per la riproduzione e determinare così un rallentamento della crescita.

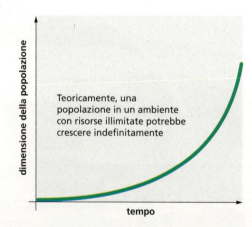

Il risultato è un tipo di crescita definito **crescita logistica**, in cui a una fase esponenziale segue una stabilizzazione della curva, che assume una forma a «S». Ciò è dovuto a un calo della natalità e a un aumento della mortalità degli individui della popolazione.

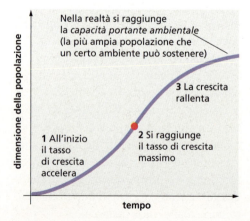

## I fattori limitanti

La crescita di una popolazione è limitata da una serie di fenomeni che sono chiamati dagli ecologi **fattori limitanti**. I fattori limitanti differiscono da una popolazione all'altra e sono distinti in due gruppi: fattori densità-dipendenti e fattori densità-indipendenti.

**1.** I **fattori densità-dipendenti** influiscono su una percentuale maggiore di individui di una popolazione a mano a mano che il loro numero cresce. Per esempio, quando una popolazione aumenta di dimensioni può arrivare a esaurire le riserve di cibo; questo produce un aumento della competizione tra gli individui che porterà a una minore natalità o a una maggiore mortalità, con l'effetto finale di una riduzione della densità. Un altro esempio è quello delle malattie, che si trasmettono più facilmente nelle popolazioni dense piuttosto che in quelle meno dense; anche in questo caso il tasso di mortalità dipende dalla densità di popolazione.

**2.** I **fattori densità-indipendenti** sono quelli che determinano variazioni della natalità o della mortalità in una popolazione indipendentemente dalle sue dimensioni o dalla sua densità; tra questi vi sono fattori abiotici come il clima, le condizioni meteorologiche, gli incendi, la distruzione degli habitat. Una gelata autunnale, per esempio, può uccidere molti individui di una popolazione di insetti riducendo le dimensioni della popolazione. La gelata, ovviamente, non dipende da tali dimensioni.

In molti casi, i fattori densità-indipendenti limitano la dimensione delle popolazioni molto prima che si sentano gli effetti della carenza di cibo o di altri fattori densità-dipendenti.

### IMPARA A IMPARARE
Elenca sul quaderno i fattori che possono provocare una variazione della densità di una popolazione.

### NELLE RISORSE DIGITALI
- **Approfondimento** Contare gli individui di una popolazione
- **Approfondimento** La distribuzione nello spazio
- **Video** Modelli di crescita delle popolazioni
- **Video** I fattori limitanti
- **Esercizi interattivi**
- **Mappa del paragrafo**

La lince è uno dei principali predatori delle lepri del Nord America. La disponibilità di lepri è un **fattore densità-dipendente** per la popolazione di linci.

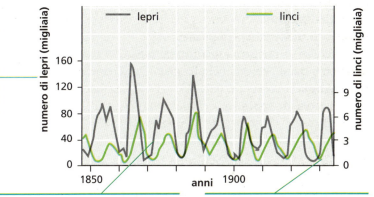

Le dimensioni di due popolazioni di lepri e linci in Nord America hanno sempre subito oscillazioni cicliche. Ogni dieci anni le popolazioni aumentano rapidamente e poi si riducono drasticamente.

L'aumento della popolazione di lepri porta a un aumento della popolazione di linci.

Quando il numero di prede (lepri) diminuisce, cala anche quello dei predatori (linci).

Gli afidi sono insetti che si nutrono della linfa delle piante.

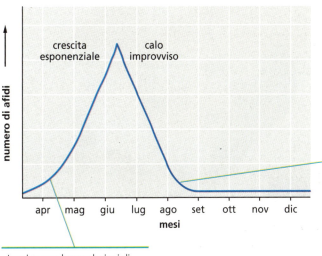

In primavera le popolazioni di afidi crescono con rapidità.

In estate, quando il clima diventa caldo e asciutto, la popolazione declina rapidamente. I pochi individui che sopravvivono possono consentire alla popolazione di crescere di nuovo se le condizioni ambientali tornano favorevoli. Le condizioni climatiche sono **fattori densità-indipendenti**.

# 5. LE COMUNITÀ ECOLOGICHE: INSIEMI DINAMICI DI POPOLAZIONI

La struttura delle comunità ecologiche dipende dal tipo di specie presenti, dal loro numero e dalla loro abbondanza relativa.

Una **comunità ecologica** è l'insieme di tutte le popolazioni di un determinato territorio e comprende perciò i microrganismi, le piante, i funghi e gli animali dei vari habitat presenti in un'area. Tutti questi organismi occupano una certa nicchia ecologica, cioè hanno un ruolo ecologico proprio e interagiscono tra loro in vario modo (di queste interazioni parleremo ancora nel prossimo paragrafo). La struttura di una comunità, cioè il tipo di specie presenti, il loro numero e la loro abbondanza relativa è influenzata da molti fattori.

Il **tipo di specie** presenti dipende soprattutto dal clima di una certa regione. Approfondiremo questo aspetto nel paragrafo 7 di questa unità.

Il **numero di specie** presenti in una comunità ecologica rappresenta la sua *ricchezza di specie*, ossia la sua **biodiversità**. Questo parametro varia con la latitudine: le regioni alle basse latitudini (più vicine all'Equatore) sono popolate di solito da un maggior numero di specie rispetto alle zone situate alle alte latitudini (più vicine ai Poli). Inoltre, le zone montuose hanno una maggiore ricchezza di specie rispetto a quelle pianeggianti perché ospitano una maggiore varietà di habitat. Al contrario, la ricchezza di specie sulle isole è in genere molto inferiore a quella presente in aree simili sulla terraferma.

La ricchezza di specie rende gli ecosistemi più *stabili* nel tempo, anche quando intervengono cambiamenti ambientali: un ecosistema ricco di specie ha maggiori probabilità di contenerne alcune in grado di adattarsi alle nuove condizioni rispetto a un ecosistema più povero di specie.

L'**abbondanza relativa delle specie**, cioè il numero di individui di ciascuna specie presenti in una comunità ecologica, dipende da tre fattori principali:

1. l'**abbondanza delle risorse**. Le specie che hanno a disposizione una maggiore quantità di risorse raggiungono densità superiori delle specie che hanno a disposizione risorse più limitate. Per esempio, gli animali erbivori che si cibano di piante sono più numerosi dei carnivori;

2. le **dimensioni degli individui**. In genere, la densità diminuisce all'aumentare della taglia degli individui: individui piccoli necessitano di meno energia per sopravvivere (e quindi di un minor quantitativo di risorse) degli individui grandi;

3. l'**organizzazione sociale**. Le specie che presentano un'organizzazione sociale complessa possono raggiungere densità elevate. Un esempio è rappresentato dagli insetti sociali (formiche, termiti ecc.) e dagli esseri umani.

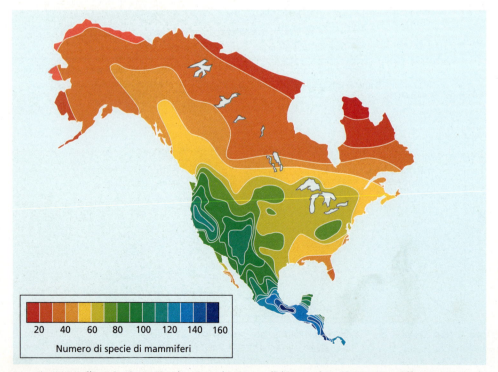

La cartina mostra l'America Settentrionale e Centrale. Le zone di diverso colore presentano un differente numero di specie di mammiferi. La ricchezza di specie diminuisce dall'Equatore verso il Polo Nord. Un andamento simile si riscontra anche nell'emisfero meridionale: il numero di specie cala infatti anche spostandosi verso il Polo Sud.

### IMPARA A IMPARARE

Costruisci una mappa concettuale. In tre caselle riporta gli aspetti che determinano la struttura di una comunità ecologica. Collega ciascuna casella ad altre in cui sono riportati i fattori, indicati nel testo, che influenzano questi aspetti.

### NELLE RISORSE DIGITALI

- Esercizi interattivi
- Mappa del paragrafo

# 6. LE INTERAZIONI NELLE COMUNITÀ

Gli organismi di una comunità ecologica possono interagire tra loro attraverso la competizione, la predazione o la simbiosi.

Tra gli organismi di una stessa comunità possono realizzarsi tre tipi principali di interazione.

**1.** La **competizione** è l'interazione che si stabilisce tra due individui che sfruttano le stesse risorse, disponibili in quantità limitata (per esempio cibo, acqua, luce ecc.). Essa può realizzarsi tra individui della stessa specie (*competizione intraspecifica*) oppure tra individui di specie diverse (*competizione interspecifica*). La competizione contribuisce a modellare la struttura delle comunità; in alcuni casi può addirittura determinare la scomparsa di una specie, in altri può limitarsi a ridurre il numero degli individui presenti. Una conseguenza della competizione è il fatto che in una stessa area non possono convivere specie che utilizzano le stesse risorse biotiche e abiotiche, cioè che hanno nicchie ecologiche identiche.

**2.** La **predazione** è l'interazione che si stabilisce quando una specie si nutre di un'altra. Oltre che alla predazione tra animali, questo termine si usa anche per descrivere il rapporto tra un erbivoro (in questo caso il *predatore*) e la pianta di cui si nutre (la *preda*). Tutte le specie possiedono dei meccanismi di difesa per evitare di essere predate e per riuscire a predare a loro volta gli organismi di cui si nutrono. Esempi di tali adattamenti sono la velocità, la dentatura, il mimetismo, la produzione di sostanze velenose.

**3.** La **simbiosi** è l'interazione che si stabilisce quando una specie vive all'interno o sul corpo di un'altra. Se ne distinguono tre tipi:
- il *parassitismo*, in cui un organismo si nutre a spese dell'ospite;
- il *mutualismo*, in cui due specie traggono reciproco beneficio dalla convivenza;
- il *commensalismo*, in cui una specie trae vantaggio da un'altra senza danneggiarla.

> **IMPARA A IMPARARE**
> Elenca i possibili tipi di interazione tra specie all'interno di una comunità; per ciascuno fornisci una breve descrizione e un esempio.

**NELLE RISORSE DIGITALI**
- Esercizi interattivi
- Mappa del paragrafo

L'interazione tra le due iene rappresenta un caso di **competizione intraspecifica**. Oltre che per il cibo, spesso la competizione intraspecifica è di tipo sessuale; i maschi di molte specie di vertebrati, infatti, competono tra loro per assicurarsi l'accoppiamento con le femmine.

L'interazione tra iene e grifoni per una risorsa alimentare è un esempio di **competizione interspecifica**. Queste specie non combattono direttamente una contro l'altra ma si contendono il cibo disponibile.

Degli afidi si nutrono a spese di una pianta, succhiandone la linfa dagli steli in cui essa scorre: è un caso di **parassitismo**.

Un esempio di **mutualismo** è la relazione tra i mammiferi della savana, come le gazzelle, e le bufaghe. Questi uccelli si nutrono degli insetti parassiti presenti sulla pelle dei mammiferi, mentre questi ultimi vengono ripuliti.

La *Passiflora* accumula nelle foglie alcune tossine che la rendono indigesta ai predatori (per esempio uccelli o insetti). Questa strategia difensiva non funziona però con le larve della farfalla *Heliconious charithonia*, che hanno sviluppato una resistenza alle tossine e le accumulano nel proprio corpo utilizzandole come difesa contro i loro predatori. La relazione tra la *Passiflora* e il bruco è un esempio di **commensalismo**.

UNITÀ 17 La biosfera

# 7. GLI ECOSISTEMI TERRESTRI

Sulla superficie terrestre esistono nove ecosistemi principali, caratterizzati da fattori abiotici (come il clima) e fattori biotici (come la vegetazione e le specie animali).

**2** La **tundra** è caratterizzata dalla presenza di uno strato di suolo permanentemente gelato (*permafrost*); solo la parte più superficiale si scongela durante la breve estate. La tundra è formata soprattutto da piante erbacee, muschi e licheni in grado di resistere ai forti venti e alle abbondanti precipitazioni nevose.

**1** Le **zone polari** e di **alta montagna** sono occupate quasi esclusivamente dai ghiacci. Nelle zone polari la vegetazione è praticamente assente e le specie animali presenti (orsi polari, pinguini, foche ecc.) si nutrono soprattutto di organismi marini.

**3** Le **foreste di conifere** sono caratterizzate da alberi sempreverdi le cui foglie sono trasformate in aghi (*aghifoglie*), come abeti e pini. L'inverno è spesso lungo e molto freddo, mentre l'estate è breve (anche se talvolta piuttosto calda).

Gli ecosistemi terrestri (*biomi*) sono distribuiti sulla superficie terrestre in modo non casuale, dato che la loro esistenza dipende essenzialmente dal clima della regione in cui si trovano.

Il passaggio da un bioma a un altro è graduale e i loro confini non sono così netti come si vede sulle carte. Per esempio, la tundra lascia il posto alle foreste di conifere con una serie di ambienti «di passaggio», caratterizzati dalla comparsa prima di alberi isolati (appartenenti a specie vegetali adattate alle condizioni ambientali tipiche delle zone più fredde e con venti molto forti), poi di una foresta diradata inframmezzata da ampie zone aperte.

All'interno dei biomi principali esistono delle variazioni locali e ciascuno di essi può essere ulteriormente suddiviso in categorie.

- zone polari e alta montagna
- tundra (artica e alpina)
- foreste di conifere
- foreste decidue delle zone temperate
- praterie delle zone temperate
- macchia mediterranea

**4** Le **foreste decidue delle zone temperate** sono formate da alberi a foglia larga (*latifoglie*) e decidui, cioè che perdono le foglie durante la stagione fredda. In questo bioma, le temperature invernali possono essere rigide, mentre in estate raggiungono valori elevati. Le precipitazioni sono abbondanti e distribuite uniformemente durante l'anno.

**5** Le **praterie delle zone temperate** si trovano in regioni accomunate da un clima relativamente secco con estati calde e inverni freddi. Le praterie sono formate soprattutto da piante erbacee. Oggi, molte praterie naturali sono scomparse e hanno lasciato il posto ad aree agricole intensamente coltivate.

**6** La **macchia mediterranea** è formata principalmente da arbusti spinosi con foglie coriacee e sempreverdi. Il clima è caratterizzato da inverni miti e piovosi e da estati calde, lunghe e secche.

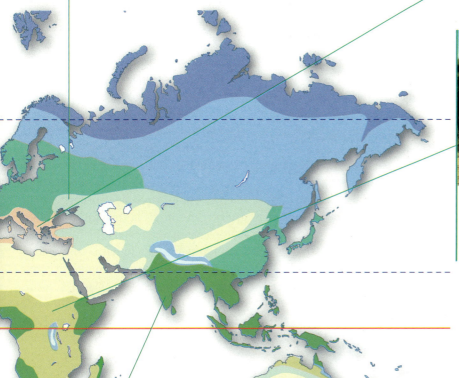

- savane
- deserti
- foreste tropicali

**7** La **savana** si trova alle latitudini tropicali. In questo ambiente predominano le piante erbacee e gli alberi sparsi. La savana ospita molti animali erbivori e i loro predatori. Il clima della savana è caratterizzato dalla presenza di una lunga stagione secca e da una stagione delle piogge.

**8** Le caratteristiche climatiche che accomunano i **deserti** sono la scarsità di piogge e le elevate escursioni termiche (giornaliere o annuali) più che le temperature elevate. Le specie vegetali e animali tipiche delle regioni aride presentano adattamenti per trattenere l'acqua.

**9** Le **foreste tropicali** si trovano nella fascia compresa fra i due tropici. La temperatura è elevata tutto l'anno e vi sono circa 12 ore di luce al giorno. Le precipitazioni sono variabili e ciò determina il tipo di vegetazione presente: latifoglie sempreverdi, dove le precipitazioni sono abbondanti, piante spinose o succulente nelle zone meno piovose.

### IMPARA A IMPARARE

Elenca i nove tipi di bioma e per ciascuno di essi fornisci una breve descrizione della vegetazione predominante.

### NELLE RISORSE DIGITALI

- Esercizi interattivi
- Mappa del paragrafo

## 8. GLI ECOSISTEMI ACQUATICI

La Terra è coperta per circa tre quarti della sua superficie da oceani e mari, che costituiscono gli ecosistemi di acqua salata. Fiumi, laghi, paludi e stagni, con gli organismi che li popolano, rappresentano gli ecosistemi di acqua dolce.

La parte più estesa della biosfera è costituita dagli ambienti acquatici e dalle comunità che li popolano. Le acque, infatti, coprono circa tre quarti della superficie del nostro pianeta. La grande maggioranza degli ecosistemi acquatici consiste in **ecosistemi di acqua salata**, perché quasi tutta l'acqua presente sulla Terra è raccolta negli oceani e nei mari.

Negli oceani e nei mari è possibile distinguere diverse zone, ciascuna caratterizzata da particolari fattori abiotici e da determinate comunità di organismi:

1. la **zona intercotidale**, al confine tra terraferma e mare;
2. la **zona pelagica**, l'oceano vero e proprio;
3. la **zona bentonica**, corrispondente al fondale oceanico.

Spesso, le regioni delle comunità pelagiche e bentoniche in cui penetra la luce del Sole sono raggruppate in un'unica zona detta **zona fotica** (fino a circa 100 m di profondità), dove vivono alghe e batteri fotosintetizzanti. Al di sotto della zona fotica si estende un'ampia regione buia, la **zona afotica**, dove vivono solo organismi animali e batteri non fotosintetizzanti.

Gli **ecosistemi d'acqua dolce**, come fiumi e torrenti, laghi, paludi e stagni, rappresentano una porzione limitatissima del pianeta. Questi ambienti, tuttavia, ospitano una grande varietà di organismi: circa il 10% di tutte le specie acquatiche.

I fattori abiotici che caratterizzano fiumi e torrenti subiscono notevoli variazioni passando dalla sorgente alla foce. In prossimità della sorgente l'acqua è fredda, povera di sostanze nutritive e ricca di ossigeno; la turbolenza, infatti, favorisce gli scambi di gas tra l'acqua e l'atmosfera.

Più a valle, dove la velocità della corrente diminuisce, l'acqua è più calda e più ricca di fitoplancton (plancton vegetale).

Nei laghi e negli stagni, in modo analogo a quanto avviene negli ecosistemi oceanici, è la **luce** a influenzare maggiormente la vita degli organismi. Nella zona fotica abbonda il fitoplancton e crescono le piante.

La **temperatura** è un altro fattore abiotico importante per le comunità di acqua dolce. Spesso, in estate, nei laghi, si forma uno strato d'acqua superficiale più caldo e meno denso di quello sottostante. I due strati non si mescolano e forniscono agli organismi del lago un'importante varietà di condizioni ambientali. Un ulteriore fattore che influenza i laghi e gli stagni è l'acidità dell'acqua. Se l'**acidità** aumenta, lo sviluppo del fitoplancton viene rallentato con conseguenze gravi su tutto l'ecosistema: ciò può accadere a causa del fenomeno delle piogge acide.

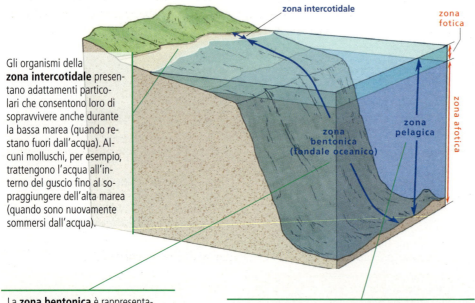

Gli organismi della **zona intercotidale** presentano adattamenti particolari che consentono loro di sopravvivere anche durante la bassa marea (quando restano fuori dall'acqua). Alcuni molluschi, per esempio, trattengono l'acqua all'interno del guscio fino al sopraggiungere dell'alta marea (quando sono nuovamente sommersi dall'acqua).

La **zona bentonica** è rappresentata dal fondale. I fattori abiotici che influenzano le comunità bentoniche sono soprattutto la profondità, la temperatura dell'acqua e il grado di penetrazione della luce. Tipiche della zona bentonica sono le alghe sessili (fissate al fondale), le spugne, i coralli, i vermi polichetti, i molluschi bivalvi, i crostacei e alcune specie di pesci.

La **zona pelagica** corrisponde al mare aperto. In essa vivono comunità di organismi che galleggiano o nuotano liberamente. Gli organismi che si lasciano trasportare dall'acqua costituiscono il *plancton*, che comprende alghe e batteri fotosintetizzanti (*fitoplancton*) e animali non in grado di nuotare o troppo piccoli per opporsi alla corrente (*zooplancton*).

### IMPARA A IMPARARE

Sottolinea nel testo le caratteristiche degli ecosistemi di acqua salata e dolce e riporta sul quaderno esempi di uno dei due o di entrambi che puoi trovare nella tua regione.

### NELLE RISORSE DIGITALI

- Esercizi interattivi
- Mappa del paragrafo

# DOMANDE PER IL RIPASSO

## PARAGRAFO 1
1. Quali sono i fattori biotici di un ecosistema? E quelli abiotici?
2. Che cos'è la biosfera?
3. Che cosa si intende con il termine nicchia ecologica?
   - A L'insieme di tutti gli organismi e dei luoghi in cui vivono.
   - B Il ruolo che gli organismi svolgono in un determinato habitat.
   - C Un gruppo di organismi di una stessa specie che vive nella stessa area.
4. Che cos'è un habitat?

## PARAGRAFO 2
5. Che cosa sono i produttori primari? E i consumatori primari?
6. Che cos'è una rete alimentare?
7. Che cosa succede nel passaggio da un livello trofico a quello successivo?
8. Quale livello trofico è rappresentato dagli organismi che ricavano energia da materiali morti?
   - A I produttori.
   - B I consumatori.
   - C I detritivori.

## PARAGRAFO 3
9. Le attività umane, come il consumo dei combustibili fossili o la deforestazione, possono alterare il ciclo del carbonio?
10. La maggior parte del carbonio si trova nell'atmosfera. V F
11. Qual è la funzione dei batteri azotofissatori? E quella dei batteri denitrificanti?
12. Qual è il principale serbatoio naturale abiotico di fosforo?

## PARAGRAFO 4
13. Che cos'è una popolazione?
14. Completa.
    I fattori che tendono a far diminuire la densità di una ............ sono la mortalità e l'............ mentre quelli che possono farla aumentare sono la ............ e l'immigrazione.
15. Che cos'è una curva di sopravvivenza?

## PARAGRAFO 5
16. Da quali fattori dipende la struttura di una comunità ecologica?
17. Il numero di specie in genere diminuisce all'aumentare della latitudine. V F
18. In che modo l'organizzazione sociale di una specie influenza la densità degli individui?

## PARAGRAFO 6
19. Che cos'è la competizione intraspecifica?
20. Che cos'è la simbiosi? Quali tipi di simbiosi esistono?
21. Che cosa si intende con il termine mutualismo?
    - A Una simbiosi in cui un organismo si nutre alle spese di un altro.
    - B Una simbiosi in cui una specie trae vantaggio senza danneggiare l'altra.
    - C Una simbiosi in cui due specie traggono un vantaggio reciproco.

## PARAGRAFO 7
22. Completa.
    La ............ è l'ecosistema caratterizzato da piante erbacee e alberi sparsi. La ............ è invece formata da arbusti spinosi con foglie coriacee mentre il clima è caratterizzato da inverni miti ed estati calde e secche.
23. Quali adattamenti presentano le specie animali e vegetali che vivono nei deserti?

## PARAGRAFO 8
24. Quali organismi vivono nella zona pelagica?
25. La zona afotica è una regione:
    - A buia dove non sono presenti organismi vegetali.
    - B buia dove sono presenti organismi vegetali.
    - C dove penetra la luce solare e dove non sono presenti organismi vegetali.
    - D dove penetra la luce solare e dove sono presenti organismi vegetali.

## APPLICA LE TUE CONOSCENZE
Associa le seguenti immagini alle interazioni di competizione, predazione e simbiosi tra individui di diverse popolazioni.

# 17 LABORATORIO DELLE COMPETENZE

## 1 Sintesi: dal testo alla mappa

- Gli **ecosistemi** sono caratterizzati dall'insieme dei **fattori biotici**, cioè delle forme di vita che ospitano, e dei **fattori abiotici**, cioè delle caratteristiche non viventi come la disponibilità d'acqua o di luce, il tipo di terreno, la temperatura ecc. La scienza che studia le relazioni tra gli organismi e il loro ambiente (o habitat) è l'**ecologia**. Il livello ecologico più complesso è la **biosfera**, cioè l'insieme di tutti gli organismi del pianeta e dei luoghi in cui vivono.

- L'**energia negli ecosistemi** entra sotto forma di luce solare e passa da un organismo all'altro attraverso le catene alimentari, le quali comprendono più *livelli trofici*. Il primo livello trofico è sempre occupato dai **produttori primari**, cioè dagli organismi autotrofi (come le piante o le alghe) in grado di produrre composti organici a partire da composti inorganici e dalla luce solare. Dai produttori, l'energia si trasferisce agli erbivori che se ne nutrono e rappresentano i **consumatori primari**, poi ai **consumatori secondari**, che si cibano degli erbivori, e così ad altri livelli superiori.

- Il **ciclo degli elementi chimici**, come carbonio, azoto e fosforo, all'interno degli ecosistemi coinvolge sia la componente abiotica (aria, acqua e suolo) sia quella biotica (organismi). A differenza dell'energia, le sostanze chimiche circolano all'interno della biosfera senza che vi siano apporti dall'esterno. Il **ciclo del carbonio** dipende dalla fotosintesi, che preleva anidride carbonica dall'atmosfera, e dalla respirazione cellulare, che la restituisce. Il **ciclo dell'azoto** si compie soprattutto grazie all'azione dei batteri, mentre il **ciclo del fosforo** dipende dall'erosione delle rocce.

- L'**ecologia delle popolazioni** studia i cambiamenti e le dinamiche che interessano le popolazioni, ovvero i gruppi di individui di una stessa specie che vivono in un determinato territorio. Un parametro molto importante che descrive una popolazione è la **densità**, cioè il numero di individui per unità di superficie. Il numero di individui di una popolazione, e quindi la sua densità, dipende da quattro fattori: la *natalità* e l'*immigrazione*, che tendono a far aumentare la densità; la *mortalità* e l'*emigrazione*, che tendono a ridurla.

- Una **comunità ecologica** è l'insieme di tutte le popolazioni che vivono in un determinato territorio. La struttura di una comunità dipende dal tipo e dal numero di specie presenti e dalla loro abbondanza. Il **numero di specie** generalmente aumenta spostandosi dai Poli verso l'Equatore e nelle regioni montuose, mentre diminuisce sulle isole. L'**abbondanza relativa delle specie**, cioè il numero di individui di una specie presenti nella comunità, dipende dall'*abbondanza delle risorse*, dalla *dimensione degli individui* e dalla loro *organizzazione sociale*.

- Gli organismi che appartengono a una stessa comunità ecologica possono interagire in diversi modi. La **competizione** si ha quando gli individui sfruttano le stesse risorse, disponibili in quantità limitata. Essa può realizzarsi tra individui della stessa specie (competizione intraspecifica) o tra individui di specie diverse (competizione interspecifica). La **predazione** si riscontra quando una specie di nutre di un'altra, mentre la **simbiosi** si verifica quando una specie vive all'interno o sul corpo di un'altra.

- Gli **ecosistemi terrestri** sono distribuiti sulla superficie terrestre in modo non casuale e dipendono dal clima della regione in cui si trovano. Si riconoscono nove ecosistemi principali (detti *biomi*) e i passaggi dall'uno all'altro avvengono in maniera graduale. Partendo dalle regioni polari e muovendosi verso l'Equatore si hanno: le zone polari e d'alta montagna, la tundra, le foreste di conifere, le foreste decidue e le praterie delle zone temperate, la macchia mediterranea, la savana, i deserti e le foreste tropicali.

- Gli **ecosistemi acquatici** comprendono le comunità ecologiche che popolano le raccolte d'acqua presenti sulla Terra. Gli **ecosistemi di acqua salata** (oceani e mari) coprono circa i tre quarti della superficie terrestre. Negli oceani è possibile distinguere diverse zone, ciascuna caratterizzata da particolari fattori abiotici e biotici. Queste regioni sono: la **zona intercotidale**, che viene sommersa durante l'alta marea ed emerge dall'acqua durante la bassa marea; la **zona pelagica**, che corrisponde al mare aperto; la **zona bentonica**, cioè il fondale oceanico. Gli **ecosistemi di acqua dolce** sono rappresentati dai laghi, dai fiumi, dai torrenti, dagli stagni e dalle paludi. Pur coprendo una piccolissima parte della superficie terrestre, questi ambienti ospitano moltissime specie.

In questa foto, scattata nel Parco nazionale Kruger (in Sudafrica), un facocero cerca di sfuggire al suo predatore, il ghepardo. I ghepardi possono correre a una velocità di circa 100 km/h, i facoceri raggiungono al massimo i 50 km/h.

**Riorganizza i concetti completando la mappa**

## 2 Collegare i concetti

1. Completa con i termini mancanti.
La ................ è l'interazione che si stabilisce quando una specie si nutre di un'altra. Essa lega il livello trofico dei consumatori primari, rappresentato dagli ................, con quello dei ................ primari, cioè i vegetali. Si tratta di un fattore ................ per la crescita delle popolazioni di prede e predatori che dipende dalla loro ................ .

2. Quali tra le seguenti affermazioni sugli ecosistemi sono corrette? (3 risposte corrette)
   - [A] La maggior parte del fosforo disponibile per gli ecosistemi proviene dall'erosione delle rocce.
   - [B] Nel passaggio da un livello trofico a un altro, la quantità di energia persa in forma di calore è irrilevante.
   - [C] In tutti gli ecosistemi sono presenti almeno cinque livelli di consumatori.
   - [D] Il livello dei decompositori è quello in cui la sostanza organica viene trasformata in materia inorganica.
   - [E] L'insieme di tutti gli ecosistemi è detto biosfera.

3. Per quale ragione ti aspetteresti di trovare più specie nella foresta tropicale che nella foresta di conifere?
   - [A] Perché nella foresta tropicale le specie presentano una organizzazione sociale maggiore.
   - [B] Perché nelle aree occupate dalla foresta di conifere l'inverno è molto lungo.
   - [C] Perché generalmente il numero di specie diminuisce muovendosi dalle zone vicine all'Equatore alle zone vicine ai Poli.
   - [D] Perché il numero di specie aumenta con l'aumentare della quantità di precipitazioni e ai tropici piove molto.

4. Quali tra le seguenti affermazioni sono vere? (3 risposte corrette)
   - [A] In genere, all'aumentare della taglia degli individui, aumenta anche la densità della popolazione.
   - [B] La simbiosi mutualistica si ha quando due specie vivono insieme ricavando un beneficio reciproco.
   - [C] La zona intercotidale è la fascia costiera interessata dalle oscillazioni delle maree.
   - [D] Le foreste decidue di alberi a foglia larga si trovano nelle zone alle alte latitudini con clima freddo.
   - [E] Il primo livello trofico di una catena alimentare è occupato dai consumatori primari.
   - [F] La maggior parte del carbonio presente sulla Terra si trova nelle rocce e disciolto negli oceani.

5. Completa con i termini mancanti.
Una ................ ecologica è l'insieme di tutte le popolazioni di un certo territorio. Una popolazione invece è gruppo di organismi della stessa ................ che vive in uno stesso territorio. La popolazione è caratterizzata dalla ................, cioè dal numero di individui presenti per unità di ................ .

## 3 Comprendere un testo

### La foresta boreale

*Gran parte delle conifere è sempreverde, con piccole foglie dotate di una spessa cuticola che protegge dalla perdita d'acqua. Le conifere generalmente non possono competere con gli alberi decidui nelle zone temperate, dove le precipitazioni estive sono abbondanti e il suolo è ricco, e sono quindi relegate in due biomi più freddi: la foresta di conifere settentrionale, chiamata anche taiga, e la foresta alpina.*

*Il confine tra la foresta mista temperata e la foresta di conifere settentrionale si trova in quelle aree geografiche in cui le precipitazioni cominciano ad essere scarse e prevalentemente nevose, le estati diventano troppo corte e gli inverni troppo lunghi perché gli alberi decidui possano crescere bene.*

*La taiga è caratterizzata da inverni lunghi e rigidi, e dalla costante presenza di neve durante l'inverno; vi si trovano soprattutto alberi sempreverdi con foglie aghiformi, come varie specie di pini e abeti. [...] Il suolo è coperto da uno strato di aghi e ramoscelli morti e la decomposizione è più lenta rispetto a quella che avviene sul suolo più umido e più caldo delle foreste decidue; inoltre, a causa dell'ombra proiettata dagli alberi adulti, non c'è sottobosco. Le poche specie di alberi decidui come i larici, i salici, le betulle, gli ontani e i pioppi crescono lungo le sponde dei corsi d'acqua. Ci sono pochissime piante annuali.*

(Da H. Curtis, N.S. Barnes, *Invito alla biologia*, quinta edizione, Zanichelli)

**Rispondi alle seguenti domande.**
a. Per quale ragione le conifere non si trovano nelle zone temperate?
b. In quali biomi si trovano le conifere?
c. Che caratteristiche possiede il clima della taiga?
d. Quali specie di alberi sempreverdi sono presenti nella taiga?
e. E quali specie di alberi decidui?

## 4 Calcolare

### La densità degli alunni di una classe

Immagina di non sapere da quanti alunni è composta la tua classe e di dover calcolare la densità di popolazione mediante dei campionamenti. Dividi l'area della tua classe in 4 parti uguali segnandone i confini, numera ogni sezione da 1 a 4 e calcolane la dimensione. Metti in un'urna 4 bigliettini numerati da 1 a 4 e sorteggiane uno senza farlo vedere a nessuno. Fai muovere i tuoi compagni all'interno della classe casualmente e fai partire il cronometro. Dopo 20 secondi di' «alt» e conta il numero di compagni che si trovano nell'area individuata dal numero sul bigliettino. Calcola la densità dividendo il numero di compagni per i metri quadri dell'area di riferimento.
Ripeti l'operazione più volte e fai la media dei risultati.
▶ Corrisponde alla densità vera?

## 5 Completare una carta

### La distribuzione dei biomi sulla Terra

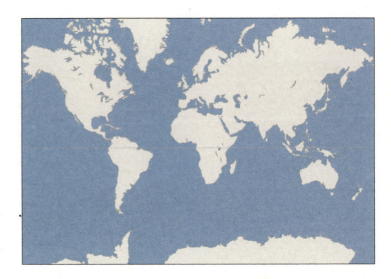

Evidenzia con colori diversi le zone del planisfero in cui si trovano i deserti, le foreste tropicali e la tundra. Completa la carta con una legenda.

## 6 Cercare informazioni

### La catena alimentare

Rileggi il paragrafo 2 di questa unità.
Ricerca nel testo quali sono i livelli trofici che formano una catena alimentare.
Per ciascun livello fornisci una breve descrizione e cerca un esempio di organismo che lo rappresenti.
Prepara poi una rappresentazione grafica della catena con gli organismi individuati come esempio.

## 7 Fare un esperimento

### La luce attira le alghe

Riempi un vaso di vetro con dell'acqua di stagno torbida, ricca di alghe. Avvolgi il fondo e le pareti laterali del vaso, prima con dei giornali, poi con un sacchetto di carta spessa fissandolo al margine superiore con il nastro adesivo. Copri il vaso con del cartoncino avente, nel centro, un foro di 1 cm di diametro. Posiziona il vaso in un luogo luminoso in modo che la luce entri dal foro e lascialo riposare per un paio d'ore. Quando scoprirai il vaso troverai le alghe concentrate nella zona illuminata.
▶ Sai spiegare perché?
Compila una scheda dell'esperimento, indicando:
– i materiali usati;
– il procedimento;
– le osservazioni;
– le conclusioni.

## 8 Formulare un'ipotesi

### Le interazioni tra le specie

Immagina di osservare nel loro ambiente i seguenti animali:

Leone maschio

Leone maschio

Ghepardo

Gazzella

Traccia delle frecce che uniscono ciascun animale a ogni altro. Sopra ogni freccia scrivi il tipo di relazione che li lega.

## 9 Fare una ricerca

### La biodiversità in Italia

L'Italia è una delle nazioni europee con la maggiore biodiversità. Cerca informazioni su questo tema consultando il sito del Ministero dell'Ambiente.
▸ Quali strategie sono messe in atto nel nostro Paese per contrastare la perdita di biodiversità?
▸ Abbiamo delle leggi che tutelano la biodiversità?
Scrivi un breve testo sull'argomento immaginando di rivolgerti ai tuoi compagni di classe.

## 10 Fare una ricerca

### L'azoto e il fosforo in casa

Le attività umane influenzano, a volte pesantemente, l'ambiente che ci circonda.
Individua alcuni prodotti che tu o la tua famiglia usate in casa (detersivi, saponi) o in giardino (terriccio arricchito, antiparassitari). Procurati i loro contenitori e osserva le etichette.
▸ Costruisci una tabella indicando quelli che contengono fosforo (P) o azoto (N).
▸ Valuta se è possibile ridurne il consumo o, addirittura, sostituirli con altri.

## 11 Biology in English

### Glossary

| | |
|---|---|
| biome | ecosystem |
| biosphere | food web |
| carbon cycle | population |
| community | predator |
| competition | prey |
| consumer | producer |
| decomposition | trophic level |

### Write the terms that best complete the sentences

**A** An ecosystem has two components: the ............... factors (the living ones) and the ............... factors (the non-............... ones).

**B** A community and its abiotic enviroment make up an ............... .

### Select the correct answer

1. Which of these factors is a biotic factor operating within an ecosystem?
   **A** the type of climate in a given region.
   **B** the carnivores that consume other animals.
   **C** the amount of oxygen in the air.
   **D** the water flow rate in a river.

2. Which of these factors increases the size of a population?
   **A** carrying capacity.
   **B** birth rate.
   **C** death rate.
   **D** emigration.

3. Organisms in the lowest trophic level of an ecosystem are always:
   **A** herbivores.
   **B** carnivores.
   **C** autotrophs.
   **D** heterotrophs.

### Read the text and underline the key terms

Foxes are predators. They eat rabbits and other animals. We call all the rabbits which living in one place a population. The populations of different species living in the same place are called a community. In a community, the size of populations is limited by the amount of resources available. In other words, the number of foxes depends on the number of rabbits available.
If prey population increases, predators have more food available so the number of predators also increases. If the numbers of predators goes up, they need more food, which means that the prey population decreases.

# Biologia per il cittadino

## Gli effetti dei cambiamenti climatici sulla biosfera

Negli ultimi anni si è molto discusso a proposito dei cambiamenti del clima che interessano il nostro pianeta. Sebbene il clima evolva nel tempo in modo naturale, la maggior parte degli scienziati concorda sul fatto che i cambiamenti recenti, in particolar modo l'aumento delle temperature che si è registrato nell'ultimo secolo, siano da imputare alle attività umane.

Il **riscaldamento globale** si deve principalmente all'aumento dell'«effetto serra», a sua volta provocato dall'emissione nell'atmosfera di gas, come l'anidride carbonica e il metano, che derivano dalla combustione di petrolio, carbone e gas naturale.

I meteorologi stimano che dal 1906 al 2006 le temperature abbiano subito un incremento medio di 0,74 °C. L'incremento di temperatura non è però omogeneo su tutto il pianeta e si ritiene che sia quasi il doppio nelle aree boreali e nelle regioni artiche.

È evidente che il riscaldamento globale ha un effetto sugli esseri viventi e sugli ecosistemi, come dimostrato in alcuni studi scientifici.

Tra le conseguenze ecologiche del riscaldamento globale ci sarebbe il cambiamento dell'**andamento stagionale** di alcuni fenomeni biologici, come la fioritura nelle piante, le migrazioni degli uccelli, il periodo di letargo di alcuni mammiferi. Per esempio, alcuni botanici hanno rilevato un prolungamento della stagione di crescita delle piante: esse entrerebbero nel periodo di quiescenza invernale con un ritardo medio di 10,8 giorni rispetto a quanto succedeva circa 50 anni fa.

La variazione del periodo di crescita delle piante avrebbe degli effetti anche sugli insetti che se ne nutrono e sul resto della catena alimentare. È possibile che alcune specie non siano in grado di adattarsi rapidamente a tali cambiamenti e quindi diminuiscano di numero fino all'estinzione.

Altri cambiamenti ecologici dovuti al riscaldamento del clima potrebbero portare a **modificazioni dell'areale**, cioè dell'area di distribuzione di una specie. Alcuni studi dimostrano che tale processo è già in corso: in Gran Bretagna, confrontando gli anni dal 1988 al 1991 con quelli dal 1968 al 1972, è stato rilevato che il margine settentrionale dell'area di nidificazione di 59 specie di uccelli si è spostato mediamente verso Nord di circa 18 km. In generale in molte specie animali e vegetali è stata rilevata un'espansione dell'areale in direzione settentrionale, accompagnata contemporaneamente da un aumento della quota massima di distribuzione. Per esempio, sulle montagne della Spagna centrale è stato misurato negli ultimi 30 anni un innalzamento di circa 200 m nella quota massima di distribuzione di 16 specie di lepidotteri.

In alcuni casi l'effetto finale dei cambiamenti climatici sugli organismi viventi potrebbe essere l'**estinzione** di alcune specie e di conseguenza la **perdita di biodiversità**. Un caso che desta grande preoccupazione si è verificato nelle foreste tropicali delle montagne dell'America Centro-meridionale: negli ultimi anni è scomparso il 65% delle specie di rane appartenenti al genere *Atelopus*. Questa moria è dovuta alle infezioni causate da un fungo patogeno (*Batrachochytrium dendrobatidis*) che, grazie all'innalzamento delle temperature, si è potuto espandere a quote superiori rispetto a quelle in cui arrivava precedentemente il suo habitat.

Quest'ultimo esempio dimostra come i cambiamenti climatici possano influenzare i rapporti ecologici tra le specie in maniera complessa e portare a conseguenze difficilmente prevedibili.

Negli ultimi anni è stata documentata una riduzione del numero di orsi polari (*Ursus maritimus*) che vivono nell'Artico e si teme che in futuro le popolazioni possano ridursi ancora del 30%. Ciò è da imputarsi alla distruzione dell'habitat di questa specie, causato dallo scioglimento dei ghiacci della banchisa polare, a sua volta dovuto al riscaldamento del pianeta.

### DISCUTIAMONE INSIEME

Potete approfondire il tema descritto in questa lettura cercando su Internet informazioni su quali cambiamenti ambientali ed ecologici, dovuti al riscaldamento globale, potrebbero interessare in futuro il nostro territorio.

In particolare, potete cercare il rapporto "Cambiamento climatico, impatti e vulnerabilità in Europa al 2012" nel sito http://www.eea.europa.eu/

Sulla base delle informazioni raccolte discutete in classe quali misure potrebbero essere intraprese per limitare e ridurre l'impatto del cambiamento climatico in Italia.

# Indice analitico

## A

acido/i
– deossiribonucleico, vedi DNA
– ribonucleico, vedi RNA
– urico, 188, 189
acqua, XXIV, 15, 16, 17, 186
adattamento, 114, 293, 294
adenosina trifosfato, vedi ATP
alghe, 64, 269
alimentazione, 141, 297
allele/i, 97
– multipli, 101
alternanza di generazioni, 83
alveoli, 148, 149
amminoacido/i, 24, 79
ammoniaca, 157, 189
anatomia comparata, 290
anellidi, 230, 274
anfibi, 279, 284
angiosperme, 256, 258
animali
– classificazione, 262, 264, 265, 266
– simmetria, 114, 115
– sistema nervoso, 116
ano, 127, 128
anticoncezionale/i, 261
anticorpi, 172
antigene, 172
aploide, 82, 256
apoptosi, 73
apparato, 115
– cardiovascolare, 158, 162
– circolatorio, 160, 162
– di Golgi, 40, 41
– digerente, 116
– muscolare, 116
– respiratorio, 116
– riproduttore, 116, 248, 249, 250, 253
appendice, 134
archeobatteri, 268
arco riflesso semplice, 215
arteria/e, 163, 164
arti, 232, 234, 278
articolazioni, 234
artropodi, 182, 276
assone/i, 201, 216
assorbimento, 133
ATP, 56

## B

barriere riproduttive, 297
basi azotate, 74
bastoncelli, 206
batteri, 7, 39, 171
battito cardiaco, 167
bile, 132
biodiversità, 1, 10
biologia molecolare, 9, 291
biomi, 316
biosfera, 306
blastocisti, 253
bocca, 128, 129
branchie, 146, 162
briofite, 272

## C

capillari, 133, 162
caratteri
– associati, 99
– ereditabili, 293
– ereditari, 92
– variabilità dei, 293
carboidrati, 12, 21
carnivori, 314
cartilagine/i, 235
cassa toracica, 150, 232
catena alimentare, 309
cavità gastrovascolare, 127
cefalocordati, 276
celenterati, 213, 273
cellula/e, 3
– animale, 36
– aploide, 82, 256
– di Schwann, 119
– di sostegno, 119
– diploide, 82
– divisione, 70, 72
– eucariotica, 40, 41, 42, 43
– forma, 3
– giunzioni, 48
– movimento, 47
– nervosa, 119, 212
– procariotica, 59
– staminali, 253
– uovo, 247, 256
– vegetale, 42
cellulosa, 21, 67
centriolo, 40
cervelletto, 214
chemiocettori, 200, 210
cianobatteri, 67, 268
ciclo
– cellulare, 70, 72
– dell'azoto, 311
– del carbonio, 310
– del fosforo, 311
– di Krebs, 62, 63
– mestruale, 251
ciglia, 46, 47, 229
circolazione, 162, 163, 164
cistifellea, 132
citodieresi, 70, 72
citoplasma, 3, 34, 39
citoscheletro, 41, 46
classificazione, 262
clorofilla, 43
cloroplasto/i, 42, 43, 64
coagulazione, 168, 169
codice genetico, 78
codominanza, 101
codoni, 78
colon, 134
colonna vertebrale, 214, 232, 233, 275
comunità, 314, 315
conchiglia, 231, 275
conifere, 272
consumatori, 47
– primari, 309
– secondari, 309
contraccezione, 261
contrazione, 130, 131, 166
cordone ombelicale, 254, 255
cornea, 206
corteccia cerebrale, 214
cranio, 232
creazionismo, 292
cristallino, 206, 207
cromatidi, 75

cromatina, 75
cromosoma/i, 75, 82, 98, 103
– omologhi, 82
– sessuali, 82, 103
crossing-over, 86, 99
cuore, 164, 166, 167

## D

Darwin Charles, 6, 292, 293
– fringuelli, 297
decompositori, 309
deglutizione, 128
dendriti, 201
denti, 129
deriva genetica, 295
derma, 182
deserti, 317
detritivori, 309
dieta, 135
diffusione, 58, 144
digestione, 126, 127, 128
diploide, 82
divisione cellulare, 70, 72
DNA, 5, 26
– duplicazione, 74
– non codificante, 103
dominanza incompleta, 100
duodeno, 132

## E

echinodermi, 231
ecologia, 9, 308
ecosistema/i, 1, 4, 306, 308
– flusso di energia, 309
ectoderma, 253
embriologia, 290
embrione/i, 207, 253, 254
emigrazione, 312
emoglobina, 151
encefalo, 212, 213, 124
endocitosi, 60, 61
endoscheletro, 231, 232
enzima/i, 24, 54, 57
epidermide, 152, 182
epiglottide, 130
epistasi, 102
erbivori, 309
ereditarietà, 92
– poligenica, 102
eritrociti, 168
ermafroditi, 96, 256
escrezione, 188, 191
esocitosi, 60
esofago, 128, 130
esoscheletro, 182, 231
eterozigote, 97
eubatteri, 265, 268
Eukarya, 265, 269
evapo-traspirazione, 192
evoluzione
– basi genetiche della, 290
– macro-, 296
– micro-, 295
– prove a sostegno della, 290
– teoria della, 6, 293

## F

fagocitosi, 60, 61, 127
faringe, 128, 130, 148

fattori
– abiotici, 308, 316
– biotici, 308, 316
– limitanti, 313
fecondazione, 83, 247, 252
fegato, 132
felci, 272
fenotipo, 94, 95
fermentazione, 62, 63
feromoni, 218
feto, 255
fibre, 46, 119
filogenesi, 266
fiore, 97, 256
flagello/i, 46, 47
floema, 173
flora intestinale, 134
foglia/e, 120, 151, 173
foglietti embrionali, 253
foreste, 316, 317
fosfolipidi, 22, 23
fossette gastriche, 131
fossili, 290, 300
fotocettori, 206
fotosintesi, 54, 64
fovea, 206
frattura, 243
frutto, 256, 272
funghi, 265, 270, 271
– saprofiti, 270
fusto, 120, 173

## G

gameti, 70, 82, 97
ganglio/i, 201, 212, 213
gastrulazione, 253
gene, 78, 95, 97
genere, 264, 265
genetica, 9, 92
delle popolazioni, 295
genoma, 97
– umano, 103
– Progetto, 103
genotipo, 97
gestazione, 255
ghiandole
– endocrine, 218
– mammarie, 250
– salivari, 128, 129
gimnosperme, 272
giunzioni cellulari, 48
glicolisi, 62
globuli
– bianchi, 168, 169
– rossi, 44
glucagone, 132
grassi, 22, 135
guaina mielinica, 119, 204
gusto, 198, 210

## H

habitat, 10, 308
Hardy-Weinberg, equilibrio di, 295

## I

ibrido, 296
impollinazione, 96
insetti, 276
insulina, 132, 219

intestino, 127, 128
– cieco, 134
– crasso, 128, 134
– tenue, 128, 133
invertebrati, 160, 182, 184, 188
ipermetropia, 207
ipofisi, 214, 218
ipotalamo, 214, 218
iride, 206

## L

labirinto membranoso, 208, 209
Lamarck Jean-Baptiste, 292
laringe, 130
latifoglie, 173
legamento/i, 236
legno, 144, 238
letargo, 185
leucociti, 169
licheni, 271
lievito/i, 271
lignina, 174, 238
linfociti, 169, 171, 172
lingua, 128, 129, 210
Linneo, 264, 265
lipidi, 12, 22, 135
liquido cerebrospinale, 203
lisosoma/i, 42
livelli trofici, 309
locus, 98

## M

macchia oculare, 206
malattie
– cardiovascolari, 167
– genetiche, 105, 106
– neurodegenerative, 73
mammiferi, 185, 189, 247, 255
meccanocettori, 200, 211
meiosi, 84, 247, 256
membrana/e
– extra-embrionali, 254
– plasmatica, 38
Mendel, leggi di, 100
mesoderma, 253
mestruazione, 251
metabolismo
– cellulare, 56
metamorfosi, 276, 279
micorrize, 136
microscopio, 37
– elettronico, 37
– ottico, 37
midollo
– osseo, 170, 235
– spinale, 212, 214
milza, 170
miopia, 207
mitocondrio/i, 41, 63
mitosi, 72, 80, 253
molluschi, 182, 230, 274
morula, 253
movimento, 226
muschi, 273
muscolo/i, 236
mutazione/i, 104, 106, 295
mutualismo, 315

## N

naso, 148, 210
natalità, 312
nefrone, 190

nematodi, 275
nervo/i, 212, 216
neurone/i, 201
– di associazione, 201
– motori, 201, 216, 236
– sensoriali, 201, 216
neurotrasmettitori, 205, 218
nicchia ecologica, 318
nocicettori, 200
nomenclatura binomia, 264
nucleo, della cellula, 28, 75, 252
nucleotidi, 26, 74, 76

## O

occhio, 206
olfatto, 210
omeostasi, 182
– nelle piante, 192
omeotermi, 184, 281
ommatidi, 206
omozigote, 97, 106
ontogenesi, 291
oocita, 250, 251
orecchio, 208
organismi
– autotrofi, 120, 136, 309
– eterotrofi, 67, 269
– pluricellulari, 48, 72, 274
– unicellulari, 41, 169, 229, 246
organo/i,
– del gusto, 210
– della vista, 206
– dell'equilibrio, 208
– dell'olfatto, 210
– dell'udito, 209
– del tatto, 211
– di senso, 200
ormone/i,
– vegetali, 220
osmoregolazione, 186, 187
osmosi, 59, 186
ossa, 232, 234, 235
otoliti, 209
ovaia/e, 250, 251
oviparo/i, 247
ovoviviparo/i, 247
ovulazione, 250, 259

## P

padiglione auricolare, 208
pancreas, 132, 219
papille gustative, 210
parassitismo, 315
parete cellulare, 42, 81, 174, 270
partenogenesi, 246
parto, 255
patrimonio genetico, 82, 94, 103, 252, 290
peli, 183, 282
pelle, 102, 182, 211
pene, 190, 248, 249
penne, 183, 281
peristalsi, 130
perossisomi, 40, 41
pesci, 278
pianta/e, 120, 136
– alternanza di generazioni, 83
– classificazione delle, 266
– riproduzione, 246, 256
– scambi gassosi, 152
piastrine, 169
pigmento/i, 64, 151
placenta, 254

plancton, 318
plasma, 15
platelminti, 275
poliploidia, 296
polmone/i, 148, 149, 150
pompa sodio-potassio, 60, 202
pool genico, 295
popolazione, 6, 293, 295
poriferi, 274
portatore sano, 108
potenziale
– a riposo, 202
– d'azione, 203
predazione, 315
pressione sanguigna, 165
produttori primari, 309
Progetto Genoma Umano, 103
proteine, 12, 24, 25
– sintesi/traduzione, 76, 77, 78
protisti, 44
protozoi, 269
pupilla, 206

## R

radiazione adattativa, 296
radice, 120, 238
– assorbimento, 120
recettore/i
– elettromagnetici, 200
– sensoriali, 200
rene, 190
respirazione, 144
– cellulare, 54, 62
– negli animali, 146, 147
rete alimentare, 309
rete nervosa, 212, 213
reticolo endoplasmatico, 40, 42
retina, 206
rettili, 280
ribosomi, 39, 76
riproduzione
– asessuata, 240
– sessuata, 247
– vegetativa, 246
RNA
– sintesi, 77, 78
– struttura, 76

## S

sali minerali, 135, 136
saliva, 129
sangue, 168
saprofagi, 309
scatola cranica, 233
scheletro, 230
– dei vertebrati, 232
– idrostatico, 230
segmentazione, 253
selezione
– artificiale, 293
– naturale, 293
seme, 256
simbiosi, 136, 270, 315
simmetria, 114
sinapsi, 205, 206
sistema
– endocrino, 218
– escretore, 190
– immunitario, 172
– linfatico, 170
– nervoso, 201
– – centrale, 201, 214
– – negli animali, 212
– – periferico, 201, 214, 216

speciazione, 296
specie, 262
sperma, 249
spermatozoo/i, 83, 247, 248
spore, 270
stoma/i, 152
stomaco, 127, 128, 131
stromatoliti, 7
strutture analoghe, 115
strutture omologhe, 115, 290

## T

tatto, 211
tendini, 236
termocettori, 200
termoregolazione, 184
tessuto/i, 116
– animali, 118
– connettivo, 118
– epiteliale, 118
– muscolare, 119
– nervoso, 119
– vegetali, 120
testicoli, 248
timpano, 208
tiroide, 218
trachea/e, 148
tracheofite, 272
trascrizione, 77
trasporto
– attivo, 60
– passivo, 58
travaglio, 255
trisomia, 105
tubo digerente, 127, 128, 130
tumori, 73, 105
tundra, 316
tunicati, 276, 277

## U

uccelli, 281
urea, 190
urina, 186, 190
utero, 250

## V

vaccinazione, 179
vacuolo centrale, 42
vagina, 250, 252
vena/e, 164, 166
vertebra/e, 233
vertebrati, 162, 163, 183, 282
vescica natatoria, 278
villi, 133, 254
virus, 172
vitamine, 135
viviparo/i, 260

## X

xilema, 173

## Z

zigote, 83, 252
zona/e
– afotica, 318
– bentonica, 318
– fotica, 318
– intercotidale, 318
– pelagica, 318